Gestão da sala de aula

W424g Weinstein, Carol Simon.
    Gestão da sala de aula : lições da pesquisa e da prática para trabalhar com adolescentes / Carol Simon Weinstein, Ingrid Novodvorsky ; tradução: Luís Fernando Marques Dorvillé ; revisão técnica: Luciana Vellinho Corso. – 4. ed. – Porto Alegre : AMGH, 2015.
    xiii, 378 p. : il. ; 25 cm.

    ISBN 978-85-8055-519-6

    1. Educação. 2. Gestão escolar. I. Título.

CDU 37.07

Catalogação na publicação: Poliana Sanchez de Araujo – CRB 10/2094

CAROL SIMON WEINSTEIN
Rutgers, the State University of New Jersey

INGRID NOVODVORSKY
University of Arizona

Gestão da sala de aula

Lições da pesquisa e da prática para trabalhar com adolescentes

4ª EDIÇÃO

Tradução
Luís Fernando Marques Dorvillé

Revisão técnica desta edição
Luciana Vellinho Corso
Professora Adjunta da Faculdade de Educação da Universidade Federal do Rio Grande do Sul (UFRGS)
Mestre em Educação pela Universidade Flinders – Austrália
Doutora em Educação pela UFRGS

Reimpressão 2017

AMGH Editora Ltda.
2015

Obra originalmente publicada sob o título *Middle and Secondary Classroom Management: Lessons from Research and Practice*, 4th Edition
ISBN 0073378615 / 9780073378619

Original edition copyright © 2011, McGraw-Hill Global Education Holdings, LLC., New York, New York 10121. All rights reserved.

Portuguese language translation copyright © 2015, AMGH Editora Ltda., a Grupo A Educação S.A. company. All rights reserved.

Gerente editorial: *Letícia Bispo de Lima*

Colaboraram nesta edição:

Editora: *Priscila Zigunovas*

Assistente editorial: *Paola Araújo de Oliveira*

Capa: *Maquinaria Studio*

Imagem de capa: *Freepik.com*

Preparação de originais: *Juliana Lopes Bernardino*

Leitura final: *Grasielly Hanke Angeli*

Editoração: *Techbooks*

Reservados todos os direitos de publicação, em língua portuguesa, à
AMGH EDITORA LTDA., uma parceria entre GRUPO A EDUCAÇÃO S.A. e McGRAW-HILL EDUCATION
Av. Jerônimo de Ornelas, 670 – Santana
90040-340 – Porto Alegre – RS
Fone: (51) 3027-7000   Fax: (51) 3027-7070

É proibida a duplicação ou reprodução deste volume, no todo ou em parte, sob quaisquer formas ou por quaisquer meios (eletrônico, mecânico, gravação, fotocópia, distribuição na Web e outros), sem permissão expressa da Editora.

Unidade São Paulo
Av. Embaixador Macedo Soares, 10.735 – Pavilhão 5 – Cond. Espace Center
Vila Anastácio – 05095-035 – São Paulo – SP
Fone: (11) 3665-1100   Fax: (11) 3667-1333

SAC 0800 703-3444 – www.grupoa.com.br

IMPRESSO NO BRASIL
PRINTED IN BRAZIL

As autoras

Carol Simon Weinstein é professora emérita no Departamento de Aprendizagem e Ensino na Rutgers Graduate School of Education. Graduou-se em psicologia pela Clark University, em Worcester, Massachusetts, e cursou mestrado e doutorado na Harvard Graduate School of Education. Iniciou sua carreira de pesquisadora estudando o impacto do desenho da sala de aula no comportamento e nas atitudes dos alunos, e prosseguiu nesse tópico por muitos anos, pesquisando como os ambientes de sala de aula podem ser planejados para facilitar os objetivos dos professores e para promover o aprendizado e o desenvolvimento das crianças. Por fim, seu interesse no espaço da sala de aula se expandiu para incluir a organização do ambiente e o gerenciamento em geral. É autora, com Molly Romano e Andrew J. Mignano Jr., de *Elementary Classroom Management: Lessons from Research and Practice* (McGraw-Hill, 2011), e também de numerosos capítulos e artigos sobre gerenciamento de salas de aula e educação de professores a respeito das crenças e expectativas dos alunos. Em 2000, foi reconhecida pela American Federation of Teachers por "diminuir a distância entre teoria e prática no gerenciamento eficiente da sala de aula". Coeditou, com Carolyn Evertson, o primeiro *Handbook of Classroom Management: Research, Practice, and Contemporary Issues* (Lawrence Erlbaum Associates, Inc., 2006), um compêndio de 47 capítulos escrito por acadêmicos de todo o mundo.

Ingrid Novodvorsky é diretora do College of Science Teacher Preparation Program na University of Arizona. Obteve seu bacharelado em física e matemática e cursou mestrado e doutorado em educação secundária na University of Arizona. Antes de entrar para a comunidade universitária, ensinou física e matemática no ensino médio por 12 anos. Durante esse tempo, orientou professores de ciências iniciantes e recebeu licenciandos em sua sala de aula. Como parte do Teacher Preparation Program, criou e leciona um curso sobre gestão de salas de aula, reconhecendo que esse é um aspecto fundamental da formação de professores. Sua pesquisa atual enfoca as ideias de licenciandos sobre avaliação e escolha de atividades.

 # Dedicatória

Uma vez mais – para Sandy, Christina, Fred e Donnie:

vocês continuam ensinando e inspirando todos os que leem este livro.

Prefácio

Nos anos posteriores à primeira edição deste livro, os desafios da gestão de sala de aula cresceram drasticamente. As turmas são mais heterogêneas do que nunca, com alunos de um amplo espectro de origens culturais e linguísticas. Alunos com deficiências são educados em turmas com colegas sem deficiências, e os professores trabalham em arranjos de coensino que exigem colaboração e coordenação. Um número crescente de adolescentes chega à escola com problemas emocionais e psicológicos. Agora, mais do que nunca, os professores precisam saber como estabelecer salas de aula solidárias, inclusivas, atenciosas e organizadas.

Infelizmente, os professores iniciantes com frequência relatam que os programas de formação não os preparam para os desafios da gestão de sala de aula. Eles pedem mais preparação em áreas como comunicação com os pais, resposta a comportamentos inadequados, trabalho em cenários culturais diversos e ajuda a alunos com necessidades especiais. Reclamam de cursos que são afastados demais da realidade das escolas e anseiam por exemplos reais de professores lidando com os desafios dos alunos em sala de aula.

Perfis de professores reais

Gestão da sala de aula: lições da pesquisa e da prática para trabalhar com adolescentes foi desenvolvido para abordar essas preocupações. Como o subtítulo indica, nós integramos o que a pesquisa tem a dizer sobre a gestão eficiente de sala de aula com o conhecimento selecionado da prática. Isso é feito destacando o pensamento e as práticas reais de gerenciamento de quatro professores: Fred Cerequas (estudos sociais), Donnie Collins (matemática), Sandy Krupinski (química) e Christina Lugo Vreeland (inglês). Os leitores conhecerão esses quatro professores e suas ideias sobre vários aspectos da gestão em sala de aula e verão as maneiras pelas quais eles interagem com os alunos. Suas histórias fornecem exemplos reais dos conceitos e princípios derivados da pesquisa.

Esses quatro professores não apenas ensinam matérias diferentes, como também trabalham em distritos escolares que diferem substancialmente em termos sociais, culturais e *status* socioeconômico. Por exemplo, o distrito suburbano de Fred é predominantemente euro-americano (64%) e ásio-americano (20%) e apenas 12% dos alunos são beneficiados pelo programa federal de almoço a preços reduzidos ou grátis. Em contraste, o distrito urbano de Donnie tem 54% de alunos latinos e 41% de afro-americanos; 80% dos alunos são beneficiados pelo programa federal de almoço a preços reduzidos ou grátis. Donnie e Christina lecionam para turmas de habilidades básicas, enquanto Sandy dá aula em um curso de nível avançado e Fred trabalha com uma turma eletiva intitulada Institute for Political and Legal Education (IPLE). Devido a diferenças como essas, seus modos de gerenciar a sala de aula frequentemente parecem muito diferentes. Todos, porém, são capazes de criar salas de aula produtivas, respeitosas e organizadas e todos eles adotam os mesmos princípios básicos de gestão da sala de aula.

A 4ª EDIÇÃO: O QUE É NOVO?

Como em edições anteriores, esta edição fornece orientações claras e práticas para organizar e gerenciar salas de aula. Nosso objetivo foi escrever um livro baseado em descobertas de pesquisas atuais, porém acessíveis e mesmo agradáveis de ler. Nós tentamos equilibrar o objetivo de fornecer amplitude e profundidade de cobertura com a necessidade de um livro fácil de usar e de extensão razoável. Esperamos ter sido bem-sucedidas em produzir um texto claro, animado, coloquial e envolvente (deve ser observado que, por uma questão de legibilidade, consistentemente usamos a palavra "nós", mesmo quando descrevemos incidentes que envolveram apenas uma das autoras).

Esta edição continua abordando as tarefas de gestão permanentes que os professores enfrentam – na organização do espaço físico, na criação de comunidade na sala de aula e no ensino de normas que respondam ao comportamento problemático e evitem a violência. Também incluímos tópicos importantes que são frequentemente omitidos em textos sobre gestão de salas de aula, como o trabalho com as famílias e o uso eficiente do tempo. Além disso, discutimos estratégias para motivar os alunos e para gerenciar os formatos de ensino usados comumente nas salas de aula dos anos finais do ensino fundamental e do ensino médio (p. ex., trabalho independente, trabalho em pequenos grupos, oralidade mediada pelo professor e discussões), tópicos mais comumente encontrados em livros de métodos gerais. Ao longo do livro, enfatizamos a importância das relações professor-aluno positivas para a gestão eficiente da sala de aula.

Esta edição mantém várias características pedagógicas que professores e alunos consideraram úteis. Em quase todos os capítulos, os leitores podem encontrar as seções a seguir:

- Seção *Pare e Reflita* para promover envolvimento e reflexão.
- *Atividades para a Construção de Habilidades e Reflexão*, divididas em três seções: "Na turma", "Individual" e "Para seu portfólio".
- Uma lista comentada de livros e artigos em *Leituras Adicionais*.
- Uma lista de *Fontes de Organizações* descrevendo instituições que podem fornecer informação adicional.
- Seção de *Dicas Práticas*, que contém estratégias úteis de gerenciamento de sala de aula.
- Ícones laterais que alertam os leitores para o conteúdo que aborda diversidade cultural.

Além disso, esta edição possui duas novas características. Primeiro, uma introdução para cada parte fornece uma estrutura de organização para os capítulos seguintes e resume seus conteúdos. Segundo, a seção *Conheça os Educadores* destaca o trabalho de palestrantes e escritores reconhecidos. Esses educadores têm programas de gestão de salas de aula amplamente disseminados ou realizaram trabalhos que têm relevância para a gestão de salas de aula (p. ex., Alfie Kohn, Harry Wong, Jane Nelson, Lynn Lott e Spencer Kagan).

Em resposta ao retorno dos leitores da terceira edição, alguns capítulos foram reordenados para se relacionar melhor com o modo como os cursos de gestão de salas de aula estão organizados. Nós também aumentamos a coerência movendo parte da matéria de um capítulo para outro, eliminando a redundância e racionalizando as discussões. Finalmente, todos os capítulos foram atualizados para refletir preocupações acadêmicas atuais, com mais de 70 novas referências. Conteúdos novos ou ampliados abordam tópicos como:

- A importância de ser tanto caloroso quanto assertivo.
- Como apresentar-se profissionalmente.
- As normas e os valores da cultura branca de classe média.
- Aprendendo sobre as vidas dos alunos.
- O adolescente em desenvolvimento.
- Trabalhando com alunos pobres ou sem-teto.
- Lidando com o uso inadequado de dispositivos eletrônicos.
- Apoios comportamentais positivos.

AGRADECIMENTOS

Como sempre, expressamos nossa gratidão aos professores caracterizados neste livro. Eles nos permitiram realizar observações em suas salas de aula e compartilharam sua sabedoria, frustrações e comemorações durante incontáveis horas de entrevistas. No interesse da transparência completa, um ponto sobre a estrutura do livro precisa ser explicitado. Os retratos de Christina, Donnie, Fred e Sandy são composições obtidas de material coletado ao longo de vários anos, começando em 1993. Em outras palavras, nós criamos um retrato de cada professor descrevendo os incidentes que ocorreram em diferentes anos com diferentes alunos em diferentes séries, como se tivessem todos ocorrido no mesmo ano acadêmico, com a mesma turma. Christina e Sandy ainda estão trabalhando em suas escolas, de modo que foram capazes de contribuir para essa nova edição; entretanto, Fred e Donnie se aposentaram há vários anos.

Também somos gratas aos administradores dos distritos, que concordaram com esse projeto, e aos conselheiros escolares, que utilizaram seu tempo para falar conosco e compartilhar suas perspectivas. Aos nossos alunos, muito obrigado por nos permitirem usar seus registros de diários e por nos fornecerem retorno sobre tudo, desde conteúdo confuso a erros de impressão. Deve ser observado que, em alguns casos, detalhes dos diários foram alterados para evitar constrangimentos e, às vezes, registros compostos foram criados.

Expressamos nosso reconhecimento profundo àqueles que revisaram nossa edição anterior: Eileen Austin, University of South Florida; Linda V. Neiman, Cardinal Stritch University; Gail Richmond, Michigan State University; e Jill Freund Thomas, Illinois State University. Se houver erros ou distorções, a falta é inteiramente nossa.

Finalmente, um agradecimento especial a Neil, por aturar longos encontros com as autoras em sua casa! Nós também gostaríamos de reconhecer nossa amiga Ginger, que nos apresentou e deu início a nossa colaboração. Obrigado a Chris por proporcionar apoio indefectível durante o processo de revisão.

Carol Simon Weinstein
Ingrid Novodvorsky

Sumário

PARTE I Introdução 1

Capítulo 1 Gestão de turma em um ambiente lotado e complexo 2

PARTE II Estabelecendo um ambiente para o aprendizado 23

Capítulo 2 Planejando o ambiente físico 24

Capítulo 3 Construindo relacionamentos respeitosos e atenciosos 44

Capítulo 4 Estabelecendo normas de comportamento 82

Capítulo 5 Conhecendo os seus alunos e suas necessidades especiais 102

Capítulo 6 Trabalhando com famílias 138

PARTE III Organizando e gerenciando o ensino 165

Capítulo 7 Aproveitando ao máximo o tempo de sala de aula 166

Capítulo 8 Aumentando a motivação dos alunos 188

Capítulo 9 Administrando o trabalho independente 215

Capítulo 10 Administrando o trabalho em pequenos grupos 231

Capítulo 11 Administrando recitações e discussões 258

PARTE IV Protegendo e restaurando a ordem 287

Capítulo 12 Respondendo eficientemente a problemas de comportamento 288

Capítulo 13 Evitando e respondendo à violência 327

Referências 343

Índice onomástico 363

Índice 369

PARTE I

 Introdução

Quando você escuta as palavras "um professor realmente bom" o que vem à sua mente?

Nós fazemos essa pergunta aos nossos alunos de formação de professores, eles invariavelmente falam sobre *cuidar*. Um bom professor é atencioso, eles afirmam, alguém que respeita e apoia os estudantes, que não os coloca para baixo e que demonstra um interesse genuíno por eles. Nossos estudantes de licenciatura também acreditam ter capacidade para ser esse tipo de professor e se veem fortalecendo a autoestima dos alunos, se alegrando com seus sucessos e criando fortes laços de afeição e respeito mútuo.

E então esses futuros professores começam a ensinar aos alunos. Ao longo das semanas, o discurso sobre *cuidar* começa a desaparecer, substituído por uma fala sobre controle e disciplina, penalidades e consequências, nomes no quadro e punição. Nossos estudantes lamentam o fato de terem sido "bonzinhos demais" no início e concluem que deveriam ter sido "mais duros". Alguns parecem mesmo acreditar que cuidar e manter a ordem são mutuamente excludentes.

A tensão entre querer cuidar e precisar obter ordem não é rara entre professores novatos. Porém, cuidar e obter ordem não são objetivos irreconciliáveis. Os dois na verdade caminham juntos. De fato, *uma das maneiras por meio da qual os professores criam um ambiente produtivo e organizado é tratando os alunos com cordialidade e respeito*. O senso comum nos diz que os estudantes tendem a cooperar com professores que são vistos como responsáveis, confiáveis e atenciosos, e as pesquisas consistentemente demonstram que isso é verdade.

Ao mesmo tempo, *uma das maneiras de mostrar aos estudantes que você é atencioso é assumindo a responsabilidade por manter a ordem*. Longe de serem apenas "cordiais e difusos", professores atenciosos estão dispostos a assumir o papel de liderança que é parte da tarefa de um professor. Para eles, cuidar não é apenas ser afetuoso e respeitoso; trata-se também de monitorar o comportamento, ensinando e enfatizando normas, fornecendo a organização e a estrutura necessárias. Os professores entendem que os alunos na verdade anseiam por limites – muito embora eles possam protestar veementemente.

No primeiro capítulo, você encontrará quatro "bons" professores de ensino médio cujas experiências e sabedoria formam a base deste livro. Como você verá, esses professores sabem como combinar calor humano e atenção com insistência para os estudantes trabalharem duro, obedecerem às normas da sala de aula e tratarem uns aos outros com consideração. Essa combinação constitui um *domínio competente da sala de aula*. Tomando emprestado a terminologia da literatura parental, os gestores de sala de aula competentes não são nem ditatoriais e indiferentes ("autoritários"), nem atenciosos mas pouco exigentes ("permissivos"). Em vez disso, eles são "exigentes cordiais", um conceito que encontraremos em muitos dos capítulos a seguir.

CAPÍTULO 1

 # Gestão de turma em um ambiente lotado e complexo

Princípios norteadores 5
Plano do livro 7
Conhecendo os professores 8
O que dizem os alunos? 16
Comentários finais 18
Resumo 20

Para muitos futuros professores e para iniciantes, entrar em uma sala de aula do ensino médio ou dos anos finais do ensino fundamental é como voltar para casa após uma breve ausência. Muito pouco mudou: carteiras com braços grandes demais ainda são arranjadas em fileiras desarrumadas; sinais sonoros ainda marcam o final das aulas; e quadros de aviso ainda mostram cópias apagadas dos horários dos sinais e das instruções do treinamento para incêndio. A familiaridade desses sinais e sons nos faz sentir confortáveis e à vontade. Porém, ironicamente, essa mesma familiaridade pode ser uma armadilha; ela pode tornar difícil apreciar o quanto a sala de aula do ensino médio é, na verdade, um ambiente curioso e exigente. Olhar para a sala de aula como se nunca tivéssemos visto uma anteriormente pode nos ajudar a reconhecer algumas de suas características estranhas e contradições.

Vista de uma perspectiva nova, a sala de aula se torna um lugar extremamente lotado de pessoas. Ela parece mais um metrô ou ônibus do que um espaço destinado ao aprendizado, e é difícil pensar em outro cenário (exceto as prisões, talvez) em que grupos tão grandes de indivíduos estejam aglomerados por tantas horas. Entretanto, em meio a esse estado de aglomeração, frequentemente não se permite a esses estudantes que interajam. Como Jackson (1990, p. 16) observou, "[...] os alunos devem tentar se comportar como se estivessem sozinhos, quando na verdade eles não estão... Esses jovens, para se tornarem estudantes bem-sucedidos, devem aprender a ser sozinhos em uma multidão".

Há outras contradições nesse lugar curioso. Espera-se que os alunos do ensino médio e dos anos finais do ensino fundamental trabalhem juntos em harmonia, no entanto eles podem ser estranhos – ou rivais – e podem vir de contextos culturais muito diferentes. Os alunos são orientados a se ajudar, mas também lhes é dito para manter seus olhos em seus próprios trabalhos. Eles são estimulados a cooperar, mas com frequência estão em competição, especialmente se estão preocupados com a posição no *ranking* da turma e na admissão para o ensino superior. Eles são ensinados a ser independentes e responsáveis, embora também se espere que apresentem obediência total e sem questionamento às ordens do professor (essa situação peculiar é capturada no desenho que aparece na Fig. 1.1). São estimulados a trabalhar lentamente e com cuidado, mas são com frequência lembrados de que períodos de 42 minutos (ou mesmo 84) precisam da adesão a um cronograma de tempo rígido.

"Eu espero que todos vocês sejam pensadores críticos independentes e inovadores que farão exatamente o que eu disser."

Figura 1.1 *Fonte:* reimpressa com a permissão de Warren.

Além dessas contradições, Doyle (2006) destacou seis características do cenário da sala de aula que o tornam ainda mais complexo. Em primeiro lugar, as salas de aula são caracterizadas pela *multidimensionalidade*. Ao contrário de uma agência dos correios ou de um restaurante, lugares destinados a uma única atividade, a sala de aula é cenário de uma ampla gama de eventos. No interior das suas fronteiras os estudantes leem, escrevem e discutem. Eles trabalham em projetos, veem DVDs e assistem a palestras. Eles também constroem amizades, brigam e avaliam o jogo de basquete do último sábado. Os professores lideram discussões que envolvem toda a turma, coordenam atividades em pequenos grupos e aplicam testes. Eles também fazem atendimentos, resolvem disputas e aconselham os alunos com problemas. De algum modo, o ambiente da sala de aula deve ser capaz de acomodar todas essas atividades.

Em segundo lugar, muitas dessas atividades ocorrem ao mesmo tempo. Essa *simultaneidade* torna a sala de aula similar a um circo com três picadeiros, no qual várias apresentações ocorrem simultaneamente. Professores do ensino médio tendem a dar mais aulas para todo o grupo do que seus pares que lecionam para os anos iniciais do ensino fundamental; no entanto, não é raro ver um grupo de estudantes trabalhando em um projeto enquanto alguns indivíduos escrevem em suas carteiras ou em computadores. Outros alunos podem, ainda, estar mandando mensagens pelo celular sobre o jogo de futebol do dia anterior. É essa simultaneidade – essa propriedade do circo com três picadeiros – que torna tão valioso aos professores agir como se tivessem "olhos na parte de trás da cabeça".

Uma terceira característica das salas de aula é o rápido ritmo em que as coisas acontecem. Os eventos na sala de aula ocorrem com um *imediatismo* que torna impossível pensar em cada ação com antecedência. Uma discussão surge a partir de um insulto; um aluno reclama que um vizinho está copiando; um estudante normalmente calado faz um comentário sério, mas irrelevante, durante uma discussão em grupo. Cada um desses incidentes exige uma resposta rápida, uma decisão imediata sobre como proceder. Além disso, incidentes como esses na sala de aula não podem ser sempre previstos, apesar do mais cauteloso planejamento. Essa *imprevisibilidade* é uma quarta característica das salas de aula. Ela garante que a profissão do professor seja raramente entediante, mas a imprevisibilidade pode também ser cansativa.

Uma quinta característica das salas de aula é a *ausência de privacidade*. As salas de aula são locais notadamente públicos. No interior de suas quatro paredes, o comportamento de cada pessoa pode ser observado por muitas outras. Os professores falam do sentimento de estarem sempre "no palco" ou vivendo em um "aquário" (LORTIE, 1975). Seus sentimentos são compreensíveis. Com 20 ou 30 pares de olhos observando, é difícil achar um momento para uma risada privada ou um lamento despercebido. O controle, porém, segue em duas vias: os professores também monitoram constantemente o comportamento dos alunos. E em resposta a essa vigilância, algumas vezes indesejada, os estudantes desenvolvem uma "vida dupla ativa" (HATCH, 1986) para seguir suas próprias agendas pessoais. Com habilidades que aumentam à medida que progridem de uma série para outra, os alunos aprendem a rabiscar e a desenhar, penteiam seus cabelos e fazem o dever de casa de outra matéria, tudo – assim eles esperam – sem ser percebidos pelos professores. No entanto, mesmo que eles evitem os olhos do professor, sempre há colegas observando. É difícil para os alunos ter uma interação privada com o professor, esconder uma nota de um teste ou cometer um erro sem que alguém perceba.

Finalmente, ao longo do ano acadêmico, as turmas constroem uma *história* conjunta. Essa sexta característica significa que as turmas, como famílias, se lembram de eventos passados – tanto positivos quanto negativos. Elas se lembram de quem foi repreendido, quem escapou impune após ter chegado atrasado para a aula e o que o professor falou sobre as tarefas de casa. A memória de turma significa que o que acontece hoje afeta o que acontece amanhã. Também significa que os professores devem trabalhar para moldar uma história de experiências compartilhadas que irão dar suporte, em vez de frustrar, atividades futuras.

Lotada, competitiva, contraditória, multidimensional, em ritmo rápido, imprevisível, pública – esse retrato da sala de aula destaca características que frequentemente ignoramos. Começamos o livro com esse retrato porque acreditamos que a *organização efetiva e a gestão requerem uma compreensão das características únicas da sala de aula*. Muitos dos problemas de gestão encontrados pelos professores iniciantes podem ser rastreados até sua dificuldade de entender o complexo cenário em que trabalham.

Experiências anteriores com crianças e adolescentes podem também enganar professores iniciantes. Por exemplo, você pode ter ensinado a um estudante que passava por dificuldades acadêmicas, ou talvez você tenha sido um conselheiro de acampamento. Embora essas experiências sejam valiosas, elas são bem diferentes do ensino na sala de aula. Os professores não trabalham individualmente com alunos em uma sala privada; eles raramente promovem atividades recreativas que os participantes tenham escolhido por si só. Os professores nem mesmo trabalham com pessoas que escolheram estar presentes. Em vez disso, *os professores trabalham com grupos de estudantes cativos, com agendas acadêmicas que os estudantes não ajudaram a estabelecer, em um cenário público lotado de pessoas*. No interior desse cenário peculiar,

> **PARE E REFLITA**
>
> Antes de prosseguir, anote as palavras que vêm à sua mente quando você escuta a frase "gestão de sala de aula". Em seguida responda a essa questão: "Qual é o objetivo da gestão de sala de aula?". Após ler a próxima seção, compare a sua declaração de objetivos com a declaração do livro. Elas são semelhantes ou diferentes?

os professores devem levar a cabo as tarefas fundamentais de domínio da sala de aula.

Princípios norteadores

Algumas vezes ficamos tão preocupados com questões de gestão básica (p. ex., fazer com que todos se sentem) que esquecemos que a gestão da sala de aula não envolve obter ordem pela ordem em si mesma. Na verdade, a gestão da sala de aula tem dois propósitos distintos: *ela não apenas procura estabelecer e manter um ambiente ordenado e atencioso no qual os alunos possam engajar-se em aprendizado significativo, mas também almeja estimular o crescimento emocional e social dos estudantes.* A partir dessa perspectiva, *como* um professor alcança a ordem é tão importante quanto *se* um professor atinge a ordem (EVERTSON; WEINSTEIN, 2006). Mantendo isso em mente, vamos considerar cinco princípios que guiam o conteúdo e a organização deste livro (eles estão resumidos na Tab. 1.1).

O primeiro princípio é o de que *o manejo bem-sucedido da sala de aula promove autodisciplina e responsabilidade pessoal*. Sejamos honestos: o pior medo de todo professor é a perspectiva de perder o controle – tornar-se impotente e ineficaz diante de turmas anárquicas incontroláveis. Diante desse pesadelo é tentador criar um sistema de controle coercitivo, de cima para baixo, que depende fortemente do uso de recompensas e penalidades para obter obediência. No entanto, tal abordagem contribui muito pouco para ensinar os alunos sobre como agir. Além disso, como McCaslin e Good (1998, p. 170) ressaltaram, "[...] o sucesso de um modelo de submissão depende do monitoramento constante (se o professor se vira, os estudantes comportam-se mal...)". Uma ênfase no controle externo também é inconsistente com o pensamento atual sobre currículo e ensino (MCCASLIN; GOOD, 1992, 1998). Não faz sentido elaborar atividades de aprendizado que incentivem a independência, a resolução de problemas e o pensamento crítico e então empregar estratégias de controle que incentivem a dependência de pontos e punições. Isso não deve desconsiderar a importância da autoridade do professor; claramente, para ser eficiente, você deve estar disposto a estabelecer limites e orientar o comportamento dos estudantes. No entanto, o que você está buscando é um ambiente no qual os estudantes se comportem adequadamente não devido ao medo de punição ou desejo de recompensa, mas a partir de um senso de responsabilidade pessoal.

O segundo princípio é o de que *a maioria dos problemas de indisciplina em sala de aula pode ser evitada se os professores estimularem relações aluno-professor positivas, implementarem aulas atraentes e usarem boas estratégias de controle preventivo*. Vamos abordar cada um desses componentes em ordem. Extensas pesquisas demonstram que quando os estudantes percebem que seus professores são

Tabela 1.1 Princípios norteadores da gestão da sala de aula

1. A gestão bem-sucedida da sala de aula estimula a autodisciplina e a responsabilidade pessoal.
2. A maioria dos problemas de indisciplina nas salas de aula pode ser evitada se os professores estimularem relações aluno-professor positivas, implantarem ensino atraente e empregarem boas estratégias de controle preventivo.
3. A necessidade de ordem não deve se sobrepor à necessidade de aprendizado significativo.
4. O domínio das salas de aula diversas dos dias atuais requer conhecimento, habilidades e predisposições para trabalhar com estudantes de diversos contextos raciais, étnicos, linguísticos e de classes sociais. Em outras palavras, os professores devem se tornar "gestores de sala de aula sensíveis culturalmente".
5. Tornar-se um eficiente gestor de sala de aula exige reflexão, trabalho duro e tempo.

solidários e atenciosos, eles são mais suscetíveis de se engajar em comportamento cooperativo e responsável e aderir às regras e normas da sala de aula (HOY; WEINSTEIN, 2006). Do mesmo modo, quando os alunos consideram as atividades acadêmicas significativas, cativantes e estimulantes eles são menos inclinados à dispersão ou perturbação. Finalmente, um importante estudo de Kounin (1970) documentou o fato de que classes disciplinadas resultam mais da habilidade de um professor de *prevenir* o mau comportamento de estudantes do que de *maneiras de lidar* com ele. Como resultado do trabalho de Kounin, agora distinguimos entre *disciplina* – resposta a comportamento inadequado – e *domínio de sala de aula* – maneiras de criar um ambiente atencioso e respeitoso que apoie o aprendizado.

Em terceiro lugar, *a necessidade de disciplina não deve superar a necessidade de aprendizado significativo*. Embora o aprendizado e o ensino não possam ocorrer em um ambiente caótico, um foco excessivo no silêncio e na uniformidade pode em alguns casos prejudicar o aprendizado (DOYLE, 2006). Por exemplo, um professor pode querer dividir a turma em pequenos grupos para uma atividade de aprendizado cooperativo, acreditando que seus alunos aprenderão melhor fazendo do que simplesmente observando. No entanto, sua ansiedade a respeito do nível de barulho e o medo de que os estudantes não trabalhem bem juntos poderia fazê-lo abandonar o projeto de trabalho em pequenos grupos, substituindo-o por um trabalho individual. Em um aspecto esse professor está correto: uma atividade colaborativa não será apenas mais desafiadora intelectual e socialmente, ela será também mais desafiadora a partir de uma perspectiva gerencial. Entretanto, é crucial que os professores não sacrifiquem o currículo a fim de alcançar uma sala de aula disciplinada. Como Doyle (1985, p. 33) comenta, "uma aula bem executada em que não se ensina nada é tão inútil quanto uma lição caótica em que nenhum trabalho acadêmico é possível".

 O quarto princípio é o de que a *gestão das salas de aula diversas dos dias atuais requer conhecimento, habilidades e predisposições para trabalhar com estudantes de diversos contextos raciais, étnicos, linguísticos e de classes sociais. Em outras palavras, os professores devem se tornar "gestores de sala de aula sensíveis culturalmente"* (WEINSTEIN; CURRAN; TOMLINSON-CLARKE, 2003; WEINSTEIN; TOMLINSON-CLARKE; CURRAN, 2004). Às vezes, o desejo de tratar os alunos de modo justo leva os professores a empenhar-se pelo "daltonismo"* (NIETO, 2002), e alguns educadores são frequentemente relutantes em falar a respeito das características culturais por medo de estereotipagem. Porém, definições e expectativas de comportamento adequado são influenciadas pela cultura e conflitos provavelmente ocorrerão se ignorarmos os contextos culturais de nossos estudantes. Gay (2006) fornece um evento revelador do que pode ocorrer quando há uma lacuna cultural entre professores e estudantes. Ela observa que afro-americanos frequentemente usam "vocabulário evocativo" e "injetam grande energia, exuberância e paixão" em sua comunicação verbal (GAY, 2006; p. 355). Professores norte-americanos de origem europeia podem interpretar tal discurso como rude ou vulgar e se sentirem inclinados a castigar os alunos ou mesmo impor uma punição. Uma vez que os alunos não veem nada de errado com o que disseram, eles podem se ressentir e resistir à resposta do professor. Como Gay (2006; p. 355) observa:

> O resultado é um conflito cultural que pode rapidamente progredir para sanções disciplinares na sala de aula ou encaminhamentos para uma ação administrativa.

---

* N. de R.T.: Daltonismo – no sentido de o professor daltônico enxergar todos os alunos da "mesma cor", como se fossem todos iguais.

A fim de evitar situações como essa, precisamos estar conscientes de nossos próprios pressupostos, inclinações e valores culturais e refletir sobre de que modo eles influenciam nossas expectativas de comportamento e nossas interações com os alunos. Trazendo nossas inclinações culturais para um nível consciente é menos provável que interpretemos de maneira equivocada os comportamentos de nossos estudantes culturalmente diferentes e os tratemos de modo desigual. Além disso, devemos adquirir conhecimento de conteúdo cultural. Devemos aprender, por exemplo, sobre os contextos familiares de nossos alunos e sobre as normas de sua cultura para relações interpessoais. É óbvio que esse conhecimento não deve ser usado para categorizar ou estereotipar e é fundamental que reconheçamos as significativas diferenças individuais que existem entre membros do mesmo grupo cultural. No entanto, o conhecimento do conteúdo cultural pode ser útil no desenvolvimento de *hipóteses* acerca do comportamento dos estudantes (WEINER, 1999).

O princípio final é o de que *tornar-se um gestor de sala de aula eficiente exige reflexão, trabalho duro e tempo*. A gestão da sala de aula não pode ser reduzida a um conjunto de receitas ou a uma lista de "como fazer". Como já vimos, o ambiente da sala de aula é lotado, multidimensional, de ritmo rápido, imprevisível e público. Nesse cenário complexo, respostas prontas simplesmente não funcionam. Do mesmo modo, salas de aula bem administradas não são alcançadas seguindo-se "intuições" ou fazendo "o que parece certo". A gestão da sala de aula é um *ofício aprendido*. Isso significa que você deve se familiarizar com a base de conhecimento que dá suporte a uma gestão eficiente. Você também deve estar pronto e disposto a antecipar problemas, analisar situações, gerar soluções, tomar decisões bem-planejadas – e aprender a partir dos seus erros.

PLANO DO LIVRO

Este livro enfoca primeiro as maneiras de criar um ambiente de sala de aula que apoie o aprendizado e o autocontrole, por exemplo, desenvolvendo um cenário físico apropriado, construindo uma atmosfera de cuidado e respeito e desenvolvendo padrões de comportamento. Em seguida ele se desloca para as tarefas de gestão diretamente relacionadas ao aprendizado – por exemplo, empregando o tempo com sabedoria, motivando os alunos para aprender, organizando trabalhos em grupo e administrando as discussões centradas nos estudantes. Finalmente, examina os desafios inevitáveis associados à gestão da sala de aula, como responder a comportamentos inadequados, bem como prevenir e lidar com a violência.

Ao longo do livro, conceitos e princípios derivados de pesquisas são mesclados à sabedoria e a experiências de quatro professores de ensino médio reais. Você irá conhecer as aulas que ministram e as limitações físicas de suas salas; os ouvirá refletirem sobre suas regras e rotinas e observará à medida que ensinam aos estudantes. Você os verá falar a respeito de motivar os alunos e promover a cooperação enquanto discutem maneiras apropriadas de lidar com o mau comportamento. Em resumo, *este livro enfoca as decisões reais tomadas por professores reais à medida que eles administram o complexo ambiente da sala de aula do ensino médio*. Ao compartilhar suas histórias, não queremos sugerir que suas maneiras de administrar as salas de aula são as únicas eficientes. Ao contrário, nosso objetivo é ilustrar como quatro indivíduos reflexivos, atenciosos e muito diferentes abordam as tarefas envolvidas no domínio da sala de aula. E agora vamos conhecer os professores. A Tabela 1.2 fornece uma visão geral dos professores e dos distritos em que ensinam.

TABELA 1.2 Visão geral dos professores destacados e dos seus distritos

Nome	Matéria	Tamanho do distrito (estudantes)	Estudantes qualificados para almoço grátis/ preço reduzido	Diversidade étnica/racial do distrito
Fred Cerequas	Estudos sociais	7.500	12%	predominantemente euro-americanos
Donnie Collins	Matemática	6.500	80%	aproximadamente metade latinos e metade afro-americanos
Sandra Krupinski	Química	1.650	26%	53% euro-americanos 17% afro-americanos 14% latinos 16% ásio-americanos
Christina Vreeland	Inglês	12.900	13%	predominantemente euro-americanos

CONHECENDO OS PROFESSORES

Fred Cerequas

Fred Cerequas trabalha em um distrito escolar que tem uma reputação inovadora. Esse distrito escolar bem-visto tem atualmente cerca de 7.500 estudantes e está recebendo mais de 400 alunos por ano. A população de estudantes também está se tornando cada vez mais diversa; ela é formada agora por 64% de euro-americanos, 20% de ásio-americanos, 10% de afro-americanos e 6% de latinos. Mais de 50 línguas de origem diferentes são faladas – em particular espanhol, gujarati, híndi, cantonês e árabe – e o espectro socioeconômico é surpreendente.

Fred Cerequas

Embora as pessoas vejam a comunidade como de classe média a média alta, um número considerável de suas crianças vive em casas pré-fabricadas, móveis e de baixo custo. Cerca de 12% são beneficiados pelo programa federal com almoço grátis ou a preço reduzido.

Pai de três filhos, com 58 anos de idade, Fred é um dos 10 membros do departamento de estudos sociais na escola de ensino médio. O prédio atualmente abriga 1.800 estudantes (há apenas cinco anos tinha 1.200), e uma ampliação já se faz necessária devido ao contínuo crescimento da população.

A trajetória de Fred para ensinar foi sinuosa. Como filho de operários que teve de abandonar a escola por razões econômicas, Fred foi para o Exército dos Estados Unidos após o ensino médio. Trabalhou como especialista em informação no Alasca, onde ele tinha um programa no rádio e na televisão, narrava filmes de informação para a tropa e escreveu para vários jornais do exército. Quando ele foi dispensado, começou a construir o seu caminho no ensino superior dirigindo um ônibus escolar para estudantes do ensino médio. Foi então que ele descobriu que era capaz de "se conectar com os jovens" e decidiu obter um certificado de professor "por segurança". Uma experiência de ensino bem-sucedida e gratificante o levou a decidir que essa era a carreira que ele queria seguir. Ele ensinou no mesmo distrito por toda a sua carreira – um total de 34 anos. Longe de estar esgotado, Fred ainda acredita que aprende tanto com seus alunos quanto estes aprendem com ele.

Fred atualmente ensina para cinco turmas: duas seções de história dos Estados Unidos I (turma especial); uma seção do Institute for Political and Legal Education (IPLE), uma aula prática sobre lei, governo e política para um grupo heterogêneo de alunos da 2ª e 3ª séries do ensino médio; e duas aulas de Temas Mundiais Contemporâneos, um curso de história não ocidental para alunos da 2ª e 3ª séries do ensino médio (uma turma avançada e outra "comum"). Ele informa seus objetivos aos seus estudantes contando a história de Tanida, uma estudante de ensino médio que foi sua aluna no último ano. Depois de aprender sobre os problemas de mulheres e crianças no Terceiro Mundo, Tanida convocou seus colegas de turma para apadrinharem uma menina da África por meio da organização Save the Children – tudo sem solicitar o consentimento do professor. Para Fred, os esforços de Tanida representam uma combinação de conhecimento e compaixão, e é essa combinação que ele busca alcançar em suas turmas. Ele nos conta que:

> Eu acredito que os verdadeiros professores são cultivadores. Eles nutrem as sementes de sabedoria em seus estudantes ajudando-os a se tornar aprendizes ávidos e independentes, que combinam experiência e conhecimento com a preocupação genuína pelos outros que dá à vida o seu sentido.

Fred admite que seus objetivos não são facilmente atingidos na típica escola de ensino médio atual, onde predomina uma "mentalidade da Revolução Industrial":

> Prédios como fábricas; assentos em fileiras; horários rígidos; quotas de produção; controles de qualidade... Todo o sistema parece orientado para a eficiência em vez de para a humanidade. Algumas vezes me parece que as escolas, do jeito que são concebidas, inibem a educação.

Apesar dos obstáculos ao aprendizado que ele encontra em nosso sistema de escolarização atual, Fred é cheio de energia e otimista e exige bastante de seus estudantes. No início do outono, por exemplo, Fred promoveu uma discussão em Temas Mundiais Contemporâneos sobre as instituições sociais comuns a todas as culturas. Embora os estudantes fossem normalmente cooperativos, cerca de metade da turma não estava totalmente envolvida – um fato que não escapou à sua observação. Fred parou a aula e falou sobre a apatia dos estudantes do seu jeito caracteristicamente direto, com os pés no chão:

 Escutem, nós não estudamos lixo aqui. O que nós estamos fazendo é tentar entender processos de mudança. Isso nos afeta; essas coisas podem fazer a diferença na sua vida. E se vocês puderem ser mais do que apenas alunos de ensino médio entendiados nós poderemos realmente fazer alguma coisa importante aqui.

Após a aula, Fred sentou na sala dos professores refletindo sobre a resistência dos estudantes. Ele reviu o registro da aula, observando quais jovens participaram e quais permaneceram em silêncio. Ele falou do ceticismo e distanciamento exibidos com frequência pelos estudantes, particularmente das 2ª e 3ª séries do ensino médio; reconheceu a dificuldade de convencê-los de que o que eles estavam estudando tinha sentido para suas vidas. Entretanto, ele prometeu "convertê-los" e anteviu o dia em que na verdade ele teria que enxotá-los após a aula. Diante do compromisso e paixão de Fred por ensinar, havia pouca dúvida de que ele seria bem-sucedido. Afinal de contas, segundo Fred, "*Professor* não é uma palavra que descreve a minha profissão; em vez disso, ela descreve quem eu sou".

Donnie Collins

Donnie ensina em um distrito urbano de tamanho médio que possui 6.500 estudantes em 10 escolas; 54% dos alunos são latinos e 41% são afro-americanos. Muitas das crianças vêm de famílias de baixa renda, o que é evidenciado pelo fato de que 80% dos estudantes são qualificados para o programa de almoço grátis ou a preço reduzido. As condições socioeconômicas dão origem a outros problemas, como drogas, transitoriedade, ausência de abrigo, gravidez na adolescência e abuso físico.

Donnie Collins

A escola de ensino médio fica a poucos quilômetros do centro da cidade, em um prédio baixo de tijolos que fica afastado da rua, em um vasto gramado. Construída nos anos 1960, a escola acomoda atualmente 788 estudantes da 1ª a 3ª série do ensino médio. No segundo andar, em uma sala de aula de canto em frente ao escritório do Departamento de Matemática, encontramos Donnie, uma professora que leciona matemática em todas as séries da escola. Com 56 anos e mãe de um filho, Donnie começou a ensinar matemática em Birmingham, Alabama, mudando-se então para o seu distrito atual. Desde então ela tem ensinado lá, primeiro para alunos dos anos finais do ensino fundamental e depois no ensino médio. Esse ano, como a escola de ensino médio está funcionando com horários em bloco (um tópico que discutiremos no Cap. 7), Donnie leciona duas aulas de 80 minutos no ensino médio – Álgebra I e "SRA", um curso de revisão destinado a estudantes que reprovaram em matemática no exame estadual necessário para a conclusão do ensino médio. Ela se dirige, então, para uma escola próxima de ensino fundamental, onde ensina matemática para o 9º ano do programa para alunos com altas habilidades.

Ser professora era um sonho de infância de Donnie. "Quando criança, eu sempre gostava de brincar de escolinha e eu sempre queria ser uma das professoras, nunca uma das alunas", recorda. Donnie reconhece a influência da avó no seu sonho, pois ela havia sido professora dos anos iniciais do ensino fundamental antes de abrir uma escola e um salão de beleza. Embora os pais de Donnie fossem fazendeiros, eles reconheciam que o trabalho na agricultura não era para ela. Como afirma Donnie, "meu chamado era para ser professora".

Donnie foi influenciada não só por sua avó, mas também por dois de seus próprios professores. Sua professora de 6º ano, Sra. Poole, intimidou-a no início, mas Donnie logo percebeu que ela não precisava ter medo. A Sra. Poole não era má; ela era apenas preocupada com o aprendizado e o bem-estar de seus alunos. "Com a Sra. Poole eu aprendi a respeito da importância de se manter a disciplina, sobre a necessidade de ser firme e justa e a importância de manter contato com os pais." Mais tarde, no ensino médio, Donnie encontrou a Srta. Anchrum, uma jovem professora de matemática recém-saída do ensino superior, com muitas ideias novas sobre como tornar a matemática excitante: "A Srta. Anchrum tornou a matemática real e ela não aceitava nada menos do que o nosso melhor". Com ela, Donnie aprendeu a importância de motivar os estudantes e de manter as expectativas altas.

Donnie, posteriormente, obteve tanto um bacharelado quanto um mestrado em matemática, junto com a certificação para ensiná-la. O exemplo da Sra. Poole e da Srta. Anchrum, porém, continuou a inspirá-la, e seu modo de ensinar reflete as lições que aprendeu com elas. Quando perguntada sobre seus objetivos, responde sem hesitação:

 Eu quero as mesmas coisas que meus professores queriam. Quero que meus alunos se tornem pensadores independentes e criativos. Quero que eles sejam capazes de funcionar efetivamente em nosso mundo cotidiano. Quero que eles façam uma contribuição positiva para a sociedade. Enfatizo seguidamente que há sempre mais de uma maneira de resolver um problema e os incentivo a encontrar soluções alternativas. Acredito fortemente na importância do trabalho em grupo e de receber críticas construtivas. Quando os estudantes falam "Sra. Collins, eu não preciso saber disso; tudo o que eu tenho que saber é como contar o meu dinheiro", eu lhes digo: "Mas primeiro você tem que ganhar dinheiro, e quando você já tiver ganhado o suficiente, você terá de mantê-lo". E você tem que conhecer matemática para isso tudo acontecer.

Os objetivos de Donnie não são atingidos facilmente. Ela se sente frustrada diante daqueles estudantes "que não conseguem ver além do dia de hoje", que provocam desavenças e que criam problemas para aqueles que realmente querem aprender. Ela também se preocupa com a falta de envolvimento por parte dos pais (um tópico que discutiremos no Cap. 6) e com os problemas que seus estudantes enfrentam. Como ela afirma, "A educação não é uma prioridade para muitos dos meus alunos. *Sobrevivência* é a prioridade". Algumas vezes ela tem de abrir mão de uma aula de matemática para discutir os problemas mais imediatos de seus alunos: conflitos com a família, gravidez, paternidade (a escola de ensino médio tem uma creche para os filhos dos estudantes), abandono do lar, violência na comunidade, drogas... Com uma certa dose de resignação, Donnie afirma:

 Se você tentar levar adiante uma aula de matemática quando os alunos estão irritados sobre algo que aconteceu em casa ou no bairro, você está perdido. Não há sentido nisso. É melhor pôr de lado as equações quadráticas e conversar.

Apesar das dificuldades de ensinar em um distrito urbano, Donnie ainda é entusiasmada e otimista com a carreira escolhida. Ao escutar Donnie falar das expectativas que ela tem para seus estudantes e da satisfação que ela obtém do ato de ensinar, é fácil perceber que o legado da Sra. Poole e da Srta. Anchrum ainda vive nessa professora de matemática do ensino médio.

Sandra Krupinski

Sandy Krupinski dá aulas em uma comunidade pequena extremamente diversa. As três escolas do distrito atendem tanto crianças

Sandra Krupinski

que vivem em casas grandes e caras quanto aquelas que vivem em complexos de apartamentos de baixa renda. A população de 1.650 estudantes é composta por 53% de euro-americanos, 17% afro-americanos, 14% latinos e 16% ásio-americanos. Cerca de 26% das crianças são qualificadas para o programa federal de almoço grátis ou a preço reduzido. A escola de ensino médio e dos anos finais do ensino fundamental abriga atualmente 650 estudantes, do 8º ano do ensino fundamental à 3ª série do ensino médio.

Na ala de ciências, no segundo andar, se encontra a sala de química em que Sandra Krupinski, 50 anos e mãe de dois filhos, ensina três aulas de química – duas preparatórias para o ensino superior e uma de nível avançado. Esse ano as turmas de Sandy estão maiores e mais diversas do que nos anos anteriores. Na sua aula do sexto período, por exemplo, há 25 estudantes, incluindo cinco afro-americanos, um latino, um ásio-americano e um cuja família veio da Índia. A turma também inclui um estudante diagnosticado como emocionalmente perturbado.

O amor pela ciência foi despertado em Sandy quando ela era estudante na mesma escola de ensino médio; nessa época, o ensino parecia o caminho mais óbvio e lógico. Seu pai, um trabalhador da construção civil, e sua mãe, uma gerente de escritório para uma companhia de seguros, aplaudiram sua decisão e ficaram orgulhosos por Sandy ser a primeira da família a cursar o ensino superior.

Sandy é muito clara a respeito do que está tentando alcançar com seus alunos. Ela vê a química como um instrumento para ajudar os estudantes a desenvolver habilidades de solução de problemas, autodisciplina ("uma nova experiência para alguns") e autoconfiança:

A química é vista como uma matéria difícil e alguns alunos começam o ano pensando que eles nunca serão capazes de aprendê-la. Eles vêm a mim com uma folha em branco e dizem "Eu não consigo fazer isso, Sra. K". Eu não aceito isso. Meu desejo é que, ao final do ano, esses estudantes tenham confiança para atacar os problemas e capacidade de desenvolver as estratégias adequadas. Isso para mim é muito mais importante do que obter as respostas corretas.

A fim de atingir esse objetivo, Sandy se esforça para criar uma atmosfera acolhedora e não ameaçadora em sua aula. No primeiro dia de aula, por exemplo, ela dá aos seus alunos um cartão e lhes pede para responder a quatro questões: (1) Como você aprende melhor? (2) O que você espera que seja interessante em química? (3) O que você espera que lhe deixe nervoso? e (4) O que eu posso fazer para ajudar? Suas respostas são reveladoras, particularmente nas questões 3 e 4. Um aluno compartilha o seu medo de falar em frente da turma e lhe pede para que ela não o escolha. Vários confidenciam que estão ansiosos a respeito da dificuldade do curso, particularmente em relação à matemática e à necessidade de memorizar "muitos pormenores"; eles pedem que ela seja paciente e que passe os conteúdos de forma mais lenta. Uma menina com domínio limitado da língua inglesa escreve sobre isso e pede a Sandy que fale devagar.

Quando os estudantes retornam no segundo dia de aula, Sandy aborda cada preocupação levantada (falando aos alunos que esses são os medos expressos "por dois ou mais estudantes"). Ela os agradece por compartilhar informações que a ajudarão a ajudá-los e lhes garante que será paciente, que avançará lentamente e que estará sempre disponível para ajudar fora da sala de aula. Mais tarde, pensando sobre por que ela gasta tempo fazendo isso, Sandy comenta:

À medida que eu falo sobre cada medo expresso por eles, consigo na verdade ver seus ombros relaxarem e posso sentir o nível de ansiedade da turma cair. Fazer isso também me fornece informação que posso empregar para ajudá-los. Por exemplo, pegue o menino que tem medo de falar na frente da turma. Hoje, os alunos estavam registrando no quadro os problemas que fizeram como dever de casa. Eu normalmente evito esse tipo de atividade, porque desenvolver uma estratégia é muito mais importante do que obter a resposta correta. Nesse caso, entretanto, vi uma oportunidade de o aluno se sentir confiante. À medida que eu andava pela sala, olhei rapidamente para sua folha de exercícios e vi que ele havia acertado um problema em especial. Eu lhe disse que ele havia feito um bom trabalho nesse problema e lhe pedi para colocá-lo no quadro. Em vez de ficar ansioso, ele riu para mim! Isso poderia não ter ocorrido se eu não tivesse pedido aos alunos para compartilhar suas preocupações comigo.

Sandy pode ser receptiva às inquietações dos estudantes sobre química, mas ela ainda expressa grandes expectativas e uma atitude compromissada. Esse ano, durante "férias" inesperadamente longas devido a uma nevasca intensa, Sandra mandou uma mensagem por *e-mail* para seus alunos de nível avançado, passando-lhes uma tarefa para que "não ficassem atrasados". Seus alunos não ficaram surpresos, e um deles lhe disse: "Oh, Sra. K., nós *sabíamos* que você entraria em contato conosco!". Casos como esse ajudaram a construir a reputação de Sandy Krupinski como uma professora que é apaixonada pela química e fortemente comprometida com o aprendizado dos alunos – uma professora que consegue ser tanto exigente quanto atenciosa.

Christina Lugo Vreeland

O distrito de Christina, com 24 escolas e 12.900 estudantes, é o maior de nossos quatro distritos. A escola de ensino médio atende quase 900 alunos de 10 cidades diferentes. O corpo discente é predominantemente euro-americano (61%), mas a diversidade étnica e racial cresce de modo contínuo (afro-americanos, 8%; latinos, 10%; ásio-

Christina Lugo Vreeland

-americanos, 20%; americanos nativos, 1%) e 13% dos estudantes são qualificados para o programa federal de almoço grátis ou a custo reduzido.

Encontramos Christina Lugo Vreeland na ala de inglês, no segundo andar – uma professora de 24 anos, recém-casada, ensinando inglês e jornalismo há dois anos. Christina cresceu na comunidade, filha de um motorista de caminhão cuja família emigrou de Porto Rico quando ele tinha 3 anos de idade e de uma funcionária de escritório criada em uma cidade vizinha. Ela cursou a universidade estadual, onde se graduou em inglês com especialização em espanhol. Após concluir o bacharelado, Christina cursou mestrado e obteve certificação em ensino de inglês.

Como Donnie e Sandy, Christina nunca considerou a possibilidade de seguir outra carreira que não a de professora (exceto por um período no 9º ano, quando quis ser estilista de moda). Ainda pequena, Christina "assumia o papel de professora e dizia aos outros o que fazer". Porém, foi apenas no início do ensino médio que Christina começou a pensar seriamente sobre o tipo de professora que queria ser:

Eu tive uma excelente professora, Helaine Rasmussen. Ela era muito rígida e nós tínhamos medo dela antes de nos tornarmos seus alunos, mas depois viemos a gostar dela. Ela realmente apreciava o que fazia... Nós tivemos que fazer um grande trabalho acadêmico naquele ano... Ele parecia intransponível – 20 páginas! Mas a Sra. Rasmussen convidou alunos anteriores para vir à sala e falar sobre como eles haviam feito o projeto. Assim, ela nos conduziu por meio da experiência de turmas passadas, e tudo parecia se encaixar. Nós fomos capazes de fazer um trabalho para o qual não pensávamos ser capazes.

Então, na minha 2ª série do ensino médio, eu tive Angela Korodan como professora de inglês da turma avançada. Ela encontrou-se conosco ao final da 1ª série do ensino médio para nos passar a tarefa de leitura de verão. Ela nos deu seu endereço e abriu os canais de comunicação. Tínhamos de lhe enviar uma de nossas tarefas durante o verão. Ela começou a ensinar antes mesmo de o ano letivo começar. Nos dois ou três primeiros dias de aula, nos sentamos em círculo e falamos sobre nossas vidas. Eu conhecia aquelas pessoas há muito tempo, mas mesmo assim aprendi coisas novas. Ela fez o mesmo e nos contou sobre como havia se tornado professora e sobre seu passado de freira.

Com a Sra. Rasmussen, Christina aprendeu a importância de ser rigorosa e sistemática. Com a Sra. Korodan, ela aprendeu o valor de construir a comunicação e um senso de comunidade. Essas são lições que Christina tenta fortemente seguir agora que está do outro lado da sala de aula.

Assim como a escola de ensino médio de Donnie, a escola de Christina trabalha com blocos de horários, de modo que Christina ministra três aulas de 84 minutos por dia, com um período profissional ou preparatório. Diante dos períodos duplos, cursos "de um ano" duraram a metade de um ano; isso significa que Christina recebe novos estudantes e novos cursos todo mês de janeiro. Sua programação atual demanda duas turmas de inglês da 2ª série do ensino médio, uma com 29 alunos e outra com 25 alunos, e uma turma de habilidades básicas para 11 estudantes que não passaram no exame para a graduação.

Um dos principais objetivos de Christina é ajudar os estudantes a "criar um espaço para a leitura e a escrita no dia a dia de suas vidas". Ela explica:

Penso que muitas vezes os professores de inglês são tão apaixonados por literatura e análise literária que esquecem que nossos alunos não estão se preparando para serem professores de inglês. O modo como eu leio é diferente do modo como meus estudantes leem e não há problema nisso. O que eu preciso fazer é estimular o tipo de leitura e escrita que será útil para eles e criar o desejo de ler e escrever.

A fim de promover a fluência dos alunos na escrita, Christina começa cada período com a escrita de um jornal. Assim que toca o sinal, os alunos dão uma olhada na manchete de jornal no quadro, pegam seus jornais e começam a escrever. Às vezes as manchetes de jornal servem como uma ligação para a aula do dia; por exemplo, quando os alunos estavam para discutir a decisão de Antígona de enterrar seu irmão, eles escreveram um tópico de jornal relacionado à desobediência civil: "Se você acredita que o que você está fazendo seja certo, você violaria a lei sabendo que a penalidade seria cinco anos na cadeia?". Às vezes as manchetes tinham como objetivo estimular o pensamento sobre as características da personalidade que queremos valorizar nas pessoas ("Quem vocês admiram e por quê?", "O que é paciência e qual a pessoa mais paciente que vocês conhecem?"); às vezes elas eram respostas a músicas ("Descreva a música que você está ouvindo").

Certo dia, durante o inverno, Christina relembrava seu primeiro ano e meio ensinando. Ela ainda estava se recuperando de um surto de gripe e se sentia chateada por ter perdido vários dias de aula logo no início de um novo semestre. Ela falava sobre sentir-se sobrecarregada pelas pilhas de trabalhos sem nota e pelas turmas que eram maiores do que o normal. Com um sorriso envergonhado, Christina expressou algumas das dúvidas que vinha sentindo recentemente:

 Nos últimos dias estive me questionando "Por que quero estar aqui? Por que eu digo que gosto disso?". E então hoje tivemos uma grande discussão sobre o romance que estamos lendo. Os alunos realmente entenderam coisas. Eles realmente se interessaram; ficaram entusiasmados com isso. Eu os vi fazendo afirmações importantes. Eu não tinha que fazer as questões motivadoras a cada momento. E eles tinham o desejo de discutir uns com os outros e de ler mais. . . Ao fim da aula [na sala do Departamento de Inglês], os outros professores olharam para mim e me viram sorrindo. Eles sabiam que eu vinha me sentindo sobrecarregada. E um deles me perguntou: "Por que você está tão feliz?". E eu lhes respondi: "Eu acabei de ter uma experiência que renovou minha fé na minha capacidade de fazer isso pelo resto da minha vida".

 **PARE E REFLITA**
Agora que conhecemos os professores, pense por um minuto sobre suas personalidades e abordagens na gestão da sala de aula. Você sente uma afinidade especial com algum deles? Se a sua resposta for sim, por que você se sente dessa forma? Em seguida, reflita sobre suas experiências escolares dos anos finais do ensino fundamental e do ensino médio. Havia algum professor que você caracterizaria como eficiente gestor de turmas? O que ele fazia que o tornava especialmente eficiente? Há alguma semelhança entre esse professor e os professores que você acabou de conhecer?

O QUE DIZEM OS ALUNOS?

Enquanto trabalhávamos com esses quatro professores ficamos curiosas a respeito das percepções dos alunos em suas salas de aula. Em especial estávamos interessadas em por que eles achavam que os alunos eram cooperativos e bem-comportados em algumas turmas e não cooperativos e mal comportados em outras, bem como suas visões das turmas que estávamos observando. Em cada turma o professor deixou a sala para que os estudantes pudessem falar mais confortavelmente. Explicamos que queríamos a "perspectiva dos alunos" sobre gestão de turma e lhes pedimos que explicassem por escrito "por que os alunos se comportavam bem em algumas turmas", "por que os alunos tinham maus comportamentos em outras" e "como os estudantes geralmente se comportam nessa turma e por quê?". Depois que os alunos tiveram a chance de escrever seus pensamentos eles compartilharam suas respostas.

Ao longo das turmas os alunos demonstraram uma consistência extraordinária. Tanto os alunos de 9º ano (do ensino fundamental) quanto os da 3ª série do ensino médio apresentaram respostas que refletiram três temas principais. Primeiro, os estudantes destacaram a importância de os professores lidarem *com os alunos com dedicação e respeito*. Eles falaram de professores que "conseguem se relacionar com nosso estilo adolescente", que "tentam nos conhecer e nos entender", que "criam confiança", que "lhe ajudam e explicam o que querem" e "que trabalham com você, não contra você". Um estudante, em uma das turmas de Fred, colocou a situação desta maneira: "Quando um professor dedica algum tempo para conhecer os estudantes e demonstra algum humor ou compartilha um pouco da sua vida pessoal, ele consegue se relacionar melhor com os alunos". Nas turmas de Sandy, os alunos também repetiram a importância dos relacionamentos: "O professor deve se relacionar com os estudantes, entender quando há um problema e tentar resolvê-lo. Quando os estudantes veem um professor dando o seu melhor para que eles se sintam à vontade com o que aprendem, eles se comportam bem". E um dos alunos de Christina respondeu:

> Eu quero colaborar nessa aula porque ela não é excessivamente séria. Ela nos permite rir, se divertir e ainda fazer todo o trabalho. Os alunos podem dizer quando um professor quer lhe ajudar e ensinar e quando eles fazem isso apenas porque têm de fazer.

É claro que nem todos os professores se relacionam com os estudantes desse modo.

Os alunos escreveram sobre professores que "humilham os alunos" e os tratam como "criancinhas", sobre professores que "não se importam" e sobre professores que são "mais que rígidos e não querem ouvir o que você tem a dizer". Como um aluno escreveu:

> Às vezes, se um professor realmente exige respeito desde o primeiro dia, em vez de conquistá-lo, surge uma antipatia. Se um professor não pensa em como os estudantes estão se sentindo, ele possivelmente não será admirado. Os alunos sempre detectam esse tipo de coisas. Antipatia = mau comportamento.

Muitos alunos usam a palavra *respeito* tanto nos comentários escritos quanto orais e nós os pressionamos a nos dizer o que é o "respeito aos estudantes". Eles não tiveram dificuldade: os professores respeitam os estudantes quando lhes dão suas notas em particular, quando vêm preparados para as aulas, quando não dizem aos alunos que uma pergunta é estúpida, quando eles "repreendem um aluno discretamente ao invés de fazê-lo diante da turma", quando eles dedicam tempo ajudando os que estão confusos, quando permitem que os estudantes deem suas próprias opiniões, quando garantem que os alunos tratem bem uns aos outros (p. ex., não permitem que garotos falem quando outro está falando) e quando demonstram aos estudantes que *se importam*.

Um segundo tema que os alunos discutiram foi a necessidade de os professores *estabelecerem limites e reforçá-los*. Isso foi expresso de várias maneiras diferentes: "professores precisam ser uma figura de autoridade forte"; "professores precisam dizer aos alunos o que esperam deles e não dar segundas chances"; "professores precisam demonstrar força"; "professores precisam ser rígidos (mas não maus)"; "professores precisam mostrar que têm controle". O que é realmente transmitido por essas respostas é a falta de respeito dos estudantes por professores que são permissivos demais, "que são covardes demais para assumir o comando" e que "se deixam ser atropelados pelos alunos". Um aluno escreveu: "Os alunos são indisciplinados quando os professores os deixam fazer o que querem. Se eles estão perturbando a aula, o professor tentará prosseguir falando cada vez mais alto que o indisciplinado ou ignorando-o". Essa visão foi confirmada na resposta de outro estudante: "Geralmente o mau comportamento ocorre em turmas em que os professores são muito lenientes. Toda aula precisa de um tempo para relaxar e brincar, mas o professor precisa saber o limite". Outro aluno resumiu de outra forma:

> Alguns professores parecem ser muito inseguros sobre estudantes indisciplinados. Eles tendem a repetir "pare ou eu lhe mandarei para a coordenação". Quando um professor conhece sua turma ele deve estabelecer princípios e seguir com confiança, tendo certeza do que está fazendo.

O tema final que surgiu dos comentários dos estudantes foi a importância de *ensinar de um jeito que seja motivador e interessante*. Um dos alunos de Donnie captou essa perspectiva amplamente compartilhada:

> Os professores têm que tornar a aula engraçada, mas organizada. Ter muita interação com os estudantes e desafiá-los. Às vezes, os professores são entediantes. A aula se arrasta e os alunos perdem a capacidade de prestar atenção no professor e na aula. Se o professor ensinar da maneira antiga [sic], os alunos ficam frustrados.

Essas ideias foram expressas de várias maneiras: professores precisam ser bem informados e *amar* o que fazem ("os alunos percebem"); professores precisam ensinar de maneira criativa – não só a partir do livro; eles precisam envolver toda a turma; eles precisam relacionar o conteúdo às vidas dos estudantes. Embora várias pessoas tenham usado a palavra *divertida,* um dos alunos de Fred escreveu: "Nem tudo pode ser divertido; não tem que ser divertido, mas há maneiras pelas quais os professores podem tornar algo mais interessante e mais desafia-

> **PARE E REFLITA**
> Depois de escutar esses estudantes discuta as características de gestores eficientes de sala de aula – atenção e respeito, ensinando de uma maneira que seja motivadora, envolvente e com firmeza (a capacidade de estabelecer e reforçar limites) – e tire um momento para refletir sobre seus pontos fortes e fracos nessas três áreas. Qual você pensa que será o seu maior desafio?

dor". Para os alunos de Christina, as "coisas legais que a Sra Vreeland nos coloca para fazer" foram especialmente importantes, uma vez que suas aulas têm 84 minutos de duração. Eles claramente gostaram do fato de as aulas "não serem apenas palestras e na forma de perguntas e respostas" e do fato de Christina "usar diferentes modos de nos ensinar além do tradicional 'abra o livro, leia as questões 1 a 5 e as responda'".

Esses temas – *relacionar-se com os estudantes com atenção e respeito, definir limites e reforçá-los e ensinar de modo motivante e interessante* – caracterizam o comportamento dos quatro professores apresentados nesse livro. À medida que os observávamos ensinando, éramos continuamente tocados pela atenção e sensibilidade que demonstravam em relação aos alunos, por suas atitudes de autoridade e compromisso e por seus esforços em estimular o interesse dos estudantes e sua participação nas aulas. A capacidade de combinar essas três características é claramente reconhecida e apreciada pelos alunos.

Abordaremos esses temas nos três capítulos a seguir.

COMENTÁRIOS FINAIS

Fred, Donnie, Sandy e Christina ensinam diferentes matérias em diferentes ambientes. As séries variam do 9º ano do ensino fundamental à 3ª série do ensino médio. Sandy, Fred e Christina ensinam para turmas que são predominantemente brancas (embora ainda muito diversas), enquanto as turmas de Donnie são predominantemente de afro-americanos e latinos. Fred e Christina trabalham em distritos em que cerca de 10% das crianças são elegíveis para o programa de almoço grátis ou a custo reduzido, comparadas com os 26% do distrito de Sandy e os 80% do distrito de Donnie. Sandy ensina para uma turma de nível avançado, enquanto Donnie e Christina lecionam para turmas de habilidades básicas para estudantes que não passaram em parte do teste estadual necessário para a graduação. Donnie e Christina ensinam em escolas que adotaram horários em bloco, enquanto as aulas de Fred e Sandy são de cerca de 45 minutos. Todos os quatro professores seguem currículos distritais distintos, mas Fred e Sandy têm mais flexibilidade que Donnie e Christina em termos de implementação e escolha dos materiais. Para serem eficientes, nossos quatro professores devem ser sensíveis e receptivos a essas diferenças de raça, cultura, condições socioeconômicas, níveis de desempenho e políticas distritais.

Apesar dessas diferenças, Fred, Donnie, Sandy e Christina são parecidos em vários aspectos. Semelhanças óbvias surgem quando eles falam sobre as tarefas de gestão da sala de aula. De modo interessante, quando esses quatro professores falam sobre gestão da sala de aula, eles raramente usam as palavras *disciplina* ou *punição, confronto* ou *penalidade*. Em vez disso, eles enfatizam respeito mútuo; falam sobre a importância de ser organizado e bem-preparado; ressaltam a necessidade de desenvolver uma "comunidade atenciosa" na qual todos os indivíduos são membros valorizados que contribuem (SCHAPS, 2003; WATSON; BATTISTICH, 2006); e falam sobre envolver os alunos e ajudá-los a serem bem-sucedidos.

É importante lembrar que Fred, Donnie, Sandy e Christina são seres humanos reais trabalhando no ambiente complexo e incerto da sala de aula dos anos finais do ensino fundamental e do ensino médio.

Christina está apenas no seu segundo ano como professora e, como ela mesma admite, é "uma novata quando se trata de saber o que funciona". Fred, Donnie e Sandy são professores experientes e habilidosos que são extremamente eficientes em prever o mau comportamento, mas mesmo suas salas de aula não estão livres de problemas (de fato, o Cap. 12 enfoca especificamente as maneiras pelas quais os quatro professores lidam com o mau comportamento). Como todos nós, esses professores cometem erros; eles ficam frustrados e impacientes; às vezes não conseguem estar à altura de seus próprios modelos de professor ideal. Segundo seu próprio testemunho, eles ainda estão aprendendo a administrar salas de aula eficientes.

Também é importante lembrar que esses quatro professores não seguem receitas ou prescrições para o domínio da sala de aula. Assim, suas maneiras de interagir com os estudantes em geral parecem muito diferentes. No entanto, por trás das diferenças de comportamento, é frequentemente possível identificar os mesmos princípios geradores. Os capítulos a seguir tentarão abordar as maneiras pelas quais esses quatro excelentes professores adaptam os princípios para que se encaixem em seus próprios contextos particulares.

Finalmente, é necessário destacar que esses professores não trabalham em escolas cujas condições são tão ruins que as aulas têm de ocorrer em escadarias ou dispensas, ou escolas em que janelas permanecem quebradas por anos e onde 40 alunos de uma mesma turma têm de compartilhar um punhado de livros. Tampouco ensinam em escolas com detectores de metal instalados, em que os estudantes regularmente carregam armas e onde a atividade de gangues é comum. Em anos recentes, todos os distritos em que os professores trabalham vivenciaram um aumento de sérios problemas, mas a violência não é certamente uma ocorrência comum. Não é claro se as estratégias discutidas aqui são generalizáveis para escolas problemáticas. Entretanto, esperamos que este livro se revele uma fonte útil para professores de todos os lugares.

Resumo

Esse capítulo examinou algumas contradições e características especiais das salas de aula. Ele defendeu que a gestão eficiente requer uma compreensão das características únicas do ambiente da sala de aula e destacou o fato de que os professores trabalham com grupos de estudantes cativos com base em agendas acadêmicas que os alunos não ajudaram a estabelecer. No interior desse cenário peculiar, os professores devem trabalhar para realizar os dois principais objetivos da gestão da sala de aula: criar um ambiente atencioso e ordenado para o aprendizado e estimular o crescimento emocional e social dos estudantes.

Contradições do espaço de sala de aula
- Salas de aula são lotadas, porém com frequência não se permite que os alunos interajam.
- Espera-se que os alunos trabalhem juntos harmoniosamente, porém eles podem não conhecer ou gostar uns dos outros.
- Os alunos são estimulados a cooperar, porém frequentemente trabalham em situações individuais ou competitivas.
- Os alunos são estimulados a ser independentes, porém espera-se também que ajam de acordo com as ordens dos professores.
- Os alunos são orientados a trabalhar lenta e cuidadosamente, mas têm de estar conscientes da "pressão do tempo" em um período de 42 (ou 84) minutos.

Características do espaço da sala de aula
- Multidimensionalidade
- Simultaneidade
- Imediatismo
- Imprevisibilidade
- Falta de privacidade
- História

Princípios norteadores do livro
- O domínio bem-sucedido da sala de aula promove autocontrole.
- A maior parte dos problemas de indisciplina pode ser evitada se os professores estimularem relações professor-aluno positivas, implantarem ensino atraente e empregarem boas estratégias de controle preventivo.
- A necessidade de ordem não deve se sobrepor à necessidade de ensino significativo.
- Os professores devem ser "gestores de sala de aula culturalmente sensíveis".
- Tornar-se um eficiente gestor da sala de aula exige reflexão, trabalho duro e tempo.

Conhecendo os professores

Este capítulo apresentou os quatro professores cujo pensamento e experiências serão descritos ao longo do restante do livro. Para uma visão geral dos professores destacados e dos seus distritos, veja a Tabela 1.2.

- Fred Cerequas (Estudos sociais)
- Donnie Collins (Matemática)
- Sandra Krupinski (Química)
- Christina Vreeland (Inglês)

Embora esses quatro professores ensinem matérias diferentes em cenários muito diferentes, eles são semelhantes em vários aspectos. Em particular, eles falam da gestão da sala de aula em termos muito semelhantes: eles enfatizam a prevenção de problemas de comportamento, respeito mútuo, envolvimento dos estudantes em atividades de aprendizagem e da importância de ser organizado e bem-preparado.

O que dizem os alunos?

Quando perguntados sobre por que se comportam bem em algumas aulas e não em outras, os estudantes verbalizaram consistentemente três temas: relacionar-se com os estudantes com atenção e respeito; ensinar de uma maneira que seja motivadora e interessante; e estabelecer limites e reforçá-los. Retornaremos a esses três temas nos capítulos seguintes.

Atividades para a construção de habilidades e reflexão

Na turma

1. Em grupo, discuta as seis características dos ambientes de sala de aula e compartilhe suas

ideias acerca de como essas características o afetarão como professor.
2. Reflita sobre suas experiências anteriores com crianças e adolescentes (p. ex., tutoria, como um conselheiro de acampamento). O que você aprendeu com aquelas experiências que pode lhe ajudar na sala de aula?
3. Reveja a biografia de cada professor. Identifique três ou quatro importantes semelhanças entre eles.

Individual

Pense sobre as questões que Christina estava considerando: *"Por que eu quero estar aqui? Por que eu digo que gosto disso?"* O que é que *você* quer em suas aulas? O que *você* considera agradável (ou *pensa* que achará agradável) sobre ensinar? Considere então as implicações para a organização e gestão da sala de aula. Em outras palavras, se você quer que os estudantes participem com entusiasmo, o que você faria para estimular a sua participação? Se você quer que eles tratem uns aos outros com respeito e gentileza, o que você faria para criar esse tipo de atmosfera?

Para seu portfólio

Faça de conta que você é um professor sendo retratado neste livro. Qual é a *sua* história? Pense sobre o que motivou você a escolher uma carreira no ensino e quais são os seus objetivos. Escreva alguns dos pontos-chave que você gostaria que fossem incluídos na sua própria introdução (esse texto pode ser revisto antes de fazer entrevistas e pode servir como inspiração durante o complicado primeiro ano de ensino).

LEITURAS ADICIONAIS

CHARNEY, R. S. *Teaching children to care*: classroom management for ethical and academic growth, K-8. Greenfield: Northeast Foundation for Children, 2002.

Esse livro fornece um guia prático e vivo para criar um ambiente de sala de aula respeitoso, amigável e academicamente rigoroso. Baseado nas experiências de Charney como professor e informado pelo trabalho na abordagem Responsive Classroom (Northeast Foundation for Children), o livro ilustra maneiras de gerir a sala de aula para estimular o crescimento social e intelectual dos estudantes. Embora o livro seja voltado para os anos iniciais do ensino fundamental, ele também é adequado para professores dos anos finais do ensino fundamental e do início do ensino médio.

CUSHMAN, K. *Fires in the bathroom*: advice for teachers from high school students. New York: The New Press, 2003.

CUSHMAN, K.; ROGERS, L. *Fires in the middle school bathroom*: advice for teachers from middle schoolers. New York: The New Press, 2008.

Para cada um desses livros os autores realizaram extensas entrevistas com 40 alunos de áreas urbanas de todo os Estados Unidos. Foi perguntado o que eles gostariam que seus professores soubessem sobre eles e sobre como eles aprendem melhor. Suas respostas são apresentadas em capítulos que abordam os seguintes temas: construindo relações positivas com os estudantes, ajudando-os a aprender sobre material acadêmico difícil, ser justo com todos os estudantes e reagindo ao mau comportamento, entre outros temas. A versão dos anos finais do ensino fundamental também inclui conselhos sobre como trabalhar com, em vez de contra, altos níveis de energia dos estudantes, mantendo os pais envolvidos e preparando os alunos para a transição para o ensino médio. Uma mensagem que fica clara em ambos os livros é a de que, quando os alunos falam em aprendizado, o que primeiro vem à mente é como eles se sentem com relação a seus professores e como eles os fazem sentir como aprendizes.

GREGORY, A.; RIPSKI, M. Adolescent trust in teachers: implications for behavior in the high school classroom. *School Psychology Review*, v. 37, n. 3, p. 337-353, 2008.

Esse estudo examinou a relação entre abordagens disciplinares de professores do ensino médio e o comportamento de seus alunos. Entrevistas e levantamentos foram aplicados a 32 professores e 32 estudantes que foram encaminhados para a coordenação devido a problemas disciplinares. As descobertas indicaram que professores que enfatizaram a construção de relações tinham menos probabilidade de terem estudantes desafiadores. Os alunos pareciam tocar na abordagem relacional dos seus professores e vê-los como autoridades legítimas e confiáveis. Isso por sua vez aumentou sua vontade de estar em conformidade com as regras e demandas dos seus professores.

WALKER, J. M. T. A person-centered approach to classroom management. *Theory into Practice*, v. 48, n. 2, p. 95-98, 2009.

Os artigos desse número temático de TIP são construídos em torno da afirmação de que encarar a gestão da sala de aula como um esforço centrado na pessoa é tanto uma visão humana quanto leva a uma melhor prática de ensino. Embora os artigos abordem a gestão de sala de aula nos seus vários níveis, da sala de aula individual para a escola e desta para o ensino sobre a gestão em salas de aula de ensino superior, todos eles desenvolvem a ideia de que os relacionamentos são o coração das escolas.

WEINSTEIN, C. S. (Ed.) Classroom management in a diverse society. *Theory Into Practice*, v. 42, n. 4, p. 266-268, 2003.

Os artigos nesse número temático de *TIP* abordam diferentes aspectos da gestão de sala de aula em uma sociedade diversa, mas todos refletem a ideia de que a tarefa fundamental do gestor de sala de aula é criar um ambiente inclusivo, de apoio e atenção. Todos os autores encaram a gestão de sala de aula em termos de relações humanas – relações entre professores e estudantes e entre os próprios estudantes.

Fontes de organizações

REACH Center, 307 North Olympic Avenue, Suite 211, Arlington, WA 98223 (www.reachctr.org, 1-800-205-4932). O REACH Center desenvolveu currículos escolares para promover consciência multicultural e global para salas de aula do ensino fundamental e do ensino médio. O centro fornece treinamento no uso desses currículos, junto com livros e guias para o professor.

What Kids Can Do, Inc., P.O. Box 603252, Providence, RI 02906 (www.whatkidscando.org, 401-247-7665). Essa organização foi fundada para promover a percepção dos jovens como recursos valiosos e para defender um ensino que envolva os estudantes como criadores de conhecimento e não simplesmente como fazedores de testes. Também trabalha para trazer as vozes dos jovens para os debates das políticas sobre escola, sociedade e assuntos mundiais. Os jovens que mais interessam à WKCD são aqueles marginalizados pela pobreza, raça e língua. Seu *website* apresenta exemplo do trabalho de estudantes e de suas parcerias com adultos tanto dentro quanto fora da escola, junto com recursos para os professores.

PARTE II

Estabelecendo um ambiente para o aprendizado

"Não sorria até o Natal."

Quando nós duas passamos por nossos respectivos programas de formação de professores, esse conselho popular foi tudo o que aprendemos sobre como evitar comportamentos inapropriados. A ideia era conter o sorriso durante os primeiros meses escolares para que os alunos te vissem como sério. Então eles não ousariam aprontar.

Na verdade, nossos programas não falavam muito sobre o comportamento dos estudantes; o enfoque esmagador era sobre *o que* ensinar e *como* ensinar. Quando, em raras ocasiões, nós discutíamos o comportamento dos alunos, era sempre em termos de *disciplina* – o que fazer com os alunos *depois* que um episódio de mau comportamento havia ocorrido. Quando nos formamos e começamos a ensinar, nossa capacidade de criar ambientes de aprendizado respeitosos e produtivos era mais uma questão de bons instintos e sorte do que qualquer conhecimento real.

Felizmente a situação mudou bastante ao longo dos últimos 30 anos. Estudantes de licenciatura podem aprender agora princípios baseados em pesquisas, conceitos e práticas para a criação de espaços de sala de aula ordenados – e sorrir é definitivamente estimulado. A ênfase mudou de o que fazer *depois que ocorre o mau comportamento* (disciplina) para como *preveni-lo em primeiro lugar*. A disciplina ainda é importante uma vez que a prevenção algumas vezes falha, mas os educadores agora falam sobre o conceito muito mais amplo de *gestão da sala de aula* (do qual a disciplina é apenas uma parte). Como exposto no Capítulo 1, a gestão de sala de aula pode ser definida *como as tarefas que o professor deve desenvolver para estabelecer um ambiente de aprendizado que seja atencioso, inclusivo e produtivo.*

Esta parte do livro aborda tarefas "do início do ano". Como a maioria dos professores se defronta imediatamente com o arranjo do mobiliário da sala de aula, o Capítulo 2 enfoca o ambiente físico. O capítulo pretende lhe ajudar a planejar um cenário de sala de aula que apoie seus objetivos acadêmicos e sociais. No Capítulo 3, tratamos sobre maneiras de criar uma comunidade de sala de aula em que os indivíduos se sintam conectados, respeitados e cuidados. O Capítulo 4 enfoca a tarefa de estabelecer e ensinar expectativas de comportamento. Nós enfatizamos o fato de que expectativas comportamentais compartilhadas (ou normas) são essenciais para que as salas de aula sejam ambientes seguros, confortáveis e produtivos. O Capítulo 5 enfatiza a importância de conhecer os seus alunos, entendendo e apreciando suas características comuns, bem como suas necessidades especiais. Finalmente, o Capítulo 6 discute os benefícios que advêm quando professores e famílias trabalham juntos e sugere estratégias para atingir as famílias. Ao longo desses capítulos aprenderemos sobre as crenças e práticas de nossos quatro professores, bem como sobre o que a pesquisa tem a dizer sobre esse tópico.

CAPÍTULO 2

Planejando o ambiente físico

Cinco funções do ambiente de sala de aula   25
O professor como um planejador do ambiente   36
Algumas reflexões sobre ter de compartilhar salas   39
Comentários finais   41
Resumo   41

Discussões de organização e gestão frequentemente negligenciam as características físicas da sala de aula. A menos que ela se torne quente demais, fria demais, cheia demais ou barulhenta demais, tendemos a pensar no ambiente da sala de aula como um cenário sem importância para a interação. Essa tendência geral a ignorar o ambiente físico é especialmente predominante nas escolas de ensino médio, onde muitos professores são como nômades, movendo-se de sala em sala ao longo do dia. Nessa situação infeliz é difícil criar um ambiente escolar que seja mais do que simplesmente adequado. No entanto, é importante reconhecer que o *ambiente físico pode influenciar o modo como os professores e os estudantes se sentem, pensam e se comportam.* O planejamento cuidadoso desse ambiente – dentro dos limites do seu horário diário – é uma parte integrante da gestão em sala de aula. Além disso, *criar uma sala de aula confortável e funcional é um modo de mostrar aos seus estudantes que você se importa com eles.*

Os psicólogos ambientais destacam que os efeitos do ambiente da sala de aula podem ser tanto *diretos* como *indiretos* (PROSHANSKY; WOLFE, 1974). Por exemplo, se os alunos sentados em fileiras retas não são capazes de levar adiante uma discussão de turma porque não conseguem ouvir uns aos outros, o *ambiente está dificultando diretamente sua participação.* Os estudantes também podem ser afetados *indiretamente* se eles inferirem a partir do arranjo dos assentos que o professor realmente não quer que haja interação. Nesse caso, o arranjo das carteiras está mandando uma mensagem aos estudantes a respeito de como eles supostamente devem se comportar. A leitura dessa mensagem seria precisa se o professor tivesse deliberadamente disposto os assentos para inibir a discussão. No entanto, é provável que o professor deseje genuinamente a participação da turma, mas nunca tenha pensado a respeito da ligação entre o

> **PARE E REFLITA**
> Você provavelmente passou mais de 13 mil horas como estudante em salas de aula do ensino fundamental e médio. Sem dúvida, algumas dessas salas eram bem mais atraentes e confortáveis do que outras. Pense o que as tornava desse jeito. Por exemplo, eram os quadros de aviso ou pôsteres? A presença de plantas? O tipo e o arranjo da mobília? A iluminação? O tamanho ou a localização da sala? Pense sobre as características específicas que fizeram dessas salas ambientes agradáveis para aprender e, então, reflita sobre quais delas estão sob o controle do professor. Tenha essas características em mente à medida que você lê este capítulo.

ambiente da sala de aula e o comportamento dos estudantes.

Este capítulo pretende ajudá-lo a desenvolver a *competência ambiental* (MARTIN, 2002; STEELE, 1973): consciência do ambiente físico e do seu impacto e a habilidade de empregar aquele ambiente para atingir seus objetivos. Mesmo quando compartilham espaço ou se movem de sala em sala, professores competentes ambientalmente são sensíveis às mensagens comunicadas pelo ambiente físico. Eles planejam disposições espaciais que apoiam seus planos de ensino e sabem como avaliar a eficiência de um ambiente de sala de aula. Eles estão alertas para a possibilidade de os fatores físicos contribuírem para problemas comportamentais e modificam pelo menos alguns aspectos do ambiente de sala de aula quando surge a necessidade.

À medida que você lê este capítulo, lembre-se de que a gestão da sala de aula não é simplesmente uma questão de lidar com o mau comportamento. Como enfatizamos no primeiro capítulo, gestores bem-sucedidos *promovem o envolvimento dos estudantes em atividades educacionais, estimulam o autocontrole, previnem a indisciplina e se relacionam com os estudantes com atenção e respeito.* Nossa discussão sobre o ambiente de sala de aula reflete essa perspectiva: estamos preocupados não apenas em reduzir a distração e minimizar o congestionamento por meio de um bom planejamento ambiental, mas também com os modos pelos quais o ambiente pode promover a segurança dos estudantes, aumentar seu conforto e estimular seu interesse em aprender tarefas.

Ao longo deste capítulo ilustraremos pontos importantes com exemplos das salas de aula dos quatro professores que acabamos de conhecer. Curiosamente, Donnie, Fred e Sandy estão ensinando em uma única sala nesse ano embora eles compartilhem suas salas com outros professores. Para Donnie e Fred, ensinar em apenas uma sala é uma melhora substancial em relação a anos anteriores, quando tinham que se deslocar de sala em sala. O último ano foi particularmente difícil para Fred: ele deu cinco aulas em quatro salas diferentes! Este ano é Christina que tem de se mover; outra professora de inglês usa a sua sala durante os dois primeiros blocos do dia, quando Christina tem período de preparação e depois dá sua aula preparatória para o teste estadual em outra sala.

Cinco funções do ambiente de sala de aula

Steele (1973), um consultor no campo do desenvolvimento organizacional, sugeriu que todos os ambientes físicos servem a uma série de funções básicas. Cinco das funções de Steele – segurança e abrigo, contato social, identificação simbólica, instrumentalidade de tarefas e prazer – fornecem um quadro útil para pensar a respeito do ambiente físico da sala de aula do ensino médio e dos anos finais do ensino fundamental. Essas funções deixam claro que planejar o ambiente físico é bem mais do que decorar alguns quadros de aviso.

Segurança e abrigo

Essa é a função mais fundamental de todos os ambientes construídos. Como as casas, prédios de escritório e lojas, as salas de aula devem fornecer proteção contra mau tempo, barulho, calor ou frio extremos e odores prejudiciais. Infelizmente, mesmo essa função mais básica não é às vezes preenchida, e professores e alunos precisam lutar contra o barulho da estrada, contra janelas quebradas e tetos com goteiras. Em situações assim, é difícil satisfazer qualquer uma das outras funções. A segurança física é uma *pré-condição* que deve ser satisfeita, pelo menos em algum grau, antes de o ambiente atender às outras necessidades de níveis mais elevados de alunos e professores.

A segurança física é um tema particularmente importante em turmas como ciências, economia doméstica, carpintaria e arte, em que os estudantes entram em contato com materiais e equipamento potencialmente perigosos. É essencial que os professores dessas matérias conheçam diretrizes de segurança em relação ao manuseio, armazenamento e identificação dos materiais do curso. A National Science Teachers Association criou recomendações para armazenamento seguro, equipamento de segurança e quadros de aviso eficientes, bem como para as proporções entre alunos/professores e alunos/espaço em salas de aula de ciências (BIEHLE; MOTZ; WEST, 1999). Em sua sala de aula, Sandy tenta prever onde acidentes podem ocorrer e dispor os materiais de modo a minimizar o risco. Por exemplo, quando seus alunos estão em uma aula de laboratório que envolve duas substâncias químicas que são perigosas quando misturadas, ela retira uma substância química e a mantém sob seu controle. Desse modo, os alunos têm de lhe pedir a substância ("Estou pronto para o meu ácido nítrico"), e assim ela verifica duas vezes se eles estão seguindo os procedimentos de laboratório corretos.

A segurança física é um tema de preocupação especial se você tem alunos que usam cadeiras de rodas, aparelhos nas pernas ou muletas ou que têm marcha instável. Deslocar-se em turmas cheias pode ser uma tarefa muito difícil e perigosa. Esteja atento à necessidade de corredores amplos e de espaço para armazenar andadores e muletas que não estão em uso. Os fisioterapeutas ou terapeutas ocupacionais que trabalham na sua escola podem fornecer consultoria e aconselhamento.

Frequentemente os espaços escolares fornecem segurança *física*, mas falham em oferecer segurança *psicológica* – o sentimento de que esse é um lugar bom e confortável para se estar. A segurança psicológica é especialmente importante para jovens que vivem em ambientes empobrecidos, instáveis ou pouco seguros. Uma maneira de estimular a segurança psicológica é garantir que a sua sala de aula contenha alguma "suavidade". Com seus pisos de linóleo, paredes de concreto em bloco e superfícies de fórmica, as salas de aula tendem a parecer "duras". Nas salas de aula das escolas dos anos iniciais do ensino fundamental, algumas vezes encontramos pequenos animais, travesseiros, plantas, pufes e tapetes de área, mas esses geralmente encontram-se ausentes nas salas de aula dos anos finais do ensino fundamental e do ensino médio. Se você for afortunado o suficiente para ter sua própria sala de aula, pense em maneiras pelas quais você pode incorporar elementos de suavidade ao ambiente. Por exemplo, uma cadeira de balanço confortável e um abajur de leitura podem suavizar uma sala de aula de inglês ou de estudos sociais, plantas ou um aquário podem fornecer suavidade a uma sala de aula de ciências, e detalhes luminosos de várias texturas podem ajudar a criar uma atmosfera de segurança e conforto.

Outra maneira de aumentar a segurança psicológica é arranjar o espaço da sala de aula de modo que os estudantes desfrutem do máximo possível de liberdade sem interferência. No ambiente lotado da sala de aula é fácil se distrair. Você precisa se assegurar de que as mesas dos estudantes não estão próximas demais de áreas de trânsito intenso (p. ex., o apontador de lápis, a estante, a porta da frente). Isso é particularmente importante para estudantes com transtorno de déficit de atenção e hiperatividade (TDAH), uma incapacidade neurobiológica que interfere na capacidade de um indivíduo manter sua atenção. Os alunos com TDAH têm dificuldade de focar sua atenção, concentrar-se, ouvir, seguir instruções e organizar tarefas. Eles também podem exibir comportamentos associados à hiperatividade: dificuldade de ficar sentados, inquietação, impulsividade, falta de autocontrole (ver Cap. 5 para informação adicional sobre TDAH). Você pode ajudar estudantes com TDAH sentando-os longe de áreas barulhentas, de grande trânsito, perto de alunos concentrados e tão perto de você quanto for possível, de modo que seja fácil fazer contato visual (CARBONE, 2001).

Você também pode aumentar a segurança psicológica permitindo que os estudantes escolham seus próprios assentos. Frequentemente, os alunos querem sentar perto dos seus amigos, mas alguns indivíduos também têm preferências espaciais definidas (p. ex., eles preferem sentar em um canto, perto da janela na fileira da frente). Donnie, Sandy e Fred permitem que os estudantes sentem onde quiserem – desde que eles se comportem adequadamente, é claro (e Fred aconselha seus alunos a "sentar perto de alguém dedicado"). Se você tiver sua própria sala, você pode estabelecer algumas áreas reservadas para estudantes que querem mais isolamento para trabalhar ou providenciar divisórias de papelão (três peças de papelão unidas) que eles podem colocar em suas mesas. Todos nós precisamos às vezes "escapar de tudo isso",* mas pesquisas sugerem que oportunidades de privacidade são particularmente importantes para jovens que são distraídos ou que têm dificuldade de se relacionar com os seus pares (WEINSTEIN, 1982).

Contato social

Interação entre os alunos

Ao planejar o arranjo das carteiras dos alunos, é necessário pensar cuidadosamente acerca de quanta interação você deseja entre eles, uma vez que arranjos diferentes facilitam intensidades diferentes de contato. Grupos de carteiras promovem contato social uma vez que os indivíduos estão próximos e podem ter contato visual direto com aqueles à sua frente. Em grupos, os alunos podem trabalhar juntos em atividades, compartilhar materiais, promover discussões em pequenos grupos e ajudar uns aos outros nas tarefas. Essa disposição é mais apreciada se você planeja enfatizar a colaboração e atividades de aprendizado cooperativo. Porém é insensato – até mesmo desumano – sentar alunos em grupo e então proibi-los de interagir. Se você fizer isso, eles receberão duas mensagens contraditórias: a disposição dos assentos está comunicando que podem interagir, enquanto sua mensagem verbal é exatamente oposta!

Em oposição aos grupos, as fileiras de cadeiras reduzem as interações entre os alunos e facilitam a concentração em tarefas individuais (BENNETT; BLUNDELL, 1983). Isso se mostra particularmente verdadeiro para aqueles alunos com problemas de comportamento e dificuldades de aprendizado. Pesquisadores registraram que o comportamento durante a realização de tarefas caiu pela metade e perturbações aumentaram em três vezes quando adolescentes com desvios de comportamento e problemas de aprendizado moderados foram movidos de fileiras individuais para grupos (WHELDALL; LAM, 1987).

As fileiras também dirigem a atenção dos alunos para o professor, e assim são particularmente adequadas para aulas centradas nos professores. Porém, há inúmeras variações sobre esse tema. Por exemplo, você pode considerar a possibilidade de colocar carteiras em fileiras horizontais (ver Fig. 2.1). Essa disposição ainda orienta os estudantes na direção do professor, mas lhes oferece "vizinhos" próximos de cada lado. Outra variação é mostrada na Figura 2.2. Nela, as carteiras são dispostas em duas fileiras voltadas umas para as outras, com um corredor largo no meio da sala de aula. Como esse arranjo permite que os alunos vejam uns aos outros e interajam mais facilmente, ele é particularmente útil em estudos sociais ou no ensino de línguas. Outra opção de arranjo de fileiras defendida por Jones et al. (2007, p. 42) é mostrada na Figura 2.3. Nela, uma "volta interna" coloca você "[...] a apenas alguns passos de qualquer aluno da turma".

---

* N. de R.T.: No sentido de ausentar-se do grupo e trabalhar de forma individual e concentrada.

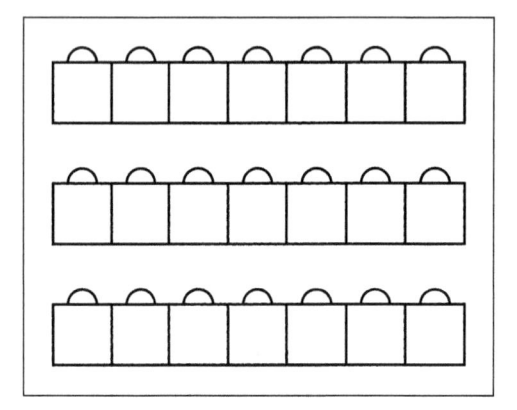

FIGURA 2.1 Um arranjo horizontal.

As Figuras 2.4 a 2.6 ilustram o modo como Sandy, Fred e Christina arranjaram suas salas de aula. Como você pode ver, a sala de aula de Sandy é dividida em áreas de ensino para todo o grupo e áreas de trabalho ou de laboratório (Fig. 2.4). Para apresentações e revisão do dever de casa, os estudantes sentam em um arranjo de fileira horizontal. Um corredor separa grupos de duas ou três mesas trapezoidais (o que Sandy detesta porque elas ocupam boa parte do espaço). Embora ela não goste que os alunos fiquem tão juntos, Sandy deseja colocar o máximo possível de estudantes em uma fileira, de modo que todos estejam relativamente perto da frente da sala.

Fred e Christina escolheram dispor suas carteiras em fileiras (ver Fig. 2.5 para o arranjo de Fred); entretanto, ambos os professores geralmente fazem com que os alunos se movam para outras configurações quando apropriado. Como Christina explica:

> Eu não gosto de posicionar os alunos em fileiras... mas é uma maneira funcional de começar, especialmente porque eu compartilho a sala. Minha filosofia é a de que eu os movo de acordo com a atividade. [Ter as carteiras em fileiras] é um bom ponto de partida para escrever o jornal, assistência e apresentações de todo o grupo, e então eu os movo quando quero.

Tanto Fred quanto Christina têm alunos que reagrupam suas mesas para trabalho em pequenos grupos e, quando as turmas são pequenas o suficiente, em um círculo para discussões de turma. Esse ano as turmas grandes de Christina a levaram a experimentar um novo arranjo para discussão (ver Fig. 2.6):

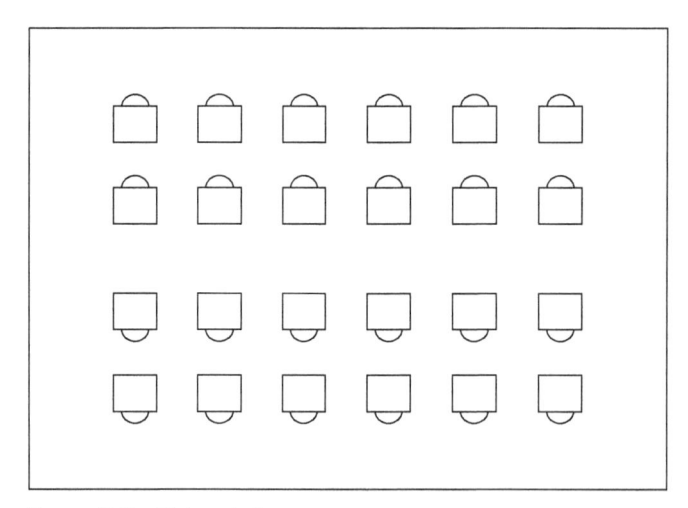

FIGURA 2.2 Fileiras de frente umas para as outras.

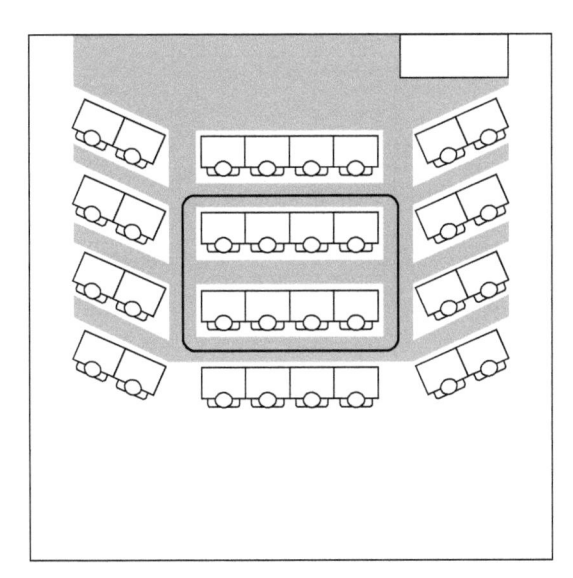

Figura 2.3 Arranjo de "volta interna" de Fredric Jones.
Fonte: Jones et al. (2007).

> Quando vamos ter discussões eu fico no meio da sala e peço a todos os alunos para virarem suas carteiras em um ângulo de 45°, de modo que todas estejam voltadas para o centro. Então eu sento fora do círculo; isso me ajuda a manter a minha boca fechada.

Na sala de aula de Donnie, mesas de duas pessoas substituíram as carteiras-padrão que ela costumava usar. Donnie começou colocando as mesas em grupos de dois, formando fileiras horizontais, mas continua tentando outros arranjos à medida que as necessidades surgem (ver Fig. 2.7 para um exemplo). Ela permite até mesmo que alunos individuais movam suas mesas para configurações que eles considerem mais confortáveis. Curiosamente, embora as mesas de Donnie sejam atraentes e facilitem o trabalho em pequenos grupos, ela na verdade prefere carteiras, que podem facilmente ser dispostas em formato de ferradura.

Christina, Fred e Donnie mostram uma vontade grande de rearranjar suas salas. De fato, um estudo recente mostrou que os professores geralmente preferem mudar o formato de ensino para se adequar ao arranjo do mobiliário em vez de mudar o arranjo para se adequar ao formato de ensino (KUTNICK et al., 2005). Assim, professores que têm carteiras de estudantes dispostas em fileiras podem optar por discussões em pares em vez de grupos de aprendizado cooperativo, uma vez que isso não irá exigir a movimentação do mobiliário. Podemos entender essa relutância: mover os móveis pode resultar em perda de tempo de ensino, caos e confusão. Mas isso não tem de ser desse jeito. Ao olhar para os alunos de Christina, Fred e Donnie movendo suas carteiras e mesas para novas configurações, é possível perceber que os estudantes podem aprender a fazer isso rapidamente e em silêncio – mas terão de ser ensinados sobre os procedimentos a ser seguidos (ver Cap. 4).

Interação entre o professor e os alunos

O modo como os estudantes são dispostos também pode afetar a interação entre professor e alunos. Vários estudos registraram que, em salas de aula nas quais as carteiras

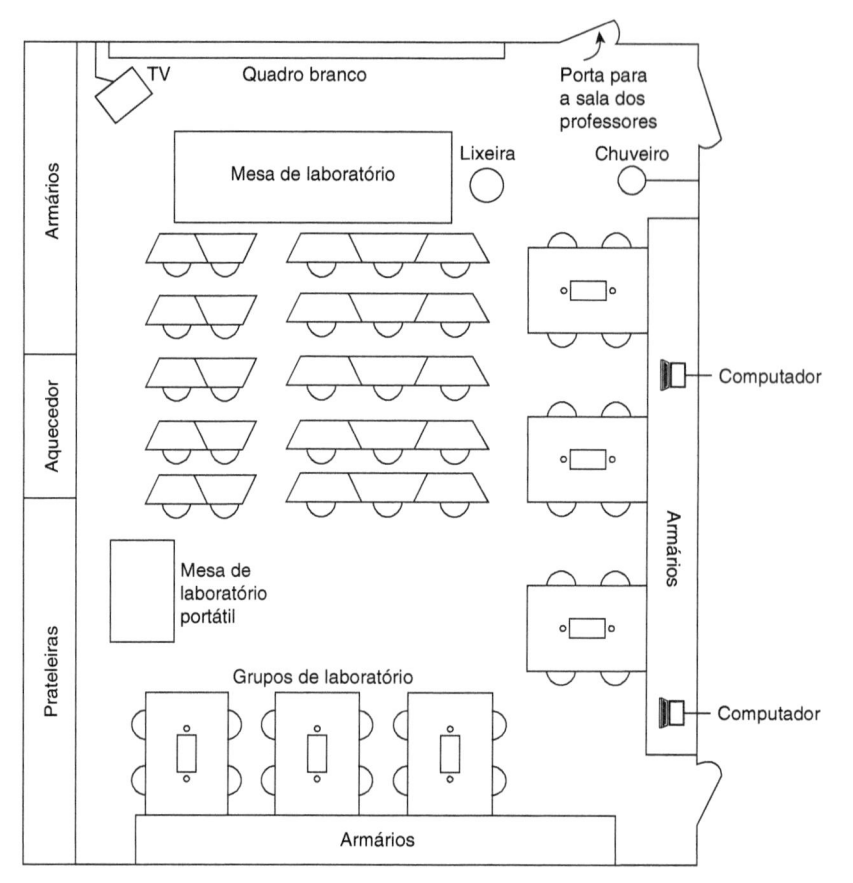

FIGURA 2.4 Arranjo da sala de Sandy.

são dispostas em fileiras, o professor interage principalmente com estudantes sentados na frente e no centro da sala de aula. Os alunos nessa "zona de ação" (ADAMS; BIDDLE, 1970) participam mais das discussões da turma e iniciam mais perguntas e comentários.

Pesquisadores em educação tentaram desvendar as razões para esse fenômeno. Os estudantes que são mais interessados e mais ávidos em participar escolhem os assentos na frente ou a posição de um assento na frente de algum modo produz essas atitudes e comportamentos? Esse tema não foi totalmente elucidado, mas o peso das evidências indica que sentar-se na frente e no centro de fato estimula a participação, enquanto um assento na parte de trás torna mais difícil participar e mais fácil se "desligar". Durante a discussão com os estudantes em uma das aulas de Sandy, ficou claro que eles tinham consciência desse fenômeno. Um aluno falou: "Quando estamos mais na frente, sabemos que podemos ser vistos com mais facilidade pelo professor. Isso ajuda a nos manter despertos".

Christina também está consciente da influência que o local do assento pode ter na participação e no envolvimento dos alunos. No primeiro dia de aula ela distribui os assentos em ordem alfabética. Algumas semanas depois, entretanto, redistribui os lugares para maximizar o envolvimento e a participação dos estudantes:

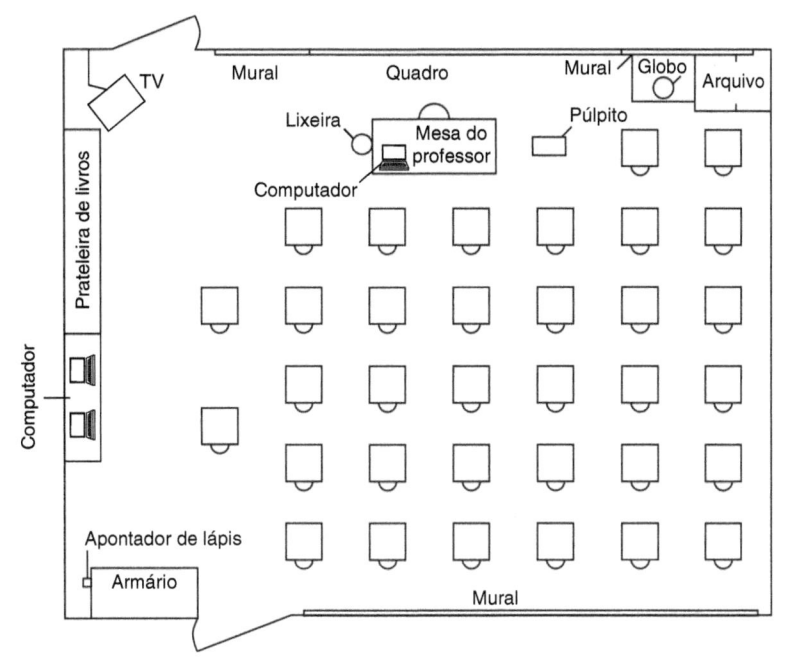

FIGURA 2.5 Arranjo das fileiras de Fred.

Eu tento avaliar suas necessidades em relação à participação e minhas necessidades em relação à gestão. Eu olho para áreas problemáticas, por exemplo, para tentar desfazer o excesso de conversa. Se os estudantes parecem precisar de um empurrão extra para participar, eu os coloco na frente. Se os estudantes es-

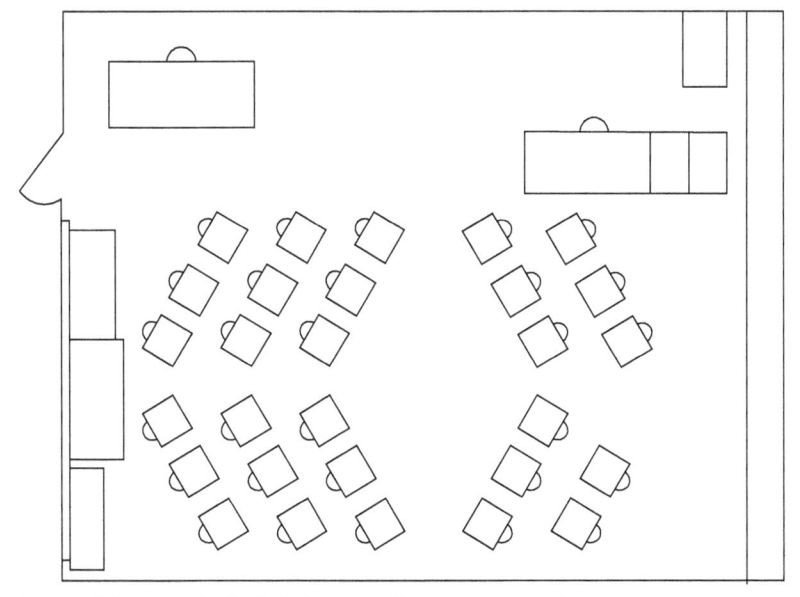

FIGURA 2.6 Arranjo de Christina para discussões com toda a turma.

Arranjo de Christina para discussões com toda a turma

tão se jogando de suas cadeiras tentando participar, não há problemas se ficarem mais para trás. Se possível tento evitar sentar pessoas nos cantos da parte de trás; é onde eles podem se perder. Mas, na minha turma de 29 alunos, alguém tem de ficar nos cantos de trás. Eu tento remediar essa situação trocando os lugares após algumas semanas e reconfigurando o arranjo dos lugares para diferentes atividades.

Embora pesquisas sobre a zona de ação tenham examinado apenas o arranjo das fileiras, é fácil imaginar que o mesmo fenômeno ocorreria sempre que os professores dirigissem a maioria dos seus comentários e perguntas aos alunos que estão mais perto deles. Tenha isso em mente e adote medidas para garantir que a zona de ação abranja toda a sua turma. Algumas sugestões são (1) mova-se pela sala sempre que possível; (2) estabeleça contato visual com estudantes sentados distantes de você; (3) dirija comentários aos estudantes sentados no fundo ou nas laterais; e (4) troque periodicamente os estudantes de lugar (ou permita que eles selecionem novos lugares), de modo que todos os estudantes tenham a oportunidade de sentar na frente. Veja a Figura 2.8 para uma sugestão bem humorada sobre como estimular os estudantes a sentar na fileira da frente!

Identificação simbólica

Esse termo se refere à informação fornecida por um ambiente sobre as pessoas que passam algum tempo nele. As perguntas-chave são as seguintes: O que essa sala nos diz a respeito dos alunos – suas atividades em sala de aula, origens, realizações e preferências? E o que a sala de aula nos diz sobre os objetivos dos professores, seus valores, suas visões sobre a área de concentração e crenças sobre a educação?

Muito frequentemente as salas de aula lembram quartos de hotel. Elas são agradáveis, mas impessoais, não revelando nada

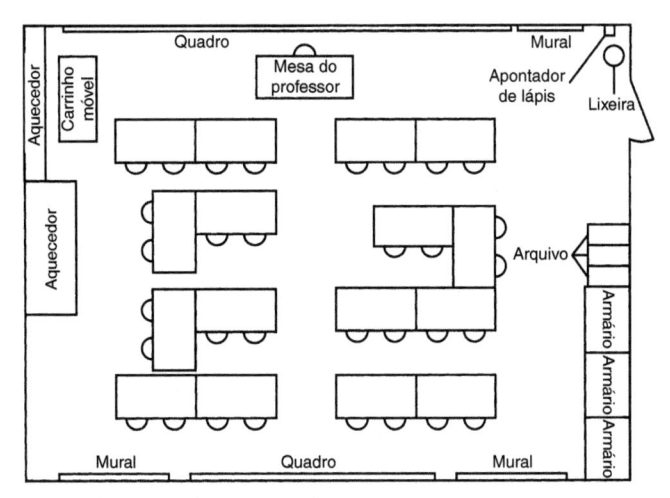

Figura 2.7 Um dos arranjos de Donnie.

acerca das pessoas que usam o espaço – ou mesmo sobre o assunto que é ali estudado. Esse "anonimato" é exacerbado nas escolas dos anos finais do ensino fundamental e do ensino médio, em que seis ou sete turmas podem usar o espaço durante o dia (e então uma turma de adultos o utiliza à noite, como no caso de Fred!). Entretanto, é importante pensar em maneiras de personalizar seu ambiente de sala de aula. Antes de usar o espaço das paredes ou quadros de aviso, no entanto, certifique-se de negociar "direitos de propriedade" com os outros professores que estão usando a sala.

Os quatro professores tentam personalizar suas salas de aula dentro das limitações de suas circunstâncias individuais. Na sala de aula de Christina, móbiles de máscaras de teatro e gêneros literários ficam pendurados no teto. Cinco quadros de aviso vivamente coloridos na parede de trás abordam vários aspectos da disciplina de inglês. Os dois mais próximos das janelas contêm fotografias de escritores famosos em suas mesas; citações descrevem os modos como eles abordam – e vencem – as agruras da escrita. Donnie utiliza apenas dois quadros de aviso, mas ela tenta fazê-los refletir as atividades e realizações de seus alunos. Ela lê o jornal e regularmente coloca no quadro histórias sobre seus alunos atuais e antigos. Um quadro de avisos é em geral destinado a uma "Lista de Honra da Matemática" (estudantes que receberam notas A ou B no período). Às vezes ela tira até fotos dos alunos em suas aulas e as expõe para celebrar momentos especiais (p. ex., quando um aluno faz um trabalho particularmente bom, quando um aluno tem uma excelente frequência, etc.).

Para incentivar os alunos a sentar na fileira da frente, a escola de ensino médio Varsteen equipou todas as suas salas com cadeiras de massagem eletrônica.

Figura 2.8 *Fonte:* McPherson (1999).

Sandy também publica fotografias de seus alunos realizando pesquisas no laboratório, embora nunca sem permissão explícita. Ocasionalmente Sandy também publica trabalhos de destaque dos alunos, mas ela recomenda cautela:

> Estudantes de ensino médio frequentemente não querem seus trabalhos colocados no quadro de avisos porque eles não querem "se destacar" de seus colegas de alguma maneira. Se eu realmente for mostrar o trabalho, me certifico de colocar seus nomes no verso do papel.

Você também pode personalizar o espaço da sala de aula mostrando materiais que refletem os contextos culturais dos alunos da sua turma, especialmente quando eles se relacionam à matéria. Por exemplo, uma sala de aula de artes poderia mostrar o trabalho de vários artistas dos países de origem dos seus alunos, enquanto uma sala de aula de ciências poderia mostrar pôsteres de cientistas de todas as partes do mundo que fizeram contribuições importantes para o progresso científico. Em uma sala de aula de matemática, exposições "etnomatemáticas" poderiam explorar conceitos tais como número, gráficos, topologia, probabilidade e simetria no contexto de culturas não ocidentais (p. ex., África, China, Índia, incas e maias).

Além disso, leve em conta as maneiras pelas quais você pode usar o ambiente para comunicar algo a respeito do *seu próprio* contexto cultural, suas experiências e seus interesses. Você pode querer pendurar suas obras de arte favoritas, mostrar fotos da sua família ou mostrar sua coleção de sapos de cerâmica (você provavelmente não deve exibir objetos insubstituíveis uma vez que eles podem ser danificados). Na mesa de Christina há um móbile de maçãs de madeira que ela fez durante o verão, antes do seu primeiro ano como professora. Um ursinho representa a coleção de ursos que ela tem em casa. No quadro da frente, um poema emoldurado, escrito por um aluno antigo, começa da seguinte maneira: "Esse é um poema/ sobre alguém que tentou nos ensinar/Embora às vezes todos nós fossemos teimosos/Ela ainda assim conseguiu nos tocar".

Finalmente, considere criticamente materiais comerciais antes de colocá-los nas paredes de suas salas de aula e pergunte a si mesmo se eles realmente contribuem para o aprendizado dos alunos (TARR, 2004). Os quadros de aviso são "bens imóveis" privilegiados, portanto, prefira mostrar o trabalho dos alunos ou itens que você produziu.

Instrumentalidade de tarefas

Essa função lida com as várias maneiras de o ambiente nos ajudar a levar adiante as tarefas que precisamos realizar. Pense nas tarefas e atividades que serão desenvolvidas em sua sala de aula. Os alunos trabalharão sozinhos em seus lugares em deveres escritos? Eles trabalharão cooperativamente em atividades e projetos? Você dará aula para toda a turma a partir do quadro, retroprojetor ou *data show* conectado a um computador? Você trabalhará com grupos pequenos no laboratório? Os estudantes completarão as tarefas em computadores na sala de aula?

Para cada uma dessas tarefas você precisa considerar as necessidades físicas de planejamento. Por exemplo, se você planeja fornecer instruções para todo o grupo antes de os alunos trabalharem independentemente (p. ex., nas mesas de laboratório), pense em onde localizar a área de ensino. Você quer que ela esteja perto de um quadro ou da tela de projeção? Em qualquer caso, sua localização deve permitir a todos os estudantes ver e ouvir suas apresentações sem que fiquem apertados. Você também quer que as áreas de trabalho sejam bem organizadas de modo que os indivíduos ou grupos pequenos não interfiram uns nos outros.

Se você tem um computador para usos não educacionais, como manutenção de registros, você provavelmente quer localizá-lo na sua mesa; se você tem um computador usado para apresentações, ele precisará estar localizado perto do *data show* ou do quadro interativo (BOLICK; COOPER, 2006). Se você tem computadores na sua sala de aula para uso dos estudantes, você também precisa pensar cuidadosamente sobre onde os colocará, embora isso se restrinja à localização das tomadas elétricas e dos cabos para acesso à internet. Se os estudantes forem trabalhar em pares ou em pequenos grupos, coloque os computadores em uma área em que grupos de estudantes possam se reunir em volta sem criar congestionamento e distração. Também se assegure de manter os computadores longe de torneiras e de quadros, uma vez que a água e o pó de giz podem danificá-los.

Quaisquer que sejam as tarefas que ocorram em sua sala de aula há algumas poucas diretrizes que você precisa ter em mente. Elas são apresentadas na seção Dicas Práticas.

Prazer

A questão importante aqui é se os professores e alunos acham a sala de aula atraente e agradável. Para o professor já sobrecarregado, preocupado em seguir o currículo, aumentar as notas dos testes e manter a ordem, preocupações estéticas podem parecer irrelevantes e insignificantes (pelo menos até que as reuniões de pais ou a noite de início das aulas se aproximem). Porém, dada a quantidade de tempo que você e seus alunos passam na sala de aula, vale a pena pensar em maneiras de criar um ambiente agradável. É triste quando alunos associam educação a locais estéreis, desconfortáveis e desagradáveis.

Em um estudo clássico sobre atratividade de ambientes, os pesquisadores compararam entrevistas que ocorreram em uma sala "feia" com aquelas que ocorreram em uma sala "bonita" (MASLOW; MINTZ, 1956). Nem o entrevistador nem o entrevistado sabiam que o propósito real do estudo era avaliar o impacto do meio sobre o seu comportamento. Os pesquisadores registraram que os entrevistadores assinalados para a sala feia reclamaram de dores de cabeça, fadiga e desconforto. Além disso, as entrevistas *acabaram mais rapidamente* nessa sala. Aparentemente, as pessoas na sala feia tentaram terminar sua tarefa o mais rápido possível para escapar do cenário desagradável.

Estudos adicionais também demonstraram que ambientes esteticamente agradáveis podem influenciar o comportamento. Por exemplo, dois estudos de ensino superior indicaram que salas de aula atraentes têm um efeito positivo no comparecimento e sentimento de união do grupo (HOROWITZ; OTTO, 1973) e na participação nas discussões em sala de aula (SOMMER; OLSON, 1980). Nesses locais estudados, as salas de aula tinham assentos bem planejados, com luz suave, plantas, cores quentes e carpete, melhorias estéticas que dificilmente podem ser implantadas pela maioria dos professores das escolas de ensino médio. Entretanto, vale a pena pensar sobre os tipos de modificações ambientais que são possíveis, especialmente se você tem a sua própria sala. Tente ser tão criativo quanto Roberta

> **PARE E REFLITA**
>
> Escutamos professores dos anos finais do ensino fundamental e do ensino médio comentarem que as cinco funções do ambiente de sala de aula são interessantes, porém mais aplicáveis à sala de aula dos anos iniciais do ensino fundamental. Nós discordamos. Pense em como um professor pode usar as cinco funções da sala de aula no planejamento e na instalação de um ambiente de sala de aula que seja desenvolvido adequadamente para alunos do 7º ano do ensino fundamental à 3ª série do ensino médio.

> **DICAS PRÁTICAS**
>
> **COMO ARRUMAR UMA SALA DE AULA FUNCIONAL**
>
> - **Materiais usados com frequência em sala de aula devem ser acessíveis aos estudantes.** Materiais como calculadoras, tesouras, dicionários, livros, grampeadores, fita adesiva e réguas devem ser de fácil alcance. Isso irá minimizar o tempo gasto preparando as atividades e a limpeza. Decida quais materiais serão mantidos em armários fechados e quais serão guardados em prateleiras abertas. Pense se os materiais serão acessíveis aos estudantes que usam cadeiras de roda, muletas ou andadores.
> - **Prateleiras e áreas de depósito devem ser bem organizadas de modo que fique claro onde ficam guardados materiais e equipamentos.** É útil etiquetar as prateleiras de modo que cada um saiba para onde as coisas vão. Isso tornará mais fácil pegar materiais e devolvê-los. Você também deve ter algum tipo de sistema para a distribuição e coleção dos trabalhos dos alunos (p. ex., caixas de entrada-saída). Materiais que os alunos não devem acessar sem permissão devem ser guardados em armários trancados ou fechados.
> - **Os percursos ao longo da sala devem ser planejados cuidadosamente, a fim de evitar congestionamento e distração.** Os caminhos para o apontador de lápis, o armário de suprimentos e as latas de lixo devem estar claramente visíveis e desobstruídos. Essas áreas de grande trânsito devem estar o mais distante possível das carteiras dos alunos. Observe se os percursos são largos o suficiente para estudantes que usam cadeiras de roda.
> - **A disposição dos assentos deve permitir que os estudantes tenham uma clara visão das aulas expositivas.** Se possível, os alunos devem ser capazes de assistir às aulas expositivas sem girar suas carteiras ou cadeiras.
> - **A localização da mesa do professor depende de onde você ficará na maior parte do tempo.** Se você vai estar constantemente se movendo pela sala, sua mesa pode estar fora do caminho, em um canto. Se você vai usá-la como uma área de reunião ou como uma estação de trabalho, então ela precisa ser localizada mais ao centro. Porém, tenha cuidado: ao ficar no centro, você pode ser tentado a permanecer na sua mesa por longos períodos de tempo, e isso diminui a sua capacidade de monitorar o trabalho e o comportamento dos estudantes. Além disso, realizar as reuniões com os alunos nesse local mais central pode distrair os demais estudantes.
> - **Decida onde guardar seus suprimentos e materiais auxiliares de ensino.** Se você se desloca de uma sala para outra, procure ter uma gaveta na mesa ou uma prateleira em um armário de depósito para seu uso pessoal. No mínimo você precisará armazenar canetas e marcadores, clipes de papel, um grampeador, elásticos, giz ou canetas para quadro-branco, fita adesiva, lenços de papel, diários e pastas de arquivo. Uma estratégia alternativa é levar seus suprimentos pessoais com você, talvez em um organizador plástico ou um carrinho móvel.

Jocius, uma professora de inglês do ensino médio de Portage, Indiana (Estados Unidos), que é apaixonada por criar uma sala de aula atraente e aconchegante (SCHMOLLINGER et al., 2002). Em um canto da sala de aula de Jocius fica uma cadeira de balanço com um tapete e um abajur de leitura, logo ao lado de um mostruário de romances para jovens e adultos. Cortinas de laço e uma lareira artificial com um tronco de madeira elétrico também aumentam a sensação de calor humano e aconchego, junto com um conjunto de chá de porcelana chinesa que ela usa durante o estudo de seus alunos da obra *Grandes esperanças*, de Charles Dickens.

O PROFESSOR COMO UM PLANEJADOR DO AMBIENTE

As funções de Steele oferecem uma maneira de pensar sobre o ambiente, mas não fornecem um projeto arquitetônico. Se você pensa a respeito dos vários papéis que o ambiente desempenha, você reconhecerá que as funções não se sobrepõem apenas, podendo na verdade entrar em conflito. Arranjos das cadeiras que são bons para o contato social podem ser ruins para a realização de testes, como Donnie pode confirmar: ela frequentemente prepara duas ou três versões de um teste, uma vez que os alunos estão sentados muito perto uns dos outros! Do mesmo modo, arranjos da sala que fornecem privacidade aos estudantes podem ser ruins para monitorar e manter a ordem. Ao pensar na sua sala, você precisa determinar que funções terão prioridade sobre outras. Você também tem de pensar sobre o que é possível atingir se você for um professor "nômade", que se move de sala em sala ou que compartilha espaço com outros professores. Esta seção do capítulo descreve um processo que pode ser seguido à medida que você planeja sua sala de aula.

Pense sobre as atividades que a sala irá acomodar

A primeira etapa no planejamento da sala de aula é refletir sobre as atividades que sua sala é capaz de acomodar. Por exemplo, se você está ensinando uma ciência de laboratório, você pode precisar abrigar aulas expositivas para todo o grupo, trabalho prático de laboratório, apresentações com mídia e realização de testes. Se você estiver ensinando história, você pode querer ter projetos de pesquisa em pequenos grupos, debates, simulações e dramatizações, além de apresentações do professor, discussões da turma e trabalho sentado. Se você estiver ensinando uma língua estrangeira, você pode querer facilitar a conversa entre os estudantes. Liste essas atividades em uma coluna e junto de cada atividade observe se ela coloca quaisquer exigências físicas especiais. Por exemplo, grupos pequenos podem precisar de acesso a fontes de gás ou água. Também leve em conta as atividades que envolvem objetos que não podem ser movidos, como tela de projeção, equipamento que precisa de entrada de energia ou de cabo para acesso à internet.

Em seguida, considere quais dessas atividades irão *predominar* na sua sala de aula e reflita sobre o arranjo físico que será mais adequado na maior parte do tempo. Os alunos passarão mais tempo em discussões com toda a turma? Se assim for, você pode querer dispor as carteiras em um grande círculo. Você passará boa parte do tempo fazendo apresentações e demonstrações no quadro? Se a sua resposta for sim, então algum tipo de arranjo em fileiras pode ser mais indicado. Além disso, leve em conta como a mobília pode ser disposta para acomodar as *outras* atividades que você estará conduzindo. Por exemplo, Christina arranja as carteiras em fileiras, mas, assim que os alunos acabam de escrever o jornal (a primeira atividade em cada período), eles formam grupos de quatro ou cinco alunos para desenvolver tarefas em pequenos grupos.

Pense se os alunos na sua sala de aula têm necessidades especiais que exigem modificações do ambiente

É importante pensar a respeito das características dos estudantes que estarão usando a sala e se você precisa fazer qualquer modificação ambiental para que fique segura e confortável. Algum aluno tem problemas ortopédicos que exijam a presença de corredores amplos ou equipamento e mobiliário especial? Sandy, por exemplo, tem uma mesa com um laboratório portátil para acomodar um aluno que usa cadeira de rodas. Se algum aluno tem deficiências auditivas deve ser desejável minimizar ruídos de fundo colocando-se feltro ou protetores de borracha nos pés de cadeiras e mesas (bolas de tênis funcionam!). Cobrir as superfícies das mesas com tecido e revestir áreas de estudo individuais com revestimento acústico ou cortiça também pode ajudar a diminuir o barulho (MAMLIN; DODD-MURPHY, 2002).

Também pense a respeito de necessidades especiais quando distribuir os alunos pelos lugares. Algum aluno tem dificuldades de atenção que pode precisar de assento longe de qualquer distração? Se você tiver alunos com dificuldades auditivas que precisam fazer leitura labial, posicione seus assentos de modo que eles possam ver o seu rosto a todo momento. Se você tiver alunos com deficiência visual, eles precisarão ficar próximos de onde você apresentará o material (p. ex., a tela de projeção ou o quadro-branco). Faça uma lista das modificações que você pode ter de fazer em sua sala de aula para cada um desses tipos de aprendizes e também o que você pode fazer para beneficiar todos os alunos em sua sala de aula.

Pense sobre as necessidades dos outros adultos na sala

À medida que mais e mais estudantes com necessidades especiais são educados em salas de aula regulares, torna-se cada vez mais provável que você esteja trabalhando com outros adultos (p. ex., professores de educação especial fornecendo suporte dentro de sala, monitores, auxiliares de ensino). De fato, um estudo recente realizado em 18 escolas dos anos iniciais do ensino fundamental descobriu que os professores eram mais propensos a ter pelo menos um adulto adicional em suas salas de aula do que a trabalhar sozinhos com os seus alunos (VALLI; CRONINGER; WALTERS, 2007).

Professores de educação especial ou auxiliares de ensino podem precisar, no mínimo, de um lugar para guardar materiais e equipamento e de um local para sentar, e assim você precisará decidir onde eles poderão ficar. Uma das turmas de Sandy tem um estudante com uma lesão cerebral e ele conta com um auxiliar pessoal em tempo integral. Nesse caso, Sandy prefere que o ajudante se sente no fim da sala e não perto do estudante. Ela explica:

Meu maior desafio com James é torná-lo parte da comunidade, e com o auxiliar sentado logo ao seu lado, anotando por ele, fica mais difícil para ele se integrar ao grupo. Eu decidi que outro membro do seu grupo deveria tomar notas para ele (em papel carbono), e eles realmente começaram a interagir. Os alunos aprenderam a ouvi-lo e a aceitar suas contribuições, mas isso não teria ocorrido tão facilmente se o auxiliar estivesse logo ao lado. Algumas vezes a proteção de um auxiliar não permite que um estudante cresça e se torne mais independente e um membro real e funcional do grupo.

(Trataremos novamente desses temas no Cap. 5, quando abordaremos o coensino entre professores em geral e os professores de educação especial).

Desenhe uma planta

Antes de mover qualquer mobília, desenhe alguns planos diferentes de plantas baixas e selecione aquela que parece a mais factível. Os diagramas da sala de aula mostrados anteriormente contêm alguns símbolos úteis ou você pode criar os seus próprios. A fim de decidir onde a mobília e os equipamentos devem ser colocados, leve em conta as necessidades especiais registradas em sua lista de atividades, bem como os "recursos" – a localização de tomadas, quadros, monitores de TV permanentemente instalados ou *data shows*, janelas, prateleiras embutidas, cabeamento para computadores, armários ou mesas de laboratório. Também tenha em mente nossa discussão sobre segurança psicológica, contato social e instrumentalidade de tarefas.

Pode ser útil começar decidindo onde você dará a aula expositiva para todo o grupo e o modo como os estudantes ficarão sentados durante esse tempo. Pense onde a mesa do professor deve estar, se os materiais frequentemente usados, guardados em prateleiras e armários, estão acessíveis para você e seus alunos, e se os corredores estão desobstruídos. Lembre-se de que não há uma única maneira de planejar sua sala de aula. O importante é se assegurar de que o seu arranjo espacial apoie as estratégias de ensino que você usará e os tipos de comportamentos que você espera dos seus alunos.

Envolva os alunos nas decisões sobre o ambiente

Embora uma grande parte do trabalho possa ser feita antes do início do período escolar, algumas coisas podem ficar para depois, de modo que os seus alunos possam participar do processo de planejamento. Se você ensina a quatro ou cinco turmas em uma mesma sala, é obviamente impossível envolver cada um dos alunos nas decisões sobre o ambiente; entretanto, você pode pedir ideias para o arranjo da sala às suas várias turmas e então selecionar aquelas que parecem mais possíveis. Você pode também revezar a responsabilidade por algum cuidado com o ambiente entre suas turmas (p. ex., cada turma poderia ter a oportunidade de planejar um quadro de avisos). Convidar estudantes para participar da tomada de decisões sobre o ambiente não ajuda apenas a criar arranjos físicos mais sensíveis, mas também prepara os alunos para seus papéis como cidadãos ativos e envolvidos que possuem competência ambiental.

Tente o novo arranjo, avalie e planeje novamente

Além de ser sensível ao aporte dos estudantes no arranjo da sua sala, você pode usar as funções do ambiente de Steele como uma base para avaliar o arranjo da sua sala de aula. Por exemplo, a disposição das carteiras facilita ou dificulta o contato social entre os estudantes? Os quadros de aviso comunicam informações sobre a matéria da disciplina e o trabalho dos alunos? Os materiais frequentemente usados estão acessíveis aos estudantes? A sala gera um ambiente prazeroso?

À medida que você avalia a eficiência do ambiente da sala de aula, fique alerta para problemas comportamentais que podem ser causados pela disposição física. Por exemplo, se um estudante se tornar distraído depois de seu lugar ser transferido para junto do apontador de lápis, é provável que uma mudança ambiental esteja em jogo, em vez de você apenas repreender o aluno. Se o chão da sala de aula estiver constantemente sujo apesar de seus apelos por limpeza, o problema que pode estar por trás é um número insuficiente de lixeiras e/ou localizações inconvenientes.

Melhorar a sua sala não tem de ser entediante nem demorado. Na verdade, pequenas modificações podem trazer mudanças gratificantes no comportamento. Billy, um aluno dos anos finais do ensino fundamental em Nova York, frequentemente mudava de posição e saía de sua cadeira (BURKE; BURKE-SAMIDE, 2004). A professora descobriu que sentar-se na cadeira dura lhe trazia grande desconforto e que suas frequentes mudanças de posição e saída da cadeira eram maneiras de aliviar esse problema. Os autores sugerem que oferecer a Billy um assento mais confortável provavelmente irá aumentar seu intervalo de atenção e participação na turma.

ALGUMAS REFLEXÕES SOBRE TER DE COMPARTILHAR SALAS

Quando nos sentamos para discutir o papel do ambiente físico na gestão da sala de aula, ficou claro que todos os professores se sentem frustrados pela necessidade de compartilhar as salas de aula. Christina foi rude sobre ter de ensinar em duas salas diferentes: "Eu odeio isso!" Sandy destacou as dificuldades que são criadas quando o acesso à sala de aula é limitado:

> Quando não estou na minha sala, alguém está; isso significa que eu não posso entrar nela durante o dia escolar para preparar os laboratórios –

e nós fazemos seis laboratórios por semana. Eu tenho que preparar os laboratórios antes ou depois da escola, e é também quando tenho que realizar as outras responsabilidades associadas ao fato de ser professora de química, como organizar os materiais, descartar os produtos químicos vencidos, garantir que todo o equipamento esteja funcionando bem e, é claro, trabalhar com estudantes que estão com problemas. Embora eu tenha interesse em criar um ambiente mais atrativo, essa tem de ser uma prioridade menor.

Os professores também manifestaram irritação com outros problemas comuns – por exemplo, espaço de armazenamento inadequado (Christina gosta de "acumular" coisas), mobiliário inadequado e número insuficiente de carteiras. Eles trocaram histórias a respeito de materiais que desaparecem (Fred perdeu três grampeadores esse ano) e sobre a falta de áreas de trabalho pessoais (Sandy levou um ano para conseguir uma mesa onde ela pudesse se sentar durante os períodos livres para planejar lições e corrigir trabalhos; quando ela finalmente conseguiu uma, ela estava em um armário de depósito!). Eles também falaram dos problemas que surgem quando os outros professores que dividem a sala são considerados colegas de sala imprudentes, que não limpam o espaço adequadamente.

Ser um bom colega de sala

Durante nossa discussão, Donnie compartilhou uma piada que ilustra os tipos de problemas que podem ocorrer quando professores compartilham salas.

Eu compartilho uma sala com um antigo professor substituto que deveria monitorar uma turma de estudos na minha sala durante o segundo período. Ele acha que não tem que ficar de olho nos alunos, e assim eles se sentam e escrevem em todas as carteiras. Um dia, eu não aguentei; peguei uma esponja e um produto de limpeza e limpei todas as mesas antes do horário escolar. Eu usei a sala no primeiro período e então a passei para ele. Quando eu voltei para o terceiro período, as carteiras estavam de novo cobertas de inscrições! Fiquei furiosa!

Em geral, é importante conseguir um acordo explícito logo no início do ano sobre como a sala deve ser inicialmente disposta, que quadros estão disponíveis para cada um dos professores e que espaço de armazenamento cada um pode usar. Se, como um novo professor, você é designado para dividir uma sala com um professor experiente, certifique-se de ter essas discussões antes de você começar a rearranjar a sala ou a tomar conta do quadro e do espaço de armazenamento.

Você também deve discutir como a sala de aula deve ser deixada a cada período. Você e o seu colega de sala podem combinar de retornar as carteiras para a disposição-padrão, apagar os quadros, descartar os materiais, limpar o chão, evitar que alimentos sejam deixados na sala e, é claro, que qualquer inscrição seja deixada nas cadeiras ou mesas. Vocês também têm de acordar sobre qual procedimento seguir se o acordo for violado, de modo que você não tenha de sofrer em silêncio. Como Sandy nos conta: "Não é suficiente ter um acordo; é necessário cumpri-lo. Meu colega de sala e eu concordamos em tornar os alunos responsáveis pela condição da sala. Se eu entrar e achar um problema eu o reporto a ele, que conversará com os estudantes na próxima vez que encontrá-los".

> **PARE E REFLITA**
> Pense nos problemas que surgem quando os professores têm de dividir salas. Se você está nessa situação, que itens específicos você gostaria de incluir em um acordo acerca de como a sala deve ser deixada? Que procedimento você gostaria que fosse adotado no caso de o acordo ser violado?

COMENTÁRIOS FINAIS

Os quatro professores concordam sobre a importância do ambiente físico. Fred afirma:

> Algumas das ideias – como a zona de ação – são importantes para o conhecimento dos professores, mesmo que eles se movam de uma sala para outra e tenham pouco controle sobre a sala de aula. No entanto, algumas das ideias – como segurança psicológica – são difíceis de ser postas em prática se você é um professor nômade como eu era. Mas tudo bem; pensar nesses assuntos é importante de qualquer maneira. Precisamos dizer aos novos professores: "Escutem, vocês precisam ser espertos para lidar com isso. Se vocês não puderem acrescentar detalhes suaves e acolhedores à sua sala, então vocês terão de compensar. Vocês terão de encontrar outras maneiras de fornecer segurança psicológica, tal como garantir que os seus alunos se sintam seguros em sua sala de aula porque eles sabem que não serão atacados".

Como Fred sugere, não é fácil para os professores do ensino médio criar seus ambientes ideais de sala de aula. No entanto, esperamos que este capítulo tenha lhe dado uma consciência maior do ambiente físico e do seu impacto, junto com um senso realista de como você pode usar o ambiente para atingir seus objetivos. Lembre-se de que a competência ambiental é uma parte integrante da gestão da sala de aula.

RESUMO

Este capítulo discutiu como o ambiente físico da sala de aula influencia o modo como os professores e estudantes sentem, pensam e se comportam. Ele enfatizou a necessidade de os professores estarem conscientes dos efeitos diretos e indiretos do ambiente físico. Essa consciência é a primeira etapa para desenvolver a "competência ambiental". O capítulo sugeriu maneiras de planejar uma sala de aula, de modo a apoiar os objetivos de ensino, empregando as funções de Steele sobre o ambiente como uma base para a discussão.

Segurança e abrigo

- Esteja consciente e implemente princípios de segurança para suprimentos e equipamento perigosos.
- Seja sensível às necessidades de estudantes com deficiências físicas e problemas de atenção.
- Adicione elementos que suavizem o ambiente.
- Organize o espaço buscando a ausência de interferência.
- Favoreça a privacidade criando áreas reservadas ou colocando divisórias de papelão.

Contato social

- Leve em conta o quanto de interação você quer entre os estudantes.
- Pense se você está fazendo contato com *todos* os seus estudantes; evite uma zona de ação pequena.

Identificação simbólica

- Personalize o espaço da sua sala de aula de modo que ele comunique informação adequada sobre você, seus alunos e sua disciplina.

Instrumentalidade de tarefas

- Certifique-se de que os materiais usados frequentemente estejam acessíveis aos alunos.
- Deixe claro a que lugares pertencem as coisas.
- Planeje vias de passagem a fim de evitar congestionamento e distração.
- Arranje os assentos para uma visão clara das apresentações.
- Posicione sua mesa em um local apropriado (bem na lateral favorece a sua circulação).

Prazer

- Crie um ambiente esteticamente agradável por meio do uso de plantas, cores e quadros de aviso.

O planejamento cuidadoso do ambiente físico é uma parte integrante da boa gestão da sala de aula. Quando começar a planejar a sua sala, pense nas atividades que você irá abrigar; se possível, convide seus alunos para participar do processo de planejamento. Também reflita se alguns dos alunos possuem quaisquer necessidades especiais que precisem de modificações no ambiente.

Certifique-se de fornecer assento e espaço para guardar objetos para outros professores ou auxiliares que estarão em sua sala de aula. Experimente o seu arranjo, avalie e planeje novamente se necessário. Se você estiver compartilhando sua sala com outros professores, procure realizar um acordo explícito sobre como vocês irão compartilhar o espaço e sobre como vocês e seus estudantes serão responsáveis por mantê-lo em boa condição.

ATIVIDADES PARA A CONSTRUÇÃO DE HABILIDADES E REFLEXÃO

Na turma

Em pequenos grupos, leve em conta as disposições de assentos sugeridas a seguir. Pense no tipo de estratégia de ensino para a qual elas são adequadas ou inadequadas. Veja um exemplo.

Arranjo	Estratégias de ensino para as quais essa disposição é adequada	Estratégias de ensino para as quais essa disposição é inadequada
Fileiras	*Apresentações de professores ou estudantes; apresentações audiovisuais; testes*	*Discussões centradas nos alunos; trabalho em grupos pequenos*
Fileiras horizontais		
Em ferradura		
Pequenos grupos		
Em círculo		

Individual

Visite uma sala de aula dos anos finais do ensino fundamental ou do ensino médio, observe duas ou três aulas naquela sala de aula, desenhe um mapa da sala de aula e avalie a disposição física em termos das funções do ambiente de Steele. Use os itens marcados em cada uma das funções apresentadas no sumário do capítulo para criar uma lista de controle. Por exemplo, avalie o contato social, procure evidências de que o arranjo da sala de aula dá suporte ao volume de interação social adequada e que a zona de ação abrange toda a sala de aula.

Para seu portfólio

Imagine por um momento que você tenha uma sala de aula sua: você não tem de trocar de sala e não tem nem de compartilhá-la com qualquer outro professor! Desenhe uma planta baixa da sala de aula ideal. Em um comentário breve, explique por que você está desenhando a sala dessa maneira.

LEITURAS ADICIONAIS

EMMER, E. T.; EVERTSON, C. M. Organizing your classroom and materials. Chapter 1 in Classroom management for middle and high school teachers. 8th ed. Upper Saddle River: Pearson Education, 2009.

Esse capítulo direto e fácil de ler discute as "cinco chaves para uma boa disposição da sala" e fornece sugestões concretas para quadros de aviso e mostruários, arranjos de salas, computadores, centros e armazenamento.

HEISS, R. *Feng Shui for the classroom*: 101 easy-to-use ideas. Chicago: Zephyr Press, 2004.

Feng shui é o antigo método chinês de planejar espaços para criar equilíbrio e harmonia. Esse livro aplica os conceitos do *feng shui* à escola, "fornecendo aos professores estratégias e sugestões para melhorar a harmonia e a energia positiva em suas salas de aula". Mesmo os leitores mais céticos a respeito do livre movimento do *chi* (energia) podem achar interessantes as sugestões relacionadas ao arranjo do mobiliário, desordem, plantas, sons que acalmam, cores e móbiles.

SCHMOLLINGER, C. S. et al. How do you make your classroom an inviting place for students to come back to each year? *English Journal*, v. 91, n. 6, p. 20-22, 2002.

Esse artigo mostra as ideias de cinco professores de inglês sobre como criar um ambiente atrativo, convidativo e estimulante para seus alunos.

Fontes de organizações e *websites*

Learn NC K-12 Teaching and Learning, 140 Friday Center Drive, CB #7216, The University of North Carolina at Chapel Hill, Chapel Hill, NC, 27599-7216 (http://www.learnnc.org/lp/pages/BasicEnv1, 919-962-8888). A University of North Carolina, na Chapel Hill School of Education, descobre as práticas mais inovadoras e eficientes na educação de ensino básico e as disponibiliza para professores e estudantes. O *site* inclui artigos sobre o clima físico da sala de aula, organizado para a independência, trabalhando com o espaço disponível e com amostras de planta baixa da sala de aula.

The National Clearinghouse for Educational Facilities, 1090 Vermont Avenue, NW, Suite 700, Washington, DC 20005-4905 (www.edfacilities.org/rl/classroom_design.cfm, 888-552-0624). Esse *site* contém uma bibliografia registrada de publicações sobre o planejamento da sala de aula.

The Science House, NC State University Centennial Campus, Box 8211, NC State University, Raleigh, NC 27695-8211 (www.science-house.org/resources/safety.htm, 919-515-6118). Esse *site* fornece recursos e informação sobre salas de aula de ciências e segurança de laboratórios.

CAPÍTULO 3

Construindo relacionamentos respeitosos e atenciosos

> Por que é importante demonstrar atenção? 44
> Maneiras de demonstrar atenção e respeito pelos alunos 46
> Construindo relações de cuidado entre os alunos 63
> Uma história de advertência 77
> Comentários finais 77
> Resumo 78

Há alguns anos, supervisionamos uma licencianda chamada Annie, que havia sido colocada em uma sala de aula de 5º ano. Uma de nós havia dado aula para Annie em um curso no *campus* e todas nós tínhamos algumas preocupações a respeito de sua capacidade de organização. No entanto, não estávamos preparadas para o que vimos na primeira visita à sua classe, durante uma aula sobre aspas. Embora Annie não fosse exatamente cativante, ela não era uma professora ruim, mas o comportamento dos seus alunos era. Eles conversavam, mexiam em suas carteiras e ignoravam completamente a aula. Além disso, ao longo do período, vários alunos pediram à professora para ir ao banheiro e saíram da sala. Observamos, sem acreditar, que, a cada três minutos, um estudante deixava a sala de aula. Houve um momento em que havia cinco ou seis alunos fora da sala ao mesmo tempo. Mesmo assim, Annie nunca pedia aos alunos para esperar até que terminasse o que estava ensinando ou até que o aluno anterior retornasse.

Quando o período terminou e nos encontramos com Annie para discutir a aula, pedimos que ela falasse sobre o comportamento dos alunos. Queríamos saber como ela interpretava a falta de interesse da turma e o desejo evidente de deixar a sala de aula. Também queríamos saber por que toda vez que um aluno pedia para ir ao banheiro sua resposta era positiva. Lembramo-nos de sua resposta claramente:

Eu quero mostrar às crianças que me importo com elas. Eu não quero governar essa sala de aula como um ditador. Se eu disser "não" quando alguém pedir para ir ao banheiro, estarei mostrando a eles que eu não os respeito.

Annie nunca criou, de fato, a atmosfera de respeito mútuo que ela desejava; na verdade, ela nunca terminou a licenciatura. Seu compromisso em "se importar" – que ela definiu como "nunca dizer não" – levou a uma situação tão caótica e confusa que nenhum aprendizado, ensino ou atenção foram possíveis.

POR QUE É IMPORTANTE DEMONSTRAR ATENÇÃO?

Ao longo dos anos, pensamos muito a respeito de Annie e de seus esforços para estabelecer um ambiente respeitoso e atencioso. Embora em última análise ela tenha fracassado, compreendemos e aplaudimos a alta prioridade que ela atribuiu às relações positivas entre professores e alunos. Tanto o senso comum quanto as pesquisas nos revelam que os estudantes são propensos a cooperar com professores atenciosos, confiáveis e respeitosos (CORNELIUS-WHITE, 2007; GREGORY; RIPSKI, 2008; HOY; WEINSTEIN, 2006; OSTERMAN, 2000). Isso parece ser verdade para estudantes negros e hispânicos, que, frequentemente, percebem que seus professores (em geral euro-americanos) não conseguem entender suas perspectivas, aceitá-los como indivíduos, valorizar seus contextos culturais ou demonstrar respeito (KATZ, 1999; NIETO; BODE, 2008; SHEETS, 1996). De fato, Angela Valenzuela (1999) argumenta que os estudantes mexicano-americanos e imigrantes mexicanos do ensino médio de Houston precisam sentir que os professores se importam com eles antes que eles se importem com a escola.

Outro estudo destaca o papel-chave que as relações positivas professor-aluno desempenham na gestão da sala de aula (COTHRAN; KULINNA; GARRAHY, 2003). Entrevistas com 182 adolescentes (do 7º ano do ensino fundamental à 3ª série do ensino médio), representando diversos contextos socioeconômicos, culturais e acadêmicos, revelaram a alta consideração dos estudantes por professores que os escutam, os tratam com respeito e demonstram atenção. Sonya fez o seguinte comentário: "se a relação com seus alunos é boa, eles vão respeitá-lo mais e, consequentemente, serão mais agradáveis com você". Quando os pesquisadores lhe pediram para explicar o que significava "ser mais agradável com você", ela respondeu:

> Nós não falamos da boca para fora com ela. Tentamos não conversar quando ela está falando e não retrucamos. Tentamos ouvir e nos lembrar do que ela está nos dizendo, por exemplo, direções e instruções, e não reclamamos do que ela pede ou planeja. (COTHRAN; KULINNA; GARRAHY, 2003, p. 439).

Os pesquisadores percebem que a importância das relações respeitosas e atenciosas "[...] não é um assunto comum nas discussões de gestão de sala de aula" (COTHRAN; KULINNA; GARRAHY, 2003, p. 441). Eles afirmam que isso ocorre, infelizmente, porque a atenção do professor é um fator-chave para angariar a cooperação dos alunos e seu envolvimento nas atividades acadêmicas.

Obter cooperação, porém, não é a única razão para tentar desenvolver relações positivas com os alunos. Se quisermos que os adolescentes se envolvam seriamente com a leitura, compartilhem seus pensamentos e sentimentos, corram riscos e desenvolvam um senso de responsabilidade social, precisamos organizar as salas de aula de modo que eles se sintam seguros e cuidados (PATRICK; RYAN; KAPLAN, 2007). Se quisermos que os estudantes experimentem uma sensação de conectividade e confiança, devemos trabalhar para criar comunidades em sala de aula, de forma que eles se sintam valorizados e desejados no grupo (ROESER; ECCLES; SAMEROFF, 2000). Até mesmo alcançar o objetivo mais básico, que é a permanência dos alunos na escola, depende do desenvolvimento de relações significativas: quando foram questionados sobre por que abandonaram o ensino médio, eles em geral afirmaram que isso ocorreu porque ninguém se importava com eles (NATIONAL RESEARCH COUNCIL, 2004).

Em retrospectiva, o problema de Annie não era a alta prioridade que ela atribuía ao fato de ser atenciosa e criar relações positivas com seus alunos. Seu problema era o modo como concebia ser atenciosa. Claramente, nunca dizer "não" não funciona. Então, o que funciona? Como demonstrar aos estudantes que você se importa com eles?

> **PARE E REFLITA**
>
> Antes de prosseguir, pense em um professor que você teve nos anos finais do ensino fundamental ou no ensino médio que tenha demonstrado atenção e respeito pelos estudantes. Em termos de comportamento específico, o que esse professor fez para comunicar que ele se importava com você?

Este capítulo inicia abordando os modos de demonstrar atenção e respeito pelos estudantes. Passamos, então, para as relações entre os próprios alunos e discutimos as estratégias para criar uma comunidade atenciosa na qual estes se sintam respeitados e apoiados, e sintam confiança uns pelos outros. À medida que você lê, tenha em mente as características dos grupos da sala de aula que foram discutidas no Capítulo 1. Lembre-se de que, ao contrário da maioria dos outros grupos sociais, os estudantes não se reúnem voluntariamente. Eles são uma audiência cativa que, frequentemente, precisa trabalhar em tarefas que não escolheu e pelas quais pode ter pouco interesse. Lembre-se, também, de que os grupos em sala de aula são formados de modo um tanto arbitrário; os alunos em geral não escolhem seus pares e professores, embora se espere que cooperem com ambos. Lembrar-se dessas características especiais torna mais fácil entender por que os professores devem trabalhar para construir a união, a cooperação e o sentimento de comunidade.

Maneiras de demonstrar atenção e respeito pelos alunos

Seja acolhedor

Frequentemente, é dito aos professores iniciantes que não riam até o Natal, de modo que os alunos os vejam como sérios e duros. Não concordamos. Sorrir é uma maneira simples e eficiente de ser acolhedor. Você também pode dar as boas-vindas aos alunos ficando de pé na porta da sala de aula e cumprimentando-os no início do período (isso também ajuda a garantir que eles entrem na sala de modo ordenado). Se você tem alunos cuja língua nativa é diferente da sua, aprenda algumas frases em seu idioma. Pode significar muito para alguns alunos ser recebido com palavras em sua língua.

Mais importante, aprenda os nomes dos estudantes (e seu apelido preferido) o mais rápido possível. Você também precisa aprender a pronúncia correta, especialmente para nomes que não são familiares. Nas turmas de nossos quatro professores, por exemplo, havia Sriram ("Shri-ram"), Hrushita, Yili, Isha ("Ai-sha"), Hamzuh ("Ham-zu"), Wei Hou ("Wi-hao") e Aisha ("A-i-sha). Christina acha que escrever as pronúncias fonéticas em seu livro de registro é de grande ajuda. Ela também percebeu que alguns estudantes ásio-americanos relutam em corrigir pronúncias erradas, temendo ser desrespeitosos.

Observe como Donnie demonstra interesse pelo nome dos alunos à medida que os recebe no primeiro dia de aula:

> Depois de se apresentar e explicar como recebeu seu nome, Donnie pede aos alunos que façam o mesmo: "Diga-me o seu nome, sua origem ou o que ele significa, se você tem um apelido que quer que eu use e, então, escolha um adjetivo para se descrever. Eu vou escrever as respostas para que eu possa aprender o nome de vocês o mais rápido possível. Mas, por favor, sejam pacientes, pois pode levar algum tempo".

Conheça a vida dos alunos

Além de dar as boas-vindas aos seus alunos, outra maneira de demonstrar atenção e respeito é conhecer a vida deles. Por exemplo, você pode lhes pedir para responder a um questionário sobre suas matérias escolares favoritas, o que costumam fazer depois da escola, seus hobbies, se possuem animais de estimação, etc. Comparecer a eventos esportivos e peças de teatros dos quais eles participam é outro modo de conhecê-los.

Fred inicia o processo de conhecimento de seus alunos assim que faz a chamada no primeiro dia de aula. Depois de pronunciar o nome de cada estudante, ele faz uma pergunta (p. ex., Qual é o seu programa de TV favorito? Qual é o seu tipo de música preferido?). Isso não apenas permite que ele conheça os seus alunos como também lhes dá alguma confiança para falar na sala de aula. Fred também conduz discussões em turma na qual pede aos estudantes que respondam a questões, como:

- Quais são os pontos positivos de ser um estudante de ensino médio no século XXI?
- Quais são os eventos mundiais mais memoráveis para você até agora?
- Se você fosse o superintendente deste distrito, que mudanças faria nesta escola de ensino médio?

Outra ideia vem de Allen (2008), que fazia parte de um grupo de estudos de professores da Geórgia. Eles usavam fotografias para aprender sobre a família dos alunos. Com uma pequena bolsa, os professores do grupo de estudo compraram três câmeras para cada sala de aula e convidaram os alunos a fotografar o que era importante para eles em sua casa e sua vizinhança. Os estudantes se revezaram para levar as câmeras para casa e escreveram, com a ajuda de seus familiares, histórias pessoais, memórias, poesias e cartas sobre as fotos.

Seja sensível aos interesses dos alunos

Essencialmente, isso significa pensar sobre eventos e atividades em sala de aula a partir do ponto de vista dos alunos. No primeiro dia de aula, por exemplo, Christina distribui os lugares alfabeticamente de modo que ela possa aprender os nomes dos alunos o mais rápido possível. Reconhecendo que eles podem ficar insatisfeitos com a localização de seu assento ou com seus vizinhos, ela lhes garante que os lugares serão mudados periodicamente.

Também é possível demonstrar sensibilidade fazendo com que as notas sejam um assunto privado entre você e cada estudante. A maioria dos adolescentes não quer que ninguém saiba de suas notas ruins; anúncios públicos são mais propensos a gerar ressentimentos do que a aumentar a motivação. Mesmo se você anunciar apenas as notas "A", os alunos podem se sentir constrangidos. Conhecemos um aluno de 6º ano que ficou arrasado quando sua professora segurou seu teste na frente de toda a sala e falou que "Laura foi obviamente a única que estudou!". O que um anúncio como esse transmite ao estudante que em geral tira "D", mas que estudou muito e conseguiu um "C"? Quando Sandy devolve as avaliações para os estudantes, ela pede para guardarem suas notas para si enquanto estiverem na sala ("não perguntar, não dizer"). Se quiserem, podem revelar suas notas aos colegas após a aula.

Uma vez que os estudantes do ensino médio têm uma grande necessidade de manter as aparências, sensibilidade também significa discutir comportamentos inadequados silenciosamente e de maneira reservada. Reprimendas públicas são humilhantes, e pesquisas demonstram que os estudantes consideram a humilhação pública uma forma inaceitável de disciplina (HOY; WEINSTEIN, 2006). Além disso, eles as consideram uma intervenção muito severa – e não algo a ser descartado facilmente. Um estudo com 300 alunos de Israel que cursavam o início do ensino médio constatou que os alunos consideravam "humilhação ou insulto pessoal a um aluno" tão grave quanto "suspensão permanente da escola", e as "conversas professor-aluno, a ida ao escritório do diretor e as reprimendas verbais" mais severas do que a "detenção" (ZEIDNER, 1988). Os alunos também classificaram a humilhação pública como significativamente mais grave do que os professores a consideraram.

A humilhação pública não irá apenas envenenar a sua relação com os alunos, ela pode também ter efeitos negativos a longo prazo. Um estudo recente do Canadá (BRENDGEN et al., 2007) constatou que estudantes da educação infantil até o 5º ano, que eram "atormentados" pelo professor (comportamentos como repreensões, críticas ou gritos), eram mais propensos a apresentar problemas de comportamento no início da fase adulta.

A fim de preservar a relação estudante-professor, Donnie aborda alunos com mau comportamento discretamente e marca um horário para se encontrarem:

> Eu lhes digo "Eu não quero usar o tempo da aula e não quero lhe constranger. Encontre-me depois da aula para que possamos conversar em particular". Se isso não for possível, nos encontraremos durante o almoço ou antes da aula. Isso significa abrir mão de parte do meu tempo, mas é muito mais eficiente do que falar na frente de todo mundo.

Sensibilidade também significa perceber se alguém parece especialmente irritável, deprimido ou nervoso e comunicar reservadamente a sua preocupação. Como Donnie coloca:

> Às vezes, um aluno entra na classe sem o brilho habitual. Eu digo "Está tudo bem?". Ele pode responder: "Não, Srta., estou com problemas em casa" ou "Estou com problemas com o meu namorado". Se ele me falar isso, eu tentarei respeitar e dar a ele algum espaço. Eu vou mais devagar nesse dia. Por exemplo, não o chamo tanto para participar das atividades.

Além disso, é importante levar a sério as preocupações dos alunos se eles escolherem confiar em você. Do seu ponto de vista de adulto, terminar com a namorada, ter de estar em casa à 1h em uma noite de sábado ou não fazer parte da equipe de atletismo podem não ser motivos suficientes para depressão. Christina, porém, enfatiza o quão importante é reconhecer a legitimidade das preocupações dos alunos:

> Um dos meus alunos da 3ª série do ensino médio havia faltado por dois dias e, quando voltou, estava caindo de sono, não falava com ninguém e parecia realmente irritado. Eu o chamei no corredor enquanto os outros estavam trabalhando em pequenos grupos e lhe perguntei qual era o problema. Claro que ele respondeu "nada". Mas eu lhe disse que estava realmente preocupada e, então, ele me contou que sua namorada havia terminado com ele. Mais tarde naquele dia, eu sugeri que ele se encontrasse com a orientadora da escola, que o acolheu e ofereceu chá. Isso realmente significou muito para ele. Nós não podemos simplesmente ignorar essas situações, mesmo que para nós elas não façam a terra tremer. Ele precisava saber que havíamos percebido e que nos importávamos com o modo como ele se sentia.

Finalmente, seja sensível à ansiedade ou às dificuldades pelas quais seus alunos podem estar passando com o material do curso ou com as exigências. Durante uma visita a uma turma de Sandy depois de uma forte nevasca que havia fechado a escola por vários dias, vimos alunos retomarem uma atividade de laboratório iniciada antes das "férias", na qual precisavam manusear pipetas. Vários estudantes manifestaram sua preocupação em ter esquecido como usá-las.

> Sandy reconhece as preocupações dos alunos: "Eu sei que alguns de vocês estão preocupados por não lembrarem como usar o equipamento. Trata-se de uma preocupação válida, pois faz muito tempo que vocês praticaram. Mas não se preocupem. Vejam se lembram e, caso contrário, é só me chamar e eu lhes ajudarei". Mais tarde, quando dois estudantes manifestaram confusão sobre o procedimento no laboratório, ela comentou: "Sua confusão é compreensível porque essa é a primeira vez que estão fazendo esse pro-

cedimento. Da próxima vez que o fizermos, vocês saberão o que fazer. Vocês se lembram de como ficaram confusos quando estávamos aprendendo a usar a balança? A primeira vez é sempre um desafio".

Estabeleça e cumpra expectativas claras de comportamento

Estabelecer e cumprir normas claras de comportamento torna a sala de aula um ambiente mais seguro e previsível e demonstra que você se importa com o bem-estar dos seus alunos. Com regras e rotinas claras há menos probabilidade de confusão, equívocos e inconsistência – e mais possibilidade de professores e estudantes se envolverem em interações acolhedoras e descontraídas. Como Christina afirma:

> Eu sinto que quanto mais organizada e estruturada for a sala de aula, mais eu posso mostrar que sou humana, brincar e convidar os alunos a me dizer coisas que eles gostariam de mudar. Eu posso baixar a guarda porque eles sabem o que esperar.

Expectativas claras também estabelecem você como o líder da sala de aula; isso é especialmente importante para quem trabalha com estudantes afro-americanos, que geralmente esperam que os professores tenham autoridade, falem com voz firme, promovam um ambiente em que haja comprometimento, exijam respeito e sejam portadores de grandes expectativas (BROWN, 2004; GORDON, 1998; IRVINE, 2002; MILNER, 2006; OBIDAH; TEEL, 2001).

Pesquisas demonstram os benefícios a longo prazo para alunos de salas de aula organizadas com normas claras. Em um estudo (CATALANO et al., 2004), professores dos anos iniciais do ensino fundamental de escolas com vizinhanças de alto risco foram treinados em técnicas proativas de gestão de sala de aula (p. ex., estabelecer expectativas consistentes na sala de aula e rotinas no início do ano; dar instruções explícitas e claras para o comportamento; reconhecer o comportamento desejado dos alunos e os esforços para apresentá-lo). Como esperado, os alunos daqueles professores demonstraram um nível mais alto de ligação com a escola e menos problemas de comportamento do que os do grupo controle. O que é ainda mais digno de nota é o fato de que, quando aqueles mesmos alunos foram acompanhados no ensino médio, seus níveis de ligação com a escola, compromisso e conquista eram maiores do que os do grupo controle, e problemas escolares, violência, abuso de álcool e atividade sexual de risco foram reduzidos (o estabelecimento de normas claras de comportamento será abordado com mais detalhe no Cap. 4).

Seja justo

Parece óbvio que professores atenciosos devem buscar justiça. Por exemplo, questões relacionadas à justiça surgem com frequência em relação à avaliação e atribuição de notas. Jeffrey Smith, um colega especializado em avaliação, enfatiza a necessidade de comunicação:

> *Se você conhece os critérios para um bom trabalho, informe-os aos alunos. Não deixe que adivinhem. Não sonegue informações sobre o critério de avaliação e, de repente, diga "te peguei". Se você vai levar em conta a participação e o esforço como parte da nota, comunique isso a eles e explique o que você entende por participação.*

Christina segue seriamente o conselho de Jeff. Uma vez que a participação compõe um terço da nota dos alunos, ela leva para suas aulas uma planilha de controle de participação semanal, na qual lista os comportamentos esperados, e dedica um tempo considerável explicando como ela funciona. Durante uma entrevista, ela compartilhou seus argumentos:

> A maioria dos professores não usa a participação como parte efetiva da nota; eles a usam como desempate (como se você tivesse que decidir entre A e B). Mas eu a considero uma das coisas mais importantes. Participação não é apenas levantar a mão e falar. Também é fazer o dever de casa, preparar-se para a aula, se envolver e participar das tarefas. Eu sei que alguns alunos serão mais verbais e confiantes que outros, mas todos são capazes de contribuir.

Nesses casos, a atenção e a justiça parecem andar lado a lado. Mas não é sempre tão simples assim. Ser justo envolve, geralmente, "[...] fazer julgamentos das condutas e do desempenho acadêmico dos estudantes sem preconceito ou parcialidade" (KATZ, M.S, 1999, p. 61). Em termos de gestão da sala de aula, isso se traduz em garantir que as regras se apliquem a cada um, não importa o que ocorra. Por outro lado, ser justo também pode implicar no reconhecimento de que as pessoas podem precisar de tratamentos personalizados e, certamente, ser atencioso exige que reconheçamos a individualidade dos alunos. A partir dessa perspectiva, tratar a todos da mesma forma é injusto. Então, o que um professor deve fazer?

Mesmo professores experientes e magistrais que se importam profundamente com o estudo de seus alunos podem ter posições conflitantes a respeito desse dilema fundamental. Considere Sandy e Fred. Sandy destaca:

> Você não pode ter uma comunidade na sala de aula a menos que todos sintam que serão tratados com justiça, sejam eles o presidente do congresso de estudantes ou não. É melhor uma turma com poucas regras que se apliquem a todos do que uma com um monte de normas que valem apenas para poucos.

Sandy exemplificou esse princípio há pouco tempo, quando três dos seus alunos, incluindo um garoto classificado como portador de um transtorno emocional, não tinham feito seus deveres de casa e pediram permissão para entregá-lo no dia seguinte:

> Minha resposta foi "não". Não aceito dever de casa atrasado e eles sabem disso. Eu quero que eles aprendam como organizar seu tempo e se preparar. Essa era uma tarefa que valia 20 pontos, marcada para segunda-feira. Eu os lembrei da entrega durante toda a semana e reforcei bastante na sexta-feira. Então, eles chegaram na segunda sem ele. Eu disse "Eu acredito que fizeram; sua integridade não está em questão. Mas o trabalho não está aqui". Para meu espanto, Billy, o garoto com transtorno emocional, começou a chorar na frente de toda a turma. Eu o retirei da sala e conversei com ele. Eu lhe falei que compreendia que certos acontecimentos podem interferir no cumprimento do dever de casa, mas que a regra se aplica a todos. Eu sei que isso parece duro, mas acho que foi um evento realmente significativo. Foi importante para Billy e para o resto da turma entender que todos devem atender aos mesmos padrões.

Do ponto de vista de Sandy, aplicar as regras a todos é ao mesmo tempo justo e atencioso. Mas Fred assume uma posição diferente:

> Eu tento tratar os alunos de modo justo pelo fato de a minha decisão se basear sempre no que é melhor para eles. Às vezes, isso significa tratar todos da mesma maneira. Em outros momentos, você pode tratar todos de modo diferente. Não há uma receita que todos nós possamos seguir para sermos justos. Temos que analisar nossas decisões constantemente e perguntar "Isto é o melhor para o aluno?".
>
> Eu consigo algumas coisas porque nem sempre trato todo mundo da mesma forma.

Eu tenho mais flexibilidade assim. Eu posso dizer "Esse garoto está realmente em um momento ruim, e eu não vou lhe dar zero nesse dia, não importando o que diz a regra". Eu simplesmente vou ignorar a regra. E eu nunca tive um aluno que dissesse "Isso não é justo". Porém, eu perco algumas coisas também, como a consistência garantida quando todos sabem exatamente o que vai acontecer. Assim, algumas pessoas testam os limites. Por isso, tenho de estar mais alerta e prestar atenção em quem tenta tirar vantagem.

Em resumo, ser justo é, certamente, um componente essencial para ser atencioso, mas nem sempre é óbvio o que isso significa na prática. Ensinar é incerto e confuso e, frequentemente, não sabemos quais são as decisões corretas a tomar até que as tenhamos tomado. O que é certo, no entanto, é que os professores precisam se envolver em uma reflexão contínua sobre temas morais complexos (voltaremos a esses temas no Cap. 12, quando discutiremos o tema consistência).

Acolha as contribuições dos alunos

Permita que os alunos deem suas sugestões e opiniões sobre as aulas, tarefas ou decisões em grupo. De modo interessante, os quatro professores começam o ano escolar pedindo aos alunos que falem ou escrevam a respeito de suas expectativas para a turma. Como vimos no Capítulo 1, Sandy começa o ano letivo pedindo a seus alunos que respondam a quatro perguntas: (1) Qual a melhor forma de você aprender? (2) O que você espera de interessante na aula de química? (3) O que você acha que pode deixá-lo nervoso? e (4) O que eu posso fazer para ajudar? De modo semelhante, Donnie também pergunta as expectativas dos alunos. No primeiro dia de aula, ela pede que eles lhe escrevam uma carta abordando suas atitudes e sentimentos sobre matemática, as estratégias de ensino e gestão de que eles gostam ou de que não gostam, e sua própria responsabilidade em fazer da sala de aula um bom lugar para estar.

Christina não pede apenas que os alunos escrevam sobre suas expectativas, ela também solicita continuamente suas sugestões e comentários na classe:

> "Eu quero que você saiba que seu comentário é bem-vindo. Eu tenho certeza de que você tem boas ideias e estou interessada em ouvir suas sugestões a respeito do que podemos fazer. Além disso, se você acha que algo não funcionou muito bem, sua crítica também é bem-vinda. Por exemplo, você poderia dizer 'Eu sei que você está tentando ter uma boa discussão hoje, mas muitas pessoas não estavam respondendo porque...'. Esse tipo de resposta seria muito útil." Christina fornece seu *e-mail* aos alunos e os estimula a entrar em contato com ela.

Há um pós-escrito interessante com as nossas observações sobre o pedido de Christina por sugestões e críticas. Vários meses depois, ficou claro que alguns alunos estavam insatisfeitos com a quantidade de trabalho que receberam. Christina relata dessa forma:

> Logo após o recesso da primavera, havia um grupo de alunos que parecia chateado e que reclamava da quantidade de trabalho. Assim, querendo saber o quanto isso estava disseminado, eu abri uma discussão. Foi como abrir a caixa de Pandora. Eles reclamaram que eu estava dando deveres de casa demais e que parte deles era muito difícil para eles fazerem sozinhos (eles queriam parceiros). Eles disseram que parecia trabalho de universidade e que eles tinham apenas 15 anos!
>
> No início, fiquei chocada, mas depois que todos falaram, tentei responder às suas preocupações e fizemos algumas mudanças. Adiei algumas tarefas e prometi lhes dar mais tempo para trabalhar em grupo.

Expliquei porque estava dando trabalhos desafiadores e deixei claro que estou aqui todos os dias para trabalhar com qualquer um que precise de ajuda. Mas também lhes disse que o que mais me incomodou foi o fato de eles não terem falado comigo sobre isso mais cedo.

Desde a discussão, vários alunos vieram a mim em busca de ajuda e as coisas realmente parecem ter melhorado. Mas aprendi que mesmo que você estimule os alunos a fazer comentários, é preciso voltar e checar se está funcionando. Você tem que ensiná-los que realmente não há problema se eles falarem com os professores sobre essas questões. Eu simplesmente acreditei que o meu convite era suficiente, mas não era.

Seja uma pessoa real (bem como um professor)

No primeiro dia de aula, Donnie dedica alguns minutos explicando como ela recebeu o nome Donnie, que seu marido é o diretor de uma escola vizinha dos anos iniciais do ensino fundamental e que eles têm uma filha que "tem um ano a menos que um quarto de século" (quando os alunos olham para ela com cara de dúvida, ela ri e diz "façam as contas!"). Dessa forma, nos primeiros minutos da primeira aula, ela já comunicou uma mensagem importante: além de ser a professora Donnie Collins, ela é uma pessoa real com uma vida fora da escola.

Frequentemente, professores iniciantes têm dificuldades em saber o que devem e o que não devem compartilhar sobre sua vida pessoal. Nós nos lembramos de professores que se recusaram a revelar seus primeiros nomes, como se isso fosse, de alguma maneira, obscurecer a fronteira entre professor e aluno e diminuir sua autoridade. Por outro lado, há professores que são extremamente abertos. Em um artigo no livro *Building Community from Chaos*, Linda Christensen, uma professora de inglês do ensino médio de Portland, Oregon, escreve:

> Os alunos me falaram que minha disposição em compartilhar as minhas histórias (o alcoolismo do meu pai, a falta de educação da minha família, minhas notas baixas nos testes, entre outras histórias) abriu o caminho para que eles contassem as deles. E, por meio de seus compartilhamentos, eles criam aberturas uns para os outros. Algumas vezes, há uma pequena quebra, uma rachadura, uma passagem de um mundo para outro. E são essas aberturas que permitem que a turma se transforme em uma comunidade. (CHRISTENSEN, 1994, p. 55).

Como novo professor, é sábio encontrar um meio termo feliz entre esses dois extremos e compartilhar informações de maneira limitada (p. ex., sobre família, férias, atividades culturais e atléticas, hobbies ou animais de estimação). Antes do seu primeiro emprego como professor, reveja seus perfis *on-line* em *websites* como Twitter e Facebook e certifique-se de que eles não revelam mais do que aquilo que deseja que seus alunos (e os pais deles) saibam sobre você.

À medida que você ganha experiência e confiança, pode decidir se quer seguir o exemplo de Linda Christensen e, assim, compartilhar mais informações sobre sua vida pessoal. Durante uma das primeiras visitas à sala de aula de Christina, por exemplo, observamos que ela introduziu um dever escrito sobre identidade. Ela começou distribuindo cópias do seu próprio ensaio sobre identidade, no qual reflete sobre o pai porto-riquenho, sua mãe "totalmente norte-americana" (incapaz de contar todas as suas nacionalidades; seus "olhos asiáticos", com pálpebras que "escapavam" da sombra azul que ela tentava usar, e a "curiosa ambiguidade" da sua pele). Quatro meses mais tarde, perto do fim do ano escolar, Christina falou sobre a reação dos alunos ao ensaio:

> Acho que o ensaio ajudou a construir uma ligação com os alunos. Estimulou todo tipo de perguntas: "O que você vai fazer nesse feriado?", "Você vai para o desfile do Dia de Porto Rico?". Eles foram capazes de me enxergar como uma pessoa real. Hoje mesmo, ele surgiu uma vez mais e levou a uma boa discussão a respeito dos termos mais apropriados para os diversos grupos étnicos e raciais. Ele claramente os impactou.

Outra maneira de mostrar a sua humanidade é admitir quando você não sabe algo. Os professores, algumas vezes, sentem que devem ser o "sábio no palco", mas pode ser benéfico para os alunos ver que mesmo "especialistas" não sabem todas as respostas o tempo todo. O modo mais eficiente de estimular os alunos a assumir riscos no processo de aprendizado é você mesmo correr riscos.

Também é importante admitir quando comete um erro e reconhecer que você é falível. Recentemente, visitamos uma turma de Espanhol I, ministrada por uma professora cujo espanhol é sua língua nativa. Ela disse aos alunos que "daria dois pontos para quem conquistasse o mais". Quando um garoto a corrigiu respeitosamente ("Deve ser quem mais vencer"), a professora agradeceu ao aluno por ajudá-la com o seu inglês. Sua disposição em admitir seu erro e aprender com um aluno certamente reforçou a lição que ela tenta ensinar com tanto esforço. Como ela nos disse mais tarde: "Eu constantemente destaco o fato de que não há problema em cometer erros quando você estiver falando ou aprendendo outra língua, e você não deve ter medo disso".

Tenha em mente que se apresentar como uma pessoa real aos seus alunos não significa que você precisa se vestir como eles. Os alunos, e também os pais, tendem a respeitar os professores que se vestem profissionalmente. Se você acabou de chegar do ensino superior, suas roupas podem ser casuais demais para a sala de aula. Use os outros professores como modelo ou pergunte ao diretor sobre as roupas que deveria usar. Você também deve conhecer a política da escola e as normas sobre *piercings* e tatuagens.

Conheça a cultura adolescente

Relações positivas com os alunos podem ser facilitadas se você tem o que Gordon (1997) chama de "percepção social" (conhecimento de música pop, estilos de roupas, filmes atuais e outros aspectos da cultura adolescente). Donnie também considera útil sentar-se silenciosamente e escutar os estudantes conversarem logo antes de as aulas começarem:

> É nessas horas que eu aprendo tudo sobre os shows a que eles assistiram ou sobre os DJs de que eles gostam. Quando falamos sobre música atual, eu lhes digo que não sei o que os cantores dizem nos dias de hoje e eles me explicam. Eles também gostam de ouvir sobre as coisas que eu fazia "nos velhos tempos" e comparar com o que eles fazem agora.

Em especial, os professores precisam conhecer as mídias digitais, que fazem parte da vida dos alunos (e que podem fazer parte de suas vidas também). Os adolescentes atuais foram apelidados de *Geração DIG*, de "gratificação digital imediata" (em inglês, *digital imediate gratification*) (RENARD, 2005). Eles baixam informações, *podcasts*, músicas e filmes da internet; tiram fotos com câmeras digitais ou celulares e as compartilham *on-line*; comunicam-se por *e-mail* e por mensagens instantâneas; constroem redes sociais *on-line* (Twitter ou Facebook, p. ex.); e revelam seus pensamentos e suas experiências em *blogs*. Você precisa entender não apenas como as tecnologias digitais mudaram o modo de os adolescentes viverem e pensarem, mas aproveitar o engajamento fornecido por essas tecnologias para tornar as atividades acadêmicas mais relevantes e motivadoras (PRENSKY, 2005). Por exemplo, você pode planejar um "WebQuest", atividade de investigação orientada para que os estudantes explorem um conjunto de fontes de informação *on-line* de alta qualidade a fim de completar uma tarefa específica (WebQuests para todas as áreas de conteúdo e para todas as séries, bem como treinamentos para professores interessados em planejá-los, podem ser encontrados em www.WebQuest.org.). Você também pode criar um *blog* da turma para que os alunos reflitam sobre seus deveres, troquem comentários sobre os trabalhos feitos por eles e compartilhem fontes (um recurso para começar o seu próprio *blog* é www.edublogs.org.).

Promova autonomia

Ao visitarmos salas de aula da educação infantil, sempre ficamos chocadas ao ver o quanto esses jovens alunos têm mais opções e controle sobre o seu dia do que os alunos do ensino médio. Vemos alunos da educação infantil tomando decisões a respeito do que querem fazer e com quem. Ironicamente, à medida que os alunos avançam nas séries tornando-se mais capazes de tomar decisões e se preocupando mais com sua autonomia, oferecemos menos possibilidades de escolha e envolvimento na tomada de decisões (NUCCI, 2006). Nos anos finais do ensino fundamental, a pesquisa documentou a queda na motivação intrínseca e no interesse pela escola que resultam desse desencaixe entre o crescente desejo dos adolescentes por mais autonomia e a crescente ênfase das escolas no controle pelos professores (p. ex., ECCLES; WIGFIELD; SCHIEFELE, 1998).

Pense em como os alunos poderiam tomar decisões sobre seu próprio comportamento e sobre os eventos da turma. Por exemplo, às vezes, você pode deixar que eles escolham seus grupos para atividades de aprendizado cooperativo. Você pode dar aos alunos responsabilidade para criar tarefas, construir perguntas para discussões em turma e testes, liderar atividades e avaliar seu próprio progresso e comportamento (RIDLEY; WALTHER, 1995). Você pode também passar "tarefas para casa em bloco", que exigem que os alunos desenvolvam seu próprio cronograma. Por exemplo, Sandy, em geral, passa um certo volume de leitura e de 25 a 30 problemas a serem realizados em cerca de uma semana. Ela recomenda que os alunos façam quatro ou cinco problemas por noite, mas não exige que o trabalho seja mostrado diariamente. Ela reconhece que alguns irão esperar até a última noite para resolver todos os problemas:

> Professores do ensino médio têm que se lembrar de que os alunos querem ser tratados como jovens adultos, não como bebês. É importante dar-lhes alguma responsabilidade por seu próprio comportamento. Eles podem tomar as decisões erradas e "cair e arranhar seus joelhos", mas, assim, eles podem ver as consequências. Eu acho que eles são mais propensos a assumir a responsabilidade por seus erros se os professores não prescreverem tudo.

Compartilhar a tomada de decisões pode ser difícil para os professores. Quando você está se sentindo pressionado a cobrir o currículo e a maximizar o tempo de aprendizado, é mais fácil tomar as decisões sozinho. Por exemplo, escolher tópicos para um trabalho de conclusão de curso é mais rápido do que deixar que os alunos decidam sozinhos; dar-lhes um conjunto de instruções para uma atividade de laboratório é mais simples do que permitir que desenvolvam seus próprios procedimentos. Envolver os alunos pode ser confuso e consumir tempo. Além disso, permitir que eles tomem decisões sobre seu próprio comportamento significa que, às vezes, irão tomar decisões erradas. No entanto, "um investimento de tempo de curto prazo" pode levar a "[...] um ganho de longo prazo na capacidade de tomada de decisões e autoestima" (DOWD, 1997).

Outra maneira de aumentar a autonomia dos alunos é diminuir o uso de recompensas e punições extrínsecas. Nenhum de nós gosta de se sentir controlado ou manipulado e, geralmente, vivenciamos o controle externo como alienante (REEVE, 2006; RYAN; DECI, 2000). De fato, uma pesquisa constatou uma relação *negativa* entre o uso de controle externo e o envolvimento dos alunos (KIM; SOLOMON; ROBERTS, 1995); isso é crítico, uma vez que o envolvimento dos alunos está, por sua vez, significativamente relacionado ao sentimento de comunidade. O que parece claro é que quanto mais se sentem regulados externamente, menos eles se interessam e se esforçam e mais tendem a negar a responsabilidade por resultados negativos (RYAN; CONNELL, 1989). Dificilmente isso constrói uma comunidade atenciosa. (O impacto de recompensas extrínsecas será discutido com mais detalhes no Cap. 8.)

Seja inclusivo

Recentemente, o termo *educação inclusiva* tem sido usado para se referir à prática de colocar alunos com deficiências em salas de aula de educação regular em vez de segregá-los em classes ou escolas especiais. Mas o termo também pode ser usado mais amplamente para descrever turmas em que diferenças relacionadas não apenas a deficiências, mas também à raça, classe, etnia, gênero, origem cultural e linguística, religião e orientação sexual, são reconhecidas, compreendidas e respeitadas.

Isso, é claro, é mais fácil de dizer do que fazer. Antes que possamos criar uma comunidade em sala de aula que respeite as diferenças, precisamos reconhecer que, frequentemente, temos medo e desconfiamos dessas diferenças. Como mencionamos no Capítulo 1, algumas vezes recusamos até ver as diferenças.

Não é incomum, por exemplo, que nossos licenciandos euro-americanos se orgulhem de si mesmos por serem "[...] daltônicos,* isto é, justos e imparciais quando se trata de julgar pessoas baseadas em sua raça" (NIETO; BODE, 2008, p. 75). Porém, negar as diferenças culturais ou raciais é negar um aspecto essencial da identidade de uma pessoa, e reconhecer as diferenças não nos torna racista. Durante uma conversa, Fred falou apaixonadamente sobre esse tema:

> Muitas vezes, eu escuto professores falarem coisas como "Eu não penso nos alunos como negros ou hispânicos, só como alunos". Mas ser negro, hispânico ou asiático é parte de quem esses garotos são, da mesma maneira que ser polaco e russo é parte do que eu sou. Uma parte da construção de toda a comunidade é reconhecer que essas diferenças existem. Não somos iguais. Para construir a comunidade precisamos também encarar o fato de que o racismo e o preconceito fazem parte do mundo real. As pessoas não querem admitir que eles estão lá. Mas estão em toda parte; fazem parte de todos nós. A pergunta não é "Você é racista?", mas "Quão racista você é e como você pode se tornar menos?".

Além de reconhecer diferenças, criar salas de aula inclusivas significa aprender sobre deficiências, culturas, raças ou religiões que nunca havíamos encontrado antes. Por exemplo, você não pode reconhecer e respeitar comportamentos que têm origem cultural se você não tiver ideia de que eles estão enraizados na cultura. Professores podem ficar chocados quando alunos ásio-americanos rirem ao ser repreendidos se eles não estiverem cientes de que o riso para eles não significa desrespeito, mas admissão de culpabilidade e um esforço para mostrar que não há qualquer rancor (TRUEBA; CHENG; IMA, 1993). Do mesmo modo, professores que

---

* N. de R.T.: Ver nota na página 6.

não souberem que habitantes das ilhas do Pacífico valorizam a harmonia interpessoal e o bem-estar do grupo podem concluir que esses estudantes são preguiçosos quando relutam em participar de atividades competitivas (SILEO; PRATER, 1998). Professores que ignoram que a cultura da maioria dos índios americanos tende a enfatizar o pensamento cauteloso podem ficar impacientes quando alguns alunos demorarem mais para responder às perguntas (NIETO; BODE, 2008).

Um debate particularmente acalorado, feito pelos estudantes, a respeito do uso do dialeto de negros (*ebonics*) ou inglês falado pelos negros, ilustra os problemas que ocorrem quando os professores não conhecem as origens culturais da língua. Ernie Smith (2002), um linguista afro-americano, observa que, durante os seus anos de escola, os professores frequentemente igualavam o uso desse dialeto à deficiência:

> Professores e outros funcionários da escola frequentemente usavam termos como "falar raso", "fala suja", "fala corrompida", "inglês quebrado", "aleijado verbal", "verbalmente destituído", "deficientes linguisticamente" e "desprovidos linguisticamente" para descrever o meu comportamento linguístico e o de meus colegas de turma negros. Eles sugeriam que nossas diferenças de linguagem eram deficiências relacionadas a anormalidades físicas e/ou mentais. Frequentemente, durante as reuniões de pais e alunos ou em reuniões abertas, meus professores não hesitavam em sugerir aos meus pais e aos pais de outras crianças que deveríamos ser encaminhados à clínica da escola para terapia da fala ou ao psicólogo da escola para um exame diagnóstico e tratamento de possíveis transtornos mentais congênitos. (SMITH, 2002, p. 17–18).

Não é surpreendente que essa reação negativa à língua nativa das crianças frequentemente leve à alienação da escola. Como Lisa Delpit argumenta em *The Skin That We Talk*, "[...] a língua é uma das expressões mais íntimas de identidade", de modo que "[...] rejeitar a língua de uma pessoa só pode ser sentido como se a estivéssemos rejeitando" (DELPIT, 2002, p. 47). Uma rejeição como essa não tem qualquer lugar na sala de aula de uma escola inclusiva; em vez disso, professores inclusivos valorizam a língua nativa dos alunos enquanto lhes ensinam a importância de aprender a falar o inglês padrão – o que Delpit (1995) chama de "língua da cultura de poder". Em outras palavras, nosso objetivo é tornar os alunos capazes de "trocar de código" de acordo com as normas do ambiente.

Não é realista esperar que professores iniciantes (ou mesmo experientes) tenham familiaridade com todas as culturas que podem estar representadas em suas salas de aula extremamente diversas. Certamente, desenvolver esse tipo de "alfabetização cultural" consome tempo e esforço. Algumas sugestões específicas são listadas na seção Dicas Práticas. Enquanto isso, quando você encontrar comportamentos que pareçam inadequados e inexplicáveis, pergunte a si mesmo se eles não podem, de fato, serem baseados na cultura. Além disso, pense em como você pode usar seus alunos como uma fonte. Escute Fred:

> **Se eu tenho alunos de outros países na minha turma, pergunto sobre os seus costumes e como eles se comparam aos nossos. Não apenas eu aprendo algo, mas também vejo "as pequenas luzes se acendendo". É como "Aqui está alguém que tem interesse nas minhas experiências". Não temos que ser intrusivos, mas é importante que a sala de aula seja um lugar onde possamos aprender uns sobre os outros. Eu posso usar a minha sala de aula como um livro.**

Assim como devemos aprender a reconhecer e respeitar a diversidade racial e cultural, devemos também aprender a criar um ambiente de aceitação para outros tipos de diferenças menos visíveis. Muitos anos atrás, a revista *Newsweek* lançou uma edição especial sobre "Gay nos dias de hoje: como a batalha por aceitação se moveu para escolas, igrejas, casamento e locais de trabalho".

Dicas práticas

COMO DESENVOLVER A ALFABETIZAÇÃO CULTURAL

- **Examine as próprias crenças, premissas e valores que você tem como certos e reflita sobre como eles são influenciados por nossa identidade socioeconômica, cultural e racial.** Como mencionamos no Capítulo 1, muitos euro-americanos consideram suas crenças e valores normais, corretos e universais, não reconhecendo que são produto de seu contexto cultural particular. O desenvolvimento da alfabetização cultural se inicia pelo exame das normas culturais de cada um. Por exemplo, uma visão de mundo de brancos da classe média enfatiza a realização individual, independência e competição. Isso está em forte contraste com a visão de mundo da maioria das culturas mais coletivas (p. ex., asiáticos, latinos e nativos americanos) que evitam demonstrações de realização individual e, em vez disso, enfatizam a cooperação, harmonia e o trabalho pelo bem do grupo. Uma visão de mundo não é necessariamente melhor que a outra, mas são certamente diferentes. Deixar de apreciar e respeitar essas diferenças pode levar a mal-entendidos e problemas de comunicação.
- **Investigue o contexto familiar dos alunos.** De onde o estudante veio? Era um ambiente rural ou urbano? Por que a família o deixou? Há quanto tempo o aluno está neste país? Quantas pessoas há na família? Quem exerce autoridade? Quais as suas responsabilidades em casa? Quais as crenças dos pais em relação à participação da escola na educação do seu filho? Eles consideram os professores especialistas e, portanto, evitam expressar opiniões diferentes? Aprender inglês é considerado uma grande prioridade?
- **Investigue o contexto educacional dos alunos.** Se o aluno se mudou para o país ainda novo, qual a escolarização prévia? A quais estratégias de ensino ele está acostumado? Nas escolas anteriores onde estudou havia ênfase no ensino de grandes grupos, memorização e recitação?* Nas escolas anteriores havia expectativas de um comportamento adequado? Esperava-se que os estudantes fossem ativos ou passivos? Independentes ou dependentes? Orientados pelos pares ou professores? Cooperativos ou competitivos?
- **Seja sensível às diferenças culturais e a como elas podem levar a problemas de comunicação.** O que os alunos pensam a respeito do tempo? Pontualidade é esperada ou o tempo é considerado flexível? Os alunos acenam com suas cabeças para serem educados ou para indicar compreensão? Eles questionam ou obedecem a figuras de autoridade? Os alunos colocam suas necessidades e desejos antes das do grupo ou vice-versa? A expressão de sentimentos e emoções é enfatizada ou escondida?
- **Use fotografias para se comunicar sem palavras.** Tire fotos dos alunos envolvidos em várias atividades e as exiba na sala de aula. Os alunos também podem levá-las para casa e entregá-las aos pais. Encoraje-os a trazer fotos deles e de suas famílias e as utilize em atividades de familiarização.

Fontes: Kottler (1994); Sileo e Prater (1998); Weinstein, Tomlinson-Clarke e Curran (2001).

O artigo sobre escolas (PEYSER; LORCH, 2000) descreveu os esforços de dois alunos de 17 anos, Leslie-Claire Spillman e Martin Pfeiffer, para criar uma Aliança Gay-Heterossexual na sua escola de ensino médio em Baton Rouge, Louisiana. Como outros gays e lésbicas, Spillman e Pfeiffer sofreram anos de perseguição e ódio. Como resultado, Pfeiffer tentou o suicídio uma vez; Spillman abandonou a escola, se tornou

---

* N. de R.T.: Estratégia de ensino utilizada para mediar a aprendizagem do aluno através da conversação, em que o professor questiona, o aluno responde, argumenta, e o professor acompanha e avalia as respostas.

adito em heroína e passou cinco semanas em desintoxicação. Tais problemas são muito comuns entre jovens homossexuais; na verdade, alguns pesquisadores constataram que adolescentes gays e lésbicas têm de duas a três vezes mais probabilidade de tentarem suicídio do que seus pares heterossexuais. Eles também estão mais propensos ao baixo rendimento escolar, absenteísmo e abandono da escola (NICHOLS, 1999). É essencial que os professores trabalhem para criar uma atmosfera de tolerância para as "crianças esquecidas", aquelas "cujas necessidades têm sido ignoradas, cuja existência tem sido sussurrada e cuja dor está apenas começando a vir à tona" (ANDERSON, 1997, p. 65). Você pode dar um passo para criar essa atmosfera, deixando claro que o emprego de termos homofóbicos é absolutamente inaceitável, empregando respeitosamente os termos *gay*, *lésbica* e *bissexual*, e se referindo a cônjuges ou parceiros em vez de maridos ou esposas (EDWARDS, 1997).

Procure pelos pontos fortes dos alunos

No artigo *The Culturally Responsive Teacher*, Ana Maria Villegas e Tamara Lucas contam a história de Belki Alvarez, uma garota de 8 anos da República Dominicana (VILLEGAS; LUCAS, 2007). Por ser a criança mais velha da família, Belki era responsável por preparar seu irmão e sua irmã para a escola e cuidar deles até que seus pais voltassem para casa após o trabalho. Nos fins de semana, ela ia com sua mãe a uma feira comunitária de rua para vender produtos preparados em casa; ela negociava os preços com os consumidores e lidava com transações financeiras. Ela também atuava como tradutora de inglês para seus pais. Mas os professores de Belki não enxergaram essa criança competente e responsável, viram apenas uma jovem carente de habilidades de linguagem e matemáticas e não fizeram esforço para explorar suas experiências de vida. Em outras palavras, eles focaram os seus déficits, ao invés de valorizarem os seus pontos fortes.

A procura pelos pontos fracos faz sentido. Afinal de contas, se identificarmos o que os alunos não sabem ou não podem fazer, podemos tentar ajudá-los. Porém, o ensino responsável também envolve a busca pelos pontos fortes. No livro *Teaching to Change the World*, Jeannie Oakes e Martin Lipton defendem que, quando professores e alunos mantêm uma relação respeitosa, eles trabalham juntos para descobrir competências:

> A busca do estudante é a sua própria descoberta do que ele sabe e como ele sabe. A busca do professor – um ato de cuidado e respeito – é também o ato de descobrir o que o aluno sabe e como ele sabe. (OAKES; LIPTON, 1999, p. 266-267).

Pensamos nessa perspectiva sobre cuidado durante um encontro com os professores, quando Sandy falou de sua convicção de que "todo mundo precisa dos seus 15 minutos de fama":

> A química se presta a uma variedade de talentos: os problemas matemáticos, a escrita, as relações espaciais, a habilidade mecânica. Assim, eu posso dar a diferentes pessoas a chance de brilhar. Tome Adam como exemplo. Ele é realmente muito bom em relações espaciais, então eu sei que posso chamá-lo para fazer diagramas.
>
> Quando os alunos preparam apresentações, eu sempre tento pensar em como eu posso ter uma vitrine das diferentes capacidades. Por exemplo, eu disse à turma que iria escolher ao acaso um grupo de alunos para apresentar o laboratório ao resto do grupo. Todos tinham que pensar sobre como dar essa aula e se preparar. Era uma situação segura e agradável – uma boa oportunidade para duas meninas quietas brilharem. Eu sabia que elas tinham feito um bom trabalho no laboratório. Então, eu escrevi o nome delas 12 vezes, coloquei os papéis em uma proveta e pedi que alguém

> **PARE E REFLITA**
>
> No início deste capítulo, destacamos o fato de que os alunos estão mais propensos a cooperar com os professores que são considerados atenciosos. Uma vez que grande parte do ato de demonstrar atenção é ser um bom ouvinte, é importante pensar exatamente sobre o que isso significa. Antes de ler a próxima seção, sobre habilidades de comunicação, pense em um momento em que alguém realmente escutou com atenção um problema que você contava. Que tipo de comportamento essa pessoa apresentou? Como você sabia que ela estava realmente ouvindo?

sorteasse um deles. É claro que a apresentação foi muito boa. Porém, era importante para as meninas – e para todos – pensar na apresentação como uma situação de risco e que elas achassem que tinham sido escolhidas ao acaso. Quando receberam uma boa nota, elas se sentiram mais fortalecidas.

Desenvolva habilidades de comunicação

Outra maneira de mostrar aos alunos que você se importa é sendo um bom ouvinte. Sandy coloca da seguinte maneira:

> Por que apenas alguns professores são procurados pelos alunos [quando têm um problema]? Afinal de contas, a maioria dos alunos tem seis professores por dia. É tudo questão de saber ouvir. Quando você é um professor do ensino médio, você tem que ouvir seriamente problemas que podem não parecer problemas para você, mas que são para eles. E essa é uma maneira de ganhar a confiança deles.

Ser um bom ouvinte significa ser atencioso, tentar entender os sentimentos e as preocupações dos alunos, fazer perguntas adequadas e ajudá-los a resolver seus problemas. Nas seções a seguir, examinaremos cada um deles. À medida que você lê, tenha em mente que, como professor, lhe é exigido por lei que denuncie o abuso ou a negligência de menores e o abuso ou a agressão sexual. Assim, pode haver situações em que você deve ir além da simples escuta. É importante que os seus alunos saibam que se você souber de quaisquer desses abusos você terá de relatá-lo à agência de bem-estar infantil adequada.

Escutando e confirmando

Dar a um aluno a sua atenção integral é a primeira e mais básica tarefa ao ser prestativo (KOTTLER; KOTTLER, 1993). É raro que indivíduos deem atenção total uns aos outros. Você já tentou falar com alguém que estava organizando papéis, pregando avisos no quadro ou alinhando fileiras de carteiras? Quando a pessoa divide a atenção entre várias atividades, ela passa a impressão de que não tem tempo para você e não está prestando atenção suficiente.

Escutar e confirmar envolve tanto comportamentos verbais quanto não verbais. Mesmo sem dizer uma palavra, você pode transmitir que está totalmente atento, orientando o seu corpo na direção do aluno, estabelecendo contato visual, concordando com a cabeça, inclinando-se para a frente, sorrindo ou franzindo as sobrancelhas. Além disso, você pode dar pistas verbais. Gordon (2003) recomenda o uso de "respostas de confirmação" ou "resmungos empáticos" – os "a-hãs" – e frases (p. ex., "Oh", "Sei", "Mmmmm") que comunicam "Estou realmente ouvindo". Às vezes, quando um aluno precisa de incentivo adicional para falar mais, você pode empregar convites explícitos, o que Gordon chama de "abridor de portas": "Me fale mais", "Você gostaria de falar mais sobre isso?", "Você quer falar sobre isso?", "Quer prosseguir?".

Escutando ativamente

Os atos de escutar e confirmar informam que você está totalmente envolvido, mas não transmitem que você de fato está entendendo o que está sendo dito. A escuta ativa dá um passo à frente na interação, ao levá-lo a refletir sobre o que você pensa ter ouvido. Esse retorno permite que você cheque se está certo ou errado. Se estiver certo, o aluno sabe que você verdadeiramente entendeu. Se estiver longe do alvo, o aluno pode lhe corrigir e a comunicação pode continuar. Exemplos de escuta ativa aparecem na Tabela 3.1.

Se a escuta ativa for nova para você, pode ser útil usar a frase "Você sente..." para responder ao que ouviu. Às vezes, novatos se sentem estúpidos, como se estivessem simplesmente repetindo o que a pessoa acabou de dizer. À medida que você ganhar mais

TABELA 3.1 Exemplos de escuta ativa

ALUNA:	Espere até a minha mãe ver a nota deste teste. Ela vai enlouquecer.
PROFESSOR:	Você acha que ela realmente vai ficar chateada com você?
ALUNA:	Sim, ela espera que eu volte para casa apenas com "As".
PROFESSOR:	Parece que você está se sentindo realmente pressionada.
ALUNA:	Bem, eu estou. Você pensaria que obter um "B" é o mesmo que falhar. Minha mãe simplesmente não entende o quão difícil isso é para mim.
PROFESSOR:	Então você acha que um "B" é uma nota boa em um curso difícil como esse, mas ela acha que você pode se dedicar mais?
ALUNA:	Sim, ela tem essa coisa de que se eu chegar em casa com um "B" significa que eu não estou estudando.
PROFESSOR:	É difícil. Posso ver como isso faz você pensar que ela não valoriza os seus esforços.
ALUNA:	Eu não posso acreditar que preciso estar em casa às 12h! Isso é loucura! Todos os meus amigos podem voltar mais tarde ou não têm hora para voltar para casa!
PROFESSOR:	Então você acha que seus pais são bem mais rígidos do que os pais dos outros garotos.
ALUNA:	Bem, eles são! Quero dizer, eu sei que é porque eles se importam comigo, mas é realmente um saco ter de estar em casa mais cedo do que todo mundo. Sinto-me uma idiota. E, além disso, acho que sou responsável o suficiente para poder retornar mais tarde.
PROFESSOR:	Então você não está apenas envergonhada, está com raiva porque eles não reconhecem o quanto você é responsável.
ALUNA:	O tempo todo meu namorado me dizia que se eu engravidasse ele ficaria comigo, mas isso aconteceu e ele foi embora.
PROFESSOR:	Você se sente realmente abandonada.
ALUNA:	Não quero ir para a *School-Base* [para aconselhamento sobre saúde mental]. Apenas garotos malucos vão para a *School-Base*!
PROFESSOR:	Ir para a *School-Base* é um pouco constrangedor...
ALUNA:	Sim. Meus amigos me farão passar por maus momentos.
PROFESSOR:	Você acha que eles irão dizer que você é maluca.
ALUNA:	Sim, eu quero ir, mas não quero que as pessoas riam de mim.
PROFESSOR:	Eu entendo. É realmente muito difícil quando riem da gente.
ALUNA:	Eu tive o pior pesadelo na noite passada! Quero dizer, sei que foi apenas um sonho, mas simplesmente não consigo tirá-lo da cabeça. Um maldito cara com uma faca me perseguia pelo beco e eu não conseguia escapar.
PROFESSOR:	Pesadelos podem ser assustadores.
ALUNA:	Sim, e eu sei que é infantil, mas eu simplesmente não consigo afastar essa sensação.
PROFESSOR:	Às vezes, o sentimento ruim de um pesadelo permanece com a gente por um longo tempo...

habilidade, no entanto, será capaz de parafrasear o que ouviu e a interação se tornará bem mais sutil.

Você também pode usar a escuta ativa para responder às mensagens não verbais contidas nas expressões faciais e na linguagem corporal. Por exemplo, se perceber que um aluno entra na sala parecendo muito zangado, você pode evitar problemas se reconhecer que algo está errado. Segue abaixo uma recente anotação feita no diário de um licenciando que não conhecia a escuta ativa:

> *Estava escrevendo o "Faça Agora" no cavalete quando, de repente, ouvi um barulho forte atrás de mim (era uma mochila abarrotada de livros caindo no chão). Eu me virei e lá estava John de mau humor. É claro que eu não poderia deixar isso passar e, então, rapidamente terminei de escrever o "Faça Agora" para que o resto da turma começasse a atividade enquanto eu atendia ao John. Eu me voltei para ele, me agachei para ficar da sua altura e perguntei: "O que está errado? Você parece realmente irritado" – sem saber, na época, que essa estratégia de comunicação se chama escuta ativa. Sua resposta imediata foi "Nada". Eu parei, tentando dizer algo "professoral" e, naquela pausa de 10 segundos, John falou! O problema é que ele estava louco com os pais, porque tinha arrebentado sua mochila no dia anterior e como teve de usá-la assim no dia seguinte, estava extremamente envergonhado. Falamos sobre a sua raiva e, assim que acabou de desabafar, ele começou a trabalhar. No dia seguinte, John veio com outra mochila – velha, mas funcional. Eu percebi que, embora ele estivesse chateado por ser uma mochila velha, ficou satisfeito por eu ter prestado atenção nele e no seu problema.*

A escuta ativa não é sempre tão fácil. Licenciandos com quem trabalhamos frequentemente a rejeitam; muitos a consideram antinatural e estranha e preferem dar conselhos, em vez de apenas comunicar que entenderam. Mas saber que alguém realmente nos entende pode ser muito importante, especialmente para adolescentes que, com frequência, se sentem incompreendidos. Além disso, a escuta ativa fornece uma oportunidade para os alunos expressarem seus sentimentos e tornarem mais claros os seus problemas. Ela também pode ajudar a neutralizar sentimentos intensos sem retirar a responsabilidade dos alunos em resolver o problema.

Perguntando

Quando as pessoas nos contam os seus problemas, frequentemente queremos lhes fazer perguntas para descobrir mais informações. Como professor, você precisa ter cuidado com essa prática:

> O problema com perguntas, por mais naturais que elas sejam, é que elas frequentemente colocam o aluno em "um nível inferior", sendo você o interrogador e especialista na solução de problemas. "Diga-me qual é a situação e eu irei resolvê-la". Por essa razão, perguntas devem ser usadas apenas quando não houver outra forma de fazer o aluno revelar informações. (KOTTLER; KOTTLER, 1993, p. 42).

Sandy também adverte os professores iniciantes a respeito do uso de perguntas:

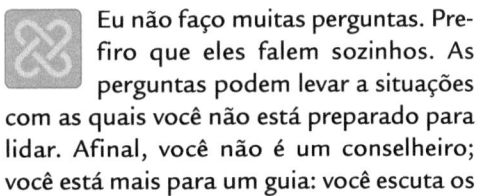

> Eu não faço muitas perguntas. Prefiro que eles falem sozinhos. As perguntas podem levar a situações com as quais você não está preparado para lidar. Afinal, você não é um conselheiro; você está mais para um guia: você escuta os problemas e tenta colocar o aluno em contato com alguém que tem o conhecimento e a habilidade para ajudar. Vinte anos atrás eu não era consciente disso. Eu era apenas três ou quatro anos mais velha que meus alunos e pensava que poderia ajudá-los a resolver seus problemas. Mas eles não precisam de professores para resolvê-los. Eles precisam de professores que possam ajudá-los a resolvê-los sozinhos ou que possam indicar algum especialista.

Se você precisar fazer perguntas, elas devem ser abertas, e as respostas devem ter mais de uma palavra. Como a escuta ativa, questões abertas estimulam a exploração e comunicação adicionais, enquanto perguntas fechadas cortam a comunicação. Compare as perguntas a seguir:

"O que você está sentindo agora?" *versus* "Você está com raiva?"
"O que você quer fazer?" *versus* "Você quer falar para o seu namorado?"

Há uma exceção notável à regra de se evitar questões sempre que possível: quando é importante obter uma informação muito específica em uma situação potencialmente perigosa, como quando um aluno está pensando em suicídio (KOTTLER; KOTTLER, 1993). Nesse caso, seria apropriado fazer perguntas específicas, como "você já tentou isso?" ou "Você promete não fazer nada até conseguirmos ajuda?".

Resolvendo problemas

Em vez de tentar resolver os problemas dos alunos, você pode guiá-los por meio de um processo que os ajude a solucioná-los. Na solução de problemas, os alunos definem o problema, especificam seus objetivos, desenvolvem soluções alternativas que podem ser construtivas, restringem as escolhas àquelas que parecem mais realistas e colocam o plano em ação (KOTTLER; KOTTLER, 1993).

Não muito tempo atrás, Donnie adotou uma abordagem de resolução de problemas quando uma aluna lhe disse que estava grávida e lhe perguntou se deveria fazer um aborto.

Primeiro, a aluna precisava esclarecer a situação: "O seu namorado estava disponível?", "Seus pais a apoiavam?", "Ela estava usando drogas?". Ela também precisa pensar nas possibilidades disponíveis. Todos esses fatores desempenham um papel na tomada de decisão sobre o que fazer.

Em seguida, ela precisava descobrir quais eram seus valores e prioridades: "Ela quer ir para o ensino superior?", "Como ela se sente a respeito de doar o bebê para adoção?". Ao final, eu tentei ajudá-la a escolher as alternativas: adoção, aborto, ficar solteira e com o bebê, casar-se e ficar com o bebê.

Eu não dou conselhos em situações como essa porque eu não sei o que dizer. Mas eu posso ajudá-los a esclarecer a situação. Eles estão confusos e, como uma pessoa de fora que pode pensar claramente, posso lhes ajudar a encontrar alternativas sobre as quais eles não haviam pensado, além de falar dos recursos que estão disponíveis para eles. Meu objetivo é ajudá-los a tomar a decisão mais bem acertada por conta própria.

Tome cuidado com o toque

Nos últimos anos, o medo de ser acusado de assédio sexual e abuso físico fez os professores ficarem cautelosos na hora de demonstrar aos alunos qualquer afeição física. Esse é um tema de destaque particularmente para homens (KING, 1998). De fato, um de nossos licenciandos homens recentemente escreveu essa observação em seu diário:

Tive a oportunidade de falar com uma aluna que estava muito triste por ter perdido um ente querido. Depois de explicar que ela não precisava se preocupar com o trabalho para aquele dia, eu tentei consolá-la. É engraçado, pois em qualquer outra circunstância eu teria abraçado a pessoa, mas, nesse caso, eu não sabia se era correto.

Esse estudante não está sozinho na sua preocupação. Um estudo com licenciandos homens à beira de começar suas carreiras como professores revelou uma tensão entre suas inclinações naturais a ser cordiais, atenciosos e afetivos com os alunos e o medo de seu comportamento ser mal--interpretado (HANSEN; MULHOLLAND,

2005). Felizmente, a ansiedade em demonstrar afeto físico diminuiu um pouco à medida que os professores ficaram mais experientes. Os jovens professores homens descobriram também outras maneiras de expressar sua afeição, por exemplo, falando e ouvindo com empatia.

Embora tenha sido dito aos nossos quatro professores que evitassem tocar os alunos, eles não querem renunciar completamente ao contato físico. Escute o que Fred diz:

> Eu tenho colegas que dizem que nunca tocarão um aluno. Eu entendo, mas penso que você tem que tocar pessoas se você vai ser um professor. Tem que haver regras, é claro. Eu nunca ficaria sozinho com um aluno, devido à impropriedade da situação, mas abraçarei alunos. Não precisa ser nenhuma grande demonstração, mas apenas tocar a mão ou o ombro de alguém pode significar muito. Se alguém está ficando impaciente, eu coloco minha mão no seu ombro e ele se acalma. Se estiver sofrendo e precisar de um abraço, eu lhe darei um. Que comunidade é essa onde você não pode abraçar alguém que está sofrendo?

É importante destacar que Fred trabalha em seu distrito há muitos anos e tem uma sólida reputação. Como um novo professor, você estará em uma situação muito diferente. Fale com os seus colegas sobre a política vigente na sua escola (algumas orientam os professores a "ensinar, mas não tocar"). Mesmo que não haja nenhuma proibição explícita em relação ao toque, você deve ser cauteloso para que suas ações não sejam mal-interpretadas. Abrace somente na frente de outras pessoas ou cumprimento batendo as palmas das mãos abertas (*high five*) em vez de usar abraços (JONES; JONES, 2010). Quando um aluno ficar depois do horário, deixe a porta da sala aberta ou se assegure de que outros alunos ou professores estejam por perto.

Pergunte aos alunos como se sentem a respeito da sala de aula

No livro *Beyond Discipline: From Compliance to Community*, Alfie Kohn sugere que os professores comecem o ano escolar perguntando aos alunos sobre maneiras de construir sentimentos de segurança:

> Um professor poderia dizer "Olha, é muito importante para mim que você se sinta livre para falar coisas, aparecer com ideias que podem soar estranhas, cometer erros sem medo de que outras pessoas riam de você. Na verdade, eu quero que todos aqui se sintam assim. O que vocês acham que podemos fazer para ter certeza de que isso aconteça?" (KOHN, 1996, p. 110-111).

Também é uma boa ideia pedir aos seus alunos que lhe deem um retorno sobre suas percepções do ambiente da sala de aula. "*O que está acontecendo nessa turma?*" é um questionário para acessar várias dimensões da sala de aula, incluindo a coesão entre os alunos, o apoio dos professores, o envolvimento, a cooperação e a equidade (FRASER; MCROBBIE; FISHER, 1996). Alguns dos itens do questionário aparecem na Tabela 3.2. Se você administrar periodicamente esses itens, conseguirá ter ideia do sentimento dos alunos em relação à sala de aula.

CONSTRUINDO RELAÇÕES DE CUIDADO ENTRE OS ALUNOS

Muita coisa foi escrita recentemente sobre maneiras de estimular relações de apoio e confiança entre os alunos. Infelizmente, a maior parte dos conselhos se concentra nas salas de aula dos anos iniciais do ensino fundamental, em que os professores trabalham com o mesmo grupo de crianças durante todo o dia e há mais oportunidade de construir uma conexão. O desafio de criar uma comunidade atenciosa e segura é certamente mais intimidador quando você ensina para três, quatro ou cinco grupos de alunos por dia, por 42, 45 ou mesmo 84

Tabela 3.2 Itens do questionário *"O que está acontecendo nessa turma?"*

Coesão de estudantes
Eu conheço outros alunos nessa turma.
Membros dessa turma são meus amigos.
Eu trabalho bem com outros membros da turma.
Nessa turma, sou ajudado por outros alunos.

Apoio de professores
O professor tem um interesse pessoal em mim.
O professor leva em conta os meus sentimentos.
O professor me ajuda quando eu tenho dificuldade com algum trabalho.
O professor fala comigo.
O professor está interessado nos meus problemas.

Envolvimento
Minhas ideias e sugestões são usadas durante discussões em sala de aula.
Eu faço perguntas ao professor.
Eu explico minhas ideias aos outros alunos.
Outros alunos me pedem para explicar como resolvi problemas.

Cooperação
Eu coopero com outros alunos ao fazer o trabalho passado.
Quando nos reunimos em grupos, o trabalho é feito em equipe.
Eu aprendo com os outros alunos da turma.
Outros alunos trabalham comigo para atingir os objetivos da turma.

Equidade
O professor dá tanta atenção às minhas perguntas quanto às dos outros alunos.
Eu tenho o mesmo espaço que os outros alunos para falar.
Eu sou tratado da mesma maneira que os outros alunos.
Eu recebo o mesmo estímulo que os outros alunos recebem do professor.

Para cada item, os alunos podem atribuir números de 1 a 5, que correspondem, respectivamente, às respostas "quase nunca", "raramente", "às vezes", "frequentemente" e "quase sempre".
Fonte: Fraser, McRobbie e Fisher (1996).

minutos. O que podem fazer professores do ensino médio no tempo limitado de que dispõem, especialmente quando há tanta pressão para cobrir o currículo? Fizemos essa pergunta aos nossos quatro professores. Aqui estão algumas das suas sugestões, junto com as de especialistas em educação interessados no aprendizado social e emocional dos alunos.

Modele e reconheça o comportamento pró-social

Os professores frequentemente estimulam os alunos a tratar uns aos outros com respeito. No entanto, é pouco provável que o estímulo faça efeito a menos que os próprios professores sejam respeitosos. Como Williams (1993, p. 22) nos diz: "Faça como eu digo, não como eu faço" claramente não funciona. Williams estava interessada em aprender como o respeito era ensinado e aprendido por alunos nas salas de aula dos anos finais do ensino fundamental. Ela constatou que o respeito era melhor ensinado por meio de exemplos. De acordo com os alunos, os professores "[...] têm que seguir os próprios valores" (WILLIAMS, 1993, p. 22). Os alunos se ressentiam dos professores que lhes diziam para serem educados e respeitar os outros e, no entanto, exibiam favoritismo, tratavam os alunos "como bebês", não os escutavam e passavam "tarefas trabalhosas".

Pensamos muito sobre a importância de ensinar o respeito por meio do exemplo durante uma discussão que tivemos recentemente com uma professora sobre o tratamento dado a uma aluna "criadora de casos", chamada Serena:

> *Serena estava atrasada para a aula de hoje. Ela disse que se atrasou porque sofreu bullying quando estava a caminho da sala. Eu lhe disse para ir à direção relatar o ocorrido. Quando contei a outra professora sobre o incidente, ela disse: "Você acredita nela?!". Ela olhou para mim como se eu fosse maluca, mas eu não gosto do modo como Serena e outros alunos são estereotipados. É verdade, eles são frequentemente "criadores de caso", mas eu não estava na entrada, então não sei o que aconteceu. Eu quero tratar Serena com o mesmo respeito que trato os outros alunos. Eu quero lhe dar o benefício da dúvida. Os garotos não devem viver o ano inteiro com o mesmo rótulo e não ter seus avanços reconhecidos.*

Como esse episódio ilustra, os professores, às vezes, categorizam os alunos como "criadores de caso" (ou criminosos, membros de gangues, ladrões e prostitutas) (KATZ, S. R, 1999) e falham ao não concederem o respeito que exigem como professores. Os alunos, porém, são pouco propensos a respeitarem professores que lhes humilham. Isso é certamente o caso de "Faça aos outros..."

Proporcione oportunidades para que os alunos conheçam uns aos outros

No primeiro dia de aula, Christina distribui um folheto intitulado "Encontre Alguém Que". Os alunos devem encontrar uma pessoa na turma que se encaixe em cada uma das 36 descrições (p. ex., alguém que tenha lido ao menos três livros de Stephen King, alguém que goste do mesmo programa de TV que você, alguém que deixe tudo para depois e alguém que prefere trabalhar sozinho do que em grupos) e fazê-lo assinar o seu nome junto da declaração apropriada. Os alunos podem assinar apenas uma vez por folha, mesmo se mais de um item se aplicar a ele.

"Encontre Alguém Que" pode ser especialmente útil se incluir itens relacionados à raça, origem cultural e linguística, deficiências e pedir informações além da assinatura. Observe esses exemplos (SAPON-SHEVIN, 1995):

Encontre alguém que cresceu com um parente mais velho. Cite algo que o colega tenha aprendido com esse parente.

Encontre alguém cujos pais tenham vindo de outro país. Que tradição ou costume ele aprendeu com os pais?

Encontre alguém que tenha um membro da família com alguma deficiência. O que o colega aprendeu ao interagir com essa pessoa?

Para construir uma comunidade, temos de criar oportunidades para os alunos aprenderem uns sobre os outros e para descobrirem suas diferenças e semelhanças. Há várias atividades de familiarização, como a que Christina escolheu, que podem ser realizadas por professores. Algumas delas estão listadas na seção Dicas Práticas (a Fig. 3.1 mostra a opinião de um estudante sobre essas atividades).

É importante notar que uma ou duas atividades no início do período escolar não são suficientes para permitir que os alunos conheçam uns aos outros, muito menos para construir uma comunidade. Christina aprendeu essa lição na metade do ano escolar:

> Como minha turma de habilidades básicas tem apenas 11 garotos, imaginei que todos eles tinham de conhecer uns aos outros, especialmente porque eu havia realizado a atividade "Co-

Dicas práticas

COMO AJUDAR SEUS ALUNOS A SE FAMILIARIZAREM

- **Adivinhe quem?** Peça aos alunos para escreverem uma curta declaração autobiográfica (origem familiar, hobbies, atividades extracurriculares, etc.) sem assinar. Recolha as declarações, leia cada descrição e peça aos alunos que escrevam o nome do colega que eles acreditam que escreveu a descrição (você pode participar também). Releia as descrições e peça aos autores que se identifiquem. Peça aos alunos que indiquem quantos colegas de turma eles identificaram corretamente (JONES; JONES, 2010).
- **Duas verdades e uma mentira (ou dois fatos e uma ficção).** Solicite que os alunos escrevam e compartilhem três declarações sobre eles mesmos, sendo duas verdadeiras e uma falsa. Por exemplo, um dos autores (Carol) pode escrever "Uma vez eu representei a princesa em *Once Upon the Mattress* e uma noite durante o espetáculo eu caí do topo de 15 colchões e fiquei com hérnia de disco nas minhas costas", "Ganhei o terceiro prêmio do Campeonato de Corte de Lenha de Todo o Alasca pelo lançamento de rolo de macarrão" e "Eu caminhei pelo Nepal durante a minha lua de mel". Os alunos tentam adivinhar qual é a mentira e, em seguida, ela diz a verdade (Carol não andou pelo Nepal; ela caminhou com mochila nas costas pelo Colorado e Wyoming). A atividade pode ser feita com uma turma inteira ou em pequenos grupos. Em qualquer um dos casos, como a atividade permite que os alunos selecionem o que revelar sobre si mesmos, há pouca chance de constrangimentos. Ela também oferece oportunidades para que os alunos descubram interesses e experiências comuns e testem suposições e estereótipos (ninguém que olhasse para Carol, por exemplo, imaginaria que ela acampou na sua lua de mel!) (SAPON-SHEVIN, 1999).
- **Pequenos fatos pouco conhecidos sobre mim.** Essa é uma variação da atividade anterior. Os alunos escrevem uma afirmação sobre si mesmos que acreditam que os outros ignoram. Os papéis são dobrados, colocados em uma caixa e misturados. Cada aluno sorteia um papel e lê a afirmação em voz alta. Todos tentam adivinhar quem escreveu aquele fato (SAPON-SHEVIN, 1999).
- **Linhas da vida.** Cada aluno desenha uma linha em um pedaço de papel e marca de seis a dez pontos, representando eventos importantes em sua vida que desejam compartilhar (p. ex., o nascimento de um irmão, a morte de um membro da família, uma peça que estrelaram na escola, mudança de escola, etc.). Depois, os alunos se reúnem em pares e compartilham suas histórias de vida. Os membros de cada dupla também podem apresentar o seu parceiro para o resto da turma, fazendo referência a pontos de sua linha de vida (SAPON-SHEVIN, 1999).
- **Sua inspiração.** Peça aos alunos para trazerem fotos de pessoas ou coisas que os inspirem, junto com uma citação. Coloque-as no quadro de avisos (SCHMOLLINGER et al., 2002).
- **De que você tem mais orgulho de si mesmo?** Os alunos escrevem suas respostas a essa questão em um papel com o formato de pegada. Coloque as pegadas no quadro de avisos formando um caminho chamado "sucesso" (SCHMOLLINGER et al., 2002).

nhecendo uns aos outros" no início do período escolar. Mas um dia, quando eles trabalhavam em grupos pequenos, eu descobri que alguns outros não sabiam o nome de outros colegas. Eu fiquei espantada. A turma era uma combinação de aprendizes da língua inglesa e falantes de inglês nativo que tinham desempenho muito baixo, e eu percebi que esses dois grupos de alunos nunca haviam, de fato, se conhecido. Obviamente, eu deveria ter feito mais construções de equipes ao longo do ano; uma ou duas vezes no início do período escolar não foi suficiente.

FIGURA 3.1 *Fonte:* FoxTrot, Bill Amend (2006). Reimpressa com a permissão de Universal Uclick. Todos os direitos reservados.

Promova encontros com a turma

Durante períodos de aconselhamento ou no *homeroom*,* os professores dos anos finais do ensino fundamental podem implementar um tipo de encontro de turma chamado "Círculo de Poder e Respeito" ou "CPR" (KRIETE, 2002). O CPR é a versão para essa etapa de ensino dos "Encontros Matinais", com os quais muitos professores do anos iniciais do ensino fundamental começam o dia. Ele contém os mesmos quatro componentes: sentados em círculo, os alunos *cumprimentam uns aos outros* (a saudação pode ser um simples "oi", um aperto de mão ou um *high five*). Quando os estudantes estiverem mais confortáveis, o professor pode introduzir variações (p. ex., saudar uns aos outros em diferentes línguas). Em seguida, alguns alunos apresentam notícias que eles desejam compartilhar, e outros fazem perguntas e comentam. Os professores podem fazer perguntas para um "compartilhamento focado" (p. ex., "Qual a realização de que você se sente orgulhoso?", "Se você pudesse mudar uma coisa na escola, o que você mudaria e por quê?", "Quem você mais admira? Por quê?"). Após compartilhar, a turma se envolve em uma atividade coletiva para construir o espírito de grupo e estimular a cooperação, a participação e a inclusão. Atividades de grupo podem incluir jogos, (como "Forca", "Stop", "Telefone sem fio"), quebra-cabeças e leitura em forma de jogral de poemas. Finalmente, os alunos se focam em um quadro contendo *notícias e anúncios*, que mostra eventos da turma e da escola e apresenta um "desafio acadêmico" para desenvolver e reforçar a linguagem, os conhecimentos matemáticos e outras habilidades acadêmicas (ver Fig. 3.2).

De modo ideal, o CPR deve ser feito pelo menos três vezes por semana, no início do dia, embora nem sempre seja possível. Implementado regularmente, o CPR permite que os anos finais do ensino fundamental aprendam CARES – cooperação (em vez de

---

* N. de R.T.: Nos Estados Unidos e em outros países, *homeroom* é o período usado pelos professores para registrar a frequência, planejar o dia e fazer comunicados aos alunos. Em geral, ele acontece no início do dia ou após o intervalo de almoço. Pode ser usado como um período para leitura ou finalização do tema de casa.

---

21 de novembro de 2005

Bom-dia a todos!

Hoje haverá uma reunião às 11h15 em honra de Rosa Parks, que faleceu no mês passado. A Srta. Parks é conhecida como a "mãe do movimento dos direitos civis". Em 1955, ela mudou o curso da história norte-americana ao se recusar a dar o seu lugar em um ônibus para um homem branco.

Escreva aqui algo que você sabe sobre Rosa Parks:

FIGURA 3.2 Exemplo de um quadro de notícias e anúncios.

competição), afirmação (em vez de agressão), responsabilidade (em vez de apatia), empatia (em vez de autoabsorção) e autocontrole (em vez de falta de controle). Para informação detalhada sobre esse tipo de encontro de turma, ver Kriete (2002).

No ensino médio, muitas escolas estão incorporando um período de *homeroom* ou aconselhamento aos seus horários diários a fim de permitir encontros de turma. Por exemplo, na Jefferson County Open School, próximo a Denver, cada professor dos anos finais do ensino fundamental e do ensino médio é designado para 18 a 20 orientandos e se encontra com eles duas vezes por semana (BAKER; BASILE; OLSON, 2005). Essas oportunidades de grupos de alunos se encontrarem regularmente com mentores é parte da filosofia do movimento *Small Learning Communities*, que foca em estabelecer pequenas comunidades, seja em uma escola autônoma ou em uma escola maior (COTTON, 2001). Mesmo se na sua escola não houver tempo para encontros de turma, a inclusão de atividades para construção de equipes pode ajudar a construir relações de atenção entre os alunos.

Dois educadores que enfatizam a importância de encontros de turma são Jane Nelsen e Lynn Lott. Veja suas ideias na Seção 3.1.

Use grupos de aprendizado cooperativo

Uma pesquisa sugere que há poucas oportunidades para interação entre os estudantes durante o dia escolar (OSTERMAN, 2000). Isso é perturbador à luz de inúmeros estudos que atestam o poder do aprendizado cooperativo para promover o desenvolvimento de relações positivas entre os pares. Mais especificamente, o aprendizado cooperativo facilita a interação e amizade entre os alunos que diferem em termos de desempenho, sexo, origem cultural e linguística e raça; promove a aceitação de alunos com deficiências; aumenta as atitudes positivas em relação à turma e promove a empatia (GOOD; BROPHY, 2008).

David e Roger Johnson (1999), dois pesquisadores proeminentes no campo do aprendizado cooperativo, distinguem três tipos de aprendizado cooperativo. No *aprendizado cooperativo formal*, os professores distribuem os alunos em pequenos grupos heterogêneos que trabalham juntos em tarefas cuidadosamente estruturadas; os grupos podem permanecer juntos de uma aula a várias semanas. No *aprendizado cooperativo informal*, os alunos trabalham juntos em grupos temporários que podem durar de alguns minutos a um período inteiro. Por exemplo, durante uma apresentação para toda a turma, Donnie, frequentemente, diz aos alunos para se "virarem para o vizinho e dizerem como resolveriam tal problema". Finalmente, *grupos cooperativos de base* são heterogêneos e de longo prazo. Nestes, os estudantes apoiam o progresso acadêmico uns dos outros e o bem-estar emocional. Os membros do grupo de base podem anotar as tarefas para colegas ausentes e fornecer assistência quando eles retornarem, tutorar alunos que estão tendo problemas com o material do curso, checar os deveres de casa e criar grupos de estudo para os testes. É útil que os grupos de base se encontrem várias vezes por semana durante 5 a 15 minutos (ver Cap. 10 para uma discussão mais detalhada do trabalho cooperativo).

Ensine habilidades socioemocionais

Considere o seguinte cenário: uma menina do 9º ano descobre que alguns colegas espalharam rumores sobre ela. Em resposta, ela os encurrala em um corredor e os xinga ou reconhece que está com raiva e ferida, tenta se acalmar e conta a eles como está se sentindo? A resposta depende da sua "competência emocional" – a capacidade de entender e gerir situações socioemocionais (ELIAS; SCHWAB, 2006; WOOLFOLK, 2007). Indivíduos com competência emocional podem identificar e controlar seus sentimentos, resolver problemas ao gerar

Conheça os educadores — Seção 3.1

CONHEÇA JANE NELSEN E LYNN LOTT

Jane Nelsen e Lynn Lott são terapeutas e educadoras que escrevem, dão palestras e conduzem *workshops* para pais e professores a respeito de Disciplina Positiva. Seu trabalho se baseia nas ideias de Alfred Adler (1870-1937) e Rudolf Dreikurs (1897-1972), dois psiquiatras vienenses que defendiam que crianças fossem tratadas respeitosa e gentilmente, porém com firmeza. A colaboração de Nelsen e Lott começou em 1988, com o livro intitulado *Positive Discipline for Teenagers*. Desde então, a série *Positive Discipline* se expandiu para incluir títulos que se destinam a diferentes faixas etárias, ambientes (p. ex., casa, escola, etc.) e tipos de famílias (p. ex., pais solteiros, famílias mistas, etc.).

Algumas ideias principais sobre gestão da sala de aula

1. Os métodos de gestão da sala de aula devem se basear na *atenção e no respeito mútuo*, com o objetivo de criar um clima estimulante para a autoestima e o desempenho acadêmico.
2. A fim de transmitir atenção, os professores precisam estar conscientes de cinco pares de comportamentos que afetam suas relações com os alunos. Em cada par, o primeiro comportamento é uma *barreira* para o bom relacionamento e o segundo é um *construtor* de bons relacionamentos: (1) assumindo em vez de checando; (2) resgatando/explicando em vez de explorando; (3) dirigindo em vez de estimulando/encorajando; (4) esperando em vez de celebrando; e (5) usando "adultismos" (quando você se esquece de que as crianças não são adultos maduros) em vez de respeitando.
3. *Encontros de turma* não ajudam apenas a minimizar problemas de disciplina, mas também a desenvolver habilidades sociais e acadêmicas.
4. A fim de garantir que os encontros de turma sejam efetivos, os professores precisam gastar tempo ensinando aos alunos os *Oito Blocos Construtores:* (1) forme um círculo; (2) pratique elogios e apreciações; (3) crie uma agenda; (4) desenvolva habilidades de comunicação; (5) aprenda a respeito de realidades separadas; (6) reconheça as quatro razões pelas quais as pessoas fazem o que fazem; (7) pratique encenações e *brainstorming*; e (8) foque em soluções não punitivas.

Livros e artigos selecionados

NELSEN, L.; LOTT, L.; GLENN, H. S. *Positive discipline in the classroom*: developing mutual respect, cooperation, and responsibility in your classroom. 3rd ed Rocklin: Prima, 2000.

NELSEN, L; LOTT, L. *Positive discipline for teenagers*: empowering your teens and yourself through kind and firm parenting. 2nd ed. Roseville: Prima, 2000.

NELSEN, J. et al. *Positive discipline*: a Teacher's A-Z Guide: hundreds of solutions for every possible classroom behavior problem. 2nd ed. Rocklin: Prima, 1996.

Endereço na internet: www.positivediscipline.com

---

soluções alternativas, escolher a ação mais apropriada, demonstrar respeito e empatia pelos outros e se comunicar efetivamente. Há uma série de programas destinados a promover habilidades como essas; de fato, todos os nossos professores trabalham em distritos que implantaram algum tipo de programa para ensinar o aprendizado socioemocional. Como um professor de sala de aula, você pode não estar preparado para ministrar esses programas aos seus alunos, no entanto, deve conhecer os programas oferecidos na sua escola, de modo que possa reforçar as habilidades que os alunos estejam aprendendo quando surgirem oportunidades.

Ser capaz de resolver conflitos construtivamente é uma habilidade socioemocional chave e foco de vários programas. Há grande variedade de abordagens, mas, geralmente, os programas caem em duas categorias: aqueles que treinam todos os estudantes com estratégias de resolução de conflitos e aqueles que treinam apenas alguns para mediar disputas entre seus pares (JOHNSON; JOHNSON, 2004). Um exemplo de um programa que tem como alvo todo o corpo de alunos é o programa de Johnson e Johnson (1995) *Teaching Students to be Peacemakers*. O programa vai do 2º ano do ensino fundamental até o último ano do ensino médio; a cada ano, os estudantes aprendem negociações cada vez mais sofisticadas e procedimentos mediadores. Uma pesquisa levada a cabo por Johnson e Johnson indica que os alunos treinados no programa de mediadores são capazes de empregar procedimentos de negociação e mediação a uma variedade de conflitos, tanto dentro quanto fora da sala de aula. Além disso, o treinamento resulta em menos problemas de disciplina a ser gerenciados pelo professor e pelo diretor (JOHNSON; JOHNSON, 2004).

Em um programa de mediação de pares, os alunos selecionados guiam os colegas em disputa pelo processo de solução de problemas. A vantagem de usar alunos em vez de adultos como mediadores é que os primeiros podem enquadrar as disputas de um modo que seja adequado à sua idade. Geralmente, trabalhando em pares, os mediadores explicam as regras básicas para mediação e fornecem uma oportunidade para que os envolvidos na disputa identifiquem o problema a partir de diferentes perspectivas, expliquem como se sentem, façam um *brainstorm** de soluções, avaliem as vantagens e desvantagens de cada proposta e selecione um curso de ação. Essas etapas podem ser vistas no exemplo de mediação de pares na Figura 3.3.

Obviamente, a mediação de pares não é uma opção quando o conflito envolve drogas, álcool, roubo ou violência, uma vez que essas são ações criminais. Mas a mediação pode ajudar a resolver disputas envolvendo fofocas, xingamentos, humilhações raciais e *bullying*, bem como conflitos sobre propriedade (p. ex., tomar um livro emprestado e perdê-lo). Mesmo nesses casos, a mediação deve ser voluntária e confidencial. No caso de violação das normas da escola, a mediação não deve substituir a ação disciplinar; em vez disso, ela pode ser oferecida como uma oportunidade de resolver problemas e "limpar o ar".

Iniba o assédio de pares e o *bullying*

Os esforços para promover comportamentos pró-sociais têm de ser combinados com intolerância pelos comportamentos antissociais que podem ameaçar a segurança e o respeito da comunidade. Todos os dias, alunos são xingados, provocados, ridicularizados, humilhados, excluídos socialmente, sofrem ostracismo e até mesmo sofrem lesões físicas nas mãos de seus colegas. Quando esse assédio por colegas é repetido ao longo do tempo (ou seja, não é raro ou incidental) a intenção é causar dano, desconforto ou medo e envolve um desequilíbrio de forças ou poder, podendo ser considerado *bullying* (HYMAN et al., 2006; OLWEUS, 2003). Meninos, geralmente, fazem *bullying* com outros meninos com muito mais frequência do que as meninas. E, enquanto o *bullying* masculino tende a ser físico, e o feminino costuma ser mais sutil e "relacional", tal como excluir alguém do grupo ou espalhar rumores.

O problema de assédio de pares e *bullying* é difundido, embora a frequência varie de acordo com a forma como o *bullying* é medido. Em um estudo com quase 16 mil alunos do 7º ano do ensino fundamental à 2ª série do ensino médio (NANSEL et al., 2001), cerca de 30% relatou envolvimento moderado ou frequente em *bullying*. Os alvos principais tendem a ser garotas que não são atraentes, fisicamente maduras ou sem estilo, e garotos que não se encaixam no "modelo masculino estereotipado" (SHAKESHAFT et al., 1997).

---

* N. de R.T.: Técnica usada para dar início a um novo conteúdo em que os alunos são incentivados a relatar as ideias que lhes vêm à mente com relação àquele assunto. Desse modo, o professor ativa o conhecimento prévio dos alunos.

Conflito: Billy e Juan sentam juntos durante a aula de matemática. Enquanto trabalham independentemente para resolver os problemas, Billy tem o hábito de murmurar à medida que resolve as equações. Isso dificulta a concentração de Juan e sua capacidade de fazer o trabalho.

JUAN: Você pode parar com esse zumbido?
BILLY: (Murmurando mais alto) O quê, alguém falou alguma coisa?
JUAN: Sério, eu vou aí fazer você se calar.
BILLY: Gostaria de ver você tentar.

A professora escuta, por acaso, e pergunta aos garotos se eles gostariam de ir para a mediação. Eles concordam.

Etapa de mediação 1: introduções e explicação das regras

MEDIADOR 1: [Apresenta a si mesmo e ao outro mediador] Vamos atuar como seus mediadores de pares. Como se chamam? (os garotos respondem e o mediador escreve no formulário).
MEDIADOR 2: Não estamos aqui para julgá-los ou puni-los, mas simplesmente para ajudá-los a resolver os seus conflitos. Tudo o que dissermos aqui será confidencial, a menos que algo discutido seja ilegal, perigoso ou um sinal de abuso.
MEDIADOR 1: Precisamos que ambos concordem com algumas regras antes de começarmos. Elas são:
1) Deixe que os outros falem sem interrupção.
2) Trate os outros com respeito e evite humilhações.
3) Assuma a responsabilidade e se disponha a resolver o problema.
MEDIADOR 2: Ambos concordam com as regras? (se ambos concordarem, passe para a etapa 2).

Etapa de mediação 2: escutando e entendendo o problema

MEDIADOR 1: Juan, por favor, nos conte o seu lado da história.
JUAN: Estava tentando trabalhar e esse perdedor fica murmurando tão alto que não consigo pensar!
MEDIADOR 1: Por favor, seja respeitoso e evite humilhá-lo ou xingá-lo.
JUAN: Perdão, eu estava tentando trabalhar e ele ficava murmurando *muito* alto.
MEDIADOR 1: O murmúrio dele estava atrapalhando o seu trabalho. Isso faz você se sentir como?
JUAN: Estou realmente louco porque isso acontece todos os dias.
MEDIADOR 1: Você está irritado porque acha que ele está intencionalmente murmurando alto.
MEDIADOR 2: Billy, qual o seu lado da história?
BILLY: Eu estava trabalhando e preocupado com a minha vida, e, sim, eu estava murmurando.
MEDIADOR 2: Como você se sente com essa situação?
BILLY: Estou frustrado por Juan ser tão sensível!
MEDIADOR 2: Você gostaria de continuar murmurando e acha que Juan está exagerando, certo? (Billy concorda). Há algo mais que algum de vocês gostaria de dizer? (em caso afirmativo, continue revezando. Em caso negativo, vá para a etapa 3).

Etapa de mediação 3: soluções por *brainstorm*

MEDIADOR 1: Vocês ouviram o outro lado da história. Pense no que poderiam fazer para resolver esse problema agora ou no futuro. Vamos escrever todas as nossas ideias e podemos decidir, depois, o que fazer (Juan sugere que ele pode pedir a Billy para parar de murmurar de uma maneira mais educada; Billy sugere que ele pode mudar de lugar; Juan sugere que ele pode usar protetores de ouvidos; Billy diz que ele pode murmurar na sua cabeça).
MEDIADOR 1: Alguma outra ideia? (caso contrário, vá para a etapa 4.)

Etapa de mediação 4: chegando a um acordo

MEDIADOR 2: Vamos olhar para todas as soluções que vocês sugeriram. Quais podem nos ajudar a resolver esse conflito? (os garotos decidem que mudar de lugar é pouco prático e não é justo que Juan tenha de usar protetores de ouvido. Juan sugere, e Billy concorda, que Billy pode murmurar na sua cabeça, e Juan irá lhe lembrar se ele falar alto demais a ponto de distraí-lo).
MEDIADOR 2: Esse conflito está resolvido? (se ambos concordarem, assinam um acordo no formulário de mediação de pares. Se discordarem, voltam à etapa 3 para tentar encontrar uma solução). Obrigado por estarem dispostos a resolver o seu conflito. Voltaremos a falar com vocês em alguns dias para ver se a solução está funcionando.

FIGURA 3.3 Roteiro de mediação de pares.

Especialmente em risco estão os adolescentes que são lésbicas, *gays*, bissexuais e transgêneros (LGBT). Um estudo do ambiente escolar constatou que 86% dos alunos LGBT foram molestados verbalmente no ano anterior, 44% foram molestados fisicamente e 22% foram agredidos fisicamente (KOSCIW; DIAZ; GREYTAK, 2008). Cerca de 30% dos alunos LGBT faltaram a um período ou a um dia de aula no último mês por se sentirem inseguros. Além disso, quase 70% dos adolescentes escutam com frequência colegas dizerem "isso é tão gay" ou "você é tão gay" ("gay", nesse caso, significa algo ruim ou desvalorizado).

Apesar do seu predomínio, professores, conselheiros e administradores geralmente subestimam o volume de *bullying* que existe em suas escolas. Barone (1997), por exemplo, constatou que quase 60% dos alunos que ele pesquisou relataram terem "sido incomodados por um valentão ou por valentões" nos anos finais do ensino fundamental; em oposição, funcionários da escola acreditavam que apenas 16% dos alunos haviam sido vítimas de *bullying*.

Infelizmente, mesmo quando os professores estão conscientes do *bullying*, nem sempre eles intervêm. Um aluno comentou em um estudo

> Para xingamentos, eles [professores] irão apenas dizer: "Eu não quero ouvir isso". Eles realmente não querem fazer nada além disso. Eu gostaria que os professores acabassem com os xingamentos imediatamente, mesmo que eles ouvissem apenas uma coisa. (SHAKESHAFT et al., 1997, p. 25).

Uma razão para a ausência de intervenção pode ser a percepção de que o *bullying* é "quase aceitável" (HOOVER; OLIVER, 2008). Os valentões podem ser populares e seu comportamento é frequentemente considerado normal. Quando os valentões são homens, por exemplo, não é raro que os adultos comentem que "meninos serão sempre meninos". De fato, quase um terço dos professores dos Estados Unidos encara o *bullying* como um "comportamento normativo" que as vítimas devem aprender a resolver (HYMAN et al., 2006). Outra razão para não intervir pode ser o fato de que boa parte do assédio por pares e *bullying* ocorre nos corredores e no refeitório, locais onde os professores podem sentir que não têm jurisdição.

Levar o assédio entre pares a sério e intervir para interrompê-lo – onde quer que ocorra – é crucial se os professores pretendem construir salas de aula mais seguras e atenciosas. Você precisa estar alerta para comentários que magoam sobre raça e etnia, altura, deficiências, orientação sexual, roupas fora de moda ou excêntricas, uso de línguas estrangeiras e perfil socioeconômico. Você deve deixar claro que falas desrespeitosas e insultos – mesmo quando usados de maneira jocosa – são absolutamente inaceitáveis. Stephen Wessler, diretor do Center for the Prevention of Hate Violence na Universidade de Southern Maine, estimula os professores a responderem imediatamente a casos de assédio por pares:

> Seja no corredor ou na sala de aula, os professores devem se manifestar quando os alunos usarem linguagem degradante ou estereótipos. Em um corredor cheio, essas intervenções podem ser pequenas. Fazer contato visual com o aluno e dizer "Eu escutei isso", "Não gostamos disso por aqui" ou "Essa palavra é ofensiva" passa a mensagem de que insultos motivados por preconceitos não são aceitáveis. Essas intervenções discretas interrompem o padrão de intensificação e impedem alguns alunos de continuarem usando palavras degradantes. Elas também servem de modelo para estudantes, mostrando o que eles podem fazer para interromperem por si só a linguagem ofensiva. E, finalmente, quando os professores se manifestam, eles mandam uma mensagem de esperança para aqueles alunos que constantemente escutam ofensas, mas sentem que ninguém se importa. (WESSLER, 2008, p. 47).

Como muitos dos assédios e *bullying* não são vistos ou ouvidos pelos professores, é importante ensinar aos alunos como "se levantar e falar" quando eles testemunham um comportamento inaceitável (WESSLER, 2008). Marzano et al. (2005) sugerem três regras simples a serem adotadas pelos alunos para impedir o *bullying*: (1) não iremos fazer *bullying* com outros alunos; (2) ajudaremos os que estiverem sofrendo *bullying* a se pronunciar e obter ajuda de adultos; (3) faremos um esforço extra para incluir todos os alunos nas atividades de nossa escola. Algumas escolas, na verdade, têm um compromisso de combater o *bullying* (ver Fig. 3.4).

Também é importante ajudar os alunos a entenderem quais comportamentos constituem assédio por pares e *bullying*. Por exemplo, a provocação é o comportamento mais frequente em todas as idades, mas pode ser difícil para os alunos traçarem a linha entre uma brincadeira e um assédio doloroso. Durante uma conversa com Christina, ela contou uma história que ilustrou a dor que a provocação "amigável" pode causar.

> Este ano, eu tive uma caloura chamada Anita em uma das minhas turmas. No ano passado, fui professora do seu namorado, que é dos anos finais do ensino fundamental. Ele se envolveu em vários problemas e foi preso. Mas agora ele está fazendo um bom trabalho para transformar sua vida. Um dia eu vi uns garotos provocando Anita. Eles perguntavam se o namorado dela estava em prisão domiciliar ou na cadeia de novo. Ela parecia triste, mas não me disse nada. Depois da aula, eu lhe falei que havia escutado o que os garotos estavam dizendo e perguntei como se sentia a respeito disso. Ela indicou que não gostava, mas que não queria fazer disso um "grande problema". Ela disse que não queria que eles tivessem problemas. Eu me ofereci para falar com os garotos e disse que não diria a eles que ela havia me pedido para intervir. No dia seguinte, chamei os dois garotos e disse que havia escutado o que eles falaram para Anita e que eu não achava aquilo adequado. Eles disseram que estavam "apenas provocando". Eu lhes falei: "Mas provocar pode ferir". Eu falei isso por conta da expressão no rosto de Anita, que deixava claro que ela não havia achado aquilo engraçado. Eles pareceram surpresos, como se não tivessem pensado nisso antes. Então, prometeram parar e realmente o fizeram.

Dependendo do nível social e da popularidade dos indivíduos envolvidos, a troca de brincadeiras pode ser vista como provocação ou apenas como uma brincadeira amigável (HOOVER; OLIVER, 2008). Se um aluno de *status* mais elevado zomba de um aluno de *status* mais baixo, a troca de brincadeiras tende a ser vista como ataque. Provocar alguém do mesmo *status* é mais propenso a ser interpretado como brincadeira. Aqui vão alguns outros princípios norteadores (adaptados

---

Nós, os alunos do _____ distrito escolar, concordamos em nos unir para acabar com o *bullying*.

AO ASSINAR ESTE COMPROMISSO EU CONCORDO EM:

- Tratar os outros respeitosamente.
- Tentar incluir aqueles que são deixados para trás.
- Me recusar a fazer *bullying* com outros.
- Me recusar a rir ou participar quando alguém estiver sofrendo *bullying*.
- Avisar um adulto.
- Ajudar aqueles que estão sofrendo *bullying*.

Assinado por
_____

Data
_____

FIGURA 3.4 Compromisso antibullying.
Fonte: Harrison (2005).

de HOOVER; OLIVER, 2008) sobre provocações para ajudar os seus alunos a entenderem o que é e o que não é apropriado:

- Pergunte-se se provocar sobre determinado tópico é ofensivo e não implique sobre ele.
- Preste atenção na linguagem corporal, que transmite se a provocação incomoda alguém.
- Apoie um aluno que está sofrendo provocações.
- Fale se a provocação sobre determinado tópico lhe incomoda.
- Tenha cuidado ao empregar humor, especialmente sarcasmo.
- Evite provocar alguém que você não conhece bem.
- Nunca provoque pessoas sobre sexo – seja menino ou menina –, seu corpo e seus parentes.
- Evite provocar alguém que parece estar tendo um dia ruim.
- Aceite provocações que pareçam ser feitas de modo amigável.

Para aumentar a consciência, também é útil incorporar atividades reflexivas ao seu currículo sempre que possível (SHAKESHAFT et al., 1997). Em aulas de literatura, por exemplo, os alunos podem ler textos de ficção relacionados a assédio e *bullying*; nas aulas de matemática, podem fazer levantamentos e analisar os resultados; nas aulas de arte, podem representar seus sentimentos sobre xingamentos e humilhações. Além disso, os estudantes e a faculdade podem trabalhar juntos para definir quais são os comportamentos apropriados em escolas inclusivas e atenciosas.

Esteja alerta para casos de *cyberbullying*

Nos últimos anos, o assédio por pares e o *bullying* se expandiram das escolas para o ciberespaço, uma vez que "*cyberbullies*" usam *e-mail*, mensagens de texto no celular, mensagens instantâneas, *blogs* e redes sociais, como Twitter ou Facebook, para perseguir suas vítimas. Por exemplo, quando a aluna do 9º ano, Amanda Marcuson, relatou o fato de que alguns dos seus colegas de turma haviam roubado sua maquiagem, ela começou a ser perseguida por meio de mensagens instantâneas que a chamavam de fofoqueira e mentirosa. Depois, os xingamentos se intensificaram para "epítetos cada vez mais feios" (HARMON, 2004). Quando Denise, de 16 anos, rompeu com o namorado, ele a retaliou colocando seu *e-mail* e número de celular em *websites* e *blogs* com conteúdo sexual. Durante meses, Denise foi assediada com mensagens e chamadas embaraçosas e assustadoras (STROM; STROM, 2005). E um aluno dos anos finais do ensino fundamental fez um levantamento dos cinco "garotos mais odiados" do 7º ano e criou um endereço na rede em que os estudantes poderiam votar (LISANTE, 2005). Felizmente, os pais de um "vencedor" relataram o levantamento ao diretor, que implantou um programa na escola sobre o dano que o *cyberbullying* pode causar.

O assédio *on-line* é menos visível aos adultos do que o assédio "off-line", pois os adultos que não são familiarizados com as novas tecnologias podem não ter ideia da natureza ou magnitude do problema. Ao mesmo tempo, o *cyberbullying* pode ser devastadoramente mais humilhante para as vítimas. Rumores, fotos embaraçosas e comentários de ódio podem circular entre um número enorme de pessoas com apenas alguns cliques, e o lar não é mais um local onde se está livre dos insultos. Além disso, *on-line*, os jovens podem dizer coisas que eles não diriam pessoalmente, sobretudo devido ao sentimento de anonimato e à distância da vítima. Como um estudante comenta: "Na internet, você realmente não vê a cara deles e eles não veem a sua. Você não tem que olhar nos olhos e ver que eles estão magoados" (LEISHMAN, 2002 apud SHARIFF, 2004). O *cyberbullying* também parece ter um apelo particular para meninas, que preferem a "agressão relacional" ao assédio físico e, frequentemente, tentam evitar confrontação direta (HARMON, 2004).

Algumas estratégias para lidar com o *cyberbullying* aparecem na seção Dicas Práticas.

Esteja alerta para assédio sexual entre alunos

Na saída da sua sala de aula, um garoto dá um tapinha nas nádegas de uma menina. Ela olha para ele com uma cara aborrecida e diz "pare". Outra menina vem até você em lágrimas porque um menino da sua turma

Dicas práticas

COMO LIDAR COM O *CYBERBULLYING*

- Desenvolva uma política explícita para o uso da internet na escola e a inclua no manual escolar (ou nas regras da sua turma). A política deve enunciar claramente o que constitui *cyberbullying* e listar as suas consequências.
- Aprenda a respeito das ferramentas tecnológicas usadas por seus alunos. Não dê aos estudantes a oportunidade de se aproveitar da sua ignorância.
- Certifique-se de que os alunos estão conscientes de que o *bullying* será tratado seriamente.
- Garanta que os pais/guardiões que expressem preocupações com o *cyberbullying* sejam levados a sério.
- Explique aos alunos que eles:
  - nunca devem compartilhar informações pessoais *on-line*, como endereço, nome da escola onde estudam ou número de telefone;
  - não devem publicar fotos que revelem sua identidade ou de amigos sem a sua permissão;
  - devem limitar o acesso aos seus perfis *on-line* (no Facebook, Twitter, etc.) aos amigos e serem cuidadosos ao aceitarem pedidos de amizade, especialmente de pessoas que não conhecem;
  - não devem deletar mensagens; eles não precisam lê-las, mas devem mostrá-las a um adulto em que confiam. Mensagens podem ser usadas para tomar medidas contra *cyberbullies*;
  - não devem abrir mensagens de pessoas que eles não conhecem;
  - nunca devem responder às mensagens;
  - podem bloquear a mensagem do remetente se estiverem sofrendo *bullying* por *e-mail* ou mensagem instantânea;
  - podem encaminhar as mensagens ao seu provedor de acesso à internet;
  - devem comunicar a um adulto;
  - devem mostrar a mensagem à polícia se ela contiver ameaças físicas;
  - devem se manifestar contra o *cyberbullying*;
  - nunca devem enviar mensagens quando estiverem irritados;
  - nunca devem enviar mensagens que eles não gostariam que outros vissem.
- Torne os pais conscientes do fato de que os principais provedores de acesso à internet oferecem alguma forma de controle parental. Por exemplo, a AOL desenvolveu o "AOL Guardian", que registra com quem os jovens trocam mensagens e que endereços da rede eles visitam, além de monitorar salas de conversa para crianças de 13 anos ou menos.
- Estimule os pais a manterem os computadores em um ambiente da casa comum a todos.
- Convide membros do departamento de polícia local a virem à escola para conversar com pais e alunos sobre o uso adequado da internet.
- Certifique-se de que a ética seja incluída em qualquer curso de computação dado na escola.

Fonte: Adaptado de Keith e Martin (2005), Lisante (2005) e National Crime Prevention Council [20--].

está espalhando histórias sobre o que fizeram em um encontro no último fim de semana. Você escuta duas meninas rindo na sua aula e provocando um garoto a respeito de quão "garanhão" ele era. Esses são exemplos de assédio sexual?

O assédio sexual é geralmente definido como atenção sexual desagradável e indesejada. Isso inclui uma ampla variedade de comportamentos:

> [...] olhar malicioso, beliscar, agarrar, fazer comentários verbais sugestivos, pressionar por atividade sexual, espalhar rumores sexuais, fazer piadas de cunho sexual ou sexistas, puxar a roupa de outro aluno, encurralar ou se encostar em um estudante de modo sexual, fazer comentários insultantes em relação à orientação sexual dos alunos, tentar estuprar, pichar paredes ou muros com frases de cunho sexual ou se envolver em outras ações de modo sexual e que possa criar um ambiente hostil ao aprendizado. (HYMAN, 1997, p. 318).

Vários estudos (AMERICAN ASSOCIATION OF UNIVERSITY WOMEN, 1993; NATIONAL COUNCIL FOR RESEARCH ON WOMEN, 1994) documentaram o fato de que o assédio sexual é uma ocorrência muito comum nas escolas de ensino médio dos Estados Unidos. Um estudo, por exemplo, constatou que 83% das meninas e 60% dos meninos registraram a ocorrência de atração sexual indesejada na escola (LEE et al., 1996). E não significa que alguns alunos são os causadores enquanto outros são vítimas: mais da metade dos alunos relatam que assediaram seus colegas de turma e também foram assediados.

Às vezes, pode ser difícil para você e também para seus alunos distinguir entre um flerte inofensivo e assédio sexual. Quando você enfrentar essa situação, é importante ter em mente que o fato de o assédio ter ocorrido ou não está verdadeiramente no "olho do espectador". Em outras palavras, o fator determinante é "[...] como a pessoa na extremidade receptora é afetada pelo comportamento, e não pelo que a outra pessoa quer dizer por meio do comportamento" (STRAUSS; ESPELAND, 1992, p. 15). Beijos, toques e flertes de que o receptor goste ou que deseje não são assédio sexual, embora sejam inadequados na escola.

Nossos quatro professores destacam a importância de responder seriamente quando um aluno reclama que colegas estão fazendo ele se sentir "desconfortável". Donnie nos conta sobre um professor de 2º ano de sua escola que foi incapaz de agir quando uma menina reclamou que o garoto sentado atrás dela continuava tocando o seu cabelo e incomodando-a.

> Sua reclamação era vaga (eu acho que ela não queria explicar claramente o que estava acontecendo) e, embora ela continuasse pedindo para ser trocada de lugar, o professor não fazia nada. Ele simplesmente continuava dizendo que ela deveria ignorá-lo ou mandá-lo parar. Finalmente, a mãe da menina lhe enviou um *e-mail*, com uma cópia para o diretor e para o superintendente, afirmando que os sucessivos pedidos de troca de lugar haviam sido ignorados. Foi uma confusão, mas o professor aprendeu uma boa lição: se um aluno reclamar que alguém o está incomodando, você deve levar isso a sério. As pessoas precisam se sentir confortáveis na sala de aula e precisam acreditar que podem confiar em você para ficarem seguras.

Dada a importância dos sentimentos dos receptores na determinação da ocorrência ou não do assédio sexual, as pessoas podem ficar nervosas a respeito da possibilidade de sinais de afeto e cumprimentos serem mal-interpretados. Você pode sugerir aos alunos que façam a si mesmos algumas peguntas simples para orientar o seu comportamento (STRAUSS; ESPELAND, 1992):

> "Eu gostaria que meus comentários ou comportamentos aparecessem no jornal ou na TV?"
> "Isso seria algo que eu diria ou faria se minha mãe ou pai, namorada ou na-

morado, irmã ou irmão estivessem presentes?"

"Isso seria algo que eu gostaria que outra pessoa dissesse para minha mãe ou pai, namorada ou namorado, irmã ou irmão?"

"Há uma diferença de poder entre eu e a outra pessoa (p. ex., tamanho ou *status* social)?"

Em anos recentes, um número cada vez maior de distritos criou e distribuiu políticas de assédio sexual tanto para os alunos quanto para os funcionários das escolas. Elas geralmente definem o assédio sexual, destacam os procedimentos a seguir quando se toma conhecimento de um caso e detalham as consequências. É importante que você obtenha uma cópia dessas políticas e siga os procedimentos especificados. Tenha em mente que a Suprema Corte decidiu que os distritos escolares podem ser responsabilizados se eles forem "deliberadamente indiferentes" à informação sobre assédio "grave, disseminado e objetivamente ofensivo" entre alunos (WALSH, 1999).

UMA HISTÓRIA DE ADVERTÊNCIA

Construir uma comunidade respeitosa na sala de aula não é tarefa fácil, especialmente para professores do ensino médio, que ficam com os alunos por um período de tempo tão limitado. Essa lição ficou clara para nós durante um encontro em que Sandy pesarosamente descreveu um incidente que tinha acabado de acontecer em sua sala de aula. Relatamos o incidente aqui, não para lhe desestimular, mas para reconhecer a realidade de que construir uma comunidade é um trabalho desafiador.

Meus alunos estavam fazendo o dever em grupos de três, determinados por mim. Em um grupo, havia uma aluna avançada e um aluno que teve de ser convencido a cursar química. Eles terminaram de revisar o dever de casa muito rápido. Outro grupo estava precisando de ajuda, então eu sugeri que eles pedissem ajuda ao grupo que estava ocioso. Mitchell, um dos garotos do segundo grupo, chamou a colega avançada para lhe ajudar. Então, Ryan, o garoto que foi convencido a cursar química, falou: "Espere um pouco. Por que você só pediu a ela, e não a nós? Você acha que somos burros?". Então, ele se virou para mim e disse: "Viu, Sra. K, é por isso que eu não queria fazer química. Porque todos os garotos inteligentes sabem quem eles são e sabem quem é burro. Eles pensam que garotos que não vão bem na escola não podem nunca se dar bem em química".

Eu fiquei em pé pensando "Como eu saio dessa? O que eu digo?". Eu vi tudo isso se desenrolar na minha frente. E 24 pares de olhos estavam olhando para mim. Finalmente, eu disse: "Bem, eu acho que você certamente os enganou". Eu gostaria que você pudesse ter visto a cena. O peito de Ryan estufou e ele falou para o Mitchell: "Lucy não vai lhe ajudar; eu vou ajudar você".

Eu pensei que havíamos criado uma comunidade coesa e, então, descobri que há todos esses subgrupos. Os alunos têm essas percepções uns dos outros e elas se tornam barreiras entre eles. A percepção de Mitchell era de que Lucy era a mais bem preparada para explicar a lição. A percepção de Ryan era a de que Mitchell o considera burro. Eu sempre estou tentando demonstrar que as pessoas têm inteligências múltiplas, múltiplos talentos. Eu os coloquei para trabalhar em todos esses grupos de aprendizado cooperativo e, ainda assim, existem essas barreiras. Mas eu continuarei tentando derrubá-las.

COMENTÁRIOS FINAIS

Kohn (1996, p. 114) sugere que seria útil se todos refletissem sobre "[...] o que às vezes torna a escola terrível".

Então, podemos estar mais inclinados a assegurar que aquelas experiências e situações não ocorram com nossos alunos. Recentemente, seguimos o seu conselho. Com nossos alunos, lembramos os tempos difíceis pelos quais passamos. Essas são algumas memórias de nossos alunos:

> Como aluno dos anos finais do ensino fundamental, eu fiz álgebra II e trigonometria. Embora eu fosse um bom aluno, o professor e eu não nos entendíamos por alguma razão... No meio do ano, tínhamos um teste sobre logaritmos. Eu achei que tinha entendido, mas eu cometi o mesmo erro lendo as tabelas de logaritmos para cada problema e fracassei no teste. Cheguei à escola no dia seguinte achando que tinha me dado bem no teste. O professor segurou a minha prova na frente da turma e se gabou de ter me dado uma nota ruim. Eu odiei ir para aquela aula pelo resto do ano e odiei aquele professor por ter me humilhado.

> A escola foi terrível para mim quando eu fui trocado do primeiro para o segundo nível em espanhol. Eu queria estar naquela turma porque queria que aqueles alunos gostassem de mim e não pensassem que eu era um idiota. Entretanto, o orientador chamou meus pais sem me avisar. Ele não lhes disse que eu não queria trocar, assim, eles disseram que tudo bem. Eu nem tive uma chance de lhes falar antes que eles trocassem o meu horário. Eu me senti impotente e traído.

> Quando eu estava na 2ª série do ensino médio, uma das garotas me seguia e me atormentava, me xingava e ameaçava me machucar. Nenhum dos meus professores ou qualquer figura de autoridade me ajudou. Ainda estou curiosa em saber por que ela me odiava tanto.

> O pior foi na 1ª série do ensino médio. Eu fui ridicularizada por outras meninas, que eram minhas amigas no ano anterior. Eu estava atormentada por não ter dinheiro e roupas e por ter consciência (com isso eu quero dizer que eu não transgredia a lei ou feria os sentimentos de outras pessoas). Foi o primeiro ano em que eu não gostei de ir para a escola.

> **PARE E REFLITA**
> Para muitos estudantes, a escola é um local onde eles se sentem humilhados, ameaçados, ridicularizados, impotentes e traídos. Pense sobre como a escola era terrível para você. Se você puder ter em mente aqueles tempos e tentar assegurar que o mesmo não ocorra aos seus alunos, estará no caminho certo para criar uma comunidade mais segura e respeitosa.

Como um especialista em conteúdo, ávido por focar no ensino acadêmico, você pode relutar em reservar certo tempo para construir relacionamentos entre alunos, especialmente na era dos testes importantes e da pressão por excelência acadêmica. E não há dúvida: a construção de uma comunidade respeitosa leva tempo, sobretudo em escolas e salas de aula em que há um grande número de alunos alienados e desconfiados. Você obviamente precisa pensar no que é possível fazer na sua situação, mas lembre-se de que o resultado não será apenas uma sala de aula mais harmoniosa, mas também mais motivada, envolvida academicamente e realizada (WATSON; BATTISTICH, 2006).

Resumo

Este capítulo começou discutindo o papel-chave que relações positivas entre professores e alunos desempenham na gestão da sala de aula. O capítulo considerou maneiras de mostrar aos alunos que você se importa com eles e formas de construir relações de cuidado entre os alunos.

Maneiras de demonstrar cuidado e respeito

- Seja receptivo.
- Aprenda sobre a vida dos alunos.
- Seja sensível às preocupações dos alunos.
- Estabeleça e reforce expectativas claras de comportamento.
- Seja justo.

- Seja receptivo às opiniões dos alunos.
- Seja uma pessoa real (bem como um professor).
- Informe-se sobre a cultura adolescente.
- Promova a autonomia.
- Seja inclusivo.
- Procure pelos pontos fortes dos alunos.
- Desenvolva habilidades de comunicação:
  - Escutando e confirmando
  - Escuta de forma ativa
  - Fazendo perguntas abertas
  - Solucionando problemas
- Seja cuidadoso a respeito do toque.
- Pergunte aos alunos.

Construindo relações de respeito entre os alunos

- Use como modelo e reconheça o comportamento pró-social.
- Forneça oportunidades para os alunos conhecerem uns aos outros.
- Faça encontros de turma.
- Use grupos de aprendizado cooperativos.
- Ensine habilidades socioemocionais.
- Iniba o assédio por pares e o *bullying*.
- Esteja alerta para casos de *cyberbullying*.
- Esteja alerta para o assédio sexual entre alunos.

Especialistas em conteúdos são frequentemente relutantes em usar o tempo de que dispõem para o ensino acadêmico para focar na construção da comunidade. Lembre-se de que o tempo gasto para construir a comunidade será compensado pela criação de uma sala de aula harmoniosa e respeitosa e por alunos motivados e realizados.

ATIVIDADES PARA A CONSTRUÇÃO DE HABILIDADES E REFLEXÃO

Na turma

1. Pense nos professores que você teve nos anos finais do ensino fundamental e no ensino médio. Escolha um professor que demonstrou cuidado com os alunos e um que não o fez. Escreva um parágrafo sobre cada professor, fornecendo detalhes e exemplos para ilustrar. Compartilhe esse material em pequenos grupos.
2. Nos pedaços de conversação a seguir, os alunos confidenciaram aos professores problemas pelos quais estavam passando e os professores responderam de maneiras não sugeridas neste capítulo. Forneça uma nova resposta para cada caso, usando as habilidades de comunicação discutidas neste capítulo: confirmando, escutando de forma ativa, fazendo perguntas abertas e solucionando problemas.

   ALUNO: Meus pais não me deixam visitar o meu namorado na faculdade nos fins de semana. Eles dizem que confiam em mim, mas não demonstram!
   PROFESSOR: Bem, tenho certeza de que eles têm as melhores intenções. Você sabe que não deveria reclamar, afinal de contas, várias garotas não têm pais que se importam com elas. Eu conheço várias meninas cujos pais permitem que façam o que quiserem. Talvez você ache que gostaria disso, mas tenho certeza de que não.
   ALUNO: Não consigo aguentar a minha madrasta. Ela está sempre me criticando, fazendo eu me sentir realmente estúpida e exigindo que eu volte para casa logo depois da escola para tomar conta da minha irmã.
   PROFESSOR: Oh, por favor, Cinderela. Tenho certeza de que não é tão ruim assim.
   ALUNO: Meus pais querem que eu vá para a universidade, mas eu quero entrar para os fuzileiros. O que você acha que eu devo fazer?
   PROFESSOR: Faça o que os seus pais lhe dizem. Vá para a universidade, pois você poderá entrar para os fuzileiros mais tarde.

Individual

1. Entreviste alguns alunos dos anos finais do ensino fundamental ou do ensino médio a respeito de suas definições de professores atenciosos. Peça-lhes que identifiquem os modos pelos quais os professores demonstram atenção pelos alunos.
2. Faça algum planejamento para a primeira semana de aula. Primeiro, pense em como você vai se apresentar para a sua turma. O que você vai falar de si mesmo? Segundo, planeje uma maneira de mostrar aos alu-

nos que suas opiniões são bem-vindas (você pode deixá-los compartilhar verbalmente suas sugestões e opiniões sobre regras, aulas, deveres ou formação de grupos; escrever uma carta para você; rsponderem a questões específicas). Terceiro, planeje uma atividade introdutória planejada para ajudar os alunos a se familiarizarem.

3. Visite uma sala de aula de uma escola dos anos finais do ensino fundamental ou do ensino médio que você nunca tenha visitado antes. Registre os pensamentos que teve ao entrar na sala a respeito de como é se sentir um aluno naquele ambiente. Observe a turma por um tempo e anote as estratégias utilizadas pelo professor para promover uma comunidade segura e respeitosa, bem como suas impressões sobre o clima da sala de aula.

Para seu portfólio

Registre os modos com os quais você trabalha (ou irá trabalhar) para estabelecer relacionamentos positivos entre você e os alunos e entre eles. Inclua artefatos como cartas de boas-vindas para os alunos, planos de aula sobre resolução de conflitos e atividades do tipo "conhecendo uns aos outros".

LEITURAS ADICIONAIS

BONDY, E.; ROSS, D. D. The teacher as warm demander. *Educational Leadership*, v. 66, n. 1, p. 54–58, 2008.

Professores que são "exigentes cordiais" demonstram sua atenção pelos alunos construindo deliberadamente relacionamentos, aprendendo sobre a cultura dos alunos e comunicando uma expectativa de sucesso. Eles "incessantemente insistem em duas coisas": que os alunos tratem o professor e os colegas respeitosamente e que completem suas tarefas acadêmicas necessárias para que sejam bem-sucedidos no futuro.

BUILDING classroom relationships. *Educational Leadership*, v. 61, n. 1, 2003.

Toda a edição de setembro de 2003 é dedicada a esse tópico muito importante. Os temas abordados incluem: como conquistar os corações e as mentes dos alunos, oferecer a eles o que precisam, personalizar as escolas, praticar a democracia na escola de ensino médio, combater o assédio verbal e construir relacionamentos com crianças desafiadoras.

CREATING caring schools. *Theme Issue of Educational Leadership*, v. 60, n. 6, 2003.

Essa edição da *Educational Leadership* é destinada ao tema de criação de escolas respeitosas. Os tópicos incluem *bullying*, provocações, criação de comunidades, programas de aprendizado socioemocional, encontros de turma liderados por alunos, aprendizado colaborativo, tolerância racial e étnica.

HOOVER, J. H.; OLIVER, R. O. *The bullying prevention handbook*: a guide for principals, teachers, and counselors. 2nd ed. Bloomington: Solution Tree, 2008.

Os autores apresentam um panorama geral sobre *bullying*, junto com ideias para intervenções contra ele, campanhas educativas para combatê-lo e trabalhos com as famílias para evitá-lo. Essa segunda edição inclui novos capítulos sobre *cyberbullying* e *bullying* de alunos LGBT. O livro inclui avaliações de amostras para rastrear esforços antibullying e atividades de sala de aula, além de folhetos desenvolvidos para promover relacionamentos positivos entre alunos e ajudá-los a apreciar a diversidade.

RODRIGUEZ, L. F. Yo, Mister! *Educational Leadership*, v. 62, n. 7, p. 78–80, 2005.

Escrito por um professor de uma escola urbana alternativa, esse artigo enfatiza a importância de relacionamentos positivos entre professores e alunos. Rodriguez mostra como ele tenta reconhecer os alunos como pessoas, legitimar seus conhecimentos e experiências e se envolver com eles pessoal e intelectualmente.

SAPON-SHEVIN, M. Learning in an inclusive community. *Educational Leadership*, v. 66, n. 1, p. 49–53, 2008.

O autor define uma sala de aula inclusiva como aquela em que os professores reconhecem todos os modos pelos quais os alunos diferem uns dos outros, valorizam essa diversidade, planejam e implementam respostas sensíveis. O artigo é concluído com 10 estratégias para criar uma sala de aula positiva e inclusiva.

STIPEK, D. Relationships matter. *Educational Leadership*, v. 64, n. 1, p. 46-49, 2006.

Stipek argumenta que essa era de testes de alto desempenho e de responsabilização pode estar produzindo condições que enfraquecem o aprendizado dos alunos em sala de aula. Como os professores precisam focar suas energias na preparação dos estudantes para o teste, eles têm pouco tempo para conhecê-los pessoalmente e fazê-los se sentir valorizados, respeitados e apoiados. O autor faz a revisão de pesquisas para mostrar que fortes relacionamentos entre professores e alunos são cruciais para as realizações acadêmicas em todos os níveis e sugere estratégias para construir fortes relacionamentos entre alunos e professores, tanto na sala de aula quanto na escola de modo geral.

Fontes de organizações

The Anti-Defamation League (ADL), 823 United Nations Plaza, New York, NY 10017 (www.adl.org; 1-800-343-5540). Dedicada a combater o antissemitismo, o crime de ódio e o fanatismo por meio de programas, serviços e materiais. (O *ADL Material Resource Catalog* é um acervo rico de recursos, incluindo planos de aula, guias curriculares e listas de livros infantis).

Collaborative for Academic, Social, and Emotional Learning (CASEL), Department of Psychology (M/C 285), University of Illinois at Chicago, 1007 West Harrison St., Chicago, IL 60607 (312-413-1008; www.casel.org). Dedicada ao desenvolvimento das competências sociais e emocionais das crianças e da capacidade de escolas, pais e comunidades apoiarem esse desenvolvimento. A missão de CASEL é estabelecer aprendizado emocional e social integrado, baseado em evidências, da educação infantil até o ensino médio.

GroundSpark, 2180 Bryant St., Suite 203, San Francisco, CA 94110 (http://groundspark.org; 1-800-405-3322). Comprometida com um mundo mais justo, GroundSpark produz e distribui filmes e recursos educacionais sobre temas que variam de preocupações ambientais com a habitação acessível à necessidade de se impedir o preconceito. O *Respect for All Project* (RFAP, Projeto Respeito para Todos), seu programa de referência, procura criar escolas e comunidades seguras e livres de ódio. *Let's Get Real* é um filme e um guia curricular sobre xingamentos e *bullying* na escola de ensino médio.

The Southern Poverty Law Center, 400 Washington Avenue, Montgomery, AL 36104 (www.teachingtolerance.org, 334-956-8200). O projeto *Teaching Tolerance* (Ensinando a Tolerância) fornece a professores de todos os níveis ideias e recursos grátis para construir comunidades, lutar contra preconceitos e celebrar a diversidade.

CAPÍTULO 4

Estabelecendo normas de comportamento

> Pesquisas sobre gestão eficiente da sala de aula   83
> Definindo suas expectativas de comportamento   85
> Os primeiros dias de aula: ensinando as normas aos alunos   94
> Comentários finais   99
> Resumo   100

Às vezes, os professores dos anos finais do ensino fundamental e do ensino médio argumentam que seus alunos sabem como se comportar, uma vez que eles estão na escola há muitos anos. O argumento é o seguinte:

> Meus alunos não são bebês. Nos anos finais do ensino fundamental ou no ensino médio, os estudantes sabem a importância de chegar na hora à sala de aula, de fazer o dever de casa, de respeitar os pertences dos outros e de levantar a mão quando quiserem fazer um comentário. Além disso, há tanto conteúdo a ser ensinado que eu não posso desperdiçar tempo ensinando regras que eles já deveriam conhecer.

Essa argumentação tem um certo apelo, particularmente para professores que são entusiastas das suas áreas de conhecimento e ávidos por começar. Porém, é importante reconhecer que, embora os seus alunos tenham noções gerais a respeito do comportamento adequado no ambiente escolar, eles não conhecem suas expectativas específicas.

Seus alunos, provavelmente, têm aula com cinco professores diferentes por dia e as expectativas específicas variam de turma para turma. O professor do primeiro período pode não se importar se todos estiverem dando voltas pela sala quando o sinal toca, enquanto o professor do segundo período insiste que os alunos permaneçam em seus lugares. No terceiro período, o professor quer que os alunos coloquem os seus deveres de casa no canto direito superior das suas carteiras, mas o professor do quarto período pede a eles que coloquem o dever de casa em um cesto na frente da sala.

O que você espera em relação à rotina de salas de aula básicas como essas? Como os seus alunos irão saber o que fazer se você não lhes disser? Não é justo deixá-los adivinhar como você espera que eles se comportem. Como discutimos no Capítulo 3, é um ato de cuidado explicar as normas da sala de aula aos alunos, pois não conhecer as normas de comportamento adequado provoca insegurança e mal-entendidos, mesmo entre adolescentes descolados. Já *regras e rotinas claramente definidas ajudam a criar um ambiente previsível e compreensível.*

Expectativas de comportamento claras têm outro benefício. Como o Capítulo 1 enfatizou, as salas de aula são locais cheios, públicos e imprevisíveis, nos quais os alunos se envolvem em diversas atividades no período que pode variar de 42 a 45 minutos. *Regras e rotinas claras minimizam a confusão e impedem a perda de tempo.* Elas permitem que você execute tarefas de "manutenção" (p. ex., fazer chamada, distribuir materiais, etc.) tranquilamente e de maneira eficiente, quase que de modo automático. Elas liberam você e os seus alunos para se concentrarem nas tarefas reais de ensino e aprendizado.

Este capítulo descreve pesquisas que constatam a importância de regras e rotinas. Nós, então, consideraremos alguns princípios para lhe guiar no estabelecimento de regras em suas salas de aula. Também aprenderemos como Donnie, Christina, Sandy e Fred introduzem regras e rotinas aos alunos e o que eles pensam a respeito dessa tarefa central de gestão da sala de aula.

Pesquisas sobre gestão eficiente da sala de aula

Antes de 1970, as licenciaturas podiam oferecer apenas orientações limitadas sobre a gestão da sala de aula aos professores iniciantes. Os formadores de professores compartilhavam "truques do ofício" úteis (p. ex., ligue e desligue as luzes para obter silêncio), destacavam a importância da firmeza e consistência e recomendavam aos futuros professores que não sorrissem até o Natal. Mas não havia pesquisas disponíveis identificando os comportamentos de gestores eficientes e também não era claro porque algumas salas de aula funcionavam tranquilamente e outras eram tão caóticas.

Essa situação começou a mudar em 1970, com a publicação do estudo de Jacob Kounin sobre salas de aula ordenadas e desordenadas. Em um esforço para explicar as diferenças, Kounin (1970) comparou os métodos de vários professores para dar respostas ao mau comportamento. Para a sua surpresa, ele constatou que as reações de bons gestores de sala de aula não eram substancialmente diferentes das reações de gestores ruins. O que de fato era diferente eram as estratégias que os professores usavam para impedir o mau comportamento. Gestores de sala de aula eficientes monitoravam constantemente o comportamento dos alunos. Eles exibiam o que Kounin chamou de *withitness*: eles estavam conscientes de tudo o que estava acontecendo em todas as partes da sala e comunicavam isso aos alunos. Eles também apresentavam uma capacidade de fazer mais de uma coisa ao mesmo tempo, habilidade desejável em um ambiente onde tantos eventos ocorrem simultaneamente! Além disso, gestores eficientes faziam as lições serem executadas em um ritmo rápido, de modo que houvesse pouca oportunidade para que os alunos se tornassem inativos ou perturbadores.

O trabalho de Kounin levou os pesquisadores a querer saber como gestores eficientes iniciam o ano escolar, e uma série de estudos foi iniciada para investigar esse tópico. Um projeto (EVERTSON; EMMER, 1982) envolveu observações de 26 professores de matemática e 25 professores de inglês em escolas dos anos finais do ensino fundamental em um distrito urbano nos Estados Unidos. Cada professor foi observado dando aula para duas turmas diferentes. Durante as primeiras três semanas de aula, os pesquisadores observaram exaustivamente cada classe e mantiveram registros detalhados do que ocorreu. Durante o resto do ano acadêmico, cada professor foi observado uma vez a cada três ou quatro semanas (em ambas as turmas). A partir desses últimos dados, os pesquisadores identificaram seis gestores mais eficientes e seis menos eficientes em matemática e sete mais eficientes e sete menos eficientes em inglês. Eles voltaram à informação coletada no início do ano e a compararam com o que os professores fizeram nas três primeiras semanas de aula. Diferenças gritantes eram aparentes mesmo no primeiro dia de aula!

Entre as principais diferenças estava o modo como os professores lidavam com regras e procedimentos. Embora todos os professores tivessem expectativas em termos de comportamento e todos tenham dedicado tempo para apresentá-las ou discuti-las com os alunos, os gestores mais eficientes eram mais bem-sucedidos ao ensinar as regras e os procedimentos. Por exemplo, os professores mais eficientes eram mais propensos a distribuir folhetos declarando suas expectativas de comportamento ou fazer com que os alunos as copiassem em seus cadernos. Eles também eram mais claros e bem mais explícitos sobre os comportamentos mais propensos a provocar problemas – a saber, aqueles que ocorrem frequentemente e que podem variar de professor para professor (p. ex., gritos, movimentos pela sala, interações aluno-aluno). Curiosamente, para comportamentos que ocorrem de vez em quando (p. ex., atraso, esquecimento de material) e são muito diretos, não havia nenhuma diferença aparente entre os dois grupos de professores.

Uma pesquisa posterior confirmou a importância de ensinar explicitamente aos alunos nossas expectativas sobre seu comportamento. No estudo, os pesquisadores filmaram o primeiro dia de aula de dois professores experientes e dois novatos, ambos do início do ensino médio – dois de matemática e dois de ciências (BROOKS, 1985). O contraste entre professores de matemática experientes e novatos é especialmente evidente.

A professora de matemática experiente, considerada por alunos e administradores excepcionalmente clara e organizada, começou a sua apresentação de expectativas de comportamento distribuindo uma cópia das regras da turma, que os alunos deveriam manter nos seus arquivos. Primeiramente, ela discutiu as políticas de toda a escola, mas se deteve, a maior parte do tempo, aos padrões de sala de aula (como entrar na classe, como usar os materiais, como interagir com o professor e outros colegas, o que fazer em caso de uma emergência e como sair da aula). No geral, *ela declarava uma regra, explicava a sua lógica, fornecia um exemplo de comportamento adequado e concluía com as consequências do não cumprimento*. Curiosamente, ela pouco riu durante a sua apresentação de regras e procedimentos, embora ela tenha sorrido bastante durante sua introdução ao curso posterior. Ela falou em tom empresarial e continuamente percorria com os olhos a sala de aula; nenhum episódio de perturbação foi observado durante a sua apresentação.

Já a professora de matemática inexperiente foi incoerente e desorganizada. Os alunos não receberam uma cópia das regras nem foram incentivados a escrevê-las. Mesmo quando a professora apresentava as regras e os procedimentos sobre falar em sala de aula, ela tolerou que os alunos falassem uns com os outros. Além disso, ela sorriu durante sua apresentação sobre as consequências do mau comportamento, um comportamento não verbal incompatível com a discussão sobre detenção e "ligar para casa", e que pode ter mandado a mensagem de que ela não estava sendo séria sobre a imposição dessas consequências.

Como o trecho a seguir da transcrição ilustra, a professora de matemática inexperiente forneceu poucos exemplos e lógicas. De fato, ela não usou a sequência empregada pela professora experiente: regra-lógica-exemplo-consequência. Embora muitas das regras lembrassem as da professora de matemática experiente, ela apresentou regras difíceis de serem cumpridas (p. ex., querer que os alunos respeitem todos os professores) e não discutiu algumas regras fundamentais, como escutar enquanto o professor está falando. Além disso, as regras não pareciam ter ordem de prioridade ou critério de organização:

> OK. Eu vou lhes falar de algumas das minhas regras para a sala de aula. A primeira coisa que eu quero que vocês saibam é que eu espero que cada um obedeça a qualquer política da escola. Alguns já receberam, mas outros ainda receberão essa folha amarela. Ela contém todas as políticas que se aplicam à escola e ao seu entorno. Outra coisa, quando você entrar por aquela porta, eu espero

que a atravesse preparado para começar a aula. Depois que entrar, não volte para pegar algo no seu armário. Você deve entrar na sala com lápis (eu não quero tinta de caneta nos deveres de casa ou nas provas. Tudo deve ser feito a lápis), papel, seus arquivos e o livro. OK, se você trabalhar rápido, pode trazer algo para fazer depois que terminar a lição, de modo que se mantenha ocupado, porque não quero nenhuma conversa. Também faremos um arquivo, mas falarei disso depois. Outra coisa que eu espero é que vocês sejam respeitosos. Primeiro, eu quero que você respeite a si mesmo e, em seguida, seus colegas de turma e também os professores. Qualquer professor deve ser respeitado por você e pelos outros alunos. Quando você estiver diante de um professor, qualquer coisa que ele disser estará certa. (BROOKS, 1985, p. 67-68).

Lendo essa transcrição, é impossível não sentir empatia por essa professora novata. Afinal de contas, a maioria dos professores iniciantes, particularmente aqueles que estão sendo observados, está nervosa no primeiro dia de aula. Mas é justamente por causa desse nervosismo que você deve (1) pensar sobre suas expectativas com antecedência e (2) planejar o modo como irá apresentá-las aos alunos. Vamos olhar para cada uma dessas etapas separadamente.

DEFININDO SUAS EXPECTATIVAS DE COMPORTAMENTO

Antes de o primeiro aluno entrar na sua sala de aula, você precisa pensar sobre suas expectativas de comportamento. Não apenas você precisa decidir sobre normas para a conduta geral dos estudantes (comumente chamadas de regras da sala de aula), como também precisa identificar as rotinas e os procedimentos comportamentais que você e os seus alunos seguirão em situações específicas. Por exemplo, quando os alunos chegarem à porta da sala de aula, eles devem ir direto para seus assentos ou eles podem se reunir em grupos pequenos e socializar até que você peça para se sentarem? Eles podem pegar os projetos em que estão trabalhando no armário de depósito ou devem esperar que você lhes entregue os projetos? Quando os alunos precisarem de papéis, réguas e transferidores para um trabalho, eles devem pegá-los por conta própria, alguns colegas os distribuirão ou você mesmo o fará? Se os alunos precisarem sair da aula para ir aos seus armários ou à biblioteca, eles precisam pedir permissão? Quando os alunos estiverem trabalhando nos seus lugares, eles podem ajudar uns aos outros ou devem trabalhar individualmente?

Como esses temas parecem tão triviais e mundanos, é fácil subestimar a sua contribuição para a ordem da sala de aula. Porém, a aula pode desmoronar enquanto você decide como distribuir papel. Além disso, os alunos podem se sentir ansiosos se estiverem incertos se responder a uma pergunta de um colega de turma durante uma tarefa é considerado ajuda ou cola. Como veremos, as regras e rotinas podem variar de turma para turma, mas nenhuma turma pode funcionar tranquilamente sem elas.

> **PARE E REFLITA**
>
> Nós discorremos sobre a diferença entre normas para conduta geral (*regras*) e procedimentos que os alunos irão seguir em situações específicas (*rotinas*). Para ter certeza de que você entendeu a diferença, considere as seguintes expectativas e decida se elas são regra ou rotina: (1) na última aula do dia, os alunos devem esperar você lhes dizer que a aula está encerrada para, então, começarem a guardar seu material; (2) os alunos devem estar preparados; (3) escute respeitosamente quando as pessoas estiverem falando; (4) os alunos devem colocar o dever de casa no cesto no início da sua aula; (5) durante o trabalho em pequenos grupos, os alunos podem falar com os outros membros do grupo em voz baixa. Veremos essa lista novamente neste capítulo.

Planejando normas para a conduta geral

Gestores de sala de aula eficientes geralmente têm quatro ou cinco regras para a conduta dos alunos (AKIN-LITTLE; LITTLE; LANITI, 2007). Elas descrevem os comportamentos necessários para que uma sala de aula seja um bom local para viver e trabalhar, por exemplo, "venha preparado", "siga as orientações" e "respeite os outros". Na turma de Christina, as normas estão contidas em um jornal que ela escreve e distribui no primeiro dia de aula. Aqui, estão algumas de suas regras básicas:

- **Respeite cada membro da turma usando linguagem apropriada, prestando atenção no que a pessoa está falando e levantando a mão para poder participar.**
- **Complete todas as tarefas no tempo estipulado e com o máximo de habilidade.**
- **Chegue para a aula a tempo e esteja no [seu] lugar quando o sinal tocar.**

À medida que você reflete sobre as regras para a sua sala de aula, tenha em mente quatro princípios. Eles estão resumidos na Tabela 4.1. Primeiro, *regras devem ser razoáveis e necessárias*. Pense na idade e nas características dos alunos a quem você está ensinando e pergunte a si mesmo que regras são adequadas para eles. Por exemplo, não seria razoável esperar que os alunos entrem na sala de aula sem se cumprimentar e conversar. Dado o irresistível desejo dos adolescentes em interagir, criar uma regra como essa resultaria apenas em ressentimento, frustração e subterfúgios. É muito mais sensível estabelecer uma regra como "fale silenciosamente", que especifica como a conversa deve ocorrer.

Também pergunte a si mesmo se cada uma das regras é necessária. Há uma razão convincente para ela? Ela fará da sala de aula um local mais agradável para se estar? Ela aumentará a oportunidade dos estudantes aprenderem? Você pode explicar a lógica da regra aos estudantes? Eles irão aceitá-la? Sandy destaca a importância desse princípio quando comenta:

> Regras têm que ter razões. Por exemplo, uma das minhas regras é chegar à aula no horário. Os alunos sabem que serão advertidos se chegarem atrasados, mesmo que seja apenas

Tabela 4.1 Quatro princípios para planejar regras de sala de aula

Princípio	Perguntas para pensar
1. Regras devem ser razoáveis e necessárias.	Que regras são apropriadas para esse ano? Há uma boa razão para a regra?
2. Regras devem ser claras e compreensíveis.	A regra é abstrata demais para que os alunos a compreendam? Até que nível eu quero que meus alunos participem do processo de tomada de decisões?
3. Regras devem ser consistentes, com objetivos educacionais e com o que sabemos sobre como as pessoas aprendem.	Essa regra facilitará ou dificultará o aprendizado dos alunos?
4. As regras da sala de aula precisam ser coerentes com as regras da escola.	Quais são as regras da escola? Comportamentos particulares são necessários nos corredores, na cantina, durante assembleias, etc.? Qual é a política escolar em relação aos dispositivos eletrônicos, como telefones celulares?

uma vez. No início do ano, os alunos pensam que eu sou rígida sobre isso sem necessidade. Mas eu não estou tentando ser má. Eu quero que os alunos estejam lá na hora porque eu sempre começo a aula quando o sinal toca e, se eles não estiverem lá, eles perderão explicações importantes. Depois de um tempo, eles começam a reconhecer que há uma razão real para a regra. Eu os escuto dizerem aos amigos: "Eu tenho que chegar à sala antes de a aula começar".

Compare essa situação com a de uma professora de biologia que insiste que os alunos tomem notas apenas com caneta preta. Embora a professora seja capaz de cumprir a regra, ela é incapaz de explicá-la com qualquer convicção. Dessa forma, suas turmas a consideram arbitrária e ridícula. Do mesmo modo, uma professora de inglês insiste que os alunos usem letra cursiva durante os testes de ortografia e vocabulário. Mesmo para sua licencianda isso parece uma regra irracional:

> *Como eu mesma escrevo com letra de forma porque minha letra cursiva não melhorou desde o 4º ano, eu não sou fã da letra cursiva obrigatória. No mundo real, sempre que eu preencho um formulário, me é pedido que escreva com letra de forma para que as palavras fiquem legíveis para o leitor. O único momento em que a letra cursiva é necessária é ao assinar meu nome e nos testes de vocabulário aplicados pela professora que acompanho em sala. Eu posso entender porque os alunos, algumas vezes, ficam incomodados com nossas regras.*

É mais fácil demonstrar que uma regra é razoável e necessária se ela se aplica a você e aos seus alunos. Embora algumas regras sejam destinadas apenas aos alunos (p. ex., levante a mão para falar), outras são relevantes para todos (p. ex., demonstrem respeito por outras pessoas e por seus pertences). Sandy nos diz: "Se uma regra é importante para a turma, ela é importante para você também. Por exemplo, eu me esforço para chegar à escola na hora e, se eu me atrasar, eu preciso dar uma explicação". Fred ecoa essa ideia quando observa que "eu tento deixar claro aos meus alunos que nós *todos* temos que seguir regras. Afinal de contas, as regras não têm a ver com poder; elas tornam a vida civilizada".

Segundo, *regras precisam ser claras e compreensíveis.* Como as regras são, frequentemente, declaradas em termos muito gerais ("seja educado"), elas podem ser abstratas demais. Quando planejar suas regras, pense em exemplos específicos para discutir com os alunos. Por exemplo, uma das regras básicas de Donnie é "esteja preparado". Ela deixa claro que "preparação" é explicitada em comportamentos precisos e concretos: "Preparação para a aula consiste em ter seu dever de casa, caderno, caneta ou lápis e um livro-texto encadernado com você a cada dia".

Alguns professores acreditam que as regras são mais compreensíveis e significativas quando permitimos que os estudantes participem do processo de tomada de decisões. Participação, especialmente em séries mais avançadas, pode aumentar a disponibilidade dos alunos de "bancar" as regras, pode torná-los mais interessados em ver que as regras são seguidas e pode ajudar a prepará-los para a vida adulta. Nos anos finais do ensino fundamental, alguns professores começam perguntando aos alunos quais são as "suas esperanças e os seus sonhos" para aquela turma (p. ex., "Quais são os seus mais importantes sonhos e esperanças para matemática neste ano? O que você realmente gostaria de conquistar?"). Os alunos, então, refletem sobre o que precisarão dos outros, bem como de si mesmos, para atingir essas esperanças e esses sonhos. Produzir ideias para regras vem em seguida (para informação detalhada sobre essa abordagem, veja *Rules in School* – Regras na Escola – de Brady et al., 2003).

> **PARE E REFLITA**
>
> Reflita sobre a ideia de ter alunos que produzem regras. Algum dos seus professores do ensino médio alguma vez usou essa abordagem? O que você encara como vantagens? Se você fizesse isso, o que você deveria ter em mente e para que armadilhas você deveria se preparar?

Como um professor iniciante, você pode se sentir mais confortável apresentando regras que desenvolveu sozinho. De fato, apesar de seus muitos anos de experiência, nem Donnie, Sandy ou Fred permitem que os alunos criem as regras de sala de aula. Entretanto, discutem com eles as lógicas para as regras que estabeleceram e pedem exemplos aos alunos. Se você realmente decidir envolver seus alunos no desenvolvimento de uma lista de normas para a sua sala, você precisará pensar cuidadosamente e com antecedência sobre as normas que considera importantes e se assegurar de que elas estarão na lista final. Esteja ciente também de que esse processo pode resultar em um conjunto diferente de regras para cada turma e provavelmente você irá querer moldar as listas dos alunos para que elas se apliquem a todas as turmas.

Um terceiro princípio a ter em mente quando planejar normas para a sala de aula é que *regras devem ser coerentes com os objetivos educacionais e com o que sabemos sobre como as pessoas aprendem.* O primeiro capítulo discute os princípios subjacentes a este livro. Um dos princípios é que a necessidade de ordem não deve superar a necessidade de ensino significativo. À medida que você desenvolve regras para a sua sala, pense se elas irão facilitar ou dificultar o processo de aprendizado. Por exemplo, na busca pela ordem, alguns professores proíbem a conversa durante as tarefas e outros evitam realizar atividades de aprendizado cooperativo por medo de que os alunos sejam desobedientes demais. Obviamente, tais restrições são, às vezes, necessárias (p. ex., você pode querer que os alunos trabalhem sozinhos em uma tarefa específica para poder avaliar a compreensão de cada um). Seria triste, no entanto, se restrições como essa se tornassem *status quo*. Os psicólogos educacionais que estudam os modos pelos quais as crianças aprendem destacam a importância da interação. A maior parte desse pensamento se baseia no trabalho do psicólogo soviético Lev Vygotsky, que acreditava que o crescimento intelectual das crianças é estimulado pela cooperação com adultos, que servem como mediadores ou tutores, e com pares mais capazes (WERTSCH, 1985). Curiosamente, estudos sobre o uso de pequenos grupos indicam que essas interações beneficiam o tutor bem como a pessoa tutorada. Os pesquisadores descobriram, por exemplo, que alunos do início do ensino médio que forneceram explicações para os seus colegas apresentaram maior desempenho (WEBB, 1984). Dado o importante papel que a interação desempenha no aprendizado e desenvolvimento cognitivo de jovens, parece sensato não eliminar a interação, mas ensinar os alunos a interagir de maneira apropriada (abordaremos esse tópico com mais detalhes no Cap. 10).

Finalmente, *as regras da sala de aula precisam ser coerentes com as regras da escola.* A importância desse princípio pode ser ilustrada por um trecho de um registro recente feito por um licenciando em seu diário:

> *Na primeira semana de aula eu retirei um aluno da sala e falei que ele não poderia voltar até que ele tivesse um bilhete dos seus pais. O aluno voltou à aula no dia seguinte sem o bilhete. Fui informado, então, de que (1) eu estava violando o código escolar quando retirei o aluno e que (2) apenas os professores de* homeroom *se comunicam diretamente com os pais.*

Sua escola pode manter um encontro de orientação para novos professores em que são explicadas as regras, as políticas e os procedimentos da escola. Em particular, descubra os comportamentos que são esperados durante assembleias, na cantina, biblioteca e nos corredores. Você também deve aprender sobre as tarefas administrativas pelas quais você é responsável (p. ex., fazer chamada, coletar o dinheiro do trabalho de campo, supervisionar treinamentos de incêndio, registrar atrasos). Se houver um manual da escola, certifique-se de obter uma cópia e usá-lo como guia para estabelecer suas próprias regras e rotinas.

Você também precisa saber se deveria rever o manual com os alunos. Por exemplo, os alunos de Fred recebem um folheto explicando as regras, os regulamentos e as políticas da escola e os professores o leem de novo com suas turmas no primeiro tempo de aula. O manual aborda tópicos como atraso, absenteísmo, fumo, abuso de substâncias, abandono escolar, preconceito, uso de telefones celulares, *tablets* e outros eletrônicos, brigas e agressões físicas e posse de armas. Após reverem o manual, os alunos assinam uma declaração indicando que concordam em respeitar as regras. A declaração é então encaminhada para a direção.

Rever o manual com esses alunos permite a Fred explicar como suas regras e rotinas de sala de aula estão de acordo com as da escola:

> OK, como você pode ver, a regra da escola é trazer um bilhete quando você retorna para a escola após uma ausência. Vamos falar um pouco mais sobre isso. Quando você falta, é sua responsabilidade ligar para alguém da turma para saber sobre as atividades passadas. Assim, antes de sair da escola hoje, pegue o número de telefone de alguém. [Ele sorri] Tente encontrar alguém que seja tão ou mais esperto que você [Os alunos riem. Ele continua]. OK. Em relação ao atraso, a regra da escola é "não se atrase". Se você se atrasar três vezes, há uma penalidade. Eu observo os atrasados muito cuidadosamente. Assim, eu lhe avisarei se achar que você está se metendo em encrenca. Agora, sobre matar aula, eu não posso lhe ensinar se você não estiver na minha aula [Ele fala lentamente e com ênfase]. Se você matar minha aula, vou tomar isso como pessoal. E eu sou um ser humano. Eu reconheço que há momentos em que você não pode estar aqui, porque tem de ir ao banheiro ou à biblioteca. Mas você tem que me pedir permissão. Se você não pedir, estará matando aula. E eu sou surdo a respeito disso. Então, não mate aula.

Planejando rotinas para situações específicas

Tantas atividades diferentes ocorrem nas salas de aula que tentar definir um comportamento para situações específicas pode ser assustador. Pesquisadores do Learning Research and Development Center, na Universidade de Pittsburgh, observaram o comportamento de gestores de sala de aula eficientes e categorizaram as rotinas que eles utilizavam (LEINHARDT; WEIDMAN; HAMMOND, 1987). Nós adaptamos o seu sistema de três categorias para fornecer a você uma maneira de pensar sobre rotinas para a sua sala.

Rotinas para o funcionamento da turma

São *rotinas não acadêmicas* que permitem manter a sala de aula funcionando tranquilamente. Essa categoria de rotinas inclui *deveres administrativos* (fazer chamada, registrar atrasos, distribuir os avisos escolares), *procedimentos para movimentação dos alunos* (entrada na sala no primeiro período, saída da sala no período final, deixar a sala para ir à enfermaria, biblioteca ou aos armários, treinamento de incêndio, mover-se pela sala para apontar lápis ou pegar materiais) e *rotinas de manutenção* (limpar as mesas do laboratório, molhar as plantas, manter um depósito para os materiais usados por todos).

Sem rotinas claras e específicas para o funcionamento da aula, essas atividades podem consumir parte significativa do dia escolar. Uma pesquisa sobre como o tempo é usado nas salas de aula do 6º ano indicou que, na média, essas atividades (transição, espera e manutenção) consomem cerca de 20% do tempo, mais do que o tempo gasto na aula de matemática (ROSENSHINE, 1980). Esse número é, sem dúvida, mais alto em salas de aula que não são bem gerenciadas (ver exemplo de situação em que os procedimentos não são claros e específicos na Fig. 4.1)

Ao definir como os estudantes devem se comportar nessas situações específicas, você pode salvar minutos preciosos para o ensino. Você também permite que os estudantes executem muitas dessas rotinas sem a sua supervisão direta, podendo se concentrar no ensino ou em outras tarefas. Por exemplo, os alunos de Christina começam cada período de aula escrevendo em seus jornais enquanto ela faz a chamada. Os alunos sabem que, assim que entrarem na sala, eles devem pegar os seus jornais, copiar a manchete do quadro e escrever, silenciosamente, no tempo previsto. No primeiro dia de aula, Christina lançou as bases para o funcionamento tranquilo dessa atividade. No trecho a seguir, ela apresenta os jornais à sua turma de habilidades básicas.

Antes de começar a examinar o que essa aula abordará, eu quero lhes dar os jornais que vocês manterão diariamente. Escreva o seu nome na capa, mas, antes, abram o jornal para ver qual lado é para cima e, assim, não escrever de cabeça para baixo. Depois, escreva "Inglês 3T, Bloco 2" e o meu nome [Aponta para o seu nome no quadro]. Abram os jornais e escrevam a data na primeira página. Eu vou escrever uma manchete no quadro e quero que vocês copiem e escrevam uma resposta para esse tópico [Escreve: O que você espera desta aula?]. Vocês devem escrever até eu falar para parar. A atividade dura de 5 a 10 minutos. Não diga que você não tem sobre o que escrever ou que você não consegue pensar em nada. Se você não tiver nada para escrever sobre a manchete, escreva sobre outra coisa. Podem começar.

Outra rotina importante para o funcionamento da aula envolve o que os alunos devem fazer com os dispositivos eletrônicos, como celulares e *tablets*. Esses dispositivos estão se tornando universais nas escolas e, embora os alunos se sintam no direito de levá-los, eles podem ser extremamente capazes de distrair. A menos que sua escola tenha uma política específica de proibir a sua presença, você irá que-

FIGURA 4.1 Calvin and Hobbes, Watterson (1995). Distribuído por Universal Uclick. Reimpressa com permissão. Todos os direitos reservados.

rer estabelecer políticas claras para a sua sala de aula. A política mais comum é a de pedir que sejam desligados e guardados durante a aula (a menos, é claro, que você passe uma atividade em que eles precisem usá-los).

Rotinas para o funcionamento da aula

Essas rotinas apoiam diretamente o ensino ao especificar os comportamentos necessários para que o ensino e o aprendizado ocorram. Elas permitem que as aulas prossigam de modo ágil e eliminam a necessidade de os alunos fazerem perguntas como "Eu tenho de usar caneta?", "Devemos numerar de 1 a 20?" e "O que eu faço depois de acabar?".

As rotinas para o funcionamento da aula descrevem quais itens os alunos devem ter à mão na hora de fazer a lição, como os materiais e equipamentos devem ser distribuídos e guardados, que tipo de papel ou instrumento de escrita deve ser usado, e o que deve ser feito com o papel (p. ex., dobrado em oito caixas, numerado de 1 a 10 ao longo da margem esquerda, encabeçado por nome, data e assunto). Além disso, as rotinas para o funcionamento das aulas especificam os comportamentos que os alunos devem ter no início da aula (p. ex., abrir os livros em determinada página, sentar silenciosamente e esperar pela orientação do professor) e o que devem fazer se terminarem a tarefa antes do final da aula ou se não forem capazes de terminar a tarefa até o final da aula.

Rotinas claras para o funcionamento da aula são especialmente importantes em situações potencialmente perigosas, como carpintaria, mecânica de automóveis e culinária. Quando Sandy apresenta os laboratórios de química, por exemplo, ela toma muito cuidado para especificar os procedimentos de segurança especiais:

Há alguns procedimentos de segurança especiais para este laboratório. Primeiro, antes de trabalhar com os bicos de Bunsen, assegure-se de que o seu cabelo está preso para trás. Segundo, certifique-se de que está com seus óculos de proteção. Terceiro, eu terei uma proveta na minha mesa onde você pode descartar os metais. Todo o resto você pode jogar na pia.

Os procedimentos para o dever de casa também podem ser incluídos entre as rotinas para o funcionamento da sala, uma vez que o ritmo e o conteúdo da aula dependem de os alunos fazerem seus deveres. Você precisa estabelecer rotinas para conseguir identificar rapidamente quais fizeram os deveres e quais não fizeram, bem como para checar e recolher as tarefas.

Pense que as rotinas também devem ser seguidas quando os alunos estiverem ausentes. Como você irá acompanhar o trabalho dos que faltarem à aula? Como os alunos irão saber o dia de entrega das tarefas? Como o trabalho chegará à casa dos que estão ausentes? Quantos dias os alunos terão para realizar o trabalho que perderam?

Rotinas de interação

Essas rotinas se referem às *regras para falar* (conversas entre professores e alunos e entre os próprios alunos). As rotinas de interação especificam quando é permitido conversar e como isso deve acontecer. Por exemplo, durante discussões com toda a turma, os alunos precisam saber o que fazer se quiserem responder a uma questão ou contribuir com um comentário. Os nossos quatro professores, assim como muitos outros, costumam pedir que os alunos levantem as mãos e esperem ser chamados, em vez de simplesmente gritar. Desse modo, os professores podem garantir que todos participem e que a conversa não seja dominada por alguns poucos indivíduos excessivamente ansiosos. Os professores também podem checar o quão bem a turma compreendeu a lição chamando os alunos que não levantam as mãos.

É muito difícil ter controle sobre quais estudantes tiveram a oportunidade de falar. A fim de evitar esse problema, Donnie costuma criar um padrão para chamar os alunos em vez de simplesmente seguir a ordem das fileiras para a frente e para trás:

> Eu posso começar no canto de trás da sala e chamar os alunos em uma linha diagonal. Ou posso usar a lista alfabética do meu diário e alternar entre alunos que estão no início da lista e no final dela. Eu tento não ser óbvia, mas, às vezes, os alunos percebem o padrão que eu estou utilizando e me dizem "Você esqueceu fulano" ou "Eu não participei" e, assim, nós voltamos e nos certificamos de que a pessoa tenha a sua vez.

Outra maneira de controlar se todos tiveram oportunidade de participar é usar o "método do palito de picolé". Uma professora de espanhol dos anos finais do ensino fundamental que nós conhecemos tem um vidro de plástico para cada uma das suas turmas; em cada um há palitos de picolé marcados com o nome dos alunos. Um aluno balança o vidro, retira um nome e coloca o palito de picolé de lado, até que cada um tenha feito o mesmo. A professora explica por que ela usa essa abordagem:

> *Algumas vezes, os alunos têm muito medo de falar em uma aula de línguas; eles olham para o chão e têm a esperança de que eu não irei lhes notar. Mas esse curso foi planejado para ser um curso de "desenvolvimento de proficiência", em que os estudantes aprendem a usar o espanhol em situações "do mundo real". Se eles não falarem, eles não irão aprender. Usar os palitos de picolé é a minha maneira de ter certeza de que não me esqueci de ninguém.*

Durante algumas aulas, você pode querer que os alunos respondam em coro em vez de individualmente. Um simples sinal pode ser usado para indicar que as regras para falar mudaram. Por exemplo, Donnie acena com a cabeça e estende suas mãos, com as palmas para cima, em um gesto de convite. Fred, com base em música, conduz o grupo como se fosse um coro.

Sandy também suspende, às vezes, as regras normais para falar, mas acrescenta palavras de precaução para professores iniciantes:

> Se eu estiver no quadro, virada de costas para a turma, e um aluno quiser fazer uma pergunta, eu não me importo se ele me chamar: "Sra. K., Eu não entendo...". Ou, algumas vezes, durante uma discussão com toda a turma, alguém fará uma pergunta e eu pedirei aos outros alunos para ajudarem. Eles se virarão uns para os outros e começarão a fazer perguntas e respondê-las como se eu nem estivesse lá. Eu posso simplesmente ficar de lado e observar. É ótimo ver esse tipo de interação aluno-aluno. Mas os professores iniciantes precisam ter cuidado com isso. Se as coisas começarem a ficar sem controle, eu posso dizer: "Ei, garotos, escrevam" e as coisas se acalmam imediatamente. Mas eu já vi situações como essa fugirem do controle de professores iniciantes.

Rotinas de interação também incluem *procedimentos que os alunos e professores usam para obter a atenção uns dos outros*. Por exemplo, se os alunos estão ocupados trabalhando e você precisa dar instruções adicionais, como você sinalizaria que quer a atenção deles? Você piscaria as luzes, levantaria o seu braço ou diria "Com licença", do jeito que Donnie faz? E se você estiver ocupado trabalhando com um pequeno grupo ou um indivíduo e os alunos precisarem da sua ajuda, como eles poderão dizer isso a você? Eles poderão chamar o seu nome ou deixar os seus lugares e se aproximarem de você?

Finalmente, você precisa pensar a respeito das regras que irão reger a conversa entre os alunos. Quando entre 20 e 30 estudantes se sentam muito perto uns dos outros, é natural que eles conversem. Você deve decidir quando não há problema de conversarem sobre o programa de televisão a que assistiram na noite anterior (p. ex., antes que o sinal toque) e sobre o trabalho acadêmico (p. ex., durante atividades de aprendizagem cooperativa). Você também precisa pensar em momentos em que os alunos podem conversar silenciosamente (p. ex., durante as tarefas em sala) e naqueles em que você precisa de silêncio absoluto (p. ex., quando você está dando instruções ou durante uma prova). A Tabela 4.2 resume os três tipos de rotinas que acabamos de discutir.

À medida que finalizamos nossa discussão sobre o planejamento de normas e rotinas, voltemos à primeira seção "Pare e Reflita" que lhe pediu para identificar se cada expectativa era uma regra ou rotina. O primeiro exemplo, "os alunos esperando que você indique que a aula acabou antes de começarem a guardar o material", seria exemplo de uma rotina para o funcionamento da turma. Essa é uma rotina não acadêmica que permite que a turma funcione tranquilamen-

TABELA 4.2 Resumo das rotinas de sala de aula

Rotinas para o funcionamento da turma: rotinas não acadêmicas que permitem que a sala de aula funcione tranquilamente.

Rotinas administrativas
  Fazer chamada
  Registrar atrasos
  Distribuir avisos escolares

Rotinas para a circulação dos alunos
  Entrar na sala no início do tempo de aula
  Sair da sala no final do tempo de aula
  Ir ao banheiro
  Ir à enfermaria
  Ir à biblioteca
  Treinamentos de incêndio
  Apontar lápis
  Usar computadores e outros equipamentos
  Pegar materiais

Rotinas de manutenção
  Limpar o quadro
  Molhar as plantas
  Guardar itens pessoais (mochilas, celulares, *tablets*)
  Manter uma área de armazenamento comum

Rotinas para funcionamento da aula: rotinas que apoiam diretamente o ensino, especificando os comportamentos necessários para que o ensino e o aprendizado ocorram.

  O que trazer para a aula
  Recolher o dever de casa
  Registrar quem fez o dever de casa
  Devolver o dever de casa
  Distribuir materiais
  Preparar o papel para uma tarefa (cabeçalho, margens, tipo de instrumento de escrita)
  Recolher os deveres feitos na sala
  O que fazer quando as tarefas forem cumpridas

Rotinas de interação: rotinas que especificam quando a conversa é permitida e como ela pode ocorrer.

Conversa entre professor e alunos:
  Durante as aulas para toda a turma
  Quando o professor está trabalhando com um grupo pequeno
  Quando o professor precisa da atenção da turma
  Quando os estudantes precisam da atenção do professor

Conversa entre os alunos:
  Durante tarefas independentes
  Antes do sinal tocar
  Durante transições
  Durante anúncios no alto-falante
  Durante atividades de aprendizado cooperativo
  Durante conferência entre pares
  Quando um visitante vem falar com o professor

te. O segundo exemplo, "os alunos têm que estar preparados", seria uma regra. Como discutido anteriormente, Donnie aplica essa regra e explica aos alunos o que eles precisam trazer para a aula a cada dia para estarem preparados. O terceiro exemplo, "escutar respeitosamente quando as pessoas estão falando", é também uma regra que permite que os alunos e professores escutem uns aos outros mais claramente. "Pedir para os alunos colocarem o dever de casa no cesto durante a sua aula", o quarto exemplo, é uma rotina para o funcionamento da aula que simplifica o recolhimento do dever de casa e garante mais tempo para o aprendizado. Finalmente, o quinto exemplo, "estudantes falando silenciosamente durante um trabalho em pequenos grupos", é uma rotina de interação. Ela especifica um dos momentos em que a conversa aluno-aluno é aceitável.

Os primeiros dias de aula: ensinando as normas aos alunos

A fim de minimizar a confusão, você precisa *ensinar aos alunos as regras para conduta geral,* definindo termos claramente, fornecendo exemplos e discutindo lógicas. Como indicamos mais cedo neste capítulo, a pesquisa de Evertson e Emmer (1982) indica que isso é crucial para comportamentos propensos a ocorrer com frequência e quando o comportamento adequado pode ser ambíguo (p. ex., falar durante uma tarefa independente). Você também precisa *ensinar as rotinas* que você quer que os alunos sigam em situações específicas. Tal meticulosidade é particularmente importante em situações novas, como em laboratórios de ciências, carpintaria, digitação ou estúdio de cerâmica, nos quais os alunos tiveram pouca experiência anterior (ver Seção 4.1 para informação sobre Harry e Rosemary Wong, que escreveram sobre a importância de ensinar regras e rotinas durante os primeiros dias escolares).

Vamos ver como isso acontece na prática. Na manhã do primeiro dia escolar, Donnie começou apresentando-se aos alunos e pedindo que se apresentassem. Em seguida, ela apresentou o tópico "regras básicas". Observe que ela também fornece informação sobre tópicos que certamente estão nas mentes dos alunos (dever de casa, cadernos, notas e ajuda extra):

> Hoje, nossa preocupação central é falar sobre como nossas aulas irão funcionar, o que eu espero de vocês em termos de comportamento e as consequências para algumas atitudes. Eu quero discutir minhas regras básicas ou códigos de comportamento. Eu vou passá-los e nós os discutiremos. Se você tiver qualquer pergunta ou problema, fale comigo [Ela distribui apostilas]. Parece muita coisa, mas na verdade não é. Muitas regras serão familiares; tenho certeza de que serão parecidas com as de outros professores.
>
> OK, vamos olhar a primeira página. Aqui temos minhas regras básicas. O primeiro item da página trata dos procedimentos gerais da classe. "Eu espero que você esteja no seu lugar quando o sinal tocar" [Ela fala isso lenta e firmemente. Seu tom é sério, mas agradável]. Hoje, várias pessoas se atrasaram. Eu posso entender, porque sei que hoje é o primeiro dia e vocês deram voltas, talvez estivessem perdidos [Ela ri]. Mas eu prevejo que não haverá mais atrasos depois disso. Eu falarei sobre o que ocorrerá se houver atrasos em alguns minutos.

Donnie continua desenvolvendo a partir das declarações impressas, respondendo a questões e estimulando comentários. Ela revê as regras básicas para cadernos, dever de casa, ajuda extra, cabeçalhos e participação e prossegue explicando o sistema de notas. Ela, então, continua falando a respeito de uma folha de tarefas que os alunos podem usar para registrar tarefas e datas de entrega e sobre uma lista de controle que ela usará para avaliar os cadernos.

Conheça os educadores Seção 4.1

CONHEÇA HARRY E ROSEMARY WONG

Harry Wong, um popular palestrante educacional e consultor, ensinou ciências para os anos finais do ensino fundamental e ensino médio, recebendo muitos prêmios de ensino. Rosemary lecionou da educação infantil ao 9º ano. O casal, agora, tem a sua própria editora (Harry K. Wong Publications, Inc.), da qual Rosemary é CEO. Juntos, eles escreveram *The First Days of School*, que vendeu mais de 3 milhões de cópias, tornando-se campeão de vendas de todos os tempos em educação. Os Wongs também produziram a série em DVD *The Effective Teacher*, vencedora do *Telly Award* para melhor vídeo educacional dos últimos 20 anos e foi agraciada com o primeiro lugar do *Gold Award* no *International Film and Video Festival*.

Algumas ideias principais sobre gestão de sala de aula

- O que você fizer nos primeiros dias de aula irá determinar seu sucesso ou fracasso pelo resto do ano.
- Professores eficientes introduzem regras (p. ex., expectativas de comportamento adequado de alunos, procedimentos e rotinas) no primeiro dia de aula e continuam a ensiná-las na primeira semana.
- O problema número um em sala de aula não é disciplina, mas a falta de procedimentos e rotinas.
- Um procedimento é um método ou processo sobre como as coisas devem ser feitas em uma sala de aula. Quando o procedimento se torna automático, ele pode ser chamado de uma rotina.
- Professores eficientes têm procedimentos para tomar a iniciativa, trocar de papéis, apontar lápis, entrar na sala de aula, começar a aula, deixar a sala de aula, etc.
- As três etapas para os procedimentos de ensino são (1) explicar claramente; (2) pesquisar (até que os procedimentos se tornem rotinas); e (3) ensinar novamente quando necessário e reforçar (dar elogios específicos).

Livros e artigos selecionados

WONG, H. K.; WONG, R. T. *The first days of school*: how to be an effective teacher. Mountain View: Wong Publications, 2004.

Colunas mensais dos Wongs podem ser encontradas em http://teachers.net/wong. Alguns exemplos são listados aqui:

- WONG, H. K.; WONG, R. T. An Amazing Kindergarten Teacher. *Teacher Net Gazette*, Effective Teaching, v. 5, n. 5, 1 maio 2008. Disponível em: <http://www.teachers.net/wong/MAY08/>. Acesso em: 9 abr. 2009.
- WONG, H. K.; WONG, R. T. Schools that beat the academic odds. *Teacher Net Gazette*, Effective Teaching, v. 5, n. 4, 1 abr. 2008. Disponível em: <http://www.teachers.net/wong/APR08/ >. Acesso em: 9 abr. 2009.
- WONG, H. K.; WONG, R. T. Wrapping the year with rap! *Teacher Net Gazette*, Effective Teaching, v. 4, n. 12, dez. 2007/jan. 2008. Disponível em: <http://www.teachers.net/wong/DEC07/ >. Acesso em: 9 abr. 2009.

Endereço na internet: www.effectiveteaching.com

Como esse exemplo ilustra, ensinar aos alunos as regras de conduta não precisa ser desagradável ou opressor. De fato, alguns professores nem usam a palavra "regras". Sandy, por exemplo, prefere falar em "princípios da sala de aula de química" (ver Fig. 4.2), mas, como Donnie, ela se certifica de que suas expectativas de comportamento sejam explícitas. Sandy define termos ("atrasado significa não estar na sala quando o sinal toca"), fornece exemplos sempre que necessário e destaca as razões para cada princípio. Ela explica por que é importante que os livros sejam encapados ("para que não peguem substâncias químicas"); por que ela tem um aviso importante em seus princípios reservando o direito de aplicar questionários sem aviso ("está lá para o caso de eu ver

> **Princípios da sala de aula de química**   Sra. Krupinski
>
> 1. Sempre venha para a aula preparado e pronto para trabalhar. Você deve trazer os seguintes itens para o período escolar: a) caderno, b) caneta ou lápis, c) calculadora científica, d) seu livro.
>
> 2. Seja pontual. Atrasos não serão tolerados. Você será considerado atrasado para a aula se entrar na sala após o sinal tocar. Não há penalidade para o primeiro atraso. Qualquer outro será comunicado à administração. Seu terceiro atraso resultará em um telefonema para os seus pais ou responsáveis.
>
> 3. Ao entrar na sala de aula, espera-se que você se sente e comece a trabalhar no "Faça Agora" que estará no quadro. Também no quadro estará o dever de casa que deve ser entregue no dia seguinte. Copie o dever para o seu bloco de tarefas.
>
> 4. Testes e questionários serão baseados nas informações que você recebeu por meio das discussões em sala, dos deveres, da leitura do livro-texto e dos trabalhos em laboratório. É imperativo que você tome notas durante as discussões em sala. Todos os testes, com exceção do teste do meio do ano e do teste final, valem 100 pontos. Os questionários variam entre 25 e 50 pontos. Um questionário não precisa ser anunciado. Os questionários e o teste compõem 65% da sua nota.
>
> 5. **Você vai ter dever de casa de química toda noite!!!** A tarefa será ler um texto e/ou responder a questões referentes ao texto. Todo trabalho escrito será recolhido no início da aula e valerá pontos. **NENHUM DEVER DE CASA ATRASADO SERÁ ACEITO. ESPERA-SE QUE VOCÊ FAÇA TODO O TRABALHO PASSADO.** Se você estiver fora para uma atividade escolar e uma tarefa for passada para esse dia, você deve deixá-la na minha caixa de mensagens ou entregá-la **ANTES** de sair.
>
> 6. Se você faltar, é sua responsabilidade descobrir o que perdeu. Qualquer aula de laboratório perdida devido a uma falta justificada deve ser reposta em até uma semana após a falta. Se você faltar por três dias ou mais, mais tempo será oferecido para a reposição. **Se você faltar no dia de um teste ou questionário, será pedido que você faça o teste no dia do seu retorno à escola.**
>
> 7. Não há absolutamente nenhum crédito de pontos extras nessa turma!!!
>
> 8. **Aulas não poderão ser matadas!!!**
>
> 9. **Estou disponível para ajuda extra todos os dias antes ou depois das aulas.**

FIGURA 4.2 Princípios da sala de aula de química (Sra. Krupinski).

que você não está fazendo a leitura, mas eu realmente não gosto de fazer isso; eu quero que os alunos se deem bem nas provas"); por que não se pode usar chapéus nas aulas (por razões de segurança); por que ela insiste na pontualidade ("eu começo a aula quando toca o sinal"); e por que ela os deixa sair quando o sinal toca, mesmo que ela esteja no meio de uma frase ("eu não seguraria você porque você se atrasaria para a próxima aula e isso não é justo nem com você nem com o outro professor. Mas não guarde os livros antes de o sinal tocar"). Sandy também discute as exigências do curso. Em especial, ela explica como o dever de casa é passado e avaliado:

> OK, gente, vamos falar sobre o dever de casa. Vocês terão tarefa para casa toda noite! Por favor, tenham em mente que eu não aceitarei dever de casa atrasado; ele tem que estar pronto no início da aula no dia seguinte. Parte da tarefa é realizá-la no prazo estipulado. Eu vou lembrá-los quando entrarem na sala de que o dever de casa deve ser entregue. Se você não ouvir e se lembrar do dever na metade da aula, eu não irei aceitar. Também é importante que você compreenda que a nota para o dever de casa não é baseada em quão correto ele está; ela é baseada no seu esforço. O dever de casa não é inútil na minha aula, porque é uma forma de repassar cada um dos itens estudados.

Finalmente, Sandy destaca a necessidade de vir para a aula (em termos que são incrivelmente semelhantes aos de Fred):

> OK, o número 8 está bastante claro ("Aulas não poderão ser matadas"). Eu não acho que isso precise ser discutido. Eu quero vocês aqui. Eu espe-

ro que estejam aqui. E se vocês não estiverem, eu levarei para o lado pessoal.

Além de repassar suas próprias regras de turma, Sandy também revê a política de integridade acadêmica da escola. Com uma postura extremamente séria, ela explica a diferença entre cooperar e trapacear ("o comportamento desrespeitoso definitivo"). Ela fala dos diversos comportamentos que constituem trapaças (p. ex., dar ou receber informação sobre os testes, usar "auxílios escritos não autorizados" ou informação de dispositivos eletrônicos durante os testes, reivindicar o crédito do trabalho feito em grupo somente para si, copiar trabalho que, supostamente, era para ser feito individualmente e fabricar dados de laboratório). Ela também oferece aos alunos estratégias para resistir à pressão dos colegas para trapacear: "se alguém lhe perguntar o que havia na prova, diga apenas 'Oh, você conhece a Sra. K, temos que saber tudo!'". Sandy também passa muito tempo falando de plágio. Ela diz aos alunos que "o plágio é como alguém por trás de você colocando a mão na sua mochila e pegando o seu celular. As ideias pertencem às pessoas, assim como os celulares".

Como Sandy, Christina também fala de "princípios" para comportamentos. No primeiro dia de aula, ela distribui um jornal criado por ela para cada turma (ver Fig. 4.3). Veja como Christina apresentou o jornal para a turma de Inglês 10R:

> Essa é uma página com informações sobre o curso. Veja a carta do editor. Eu sou o editor. Leia isso silenciosamente, por favor [Ela dá aos alunos alguns minutos para lerem a carta]. Há algumas coisas que eu gostaria de destacar. Vamos olhar para os objetivos desta aula [Ela repete os objetivos, esclarecendo os termos e falando sobre algumas das atividades que eles farão para alcançá-los]. OK, vamos olhar os "Princípios para a conduta dos alunos" [Ela percorre a lista comentando alguns dos tópicos]. Todos nós estamos trabalhando juntos para fazer desta aula uma experiência positiva e confortável. Não posso fazer isso sozinha. Há 29 de vocês e apenas uma de mim. Então, vocês têm que contribuir para o ambiente (sejam gentis uns com os outros, não usem palavras humilhantes, façam uso de linguagem adequada). Vocês não me ouvirão usando linguagem inadequada, assim, eu espero que vocês também não usem; eu sou muito rígida sobre isso. "Obtenha e faça a tarefa de casa." Eu espero que vocês se empenhem para descobrir o que perderam. Vocês têm dois dias para terminar o trabalho. "Chegue na hora à aula." Na hora significa também "no seu lugar", não na carteira de outra pessoa. Se precisar usar o banheiro, venha primeiro para a sala e coloque os seus livros sobre a mesa para que eu saiba que você está aqui. Aí você pode ir. Desse modo, se você estiver 10 ou 20 segundos atrasado, eu saberei onde você está. Lembre-se de que casacos, lenços, chapéus, alimentos e bebidas não são permitidos na sala; essa é uma regra da escola, com a qual todos deveriam estar familiarizados.
>
> Deixe-me enfatizar a seção de penalidades: você recebe um aviso por comportamento perturbador e, então, é removido da sala de aula. Pare um minuto para olhar a política de notas. OK, para ter certeza de que nós estamos na mesma página sobre regras e procedimentos, leia esse papel e o assine [Ela distribui a página "Prezado Aluno e Pai/Guardião"]. Sua primeira tarefa de casa será levar essa página para casa e pedir aos seus pais que a assinem também.

Em oposição a Donnie, Sandy e Christina, Fred introduz regras e rotinas de uma maneira relativamente informal. Como vimos antes, quando ele revê o manual da escola com a turma da 2ª série do ensino médio, no primeiro período, ele usa as regras da escola como ponto de partida para a apresentação de suas regras para a turma. Mesmo aqui, no entanto, ele não distribui folhetos nem fixa normas, fazendo interjeições com um grau de humor:

INGLÊS 10 R

Ler
Escrever
Falar
Escutar
Assistir
Alfabetização
Midiática

Semestre do outono — *Sra. C. Vreeland*

Uma carta do editor:

Queridos alunos,

Bem-vindos à aula de inglês do 9º ano. Espero que tenham tido um verão agradável e estejam prontos para algumas experiências educativas excitantes. Estou ansiosa por trabalhar com vocês neste semestre.

Estive trabalhando duro para planejar este curso e acho que vocês aprenderão bastante e se divertirão neste semestre. A fim de tornar este curso bem-sucedido, eu devo pedir a sua colaboração. Eu pedirei a opinião de vocês frequentemente, e vocês podem se sentir à vontade para compartilhar ideias.

Por favor, façam perguntas ou comentários em momentos apropriados durante a aula ou chequem meus horários na porta da sala para que me encontrem ao longo do dia na escola. Além disso, vocês pode me contatar pelo *e-mail* da escola. Entretanto, saibam que não posso garantir uma resposta imediata ao seu *e-mail*. Assim, questões e comentários urgentes (p. ex. preocupação com os deveres) devem ser tratados antes de vocês deixarem a escola.

Por favor, leiam o resto deste panfleto introdutório cuidadosamente e o compartilhem com os seus pais, uma vez que ele fornece uma visão geral do curso. Vocês aprenderão sobre regras, procedimentos, políticas de notas e objetivos do curso, que serão úteis ao longo do semestre.

Desejo-lhes muito sucesso neste semestre e sei que vocês atingirão seus objetivos se vierem para a aula com entusiasmo e dedicação.

Sinceramente,
Sra. C. Vreeland

Princípios para a conduta dos alunos

O aluno será responsável por:

- criar um ambiente de aprendizado confortável e positivo na sala de aula e nos fóruns eletrônicos;
- respeitar cada membro da turma empregando linguagem adequada, prestando atenção quando outra pessoa estiver falando e levantando a mão para falar;
- concluir todas as tarefas no prazo determinado e da melhor maneira possível;
- informar-se sobre os deveres com os colegas em caso de ausência e concluí-los no prazo (dois dias para cada dia ausente);
- escutar e seguir todas as orientações dadas pelo professor, pedindo esclarecimentos se não entendê-las (OBSERVAÇÃO: a recusa em seguir as orientações constitui interferência no processo educativo e resultará em ação disciplinar);
- chegar à sala na hora e estar em seu lugar quando o sinal tocar;
- trazer seu livro, caderno, caneta e lápis e quaisquer outros materiais pedidos (como indicado pela professora) para a aula de cada dia;
- deixar o lanche, a bebida, o casaco no seu armário e deixar o celular em casa
- APRENDER e PENSAR independentemente, bem como cooperativamente.

Seção de penalidades

Os alunos que não ouvirem as orientações ou que não buscarem os deveres de recuperação de aulas perdidas não receberão crédito. Trabalhos atrasados receberão menos 10 pontos para cada dia de atraso.

Os alunos que não estiverem em seus lugares quando o sinal tocar serão considerados atrasados (após seis atrasos, haverá perda de crédito).

Os alunos que perturbarem o aprendizado dos outros ou se recusarem a seguir as orientações dadas pela professora perderão crédito de participação. Se a perturbação ou recusa persistirem, os alunos serão retirados da sala.

Em seguida, ação disciplinar apropriada será adotada.

Objetivos

Após concluírem este curso satisfatoriamente, os alunos serão capazes de:

1. Reconhecer o ato e a importância de escutar.
2. Organizar, preparar e fazer uma apresentação oral de modo claro e expressivo.
3. Colaborar compartilhando ideias, exemplos e *insights* de modo produtivo e respeitoso.
4. Reconhecer que a leitura tem muitos propósitos e demonstrar a capacidade de escolher uma abordagem apropriada ao texto lido e ao objetivo proposto.
5. Vivenciar e responder a mídias impressas e não impressas.
6. Usar habilidades de pesquisa para acessar, interpretar e aplicar informações a partir de diversas fontes impressas e não impressas.
7. Compor uma variedade de respostas escritas para diferentes propósitos e audiências.
8. Usar diversas tecnologias como ferramenta para aprender.
9. Usar suas habilidades na arte da linguagem para a tomada de decisões, negociação e resolução de problemas.
10. Melhorar a compreensão de si mesmo, dos outros e do mundo por meio da literatura e da linguagem.

Política de notas

As notas do período são compostas por uma nota de avaliação principal e uma secundária, sendo cada uma responsável por 50% da nota. A média das duas notas contará como 80% da nota do curso. O exame final contará como 20% da nota do curso.

As avaliações principais incluem atividades que abrangem grandes blocos de matéria, como projetos de longo prazo e provas. As avaliações secundárias incluem os trabalhos feitos em sala de aula, deveres de casa, questionários, atividades em grupo e participação na aula.

FIGURA 4.3 Jornal introdutório de Cristina.

[Fred termina de revisar o manual e pede aos alunos para assinarem a página, reconhecendo, assim, o recebimento e concordando com as regras. Ele, então, continua com as suas próprias regras para a turma]. Você sabe o que é um acrônimo? Suas letras formam uma palavra e cada letra corresponde a uma palavra. PITA é um acrônimo. E essa é a regra principal que temos por aqui: Não seja um PITA. O que é um PITA, Suzanne? [Ela balança sua cabeça negativamente]. Você não sabe? [Ele olha em volta para ver se alguém sabe. [Há silêncio]. Um PITA é uma... dor... no... pescoço (em inglês, na verdade, a abreviatura poderia corresponder a *pain in the ass*, ou a um chato, em linguagem mais educada)! [Há algumas risadas à medida que a turma entende a piada]. Eu quero que você escreva PITA ao longo da sua testa. Não esqueça: não seja um PITA. Agora, eu tenho uma regra para mim também: eu devo fazer vocês rirem uma vez por dia. Se eu não o fizer, irei para casa com um sentimento suicida [Estudantes riem]. OK, vamos falar sobre o quê vocês aprenderão em História dos Estados Unidos I.

Com seus alunos mais velhos, Fred prefere uma abordagem ainda menos sistemática. No primeiro dia de aula, ele se apresenta, faz chamada e, imediatamente, começa a descrever o curso. Durante o tempo de aula, ele ensina explicitamente aos seus alunos as rotinas para as situações específicas que surgem (p. ex., como passar os trabalhos), mas ele não ensina regras gerais de conduta. Em vez disso, ele monitora a turma cuidadosamente e informa aos alunos sobre um comportamento que considera inaceitável. Suas interações individuais com alunos são observadas atentamente pelos demais e eles rapidamente aprendem o que deveriam aprender. Quando Fred pede a um aluno para tirar o seu boné, por exemplo, outro escuta e tira o seu. Para um aluno que usa óculos de sol, Fred pergunta: "Há uma razão médica para usar esses óculos?" e o aluno os remove imediatamente.

Como você pode ver, Fred comunica as expectativas de conduta aos alunos mais antigos, principalmente ao fornecer retorno claro e imediato quando o comportamento é inaceitável. Ele reconhece que uma das razões de essa abordagem funcionar é a reputação que ele estabeleceu durante seus anos no ensino médio. Refletindo sobre essa reputação, um licenciando de Fred observa:

> Todo mundo sabe que ele faz o papel de "homem velho e tolo", mas ele não é. Ele tem essa incrível relação com os alunos e sabe o nome de todos em dois dias. Ele trabalha forte com eles, mas projeta cordialidade e os alunos sabem que ele se importa com eles. Eu nunca vi um aluno o desafiar. Um olhar é suficiente.

> **PARE E REFLITA**
> Você escutou cada um dos nossos professores sobre o estabelecimento de regras e rotinas em suas salas de aula. Que professor tem uma perspectiva mais próxima da sua? Há algum estilo em particular com o qual você se identifica ou você pegaria alguma ideia emprestada de Donnie e adicionaria a uma de Fred? À medida que você desenvolver seu próprio estilo de gestão, tenha em mente os modos como esses professores lidam com suas turmas e use seus conhecimentos para fazer crescer suas próprias ideias.

COMENTÁRIOS FINAIS

Donnie, Christina, Sandy e Fred têm expectativas bem definidas para o comportamento dos alunos e as deixam absolutamente claras. No entanto, os quatro professores têm expectativas um pouco diferentes e introduzem regras e rotinas de maneiras distintas. Essas diferenças refletem suas crenças a respeito daquilo que funciona melhor para seus alunos em contextos específicos. Donnie, Christina e Sandy ensinam regras e rotinas de modo explícito e sistemático; elas passam um tempo considerável explicando o que esperam e distribuem cópias escritas das regras para que os alunos as mantenham em seus cadernos. Christina vai além: ela pede que seus alunos assinem uma declaração dizendo que leram e entenderam as informações sobre a conduta dos alunos, as penalidades, as políticas de notas e os procedimentos esperados em sala e que também peçam para os pais assinarem. Já Fred é muito mais informal. Com seus licenciandos, Fred ensina regras explicitamente, mas não distribui cópias. Com os alunos do ensino médio, ele ensina rotinas específicas, mas se baseia principalmente no monitoramento e retorno dos alunos para comunicar o que espera em termos de conduta geral.

Como um professor iniciante, seria sensato adotar uma abordagem deliberada e meticulosa ao ensinar regras e rotinas. Se você tem a sua própria sala de aula, também é uma boa ideia colar as regras em um quadro de avisos, de modo que suas expectativas fiquem claras para os alunos. Uma vez que você tenha adquirido experiência e reputação, você pode tentar uma abordagem menos formal com seus alunos mais velhos. Também tenha em mente que regras e rotinas não são inventadas em um único ano; não aparecem prontas, totalmente desenvolvidas. Elas evoluem com o tempo, pois são produtos da sua experiência e do seu esforço criativo.

Uma observação final a partir de nossa experiência docente: no primeiro dia de aula, no início do quinto período, uma de nós (Ingrid) distribuiu cópias das regras de sala de aula. Um resmungo audível percorreu a sala e os alunos notaram que foi assim que as aulas anteriores daquele dia haviam começado! Embora tenhamos enfatizado a importância de estabelecer expectativas de comportamento logo no início do ano, regras e rotinas não devem ser o aspecto mais importante dos primeiros dias de aula. À medida que você planejar os primeiros dias, certifique-se de que está mantendo o equilíbrio entre o ensino de regras e rotinas e uma variedade de atividades de aprendizado que os estudantes acharão significativas, agradáveis e memoráveis. Queremos que nossos alunos entendam que irão aprender em nossas aulas muito mais do que simplesmente como se comportar.

situações específicas – e enfatizou a necessidade de ensiná-las explicitamente.

Escolha normas para conduta geral que sejam:
- razoáveis e necessárias;
- claras e compreensíveis;
- consistentes com os objetivos de ensino e com o que sabemos sobre como as pessoas aprendem;
- consistentes com as regras da escola.

Planeje rotinas para situações específicas
- Rotinas para o funcionamento da turma
  Rotinas administrativas
  Rotinas para a movimentação dos estudantes
  Rotinas de manutenção
- Rotinas para o funcionamento das aulas
  Uso e distribuição de materiais
  Procedimentos para atribuição de tarefas
  Procedimentos para conclusão antecipada de tarefas
- Rotinas de interação
  Quando e como a conversa é permitida
  Como professores e alunos obtêm a atenção uns dos outros

Ensine normas e rotinas explicitamente
- Defina termos.
- Discuta as lógicas.
- Forneça exemplos.

Lembre-se: desenvolver boas regras e rotinas é apenas a primeira etapa. Para que elas sejam efetivas, você deve ensiná-las ativamente aos seus alunos. O tempo gasto com regras e rotinas no início das aulas será compensado pelo maior tempo de ensino ao longo do ano.

Resumo

Este capítulo discutiu duas funções importantes de regras e rotinas na sala de aula: (1) fornecer estrutura e previsibilidade que ajudem os alunos a se sentirem mais confortáveis; e (2) reduzir a complexidade da vida em sala de aula, permitindo que você e seus alunos se concentrem no ensino e na aprendizagem. Ele destacou, então, duas categorias amplas de expectativas de comportamento – regras para conduta geral e rotinas para

Atividades para a construção de habilidades e reflexão

Na turma
1. Trabalhando com grupos pequenos, desenvolva um conjunto de regras para a conduta geral. Cerca de cinco regras devem ser suficientes. Para cada uma, liste uma justifica-

tiva e alguns exemplos que serão discutidos com os alunos para tornar as regras mais significativas. Pense nas regras que são mais importantes para você e por quê?
2. Em um pequeno grupo, consulte a Tabela 4.2, que lista as áreas para as quais você precisará de rotinas de comportamento específicas. Primeiro, compartilhe suas ideias sobre rotinas efetivas que você pode usar em cada categoria (p. ex., que tipo de rotina você pode estabelecer para fazer a chamada de modo eficiente?). Em seguida, pense nas rotinas que precisam ser abordadas no primeiro dia. Em outras palavras, decida sobre suas prioridades, de modo que você possa ensinar as rotinas nos momentos mais apropriados, de forma que sejam lembradas pelos alunos.

Individual

Se você estiver ensinando, atuando como licenciando ou observando a sala de aula de outro professor, mantenha um diário reflexivo sobre o desenvolvimento e o ensino de regras e rotinas. Usando a Tabela 4.2, observe quais rotinas provocam mais problemas, a natureza desses problemas e como você poderia resolvê-los. Também anote as rotinas que funcionam bem.

Para seu portfólio

Escreva uma breve declaração sobre as regras que orientarão o comportamento em sua sala de aula. Você as desenvolverá e distribuirá sozinho? Se assim for, que regras você criará? Você produzirá as regras com os alunos? Se sim, como fará isso? Descreva a abordagem específica que será adotada.

Leituras adicionais

BICARD, D. F. Using classroom rules to construct behavior. *Middle School Journal*, v. 31, n. 5, p. 37-45, 2000.

Argumentando que "as regras são uma das formas de gestão de sala de aula mais eficientes em termos de custo-benefício à disposição dos professores", Bicard revê as características de regras positivas, negativas e vagas e discute as chaves para desenvolver e implementar regras positivas nas salas de aula. O artigo também discute o que fazer quando os alunos violam as regras.

BRADY, K. et al. *Rules in school*. Greenfield: Northeast Foundation for Children, 2003.

Este livro, da Série *Strategies for Teachers* (Estratégias para Professores), fornece sugestões práticas para envolver estudantes até o 9º ano na produção de regras de sala de aula que surjam de suas esperanças e sonhos. O Capítulo 6 enfoca, especificamente, os anos finais do ensino fundamental (do 5º ao 9º ano) e inclui uma discussão sobre as consequências lógicas para garantir a responsabilidade.

MARZANO, R. J.; MARZANO, J. S.; PICKERING, D. J. *Classroom management that works*: research-based strategies for every teacher. Alexandria: Association for Supervision and Curriculum Development, 2003.

O Capítulo 2 enfoca regras e procedimentos. Primeiramente, os autores discutem as pesquisas que confirmam a importância das normas de sala de aula. Então, eles destacam uma série de *action steps* (etapas de ação) que os professores podem seguir para identificar as regras e os procedimentos adequados e para envolver os alunos no seu planejamento.

CAPÍTULO 5

Conhecendo os seus alunos e suas necessidades especiais

O adolescente em
desenvolvimento   102
Alunos com transtornos e TDAH   104
Alunos com problemas   119
Alunos vivendo na pobreza   130
Comentários finais   131
Resumo   133

Pegar as listas das turmas no início do ano escolar sempre traz uma sensação de antecipação, excitação e curiosidade: como são esses alunos? O que eles sabem? Como eles pensam? Que pontos fortes eles trazem? Que lutas eles enfrentam? De onde vêm? Nas primeiras semanas e meses de aula, você começa a elaborar respostas a essas questões. Gradualmente, você ganha uma compreensão de quem são os seus alunos. Essa compreensão lhe permite adaptar seu ensino às necessidades específicas deles e encontrar maneiras de construir conexões. E conhecer os seus alunos é essencial *se você está construindo um ambiente atencioso e inclusivo para o aprendizado.*

Conhecer os seus alunos significa reconhecer e apreciar as maneiras pelas quais cada indivíduo é único, bem como entender as características comuns da adolescência. Sem dúvida, sua turma será composta de alunos com uma grande variedade de capacidades, habilidades sociais e maturidade emocional. Além disso, sua turma poderá incluir alunos com "necessidades especiais". Embora esse termo seja geralmente usado para se referir àqueles com deficiências, jovens que estão crescendo em circunstâncias de pobreza, de instabilidade ou de abuso podem ter problemas físicos, emocionais ou psicológicos que devem ser abordados.

Este capítulo começa observando algumas das características comuns do desenvolvimento de alunos dos anos finais do ensino fundamental e do ensino médio e levando em conta as implicações para a gestão da sala de aula. Em seguida, examinamos maneiras de ajudar alunos com deficiências e transtorno de déficit de atenção/hiperatividade, o transtorno de comportamento mais comumente diagnosticado entre crianças nos Estados Unidos (COLES, 2000). Consideramos, então, as necessidades dos alunos que têm problemas – a saber, aqueles que sofrem dos problemas associados ao uso de substâncias, abuso infantil, negligência e transtornos alimentares. Finalmente, discutimos abordagens para trabalhar com alunos carentes ou sem-teto.

O ADOLESCENTE EM DESENVOLVIMENTO

Os anos finais do ensino fundamental e do ensino médio são marcados por mudanças físicas, emocionais e sociais tumultuosas. Durante esse período, os adolescentes podem ficar confusos, mal-humorados, irritados e rebeldes. Eles podem alternar entre a confiança e alta expectativa, por um lado, e a insegurança e ansiedade, por outro; de fato, os alunos dos anos finais do ensino fundamental sofrem de mais baixa autoestima do que qualquer outro grupo etário (CHARLES; CHARLES, 2004). Os adolescentes frequentemente se voltam para o seu grupo de pares, tentando fortemente "se encaixar" e se tornando extremamente preocupados com a aparência, as roupas e a imagem corporal (ver Fig. 5.1 para um exemplo das típicas preocupações de um desses alunos).

Segundo Erikson (1963), a principal tarefa de desenvolvimento da adolescência (que começa aos 13 anos de idade) é o desenvolvimento da identidade. Os jovens precisam encontrar a resposta para a questão "quem sou eu?" ou experimentar "confusão de papéis" ou "difusão de identidade". À medida que trabalham para forjar uma identidade e "manter-se juntos", os adolescentes experimentam diferentes papéis e temporariamente se "superidentificam" com os heróis dos "cliques e multidões" (ERIKSON, 1963, p. 262). Durante essa fase, eles podem ser "extremamente unidos", excluindo todos aqueles que são diferentes. Erikson adverte os adultos para entender essa intolerância como uma "[...] defesa contra um sentimento de confusão de identidade" (ERIKSON, 1963, p. 262).

Durante o início da adolescência (anos finais do ensino fundamental e a primeira série do ensino médio), os adolescentes também podem começar a questionar as normas e as convenções sociais (p. ex., sem agitação nos corredores) que eles prontamente aceitavam mais cedo (NUCCI, 2006). Encarando as normas como ordens arbitrárias daqueles no poder, os jovens que recém entraram na adolescência são mais propensos a violar as convenções escolares. Felizmente, por volta da adolescência média (cerca de 15 anos ou na primeira série do ensino médio), a maioria dos adolescentes norte-americanos passou para a próxima etapa de argumentação sobre as convenções sociais, reconhecendo que elas são necessárias para manter uma interação ordenada entre os membros de uma sociedade.

Ao mesmo tempo, mudanças também estão ocorrendo no modo como os adolescentes encaram assuntos de prerrogativa pessoal e privacidade. Domínios em que as convenções tocam nas expressões pessoais (cabelo, roupa), nas associações pessoais (amigos) ou na segurança pessoal (sexualidade) se tornam "zonas de disputa", nas quais os adolescentes querem autonomia e controle (NUCCI, 2006, p. 725).

Juntos, a negação das convenções e a extensão do que é considerado pessoal (e, portanto, fora dos limites de interferência dos adultos) tornam o período inicial da adolescência um momento difícil para pais e professores tentarem orientar o comportamento dos alunos.

Figura 5.1 *Fonte:* Stone Soup, Jan Eliot (2000). Reimpressa com permissão de Universal Uclick. Todos os direitos reservados.

Implicações para a gestão da sala de aula

Como os alunos dos anos finais do ensino fundamental tendem a "ultrapassar os limites", é útil distinguir entre normas que são absolutamente necessárias para criar um ambiente seguro e protegido e aquelas que são apenas uma ameaça menor. Como Nucci (2006) argumenta:

> Colocando de outra forma, é importante para os professores reconhecerem que há momentos em que faz mais sentido dizer "sim" em resposta à ausência de conformidade dos estudantes do que dizer simplesmente "não" em um esforço para manter a coerência como um valor em si. Por exemplo, marcar um aluno como atrasado por estar próximo do seu lugar em vez de sentado nele quando o sinal toca faz com que o adulto se sinta poderoso, mas faz pouco para promover a apreciação da norma da pontualidade. (NUCCI, 2006, p. 725-726).

Nucci nos lembra que essa fase irá passar e que os professores (e os alunos) necessitarão de paciência: "Um reforço firme e justo de regras com um traço de humor ajudará mais do que rígidas exigências de submissão" (NUCCI, 2006, p. 726).

Infelizmente, as escolas dos anos finais do ensino fundamental não costumam adotar essa abordagem mais sensível e compreensiva. De fato, vários educadores comentaram sobre o desencontro entre escolas e adolescentes jovens em torno desses temas. Apesar da maturidade crescente dos adolescentes e da sua necessidade de obter maior autonomia, as escolas dos anos finais do ensino fundamental e do início do ensino médio enfatizam maior controle e disciplina por parte dos professores, oferecendo poucas oportunidades para o envolvimento dos alunos na tomada de decisões, escolha e independência (ECCLES; WIGFIELD; SCHIEFELE, 1998). Além disso, justamente quando os alunos enfrentam a tarefa de construir um sentido sólido de si mesmos, eles se deslocam de um ambiente em que eram os mais maduros e de mais alto *status* para um ambiente em que passam a ser considerados novatos, em uma escola maior e mais impessoal (WOOLFOLK, 2007). Eles vão de conexões estreitas com um professor a relações mais impessoais com vários professores. Eles vão para um ambiente mais competitivo, com muita comparação social, justamente em uma época em que eles são muito autoconscientes, e seus autoconceitos são particularmente frágeis. Como é de se esperar, os alunos dessa fase frequentemente demonstram motivação e interesse mais baixos na escola (NUCCI, 2006).

Obviamente, todos os alunos podem ser bem-sucedidos quando os professores são justos, incentivadores e dispostos a ouvir e quando fornecem oportunidades para independência junto com o apoio necessário. Porém, as "peculiaridades do desenvolvimento" dos adolescentes (tais como a luta por identidade, insegurança, autoimagem frágil, autocrítica e preocupação em se encaixar) tornam esse período ainda mais crítico (EMMER; GERWELS, 2006, p. 412). Nesse estágio, é essencial não colocar os alunos para baixo, não envergonhá-los na frente dos seus pares e demonstrar senso de humor. Quando os professores são sensíveis aos estresses emocionais que caracterizam essa etapa e tratam os adolescentes com respeito e compreensão, a ligação com a escola é reforçada. Isso tem implicações de longo prazo: a ligação com a escola diminui significativamente a probabilidade de os alunos se tornarem envolvidos em comportamentos perigosos, como fumar, beber, fazer uso de maconha ou agir com violência (EMMER; GERWELS, 2006).

ALUNOS COM TRANSTORNOS E TDAH

Matthew é um aluno do último período de aula de Sandy que foi identificado com transtorno emocional. Embora seja muito calado, ele tem rompantes de raiva quando provocado e é propenso a explosões violentas. Sandy comenta que pode-se dizer que algo está fervendo logo abaixo da superfície. Ela se assegura de colocá-lo em grupos de alunos que sejam cooperativos e solidários; ainda assim, ele frequentemente fica tenso e frustrado com os membros do grupo, pois acha que estão "desperdiçando o tempo dele". Segundo Sandy, "Matthew é realmente brilhante, e quando os alunos estão enrolando em alguma coisa que ele acha boba (como escrever uma resposta), ele fica com uma cara engraçada e dá as costas para os membros do grupo. É como se ele tentasse bloquear o que quer que o esteja incomodando. Quando eu vejo aquela expressão, sei que devo me aproximar e intervir". Sandy reviu cuidadosamente o Individualized Education Program (IEP; Programa de Educação Individualizada) de Matthew, mas foi a comunicação próxima com o administrador do seu caso e psicólogo da escola que lhe permitiu compreender melhor o comportamento dele. Como ela afirma, "Matthew está tendo um ano bem-sucedido em química – e isso se deve ao fato de muitas pessoas estarem me ajudando a ajudá-lo".

A presença de Matthew na sala de aula de Sandy é o resultado do Individuals with Disabilities Education Act (Ato Educativo para Indivíduos com Deficiências), reautorizado como IDEA 2004, e também chamado de Individuals with Disabilities Education Improvement Act (IDEIA), uma legislação federal que determina "uma educação pública gratuita adequada" para todas as crianças com deficiências. Segundo o IDEA, deficiência é definida como deficiência intelectual, dificuldade auditiva, incluindo surdez, dificuldade de fala ou de linguagem, dificuldade visual, incluindo cegueira, transtornos emocionais sérios, dificuldade ortopédica, autismo, traumatismo craniencefálico, outra dificuldade de saúde (p. ex., força ou vitalidade limitada devido a problemas de saúde agudos ou crônicos, como asma ou diabetes), um transtorno de aprendizagem específico, surdez-cegueira ou deficiências múltiplas.

O IDEA exige que os *alunos com deficiência sejam educados o máximo de tempo adequado possível junto com seus pares sem deficiência, com os instrumentos e serviços suplementares necessários para ajudá-los a ser bem-sucedidos*. A sala de aula de ensino regular precisa ser considerada como o "ambiente menos restritivo". Entretanto, a lei também exige que as escolas tenham disponível uma gradação de colocações alternativas (p. ex., parte do tempo em uma sala de aula de educação especial; tempo integral em uma sala de aula de educação especial; colocação em uma escola especial; colocação em uma escola residencial) se a natureza da severidade da deficiência de um aluno impedir a possibilidade de uma educação satisfatória no ambiente de ensino geral.

As próximas seções do capítulo resumem as características dos alunos com transtorno de aprendizagem, transtornos emocionais e comportamentais, transtorno do espectro autista e TDAH, junto com algumas estratégias para trabalhar de maneira eficiente com esses alunos. Discutimos, então, várias estratégias gerais que podem ser úteis à medida que você trabalha para obter uma sala de aula verdadeiramente inclusiva.

> **PARE E REFLITA**
>
> O que você pensa sobre a inclusão de estudantes com deficiências na sala de aula de ensino regular? As suas opiniões dependem do tipo de deficiência (p. ex., física, emocional, cognitiva)? Quais são suas preocupações específicas, se tiver alguma, sobre o ensino em salas de aula inclusivas?

Transtornos de aprendizagem

O número de estudantes identificados como portadores de "transtornos de aprendizagem específicos" é bem maior do que qualquer outro tipo de transtorno. Dos 10% de crianças em idade escolar identificadas como portadoras de transtornos, 50% desse grupo (ou 5% do total da população em idade escolar) são diagnosticadas com o transtorno e o número tem aumentado drasticamente (VAUGHN; BOS; SCHUMM, 2003). Estima-se que cada sala de aula de escola pública tenha pelo menos um estudante com um transtorno de aprendizagem (TA) (HENLEY; RAMSEY; ALGOZZINE, 2002).

É difícil obter uma definição satisfatória de TA, pois há vários tipos de transtornos de aprendizagem, e crianças diagnosticadas com TA são um grupo heterogêneo. O IDEA define os transtornos de aprendizagem como um "transtorno em um ou mais dos processos psicológicos básicos envolvidos na compreensão ou no uso de linguagem, falada ou escrita", que resulta em problemas de aprendizado que não são explicados por outros transtornos (tais como deficiência intelectual). Um diagnóstico de TA é frequentemente feito quando há uma grande discrepância entre a capacidade intelectual e o desempenho acadêmico. No entanto, o critério de discrepância é uma fonte de preocupação para muitos pais e educadores, uma vez que as crianças precisam lutar por vários anos até que a disparidade entre desempenho e capacidade seja grave o suficiente para permitir o diagnóstico. Isso significa que a maioria dos estudantes com TA não se qualifica para esses serviços antes do segundo ou terceiro ano – uma situação que parece preparar essas crianças para o fracasso (VAUGHN; BOS; SCHUMM, 2003). Muitos educadores agora preferem uma alternativa chamada *resposta à intervenção* (RTI, do inglês *Response-to-Intervention*). Na RTI, é fornecido desde cedo ensino intensivo, em pequenos grupos, nas áreas acadêmicas. Se essa intervenção precoce falhar em beneficiar o estudante, então ele ou ela deve se qualificar como portador de transtorno específico de aprendizagem.

Embora seja difícil listar um conjunto de características que descreva adequadamente todos os alunos com TA, a Tabela 5.1 apresenta alguns sinais que podem indicar um transtorno de aprendizagem. Se um estudante apresenta alguns desses problemas, então os professores devem considerar a possibilidade de um transtorno de aprendizagem e buscar aconselhamento do pessoal de serviços especiais.

Revisões de pesquisa indicam que três estratégias de ensino são particularmente poderosas para a promoção do sucesso acadêmico de alunos com TA (VAUGHN; GERSTEN; CHARD, 2000). Primeiro, os professores precisam adequar as tarefas às capacidades e habilidades dos estudantes, sequenciando exemplos e problemas para garantir altos níveis de sucesso aos alunos. Segundo, o ensino em grupos pequenos, com não mais do que seis alunos, parece ser especialmente benéfico. Finalmente, os alunos com TA precisam aprender estratégias de autoquestionamento (i.e., fazer perguntas a si mesmos enquanto leem ou trabalham em uma tarefa acadêmica). Os professores podem modelar isso pensando em voz alta sobre o texto sendo lido ou sobre problemas de matemática a ser resolvidos. Essas práticas de ensino são fortemente revolucionárias; infelizmente, elas quase nunca são implementadas nas salas de aula (VAUGHN; GERSTEN; CHARD, 2000).

Transtornos emocionais e comportamentais

Os termos *transtorno emocional* e *transtorno de comportamento* são frequentemente usados de modo intercambiável. Enquanto o IDEA usa o termo transtorno emocional, muitos

Tabela 5.1 Possíveis indicadores de um transtorno de aprendizagem

Quando uma criança tem um transtorno de aprendizagem, ela pode:
- ter dificuldade em aprender o alfabeto, rimar palavras ou associar letras aos seus sons;
- ter dificuldade em juntar os sons para formar palavras;
- cometer muitos erros quando lê em voz alta, repetindo e parando com frequência;
- não entender o que lê;
- confundir letras e palavras semelhantes, tais como *b* e *d;*
- ter muita dificuldade em soletrar;
- ter uma escrita muito confusa;
- ter dificuldade com atividades motoras delicadas;
- ter dificuldade em lembrar os sons que as letras fazem ou em perceber diferenças sutis entre as palavras;
- ter dificuldade em entender e seguir orientações;
- ter dificuldade em organizar o que quer dizer ou não ser capaz de pensar na palavra que precisa para a escrita ou conversação;
- confundir símbolos matemáticos e ler errado números;
- não ser capaz de recontar uma história em ordem;
- não saber por onde começar uma tarefa ou como prosseguir a partir dali.

Fonte: Adaptada de National Dissemination Center for Children with Disabilities (2004).

profissionais preferem o termo transtorno de comportamento, que eles consideram menos estigmatizante (VAUGHN; BOS; SCHUMM, 2003).

O IDEA define transtorno emocional como uma condição caracterizada por uma ou mais das seguintes características: uma incapacidade de aprender que não pode ser explicada por fatores intelectuais, sensoriais ou de saúde; uma incapacidade de construir ou manter relações interpessoais satisfatórias com os colegas e professores; tipos inadequados de comportamento ou sentimento sob circunstâncias normais; um sentimento geral de infelicidade e depressão; ou uma tendência a desenvolver sintomas físicos associados a problemas pessoais ou escolares. Como você pode ver, assim como o termo *transtorno de aprendizagem,* o termo *transtorno emocional,* na verdade, envolve uma variedade de condições, de transtornos de conduta a depressão.

Quando se pede que os professores falem de "alunos problemáticos", eles tendem a falar daqueles que são perturbadores, agressivos e desafiadores e cujos comportamentos interferem nos outros – alunos cujos transtornos comportamentais são *externalizados* (VAUGHN; BOS; SCHUMM, 2003). Alunos como esses têm um *transtorno de conduta* caracterizado por um "[...] padrão de comportamento repetitivo e persistente em que os direitos básicos dos outros ou importantes normas ou regras sociais adequadas à idade são violados" (AMERICAN PSYCHIATRIC ASSOCIATION, 2000). É fácil identificar estudantes que apresentam esse tipo de comportamento, mas o que fazer a respeito?

Primeiro, é essencial ser *proativo.* Muito frequentemente, os professores reagem apenas aos comportamentos negativos dos alunos, mas aqueles com transtorno de conduta devem ser ensinados a se comportar de modo mais adequado. Isso significa monitorar de perto o comportamento dos alunos, de modo que você possa induzir, reconhecer e recompensar comportamentos aceitáveis e antecipar e evitar comportamentos inadequados. Segundo, alunos com transtorno de conduta podem se beneficiar do *ensino direto de comportamento social adequado,* com recompensas fornecidas por apresentar esses comportamentos, bem como um procedimento de custo de resposta em que pontos (ou fichas) são perdidos em virtude de comportamento inadequado (OSTRANDER, 2004). Terceiro, *explorar o objetivo ou o propósito do comportamento inaceitável* pode revelar o que um aluno precisa para se comportar mais adequadamente e para aprender, por exemplo, como obter ajuda em uma tarefa difícil ou frustrante. Algumas sugestões adicionais são listadas na seção Dicas Práticas (veja também a seção sobre desafio no Cap. 12 e a seção sobre desarmar situações potencialmente explosivas no Cap. 13).

Crianças e adolescentes com transtornos emocionais podem também apresentar um padrão de *internalização* de comportamentos, tais como timidez, afastamento, ansiedade e depressão (VAUGHN; BOS; SCHUMM, 2003). Considere a seguinte anotação de diário escrita por um licenciando:

> Estou realmente preocupado com uma das minhas alunas. Ela é inacreditavelmente tímida e afastada. Levei um bom tempo para notá-la. Ela nunca participa em discussões de turma, nunca levanta sua mão e nunca é voluntária para nada. Quando eu a chamo, ela olha para baixo e não responde, ou sua resposta é tão baixa que eu não a escuto. Eu a observei durante o almoço na cafeteria e ela não parece ter amigos. Os outros alunos não são maus com ela – eles agem como se ela nem mesmo existisse – e esse é o modo como eu me sinto também!

Alunos assim, que agem de modo triste, reservado, afastado ou irritável, podem estar sofrendo de depressão. A Tabela 5.2 lista os sinais que sugerem depressão em crianças e adolescentes.

É importante consultar um orientador ou psicólogo da escola se você estiver desconfiado que um jovem esteja deprimido (SCHLOZMAN, 2001). Jornais, desenhos ou ensaios que sugerem pensamentos suicidas ou homicidas certamente justificam um encaminhamento formal. Além disso, os professores precisam entender que alunos deprimidos frequentemente se sentem como se tivessem pouco a contribuir. A fim de se opor a esses sentimentos, você precisa transmitir respeito e confiança pelas capaci-

DICAS PRÁTICAS

COMO AJUDAR ALUNOS COM TRANSTORNO DE CONDUTA

- Assegure-se de que o seu ambiente de sala de aula esteja organizado e seja, previsível e estruturado.
- Planeje e implemente atividades para promover um sentimento de comunidade (ver Cap. 3).
- Trabalhe ativamente para promover relacionamentos positivos; forneça atenção consistente positiva e reduza os comentários negativos.
- Monitore de perto o comportamento e reconheça e recompense o comportamento positivo.
- Ensine diretamente habilidades sociais (p. ex., habilidades de manejo da raiva).
- Forneça escolhas estruturadas (Você prefere fazer primeiro suas tarefas de matemática ou de escrita? Você quer fazer isso sozinho ou trabalhar em grupo?).
- Tenha um plano para remover o aluno se ele se tornar um incômodo.
- Aprenda a antecipar e a desarmar situações-problema (ver Cap. 13).
- Use abordagens de autogestão (ver Cap. 12), como automonitoramento, autoavaliação e autoensino.
- Desenvolva e implante contratos de contingência (ver Cap. 12).
- Certifique-se de que o ensino é adequado para o nível de capacidade do aluno, uma vez que a frustração e o fracasso acadêmico podem exacerbar os problemas emocionais/comportamentais do aluno.

TABELA 5.2 Indicadores de depressão

- Indecisão, falta de concentração ou esquecimento
- Mudança de personalidade, com aumento da raiva, irritabilidade, variação de humor, agitação ou com situações em que a pessoa mostra-se chorosa
- Mudança nos padrões de sono e apetite
- Perda de energia
- Perda de entusiasmo ou motivação
- Perda de interesse na aparência pessoal e higiene
- Desespero, impotência e tristeza
- Reclamações físicas frequentes, como dores de cabeça e de estômago
- Pensamentos de suicídio e morte
- Baixa autoestima, frequentemente expressa como autopunição e autocrítica
- Afastamento dos amigos e das atividades antes apreciadas
- Baixo desempenho escolar

dades do aluno, minimizar a possibilidade de constrangimento (p. ex., chamando os alunos deprimidos para responder a questões que não têm uma resposta claramente correta) e incentivá-los a ajudar alunos mais jovens ou menos capazes. Mais importante, você precisa estabelecer uma conexão com o aluno deprimido. Os adultos que sofreram de depressão na juventude frequentemente se lembram de um professor específico que os ajudou em sua recuperação (SCHLOZMAN, 2001).

Transtornos globais do desenvolvimento: autismo e síndrome de Asperger

O autismo e a síndrome de Asperger* são dois transtornos globais do desenvolvimen-

---

* N. de R. T.: Na mais recente edição do Manual Diagnóstico e Estatístico de Transtornos Mentais (DSM-5), foi criada uma categoria abrangente chamada *transtorno do espectro autista*, que engloba transtornos antes chamados de autismo infantil precoce, autismo infantil, autismo de Kanner, autismo de alto funcionamento, autismo atípico, transtorno global do desenvolvimento sem outra especificação, transtorno desintegrativo da infância e transtorno de Asperger. A mudança foi impelida por pesquisas que demonstraram que esses transtornos não eram tão distintos e independentes quanto se pensava e que os clínicos tinham dificuldade em distingui-los.

to *(TGDs)* ou transtornos do espectro autista *(TEA)*, um conjunto de transtornos caracterizado por deficiência marcante no desenvolvimento da interação social e de habilidades de comunicação. Tendo origem biológica e neurológica, o autismo e a síndrome de Asperger (SA) são geralmente evidentes a partir dos 3 anos. Não é totalmente clara a frequência de ocorrência dos TGDs, mas o relatório do Centers for Disease Control and Prevention (2007) afirma que os transtornos do espectro autista afetam uma média aproximada de uma criança em 150. Além disso, sua incidência parece estar aumentando drasticamente. Entre 1993 e 1998, por exemplo, houve um aumento de 244% dos casos identificados de autismo (VAUGHN; BOS; SCHUMM, 2003). O motivo do aumento não é claro. Alguns educadores especulam que ele se deve a melhores medidas de avaliação, mudanças nos critérios de diagnóstico e crescente consciência sobre os TGDs entre os pais e profissionais, em vez de um aumento real de incidência (HAGIN, 2004).

Crianças e adolescentes com autismo apresentam uma falta de resposta e desconhecimento das situações sociais; por exemplo, elas podem fazer pouco ou nenhum contato visual, demonstrar pouca consciência das situações sociais e demonstrar falta de interesse em compartilhar atividades agradáveis com outras pessoas. Além disso, elas podem ter pouca ou nenhuma linguagem oral; aquelas que desenvolvem linguagem podem usá-la idiossincraticamente (p. ex., repetindo o que lhes é dito, uma condição conhecida como ecolalia). Finalmente, indivíduos com autismo com frequência exibem padrões de comportamento repetitivos restritos (p. ex., balançar o corpo ou agitar as mãos; adesão inflexível a rotinas ou rituais) e uma preocupação desgastante com tópicos específicos (p. ex., horários dos trens). Também é comum a hipersensibilidade a estímulos sensoriais, como barulho, luzes e toque. O autismo é quatro vezes mais comum em meninos do que em meninas (NATIONAL DISSEMINATION CENTER FOR CHILDREN WITH DISABILITIES, 2003).

Há um debate em curso se a síndrome de Asperger (SA) é uma categoria de diagnóstico independente ou uma forma branda de autismo (MYLES et al., 2004). De fato, o Individuals with Disabilities Education Act (IDEA) não reconhece a SA como uma categoria específica de deficiência, de modo que jovens com a síndrome de Asperger são frequentemente atendidos sob o diagnóstico de autismo, transtornos de comportamento ou transtorno de aprendizagem. Como o autismo, a SA é caracterizada por deficiência marcante na interação social; entretanto, indivíduos com SA frequentemente desejam interagir – eles apenas não possuem as habilidades e o conhecimento necessário para iniciar e responder adequadamente em situações sociais. Por exemplo, eles em geral demonstram uma incapacidade de compreender as perspectivas dos outros e têm dificuldade de entender sinais sociais não verbais. Embora indivíduos com SA não tenham nenhum atraso clínico significativo na cognição e não tenham um desenvolvimento de linguagem retardado, eles têm dificuldade em entender as sutilezas da linguagem, como a ironia e o humor (NATIONAL DISSEMINATION CENTER FOR CHILDREN WITH DISABILITIES, 2003)

e a qualidade das suas vozes pode ser monótona, afetada e "robótica". Eles também têm uma faixa restrita de interesses ou obsessões, desenvolvendo um conhecimento exaustivo sobre um tópico (p. ex., monstros, números ou filmes) sobre os quais eles fazem preleções de longa duração. Além disso, crianças e adolescentes com SA tendem a ter habilidades motoras fracas e a ser desajeitados e descoordenados. Como nos indivíduos com autismo, indivíduos com SA apresentam uma "[...] adesão aparentemente inflexível a rotinas ou rituais não funcionais específicos" (AMERICAN PSYCHIATRIC ASSOCIATION, 2000, p. 84).

É importante perceber que manifestações de autismo e SA podem variar de leves a graves. Portanto, duas crianças com o mesmo diagnóstico podem funcionar de modos muito diferentes e precisar de diferentes tipos e quantidades de apoio. Embora não haja cura para as TGDs, intervenções educacionais podem ser eficientes na promoção de avanços. Alunos com autismo podem se beneficiar de sistemas de comunicação alternativos e suplementares. Por exemplo, eles podem aprender a apontar para uma figura em um quadro de comunicação por imagens para indicar as preferências de trabalho acadêmico. Alunos com TGDs também podem se beneficiar de ensino direto sobre habilidades sociais e na percepção de sinais sociais. Uma vez que os alunos com autismo e SA aderem de modo rígido a rotinas, é também essencial que você crie e siga um calendário de sala de aula consistente. Se uma alteração no calendário for necessária, você precisa fornecer muitos avisos. Veja a seção Dicas Práticas para ajudar alunos com SA; busque também Kline e Silver (2004), para uma discussão aprofundada.

Transtorno de déficit de atenção/hiperatividade

Embora os professores frequentemente considerem desafiador trabalhar com alunos

> **DICAS PRÁTICAS**
>
> **COMO AJUDAR ALUNOS COM SÍNDROME DE ASPERGER**
>
> - **Estabeleça uma "base"**, uma área segura em que um aluno possa se acalmar, longe do excesso de estímulos da sala de aula (p. ex., a sala de aconselhamento, a sala da enfermaria). A base não deve ser usada para períodos de intervalo ou para punição.
> - **Faça uso de "apresentações prévias" para familiarizar os alunos com o material acadêmico antes do seu uso na escola.** As apresentações prévias podem reduzir o estresse associado a novas tarefas e ao aumento do sucesso. Uma típica sessão de apresentação prévia dura de 10 a 15 minutos e ocorre em um local tranquilo na tarde ou manhã anterior ao uso dos materiais.
> - **Modifique o ambiente:**
>   Coloque o aluno sentado em uma área livre de distração.
>   Deixe o espaço do aluno livre de materiais desnecessários.
>   Use listas de controle para ajudar os alunos a se organizarem.
>   Ofereça oportunidades aos alunos para se moverem.
> - **Modifique o ensino:**
>   Como a falta de habilidades motoras finas pode tornar a escrita difícil, deixe o aluno digitar ou gravar as respostas.
>   Como a informação verbal pode ser difícil de ser processada, utilize suporte visual sempre que possível.
>   Utilize tarefas codificadas por cor.
>   Forneça ao aluno um arcabouço das ideias centrais.
>   Agende encontros breves e frequentes com o aluno para avaliar a compreensão.
>   Quebre as atividades em tarefas mais curtas.
>   Permita que o aluno use um computador ou uma calculadora.
>
> *Fonte:* Myles et al. (2004).

que têm transtorno de déficit de atenção/hiperatividade (TDAH), essa condição não está incluída na definição do IDEA de crianças com deficiências. Por essa razão, os alunos com TDAH não podem ser indicados para os serviços sob a responsabilidade do IDEA, a menos que se encaixem em outras categorias de deficiência (p. ex., transtorno de aprendizagem, transtornos emocionais graves ou outra deficiência de saúde). Eles podem, no entanto, receber tratamentos especiais de acordo com a Seção 504 do Ato de Reabilitação de 1973. A Seção 504 proíbe a discriminação com base em deficiência pelas instituições que recebem financiamento federal e exige que as escolas públicas que recebem financiamento federal atendam às necessidades de crianças com deficiências. Como definido na Seção 504, uma pessoa com uma deficiência é qualquer pessoa que tenha uma dificuldade física ou mental que limite substancialmente uma atividade importante da vida tal como o aprendizado. Assim, os alunos com TDAH podem se encaixar naquela definição.

Não há nenhum teste de diagnóstico atualmente disponível para TDAH, mas a Tabela 5.3 lista os sintomas que sugerem a presença de TDAH em um indivíduo. Cinco condições devem ser preenchidas para um diagnóstico positivo: (1) seis ou mais sintomas devem estar presentes; (2) os sintomas têm que ter persistido por pelo menos seis meses; (3) os sintomas têm que ter aparecido antes dos 7 anos de idade; (4) os sintomas devem resultar em funcionamento inadequado em pelo menos dois ambientes (p. ex., casa e escola); e (5) os sintomas não ocorrem exclusivamente durante o curso de outro transtorno psicótico ou transtorno global de desenvolvimento e não são originados por qualquer outro transtorno mental. Tenha em mente que qualquer um dos comportamentos pode ser normal. A pos-

TABELA 5.3 Sintomas do transtorno de déficit de atenção/hiperatividade

Ou (1) ou (2):
(1) Seis (ou mais) dos seguintes sintomas de desatenção persistiram por pelo menos seis meses a um grau que é mal-adaptado ou inconsistente com o nível de desenvolvimento:

Desatenção
(a) Frequentemente deixa de prestar atenção a detalhes ou comete erros por descuido nos deveres escolares, trabalho ou outras atividades.
(b) Frequentemente tem dificuldade de manter a atenção nas tarefas ou atividades lúdicas.
(c) Frequentemente parece não escutar quando se fala diretamente com ele.
(d) Frequentemente não segue instruções e não consegue terminar os deveres de casa, tarefas ou deveres no local de trabalho (o que não é provocado por comportamento de oposição ou dificuldade de compreender as ordens).
(e) Frequentemente tem dificuldade de organizar tarefas e atividades.
(f) Frequentemente evita, tem aversão ou reluta em se envolver em tarefas que exigem esforço mental contínuo (como tarefas na escola ou deveres de casa).
(g) Frequentemente perde coisas necessárias para as tarefas ou atividades (p. ex., brinquedos, tarefas escolares, lápis, livros, ferramentas).
(h) É facilmente distraído por estímulos externos.
(i) Frequentemente esquece as tarefas diárias.

(2) Seis (ou mais) dos seguintes sintomas de hiperatividade-impulsividade persistiram por pelo menos seis meses a um grau que é mal-adaptado e inconsistente com o nível de desenvolvimento:

Hiperatividade
(a) Frequentemente agita as mãos ou os pés ou se remexe na cadeira.
(b) Frequentemente deixa seu lugar na sala de aula ou em outras situações em que se espera que permaneça sentado.
(c) Muitas vezes corre em demasia em situações em que isso é inadequado (em adolescentes ou adultos pode ser limitado a sentimentos subjetivos de agitação).
(d) Frequentemente tem dificuldade de brincar ou se envolver silenciosamente em atividades de lazer.
(e) Está frequentemente "em movimento" ou atua como se "fosse movido por um motor".
(f) Frequentemente fala em excesso.

Impulsividade
(g) Muitas vezes dá respostas precipitadas antes que as perguntas estejam completas.
(h) Frequentemente têm dificuldade de esperar a sua vez.
(i) Frequentemente interrompe ou se intromete no meio de outros (p. ex., em conversas ou jogos).

Fonte: Reimpressa com a permissão de American Psychiatric Association (2000).

sibilidade de TDAH deve ser considerada quando um indivíduo apresenta frequentemente um grande número desses comportamentos em uma idade de desenvolvimento em que tais comportamentos se mostram inadequados.

Estima-se que 3 a 5% das crianças em idade escolar nos Estados Unidos tenham TDAH, com muito mais meninos afetados do que meninas (WODRICH, 2000). A razão para essa disparidade não é clara. Alguns pesquisadores acreditam que a explicação se encontre na bioquímica ou estrutura do cérebro; outros apontam para o modo como os meninos são socializados, o que pode tornar mais difícil sentar em silêncio e assistir à aula. Outros ainda sugerem discriminação sutil por parte dos professores dos anos iniciais do ensino fundamental, que são predominantemente mulheres (WODRICH, 2000).

Alunos com TDAH frequentemente têm dificuldades na escola. Eles podem ser pouco produtivos ou desorganizados, falhando em completar seu trabalho ou mesmo perdendo-o. Eles também podem ter problemas com memória, linguagem, percepção visual e controle motor fino, que interferem com o desempenho acadêmico. De fato, cerca de 35% das crianças e adolescentes com TDAH podem apresentar transtorno de aprendizagem, comparados aos 3% das demais crianças (WODRICH, 2000). Finalmente – e como esperado – indivíduos com TDAH podem ter problemas em atingir as expectativas de comportamento e de relacionamento com seus pares.

A fim de ajudar os alunos com TDAH, sua sala de aula precisa ser previsível, segura e estruturada. As expectativas de comportamento devem ser claras e as consequências, justas e consistentes. A seção Dicas Práticas oferece algumas sugestões adicionais mais específicas.

Estratégias gerais para ajudar alunos com deficiências e TDAH

Implementar a inclusão nos anos finais do ensino fundamental e no ensino médio é especialmente desafiador, uma vez que os professores das áreas específicas em geral sofrem pressão para "cobrir o currículo" – pressão esta que aumentou nessa época de testes de alto desempenho. Os professores também esperam que os alunos tenham habilidades de estudo independentes e o conhecimento prévio necessário para dominar materiais novos, algo que pode não ser verdade para estudantes com deficiências (MASTROPIERI; SCRUGGS, 2001). Entretanto, pesquisas indicam que a inclusão nos anos finais do ensino fundamental e no ensino médio pode ser bem-sucedida em termos de resultados acadêmicos e sociais (MASTROPIERI; SCRUGGS, 2001; WALLACE et al., 2002). A próxima seção do capítulo aponta algumas maneiras de aumentar a probabilidade de tal sucesso.

Familiarize-se com o IEP ou plano 504 do aluno

O IDEA exige que seja feito Individualized Education Program para cada aluno com transtorno. Os IEPs são desenvolvidos por uma equipe composta por um representante da agência educacional local (p. ex., um administrador que pode mobilizar recursos do distrito escolar), um dos professores de educação regular do aluno, o professor de educação especial que terá maior responsabilidade em implantar o IEP, pais ou responsáveis, uma pessoa que possa interpretar as implicações educacionais dos resultados das avaliações, o aluno (quando adequado) e outros indivíduos a critério dos pais ou escola.

Do mesmo modo, um aluno que seja indicado para serviços especiais segundo a Seção 504 do Ato de Reabilitação terá um "plano 504", destacando as acomodações e os serviços necessários para garantir que os estudantes recebam uma educação apropriada. Como o IEP, o plano 504 é desenvolvido por uma equipe, embora sua composição não seja especificada na lei.

> **PARE E REFLITA**
>
> Em anos recentes, aumentos drásticos no número de crianças que foram diagnosticadas e tratadas para TDAH agitaram o debate não apenas sobre a possibilidade de diagnósticos excessivos, mas sobre se o transtorno realmente existe. Os céticos criticam os professores por quererem suprimir o entusiasmo e a energia natural das crianças, os pais por falharem em fornecer orientação e disciplina adequadas e os médicos por prescreverem medicamentos em excesso. O que você pensa a respeito disso?

> **DICAS PRÁTICAS**
>
> **COMO AJUDAR ALUNOS COM TDAH**
>
> - Forneça estrutura, rotina, previsibilidade e consistência.
> - Assegure-se de que as expectativas comportamentais sejam claras.
> - Sente-os perto de você, entre alunos concentrados e atentos.
> - Faça contato visual frequente.
> - Certifique-se de que suas carteiras estejam livres de distrações; forneça divisórias de papelão para bloquear distrações.
> - Proporcione uma área de trabalho silenciosa ou uma "sala privada" para a qual os alunos podem ir para se concentrar melhor.
> - Forneça fones de ouvido para bloquear os barulhos durante trabalhos realizados sentados ou em outras situações que demandem concentração.
> - Proporcione oportunidades para que os alunos se movam de maneira autorizada (p. ex., nas pausas dos exercícios você pode propor pequenos afazeres).
> - Use contato físico para aumentar a atenção (p. ex., uma mão no ombro).
> - Desenvolva sinais individuais para ajudar a aumentar a atenção.
> - Facilite as transições entre atividades fornecendo pistas e avisos.
> - Use reforço positivo e técnicas de modificação de comportamento.
> - Modifique as tarefas:
>   Reduza o volume de trabalho escrito.
>   Fragmente a tarefa em partes menores.
> - Limite a quantidade de deveres de casa.
> - Dê mais tempo para a realização de tarefas ou testes.
> - Ajude com a organização (p. ex., blocos de avisos; listas de verificação; cadernos com cores diferentes para cada matéria; pastas de arquivos para folhas soltas).
> - Tente oferecer aos alunos pelo menos uma tarefa por dia que eles possam executar de modo bem-sucedido.
> - Tente envolver os alunos quando eles estão prestando atenção; ao chamá-los, use seus primeiros nomes.
> - Forneça conjuntos de livros extras para levar para casa a fim de que os alunos não fiquem sobrecarregados após uma falta e para impedir problemas provocados pelo esquecimento de livros.
> - Proporcione acesso a um computador com um teclado e instruções para uso de um editor de texto; não retire o computador como forma de punição.
> - NÃO ADOTE PUNIÇÕES; NÃO PARTA DO PRINCÍPIO DE QUE OS ALUNOS SÃO PREGUIÇOSOS; NÃO DESISTA.
>
> *Fonte:* Adaptado de Rief (1993) e Chidren and Adults with Attention Deficit Disorders (1993).

Infelizmente, nos anos finais do ensino fundamental e no ensino médio, com frequência os professores não participam do processo do IEP ou do 504; às vezes, eles nem mesmo sabem que alunos em suas salas de aula foram identificados como portadores de necessidades especiais (SCHUMM, VAUGHN, 1992). Além disso, obter acesso aos IEPs e 504s dos alunos nem sempre é fácil. As políticas e os procedimentos variam de uma escola para outra. Sandy relata que, no segundo dia de aula, sua caixa de correspondência estava repleta dos IEPs e 504s dos alunos em suas turmas, e ela tinha de assinar um formulário indicando que os havia recebido. Ao contrário, Christina nunca recebeu cópias; em vez disso, um educador especial ou a enfermeira da escola lhe mostrou os documentos. Independentemente de como se é informado, nossos professores enfatizam que a implementação é uma responsabilidade sua. Como Sandy comenta: "Os professores precisam reconhecer que os 504s e IEPs não são opcionais. Não se pode ignorá-los. E se ninguém mostrar qualquer

IEP ou 504 (como às vezes acontece), é responsabilidade do professor procurá-los e lê-los".

Também é importante reexaminar os IEPs a cada bimestre e ter certeza de que está sendo monitorado o progresso dos alunos com deficiências está sendo monitorado. A esse respeito, é útil manter um arquivo de amostras de trabalhos relevantes para documentar os progressos feitos (VAUGHN; BOS; SCHUMM, 2003).

Crie um ambiente de aceitação

Os professores dos anos finais do ensino fundamental frequentemente apresentam uma atitude menos positiva em relação à inclusão do que os seus colegas dos anos iniciais (SCRUGGS; MASTROPIERI, 1996). Isso é lamentável, uma vez que o sucesso da inclusão depende em grande parte da capacidade do professor e da disposição em criar uma atmosfera positiva que aceite as diferenças individuais (MASTROPIERI; SCRUGGS, 2001). Você pode promover um ambiente positivo deixando claro que todos os alunos são membros da turma aceitos e valorizados; estabelecendo normas que enfatizam o pertencimento e o respeito; e implementando atividades de grupo que estimulem a interação entre estudantes com deficiências e seus pares que não as apresentam (SOODAK; MCCARTHY, 2006). Os alunos com necessidades especiais podem apresentar dificuldades sociais significativas e ter problema em fazer amizades (MEADAN; MONDA-AMAYA, 2008); nesse caso, você pode ajudar os alunos a encontrar interesses comuns, independentemente de suas capacidades ou necessidades especiais (GRANDIN, 2007). Se a interação social for estimulada por meio de pontos em comum, os alunos terão mais chance de aceitar uns aos outros como membros iguais da comunidade de sala de aula (consulte o Cap. 3 sobre ideias adicionais para criar um ambiente de sala de aula acolhedor).

Faça um trabalho coordenado e colabore com os professores de educação especial e profissionais especializados

Além de acompanhar os IEPs e planos 504 de seus alunos, é importante comunicar-se regularmente com o pessoal de serviços especiais. Por exemplo, você pode pedir a um educador especial sugestões sobre como estimular o aprendizado dos seus alunos; você também pode lhe pedir para demonstrar aulas ou participar das suas ajudando a ensinar aos alunos com necessidades especiais. Você também deve informar ao professor de educação especial se estiver preocupado com o progresso de um aluno.

Quando abordar o pessoal de serviços especiais, traga informação específica sobre o aluno e as intervenções e acomodações que já utilizou. Reclamações como "Ele está me enlouquecendo", "Ela exige atenção constantemente" ou "Ele simplesmente não consegue desligar na minha aula" não são úteis. Quanto mais detalhada for a sua informação, mais provavelmente você receberá ajuda. Aqui estão algumas sugestões de nossos professores sobre os tipos de informação a ser trazidas:

- Uma descrição geral do aluno (tanto pontos fortes quanto fracos)
- Se o aluno apresenta problema de comportamento, uma descrição detalhada do comportamento inadequado:
  Quando ele apresenta o comportamento?
  Com que frequência apresenta o comportamento?
  Que eventos anteriores iniciaram o comportamento?
  Qual é a duração do comportamento?
  Qual é a reação dos outros alunos na turma?
- Se o aluno está tendo problemas acadêmicos, uma descrição detalhada das suas dificuldades acadêmicas (com amostras dos trabalhos para dar suporte à sua descrição)

- Esforços feitos por você para corrigir ou lidar com o problema
- Como você gostaria de ser ajudado ou de que tipo de ajuda você acredita que o aluno precisa

À medida que a inclusão se tornou mais disseminada, educadores especiais e professores de conteúdo também passaram a ensinar juntos na sala de aula de ensino regular. O coensino é definido como duas ou mais pessoas compartilhando a responsabilidade de planejar, ensinar e avaliar alguns ou todos os alunos de uma turma (VILLA; THOUSAND; NEVIN, 2008). O coensino, também conhecido como docência compartilhada ou ensino cooperativo, pode assumir várias formas (DIEKER, 2001). Por exemplo, no modelo de "liderança e apoio", um professor assume a responsabilidade pelo ensino enquanto o outro oferece assistência e apoio aos indivíduos ou grupos pequenos. No "ensino em paralelo", os professores planejam conjuntamente o ensino, mas cada um o ministra para metade da turma. No "ensino em equipe", ambos os professores compartilham o planejamento e o ensino dos alunos.

Embora o coensino possa ser muito eficiente, ele também coloca desafios para ambas as partes. Algumas dessas dificuldades surgem de ajudas inadequadas por parte da escola (p. ex., falta de tempo de preparação comum), conflitos de personalidade e uma falta de clareza a respeito dos papéis e das responsabilidades em salas de aula de coensino (MURRAY, 2004). Nenhum dos nossos quatro professores trabalha em um arranjo de coensino, mas viram situações que estão aquém do ideal. Christina comenta:

> **Professores de educação regular às vezes têm dificuldades em trabalhar com professores de educação especial; eles são muito "territoriais" e tratam o educador especial como um auxiliar. Eles não fazem planejamento colaborativo; eles apenas dizem: "Isso é o que estamos fazendo". Mas às vezes o problema é outro. Você tem um professor de educação regular que realmente quer colaborar com o professor de educação especial, mas este quer sentar no fundo da sala e ajudar apenas alguns alunos.**

A fim de evitar esses problemas, é essencial discutir os papéis que cada professor terá na sala de aula de educação regular. A seção Dicas Práticas lista estratégias para o coensino no nível do ensino médio.

Assim como o coensino, o uso de profissionais especializados ou assistentes de ensino se tornou um método cada vez mais popular no suporte aos alunos com deficiências em salas de aula de educação regular. De fato, em muitas escolas, ter um profissional especializado acompanhando um aluno com deficiência é a principal maneira de a inclusão ocorrer (GIANGRECO; DOYLE, 2002, p. 2). Tais profissionais podem desempenhar um papel vital e de grande importância em salas de aula inclusivas, mas, de modo muito frequente, eles se tornam o professor de fato do aluno, enquanto o professor se torna o delegador (GIANGRECO; DOYLE, 2002). Quando isso ocorre, temos uma situação em que aqueles menos qualificados para ensinar são responsáveis por ensinar os alunos com os desafios mais complexos.

Se você tem profissionais especializados nas suas turmas, é importante que você permaneça envolvido com os alunos que têm deficiências e não entregue a função de educar a alguém que pode se sentir desconfortável ou inseguro sobre o assunto da matéria. Você também precisa discutir explicitamente quais serão seus respectivos papéis e responsabilidades em relação à gestão do ensino e comportamento. Os profissionais especializados podem fornecer suporte realizando uma variedade de atividades não instrumentais (p. ex., preparando materiais, fazendo a chamada) bem como tarefas de ensino (p. ex., assistindo os estudantes du-

Dicas práticas

COMO COENSINAR EM SALAS DE AULA DO ENSINO MÉDIO

- **Comece lentamente.** Discuta suas compreensões mútuas sobre coensino; examine os vários modelos.
- **Envolva um administrador.** Discuta os tipos de apoio administrativo que são necessários (especialmente em relação ao tempo de planejamento comum). Descubra se tal apoio está próximo.
- **Conheça o seu parceiro.** Discuta as suas expectativas quanto aos papéis e às responsabilidades em relação a:
  - Planejar o ensino para toda a turma
  - Planejar modificações para alunos individuais
  - Conduzir o ensino
  - Atribuir notas
  - Contato com os pais
  - Disciplina
- **Crie um calendário viável.** Decida com que frequência o coensino irá ocorrer (diariamente, algumas vezes por semana, para uma unidade específica). Decida sobre o modelo que será usado. Pense sobre como garantir que ambos os professores estejam ativamente envolvidos e que nenhum se sinta sobrecarregado ou subutilizado. Organize-se para ter um tempo de planejamento comum.

Fonte: Adaptado de Murawski e Dieker (2004).

---

rante trabalho independente, fornecendo oportunidades práticas adicionais para reforçar material ensinado previamente), mas eles não devem ter a responsabilidade principal pelo aprendizado de um aluno. Também é desejável que tais profissionais interajam com todos os alunos, não apenas com aqueles que possuem deficiências.

Examine o ambiente da sua sala de aula para possível incompatibilidade

É importante lembrar que os problemas nem sempre estão com o aluno. Algumas vezes os problemas são o resultado de uma discrepância entre as necessidades de um aluno e o ambiente da sala de aula. Um licenciando compartilhou o registro dessa incompatibilidade:

> Jason é um aluno autista que tem um ajudante em tempo integral. Embora Jason seja muito inteligente e capaz de completar as tarefas, ele costuma ficar frustrado e agitado na turma. Os outros alunos e o professor frequentemente fazem comentários inadequados sobre suas explosões e parecem não ter paciência com ele. O ajudante, por sua vez, não tenta conscientizá-los a respeito da condição do aluno. O professor de Jason o colocou em um grupo de alunos que não se distraem com facilidade, para evitar que as explosões ocasionais de Jason atrapalhem o grupo. Entretanto, os alunos no grupo de Jason raramente o incluem em suas discussões e quase sempre o ignoram por completo. Não é surpreendente que Jason reaja ficando agitado.

Como essa história ilustra, algumas vezes pensamos em um aluno como incapaz, quando na verdade o problema é resultado de uma situação incapacitante (GEARHEART; WEISHAHN; GEARHEART, 1992). Antes de concluir que "o garoto é o problema", examine a situação da sua sala de aula e reflita sobre os modos pelos quais o ambiente pode estar contribuindo para as dificuldades do aluno. Seguem algumas perguntas que nossos professores fazem a si mesmos:

- Onde o aluno está se sentando? O assento está próximo de uma fonte de distração? Ele está longe demais do professor?
- Sentar em grupos é uma tarefa difícil demais para os alunos? Eu devo mover o aluno para sentar com um par ou para sentar sozinho?
- Que tipo de trabalho acadêmico estou fazendo? As tarefas são mecânicas demais? Chatas demais? Longas demais?

Elas exigem independência demais? Em algum momento eu permito que façam escolhas?
- Como eu falo com o aluno? Eu elogio o aluno? *Como?*
- Que regras e rotinas eu estabeleci? Elas são contrárias à capacidade do aluno em consentir? Estou esperando um comportamento silencioso por tempo demais? Estou preparando o aluno para fracassar?
- Estou dando um tempo adequado para completar as tarefas? E para as transições?

Não reduza suas expectativas

Às vezes, em nossos esforços para sermos solidários e compreensivos, nós reduzimos tanto nossas expectativas que ensinamos aos alunos a também exigir menos de si mesmos. Nós diluímos o currículo; desculpamos comportamentos inadequados; colocamos os alunos em ambientes seguros onde jamais lhe pedirão para fazer coisas que sabemos que eles não podem fazer. E, quando de fato eles não conseguem fazê-las, se comportam inadequadamente e não aprendem, nossas crenças parecem justificadas.

No ano passado, uma das turmas de Sandy contava com um aluno com um tumor cerebral que provocava danos permanentes nas habilidades motoras; um auxiliar comparecia às aulas com ele. Como Sandy relatou:

> Eu nunca reduzi o padrão ou minhas expectativas em relação a esse maravilhoso jovem. Ele tinha que fazer o que todos os outros na sala faziam, mas tínhamos que ser criativos em algumas situações. Todo ano eu dou uma aula de laboratório maior em que os alunos devem desenvolver um plano e realizar uma série de experimentos para identificar uma solução desconhecida. Esse jovem obviamente não podia manusear de modo seguro os produtos químicos em laboratório. Eu não o liberei do laboratório nem substituí por uma atividade diferente (como seu IEP sugeria), mas em vez disso ele desenvolveu um plano sozinho e eu me tornei suas mãos no dia do laboratório. Ele me disse passo a passo o que queria que eu fizesse e eu segui exatamente suas instruções.

Tenho que admitir que, enquanto ele me instruía sobre seu plano, eu cheguei a pensar que ele estava no caminho errado. Eu não conseguia ver a direção que ele estava tomando porque certamente não era o modo que eu lidaria com as substâncias desconhecidas. Foi apenas no fim que eu consegui ver como seu plano único resultaria em uma identificação correta. Ele identificou a substância desconhecida de modo bem-sucedido e de um jeito único. É desnecessário dizer que ele estava radiante! Ter alunos como esse em sala de aula te leva a crescer como professor enquanto luta para ajudá-los a atingir seu potencial.

Empregue tutoria por colegas, ajuda de colegas e aprendizado cooperativo

Programas de inclusão bem-sucedidos fazem uso eficiente dos colegas. Os alunos podem servir como tutores em tarefas acadêmicas, colegas que ajudam com atividades difíceis ou defensores que "tomam conta" do bem-estar daqueles com necessidades especiais (GEARHEART; WEISHAHN; GEARHEART, 1992). Por exemplo, *Peer Buddies* (Colegas Parceiros) é um programa estruturado de auxílio por colegas em que um aluno de ensino médio sem deficiências é colocado com outro aluno com deficiências por pelo menos um período a cada dia. Os colegas apoiam seus parceiros de várias maneiras e em diversos ambientes. Eles podem acompanhá-los a um *pep rally* (evento envolvendo todos os alunos da escola e realizado sempre antes de uma viagem para um torneio), apresentá-los aos outros alunos de ensino geral durante o almoço, ajudá-los a completar um projeto de laboratório em uma aula de ciências ou ajudá-los a colocar a mesa em um restaurante que serve como um local de treinamento para emprego (Ver Tab. 5.4, para maneiras adicionais pelas quais os colegas podem fornecer ajuda). Copeland et al. (2002) descobriram que educadores comuns e especiais envolvidos em um programa *Peer Buddies* relataram benefícios tanto acadêmicos quanto sociais; em particular, o fato de os alunos que receberam apoio de colegas parecerem mais independentes, mais autoconfiantes e mais dispostos a participar nas atividades escolares cotidianas.

Pesquisas também demonstraram que o aprendizado cooperativo pode promover relacionamentos sociais positivos entre alunos com deficiências e seus pares. O uso de aprendizado cooperativo pode ajudar a minimizar o problema de alunos com necessidades especiais serem isolados e rejeitados *socialmente*, embora eles estejam incluídos fisicamente na sala de aula regular (ver Cap. 10 para um guia sobre como implementar trabalho bem-sucedido em pequenos grupos).

ALUNOS COM PROBLEMAS

Durante um encontro, os professores falaram sobre como eles procuram estar alertas a respeito dos problemas que seus alunos podem estar passando. Sandy nos falou sobre como ela procura distinguir entre problemas que precisam de uma ação imediata e aqueles que não precisam, e como ela coleta informação adicional:

> Eu procuro observar mudanças no comportamento do aluno. Se eu vejo qualquer comportamento que esteja associado ao uso de drogas, eu relato imediatamente. Se não parece ser um problema de drogas, em geral eu me aproximo do aluno e pergunto o que está acontecendo. Se o aluno parece deprimido, eu digo algo como: "Ei, você parece um pouco para baixo hoje. Você está tendo algum problema? Você quer conversar?". Todos nós temos dias ruins, e os adolescentes têm grandes flutuações de humor; é da sua natureza. Um dia ou dois de comportamento estranho não significam necessariamente um grande problema. Os adolescentes não são muito bons em esconder suas emoções e, na maior parte do tempo, eles estão tristes porque tiveram uma discussão com suas mães, ou porque o cachorro teve de ser sacrificado, ou porque terminaram com o(a)

TABELA 5.4 Modos pelos quais os colegas podem ajudar alunos com deficiências

- Ensinar rotinas de sala de aula (p. ex., onde colocar o dever de casa, o que fazer quando chegar na sala pela primeira vez).
- Ler um teste e marcar as respostas.
- Ler ou marcar trechos selecionados de um livro, parafraseando quando necessário.
- Fazer anotações durante a palestra de um professor e passar um tempo discutindo as observações e respondendo às perguntas ao final do período de aulas.
- Ajudar um colega de turma a completar uma tarefa passada durante as atividades de aprendizado coletivo.
- Facilitar a conversação com outros alunos de educação regular durante o tempo livre.
- Anotar as tarefas passadas quando os alunos estiverem ausentes.
- Fornecer tutoria em uma habilidade específica.
- Auxiliar na organização (p. ex., registrando tarefas, encontrando um trecho importante no livro, organizando os cadernos).

Nota: Embora os pares possam ajudar seus colegas de turma com deficiências, é importante garantir que todos os alunos tenham uma oportunidade para serem tutores ou auxiliares; em outras palavras, os alunos com deficiências não devem ser relegados somente à posição de "ajudado".
Fonte: Adaptada de Copeland et al. (2002).

namorado(a). Mas se um aluno estiver agindo de modo estranho ou parecer deprimido por mais do que alguns dias, eu confirmo com outros professores se eles também observaram algo incomum. Se eles também notaram problemas, eu vou ao diretor ou vice-diretor; frequentemente eles sabem se algo está acontecendo em casa. Se parecer que está havendo um problema real eu o relatarei.

Como os comentários de Sandy ilustram, você *precisa estar alerta para os indicadores de problemas potenciais*. Como um adulto imerso na cultura adolescente, você provavelmente irá desenvolver uma boa percepção de qual é o típico comportamento adolescente. Isso permite que você detecte desvios ou mudanças no comportamento de um aluno que possam sinalizar a presença de um problema. Aprenda a fazer uma série de perguntas a si mesmo quando observar um comportamento atípico (KOTTLER; KOTTLER, 1993):

- O que é incomum no comportamento desse aluno?
- Há um padrão no que eu observei?
- De que informação adicional eu preciso para fazer uma avaliação fundamentada?
- Quem eu devo contatar para coletar essas informações básicas?
- Quais são os riscos de esperar mais para descobrir o que está acontecendo?
- Esse aluno parece estar em perigo iminente?
- Quem eu posso consultar sobre esse caso?

Drogas de abuso

A fim de lidar com problemas relacionados a drogas e álcool, muitas escolas têm programas de assistência aos estudantes (SAPs, do inglês *student assistance programs*) e conselheiros de assistência estudantil (SACs, do inglês *student assistance counselors*). Observe que as iniciais "SA" não se referem a abuso de substâncias (*substance abuse*). A escolha de palavras é intencional. Embora os SAPs se concentrem em identificar e ajudar estudantes em risco por problemas ligados ao uso de álcool e outras drogas, eles geralmente adotam uma abordagem ampla. Há duas boas razões para essa estratégia. Primeiro, os problemas com drogas geralmente ocorrem associados a outros problemas – depressão, abuso sexual, dificuldades acadêmicas, problemas familiares, gravidez. Segundo, é menos estigmatizante ir a um conselheiro de assistência estudantil do que a um conselheiro sobre abuso de drogas. Shirley Sexton, a SAC na escola de Christina, enfatiza esse ponto: "É muito importante não ser conhecida como a 'senhora das drogas'. Eu tento deixar claro que estou disponível para conversar sobre todos os tipos de problemas que os alunos possam estar passando – de divórcio dos pais a problemas de comunicação com a família".

Em relação a álcool e drogas, os SACs podem fornecer ajuda aos alunos que são *filhos de alcoolistas/aditos* (COAs, do inglês *children of alcoholics/addicts*) e *alunos que têm eles próprios problemas com abuso de substâncias*. Vamos abordar primeiro os problemas de COAs e considerar os casos de Amanda e Eric (adaptados de POWELL; ZEHM; KOTTLER, 1995).

> O pai de Amanda é um alcoolista que se torna agressivo e abusivo quando bebe. Com 13 anos, Amanda é a principal fonte de apoio da sua mãe e trabalha duro para fazer sua família parecer normal. Ela assumiu muitas responsabilidades de adultos que normalmente seriam desempenhadas por um pai de família. Na escola ela é uma aluna muito bem-sucedida; seus professores a descrevem como muito confiável e motivada. Eles não reconhecem que ela é carregada de sentimentos de inadequação e confusão, que seu comportamento é motivado por uma necessidade compulsiva de ser perfeita. Tampouco percebem que Amanda passa a maior parte do tempo sozinha nos intervalos das aulas e na hora do almoço. Amanda evitar

fazer amigos porque tem medo de o segredo da família ser revelado.

Eric é um aluno da 1ª série do ensino médio cujo professor o descreve como rabugento, desrespeitoso e obstrutivo. Ele frequentemente briga com outros alunos e foi suspenso várias vezes por comportamento antissocial. Sua mãe alega não entender seu comportamento; ela relata que ele nunca se comporta dessa maneira em casa e sugere que seus professores são a causa de sua atitude negativa. No entanto, frequentemente ele tem explosões violentas em casa. Na raiz do comportamento de Eric está o ódio: ele está enraivecido pela rejeição que sente de seu pai alcoolista e se ressente de sua mãe passar tanto tempo se revolvendo em autopiedade. Ele suaviza sua dor planejando maneiras de sair de casa quando for velho o suficiente para deixar a escola. Ele está à beira de iniciar sua própria vida de adição.

O abuso de substâncias atinge as turmas dos anos finais do ensino fundamental e do ensino médio cada vez que jovens como Amanda e Eric entram na sala – e sua presença não é rara. Estima-se que um em cada quatro alunos que senta em uma sala de aula vem de uma família em que um ou ambos os pais são aditos em drogas ou álcool (POWELL; ZEHM; KOTTLER, 1995). Quando esses jovens são irritados e violentos como Eric, é relativamente fácil reconhecer que um problema existe; é bem mais difícil quando os alunos são perfeccionistas complacentes como Amanda.

Leslie Lillian, uma conselheira de assistência estudantil no distrito de Fred, enfatiza que os COAs podem apresentar vários comportamentos (ver Tab. 5.5):

Algumas crianças se tornam perfeccionistas e pacificadoras. Eles querem evitar situações que possam evocar a raiva de seus pais porque as respostas deles são muito imprevisíveis. É como se eles pensassem para si mesmos: "Eu não vou perturbar nada; não vou fazer nada errado; vou tentar manter a paz, para que ninguém fique com raiva". Algumas crianças se tornam os palhaços da turma; talvez eles pensem que fazer as pessoas rirem quebra a tensão ou talvez estejam em busca de atenção. Outros se tornam muito raivosos; eles começam a mentir, a roubar ou a trapacear. Alguns se tornam tristes e melancólicos; tudo neles diz: "Cuide de mim". Vemos todo um espectro de reações – e é o mesmo espectro de comportamentos que vemos em garotos de lares violentos.

É importante entender que para os COAs a vida familiar gira em torno da adição. As

TABELA 5.5 Características de filhos de alcoolistas/aditos

- Dificuldade em criar e manter relações de confiança, frequentemente levando ao isolamento.
- Baixa autoestima.
- Insegurança.
- Dificuldade em ser espontâneo ou aberto, provocada por uma necessidade de estar no controle e minimizar o risco de ser surpreendido.
- Negação e repressão devido à necessidade de colaborar com os outros membros da família em manter "o segredo".
- Sentimentos gerais de culpa sobre áreas pelas quais a criança não tem qualquer responsabilidade.
- Incerteza sobre os próprios sentimentos e desejos causados pela inversão dos papéis parentais.
- Percepção das coisas em um contexto de "tudo ou nada", que muitas vezes se manifesta em um medo perfeccionista de falhar.
- Baixo controle de impulsos, que pode resultar em comportamento fora do normal, provavelmente causando falta de orientação parental, amor e disciplina.
- Potencial para depressão, fobias, reações de pânico e hiperatividade.
- Preocupação com a família.
- Abuso de álcool e/ou drogas.

Fonte: Adaptada de Towers (1989).

regras são arbitrárias e irracionais; as fronteiras entre pais e filhos são ofuscadas; e a vida é marcada pela imprevisibilidade e inconsistência. Leslie comenta:

> Esses garotos nunca sabem o que vão encontrar em casa. Um dia eles podem trazer um papel da escola com uma nota baixa e o pai pode dizer: "Tudo bem, reverta isso". Outro dia eles podem ser espancados por trazer o mesmo tipo de bilhete.

Um dos aspectos mais frustrantes de se trabalhar com COAs é o fato de que você não tem o poder de mudar a vida da criança em casa. Em vez disso, você tem de se concentrar no que pode fazer durante o tempo que o aluno está na sua sala de aula. Muitas das estratégias não são diferentes daquelas que adotamos para todos os alunos (ver a seção Dicas Práticas). Por exemplo, é essencial que você estabeleça regras claras e consistentes e trabalhe para criar um clima de confiança e atenção.

Além de empregar essas estratégias, você deve descobrir se sua escola tem conselheiros de assistência estudantil ou outro pessoal de serviços especiais que pode fornecer ajuda. Descubra se grupos de apoio a COAs estão disponíveis. Por exemplo, Tonia Moore, uma SAC no distrito de Sandy, coordena grupos na escola, algumas vezes sozinha e algumas com um conselheiro de orientação. Tonia fala dos benefícios que se juntar a um grupo como esses pode trazer:

> Há uma sensação de alívio. Os comentários são sempre os mesmos: "Eu achava que era o único", "Eu não sabia de mais ninguém passando por isso". A vergonha é tão grande, mesmo em uma idade mais avançada, e a necessidade de manter tudo isso em segredo é muito dura. Há uma camaradagem instantânea.

Infelizmente, os COAs podem relutar em entrar em tais grupos. Shirley Sexton (a SAC na escola de Christina) começou recentemente três grupos no ensino médio, um sobre perda, um sobre divórcio e separação e um para COAs. Embora os alunos imediatamente tenham se inscrito nos dois primeiros grupos, até agora ela obteve pouca resposta para o terceiro. Shirley não se surpreende. "Vai demorar um tempo", ela explica. "Falar do alcoolismo ou adição de nossos pais é um tema muito delicado."

Uma segunda maneira pela qual o abuso de substâncias pode afetar as salas de aula dos anos finais do ensino fundamental e do ensino médio é quando os próprios alunos abusam de drogas e álcool. Informações atualizadas sobre o uso de drogas e álcool em adolescentes são provenientes de um estudo anual patrocinado pelo National Institute on Drug Abuse (JOHNSTON et al., 2008), que pesquisou 50 mil alunos no 9º ano do ensino fundamental e 1ª e 2ª séries do ensino médio, localizados em cerca de 400 escolas distribuídas pelo país. Os resultados do estudo de 2008 demonstram que a proporção de estudantes que relataram o uso de qualquer droga ilícita nos últimos 12 meses continuou em um declínio gradual que se iniciou em 1996 para os alunos do 9º ano e em 2001 para os alunos de 1ª e 2ª séries do ensino médio. De fato, entre os alunos do 9º ano, houve agora um declínio de dois terços no uso anual de drogas ilícitas (de 23,6% em 1996 para 7,4% em 2008). As drogas específicas que apresentaram algum declínio foram anfetaminas, metanfetaminas, cocaína e crack. Depois de atingir um nível baixo em 2005, o uso do ecstasy aumentou e agora permanece constante. Outras drogas com pouca alteração de uso em 2008 são LSD, heroína e narcóticos tais como Oxycontin e Vicodin. O uso de maconha está em declínio gradual mas constante desde 1996 para alunos do 9º ano e desde 2001 para as séries mais adiantadas. Em 2008, entretanto, os resultados da pesquisa indicaram que esse declínio terminou e foi percebido um ligeiro aumento do uso em todos os anos. Em relação ao álcool, houve um declínio em todas as medições de consumo nas três séries desde 2001, e esse declínio gradual continuou em 2008.

Dicas práticas

COMO AJUDAR FILHOS DE ALCOOLISTAS/ADITOS

- **Seja observador.** Observe seus alunos não apenas para problemas acadêmicos ou de comportamento, mas também para sinais mais sutis de adição ou de desequilíbrio emocional. Lembre-se de que COAs podem se exceder em seus objetivos, ser cooperativos e quietos, bem como violentos e irritados.
- **Estabeleça limites a ser seguidos consistentemente.** Quando o caos existe em casa, algum sentido de ordem é crucial na escola.
- **Seja flexível.** Embora seja necessário estabelecer limites, regras de sala de aula rígidas e inflexíveis demais podem ser um convite para os alunos agirem em não conformidade.
- **Faça da adição um foco de discussão.** Encontre uma maneira de lidar com esse assunto. Incorpore o tema nas aulas de literatura, ciências, estudos sociais, etc.
- **Deixe claro que você está disponível.** Mostre que você está aberto para conversar. Aborde o estudante com problemas de uma maneira gentil, de modo carinhoso. "Eu percebi que você está tendo alguma dificuldade. Eu só quero que você saiba que me importo com você. Chame-me a qualquer momento em que você queira falar. E se você preferir falar com outra pessoa, encontrarei alguém em que você confie."
- **Desenvolva uma rede de referência.** Descubra que serviços estão disponíveis para ajudar e encaminhe o aluno para cuidados profissionais adequados.
- **Aceite as limitações.** Você não pode fazer as pessoas pararem de beber ou usar drogas.

Fonte: Adaptado de Powell, Zehm e Kottler (1995).

Em grande parte os SACs dependem dos professores para encaminhar os alunos que podem estar tendo problemas com álcool e outras drogas ou que podem estar em risco por esses problemas. Porém, os professores podem ser particularmente relutantes em fazer encaminhamentos em caso de suspeita de uso de drogas. Várias razões diferentes para essa relutância emergiram durante conversas com professores e conselheiros. Em primeiro lugar, alguns professores pensam que o uso de drogas não é algo tão sério. Segundo Carol Lowinger, a SAC na escola de Fred, "alguns professores têm uma tendência a minimizar a situação – especialmente se ela envolve álcool ou maconha. Eles simplesmente não consideram a maconha uma droga 'real'. Eles pensam 'ah, todos os garotos usam isso; não é um grande problema'".

Além disso, Carol especula que alguns professores sentem que não é seu papel se envolver, enquanto outros querem desempenhar o papel de confidente:

Às vezes, os professores estão sobrecarregados por todas as responsabilidades de ensinar. Eles sentem que já fazem mais do que o suficiente sem se envolver nos problemas pessoais dos alunos... Outras vezes, porém, os professores não os encaminham porque querem ajudá-los pessoalmente. Você sabe, vários professores realmente gostam do papel de mediadores, cuidadores e confidentes. Eles gostam do fato de um aluno estar confiando neles sobre um problema e às vezes fazem um pacto de confidencialidade com o aluno: "Você pode me dizer o seu segredo. Eu não direi a ninguém". Mas, se o garoto está com sérios problemas, isso pode ser perigoso. Em primeiro lugar, os professores não têm treinamento adequado para ajudar da mesma forma que um conselheiro o faria. Segundo, eles podem estar mandando uma mensagem para o garoto de que não é necessário procurar um conselheiro ou um profissional de saúde mental – e essa não é uma mensagem que queremos enviar. Terceiro, eles podem, na verdade, estar atuando como um "profissional permissivo" – eles estão permitindo que o garoto continue a ter um comportamento que pode ser autodestrutivo. O que você tem que fazer é dizer ao garoto: "Eu me importo demais com você para deixar que isso continue. Nós temos que conseguir ajuda".

Outra razão para a relutância dos professores em encaminhar esses alunos é a crença de que eles estão "entregando os garotos" quando deveriam lhes "dar um tempo" (NEWSAM, 1992). A própria Sandy comenta sobre essa atitude:

> Alguns professores têm medo de encaminhar o uso suspeito de drogas porque eles não querem criar um aborrecimento para o aluno. Eles não querem colocar o aluno em um problema. Eles também acreditam que relatar as ações de alunos possa destruir seu relacionamento com eles. Porém eu não acho que seja o caso. Às vezes, o aluno reagirá dizendo: "Por que você fez isso?". Mas eu digo: "Isso é grande demais para nós. Precisamos de ajuda". Às vezes, alguns alunos vêm me dizer sobre um problema com um amigo. Eles sabem que eu encontrarei ajuda. É isso que eles querem.

Finalmente, os professores podem relutar em registrar suspeita de uso de drogas por falta de certeza. Tonia é muito sensível a esse problema:

> Os professores me dizem: "Eu não sei quais são os comportamentos que indicam o uso de substâncias pelos alunos. Isso não fez parte do meu treinamento. Eu não saberia quando encaminhar um aluno". Eu lhes explico que não é possível identificar abuso de substâncias apenas olhando. Tem que haver uma triagem para produtos químicos. Mas você pode ver mudanças de comportamento. Você conhece os alunos o suficiente para saber quando o comportamento de alguém mudou ou se seu comportamento está diferente de todos os outros colegas. Você não precisa saber que o aluno está usando; você precisa apenas suspeitar que possa haver uso de drogas ou um problema relacionado a isso.

Quais são os comportamentos que podem levar o professor a suspeitar do uso de drogas e fazer um encaminhamento? A Figura 5.2 mostra a lista de comportamentos usada na escola de ensino médio de Fred. Várias escolas usam formulários muito semelhantes a esse. Manter a lista de comportamentos da sua escola à mão pode lhe ajudar a permanecer alerta para a possibilidade dos estudantes estarem usando drogas ou convivendo com a adição em suas famílias.

É importante distinguir entre situações em que um padrão de problemas de comportamento sugere um possível *uso de drogas fora da escola* e situações em que um aluno parece estar *sob a influência de drogas durante as atividades escolares,* ou *no interior da propriedade escolar*. Quando você vir estudantes que parecem estar "sob a influência" você não pode esperar para preencher uma lista de comportamento; você precisa alertar o pessoal adequado o mais rapidamente que puder. Fred compartilha essa experiência:

> Há alguns anos, eu tinha esse garoto realmente brilhante na minha aula de primeiro turno... Mas ele se envolveu com drogas. Eu me lembro de um dia em particular em que ele veio para a aula drogado. Eu não percebi de imediato, porque ele apenas se sentou silenciosamente e tudo parecia bem. Mas então ele se levantou para apontar o seu lápis, e eu pude ver que ele andava de modo diferente. Ele estava na verdade se inclinando para um dos dois lados. Parecia que ia cair. Eu passei uma tarefa para o resto da turma e pedi a esse aluno para vir comigo ao corredor. Tentei ser realmente discreto. Eu não queria que todo mundo olhasse e falasse dele. Eu pensei em chamar o assistente do diretor, mas nem foi necessário porque ele passou do nosso lado bem naquele momento e, então, ele o levou para a enfermaria.

Tonia Moore explica uma das razões para alertar imediatamente o pessoal adequado se você suspeita que um aluno está sob a influência de drogas:

> Costumava acontecer de professores virem até mim no final do dia e dizerem: "Eu estava realmente preocupado com o aluno X hoje. Eu acho que ele estava envolvido em alguma coisa". Isso não é bom. Eu preciso saber na hora. Afinal de

Desempenho acadêmico
_____Queda nas notas
_____Diminuição da participação
_____Trabalho inconsistente
_____Trabalhos abaixo do potencial
_____Perfeição compulsiva
_____Diminuição da motivação

Frequência escolar
_____Alteração na frequência
_____Absenteísmo
_____Atrasos
_____Matar aulas
_____Visitas frequentes à enfermaria ou ao conselheiro
_____Visitas frequentes ao banheiro
_____Saídas frequentes da sala de aula

Problemas sociais
_____Problemas familiares
_____Problemas no trabalho
_____Problemas com os colegas
_____Problemas de relacionamento
_____Fugas
_____Solicitação constante de dinheiro emprestado

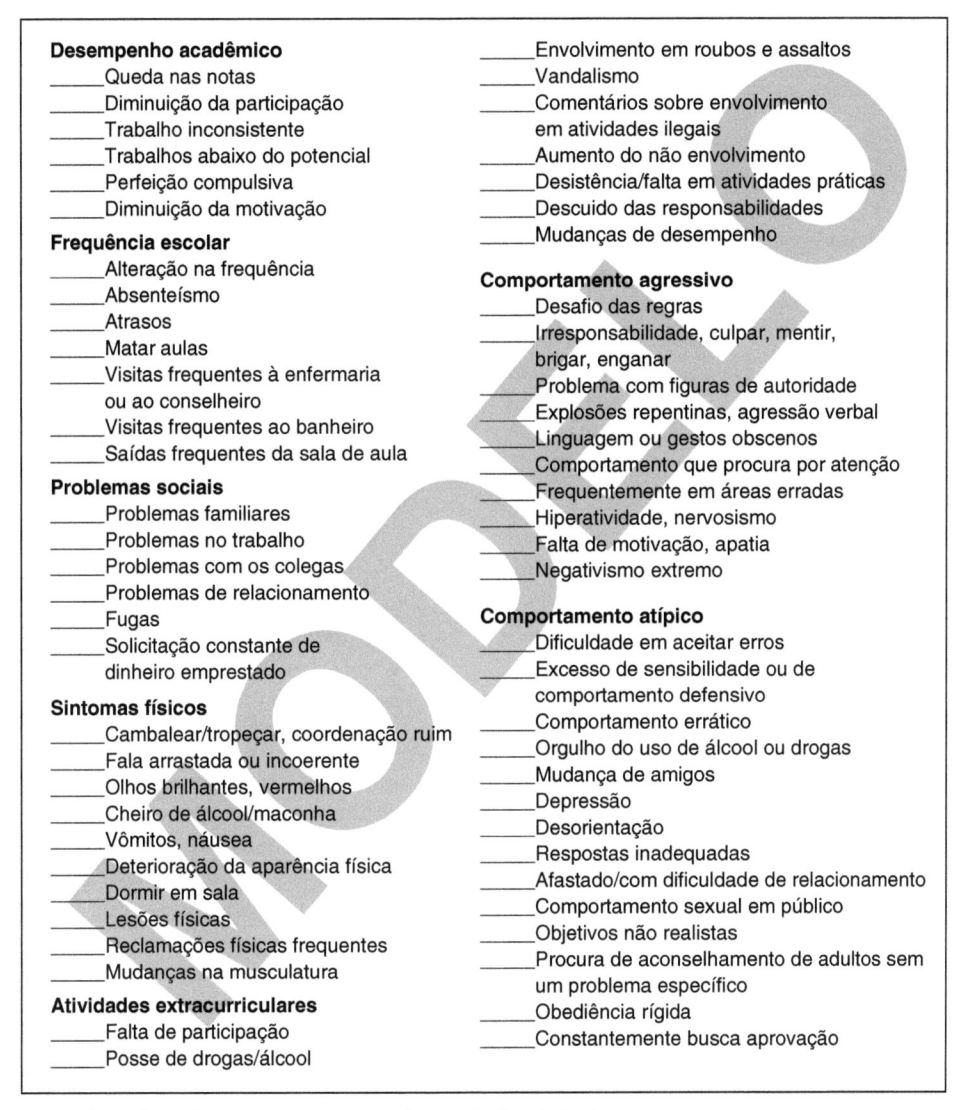

Sintomas físicos
_____Cambalear/tropeçar, coordenação ruim
_____Fala arrastada ou incoerente
_____Olhos brilhantes, vermelhos
_____Cheiro de álcool/maconha
_____Vômitos, náusea
_____Deterioração da aparência física
_____Dormir em sala
_____Lesões físicas
_____Reclamações físicas frequentes
_____Mudanças na musculatura

Atividades extracurriculares
_____Falta de participação
_____Posse de drogas/álcool
_____Envolvimento em roubos e assaltos
_____Vandalismo
_____Comentários sobre envolvimento em atividades ilegais
_____Aumento do não envolvimento
_____Desistência/falta em atividades práticas
_____Descuido das responsabilidades
_____Mudanças de desempenho

Comportamento agressivo
_____Desafio das regras
_____Irresponsabilidade, culpar, mentir, brigar, enganar
_____Problema com figuras de autoridade
_____Explosões repentinas, agressão verbal
_____Linguagem ou gestos obscenos
_____Comportamento que procura por atenção
_____Frequentemente em áreas erradas
_____Hiperatividade, nervosismo
_____Falta de motivação, apatia
_____Negativismo extremo

Comportamento atípico
_____Dificuldade em aceitar erros
_____Excesso de sensibilidade ou de comportamento defensivo
_____Comportamento errático
_____Orgulho do uso de álcool ou drogas
_____Mudança de amigos
_____Depressão
_____Desorientação
_____Respostas inadequadas
_____Afastado/com dificuldade de relacionamento
_____Comportamento sexual em público
_____Objetivos não realistas
_____Procura de aconselhamento de adultos sem um problema específico
_____Obediência rígida
_____Constantemente busca aprovação

FIGURA 5.2 A lista de comportamento usada no Distrito de Fred.

contas, aquele aluno pode cair das escadas, pode deixar o prédio durante o almoço e ser morto ao atravessar a rua. Temos que lidar com o problema o quanto antes. Pode ser realmente uma questão de vida ou morte.

Certifique-se de que você sabe para quem deve encaminhar os alunos que parecem estar sob a influência de drogas. Nas escolas de Fred e Christina, os professores chamam um administrador, o qual vem à sala e acompanha o aluno à enfermaria. Na escola de Sandy, os professores mandam os alunos para a enfermaria, e o profissional que os recebe, então, entra em contato com o conselheiro da assistência estudantil. Na escola de Donnie, os professores chamam um segurança, que leva o aluno para a enfermaria.

Como você não pode ter certeza de que um aluno está usando drogas apenas olhando para ele, é importante não ser acusatório. Sandy descreve como ela geralmente lida com essa situação:

> Se eu vejo um aluno com a cabeça abaixada na carteira, me aproximo e pergunto de modo silencioso: "Você precisa ver a enfermeira?". Geralmente eles dizem: "Não, só estou cansado", ou "Não, estou chateado". Então eu lhes digo: "Mas isso é química! Deveria ser divertido". Em geral, depois desse comentário, eles levantam a cabeça. Mas, se a cabeça voltar para baixo, eu digo: "Eu acho que você precisa ver a enfermeira. Você não parece estar se sentindo bem". Eu não confronto e tento mostrar ao aluno que estou agindo com base em preocupação. Às vezes estou errada e ocorre que o aluno apenas ficou acordado até as 4h da manhã fazendo um trabalho final. Tudo bem, é sempre melhor prevenir.

Fazer um encaminhamento pode ser difícil, mas você precisa lembrar que se afastar e permanecer em silêncio pode mandar a mensagem de que você condena o comportamento ou de que você não se importa o suficiente para fazer alguma coisa.

Uma nota final: se você suspeita que um aluno esteja em posse de drogas ou álcool na escola (p. ex., em uma bolsa ou mochila), é importante encaminhar essa pessoa para o profissional adequado da escola em vez de realizar a busca por conta própria. Em um caso de referência (NEW JERSEY v. T.L.O., 1985), a Suprema Corte dos Estados Unidos decidiu que um oficial escolar pode adequadamente conduzir uma busca em um estudante "quando há bases razoáveis para suspeitar de que a busca irá produzir evidências de que o aluno violou ou está violando a lei ou as regras da escola" (FISCHER; SCHIMMEL; KELLY, 1999). Em outras palavras, os alunos na escola têm menos proteções do que aquelas normalmente proporcionadas aos cidadãos sob o padrão mais estrito da "causa provável" (STEFKOVICH; MILLER, 1998). Entretanto, é melhor deixar a revista dos pertences de um aluno para um administrador que está consciente das sutilezas da lei (vamos discutir isso mais com mais detalhe no Cap. 12).

Abuso e negligência

Durante uma conversa com Donnie, ela enfatizou a dificuldade de detectar abuso e negligência entre os alunos mais velhos:

> No nível do ensino médio, abuso e negligência não são tão óbvios como são no nível fundamental. Os alunos abafam mais. Mas está claro que vários deles vivem em situações que são realmente terríveis. Os professores têm de observar com muito cuidado e escutar todas as conversas que supostamente não deveriam ouvir. Desse modo, você pode aprender o que está acontecendo na vida dos alunos e na comunidade.

Como Donnie destaca, o abuso de adolescentes é frequentemente escondido. Além disso, os adolescentes não parecem tão vulneráveis quanto as crianças menores: eles podem ter a mesma força ou peso dos adultos; eles parecem capazes de fugir de situações abusivas; e parecem ter mais acesso à ajuda potencial de fora da família. Por essas razões, é fácil pensar que o abuso e a negligência não são problemas no nível do ensino médio. Porém, os adolescentes ainda precisam de proteção. Durante um encontro, Christina se lembrou de uma menina que usava uma camisa de mangas curtas em dezembro, quando as temperaturas estavam em torno de −7° C:

> Era como se ela estivesse dizendo "Por favor, olhe para o meu braço". Eu olhei e vi que ela tinha hematomas por todo o braço. Como uma nova professora, eu estava um pouco nervosa sobre como lidar com isso da maneira certa e, então, fui consultar um professor com mais experiência. Nós falamos com um

conselheiro escolar, que levou a aluna para a enfermaria.

Também é importante reconhecer que as meninas não são as únicas vítimas de abuso. Leve em conta essa história, compartilhada por Donnie:

> Alguns anos atrás eu tive em minha turma um aluno de 16 anos, do time de futebol americano. Eu percebi que ele andava muito quieto, o que era incomum. Eu lhe pedi para vir me ver depois da aula. Quando ele entrou, eu disse: "Você não se parece com você mesmo. Está tudo bem?". Para a minha surpresa, ele começou a chorar. Ele contou que havia sido seduzido por uma mulher de 35 anos, sua vizinha. Obviamente, ela não o amarrou, mas fazer sexo com um menor constitui abuso sexual. Era a última coisa que eu esperava ouvir. Eu pensei que ele havia terminado com sua namorada ou que estava tendo um problema no time de futebol. Eu fiquei chocada e furiosa e pensei: "Como ela pôde fazer isso? Ele é só um garoto". Na hora eu fiquei sem saber como proceder. Eu tinha sido a primeira pessoa com quem ele havia falado. Isso ocorreu depois do horário de aula e o psicólogo já tinha ido embora, assim como o conselheiro. Porém, eu o convenci a ir comigo ao diretor. O secretário assumiu a partir dali.

O National Child Abuse and Neglect Data System registra que aproximadamente 900 mil crianças foram vítimas de maus tratos em 2006 (UNITED STATES, 2008b). Para proteger esses jovens, todos os estados têm leis que exigem que os educadores denunciem a suspeita de abuso ao "serviço de proteção infantil" do Estado. Embora as definições de abuso variem, os estados geralmente incluem entre elas lesão não acidental, negligência, abuso sexual e maus tratos emocionais. É essencial que você se familiarize com os indicadores físicos e comportamentais desses problemas (ver Tab. 5.6).

Os professores são frequentemente relutantes em preencher um registro, a menos que tenham prova absoluta do abuso. Eles procuram evitar invadir a privacidade da família e provocar embaraço desnecessário a todos os envolvidos. No entanto, é importante ter em mente que *nenhum estado exige que o denunciante tenha prova absoluta antes da denúncia*. O que a maioria dos estados exige é "motivo para acreditar" ou "motivo razoável para acreditar ou suspeitar" que o abuso tenha ocorrido (FISCHER; SCHIMMEL; KELLY, 1999). Se você não está certo de que o abuso esteja acontecendo, mas tem um motivo razoável, você deve correr o risco de errar em favor do aluno e preencher um registro. Esperar por provas pode ser perigoso; pode ser também ilegal. Se uma criança for mais tarde prejudicada e ficar claro que você falhou em registrar a suspeita de abuso, tanto você quanto o seu distrito escolar podem estar sujeitos tanto à responsabilização civil quanto criminal. Também tenha em mente que cada Estado fornece imunidade a qualquer processo civil ou perseguição criminal que possa resultar do relato da suspeita de abuso ou negligência de crianças – desde que você tenha agido "de boa fé" (FISCHER; SCHIMMEL; KELLY, 1999).

É essencial que você aprenda sobre os procedimentos de denúncia no seu estado antes que você enfrente uma situação de suspeita de abuso de jovens. Alguns estados explicitamente nomeiam o pessoal da escola que deve registrar a denúncia. Outros estados têm disposições mais gerais que exigem que a denúncia seja feita por "qualquer pessoa" que trabalhe com crianças; isso claramente inclui professores, enfermeiros, terapeutas e conselheiros (FISCHER; SCHIMMEL; KELLY, 1999). Os estados também variam em relação à forma e ao conteúdo das denúncias necessárias. A maioria dos estados exige uma denúncia moral, seguida de um relato escrito mais detalhado, e alguns estados

TABELA 5.6 Indicadores físicos e comportamentais de abuso e negligência em crianças

Tipo de abuso ou negligência	Indicadores físicos	Indicadores comportamentais
Abuso físico	Inexplicado • contusões ou equimoses • queimaduras • fraturas • lacerações ou abrasões	Desconfiando do contato com adultos Apreensivo quando outras crianças choram Extremos de comportamento Agressividade ou afastamento Com medo dos pais Com medo de voltar para casa Relata lesões por parte dos pais
Negligência física	Fome constante, higiene ruim, roupas inadequadas Falta evidente de supervisão, especialmente em atividades perigosas ou por longos períodos Cansaço constante ou indiferença Problemas físicos não tratados ou negligência médica Abandono	Pedir, roubar comida Permanência prolongada na escola (chegar cedo e sair tarde) Dormir constantemente na aula Abuso de álcool ou drogas Delinquência Afirma não haver responsável
Abusos sexuais	Dificuldade em caminhar ou sentar Roupas íntimas manchadas ou com sangue Dor ou coceira na região genital Lesões ou sangramento na genitália externa, área vaginal ou anal Doença venérea, especialmente em pré-adolescentes Gravidez	Sem vontade de participar das aulas de educação física Afastamento, fantasia ou comportamento infantil Comportamento ou conhecimento sexual bizarro, sofisticado ou incomum Relações ruins com os colegas Delinquente ou fugitivo Relata abuso sexual por responsável
Maus tratos emocionais	Transtornos de hábitos (sugar, morder, balançar) Transtornos de conduta (antissociais, destrutivos) Traços neuróticos (transtornos do sono, transtornos da fala, inibição de brincadeiras) Reações psiconeuróticas (histeria, obsessão, compulsão, fobias)	Extremos comportamentais, agressividade ou afastamento Comportamentos adultos ou infantis inapropriados Retardos de desenvolvimento Tentativa de suicídio

Fonte: Adaptada de Governor's Task Force on Child Abuse and Neglect (1988).

também têm uma linha direta gratuita de 24 horas. Geralmente, você deve estar preparado para fornecer o nome e o endereço do aluno; a natureza e a extensão da lesão ou condição observada; e seu próprio nome e endereço (FISCHER; SCHIMMEL; KELLY, 1999).

A variação entre os estados minimiza a importância de se familiarizar com os procedimentos e recursos em sua própria escola. A melhor maneira de fazer isso é falar com pessoas que podem fornecer orientação e direção – professores experientes, o diretor, a enfermeira da escola e o conselheiro de assistência estudantil.

Transtornos alimentares

Durante uma visita a uma das turmas especiais de Fred no final de abril, ficamos chocadas pela aparência emaciada de uma de suas alunas, Sara. Seus olhos e bochechas estavam fundos e seus braços pareciam gravetos. Não conseguíamos tirar os olhos dela. Depois da aula Fred compartilhou a história:

> Essa aluna só tira boas notas. Tudo o que ela faz é perfeito. Eu acho que ela nunca tirou menos do que 10 em qualquer teste ou tarefa que eu passei. E ela é uma fantástica jogadora de futebol. Para mim, parece que ela não consegue nem mesmo chutar a bola. Porém, eu sei que ela joga todos os dias e corre também.
>
> Alguns amigos de Sara vieram falar comigo depois da aula – eles também estavam preocupados com ela. Eles dizem que ela insiste que é gorda e que raramente come. Ela parece estar particularmente obcecada em não comer nada que tenha gordura – pizza, queijo, bolos ou biscoitos e, claro, nenhum tipo de carne. Aparentemente, tudo o que eles já a viram comer é pão e alface!
>
> Eu falei com Sara e lhe disse que estava realmente preocupado com ela, mas ela insiste que está bem e que todos estão exagerando. Também relatei a situação ao psicólogo da escola e ao SAC [conselheiro de assistência estudantil] e sei que eles chamaram os pais de Sara. Eu mesmo chamei os pais dela. Mas seus pais não reconhecem que há um problema.

Sara parece sofrer de anorexia nervosa, um transtorno alimentar que geralmente se inicia na adolescência e aflige sobretudo mulheres brancas, embora esteja aumentando em mulheres negras e também ocorra entre homens (BRODEY, 2005; GONET, 1994). Adolescentes anoréxicos literalmente se passam fome; e mesmo assim continuam se sentindo gordos e podem na verdade achar que estão ficando mais pesados. O envolvimento de Sara com a corrida e o futebol também é típico; em uma tentativa de perder peso mais rapidamente, os anoréxicos podem combinar exercício físico excessivo com dietas.

Outro transtorno alimentar é a bulimia nervosa, na qual os indivíduos passam fome, depois se empanturram (frequentemente com alimentos de altas calorias ou com muitos açúcares) e por fim se purificam (induzindo o vômito). Os indivíduos com bulimia podem estar abaixo do peso, acima do peso ou na média, mas eles compartilham um medo intenso de ganhar peso. Eles também podem sentir que perderam o controle sobre suas vidas; portanto, eles procuram controlar sua ingestão de alimentos e seu peso (GONET, 1994).

Dos dois transtornos alimentares, a bulimia é mais comum, enquanto a anorexia é mais grave e pode na verdade ser fatal. Porém ambas são doenças de longo prazo que precisam de tratamento; elas não serão curadas sem tratamento. Isso significa que você precisa estar atento aos sinais de transtornos alimentares e relatar sua preocupação para a pessoa adequada na sua escola. De maneira muito frequente, os professores não percebem transtornos alimentares uma vez que a preocupação com o peso é uma "patologia normal" em nossa sociedade. Além disso, as mulheres jovens que mais frequentemente sofrem de transtornos alimentares costumam ser alunas perfeccionistas, obedientes e altamente eficientes que não provocam qualquer problema na turma.

Alunos vivendo na pobreza

Mais de uma em seis (13,3 milhões) crianças nos Estados Unidos são consideradas pobres, querendo dizer que elas vivem abaixo da linha de pobreza federal para uma família de quatro pessoas, que em 2008 era de U$ 21.200 anuais (CHILDREN'S DEFENSE FUND, 2008). Não é claro quantas não têm onde morar, uma vez que não há levantamentos regulares de crianças desabrigadas nos Estados Unidos; entretanto, uma estatística frequentemente citada é de 1,3 milhão por ano (NATIONAL LAW CENTER ON HOMELESSNESS AND POVERTY, 2008). A crise econômica que começou em 2008 aumentou drasticamente esses números. Mesmo durante a escrita desse texto, um número crescente de artigos de jornal e de telejornais relatava o aparecimento de "cidades de tendas" à medida que as pessoas perdem seus empregos e casas (MCKINLEY, 2009).

Crianças e adolescentes vivendo na pobreza obviamente enfrentam enormes desafios. Eles são bem menos propensos do que os oriundos da classe média a ter acesso a cuidados adequados de saúde física, dentária e mental. Eles podem sofrer de problemas físicos, emocionais e psicológicos, experimentar retardos de desenvolvimento, apresentar dificuldades acadêmicas e comportamentais e estar em risco de reprovação. Para as crianças sem lar, os arranjos familiares são variados e muito distantes do adequado: algumas famílias se juntam a parentes ou amigos; outras vivem em abrigos, na assistência social de emergência, em prédios abandonados, veículos ou hotéis de beira de estrada; outras, ainda, estão nas ruas (NATIONAL COALITION OF HOMELESS CHILDREN AND YOUTH, 2008).

A escola pode ser um refúgio para as crianças vivendo na pobreza. Mas o que você pode fazer? Primeiro, *professores eficientes são desconfiados sobre uma "cultura da pobreza" cujos membros compartilham características (frequentemente negativas)*. A partir dessa perspectiva, aqueles que são pobres são um grupo homogêneo com características que diferem fortemente daquelas que são classe média. Essas características incluem padrões de linguagem (casual em vez de formal), *valores* (o dinheiro é gasto em vez de guardado), *visões de mundo* (foco no presente em vez de no futuro), *maneiras de interagir com os outros* (fisicamente em vez de verbalmente) e o *cotidiano* (barulhento e caótico, em vez de quieto e ordenado). A ideia de uma cultura da pobreza se tornou popular entre administradores e professores, e várias oficinas de desenvolvimento profissional sobre esse tema são oferecidas por todo o país (PAYNE, 2005). Embora elas tenham a intenção de ajudar os professores a educar melhor as crianças pobres, alguns críticos contestam a existência de uma cultura da pobreza e argumentam que não há evidências nas pesquisas para dar suporte a essa ideia (BOMER et al., 2008). Eles argumentam que características como aquelas citadas anteriormente são sem dúvida verdadeiras para *alguns* indivíduos pobres (e alguns que não são pobres!), mas elas não definem todos os pobres. Além disso, esses críticos alertam que essa caracterização das pessoas pobres pode levar os professores a pensar em déficits, uma tendência de atribuir o fracasso escolar às deficiências internas, como falta de motivação, em vez de fatores externos, como falta de fundos adequados para as escolas que atendem alunos pobres. Os professores que passam a pensar em déficits provavelmente negligenciam ou negam o potencial dos estudantes pobres, "culpabilizando a vítima" e adotando estereótipos negativos.

Segundo, *professores eficientes de alunos pobres ou sem-teto são "portadores da esperança"* (LANDSMAN, 2006). Eles acreditam na capacidade de aprendizado de todos os seus alunos, mesmo se eles estiverem usando roupas sujas ou chegarem na escola com fome.

Eles examinam e monitoram suas suposições. Por um lado, eles são cuidadosos em não supor que os alunos pobres não sejam capazes de atingir as expectativas da turma; por outro, eles não esperam que os alunos sejam capazes de completar as tarefas em uma sala silenciosa e confortável, em uma carteira abastecida de todos os materiais necessários. Eles não reduzem suas expectativas em termos de participação na turma e trabalho, mas demonstram flexibilidade e compaixão (p. ex., ao estender o prazo de entrega). Eles tentam dar aos seus alunos o máximo de escolha e controle sobre as tarefas quanto possível, de modo que eles possam sentir que têm voz na sua educação.

Terceiro, professores eficientes de adolescentes pobres ou sem-teto trabalham especialmente duro para construir uma relação de confiança e apoio. Eles escutam com respeito e respondem com empatia, usando habilidades de escuta ativa para manter as linhas de comunicação abertas (ver Cap. 3). Eles estão alertas para oportunidades de fornecer ajuda. Donnie nos conta: "Alguns dos meus alunos chegam mais cedo ou ficam após o horário escolar. Eles fingem precisar de ajuda extra, mas na verdade não precisam. E eu sempre providencio lanches ou barras de cereais para eles". Sandy também tenta ajudar os alunos que precisam:

> Eu lembro de uma menina que tinha mais ou menos a idade da minha filha. Eu tinha percebido que o casaco de inverno que ela estava usando tinha um zíper quebrado. Eu esperei até que ela estivesse sozinha comigo depois da aula. Estava muito frio do lado de fora e eu lhe disse: "Você é muito parecida com minha filha Jennifer. Ela sempre arruma um jeito de quebrar o zíper de suas jaquetas no dia mais frio do ano! É muito bom que ela tenha uma prima mais velha, pois assim eu tenho sempre um casaco extra por perto para ela. Ela já está no seu segundo casaco nesse inverno". Eu lhe disse que tinha um casaco extra na minha sala e que queria que ela experimentasse para ver se cabia nela. Claro que cabia. Depois disso eu trazia roupas (poucas roupas de cada vez) e só lhe passava a sacola quando estávamos sozinhas. Eu dizia apenas algo como "A prima de Jennifer lhe deu roupas demais" ou "Eu tenho algumas roupas extras" ou "Eu achei que você gostaria dessas". Gradualmente adicionei à sacola algumas roupas de mulheres e homens. Eu sempre tentava fazer parecer que Jennifer estava recebendo roupas de outras pessoas e que não era nenhum grande problema. Claro que tudo era mentira (Jennifer não tem uma prima mais velha), mas você faz o que tiver que fazer para ajudar alguém a manter sua dignidade.

Algumas estratégias específicas para ajudar crianças pobres ou sem-teto são listadas na seção Dicas Práticas.

Comentários finais

Acreditamos fortemente que os professores sejam responsáveis por todos os alunos em suas turmas, incluindo os adolescentes típicos, alunos com transtornos e TDAH e alunos que têm problemas ou que estão vivendo em situação de pobreza. Tendo em mente os princípios da gestão eficiente de sala de aula e utilizando as estratégias apresentadas neste capítulo, você pode melhorar a experiência de escolarização para todos os seus alunos.

Tenha em mente, porém, que podem existir alunos cujos problemas são tão sérios que você pouco poderá fazer por eles. Como Fred nos lembra,

> Há fracasso nessa atividade. Alguns problemas transcendem a sala de aula, e há coisas demais para que um professor sozinho ou a escola

> ### Dicas práticas
>
> **COMO AJUDAR ALUNOS QUE SÃO POBRES**
>
> Forneça assistência básica de "sobrevivência":
>
> - Tenha à mão barras de cereais e outros lanches saudáveis.
> - Se os alunos vivem onde as coisas são roubadas, permita que deixem os materiais escolares na escola.
> - Tenha artigos de higiene pessoal em sua sala para os alunos que não têm acesso a esses itens.
> - Tenha reservas de suprimentos escolares extras à mão.
>
> Seja sensível quanto à disciplina:
>
> - Pense se seus alunos estão tendo maus comportamentos propositalmente ou se estão se comportando de maneiras aceitáveis em sua cultura em casa. Explique que seu comportamento pode não ser um problema em casa, mas na escola sim, e explique por quê.
> - Não penalize os alunos que estão dormindo antes de conversar com eles; talvez eles não tenham uma cama ou um local silencioso para dormir em casa.
> - Se os alunos rirem quando forem disciplinados, reconheça que esse pode ser um comportamento para manter as aparências. Ensine outros comportamentos que sejam mais apropriados.
> - Se os alunos fizerem comentários inadequados ou vulgares, faça com que produzam (ou lhes ensine) outras frases que são mais aceitáveis para a escola que podem ser usadas para dizer a mesma coisa.
> - Se os alunos forem agressivos fisicamente, diga a eles que a agressão não é uma opção na escola. Faça com que produzam (ou lhes ensine) outras opções adequadas.
>
> Incentive o desempenho acadêmico:
>
> - Examine o que e como você está ensinando. Você parte da ideia de que os alunos que vivem na pobreza não irão de modo algum para o ensino superior então não há problema em diluir o currículo?
> - Dê aos alunos o máximo possível de escolha e controle sobre as suas tarefas de modo que sintam que têm voz na sua educação.
> - Inclua tópicos que sejam familiares e relevantes.
> - Ensine maneiras de manter os materiais organizados.
> - Ajude os alunos a estabelecer metas e acompanhar seu progresso.
> - Use rubricas que representem níveis de desempenho de modo que os alunos possam começar a criticar suas próprias tarefas.
> - Mantenha altas expectativas de modo realista.
>
> Forneça ajuda especial a alunos que estejam frequentemente trocando de escolas:
>
> - Escolha um colega que possa lhe ajudar a se familiarizar.
> - Explicitamente, lhes dê as boas-vindas à turma.
> - Faça um almoço especial com eles.
> - Se você sabe que eles estão de partida, crie um "livro de memórias" para que eles levem consigo.
> - Coordene sua atuação com a articulação do ensino dos sem-teto na sua escola.
>
> *Fontes:* Grossman (2004), Landsman (2006) e Payne (2005).

consigam realizar. Às vezes você tem que dizer apenas: "Eu tentei. Agora eu preciso deixar de lado".

"Deixar de lado" significa reconhecer que você pode não ser capaz de mudar a vida de um aluno; *não significa* abandonar a sua responsabilidade em tornar o tempo daquele aluno na escola o mais produtivo e significativo possível. Carol Lowinger, a SAC na escola de Fred, acredita que, em algum grau, os professores precisam tratar os alunos com problemas "como quaisquer outros":

Às vezes os professores pensam: "Esses alunos estão passando por um momento difícil. Eu vou lhes dar um descanso". Mas fora esse sentimento de carinho, eles dão aos alunos descansos que não são necessários. Os alunos precisam ser considerados responsáveis. Eles têm que aprender a viver no mundo real onde você não pode se esconder atrás dos seus problemas. Eles precisam aprender a conviver e a se adaptar. Não estou dizendo que não deveríamos lhes dar alguma margem de manobra se seus problemas forem grandes; obviamente, precisamos ser flexíveis e dar apoio. Porém eles ainda precisam ser responsáveis por seu comportamento. Se nós sempre socorrermos os alunos, estaremos sendo permissivos. Isso não é útil, e é até mesmo perigoso.

Quando os alunos têm problemas sérios, o mais importante a fazer é criar uma sala de aula que seja segura, ordenada e humana. Você pode não ser capaz de mudar as relações dos jovens com suas famílias, mas você ainda pode trabalhar para estabelecer relações positivas entre professores e alunos. Você pode não ser capaz de fornecer aos alunos controle sobre lares instáveis e caóticos, mas você pode lhes proporcionar oportunidades de tomar decisões e ter algum controle sobre seu tempo na escola. Você pode não ser capaz de reduzir a violência que penetra a vizinhança em que vivem, mas pode estruturar situações em sala de aula para promover a cooperação e a coesão do grupo. Nas palavras de Fred: "você pode lhes mostrar que você se importa o suficiente com eles para deixar que se desgarrem. Você ainda pode continuar a ensinar".

Resumo

Construir uma sala de aula atenciosa e inclusiva começa por saber quem são os seus alunos. As salas de aula de hoje contêm alunos em várias etapas de desenvolvimento físico e emocional e de um amplo espectro de origens linguísticas e culturais. Alunos com transtornos são frequentemente educados junto com seus colegas sem problemas. Um número crescente de jovens está crescendo em circunstâncias que os colocam em risco de problemas físicos, emocionais e psicológicos.

O adolescente em desenvolvimento

Os alunos nos anos finais do ensino fundamental e no ensino médio estão:
- Desenvolvendo sua identidade.
- Mudando seu pensamento e reação sobre as normas da sociedade.
- Mudando suas visões de prerrogativas pessoais e privacidade.

Professores conscientes desse desenvolvimento:
- Ajudam os alunos a encontrar e a desenvolver áreas de competência.
- Dão aos alunos oportunidade de tomarem decisões.
- Confirmam o crescente senso de si mesmo dos alunos.

Alunos com transtornos e TDAH

- Um diagnóstico de TA é feito quando há uma "grave discrepância" entre capacidade intelectual e desempenho acadêmico ou quando o estudante fracassa em responder à intervenção inicial intensa.
- Transtornos emocionais/comportamentais podem ser externalizados (p. ex., transtorno de conduta) ou internalizados (p. ex., depressão).
- O transtorno do espectro autista faz parte dos transtornos do neurodesenvolvimento,* caracterizados por deficiências marcantes no desenvolvimento da interação social e de habilidades de comunicação.
- O TDAH não está incluído como uma deficiência no IDEA; entretanto, os indivíduos podem receber serviços de acordo com a Seção 504 do Ato de Reabilitação de 1973. O TDAH é caracterizado por desatenção, hiperatividade e impulsividade.

Ajudando alunos com transtornos e TDAH

- Familiarize-se com os IEPs dos alunos ou planos 504.
- Crie um clima de aceitação.
- Atue de modo coordenado e colabore com professores de educação especial e profissionais especializados.

---

* N. de R.T.: Ver nota na página 109.

- Examine seu ambiente de sala de aula em busca de possíveis desajustes.
- Não reduza suas expectativas.
- Empregue a tutoria por colegas, assistência por estudantes e aprendizado cooperativo.

Alunos com problemas
- Uso de substâncias:
  - Os alunos podem ser filhos de alcoolistas/aditos (COAs) e/ou podem estar eles próprios usando drogas e álcool.
  - Os COAs podem se beneficiar de grupos de apoio.
  - Fique atento aos alunos que podem estar usando drogas e álcool e encaminhe-os para o SAC ou outras pessoas adequadas.
  - Procure distinguir as situações em que as drogas são usadas fora da escola das situações em que são usadas dentro da instituição.
- Abuso e negligência:
  - Os educadores devem relatar suspeitas de abuso e negligência ao serviço de proteção infantil do Estado.
  - Nenhum estado exige que o declarante tenha prova absoluta antes do registro.
  - A maioria dos estados exige "razão para acreditar" ou "causa razoável para acreditar ou suspeitar".
- Transtornos alimentares:
  - Estudantes que sofrem de transtornos alimentares têm frequentemente um alto desempenho, são disciplinados e perfeccionistas.

Alunos vivendo na pobreza
- Seja cauteloso a respeito de alegações sobre uma "cultura da pobreza", cujos membros compartilham características (frequentemente negativas).
- Lute para ser um "portador de esperança".
- Trabalhe duro para construir uma relação de confiança.

Às vezes, os problemas que os alunos trazem para a escola podem ser esmagadores, especialmente para professores iniciantes que ainda estão aprendendo o básico. E, de fato, pode haver alunos cujos problemas são tão grandes que você simplesmente não pode ajudar. No entanto, você ainda pode tentar criar um ambiente de sala de aula que seja seguro, ordenado e humano. Você pode demonstrar aos alunos que se importa mantendo-os responsáveis por seu comportamento e continuando a ensinar.

Atividades para a construção de habilidades e reflexão

Na turma

1. Em um grupo pequeno, leia o seguinte cenário e discuta as perguntas que estão listadas a seguir.

   A turma de inglês do segundo período de Joanne Wilson tem 28 alunos. Um deles foi identificado com deficiências de aprendizado e sofre para acompanhar os romances que a turma está lendo, bem como as tarefas escritas. Além disso, outro aluno tem TDAH. Apesar de este aluno estar sob medicação, eles às vezes pula uma dose; nos dias em que isso ocorre, ele "sobe pelas paredes" e realiza muito pouco em termos de trabalho acadêmico. A Srta. Wilson está muito preocupada com o desempenho acadêmico desses alunos e não sabe mais quais atitudes tomar. Uma professora de apoio dentro da turma fornece algum auxílio duas vezes por semana, mas, como não há nenhum tipo de planejamento, ela acaba funcionando mais como uma auxiliar do que como uma verdadeira professora. A Srta. Wilson também está consciente do fato de a turma não ser uma comunidade coesa; embora não haja desrespeito óbvio, os outros alunos geralmente ignoram os colegas com necessidades especiais e relutam em trabalhar com eles em grupos cooperativos.

   Perguntas:
   a. Que estratégias a Srta. Wilson poderia usar para ajudar a criar um clima mais inclusivo e de maior aceitação?
   b. Para cada aluno com necessidades especiais (por exemplo, o aluno com TDAH), pense em uma estratégia que a Srta. Wilson poderia usar para aumentar seu progresso acadêmico.

c. Que tipos de ajuda a Srta. Wilson pede ao professor de apoio?
2. Imagine que você seja um professor de educação regular trabalhando em um pequeno grupo, em um arranjo de coensino com um professor de educação especial. Produza uma lista de temas que você gostaria de discutir antes de começar a ensinar junto. Em particular, considere que expectativas você possui em relação ao planejamento e à realização do ensino e com respeito à gestão da sala de aula. Em seguida, assuma o papel do professor de educação especial e repita o processo.

Individual

1. Na escola onde você está ensinando ou observando, entreviste o diretor ou o diretor de serviços especiais para aprender a respeito das políticas e dos procedimentos do distrito e poder ajudar os alunos com deficiências. Algum aluno com deficiências graves está sendo educado na sala de aula de educação regular? Se for o caso, que tipo de apoio especial está sendo fornecido para ele? Entreviste um professor a respeito das atitudes dele em relação a incluir um aluno com necessidades especiais que previamente teria sido educado em uma sala de aula de educação especial ou enviado para uma escola especial.
2. Na escola em que você está observando ou ensinando, entreviste o conselheiro de assistência estudantil, um conselheiro de orientação ou o diretor de serviços especiais para determinar as políticas para registro de uso de drogas. Obtenha cópias dos formulários de encaminhamento que são usados e os compare com o formulário mostrado neste capítulo.

Para seu portfólio

O registro de suspeita de abuso e negligência varia de Estado para Estado. Descubra quais são as políticas usadas no seu Estado. Também descubra se a sua escola tem políticas e procedimentos particulares que você deve seguir. Em particular, obtenha respostas para as seguintes perguntas e reúna suas descobertas em um conjunto de orientações a serem mantidas no seu portfólio.

Quem deve registrar o abuso e a negligência?
Quando você deve registrar abuso infantil? (Quando você tem uma causa razoável para suspeitar? E uma causa razoável para acreditar?)
Para qual órgão estadual você deve fazer o registro?
Que informação deve estar incluída no registro?
Você tem de dar o seu nome quando faz o registro?

Leituras adicionais

GORSKI, P. The myth of the "culture of poverty." *Educational Leadership*, v. 65, n. 7, p. 32–36, 2008.

Nesse artigo provocante e fácil de ler, Paul Gorski refuta "mitos comuns e perigosos sobre a pobreza". O mais importante de todos, ele defende, é a "cultura da pobreza" – a ideia de que "as pessoas pobres compartilham crenças, valores e comportamentos mais ou menos monolíticos e previsíveis". Gorski examina alguns dos estereótipos sobre pessoas pobres e conclui que os professores devem considerar como seus preconceitos em relação à sua turma afetam suas interações com os alunos.

IRWIN, C. *Monochrome days*: a firsthand account of one teenager's experience with depression. New York: Oxford University Press, 2007

A autora tem lutado contra a depressão desde o 9º ano e esse livro reconta o reconhecimento inicial dessa condição, o tratamento a que se submeteu e a importância do apoio da família, amigos e professores. Embora esse livro seja destinado aos adolescentes que sofrem de depressão, é uma fonte útil para professores que querem aprender mais sobre o impacto da depressão. Cada capítulo é concluído com informações úteis, como sintomas de depressão, opções de tratamento e formas de encontrar ajuda.

KLINE, F. M.; SILVER, L. B. (Eds.). *The educator's guide to mental health issues in the classroom*. Baltimore: Paul H. Brookes, 2004.

Esse livro é dedicado aos "professores de sala de aula regulares que são encarregados de servir a TODOS os alunos!" Ele foi feito para se tornar uma referência para educadores que trabalham com alunos com problemas de saúde mental e que precisam colaborar com os trabalhadores em saúde mental. Os capítulos abordam transtornos com base biológica (p. ex., TDAH), transtornos com base biológica e/ou psicológica (p. ex., abuso de substâncias) e transtornos de comportamento (p. ex., transtorno desafiador opositivo).

SNELL, M. E.; JANNEY, R. *Social relationships and peer support*. Baltimore: Paul H. Brookes, 2000.

Esse livro é parte de uma série de guias de professores de fácil leitura para práticas inclusivas. Ele enfoca as várias maneiras de facilitar relações positivas entre colegas em uma sala de aula inclusiva. Os tópicos incluem criar uma atmosfera positiva, estabelecendo programas de apoio aos pares, ensinando habilidades sociais e construindo grupos de amizade.

SOODAK, L. C.; MCCARTHY, M. R. Classroom management in inclusive settings. In: EVERTSON, C. M.; WEINSTEIN, C. S. (Eds.). *Handbook of classroom management*: research, practice, and contemporary issues. Mahwah: Lawrence Erlbaum Associates, 2006.

Esse capítulo revê as práticas baseadas em pesquisas que promovem resultados acadêmicos, sociais e comportamentais positivos para alunos em salas de aula inclusivas. As práticas incluem estratégias direcionadas por professores (como construir uma comunidade em sala de aula e estabelecer programas que promovam a aceitação e a amizade), estratégias mediadas por colegas (como aprendizado cooperativo e tutoria por pares) e estratégias autodirecionadas (como automonitoria). Os autores destacam o papel dos professores em criar salas de aula em que todos os alunos tenham maior acesso ao currículo da educação regular.

VILLA, R. A.; THOUSAND, J. S.; NEVIN, A. I. *A guide to cote aching*: practical tips for facilitating student learning. 2nd ed. Thousand Oaks: Corwin Press, 2008.

Esse livro destaca os benefícios e os desafios do coensino e aborda tanto a exigência NCLB, de que todos os estudantes tenham acesso a professores altamente qualificados, quanto a exigência do IDEA, de que os alunos com deficiências tenham acesso ao currículo de educação regular. São descritos detalhadamente os quatro tipos de modelos de coensino: de apoio, paralelo, complementar e de treinamento da equipe.

Fontes de organizações

Autism Society of America (ASA), 7910 Woodmont Avenue, Suite 300, Bethesda, Maryland 20814-3067 (www.autism-society.org, 800-328-8476). A ASA existe para melhorar a vida de todos os afetados por autismo, pelo aumento da consciência pública sobre os temas do cotidiano enfrentados por pessoas do espectro autista, defendendo serviços adequados para os indivíduos e fornecendo informações atuais em relação a tratamento, educação, pesquisa e apoio jurídico. Seu endereço eletrônico inclui *links* para fontes e encaminhamentos locais.

Center on Addiction and the Family (COAF), 164 West 74th Street, New York, NY 10023 (www.coaf.org, 646-505-2060). O COAF trabalha para promover a cura de famílias afetadas por abuso de substâncias. Seu endereço eletrônico inclui informações sobre o impacto da substância e sobre como trabalhar com crianças e famílias.

CHADD (Children and Adults with Attention-Deficit/Hyperactivity Disorder), 8181 Professional Place, Suite 150, Landover, MD 20785 (www.chadd.org, 800-233-4050). CHADD é uma organização sem fins lucrativos que serve a crianças e adultos com TDAH. Ela administra o National Resource Center on ADHD, um centro coordenador nacional para informação baseada em evidências sobre TDAH.

O Council for Exceptional Children (CEC), 1110 North Glebe Rd., Suite 300, Arlington, VA 22201 (www.cec.sped.org, 888-232-7733). CEC é a maior organização profissional internacional dedicada a melhorar os resultados educacionais para estudantes com deficiências e superdotados.

CREDE (Center for Research on Education, Diversity, and Excellence), 1640 Tolman Hall, University of California, Berkeley, CA 94720-1670 (www.crede.org, 510-643-9024).

O CREDE é um centro de pesquisa e desenvolvimento financiado com verba federal. Seu foco é a melhora da educação dos alunos cuja capacidade de atingir seu potencial é desafiada por barreiras de linguagem ou culturais, de raça, de localização geográfica ou de pobreza. Ele oferece um amplo espectro de produtos multimídia.

Learning Disabilities Association of America (LDA), 4156 Library Road, Pittsburgh, PA 15234-1349 (www.ldanatl.org, 412-341-1515). A LDA é a maior organização voluntária não lucrativa que defende indivíduos com transtorno de aprendizado. Seu endereço eletrônico inclui *links* para informação destinada a professores e pais.

National Center for Homeless Education, 1100 West Market St., Suite 300, Greensboro, NC 27403 (www.serve.org/nche, 800-308-2145). Serve como um centro coordenador para informações e recursos sobre os direitos educacionais de crianças e jovens sem-teto.

National Eating Disorders Association, 603 Stewart Street, Suite 803 Seattle, WA 98101 (www.nationaleatingdisorders.org, 206-382-3587). Essa organização se destina à prevenção de transtornos alimentares, maior acesso a tratamento de qualidade e aumento dos fundos de pesquisa para melhor compreender e tratar os transtornos alimentares. Ela opera uma linha telefônica de ajuda gratuita e fornece recursos para alunos, professores e famílias.

CAPÍTULO 6

Trabalhando com famílias

Desafios para a cooperação
família-professores   140
Superando os desafios: promovendo
a colaboração entre a família e a
escola   144
Comentários finais   160
Resumo   160

"Eu não fazia ideia de que sua mãe tinha perdido o emprego e que seu pai não aparecia há um mês. Não me admira que ele esteja tão agressivo!"

"A avó dela tem sido muito boa em garantir que ela faça seus deveres de casa. Ela está trabalhando junto comigo nisso."

"O pai dele se ofereceu para acompanhar o churrasco e organizar o jogo de softball! *Será ótimo tê-lo conosco!"*

Comentários como esses podem ser ouvidos na sala dos professores por todo os Estados Unidos. Eles refletem alguns dos benefícios gerados pelas relações positivas e produtivas entre as famílias e os professores. Um número crescente de evidências demonstra que o envolvimento da família na escolarização dos alunos está ligado ao desempenho acadêmico deles (ANDERSON; MINKE, 2007; JEYNES, 2007). Mas a relação família-escola também tem compensações definitivas em termos de gestão da sala de aula.

Primeiro, *conhecer a situação doméstica dos alunos fornece* um insight *para o comportamento deles em sala de aula.* Veja o que Donnie diz:

Era o primeiro dia de aula – quando todos agem da melhor forma possível –, mas uma garota falava muito alto e parecia hiperativa. Era claro que ninguém gostava dela. Ela parecia totalmente incapaz de se controlar. Assim que tive tempo, procurei saber como era a situação em sua casa e descobri que ela havia sido expulsa pela mãe, que disse não poder cuidar de todos os filhos. A garota havia tentado o suicídio, mas agora estava realmente tentando dar um rumo à sua vida. Ela conseguiu um emprego de meio período e estava morando com uma tia. Essa menina havia sido jogada no mundo, e a escola era o seu refúgio. Na verdade, quando penso no que ela está enfrentando, fico impressionada por ela estar lidando tão bem com tudo isso.

Como o exemplo de Donnie ilustra, é mais fácil entender por que Johnny senta com sua cabeça baixa na carteira quando você sabe que ele passou a noite em um abrigo para sem-tetos; a apatia de Carla faz sentido se você souber que sua mãe está passando por quimioterapia; e a ansiedade de Jana de obter somente nota A é compreensível se você levar em conta o quanto seus pais a pressionam para ser bem-sucedida. Além disso, *insights* como esses podem ajudar você a decidir como lidar com os problemas de um aluno. Você precisa avaliar, por exemplo, se mandar um bilhete para a casa de um aluno gerará benefícios ou surras.

Segundo, *quando as famílias entendem os seus objetivos, elas podem fornecer apoio e as-*

sistência valiosos. A maioria dos pais quer que seus filhos sejam bem-sucedidos na escola e fazem o que for possível para ajudar. Mas eles não podem trabalhar em um vácuo. Eles precisam saber o quê você está tentando alcançar e como você espera que os alunos se comportem em suas aulas. Familiarizar os pais com o currículo, as rotinas e as políticas minimiza confusões e conflitos. Por essa razão, Christina pede, no início do curso, que os pais assinem um termo de ciência, indicando que leram e compreenderam o "jornal" com os objetivos, as políticas os procedimentos do curso enviado para a casa dos alunos.

Terceiro, *as famílias podem ajudar a desenvolver e implementar estratégias para mudar o comportamento dos alunos*. Trabalhando juntos, pais e professores podem conseguir coisas que seriam impossíveis se trabalhassem sozinhos. Fred compartilha o seu exemplo:

> Eu tinha um aluno na minha turma de História dos Estados Unidos II que não fazia nenhum trabalho. Era o seu último ano e acho que ele pensava que não precisava fazer mais nada. Seus pais não tinham ideia do que fazer. Então, sentei com o aluno e seus pais e elaboramos um plano. Os pais deveriam me ligar às sextas-feiras, às 10h30. Se o relato feito sobre o filho deles fosse bom, ele ganharia as chaves do carro e poderia sair com os amigos e ir ao jogo de beisebol. Se o relato fosse ruim, adeus fim de semana. Nós dissemos a ele: "Nós realmente nos importamos com você e, se tivermos que fazer isso para você concluir o último ano, nós faremos". Na primeira vez em que o plano foi colocado em prática, o relato foi ruim e o garoto não pôde aproveitar o fim de semana. Depois disso, ele começou a se esforçar e terminou o ano com nota "B". Houve, ainda, uma compensação adicional: seus pais lhe deram todos os tipos de cumprimentos porque ele assumiu a sua responsabilidade.

Finalmente, *pais voluntários podem ajudar tanto na sala de aula quanto na escola de modo geral*. Como quase sempre o quadro de funcionários das escolas é reduzido, os pais podem fornecer uma ajuda extra: eles podem trabalhar na biblioteca; cuidar dos centros de computação em programas de tarefas para casa; ajudar na segurança da escola, recebendo visitantes; acompanhar os alunos em trabalhos de campo; ligar para outros pais; e se reunir com o pessoal da escola para criar, administrar e ministrar programas especiais. Eles também podem enriquecer o currículo, compartilhando informação sobre seus *hobbies*, suas carreiras, suas viagens e suas origens étnicas.

Apesar dos benefícios óbvios da comunicação e colaboração estreitas, pais e professores estão frequentemente em desacordo. Às vezes, o relacionamento é distante; às vezes, desconfiado e hostil. O que provoca esse relacionamento hostil e o que os professores podem fazer para evitá-lo? Neste capítulo, examinamos três desafios para estreitar as relações de trabalho: a relutância de professores em envolver os pais, a relutância dos pais em se envolver e as mudanças na família e na sociedade norte-americana. Em seguida, nós nos voltamos para os nossos professores e para a literatura sobre envolvimento de pais a fim de sugerir maneiras pelas quais a família e a escola podem trabalhar juntas e *superar* desafios.

> **PARE E REFLITA**
>
> Antes de prosseguir a leitura, pense em três respostas possíveis para cada uma das seguintes questões:
>
> - Por que, às vezes, os professores são relutantes em envolver os pais na educação escolar dos seus filhos?
> - Por que, às vezes, os pais são relutantes em se envolver?
> - Como o tipo de família afeta a colaboração pais-professor?

DESAFIOS PARA A COOPERAÇÃO FAMÍLIA–PROFESSORES
Relutância dos professores em envolver as famílias na educação escolar

A principal razão para a relutância dos professores em trabalhar com as famílias é o *tempo e a energia extra necessários*. O ensino é física e emocionalmente exaustivo. Dessa forma, alguns professores consideram entrar em contato com os pais mais uma tarefa onerosa. Por exemplo, telefonar para 30 pais e falar por 10 minutos com cada um deles significa cinco horas de trabalho (EPSTEIN; BECKER, 1982, p. 103). E isso só para uma turma! Uma vez que isso é, obviamente, mais do que a carga de trabalho normal, é compreensível que os professores se perguntem se o tempo extra compensa o trabalho. Para novos professores, a tarefa de entrar em contato com os pais pode parecer ainda mais onerosa. Como Christina admite "Eu estou sempre preparando materiais e aulas, dando notas ou comentando trabalhos de alunos. Gasta-se tempo para ser criativo e eficiente, e isso significa que sobra menos tempo do que eu gostaria para entrar em contato com os pais".

Além disso, *a percepção dos professores sobre as famílias* contribui, sem dúvida, para a relutância em estimular que os pais se envolvam mais. Muitos professores reconhecem que o tempo é algo raro para os pais, limitado por conta de suas responsabilidades no trabalho, tarefas domésticas e cuidados com outros membros da família. Esses professores questionam se é justo pedir a pais sobrecarregados que trabalhem com seus filhos adolescentes em atividades acadêmicas ou os auxiliem em problemas de comportamento. Como Sandy nos falou:

> Alguns pais estão sobrecarregados. Conheço uma mãe solteira pobre que, simplesmente, não tem tempo e energia para se envolver mais. Ela está preocupada em manter o seu emprego e em equilibrar o orçamento. Ela está sobrecarregada e não consegue lidar com mais nada. Não é que ela não se importe, mas o fato de o seu filho não estar fazendo o dever de casa não é sua maior prioridade no momento. Saber disso é importante porque, ao saber que não vai obter o envolvimento dos pais, você pode arranjar outra abordagem.

Outros professores podem considerar os pais "ignorantes" demais para serem um recurso (ECCLES; HAROLD, 1993), enquanto outros guardam lembranças de encontros com pais irritados, irresponsáveis ou apáticos. Eles tendem a concordar com a afirmação de que "[...] muitos pais – e não apenas os desfavorecidos – simplesmente não se importam. Para eles, a escola é um serviço de *babá* gratuito" (WALDE; BAKER, 1990, p. 322).

Outra razão para a relutância dos professores em envolver os pais é *a preocupação de que estes não entendam o papel deles na sala de aula*. Alguns pais voluntários intervêm quando não devem (p. ex., impondo suas próprias punições para comportamentos inadequados em vez de consultar o professor); ensinam aos alunos de maneira contraditória a do professor; ou violam a confidencialidade ao compartilhar os registros dos alunos e relatar informações sensíveis. Quando situações como essas ocorrem, os professores podem se perguntar se os pais voluntários não são um obstáculo em vez de uma ajuda.

Finalmente, os professores podem ser relutantes em envolver os pais devido à *autoridade e autonomia que eles desfrutam no interior de suas salas de aula*. Os professores são, frequentemente, expostos a críticas. Os pais podem culpá-los pelos problemas dos alunos ou questionar sua competência profissional. Não é surpreendente que os professores fiquem na defensiva, especialmente se eles não têm confiança em suas habilidades e perícia.

De fato, pesquisas demonstraram que professores com níveis mais altos de "eficiência de ensino" procuram mais os pais (HOOVER-DEMPSEY; BASSLER; BRISSIE, 1987).

Relutância dos pais em se envolver na educação escolar

É bem sabido que o envolvimento da família na escola diminui à medida que os alunos passam dos anos iniciais para os finais do ensino fundamental, e que, no ensino médio, o envolvimento praticamente desaparece (RIOUX; BERLA, 1993). A redução do envolvimento pode se dever ao fato de que, comparados aos professores dos anos iniciais do ensino fundamental, os professores dos anos finais empregam menos estratégias para envolver as famílias (PELCO; RIES, 1999). Donnie oferece uma explicação adicional para esse declínio:

> Uma vez que os filhos deixam os anos iniciais, os pais parecem sentir que é hora de cortar o cordão. Eles pensam que os filhos precisam ficar mais sozinhos e que a escola deve ser sua responsabilidade. Eles também sentem que não podem mais ajudar porque não conhecem o conteúdo. Eles me dizem: "Eu não sei álgebra ou geometria" ou "Eu não entendo essas novas maneiras de ensinar matemática". Eles ficam assustados com o conteúdo e acham que não podem ajudar.

Também há razões mais gerais para que as famílias resistam ao envolvimento conforme seus filhos vão ficando mais velhos. Claramente, as demandas do trabalho competem pelo tempo e pela energia dos pais, especialmente em lares de baixa renda: o pai e a mãe podem trabalhar em tempo integral, os pais podem ter dois ou mais empregos, eles podem trabalhar à tarde e à noite ou podem ter empregos com horário inflexível ou imprevisível.

Além disso, alguns adultos têm *memórias infelizes e até mesmo traumáticas* de suas próprias experiências como estudantes. Segundo Lawrence-Lightfoot (2003, p. xxii), os encontros de pais com a escola são marcados por suas próprias histórias: "[...] suas histórias de infância, suas inseguranças e seus medos". Esses "fantasmas" do passado podem deixar os pais nervosos ou mesmo hostis em relação à escola e aos professores e menos dispostos a participar de palestras e eventos abertos (um exemplo engraçado de "fantasma" está ilustrado na Fig. 6.1.). Veja esse pai descrevendo suas razões para não participar de modo mais integral da educação escolar do seu filho:

> Eles esperam que eu vá à escola para que eles possam me dizer que meu filho é burro ou maluco. Eles têm me dito isso há três anos. Então, por que eu deveria ir? Eles não fazem nada, apenas me dizem que meu filho é mau. Veja só, eu estive lá, então eu sei. E isso me assusta. Meus professores diziam que eu estava em apuros, mas eu era um garoto problemático. Ninguém me ajudou porque, na verdade, eles gostavam quando eu não aparecia. Se eu sumisse o semestre inteiro, era bom para eles. Eu desisti da escola nove vezes. Eles queriam que eu fosse embora. (FINDERS; LEWIS, 1994, p. 51).

Outras famílias podem *se sentir culpadas* quando seus filhos adolescentes têm dificuldades na escola. Elas podem ficar na defensiva e não cooperar quando os professores tentam discutir o assunto ou ficar constrangidas demais para revelar os problemas que têm em casa. Em vez de lidar com a dificuldade da criança, essas famílias podem negar o que está acontecendo e evitar a comunicação com o professor.

Outras famílias podem, ainda, ficar *irritadas e intimidadas pela escola*. Isso ocorre, particularmente, quando os pais são pobres, não tiveram educação escolar ou têm proficiência limitada na língua falada no país. Alguns podem achar os professores e administradores insensíveis às suas demandas (GUTMAN; MCLOYD, 2000); outros podem temer os professores,

FIGURA 6.1 *Fonte*: Rose is Rose© Pat Brady & Don Wimmer. Reimpressa com a permissão de United Features Syndicate. Todos os direitos reservados.

vendo-os como figuras de autoridade que não devem ser questionadas (LINDEMAN, 2001). Considere a história de Sylvia, uma mãe envolvida em uma turma de Lideranças de Pais Imigrantes na Escola de Ensino Médio de Annandale, na Virgínia. Sylvia emigrou da Guatemala ainda criança e estudou em escolas norte-americanas do 5º ano em diante. Ela fala bem inglês e está comprometida a ajudar sua enteada, que chegou recentemente da Guatemala. Segundo Sylvia, "Uma das professoras da minha enteada pensou que outra pessoa havia feito o seu dever de casa. Mas a razão pela qual ela está indo tão bem é que estou estudando com ela em casa". Quando o líder da turma a aconselhou a ligar para a professora e esclarecer o mal-entendido, Sylvia ficou impressionada: "Você quer dizer que eu posso falar com o professor? Eu achava que a estaria insultando se o fizesse" (SOBEL; KUGLER, 2007, p. 62).

Finalmente, é importante reconhecer que algumas famílias *não encaram a participação na escola como parte de seu papel como pais* (HOOVER-DEMPSEY; SANDLER, 1997). Elas acreditam que a educação escolar deve ser deixada para profissionais ou que, ao não interferirem, estão demonstrando seu apoio aos professores. Famílias de imigrantes, às vezes, nem reconhecem que o envolvimento parental é esperado e valorizado: "Na maior parte dos países, é normal pensar que é função do professor educar o aluno e que a participação dos pais é um desrespeito à capacidade do professor" (SOBEL; KUGLER, 2007, p. 63). Famílias de ásio-americanos, por exemplo, costumam ter grandes expectativas sobre o sucesso acadêmico de seus filhos. No entanto, elas tendem a encarar questões educacionais como papel da escola (FULLER; OLSEN, 1998). Do mesmo modo, latinos consideram que o seu papel é dar assistência aos filhos; estimular o respeito pelo professor; incentivar o bom comportamento na escola; fornecer roupa, alimento e abrigo; e ensinar às crianças quais são as suas responsabilidades na família (CHRISPEELS; RIVERO, 2000; TRUMBULL et al., 2001). A presença dos pais na escola *não é* um componente-chave desse papel.

Um bom exemplo de como tanto as exigências do trabalho quanto a definição de papéis dos pais pode afetar o desenvolvimento vem de um estudo dos Padillas, uma família de imigrantes, cujas crianças eram todas bem-sucedidas na escola (LOPEZ, 2001). O envolvimento parental, entretanto, fez os pais exporem as crianças ao trabalho pesado que faziam no campo e ensinarem a elas que, sem educação, elas poderiam terminar na mesma situação. Este é um trecho de uma das entrevistas:

ENTREVISTADOR: Você e sua mulher estão envolvidos na escola de alguma maneira? Por exemplo, como voluntários no comitê de pais?

SR. PADILLA: Não, senhor.

ENTREVISTADOR: Vocês não foram a uma reunião de pais ou algo assim?
SR. PADILLA: Não. É que estamos sempre ocupados com trabalho. Nós raramente vamos à escola.
ENTREVISTADOR: Nem mesmo para uma reunião com os professores?
SR. PADILLA: Bem, talvez uma vez ou outra. Mas é realmente muito difícil. Temos muito trabalho.
ENTREVISTADOR: Então, como vocês se envolvem na educação dos seus filhos?
SR. PADILLA: Bem, eu mostrei a eles o meu trabalho e o quão pesado ele é. Então, eles sabem que se não focarem em seus estudos, esse é o tipo de trabalho que eles acabarão fazendo. Eu abri os olhos deles para a realidade. (LOPEZ, 2001, p. 427)

Se o envolvimento dos Padillas fosse definido por sua participação e envolvimento em atividades da escola, eles pareceriam não estar envolvidos na educação de seus filhos. No entanto, eles eram altamente envolvidos na promoção de atitudes positivas em relação à escola. Claramente, precisamos ser cuidadosos ao estabelecer que pais que não compareçam aos eventos escolares são despreocupados e não se importam com a educação dos filhos. Professores que relacionam o envolvimento dos pais à presença na escola têm mais chances de negligenciar ou subestimar o envolvimento dos pais com seus filhos em casa (ANDERSON; MINKE, 2007; LEE; BOWEN, 2006).

Mudanças na família e na sociedade norte-americana

Em 1955, 60% dos lares norte-americanos eram formados por um pai trabalhador, uma mãe dona de casa e duas ou mais crianças em idade escolar (HODGKINSON, 1985). Os professores mandavam cartas endereçadas aos "prezados pais", razoavelmente confiantes de que o pai e a mãe a leriam, e as escolas agendavam "reuniões de pais", com a expectativa de que os pais fossem os principais responsáveis por suas crianças.

Os tempos mudaram. A típica família da década de 1950 ainda é chamada de "normal" nas conversas do dia a dia, mas menos de um quarto de todos os lares estão de acordo com esse modelo (HEILMAN, 2008). Hoje, cerca de metade dos casamentos terminam em divórcio (HEUVELINE, 2005) e cerca de metade das crianças irão passar alguma parte da sua infância com apenas um dos pais (HEILMAN, 2008), sem os mesmos recursos humanos e econômicos daqueles que são criados pelo pai e pela mãe. Em alguns casos, os adultos mais importantes para os alunos não são os pais, mas avós, tios, irmãos ou vizinhos. A mãe "que ficava em casa" está desaparecendo; 65% dos alunos em idade pré-escolar têm mães que trabalham fora (COONTZ, 2007). Entre 8 e 10 milhões de crianças estão sendo criadas em famílias de gays e lésbicas (CHILD WELFARE INFORMATION GATEWAY, 2008), enquanto alguns alunos mais velhos são menores de idade emancipados e vivem por conta própria. Com um surto de imigração das Américas Central e Latina, do Oriente Médio, do Sudeste Asiático e do Pacífico, da Rússia e da Europa Oriental, muitos alunos vivem em lares em que se fala outra língua que não o inglês, e suas famílias não estão adaptadas às escolas norte-americanas.

Essas mudanças na sociedade norte-americana tornaram a comunicação e a colaboração mais complicadas do que nunca. No entanto, pesquisas apontaram que são *as atitudes e práticas dos professores – não o nível de educação, estado civil ou local de trabalho dos pais – que determinam se as famílias se envolverão produtivamente na escolarização de seus filhos* (EPSTEIN, 2001; GRIFFITH, 1998). Em outras palavras, é o professor que faz a diferença. Por essa razão, você deve, não apenas entender os desafios presentes no envolvimento dos pais, mas também estar consciente das maneiras pelas quais as famílias e as escolas podem trabalhar juntas (observe que, neste capítulo, quando dizemos pais, estamos nos referindo aos responsáveis pelos alunos, não necessariamente aos pais biológicos).

SUPERANDO OS DESAFIOS: PROMOVENDO A COLABORAÇÃO ENTRE A FAMÍLIA E A ESCOLA

Joyce Epstein e seus colegas da Universidade Johns Hopkins estudaram programas de envolvimento parental integral e identificaram seis tipos diferentes de colaboração família-escola. Eles estão listados na Seção 6.1. As primeiras quatro categorias de Epstein formam um pano de fundo para nossa discussão. Para mais informações sobre as duas últimas categorias – "incluindo famílias como participantes na tomada de decisões na escola" e "colaborando com a comunidade" – veja Epstein et al., 2002. O Capítulo 6 é especialmente destinado ao tema "Fortalecendo os programas de parceria nas escolas dos anos finais do ensino fundamental e do ensino médio".

Ajudando as famílias a cumprir as suas obrigações básicas

Esse item se refere à responsabilidade da família em garantir a saúde e segurança das crianças; supervisioná-las e guiá-las em cada faixa etária; e construir condições domésticas positivas de apoio ao aprendizado e ao comportamento escolar (EPSTEIN; DAUBER, 1991). As escolas devem ajudar as famílias a colocar em prática essas obrigações básicas, fornecendo *workshops* sobre habilidades parentais; estabelecendo grupos de apoio aos pais; mantendo programas sobre problemas comuns na adolescência (p. ex., abuso de drogas e álcool, transtornos alimentares); e encaminhando as famílias às agências comunitárias ou estatais quando necessário.

Pedir aos professores que se responsabilizem pela educação das *famílias*, além da educação dos *alunos*, pode parecer oneroso e injusto. Como esperado, alguns professores hesitam em se tornar "trabalhadores sociais", um papel para o qual eles não estão treinados. Outros se sentem rancorosos e irritados com pais que não fornecem ambientes domésticos adequados. Embora essas atitudes sejam compreensíveis, você precisa se lembrar de que o ambiente doméstico molda a chance de sucesso escolar. À medida que o número de famílias atribuladas cresce, ajudá-las a colocar em prática suas obrigações básicas se torna cada vez mais urgente.

O que você pode fazer, como professor, para ajudar as famílias a cumprir suas obrigações básicas? Mesmo que você não esteja diretamente envolvido no planejamento de *workshops* sobre educação parental ou na liderança de grupos de apoio, você pode desempenhar um papel indireto importante. Você pode apresentar às famílias os materiais disponíveis, motivá-las e incentivá-las a frequentar os programas, levar os problemas de transporte ao conhecimento do departamento escolar adequado e ajudar as famílias a organizar caronas para a escola (GREENWOOD; HICKMAN, 1991).

Nos distritos de Sandy e Fred, os grupos de apoio de pais permitem que as famílias se reúnam, compartilhem suas preocupações e discutam tópicos como comunicação com adolescentes, disciplina, resistência à pressão dos colegas e cooperação casa-escola. Um programa parecido, o *Parent Involvement Corps* ou PIC (Corpo de Envolvimento de Pais), foi implantado na escola de Donnie há alguns anos. Planejado pelos pais dos alunos da 1ª série do ensino médio, o programa era destinado a receber os pais na escola, ajudá-los a se sentirem confortáveis nela, ensinar habilidades parentais e informar aos pais os seus direitos. Se programas como esses existem na sua escola, você pode se certificar de que as famílias os conheçam, mesmo se você não estiver diretamente envolvido. Se você souber de alguma família

Conheça os educadores Seção 6.1

CONHEÇA JOYCE EPSTEIN

Joyce Epstein é professora de sociologia na Universidade Johns Hopkins e diretora do Center on School, Family, and Community Partnerships. Ela começou a pesquisar o envolvimento de pais em escolas dos anos iniciais do ensino fundamental em 1981, estendendo em seguida suas pesquisas aos anos finais do ensino fundamental e ao ensino médio. Em 1996, Epstein e seus colaboradores criaram a National Network of Partnership Schools, que auxilia as escolas, os distritos e os estados a empregar abordagens baseadas em pesquisas para desenvolver programas de envolvimento familiar e conexões com a comunidade, assim como atender às exigências de envolvimento parental do programa No Child Left Behind. Hoje, há mais de 1.200 escolas, localizadas em 21 estados, registradas na National Network.

Algumas ideias principais sobre parcerias com a família, escola e comunidade

1. Programas bem planejados para parcerias entre escola, família e comunidade beneficiam os alunos, os pais e a escola.
2. Há seis tipos de envolvimento em programas para parceria integral:
   - Tipo 1: paternidade – ajude todas as famílias a estabelecer ambientes domésticos nos quais as crianças recebam apoio para estudar.
   - Tipo 2: comunicação – planeje formas efetivas de comunicação da escola para casa e de casa para a escola sobre os programas escolares e o progresso das crianças.
   - Tipo 3: voluntariado – recrute e organize a ajuda e o apoio dos pais.
   - Tipo 4: aprendizado doméstico – explique às famílias como ajudar os alunos com seus deveres de casa e outras atividades, a tomar decisões e a fazer planejamentos relacionados ao currículo escolar.
   - Tipo 5: tomada de decisões – inclua os pais nas decisões escolares, de forma que se tornem líderes e representantes.
   - Tipo 6: colaboração com a comunidade – identifique e integre recursos e serviços da comunidade para fortalecer programas escolares, práticas familiares, aprendizado e desenvolvimento dos alunos.
3. A fim de criar um programa de parceria integral duradouro, cada escola precisa de um *Action Team for Partnerships* or ATP (Time de Ação para Parcerias) para levantar as práticas atuais e as necessidades, desenvolver planos de ação, implementar as atividades selecionadas, avaliar as próximas etapas e coordenar a prática.

Livros e artigos selecionados

EPSTEIN, J. L. *School, family, and community partnerships*: preparing educators and improving schools. Boulder: Westview Press, 2001.

EPSTEIN, J. L. et al. *School, family, and community partnerships*: your handbook for action. 2nd ed. Thousand Oaks: Corwin Press, 2002.

HUTCHINS, D. J.; GREENFELD, M. D.; EPSTEIN, J. L. *Family reading night*. Larchmont: Eye on Education, 2008.

JOHNS HOPKINS UNIVERSITY. *National network of partnership Schools*. [2009]. Disponível em: <www.partnershipschools.org>. Acesso em: 9 abr. 2009

Endereço eletrônico: www.partnershipschools.org

---

com necessidades especiais, alerte a equipe envolvida nesses programas.

Você também pode informar as famílias a respeito de agências comunitárias e estaduais relevantes. Donnie, por exemplo, indica aos pais que não têm seguro-saúde onde podem receber cuidados médico e dentário. Quando descobriu que um de seus alunos era bulímico (na formatura!), Donnie trabalhou com a família para encontrar uma agência que poderia fornecer a assistência médica e psicológica necessária.

Além de desempenhar esse papel de assistência auxiliar, há momentos em que pode ser adequado trabalhar diretamente com as famílias. Fred conta que, com frequência, ele precisa fornecer aos pais alguma perspectiva sobre "essa criatura única chamada 'adolescente'", "Como eles não têm 150 filhos, costuma ser uma revelação o fato de eles não serem os únicos pais que têm problemas". Do mesmo modo, Sandy nos diz que muitas de suas interações com os pais servem para ajudá-los a se comunicar mais efetivamente com seus filhos adolescentes:

Muitas vezes, minhas discussões com os pais começam com os problemas que seus filhos estão enfrentando na aula de química e acabam com problemas mais gerais. Você começa falando sobre notas e, de repente, percebe que está falando sobre hora de voltar para casa e encontros. Muitos pais não têm qualquer controle sobre seus filhos de 15 e 16 anos. Eles me dizem: "Eu simplesmente não sei o que fazer. Ele é do mesmo jeito em casa. Estou perdido". Eu reconheço a frustração e a dificuldade de trabalhar com adolescentes (o fato de eu também ter filhos adolescentes ajuda!). Eu lhes digo: "Você não está sozinho. Muitos jovens de 15 e 16 anos se comportam desse modo e muitos pais se sentem desse jeito". Eu tento fornecer alguma perspectiva e dar algumas dicas sobre comunicação. Eu descobri que muitos pais não querem estabelecer limites, porque não querem confronto com os filhos, e que eles precisam de incentivo para monitorar o que os filhos estão fazendo. Então, eu tento incentivá-los a estabelecer alguns limites.

Às vezes, encontro pais autoritários que pressionam demais os filhos. Suas expectativas não são realistas. Para eles, tirar 95 em uma prova não é suficiente; eles querem que o filho tire a nota mais alta da turma. Eu digo a eles: "Espere um pouco, nós dois queremos o melhor para o seu filho. Queremos que ele trabalhe em sua capacidade máxima, mas capacidade máxima não significa perfeição em todos os testes". Eu me lembro de uma situação em que uma garota da minha turma estava se esforçando pouco. Ela tirou 79 no primeiro teste, o que estava muito abaixo da sua capacidade. Depois de uma conversa, ela começou a trabalhar com muito mais afinco e, na prova seguinte, tirou 89. Eu demonstrei a ela o quanto estava orgulhosa e disse algo como "Seus pais devem estar satisfeitos". Ela tinha uma expressão engraçada no rosto e achei que algo estava errado. Então, descobri que os pais haviam feito apenas um comentário: "Por que não foi um A?". Eles não a elogiaram. Depois disso, decidi que precisava falar com eles sobre a situação. Eu lhes disse: "Olhe, sua filha foi de 'não fazer nenhum dever e tirar 79' a 'trabalhar pesado e tirar 89' e vocês nem reconheceram o esforço. Ela vai chegar à conclusão de que tudo bem não fazer nada e tirar 79, uma vez que trabalhar pesado e obter 89 não faz ela ser aprovada por vocês". Pais como esses precisam aprender a importância de reconhecer a melhora e de não ficar esperando a nota perfeita.

Enquanto você reflete sobre como ajudar famílias com responsabilidades parentais, tenha em mente que existem diferenças culturais em relação à criação de filhos, e essas diferenças podem levar a choques culturais entre a casa e a escola (com os alunos no meio). Por exemplo, pais de culturas onde se valoriza o coletivo podem enfatizar respeito, obediência, prestatividade e responsabilidade com a família, enquanto professores de culturas individualistas enfatizam desempenho individual, independência e autoexpressão (TRUMBULL et al., 2001). Tonia Moore, uma conselheira de assistência estudantil na escola de Sandy, fornece exemplos adicionais de choques culturais:

Eu vejo muitos alunos que se encontram no meio de duas culturas. Em casa, espera-se que eles sigam um conjunto de valores tradicionais, mas na escola eles querem ser adolescentes norte-americanos. Isso é muito difícil. Nós organizamos bailes, mas alguns alunos terão casamentos arranjados. Um pai indiano não deixaria sua filha ir para a Project Graduation [uma viagem de barco que a escola organiza após a graduação, na qual os alunos ficam confinados em um espaço seguro, sem álcool ou drogas], pois ela não poderia passar a noite fora. Uma garota iraniana não poderia ir à formatura, pois seu pai não acreditaria na festa. Uma garota asiática que havia acabado de tirar 1.400 em seu SAT (do inglês Scholastic Assessment Test), exame para acesso às universidades nos Estados Unidos, teve que passar o verão fazendo cursos de revisão para testes de desempenho para o ensino superior. Seus pais enfatizam a necessidade de ser bem-sucedido, enquanto a cultura norte-americana hegemônica enfatiza a importância de estar cercado de bons relacionamentos.

Se você tem alunos cujas famílias imigraram recentemente, você também pode ajudá-las a compreender as expectativas e normas das escolas de nível médio dos Estados Unidos. Por exemplo, os professores e administradores da escola de ensino médio de Jericó, em Long Island, Nova York, concentraram seus esforços para alcançar os pais asiáticos que pareciam relutantes em comparecer a eventos na escola, como concertos, pois achavam que eles não ajudariam seus filhos a chegar ao ensino superior. O objetivo do projeto era passar a mensagem de que o envolvimento dos pais em todos os aspectos da vida escolar (não se preocupando apenas com as notas nos testes e com a admissão no ensino superior) era importante para ajudar os alunos a se tornarem emocionalmente bem-ajustados e bem-sucedidos socialmente. Como resultado desses esforços, mais pais asiáticos estão comparecendo aos eventos escolares e se tornando parte da comunidade escolar (HU, 2008).

Quando as famílias expressam valores e objetivos diferentes dos da escola, é muito fácil rotulá-los de "irreais", "mentes estreitas" ou simplesmente "errados". Mas atitudes como essa apenas aumentam o ressentimento e a suspeita dos pais. Consciência e respeito são as chaves para atingir a compreensão entre culturas.

Comunicação com as famílias

A segunda categoria de envolvimento família-escola de Epstein se refere à obrigação da escola de comunicar os programas escolares e o progresso dos alunos aos pais. A comunicação inclui *e-mail* e endereços eletrônicos, chamadas telefônicas, boletins escolares, registros de progresso, reuniões abertas e reuniões entre pais e professores. Essa é, certamente, a via mais aceita de trabalhar com os pais, e não há dúvida de que são essenciais. A pergunta crucial, no entanto, não é apenas se a comunicação ocorre, mas *quando ela ocorre, se a mensagem está sendo compreendida e se ela leva a sentimentos de confiança e respeito ou de alienação e ressentimento.*

Todos os professores enfatizam a importância de se comunicar com os pais a fim de promover um sentimento de parceria. Donnie comenta:

> Às vezes, vejo pais no mercado, na igreja ou no centro da cidade e os reconheço. Então, digo que vou telefonar para eles para conversar sobre seus filhos. Eu digo: "Temos que trabalhar juntos. Somos parceiros".

Fred repete a mensagem de Donnie:

> Às vezes, os professores não facilitam o contato. Eles só ligarão para os pais se houver algum problema. Mas alguns pais precisam ser estimulados. Se você puder fazer o contato inicial, o pai irá continuar o contato. É importante fazer os pais entenderem que vocês dois estão trabalhando com as melhores intenções para ajudar o filho dele. Quando você deixa isso claro, mesmo o pai mais raivoso se transformará em um gatinho. Eu digo a eles: "Escute, tudo o que eu faço é porque

quero o melhor para o seu filho. Mas se você estiver preocupado com algo, deixe que eu saiba. Sinta-se livre para me ligar". Eu digo também: "Precisamos trabalhar juntos, como um time. E seu filho precisa saber que estamos trabalhando juntos".

É claro que Donnie, Sandy, Christina e Fred são capazes de estabelecer parcerias produtivas com as famílias, e as próximas seções deste capítulo descrevem algumas das maneiras com que fazem isso. Além disso, a seção Dicas Práticas lista algumas sugestões para a comunicação com os pais, os quais são particularmente difíceis de serem alcançados.

Comunicação eletrônica

Nos últimos anos, mais e mais professores começaram a usar o *e-mail* e a internet de modo geral para facilitar a comunicação com os pais. Por exemplo, um endereço eletrônico da turma pode listar presenças e datas de tarefas, o assunto da semana, datas de *quizzes*, provas, notícias sobre eventos atuais e futuros e pedidos de materiais ou assistência. Um endereço eletrônico também pode fornecer *links* para endereços relacionados que podem ajudar os alunos a completarem suas tarefas. Como uma alternativa para o endereço eletrônico da turma, muitas escolas adotaram sistemas de gerenciamento de informação, que permitem aos membros da escola acompanhar a frequência e os atrasos dos alunos, registrar notas, padronizar os resultados dos testes, divulgar informações importantes, entre outras coisas. Esses sistemas permitem que os pais acessem os registros dos seus filhos pela internet.

DICAS PRÁTICAS

COMO ALCANÇAR PAIS "DIFÍCEIS DE SEREM ALCANÇADOS"

Etapa 1: tente entender por que os pais são difíceis de alcançar. Pergunte a si mesmo (ou a alguém da comunidade ou escola):
- Os pais falam inglês?
- Os pais vêm de uma cultura na qual o envolvimento deles não é prioridade? Eles vêm de uma cultura na qual se acredita que a escolarização deve ser deixada para os educadores?
- Os pais têm horários de trabalho que não permitem que eles participem de reuniões?
- Os pais moram longe da escola? Eles têm carro?
- Os pais têm outros filhos de quem precisam tomar conta e, por isso, não podem participar das reuniões com os professores?
- Os pais sabem onde fica a escola?
- Os pais são sem-teto e, portanto, não têm um endereço fixo para receber os comunicados escritos da escola?

Etapa 2: desenvolva estratégias de alcance para abordar o tema básico. Por exemplo:

- Certifique-se de que as comunicações por escrito sejam de fácil compreensão, acolhedoras e amistosas.
- Descubra a forma mais eficiente de enviar mensagens a pais sem-teto.
- Agende reuniões em horários flexíveis para que todos os pais possam participar.
- Providencie profissionais que cuidem das crianças durante os encontros, as palestras e os eventos.
- Veja se vizinhos ou amigos podem ser usados como elo entre vocês.
- Determine se os encontros ocorrerão em um local mais conveniente, mais familiar ou mais neutro.
- Organize visitas em casa (com a segurança adequada).
- Deixe claro que você valoriza a língua, a cultura e o conhecimento dos pais e membros da família.

Fonte: Adaptado de Swap (1993).

Como exemplo, Sandy usa o *software* "*ParentConnect*", que permite que pais e responsáveis visitem uma página da internet protegida por senha para ver as notas dos seus filhos no boletim *on-line* (observe que os pais têm acesso apenas aos dados dos seus filhos). Ver as notas *on-line* é uma boa forma de os pais acompanharem o progresso acadêmico dos filhos, mas os professores não podem garantir que todos os pais tenham acesso à internet (ou que eles acessem o boletim eletrônico se tiverem acesso à internet). Como Sandy enfatiza: "Os professores ainda têm de assumir a responsabilidade de chamar os pais quando o aluno não está indo bem nas aulas".

As notas dos alunos são o tópico mais frequente dos *e-mails* para os pais (THOMPSON, 2008) e, desse modo, o acesso a essa informação é importante para os pais. De fato, um estudo demonstrou um aumento na média de envolvimento parental em uma escola de Israel que usou um sistema automatizado para notificar os pais sobre os problemas acadêmicos e de frequência dos alunos (TELEM; PINTO, 2006). Como os pais recebiam uma notificação e podiam responder rapidamente, eles passaram a considerar a equipe da escola mais profissional.

Como muitos professores, Sandy e Christina se comunicam com os pais e alunos por *e-mail*, e elas têm alguns alertas a fazer. Primeiro, tenha em mente que muitos pais não têm *e-mail* ou não o usam frequentemente. Um estudo recente (THOMPSON, 2008) apontou que os professores se comunicavam com apenas de dois a cinco pais de modo regular por *e-mail*. Segundo, o *e-mail* parece estimular o descuido e a imprecisão, dessa forma, edite seus *e-mails* para corrigir erros gramaticais e de ortografia. Terceiro, tenha cuidado ao usar o *e-mail* para discutir temas ou problemas sensíveis. O *e-mail* não permite que você transmita sua mensagem em um tom de voz calmo ou que a "suavize" com risos, gestos ou linguagem corporal; você também não pode ver ou ouvir as reações dos pais. Por esse motivo, o *e-mail* é mais propenso a gerar mal-entendidos do que interação face a face ou mesmo telefonemas. Além disso, o *e-mail* também pode ser tornado público (intencionalmente ou não). Você deve ter isso em mente à medida que escreve mensagens por *e-mail* para os pais, procurando guardar temas sensíveis ou pessoais para chamadas telefônicas ou conversas presenciais.

Pelo lado positivo, mensagens escritas (seja por *e-mail* ou carta) permitem que você escolha suas palavras cuidadosamente e deliberadamente, algo que não acontece quando você está interagindo com pais em "tempo real". Assim, não dispare um *e-mail* com raiva. Espere até que tenha se acalmado e pense cuidadosamente sobre o que quer dizer. Também esteja preparado para o fato de que os pais nem sempre irão seguir esse conselho e poderão lhe enviar um *e-mail* quando estiverem irritados ou chateados. Em casos como esse, tente não deixar que o tom o desvie de lidar com o tema.

Chamadas telefônicas

Devido à vida frenética que as pessoas têm, um dos principais problemas das chamadas telefônicas é a conexão! No início do ano escolar, os quatro professores descobrem quando e como contatar as famílias de seus alunos. Algumas empresas têm regras restritas sobre o recebimento de ligações telefônicas por seus funcionários durante o expediente (uma ligação pode resultar em uma reprimenda); alguns pais trabalham à noite e uma chamada de manhã irá interromper o sono; outros podem não ter telefone e, assim, você precisará mandar um bilhete para casa pedindo que eles lhe telefonem (Donnie e Sandy enviam bilhetes para casa em envelopes brancos, sem o destinatário. Desse modo, há uma chance menor de um adolescente desconfiado remover a carta da pilha de correspondências antes de o pai chegar a vê-la!). Os quatro professores também informam aos pais os horários em que podem receber chamadas telefônicas durante o período escolar. Donnie dá aos pais o número do seu telefone residencial, mas afirma que nunca um pai telefonou para sua casa.

Para conseguir a informação de que precisa, Sandy solicita, no primeiro dia de aula, que os alunos preencham um cartão com os números de telefone do trabalho de seus pais e de sua casa. Ela também pede que eles digam se seus pais podem receber ligações telefônicas no trabalho. Além disso, quando Sandy tem que ligar para um pai, ela frequentemente faz uma "pré-chamada" perguntando quando seria uma hora conveniente para ligar e assegurando ao pai que não há nenhum grande problema. Ela é especialmente cuidadosa em checar os registros da escola para ver se deve ligar para o pai ou para a mãe:

> A maioria dos meus alunos são filhos de pais divorciados. Se a guarda não for compartilhada, você não pode falar com aquele que não tem a guarda. Se os pais compartilham a guarda, eu chamo a pessoa com quem o aluno mora. Às vezes, os registros indicam se as chamadas telefônicas ou as comunicações escritas devem ser feitas para ambos os pais.

Antes de ligar para um pai para falar sobre um problema acadêmico ou de comportamento, Sandy sempre informa aos alunos:

> Eu digo algo como "Eu sei que você quer ser tratado como um adulto, mas, às vezes, precisamos trabalhar junto com sua mãe ou seu pai para garantir o seu sucesso. Precisamos de alguma ajuda aqui. Não podemos resolver tudo sozinhos". Eu nunca uso a ligação telefônica como ameaça ou punição. E eu sempre espero 24 horas antes de ligar. Desse modo, o aluno pode dizer ao pai que ele receberá o meu telefonema (ou que o 75 que ele disse ter tirado no teste na verdade é um 55!). Quando eu falo com os pais, tomo muito cuidado com a forma como eu me expresso para não promover uma reação negativa. Em vez de dizer: "Seu filho está perturbando a aula", eu direi algo como "Temos de ajudar o seu filho a controlar seu comportamento para que ele possa aprender um pouco de química". Se o aluno é desrespeitoso, eu direi: "Estou ligando para você porque sei que você não aprovaria o que aconteceu e sei que você gostaria de saber". Desse modo, você transmite a ideia de que o pai o apoiará e que você não pensa que o aluno vem de uma família que aprovaria tal comportamento.

Durante um encontro, pedimos que os quatro professores compartilhassem algumas de suas ideias para assegurar que os contatos telefônicos com os pais sejam produtivos. Suas respostas estão listadas na seção Dicas Práticas.

Algumas palavras de precaução são oportunas. Embora seja importante contatar os pais para falar de problemas sérios, chamadas telefônicas frequentes a respeito de maus comportamentos menos importantes podem ser irritantes. Além disso, a prática pode transmitir a mensagem, tanto para os pais quanto para as crianças, de que a escola não consegue lidar com os problemas; é como dizer: "Espere até que seus pais descubram!".

Também é importante enfatizar que as ligações telefônicas não devem ser reservadas para os problemas. Como Donnie nos relembra:

> Os professores não devem ligar somente quando há algo errado. É realmente importante ligar para os pais para dar boas notícias; para dizer: "Seu filho está indo bem"; para contar sobre algo incrível que aconteceu. Às vezes, quando eu faço isso, o aluno vem no dia seguinte e diz: "Você ligou para a minha casa e não disse nada ruim sobre mim!", e eu respondo: "Eu não tinha nada ruim para dizer!". Eu também deixo os pais saberem o

> **Dicas práticas**
>
> **COMO FAZER CONTATOS TELEFÔNICOS PRODUTIVOS COM OS PAIS**
>
> - Quando um pai ligar para a secretaria para falar com você durante o horário de aula, o funcionário que atender a ligação deve perguntar quando seria um bom momento para ligar de volta.
> - Mesmo quando a ligação for feita durante o seu período livre, o funcionário da secretaria deve anotar a mensagem e dizer que você ligará de volta. Isso lhe dará tempo para "trocar de marcha" e se preparar para a chamada. Antes de telefonar, você pode checar o seu livro de registros para se familiarizar com o progresso do aluno.
> - Se um pai ligar para fazer uma reclamação, tente ao máximo não ficar na defensiva. Escute e tente entender a frustração do pai. Responda expressando sua preocupação e assegurando que você está realmente envolvido em buscar uma solução.
> - Se um pai ligar para reclamar que o aluno está chateado com alguma coisa ("Ele diz que você está implicando com ele" ou "Ela diz que você a está humilhando na frente da turma"), reconheça a percepção do aluno. Transmita que você lamenta que o aluno tenha essa percepção. Por exemplo: "Eu realmente sinto muito que ele tenha sentido isso. O que ele falou especificamente para que eu possa descobrir o que está acontecendo? Me ajude a entender, porque eu não quero que ele se sinta dessa maneira". Não comece defensivamente: "Eu não implico com alunos".
> - Deixe claro aos "ligadores crônicos" (pais que ligam três vezes por semana) que é importante que você e o aluno resolvam o problema. Explique que as chamadas frequentes estão constrangendo o aluno.
> - Se a ligação telefônica for difícil e houver risco de você se tornar defensivo, peça para alguém ficar na sala para monitorar o seu tom de voz. Essa pessoa pode bater no seu ombro ou fazer uma expressão facial se você começar a ficar hostil ou defensivo.
> - Se um pai estiver fora de controle, sugira que vocês conversem em outra ocasião para que os dois possam se acalmar.
> - Se os pais lhe pedirem que ligue toda semana com um registro do progresso do seu filho, sugira que, em vez disso, eles liguem para você (afinal, você pode ter 150 alunos e eles só têm um!). Designe dia e horário para a ligação (p. ex., às sextas, durante o seu período de preparação das aulas).

que está por vir e o que está acontecendo. Ao fazer isso, você lança o alicerce para uma boa relação e dá a oportunidade de os pais serem mais abertos. Se você realmente tiver de ligar, a probabilidade de eles serem hostis ou defensivos será menor.

Boletins

Os boletins têm sido a maneira de comunicação mais tradicional para informar às famílias o progresso do aluno. Infelizmente, eles não costumam ser muito informativos. O que significa exatamente uma aluna receber "C" em espanhol? Ela está tendo problemas com vocabulário, compreensão ou conversação? O "D" em matemática de outro aluno se deve a dificuldades na resolução de problemas ou erros de cálculo por falta de cuidado? Uma vez que muitas escolas do ensino médio usam boletins computadorizados, nem sempre é possível para o professor falar sobre as notas com uma narrativa pessoal. Donnie nos conta:

> Em nossos boletins, podemos escolher entre nove pequenas frases, como "o aluno é perturbador", "chega atrasado", "está indo bem", "está trabalhando na média ou acima da média", "perdeu testes". Mas só podemos marcar dois! E eles são tão impessoais que eu não tenho certeza de que eles realmente comuniquem muito sobre alguma coisa.

Outro problema comum dos boletins é a pontualidade. Se você depender apenas deles para comunicar aos pais a respeito do progresso de um aluno, dois meses podem se passar desde o momento em que o problema apareceu e os pais ficarem sabendo. Para evitar esse problema, algumas escolas pedem que os professores enviem registros de progresso no meio de cada período de entrega de boletins. Políticas específicas variam de distrito para distrito. Sandy explica o que ocorre em sua escola dos anos finais do ensino fundamental e do ensino médio:

> Os registros de progresso têm de ser enviados no meio do período demarcado para todos os alunos dos 8º e 9º anos. Da 1ª à 3ª série do ensino médio temos que enviar para casa um registro de progresso se o aluno estiver em risco de receber um "D" ou um "F", mas eu os envio também por outras razões, como comparecimento, comportamento ou progresso elogiável. Eu também digo aos meus alunos que estou mandando um registro de progresso para casa e o mostro a eles. Eu acredito que eles têm o direito de saber.

Às vezes, mostrar aos alunos os registros de progresso os incentiva a modificar suas atitudes. Por exemplo, Edward tinha média 75 porque ele não havia entregado duas atividades. Quando disse a ele que estava mandando para casa um registro de progresso, ele me pediu para relatar apenas a média 75 e não comentar sobre as duas tarefas não realizadas. Ele disse que sua mãe "lhe mataria" se descobrisse que ele não estava fazendo seu dever de casa. Ele prometeu que nunca mais deixaria de fazer a tarefa. Eu achei que ele falava sério e, então, concordei, mas disse que se a mãe dele me perguntasse, eu teria que dizer a verdade. Ele nunca deixou de fazer outras atividades.

Embora Sandy tenha consciência do envio de registros de progresso para casa, ela também acredita que qualquer problema sério deva ser lidado com urgência:

> Os professores não devem confiar nos registros de progresso para relatar aos pais problemas sérios. Os professores precisam entrar em contato com os pais antes de um problema se desenvolver. Todos os pais dos meus alunos saberão se seu filho tirar um "D" ou "F" antes de os registros de progresso chegarem. Eu envio registros de progresso porque tenho de fazê-lo, mas os pais dos meus alunos já sabem. Depender do registro de progresso não é muito inteligente, uma vez que provavelmente 50% dos alunos o esconda antes que seus pais o vejam!

Noite de volta à escola

Para muitos pais, a noite "de portas abertas" ou "de volta à escola" é a primeira oportunidade de conhecer o professor e a sala de aula. É também a primeira oportunidade que *você* tem para mostrar aos pais todas as grandes coisas que tem feito e contar seus planos para o futuro. Como Fred afirma:

> Eu me sinto bem com o que acontece na minha sala e quero que os pais também se sintam. Eu destaco os meus objetivos e o programa do curso; descrevo minhas expectativas em relação aos alunos e pais; e falo o que eles podem esperar de mim. Eu geralmente explico por que eu ensino história; faço um pequeno discurso propagandístico sobre o que estou tentando realizar e como eles podem me ajudar. E sempre é uma noite engraçada. Eu acredito que os pais têm que rir, assim como os garotos. O sinal sempre toca quando eu estou no meio da apresentação. Como o tempo não é suficiente, eu converso com os pais depois, na hora do café.

Se você não se sente tão entusiasmado quanto Fred, não se sinta mal. Mesmo professores tão experientes quanto Sandy às vezes se sentem nervosos a respeito da noite de volta à escola. Na verdade, Sandy nos conta: "Eu odeio a noite de volta à escola! A única coisa boa é que eu sempre fico tão nervosa que eu falo muito rápido e termino logo. Daí sobra tempo para as pessoas fazerem perguntas".

Como esses comentários sugerem, na noite de volta à escola os professores fazem uma breve apresentação para grupos de pais que vão mudando de sala de acordo com o horário dos seus filhos. Entretanto, esse não é sempre o caso. Na escola de Christina, por exemplo, os professores permanecem na sala designada para eles por 90 minutos, enquanto os pais visitam os professores, na ordem que desejarem, para conversar com eles individualmente. Uma vez que o tempo com cada pai é limitado, os objetivos de Christina são associar os rostos aos nomes, dar aos pais uma visão geral do progresso de seus filhos e convidá-los para um encontro mais longo. Ela também expõe os projetos atuais da turma, de modo que os pais possam vê-los enquanto esperam para falar com ela.

Qualquer que seja o formato que sua escola use, tenha em mente que as primeiras impressões *realmente* importam e que você precisa pensar cuidadosamente sobre como irá orquestrar o evento. A seção Dicas Práticas contém algumas orientações que surgiram ao longo das discussões com Sandy, Fred, Donnie e Christina (obviamente, algumas delas se aplicam apenas se você estiver fazendo uma apresentação para um grupo).

DICAS PRÁTICAS

NOITE DE VOLTA À ESCOLA

- Para aumentar a frequência na noite de volta à escola, envie convites por *e-mail* aos pais dos alunos, indicando que você está ansioso para conhecê-los. Se você mantém um endereço eletrônico da turma, coloque um anúncio sobre a noite em destaque.
- Certifique-se de que sua sala de aula esteja especialmente atraente e arrumada. Exiba os livros e materiais usados nos seus cursos, bem como projetos dos alunos do ano corrente ou de anos anteriores.
- Cumprimente as pessoas na porta, apresente-se e descubra quem elas são. *Não pressuponha que o aluno tenha o mesmo sobrenome dos pais ou que ambos os pais tenham o mesmo sobrenome.*
- Certifique-se de que sua apresentação seja sucinta e bem organizada. Os pais querem ouvir a respeito dos seus objetivos, planos e de sua filosofia, bem como do currículo e das políticas para os deveres de casa e as ausências. Crie uma apresentação de PowerPoint que incorpore fotos dos alunos envolvidos nas atividades da turma.
- Entregue aos pais um folheto com os objetivos, os horários das aulas, as políticas para os deveres de casa, etc.. Você também pode enviar esse folheto por *e-mail* aos pais que não puderam comparecer à noite de volta à escola.
- Se os pais quiserem discutir problemas particulares de seus filhos, explique, educadamente, que o propósito da noite aberta é descrever o programa de modo geral. Indique que você ficará mais do que feliz em discutir suas preocupações em uma reunião privada. Você pode ter uma folha de inscrição disponível para esse propósito.
- Escute cuidadosamente as perguntas dos pais e permita que eles falem quais são os seus objetivos e o que esperam para os filhos no ano escolar que se inicia. Isso pode iniciar a comunicação em mão dupla, que é crucial para a colaboração família–escola.
- Forneça uma folha de inscrição para os pais que podem participar das atividades de sala de aula (p. ex., como palestrante convidado ou acompanhante em viagens de campo).
- Se bebidas estiverem sendo servidas após o encontro, participe da confraternização e converse com os pais. Conversar apenas com os outros professores o afasta dos pais e lhes transmite a ideia de que há uma barreira entre vocês.
- RELAXE E SE DIVIRTA CONHECENDO OS PAIS DOS SEUS ALUNOS!

Um comentário final sobre a noite de volta à escola: é importante não levar o baixo comparecimento para o lado pessoal. Como observado anteriormente neste capítulo, os pais podem ter horários de trabalho que os impeçam de comparecer ao evento; eles podem se sentir tão nervosos quanto você e decidir não comparecer; ou, se eles têm filhos de várias idades, podem estar na noite de volta à escola de um filho mais novo. Relaxe e aproveite para conversar com os pais que estão lá e envie *e-mails* para os que não compareceram.

Reuniões de pais-professores

As escolas, geralmente, agendam uma ou duas reuniões entre pais e professores durante o ano escolar. Esses encontros são, com frequência, fonte de frustração tanto para professores quanto pais. Os pais se ressentem da formalidade da situação (LINDLE, 1989) e acham o tempo limitado da reunião frustrante. Como uma mãe coloca: "Dez minutos é ridículo, especialmente quando outros pais estão esperando do lado de fora da porta. Eu também preciso dizer ao professor como meu filho é em casa" (LINDLE, 1989, p. 14).

Às vezes, os professores também ficam insatisfeitos com essas reuniões formais. Assim como os pais, eles acham que o tempo curto impede uma troca significativa. Além disso, os professores reclamam acerca da falta de comparecimento: "Os pais com os quais você *não* precisa falar aparecem, enquanto aqueles com quem você *quer* falar desesperadamente não vêm". É interessante notar que Donnie não se importa que os pais dos bons alunos participem das reuniões de pais:

> Se houver um problema real, eu contarei aos pais antes da reunião de pais. Assim, nós já teremos nos encontrado quando a reunião acontecer. Por isso eu acho legal conhecer os pais dos alunos que estão indo bem. É bom ser capaz de fazer relatos positivos. E os pais querem ter a segurança de que está indo tudo bem.

Antes de uma reunião, é importante se preparar cuidadosamente. Por exemplo, Sandy examina as notas de cada aluno; imprime uma folha com o progresso do aluno, usando um programa de computador; anota tendências de desempenho acadêmico e comportamento; e anota algumas poucas palavras para usar quando for falar com os pais. Também é útil ter algumas amostras do trabalho dos alunos para mostrar aos pais.

As reuniões podem ser tensas, especialmente se for o seu primeiro encontro com a família e, então, nossos professores começam tentando deixar os pais à vontade. Eles sugerem começar com algo positivo: "É um prazer ter o seu filho na turma" ou "Sua filha parece estar realmente interessada nos tópicos que estudamos". Você deve estar consciente, entretanto, de que pais imigrantes latinos (e de outras culturas coletivistas) podem se sentir desconfortáveis em ouvir elogios extensos aos seus filhos, uma vez que elogios destacam uma pessoa do grupo (TRUMBULL et al., 2001).

Em seguida, problemas e fraquezas podem ser abordados, não como falhas de caráter ("Ela é preguiçosa"), mas como problemas que precisam ser solucionados ("Ela está tendo dificuldade de entregar suas atividades a tempo. O que podemos fazer sobre isso?"). Donnie coloca dessa maneira:

> Eu posso dizer aos pais: "Nós temos um problema. O desempenho do seu filho está caindo. Você pode me ajudar a entender? Está acontecendo alguma coisa que eu deva saber?". Eu enfatizo que devemos trabalhar juntos. Eu explico que, se eu entender mais sobre a situação doméstica, será mais fácil para eu abordar o aluno. Talvez tenha ocorrido uma morte na família, o pai tenha saído de casa ou ain-

da uma mudança iminente. Tudo isso me ajuda a ser mais eficiente.

Sandy também pede a ajuda dos pais para lidar com os problemas. Entretanto, ela alerta os professores para não fazerem demandas que sejam impossíveis de serem cumpridas pelos pais:

> Não diga coisas como "Você precisa fazer seu filho participar mais das aulas". Seja razoável. Se você estiver falando de um aluno do ensino médio, de 17 anos, quais são as chances de que um pai possa fazer isso? No entanto, você pode dizer: "Joanne é muito quieta durante a aula. Esse é o seu comportamento normal?".

Embora tentem fornecer aos pais informação substantiva, nossos professores enfatizam a necessidade de *ouvir*. Os quatro professores sempre reservam um tempo para que os pais façam perguntas, expressem suas preocupações e deem sugestões. Uma reunião deve ser um diálogo, não um monólogo. Também é muito importante não pressupor que pais pobres, não educados ou com proficiência limitada na língua não têm nada de valor a oferecer. Uma mãe imigrante expressou sua frustração desse modo: "Sempre que vou para a escola, eles querem me dizer o que devo fazer em casa, como devo criar o meu filho. Eles nunca perguntam o que eu penso, nunca me perguntam nada" (FINDERS; LEWIS, 1994, p. 53).

Ellen Kottler (1994) destaca a importância de estimular as famílias falantes de línguas estrangeiras a ajudá-lo a entender a origem educacional e cultural de seus filhos. Por exemplo, você pode perguntar sobre experiências educacionais anteriores, se seu filho está passando por algum conflito cultural, quais são seus objetivos educacionais para os filhos, qual é a língua falada em casa e se há necessidades ou hábitos que você deve levar em consideração.

Você também precisa ser sensível às diferenças culturais em relação aos estilos de comunicação. As culturas moldam a natureza da interação verbal, fornecendo normas a respeito de quem pode iniciar a conversação, se é permitido interromper o outro e quanto tempo esperar entre uma pergunta e uma resposta (SWAP, 1993). Se essas normas não forem compartilhadas, os participantes podem se sentir desconfortáveis. O exemplo a seguir de conversação entre índios athabaska e brancos no Alaska ilustra como desentendimentos podem surgir devido a diferentes estilos de comunicação:

> [A] o falante branco frequentemente fará uma pergunta e, em seguida, uma pausa, esperando que o índio responda; então, quando parecer que o ouvinte não tem mais nada a dizer, o branco falará de novo. Ao índio que deseja responder, mas que está acostumado a pausas mais longas entre os falantes, não é dada a oportunidade adequada de falar.
>
> Por outro lado, quando só falantes indígenas têm a vez, eles são frequentemente interrompidos porque fazem o que é considerado pelos brancos como pausas "prolongadas" entre as falas. Como uma mulher athabaska disse para uma de nós: "Enquanto vocês estão pensando no que vão dizer, eles já estão falando". Portanto, falantes indígenas frequentemente falam muito pouco, e falantes brancos parecem conduzir toda a conversa. (NELSON-BARBER; MEIER, 1990, p. 3, apud SWAP, 1993, p. 91).

Além disso, você precisa reconhecer que cada cultura tem uma visão diferente sobre qual é o comportamento adequado em sala de aula. Por exemplo, um professor euro-americano pode incentivar os alunos a participar ativamente das discussões em sala de aula, a verbalizarem suas opiniões e fazer perguntas. Em contraste, alguns pais latinos e ásio-americanos podem esperar que seus filhos sejam quietos e obedientes e que não contradigam o professor ou façam perguntas (SCARCELLA, 1990). Também é importante compreender que os pais imigrantes latinos podem estar interessados, principalmente, no desenvolvimento social e moral da criança:

> Ser um contribuinte respeitável para o bem-estar do grupo em vez de focar o seu próprio desempenho é altamente valorizado. Assim, quando os pais imigrantes latinos vêm para uma reunião de pais–professores, sua primeira pergunta provavelmente será: *"Como se porta mi hijo?"* ("Como o meu filho se comporta?") Uma professora pode achar difícil abafar sua consternação após ouvir a mesma pergunta de 25 ou 30 pais, acreditando que eles se importam somente com o comportamento dos filhos, quando o objetivo do professor é discutir seu progresso acadêmico. (ROTHSTEIN-FISCH; TRUMBULL, 2008, p. 14-15).

Finalmente, nossos professores destacam a importância de não fechar portas para comunicações adicionais. Se uma reunião não está indo bem, você pode sugerir um novo encontro, talvez com o supervisor do departamento ou um conselheiro de orientação presente para mediar a discussão.

Algumas escolas começaram a realizar a "reunião entre três pessoas" (professor, pai ou responsável e aluno) (BAILEY; GUSKEY, 2001). Primeiramente, todos os participantes, começando pelo aluno, compartilham suas percepções dos pontos fortes demonstrados em seu trabalho. Todos, então, discutem duas áreas em que o aluno precisa trabalhar, destacam os objetivos para o futuro e entram em acordo sobre o tipo de apoio que cada uma das partes irá fornecer. Finalmente, o professor responde a perguntas e resume o que foi combinado.

Pesquisas indicam que a reunião entre três pessoas tem vantagens em relação à reunião tradicional (pai-professor). Um estudo, por exemplo, comparou as tradicionais reuniões de pai-professor com reuniões que incluíram os alunos ("reuniões família-escola") (MINKE; ANDERSON, 2003). As famílias escolhidas para participar do projeto tinham crianças com aprendizagem fraca ou problemas de comportamento. Duas principais descobertas emergiram em relação às reuniões tradicionais. Primeiro, tanto professores quanto pais concordaram que as reuniões são importantes oportunidades para a troca de informação; segundo, ambos os grupos chegaram às reuniões com ansiedade. Os pais usaram palavras como *preocupados, nervosos, sobrecarregados* e *apreensivos* para descrever suas emoções, e os professores descreveram seus sentimentos de "exaustão e alívio" quando as reuniões acabam (MINKE; ANDERSON, 2003, p. 59). Em contraste, tanto pais quanto professores sentiram que o modelo família–escola de reunião aumentou a confiança e comunicação, além de ter proporcionado mais oportunidades de aprender uns sobre os outros e sobre as crianças. Os adultos ficaram particularmente impressionados com o "comportamento inesperadamente maduro" dos alunos e seus "[...] comentários honestos e perspicazes a respeito de seu próprio aprendizado" (MINKE; ANDERSON, 2003, p. 59). De fato,

> Os professores frequentemente notaram que a criança era a primeira a trazer "más notícias", o que eles viram como liberando-os de um fardo incômodo e reduzindo enormemente a defesa parental. (MINKE; ANDERSON, 2003, p. 60).

Evidências também sugeriram que as reuniões família-escola poderiam ser conduzidas nos mesmos 15-20 minutos destinados às reuniões entre duas pessoas. Deve

> **PARE E REFLITA**
>
> Nós já observamos que o envolvimento da família com a escola diminui nos anos finais do ensino fundamental e no ensino médio. Antes de ler a próxima seção, pense sobre os tipos de envolvimento familiar que poderiam beneficiar sua turma e os modos pelos quais você poderia estimular e promover esse envolvimento.

ser observado, no entanto, que reuniões entre três pessoas como essa precisam de treinamento e preparação cuidadosa (ver BAILEY; GUSKEY, 2001, para estratégias e sugestões práticas).

Envolvimento da família na escola

No ensino médio, o maior envolvimento familiar com a escola consiste no comparecimento a apresentações dos alunos, eventos esportivos, entre outros programas. O envolvimento da família também pode ocorrer "por trás dos panos", por exemplo, os pais podem se engajar em atividades para arrecadar dinheiro, entrevistar candidatos à vaga de administrador e professor, preparar o café da manhã no "Dia da Valorização do Professor", participar em comitês que desenvolvem políticas de disciplina e comparecimento e acompanhar eventos sociais.

A participação em atividades de sala de aula é bem menos comum, mas mesmo o envolvimento de poucos pais pode fornecer apoio considerável e enriquecer o currículo. Quando as turmas de mundo contemporâneo de Fred estudam religiões, por exemplo, pais de diferentes fés vêm explicar suas crenças religiosas; na sua turma de Institute for Political and Legal Education, pais que são advogados muitas vezes compartilham seus conhecimentos; e suas turmas de história podem ser visitadas por sobreviventes de campos de concentração nazistas. Nas turmas de química de Sandy, pais falam sobre temas científicos ou ambientais, e aqueles que são membros de faculdades em universidades vizinhas convidam os alunos a visitar seus laboratórios de química. Donnie mantém o "dia da minicarreira", quando ex-alunos bem-sucedidos compartilham suas experiências profissionais e comunicam a mensagem: "você pode fazer isso também". Nas turmas de jornalismo de Christina, pais, amigos dos pais, antigos alunos e contatos locais falam de suas carreiras como jornalistas.

Se você decidir convidar pais para participar de atividades em sua sala de aula, você precisa pensar com cuidado em como recrutá-los. Às vezes, os pais não se voluntariam simplesmente porque não sabem o que seria esperado deles ou como poderiam contribuir. A noite de volta à escola é uma boa oportunidade de fazer um pedido direto pessoalmente e explicar as várias maneiras de os pais apoiarem a escola. Se você convidar os pais para fazerem uma apresentação em sua sala de aula, certifique-se de que você deixou claro se eles terão de repetir a apresentação em várias turmas. Uma amiga engenheira ficou surpresa ao saber que teria de repetir sua apresentação nas três turmas de física em que uma de nós ensinava!

Outra maneira de envolver os pais é pedir ajuda para conseguir recursos para a sua sala de aula. Talvez algum pai trabalhe em um laboratório e possa organizar a doação de equipamentos extras para a sua sala de ciências; ou um pai que trabalhe em uma livraria possa doar livros ligeiramente danificados para a sua sala de literatura (esses tipos de doações para a escola geram abatimento no imposto de renda). Você pode usar um *e-mail* ou o endereço eletrônico da turma para distribuir uma "lista de desejos" para a sala de aula, como um meio adicional de convidar os pais a se envolverem.

Se você está lecionando em um distrito onde os pais têm se envolvido pouco com a escola, esforços especiais serão necessários para mudar a situação. Na escola de ensino médio de Donnie, um comitê foi criado para pensar em maneiras de tornar a escola mais "amigável aos pais". Como resultado dos esforços do comitê, grupos de professores visitaram igrejas vizinhas nas manhãs de domingo para convidar os pais para a escola de ensino médio. Como Donnie afirma:

> Os pais estavam reclamando que não se sentiam bem-vindos. Bem, o objetivo dessas incursões é dizer:

"Queremos que vocês nos visitem. Essa é a sua escola; entre e veja o que está acontecendo. Se puder, seja voluntário, trabalhe na livraria, ajude os alunos com o dever de casa. Nós lhes damos as boas-vindas".

O sentimento de Donnie ecoa na pesquisa que descobriu que o aumento da programação cultural de uma escola estimulou mais pais indígenas americanos a se envolverem (POWERS, 2006) e que convidar os pais latinos a se tornarem ativos na administração da escola aumentou o envolvimento dessas famílias (MARSCHALL, 2006).

Pais de alunos com necessidades especiais

Segundo o Individuals with Disabilities Education Act (IDEA), os pais de crianças com necessidades especiais têm um mandato legal para participar no planejamento do Individualized Education Program de seus filhos. Uma vez que a inclusão está amplamente disseminada, você provavelmente entrará em contato com pais de crianças com deficiências e, esperançosamente, se envolverá nos encontros anuais da IEP, nos quais um professor deve estar presente). Mas Sandy, que tem um aluno com transtorno emocional em sua turma deste ano, adverte os professores a não esperarem pelos encontros formais obrigatórios ou mesmo pelas reuniões de pais regularmente agendadas:

> Sempre que tenho um aluno no IEP, eu peço para o administrador do caso "Me fale desse aluno". Então, eu peço que ele agende um encontro com os pais, geralmente na primeira semana e meia de aula. Isso mostra aos pais que você está ciente do IEP e dá a eles um sentimento de alívio e confiança. Eles ficam sabendo que o IEP não é apenas um pedaço de papel e que o professor já está pensando em como modificar o curso para o aluno. Isso já o coloca no caminho certo e estabelece o tom correto.

No nosso encontro inicial, falamos muito do IEP. Você deve lembrar que os IEPs são abertos à interpretação e isso precisa ser discutido. Por exemplo, um IEP pode dizer que o aluno pode ter mais tempo nos testes. O que isso significa? Isso é uma quantidade de tempo indefinida? Quanto? Dez minutos?

Eu também quero que os pais me eduquem sobre seus filhos. Este ano, foi importante para mim saber o que descontrola o meu aluno com transtorno emocional. O que é estressante para ele que poderia resultar em uma explosão? Cada aluno é diferente, e eu não gosto de surpresas. Algumas vezes, é tão simples: "não o coloque junto de outro aluno do sexo masculino".

Além de um encontro como esse logo no início do ano, Sandy mantém contato estreito com os pais ao longo do ano. Às vezes, os pais querem um relatório semanal e Sandy fica feliz em consentir; entretanto, ela pede a eles para assumir a responsabilidade de ligar ou mandar *e-mail*: "Com tantos alunos, é muito difícil para eu lembrar".

Envolvimento das famílias em atividades de aprendizado em casa

O quarto tipo de envolvimento de Epstein se refere aos modos de as famílias ajudarem no aprendizado dos seus filhos em casa. No ensino médio, esse tipo de envolvimento frequentemente cria ansiedade considerável nos pais. Como Donnie mencionou mais cedo, alguns pais ficam assustados com o conteúdo da matéria. Sandy concorda:

> Nos anos iniciais do ensino fundamental, os pais frequentemente ajudam com o dever de casa, leem para os filhos e monitoram seus estudos. Mas no ensino médio, a primeira coisa que sai da boca de um pai é: "Eu não sei cálculo. Eu não sei química. Não há como ajudar".

Os pais não são os únicos que querem saber como podem ajudar nas tarefas de casa dos adolescentes. Alguns professores também questionam se os pais podem ser úteis de fato. Mas nossos quatro professores acreditam que os pais podem desempenhar um papel extremamente importante. Embora eles possam não ter familiaridade com o conteúdo da matéria, eles podem ajudar monitorando o trabalho escolar dos filhos, fornecendo apoio e estímulo e estabelecendo limites. Fred nos conta:

> Eu vejo que os pais realmente querem ajudar seus filhos, mas, muitas vezes, eles não têm uma pista de como fazê-lo. Eles realmente são receptivos a sugestões. Às vezes, eu sugiro que os pais ajudem checando a ortografia dos textos dos filhos. Eu também posso sugerir que eles chequem se o filho fez o dever de casa ou se os requisitos para um trabalho de pesquisa foram atendidos. Eu sugiro que eles peçam para ver os trabalhos dos filhos. Muitas vezes, os alunos jogam seus trabalhos no lixo sem mostrá-los aos pais.

Do mesmo modo, Sandy pede aos pais que não se preocupem se não souberem química, pois eles podem ajudar a estruturar o ambiente do filho:

> Se um aluno tem problemas em química 99% do tempo, o problema não é com a matéria, mas com o tempo gasto com ela. Os pais podem monitorar o tempo gasto no dever de casa. Eles podem dizer: "Fazer dever de química na frente da TV não é trabalhar" ou "Você tem que fazer o seu dever de casa antes de sair". Eles podem sugerir que o filho chame um amigo que também tenha dificuldades. Eles devem se certificar de que seu filho venha procurar ajuda após a escola. Eu direi: "Eu quero seu filho aqui duas vezes por semana para que eu possa ajudá-lo em química. Mas você deve se certificar de que ele venha".

Uma revisão recente de pesquisas sobre o envolvimento de pais nos deveres de casa dos filhos (PATALL; COOPER; ROBINSON, 2008) reforça as crenças de nossos professores. A revisão concluiu que de todos os tipos de envolvimento parental, a criação de regras sobre quando e onde os deveres devem ser feitos pode ter o efeito mais benéfico no desempenho dos alunos. Além disso, esse tipo de envolvimento não precisa de anos de educação superior. Um levantamento sobre as práticas de deveres de casa de alunos dos anos finais do ensino fundamental (XU; CORNO, 2003) descobriu que os membros da família eram especialmente úteis para organizar o ambiente para o estudo (p. ex., encontrar um local silencioso, criar espaço para que o aluno trabalhe, desligar a televisão) e auxiliar as crianças no controle de suas emoções (p. ex., acalmando um aluno frustrado, incentivando uma criança triste). O nível de educação do auxiliar não está relacionado à assistência eficiente no dever de casa.

É importante reconhecer que essa visão do papel dos pais pode entrar em conflito com as crenças de algumas famílias sobre a importância da independência e autossuficiência. Por exemplo, em um estudo, uma mãe explica por que ela não participa da escolarização de sua filha:

> É a educação dela, não a minha. Eu tive de ensiná-la a cuidar de si mesma. Eu trabalho à noite, por isso ela teve de aprender a acordar e se preparar para ir à escola. Eu não estarei lá para sempre, então, ela tem de fazer isso. Ela é muito determinada. É quase um adulto, mas eu acho que eles querem que eu a ensine a fazer o seu trabalho. E não é que eu não me importe. Eu realmente me importo. Eu acho importante, mas eu não acho que seja o meu trabalho. (FINDERS; LEWIS, 1994, p. 52).

Claramente, essa mãe está preocupada com o bem-estar de sua filha, mas ela considera a independência como crítica para sua filha sobreviver e ser bem-sucedida.

> **🕮 PARE E REFLITA**
>
> O dever de casa é um assunto controverso. Por exemplo, em *The End of Homework: How Homework Disrupts Families, Overburdens Children, and Limits Learning*, Etta Kralovec e John Buell defendem que o dever de casa promove discriminação. As crianças capazes de obter apoio e assistência de suas famílias (os "que têm") podem disparar na frente enquanto aqueles que vêm de famílias que não os ajudam (os "que não têm") ficam cada vez mais para trás. O que você pensa sobre esse tema?

COMENTÁRIOS FINAIS

Este capítulo descreveu diferentes maneiras de os professores alcançarem as famílias. Nossas sugestões variam consideravelmente em termos de frequência, tempo disponível e energia necessária. À medida que você conhece seus alunos e suas situações familiares, você é capaz de escolher as práticas mais apropriadas e factíveis. Claro, você precisa ser realista: como um professor iniciante, você pode ter que atrasar um pouco os esforços principais para facilitar a comunicação e a colaboração com as famílias. Entretanto, lembre-se de que o envolvimento da família pode ser a chave para o sucesso dos alunos e que o ato de fazer convites específicos demonstrou ter um impacto poderoso no envolvimento das famílias em casa e na escola (DESLANDES; BERTRAND, 2005).

Atualmente, há muitos pais solteiros, mães que trabalham fora, alunos que são criados pelos avós, tios ou vizinhos, famílias com culturas diferentes das da maioria dos professores. A colaboração família–escola nunca foi tão difícil e, ao mesmo tempo, tão importante.

RESUMO

Este capítulo começou discutindo os benefícios de trabalhar estreitamente com as famílias. Depois, destacou os desafios para a cooperação família-professor e enfatizou que são as atitudes e práticas dos professores – não o nível educacional, o estado civil ou o local de trabalho dos pais – que determinam o envolvimento das famílias na escolarização dos seus filhos. Finalmente, o capítulo apresentou estratégias para superar os desafios e promover a colaboração entre as famílias e a escola.

Benefícios de trabalhar estreitamente com as famílias

- Conhecer a situação doméstica de um aluno ajuda a entender o seu comportamento em sala de aula.
- Quando as famílias compreendem os seus objetivos, elas podem fornecer apoio e assistência valiosos.
- As famílias podem ajudar a desenvolver e implementar estratégias para mudança de comportamento.
- Pais voluntários podem fornecer assistência na sala de aula e na escola.

Desafios para a cooperação família-professor

- Às vezes, os professores relutam em envolver as famílias na escolarização. Alguns dos motivos são:
    - o tempo e a energia extra necessários;
    - a percepção de que as famílias estão sobrecarregadas demais, apáticas e de que não são responsáveis ou não possuem as habilidades necessárias;
    - o medo de perder a autoridade e a autonomia na sala de aula.
- Os pais, às vezes, relutam em se envolver na escolarização porque:
    - estão sobrecarregados de trabalho;
    - têm lembranças infelizes da escola;
    - acreditam que a escolarização deva ser feita por especialistas;
    - se sentem culpados quando seus filhos têm problemas;
    - consideram a escola como locais intimidatórios e ameaçadores;
    - não consideram o envolvimento com a escola como parte do papel dos pais.
- Mudanças na família e na sociedade norte-americana:
    - o número de pais solteiros aumentou;
    - a "mãe dona de casa" está desaparecendo;

os adultos importantes para os alunos podem não ser os pais, mas avós, tios ou vizinhos;

muitas crianças vivem em lares onde não se fala inglês.

Promovendo a colaboração entre famílias e escolas

- A escola pode ajudar as famílias a realizarem suas obrigações básicas educando os pais, estabelecendo grupos de apoio aos pais e encaminhando as famílias às agências comunitárias e estatais.
- Os professores precisam informar aos pais os programas escolares e o progresso dos alunos por meio de endereços eletrônicos, *e-mails*, telefonemas, boletins, registros de progresso e interações face a face (p. ex., noite de volta à escola, reunião de pais).
- Os pais podem atuar como voluntários nas salas de aula e na escola.
- As famílias podem ajudar seus filhos em casa:
  supervisionando o dever de casa;
  incentivando-os e apoiando-os.
  estabelecendo limites.

Como professor iniciante, você tem de decidir o que pode realizar de modo realista em relação à colaboração e comunicação com os pais. Entretanto, você precisa se lembrar de que o envolvimento da família é importante para o sucesso dos alunos. Nessa época em que há muitos pais solteiros, mães que trabalham fora e alunos das mais diversas culturas, a colaboração significativa entre família e escola nunca foi tão desafiadora, mas, ao mesmo tempo, tão essencial.

ATIVIDADES PARA A CONSTRUÇÃO DE HABILIDADES E REFLEXÃO

Na turma

Trabalhando em grupos pequenos, leia os trechos seguintes (um por grupo) e faça o seguinte:
- Discuta a informação presente no trecho lido.
- Faça uma lista com outras informações que queira obter e formas de obtê-la.
- Faça uma lista de maneiras possíveis pelas quais você pode abordar o tema além de falar com o pai/responsável/família. Que possíveis temas subjacentes podem existir?
- Pense em como irá se preparar para a reunião.
- Decida como vai estruturar o encontro, de modo que possa expor as informações produtivamente e sem ser defensivo.
- Encene a conversa que você pode ter com os pais.

Trecho 1:

Você destacou que cientistas pesquisadores trabalham em grupos e que você usa muitas atividades de aprendizado cooperativo na sua turma de ciências regular do 8º ano. Embora os alunos sentem em fileiras, seus assentos estão dispostos de modo que eles possam virar suas carteiras para formar "grupos de pesquisa" (com quatro integrantes) heterogêneos em termos de raça, etnia, gênero e nível de desempenho. Nas reuniões de pais, o pai de uma menina paquistanesa pede que você coloque a filha dele em um grupo formado apenas por meninas. Ele explica que sua cultura desaprova que meninas e meninos sentem juntos e que ele ficou extremamente descontente quando soube onde sua filha iria sentar e qual era o seu grupo de pesquisa.

Trecho 2:

Na semana passada você conduziu uma reunião de pais com a Sra. Lewis, mãe de Joey. Durante a reunião, você descreveu os comportamentos violentos do aluno e o que você fez para lidar com eles. Você também explicou que ele está em risco de repetir de ano porque raramente faz o dever de casa e obteve notas baixas na maioria dos *quizzes* e testes. A Sra. Lewis parecia aceitar e entender a situação. Entretanto, no dia seguinte, um irado Sr. Lewis ligou. Ele disse que jamais havia visto sua mulher tão chateada e que queria outra reunião assim que fosse possível para chegar à origem do problema. Ele também insinuou que o problema pode ter se originado de um conflito de personalidade entre você e o filho dele. Embora a ligação telefônica tenha lhe pegado com a guarda aberta, você agendou a reunião para dois dias depois.

Trecho 3:

Você tem uma aluna de 2ª série do ensino médio que não está conseguindo completar o dever de casa. Ela é uma aluna academicamente competente que faz a maior parte de suas tarefas na sala de aula, além de ser amigável e de fácil trato. Você pediu várias vezes à aluna para fazer o dever de casa, mas ela chega, quase diariamente, com ele incompleto. Quando você pergunta a ela por que não fez o dever, ela responde: "Eu não sei". Você enviou duas cartas para a casa dela e deixou uma mensagem telefônica para sua família. Sua mãe aparece inesperadamente ao final de um dia escolar, pede para falar com você e diz que sua filha está reclamando que você a está perseguindo e não gosta dela.

Trecho 4:

Paul é um aluno afro-americano do 7º ano. Você sabe que a mãe dele é muito ativa na Associação de pais e mestres e bastante envolvida na política da escola e do distrito. Infelizmente, Paul não está indo bem nas aulas. Ele é um excelente leitor e escritor e é muito inteligente, mas você documentou que ele não realiza as atividades na sala de aula. Você também tem anotações anedóticas referentes aos comentários negativos dele sobre os tipos de tarefas que você passa para a turma. Ele está cada vez mais desmotivado e desrespeitoso com você. Você se sente bem preparado para a reunião de pais porque tem registros e anotações minuciosos. Quando os pais de Paul chegam à reunião, você apresenta cuidadosamente o caso. O pai dele explica que, em sua casa, eles estimulam os filhos a questionar o que lhes é ensinado e a não acreditar em todas as informações apresentadas. Ele explica que muitos alunos negros abandonam a escola porque não são representados no currículo eurocêntrico. A mãe de Paul sugere que, como professora euro-americana, você precisa aprender a história e cultura dos alunos a fim de envolvê-los totalmente. Ela vai além, sugerindo que você deve ouvir as críticas de Paul às suas tarefas e usá-las como forma de examinar e avaliar o que é essencialmente um currículo preconceituoso.

Individual

1. Ao se preparar para o início do ano escolar, você decidiu enviar uma carta para a família de cada um dos seus alunos. O objetivo da carta é apresentar-se, descrever o currículo, destacar alguns projetos futuros e explicar as suas expectativas em relação aos deveres de casa, ao comportamento e ao comparecimento. Escolha uma matéria que você poderia ensinar (p. ex., história, álgebra I, espanhol, economia doméstica I, literatura mundial, educação física, etc.) e escreva a carta. À medida que você a escreve, pense na necessidade de ser amigável, claro e organizado, de evitar o jargão educacional e de estimular o interesse na escola.

2. Anita é extremamente "esquecida" em relação aos deveres de casa. Ela já recebeu inúmeras notas "zero" e, regularmente, fica em detenção para fazer o trabalho. Você chamou a mãe dela para relatar esse comportamento e pedir auxílio, mas ela não quer se envolver. Ela afirma: "Eu faço tudo o que posso para lidar com ela em casa. O que ela faz com as tarefas escolares é sua responsabilidade!". Entreviste dois professores experientes sobre o que eles fariam em um caso como esse e formule seu próprio curso de ação baseado no que você aprendeu.

Para seu portfólio

Demonstre sua capacidade de se comunicar com as famílias incluindo dois ou três recursos (p. ex., boletins, dever de casa interativo, pedidos de ajuda aos pais com o dever de casa, convites para eventos; certificados de premiação para alunos; listas de verificação a serem usadas nas reuniões de pais).

LEITURAS ADICIONAIS

ALLEN, J. B. *Creating welcoming schools*: a practical guide to home-school partnerships with diverse families. New York: Teachers College Press, 2007.

Esse livro contém muitas estratégias práticas para envolver as famílias na escola, aprender sobre culturas diferentes e construir parcerias entre a escola e os lares.

BAILEY, J. M.; GUSKEY, T. R. *Implementing student-led conferences*. Thousand Oaks: Corwin Press, 2001.

Em uma reunião liderada por alunos, eles assumem a responsabilidade de comunicar seu progresso, enquanto os professores atuam como facilitadores. Esse livro fornece sugestões muito úteis para preparar, conduzir e avaliar reuniões conduzidas por alunos. Ele inclui exemplos de anúncios e formatos da reunião, planejadores de portfólio, cartas reproduzíveis e formulários de resposta para pais e alunos.

DELGADO GAITAN, C. *Involving Latino families in schools*: raising student achievement through home-school partnerships. Thousand Oaks: Corwin Press, 2004.

Concha Delgado Gaitan fornece estratégias para incluir pais latinos e, assim, aumentar o desempenho dos alunos. Ela destaca três condições para o aumento da participação parental: conectar-se com as famílias, compartilhar informações com os pais e apoiar o envolvimento parental contínuo. Entre os tópicos abordados estão as aspirações das famílias latinas para seus filhos, os sistemas de comunicação necessários entre a escola e famílias latinas, e as técnicas para promover o envolvimento de pais latinos.

EPSTEIN, J. et al. *School, family, and community partnerships*: your handbook for action. 2nd ed. Thousand Oaks: Corwin Press, 2002.

Esse manual fornece muitas informações sobre os seis tipos de envolvimento, com "histórias de campo" para mostrar como as escolas estão usando o quadro para implementar programas de parcerias. Ele destaca a importância de adotar a abordagem de um grupo de ação e fornece estratégias práticas para conduzir *workshops* e apresentações, implementar deveres de casa interativos, organizando voluntários, fortalecer e avaliar programas de parcerias.

LAWRENCE-LIGHTFOOT, S. *The essential conversation*: what parents and teachers can learn from each other. New York: Ballantine Books, 2003.

Segundo Lawrence-Lightfoot, "abaixo da superfície polida das reuniões de pais e alunos. . . queima um caldeirão de sentimentos ardentes". Para os pais, não há momento de maior pavor; para os professores, esses encontros geram sentimentos de incerteza, defesa e exposição. Esse livro aborda as experiências de dez professores exemplares em um esforço para compreender como os pais e professores "negociam o terreno traiçoeiro e pouco firme" entre eles.

TRUMBULL, E. et al. *Bridging cultures between home and school*: a guide for teachers. Mahwah: Lawrence Erlbaum Associates, 2001.

Os pesquisadores e professores envolvidos no *Bridging Cultures Project* (Projeto Pontes entre Culturas) explicam como os valores individualistas das escolas norte-americanas podem entrar em conflito com os valores mais coletivistas das culturas latinas. Eles fornecem estratégias baseadas em pesquisas para melhorar as relações casa–escola em famílias de imigrantes latinos.

FONTES DE ORGANIZAÇÕES

The Family Involvement Network of Educators (FINE), Harvard Family Research Project, Harvard Graduate School of Education, 3 Garden Street, Cambridge, MA 02138 (www.hfrp.org, 617-495-9108). O FINE reúne milhares de partes interessadas envolvidas na promoção de fortes parcerias entre escolas, famílias e comunidades. O FINE fornece informação sobre o envolvimento das famílias, incluindo ferramentas de ensino, materiais de treinamento e registros de pesquisa. Os membros podem receber por *e-mail*, gratuitamente, o boletim informativo do FINE, que regularmente destaca novos recursos para estreitar parcerias entre família, escola e comunidade.

The National Network of Partnership Schools, Johns Hopkins University, Center on School, Family, and Community Partnerships, 3003 North Charles Street, Baltimore, MD 21218 (www.partnershipschools.org, 410-516-8800). O NNPS fornece informação para implementar programas de parcerias abrangentes entre escola, família e comunidade. Confira as tarefas de casa interativas (TIPS) e as coleções de "Práticas de Parcerias Promissoras" no seu *website*.

The National Parent Teacher Association (PTA), National Headquarters, 541 N. Fairbanks Court, Suite 1300, Chicago, IL 60611-3396 (www.pta.org, 312-670-6782). A *National Parent Teacher Association* e suas afiliadas estaduais produzem um conjunto de padrões para parcerias família-comunidade-escola. Professores, escolas e pais podem usar esses padrões para avaliar seus próprios esforços. Adicionalmente, o endereço eletrônico fornece aos pais materiais sobre como ajudar os filhos a aprender e como podem se ligar à associação local.

PARTE III

Organizando e gerenciando o ensino

Os educadores às vezes falam de gestão de sala de aula e ensino como se fossem duas tarefas completamente distintas e separadas da atuação de um professor. Por essa perspectiva, gestão e ensino ocorrem em sequência cronológica. Primeiro você estabelece regras, rotinas e consequências, constrói relações positivas com os alunos e promove a comunidade. Em seguida, você começa a ensinar.

Ao contrário, encaramos essas duas qualidades como intimamente entrelaçadas – até mesmo inseparáveis. Como destacamos no Capítulo 1, a fim de evitar problemas de comportamento, os professores devem não apenas promover relações positivas entre alunos e professores e usar boas estratégias de gestão preventiva, mas também implementar ensino em ritmo adequado, organizado e envolvente. Quando os alunos consideram as atividades acadêmicas significativas e interessantes, eles são menos propensos a ficar desatentos e violentos.

Nesta parte, refletimos sobre maneiras de gerenciar o ensino e o tempo de ensino para promover o envolvimento dos alunos e o aprendizado. O Capítulo 7 aborda a quantidade de tempo disponível para o ensino e discute maneiras de garantir que você não esteja desperdiçando esse precioso recurso. O Capítulo 8 argumenta que os professores são responsáveis por estimular a motivação dos alunos e por oferecer diversas estratégias motivacionais retiradas de pesquisas, de teorias e da prática de nossos quatro professores. Os Capítulos 9 a 11 examinam quatro situações de ensino comuns em salas de aula dos anos finais do ensino fundamental e do ensino médio: trabalho independente (também conhecido como trabalho sentado), trabalho em pequenos grupos (incluindo o aprendizado cooperativo), recitações (sequências de perguntas e respostas) e discussões. Para cada um desses, descrevemos os desafios de gestão ou as "armadilhas" que os professores precisam conhecer e, então, sugerimos maneiras de estruturar a situação de ensino para aumentar a probabilidade de sucesso. Aproveitamos as experiências e a sabedoria de nossos quatro professores para ilustrar como usar efetivamente esses modos de ensino.

Nossa discussão nos Capítulos 9 a 11 se baseia na premissa de que o que constitui um comportamento apropriado e ordeiro varia entre os tipos de ensino. Por exemplo, chamar o outro gritando pode ser perfeitamente aceitável em uma discussão centrada no aluno, mas ser inadequado durante uma recitação orientada pelo professor. Do mesmo modo, os alunos podem ser estimulados a trabalhar juntos durante uma atividade de aprendizado cooperativo, mas ser proibidos de ajudar uns aos outros durante uma tarefa escrita independente. Os alunos têm o direito de saber como você espera que eles se comportem quando estiverem participando em trabalho independente, trabalho em pequenos grupos, recitações e discussões. Portanto, além das regras para comportamento geral apresentadas no início do ano, você deve pensar a respeito dos comportamentos que são adequados e desejáveis em cada uma dessas situações de ensino e deixar suas expectativas comportamentais absolutamente claras.

CAPÍTULO 7

Aproveitando ao máximo o tempo de sala de aula

Quanto tempo existe, afinal? 166
Aumentando as oportunidades de aprender 170
O uso de horários em bloco 181
Comentários finais 184
Resumo 184

No primeiro dia de aula, o ano acadêmico parece se estender indefinidamente. Se você for um professor iniciante, você pode se perguntar como irá preencher todas as horas escolares que estão previstas – especialmente se você não está nem mesmo certo do que irá fazer no dia seguinte. À medida que os dias passam, você pode começar a sentir que falta tempo para realizar todas as suas atividades. Com assembleias, simulações de incêndio, testes, feriados e tarefas burocráticas, as horas disponíveis para o ensino parecem bem mais reduzidas do que pareciam no início do ano. De fato, a tendência ao longo do ano é você encarar o tempo como um recurso precioso – não algo que precisa ser preenchido (ou gasto), mas algo que deve ser conservado e usado com sabedoria (é claro que seus alunos podem não compartilhar dessa visão – como ilustra a Fig. 7.1).

Este capítulo discute temas relacionados ao tempo e à gestão do tempo. Orientando o capítulo está a premissa de que o uso sensato do tempo irá maximizar as oportunidades de aprendizado e minimizar as oportunidades para perturbação. Primeiro, olharemos para a quantidade de tempo escolar que está disponível para ensinar e aprender. Em seguida, levamos em conta as estratégias para usar o tempo de sala de aula de maneira eficiente, concentrando-se em três abordagens complementares – manter o curso da atividade, minimizar o tempo de transição e manter os alunos responsáveis. Finalmente, examinaremos o agendamento de tempos em bloco, um esforço de reforma que substitui o período tradicional de 42 ou 50 minutos por menos aulas mais longas, de 85 a 90 minutos.

> **PARE E REFLITA**
>
> Tendo em mente que o estudante médio nos Estados Unidos passa 1.080 horas por ano na escola (180 dias × 6 horas/dia), calcule ou o número de horas ou a porcentagem de tempo que os alunos estão de fato envolvidos em aprendizado produtivo (i.e., envolvidos em tarefas acadêmicas adequadas e com um significado). Em seguida, continue lendo para ver o que os pesquisadores calcularam e descubra se você está na meta.

QUANTO TEMPO EXISTE, AFINAL?

Embora isso pareça uma questão direta, a resposta não é tão simples. De fato, a resposta depende do tipo de tempo de que você está falando (KARWEIT, 1989). A maioria dos estados tem determinado um ano escolar de aproximadamente 180 dias. Suponha que você esteja ensinando em uma escola do ensino médio que dividiu cada um des-

FIGURA 7.1 *Fonte:* Calvin and Hobbes, Watterson (1993). Distribuído por Universal Uclick. Reimpressa com permissão. Todos os direitos reservados.

ses dias em períodos de 42 minutos. Isso totaliza 126 horas de *tempo determinado* para cada uma das suas turmas. Mas os alunos faltam, programas de reuniões especiais são agendados, tempestades provocam atraso e reuniões de pais exigem o encerramento mais cedo das aulas. Fatores como esses imediatamente reduzem o tempo que você tem para ensinar; assim, o tempo disponível para ensino pode ser substancialmente menor do que o tempo determinado. Escute as reflexões de um licenciando que aprendeu a lidar com as constantes interrupções e cancelamentos:

"Bem, pelo menos você está aprendendo a ser flexível!" Se eu escutei uma vez? Eu escutei isso um milhão de vezes. Eu acredito que todos os professores com quem tive contato nesse semestre me disseram essa frase. Teste de proficiência, saídas de campo de biologia marinha, reuniões... O tempo real em que eu tive uma classe cheia de alunos, por mais de dois dias consecutivos, foi mínimo. Em nenhum outro lugar o reconhecimento de que devo ser flexível é mais evidente do que no meu livro de planejamento. Quando eu comecei a licenciatura, meus planos de aula eram digitados e grampeados em uma capa (e etiquetados com "Segunda", "Terça", etc.). Pouco tempo depois eu comecei a chamar cada dia de "Dia Um", "Dia Dois", "Dia Três" e assim por diante. Pouco tempo depois eu comecei a escrever as aulas a lápis em um livro de planejamento. Por volta da metade da minha experiência na licenciatura, comecei a fazer minhas aulas em papéis Post-it, que eu podia dispor como quisesse. Eu somente transferia a aula para os blocos no livro quando eu me sentia absolutamente seguro de que eles não seriam alterados. Continuei usando essa prática com grande sucesso e na verdade iniciei um dos meus professores supervisores no mesmo método.

Mesmo quando os alunos estão presentes e você tem a turma completa por todos os 42 minutos, alguma parte do tempo de aula disponível deve ser gasta em atividades não instrucionais. Isso significa que apenas uma parte do período de 42 minutos constitui *tempo de ensino*. Em *A Place Called School*, John Goodlad relata que os professores de ensino médio que ele havia estudado geralmente gastavam 76% do tempo de aula disponível em ensino, 20% em rotinas e 1,3% no controle do comportamento; os 2,2% restantes eram gastos em socialização (GOODLAD, 1984). Curiosamente, os valores variaram por área do assunto: turmas de língua estrangeira vinham em primeiro lugar em termos de tempo gasto em ensino (83% no ensino médio), enquanto inglês veio em último (73%). Também eram evidentes as diferenças de uma escola para outra, com o tempo de ensino variando de 68 a 84% no ensino médio. Nos anos finais do ensino fundamental a variação foi semelhante. Na escola Crestview Junior High, por exemplo, os professores passaram 69% do tempo de aula em ensino e 25% em rotinas, enquanto na Fairfield Junior High os professores passaram 87% do tempo em ensino e apenas 9% em rotinas.

Mesmo dentro de uma mesma escola e em uma mesma matéria, pode haver variação considerável de um professor para outro. Em alguns casos, entrar na sala, fazer a chamada, distribuir materiais, recolher os deveres de casa e repreender alunos com mau comportamento são ações que consomem uma excessiva quantidade de tempo. Karweit (1989) descreve uma aula de matemática "de uma hora", na qual os primeiros 10 minutos foram usados para coletar o dinheiro do almoço e os últimos 10 para colocar os alunos em fila para o almoço – deixando, na verdade, apenas 40 minutos para o ensino.

Situações como essa não são incomuns nas salas de aula de professores que não possuem estratégias eficientes para conduzir as tarefas não instrucionais de rotina. Leve em conta as dificuldades encontradas por uma professora iniciante, Srta. Twain, enquanto ela tentava conferir o dever de casa no início da aula de matemática (LEINHARDT; GREENO, 1986). A Srta. Twain tinha dois objetivos: identificar quem tinha feito o dever e corrigi-lo oralmente. Ela começou perguntando: "Quem não trouxe o dever de casa?". Em resposta, os alunos fizeram uma das três coisas: entregaram seu dever de casa completo, gritaram que não o tinham feito ou caminharam na direção da professora para lhe dizer se fizeram ou não. A Srta. Twain falou então sobre a importância do dever de casa e marcou o resultado dessa verificação em uma folha de papel afixada.

Em seguida, a Srta. Twain escolheu os alunos para dar as respostas certas para os problemas do dever de casa:

> Ela leu alguns problemas em voz alta (de 1 a 10) e designou alunos para responder à medida que falava o número do problema. Cada aluno respondeu em voz alta e lentamente (a primeira aluna escolhida era a mais fraca da turma, não tinha feito seu dever e estava fazendo os problemas de cabeça). Assim, para as respostas dos 10 primeiros problemas, a professora perdeu o controle do ritmo e a correção das respostas; no entanto, foi apenas quando a aluna falhou no sexto problema que Twain reconheceu que ela não havia feito seu dever de casa. (LEINHARDT; GREENO, 1986, p. 87).

A Srta. Twain continuou chamando alunos para dar as respostas, enquanto o resto da turma conferia o seu trabalho. O último aluno escolhido passou pela sequência de problemas rapidamente, mas deu tanto o número do problema quanto a resposta, uma situação que causou alguma confusão (p. ex., "24, 27; 25, 64"). Toda a verificação do dever de casa da Srta. Twain levou seis minutos – e ficou claro para os observadores que ela não estava certa sobre quais alunos haviam feito o dever de casa.

Em contraste, os pesquisadores descrevem uma verificação de dever de casa conduzida pela Srta. Longbranch, uma professora experiente e bem-sucedida. Primeiro ela deu uma indicação, "Ok, página 43", e então começou a chamar os nomes dos alunos. Aqueles que haviam feito o dever de casa simplesmente responderam "sim". Aqueles que não haviam feito o dever se levantaram e escreveram seus nomes no quadro. Em 30 segundos – com um mínimo de confusão – a Srta. Longbranch foi capaz de determinar quem havia completado a tarefa.

O próximo objetivo foi corrigir o trabalho:

> Os alunos pegaram lápis coloridos e responderam em coro com a resposta certa, uma fração na forma irredutível. Assim que a professora chamou o problema, $\frac{1}{12} + \frac{1}{12}$ eles responderam $\frac{2}{12}$ ou $\frac{1}{6}$. O tempo para completar foi de 106 segundos. (LEINHARDT; GREENO, 1986, p. 85).

A verificação do dever de casa da Srta. Longbranch não é apresentada como um modelo para ser copiado em sala de aula; de fato, seu procedimento pode não ser adequado para alguma turma em particular. O ponto importante é que a Srta. Longbranch estabeleceu uma rotina que lhe permitiu verificar o dever de casa de maneira eficiente, quase que automaticamente, enquanto a Srta. Twain ainda não tinha uma estratégia trabalhável. Embora a diferença no tempo utilizado pelas duas professoras seja de apenas quatro minutos, ela é provavelmente sintomática dos modos pelos quais elas administraram o tempo da turma em geral.

Mesmo quando os professores estão ensinando, os alunos não estão necessariamente prestando atenção. Devemos levar em conta ainda outro tipo de tempo – *tempo envolvido ou tempo fazendo a tarefa*. Vamos supor que, enquanto você está ensinando, alguns dos seus alunos decidem mandar uma mensagem de texto sobre a última festa de sábado à noite, fazer o dever de casa do próximo período, pentear o cabelo ou olhar pela janela. Nesse caso, a quantidade de tempo que você está destinando ao ensino é maior do que a quantidade de tempo em que os alunos estão diretamente envolvidos no aprendizado. Essa não é uma situação atípica. Pesquisas documentam o fato de que os alunos tendem a estar "na tarefa" cerca de 70% do tempo (ROSENSHINE, 1980). Mais uma vez, há variações consideráveis de uma turma para outra. Um estudo com 30 professores dos anos finais do ensino fundamental e do ensino médio (MCGARITY; BUTTS, 1984) descobriu que algumas turmas tinham uma taxa de envolvimento de 54% (i.e., o aluno médio estava atento cerca de metade do tempo), enquanto em outras turmas a taxa de envolvimento era de 75%.

Em grande parte, variações como essas refletem a capacidade do professor de administrar os eventos em sala de aula e envolver os alunos em atividades de aprendizado. Mas outros fatores também influenciam – atitudes dos alunos em relação à escola e à matéria (MARKS, 2000), horário e dia da semana. E, apesar da falta de evidência empírica, alguns professores insistem que a atenção cai (e o mau comportamento aumenta) quando é lua cheia!

Há diferenças substanciais no envolvimento de uma atividade para outra. Em um estudo, por exemplo, alunos do ensino médio relataram maior envolvimento (definido como interesse, concentração e satisfação) durante trabalho de grupo e individual do que quando assistindo a palestras ou assistindo à televisão e vídeos (SHERNOFF et al., 2003). Parece claro que as estratégias de ensino que exigem alunos ativos são mais envolventes do que aquelas em que eles são passivos. Os alunos também relataram maior envolvimento quando percebiam que a tarefa era relevante e adequadamente desafiadora – o que nos leva a um último tipo de tempo.

Trata-se da *quantidade de tempo que os alunos gastam em trabalho que seja significativo e apropriado*. Às vezes nos envolvemos tanto em tentar aumentar o tempo dos alunos nas tarefas que descuidamos das próprias tarefas. Uma vez vimos alunos em uma turma de ciências regular da 1ª série do ensino médio passar 15 minutos colorindo uma folha que mostrava diagramas de partes florais. Os alunos pareciam absorvidos; de fato, um observador que codificasse o tempo na tarefa teria registrado uma alta taxa de engajamento. Mas qual foi o propósito da atividade? No 2º ano do ensino fundamental, colorir pode ser útil para desenvolver as habilidades motoras das crianças, mas é difícil imaginar por que ela valeria à pena no ensino médio. Colorir partes florais não é ciência, e, nesse caso, um terço do período de ciências foi alocado para uma atividade não científica. Também não faz nenhum sentido ter alunos gastando tempo trabalhando em tarefas que eles não entendem e que não conseguem completar satisfatoriamente.

Este capítulo começou perguntando "Quanto tempo há, afinal?". A Figura 7.2 retrata a resposta a essa pergunta. A barra na

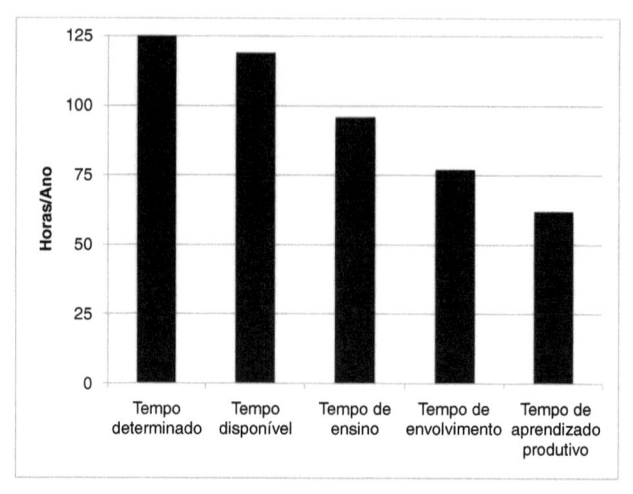

FIGURA 7.2 Quanto tempo há, afinal?

extrema esquerda mostra o número de horas que uma típica aula de 42 minutos atenderia em um típico ano escolar obrigatório – 126 (180 dias × 42 minutos). Para fazer valer o argumento, vamos assumir que as faltas de alunos e os programas de reuniões reduzem esse valor em 10 dias ou 7 horas (10 dias × 42 minutos). Portanto, a segunda barra indica que o tempo disponível é de 119 horas. Para ser consistente com as descobertas de Goodlad (1984) na utilização do tempo de turma disponível, vamos assumir também que as tarefas administrativas e burocráticas consumam 20% de cada aula, deixando apenas 34 minutos em cada dia para ensino real. Isso produz 96 horas (barra 3). Se os alunos prestarem atenção cerca de 80% desse tempo (uma estimativa otimista), o tempo de envolvimento é de 77 horas (barra 4). E assumindo que os alunos trabalhem em tarefas significativas e adequadas por 80% do tempo em que estão envolvidos, vemos que o tempo de aprendizado produtivo é de apenas 62 horas – *cerca da metade do tempo escolar "determinado" para essa turma típica de ensino médio* (barra 5).

Obviamente, esses valores são estimativas. Como destacamos, há variações substanciais de matéria para matéria, de escola para escola e de sala de aula para sala de aula. Entretanto, o gráfico ilustra o ponto fundamental: *as horas disponíveis para o aprendizado são bem mais limitadas do que inicialmente parece.*

AUMENTANDO AS OPORTUNIDADES DE APRENDER

Ao longo dos anos, o tempo tem sido um tópico popular para educadores preocupados com reformas. Em 1983, por exemplo, a National Commission on Excellence in Education declarou que os Estados Unidos eram "uma nação em risco" devido à "crescente maré de mediocridade" no seu sistema educacional. O relatório defendia uma variedade de reformas, incluindo re-

---

> **PARE E REFLITA**
>
> A maioria dos professores fica surpresa quando vê quão pouco tempo é gasto, na verdade, em aprendizado produtivo. Quais são algumas das práticas que consomem uma quantidade do tempo? Quais são algumas das práticas que você poderia usar para maximizar a oportunidade para aprendizado produtivo? Tenha ambas em mente à medida que você estiver lendo a próxima seção do capítulo.

comendações para aumentar a duração do dia escolar para sete horas e estender o ano escolar para 200 ou 220 dias. Uma década mais tarde, a National Education Commission on Time and Learning (1994) também defendeu a necessidade de mais tempo. A comissão caracterizou professores e alunos como "prisioneiros do tempo" e parafraseou o despacho de Oliver Hazard Perry na guerra de 1812: "Nós encontramos o inimigo e eles são as horas" (NATIONAL COMMISSION TIME AND LEARNING, 1994, p. 1).

Mais recentemente, uma força-tarefa de educação criada pelo Center for American Progress e pelo Institute for America's Future chegou às mesmas conclusões sobre a necessidade de mais tempo. Em um relatório intitulado *Getting Smarter, Becoming Fairer*, a força-tarefa observou que

> [...] a alocação e uso do tempo hoje ainda está ligada a uma economia agrária [...], em que as crianças eram necessárias para ajudar nos campos durante as horas após a escola e nos meses de verão. (BROWN; ROCHA; SHARKEY, 2005, p. 15)

E declarou que "[...] empurrar abruptamente as crianças dos Estados Unidos para fora da sala de aula no meio da tarde é uma oportunidade perdida" (BROWN; ROCHA; SHARKEY, 2005, p. 18). A primeira recomendação da força-tarefa foi aumentar a quantidade de tempo que os alunos passam na escola ao estender o dia escolar e, no caso de escolas de baixo desempenho, o ano escolar.

Apesar do peso dos relatórios das comissões, o ano escolar de 180 dias e de seis horas ainda é a norma nos Estados Unidos. Por essa razão, é essencial que os professores administrem o tempo disponível com habilidade e eficiência. As próximas seções deste capítulo irão discutir três estratégias para aumentar o tempo de aprendizado acadêmico dos alunos: *manter o fluxo da atividade, minimizar o tempo de transição e tornar os alunos responsáveis* (ver Tab. 7.1, para um resumo). É claro, essas estratégias não apenas maximizam o tempo para aprendizado, como também ajudam a criar e manter a ordem na sala de aula.

Manter o fluxo da atividade

Good e Brophy (2008) observam que "quatro coisas podem acontecer" quando os alunos precisam esperar, sem nada para fazer, e

---

TABELA 7.1 Aumentando o tempo de aprendizado dos alunos

- *Mantenha o fluxo da atividade:*
  Evite encerrar uma atividade, iniciar outra e voltar à primeira (*flip-flopping*).
  Evite "eventos limitados por estímulos" (ser empurrado para fora da atividade atual por um evento ou objeto que não precisa realmente de atenção).
  Evite prolongar-se demais e evite a fragmentação.
- *Minimize o tempo de transição:*
  Tenha inícios e fins claros: pare a primeira atividade, anuncie a transição, monitore a transição, certifique-se de que todos estão atentos, comece a segunda atividade.
  Prepare os alunos para as transições futuras.
  Estabeleça rotinas claras.
- *Torne os alunos responsáveis:*
  Comunique as tarefas e as exigências com clareza.
  Monitore o progresso dos alunos.
  Estabeleça rotinas para recolher e verificar os deveres de sala e de casa.
  Mantenha bons registros.

[...] três delas são ruins: (1) os alunos podem permanecer interessados e atentos; (2) eles podem ficar entediados, perdendo a capacidade de concentração; (3) podem se distrair ou começar a sonhar acordados; (4) ou eles podem ter um mau comportamento. (GOOD; BROPHY, 2008, p. 79).

Sendo bem maior a chance de a espera resultar em comportamento indesejado e perda de oportunidades de aprendizado valiosas, é essencial que os professores aprendam a manter o fluxo das atividades em sala de aula.

Uma vez mais, buscamos a orientação do trabalho de Kounin (1970). Kounin pesquisou as diferenças na capacidade dos professores de iniciar e manter o fluxo de atividade nas salas de aula. Ele então procurou relações entre o fluxo de atividade e o engajamento e o mau comportamento dos alunos.

A pesquisa de Kounin (1970) identificou muitas diferenças nos modos como os professores organizaram as atividades de sala de aula. Em algumas das salas, as atividades fluíram sem problemas e com rapidez, enquanto em outras as atividades davam "saltos" e eram lentas. Kounin chegou a desenvolver um vocabulário especial para descrever os problemas que observou. Por exemplo, ele descobriu que alguns gestores ineficientes terminavam uma atividade, começavam outra e, então, retornavam para a primeira atividade. Kounin chamou isso de *flip-flopping*, que é ilustrado pela seguinte situação: uma professora de língua estrangeira termina de revisar o dever de casa com a turma e diz aos alunos para irem para o próximo capítulo no livro-texto. Ela então interrompe e diz: "Esperem um minuto. Quantos acertaram todos os deveres de casa? Muito bom. Ok, agora vamos falar sobre o pretérito imperfeito".

Kounin (1970) também observou *eventos limitados por estímulos*, situações em que os professores são "empurrados para fora" da atividade em curso por um estímulo (um evento ou um objeto) que precisaria receber atenção. Kounin descreve o caso de uma professora que está explicando um problema de matemática no quadro quando ela percebe que um aluno está se apoiando sobre o cotovelo esquerdo à medida que trabalha no problema. Ela deixa o quadro, o instrui a sentar-se reto, comenta sobre sua melhor postura e então retorna para o quadro.

Às vezes, os professores diminuem o ritmo da atividade por *prolongar-se sobre o tema* – continuando a explicar mesmo quando os alunos já entenderam o conteúdo ou pregando extensamente sobre o comportamento adequado. Outro tipo de desaceleração é produzido quando o professor quebra uma atividade em vários componentes embora ela pudesse ser realizada como uma atividade única – o que Kounin chamou de *fragmentação*:

> O professor estava fazendo uma transição de ortografia para aritmética do seguinte modo: "Muito bem gente, eu quero que vocês fechem seus livros de ortografia. Coloquem seus lápis vermelhos de lado. Agora, fechem seus livros de ortografia. Coloquem seus livros de ortografia nas carteiras. Coloque-os de lado" [Pausa]. "Muito bem. Peguem seus livros de aritmética e os coloquem nas suas carteiras diante de vocês. Muito bem, vamos colocar tudo fora de suas carteiras, exceto seus livros de aritmética. E vamos sentar retos. Nós não queremos ossos preguiçosos, queremos? Ótimo. Agora, peguem seus lápis pretos e abram seus livros na página 16". (KOUNIN, 1970, p. 106).

Idas e vindas, limitação por estímulos, estender-se demais, fragmentação – todas essas situações são ameaças ao fluxo da atividade em sala de aula. Elas não apenas resultam em perda de tempo de aprendizado como podem ter um impacto significativo no comportamento dos alunos. Quando as atividades prosseguem sem problemas e rapidamente, os alunos *ficam mais envolvidos no trabalho e menos propensos a comportamentos inadequados*. De fato, como

Kounin concluiu quatro décadas atrás, *o fluxo da atividade desempenha um papel maior na ordem da sala de aula do que as técnicas específicas que os professores usam para lidar com o mau comportamento.*

Durante uma visita em uma das turmas de Sandy, observamos a maneira habilidosa com que ela mantinha o fluxo de atividade em sua aula. Era final de outubro e os alunos estavam no meio de uma aula de laboratório muito intrigante que envolvia a produção de prata. À medida que você for lendo o trecho, observe como Sandy procura garantir que não haja tempo ocioso. Para tanto, ela prepara o quadro para a revisão do dever de casa antes de a aula começar; inicia a aula imediatamente; estimula os alunos a colocar os problemas do dever de casa no quadro durante a atividade de laboratório; e certifica-se de que os alunos terão algo para fazer se terminarem a atividade de laboratório antes dos outros.

11:21 Sandy escreve os números 4 a 11 no quadro, espaçando-os uniformemente ao longo de toda a largura.

11:22 Ela se posiciona junto à porta da sala de aula para saudar os alunos à medida que entram na sala.

11:23 O sinal toca. Sandy se move da porta para o meio da sala. "Tirem os bonés, por favor. Nós temos muita coisa a fazer hoje. Primeiro, temos que terminar a atividade de laboratório. Vocês não precisam usar seus óculos de proteção. Segundo, eu quero rever a folha de equações químicas que vocês fizeram. Vocês colocarão as equações equilibradas finais no quadro. E, terceiro, vocês aprenderão a resolver problemas associados a equações equilibradas. Então, vamos lá".

11:24 Os alunos se deslocam para as mesas do laboratório, pegam seu equipamento e começam a trabalhar.

Enquanto os alunos estão fazendo a atividade de laboratório, Sandy se move pela sala, auxiliando, perguntando e monitorando. A atmosfera é muito descontraída. Sandy sorri e faz piada com os alunos sobre a prata que estão produzindo. Enquanto circula, ela também percebe que alunos estão quase terminando a atividade de laboratório e os escolhe para colocar os problemas do dever de casa no quadro: "Joe, você terminou? Você tem todos os seus dados? Ok, coloque no quadro o número quatro. Kim, você terminou? Por favor, coloque no quadro o número cinco". Eles deixam suas mesas de laboratório, pegam seus deveres de casa e colocam os problemas designados no quadro. Quando o tempo de laboratório terminar, os números 4 a 11 estarão no quadro.

11:33 Sandy observa que os alunos estão prestes a terminar a atividade de laboratório. Ela lhes diz: "Quando vocês terminarem, sentem em seus lugares para que eu saiba que terminaram". Um por um, os alunos começam a se mover de volta para seus assentos; eles pegam seus deveres de casa e começam a comparar suas respostas com o trabalho no quadro.

11:37 O equipamento é todo colocado de lado, as mesas do laboratório foram limpas e toda a turma está sentada.

11:38 Sandy apresenta os problemas no quadro: "OK, vamos nos voltar para as equações no quadro. Vocês não precisam entrar em pânico se estiverem tendo problemas ao escrever fórmulas. Vocês não precisam saber escrever fórmulas até o meio do ano. Mas o que vocês realmente precisam saber é como equilibrar equações. Muito bem, vamos olhar para a primeira". Ela se volta para o primeiro problema escrito no quadro e começa a revisão.

12:00 Todos os problemas foram discutidos e Sandy se move para a terceira atividade da manhã. "Agora, eu quero que vocês escutem com atenção. Não anotem. Eu sei que isso soa estranho, mas eu quero que vocês sejam capazes de olhar, ouvir e pensar. Eu vou lhes mostrar um novo tipo de problema". Ela escreve uma equação química no quadro e os desafia a pensar sobre ela. Os alunos ficam paralisados. Sandy os deixa pensar sobre o problema; ela faz algumas perguntas mais fáceis para ajudá-los a iniciar e sugere que eles usem papel se quiserem. Ela caminha ao longo da sala para ver como eles estão se saindo, comentando sobre seus esforços e os incentivando a consultar uns aos outros.

12:07 O sinal toca. Os alunos ainda estão envolvidos em tentar resolver o problema. Sandy avisa a turma: "Pensem sobre isso hoje à noite e voltem com suas ideias amanhã".

Mais tarde, Sandy refletiu sobre a aula do dia e falou das suas tentativas muito deliberadas em manter o fluxo de atividades:

Algumas pessoas encarariam isso como obsessivo. Muitos professores esperam os alunos terminarem a atividade de laboratório, se sentarem para, então, colocar todos os problemas no quadro. Mas o que eu faço enquanto alguns alunos estão sentados e outros estão colocando coisas no quadro? Mesmo durante as atividades de laboratório, se eles tiverem que ferver algo por 10 minutos, eu lhes darei um problema para resolver enquanto isso. Os alunos não podem simplesmente sentar e observar algo ferver por 10 minutos. É aí que eles começam a esguichar garrafas de água. Talvez eu seja estranha, mas não consigo tolerar tempo ocioso. Há tanta coisa para fazer e tão pouco tempo.

Minimizar o tempo de transição

Da perspectiva do gerenciamento do tempo, transições entre atividades podem ser muito problemáticas. Uma análise de Gump (1982; 1987) nos ajuda a entender os motivos. Primeiro, como Gump observa, pode haver dificuldade em "fechar" a primeira atividade – especialmente se os alunos estiverem bastante engajados (ironicamente, o envolvimento que os professores lutam para conseguir acaba tornando mais difícil para os alunos trocarem de atividades!). Segundo, as transições são menos estruturadas do que as atividades em si (ROSS, 1985). Como em geral há mais liberdade em termos de socialização e movimento pela sala, há também mais oportunidade para perturbação. De fato, em um estudo de 50 turmas ensinadas por licenciandos, Marshall Arlin (1979) encontrou que havia quase duas vezes mais perturbação durante transições (p. ex., brigas, gritos, gestos obscenos) do que em períodos de não transição.

Terceiro, os alunos às vezes "guardam" problemas ou tensões e lidam com eles durante o tempo de transição (GUMP, 1982). Eles podem procurar o professor para reclamar de uma nota, pedir permissão para retirar um livro de um armário ou despejar o conteúdo de suas mochilas em busca de uma tarefa de dever de casa perdida. Embora esses comportamentos sejam legítimos – e ajudem a proteger as atividades adjacentes de perturbações – eles também tornam as transições mais difíceis de serem administradas. Finalmente, podem haver atrasos no momento de fazer os alunos iniciarem a segunda atividade (GUMP, 1982). Os alunos podem ter dificuldade de se acomodar, ou os professores podem estar lidando com as preocupações de alguns alunos ou reunindo os materiais necessários.

A análise de Gump sugere que os professores podem reduzir o potencial de caos ao *preparar os alunos para as transições futuras, ao estabelecer rotinas de transição eficientes* e *ao definir claramente os limites das aulas* (ROSS, 1985). Essas orientações são especialmente importantes para alunos com transtorno de déficit de atenção/hiperatividade (TDAH) e para aqueles com autismo, que podem ter uma dificuldade particular com transições ou mudanças de rotina (MCINTOSH et al., 2004).

Preparação prévia

A pesquisa de Arlin (1979) revelou que as transições são bem mais caóticas quando os licenciandos falham em preparar os alunos para uma iminente mudança de atividade. Isso ocorre frequentemente ao final da aula, quando os licenciandos nem mesmo percebem que o tempo está acabando:

> A aula ainda estava em curso quando o sinal tocou. Sem ter feito qualquer encerramento, o professor, com algum grau de desespero, disse algo como "OK, vocês podem ir", e os alunos correram para fora da sala, atropelando uns aos outros (às vezes, os alunos nem mesmo esperam pelo sinal do professor). Então, o professor pode se lembrar de um aviso e interromper a multidão que se dispersa: "Não se esqueçam de trazer o dinheiro para a viagem!" (ARLIN, 1979, p. 50).

Em contraste, outros licenciandos no estudo de Arlin eram capazes de preparar os alunos para a futura transição. Se eles estavam prestes a dispensar a turma, se certificavam de que as carteiras estavam em ordem e de que os alunos estavam silenciosos e prontos para partir. Eles davam avisos enquanto os alunos ainda estavam sentados e então garantiam que os alunos deixassem a sala de uma maneira ordenada.

Nossos quatro professores são "observadores de relógio" muito diligentes. Eles se preocupam em monitorar o tempo e informar aos alunos quando a aula está chegando ao fim. Isso não é tão fácil quanto parece, mesmo para os três professores bem experientes. Durante uma visita à turma de Donnie, nós observamos tanto a professora quanto os alunos serem pegos no meio da lição e perderem o controle do tempo. Quando o sinal tocou, uma aluna efetivamente deixou escapar "Maldição! Isso passou rápido!". Donnie concordou rindo, interrompeu a aula e passou a tarefa de dever de casa. Felizmente, ela havia ensinado aos seus alunos no início do ano que era ela e não o sinal quem os liberava, de modo que os alunos permaneceram sentados e atentos até que ela terminasse.

Além de controlar o tempo, também é útil preparar os alunos para as mudanças nas atividades da turma durante a aula. No exemplo seguinte, vemos Fred explicando aos alunos o que eles farão naquele dia e lembrando-os periodicamente sobre quanto tempo ainda falta para a troca de atividades.

> O sinal toca. Fred diz aos seus alunos para pegarem lápis e papel enquanto ele distribui um artigo da revista *Newsweek* sobre a China e os direitos humanos. "Enquanto eu falo com os alunos um por um sobre as notas do trimestre, vocês lerão e farão anotações sobre esse artigo. Vocês terão cerca de 12 minutos. Ao fim desse período, discutiremos essas questões: Que problema estamos tentando resolver entre a China e os Estados Unidos? E isso é apenas por causa da arrogância ocidental? Façam boas anotações. *Eu* vou coletá-las e vou lhes pedir para fazer uma apresentação oral dos seus pontos de vista".
>
> À medida que os alunos se preparam para ler, Fred retira seu livro de notas e senta na sua carteira. Ele sinaliza silenciosamente para que os indivíduos venham discutir suas notas. Alguns minutos depois ele verifica seu relógio. "Senhoras e senhores, vocês têm mais sete minutos para terminar de ler e fazer anotações."

Mais tarde, ele emite outro aviso sobre o tempo: "Cerca de mais dois minutos, e então vocês devem estar terminando". Ao final dos 12 minutos, ele levanta de sua carteira. "Ok, vocês tiveram tempo suficiente para ler o artigo e fazer algumas anotações. No final da folha, por favor, resumam em 25 palavras ou menos o problema básico entre a China e os Estados Unidos."

O uso de rotinas de transição

O Capítulo 4 falou sobre a importância de ter rotinas específicas claras para manter a sala de aula fluindo sem problemas. Em nenhum momento o uso de rotinas é tão importante quanto durante as transições. Rotinas bem estabelecidas fornecem uma estrutura para as transições, o que ajuda a impedir confusão e perda de tempo.

Na turma de Christina, a rotina para entrar na sala é muito clara. Seus alunos entram, tomam seus lugares, retiram seus jornais e começam a escrever sobre o tópico colocado no quadro. Segundo Christina, o uso do jornal atinge vários objetivos:

> O uso dessa rotina me permite ter alunos envolvidos em uma atividade significativa enquanto estou fazendo chamada, verificando o dever de casa, etc. O jornal é um exercício de escrita com tempo que estimula a fluência na escrita. Eu deixo claro que os alunos não podem parar de escrever até que eu sinalize que o tempo acabou. As notícias do jornal são todas relacionadas à literatura que estamos estudando, de modo que elas podem ajudar a introduzir ou ampliar a leitura. E ter uma tarefa de jornal diária cria uma atmosfera boa e silenciosa, de modo que eu posso dar as instruções para a próxima atividade.

Do mesmo modo, Donnie começa cada aula com uma atividade "Faça Agora", que ajuda a organizar os alunos e dá a ela alguns momentos para fazer a chamada. Ela enfatiza que a atividade não é desconectada da aula; ela pode tanto ajudar a avaliar a compreensão dos alunos acerca do material trabalhado no dia anterior quanto ser um "pontapé inicial" para a aula atual.

Em muitas salas de aula, as rotinas de transição estão implícitas e espera-se que os alunos descubram o que fazer por meio de indicações sutis. Isso pode ser fácil para a maioria dos alunos, mas aqueles com TDAH, autismo ou outros transtornos podem ter dificuldade e terminar sendo repreendidos. Se você tiver alunos como esses nas suas turmas, é essencial (e justo) empregar um tempo ensinando-lhes como fazer transições eficientes e ordenadas. McIntosh et al., (2004) sugerem que você ensine as rotinas explicitamente, proporcione "pré-correções" e reforço positivo e supervisione ativamente. Essas técnicas são descritas com mais detalhes na seção Dicas Práticas.

Inícios e finais claros

As transições ocorrem mais tranquilamente se os professores param a primeira atividade, anunciam a transição, dão um tempo para ter certeza de que todos estão atentos e então começam a segunda atividade (ARLIN, 1979). Em outras palavras, transições tranquilas são caracterizadas por limites bem definidos.

No trecho a seguir, vemos Christina implementando uma transição com fronteiras bem definidas. Observe o modo como ela prepara os alunos para a transição de um trabalho em pequenos grupos para uma atividade com toda a turma.

> Os alunos estão sentados em grupos de quatro ou cinco, trabalhando nas poesias que estão criando para o resto da turma. Christina está circulando. Ela verifica o relógio e, então, se move para a frente da sala. "Eu posso ter a atenção de vocês, por favor? Estamos prontos para avançar para a próxima parte da

Dicas práticas

COMO ENSINAR TRANSIÇÕES

- Pense sobre as transições que ocorrem durante o tempo de aula, tais como:
    Entrar e sair da sala de aula.
    Afastar materiais e se preparar para a próxima tarefa.
    Limpar uma área de trabalho.
    Mover-se de trabalho em grupo para trabalho independente.
    Entregar o dever de casa.
    Escolher parceiros para atividades em pequenos grupos.
- Ensine explicitamente o comportamento esperado:
    Modele o comportamento usando tanto exemplos corretos como incorretos.
    Ofereça oportunidade para os alunos praticarem.
    Forneça *feedback*.
    Ensine novamente se necessário.
- Proporcione pré-correções (lembretes do comportamento esperado antes que a transição comece).
- Forneça reforço positivo para transições ordenadas e eficientes:
    Faça elogios específicos ou dê privilégios e atividades especiais.
    Use recompensas tangíveis se necessário.
- Supervisione ativamente a transição:
    Explore a sala com os olhos procurando por comportamento tanto adequado quanto inadequado.
    Caminhe pela sala, usando a proximidade para incentivar os alunos a se engajar em comportamento adequado.
    Interaja com os alunos durante a transição, providenciando lembretes e elogios específicos.

Fonte: McIntosh et al., (2004).

aula. Por favor, escutem com atenção todas as minhas instruções e não se movam até que eu lhes diga para fazê-lo. Primeiro, um dos membros do seu grupo lhe entregará sua tarefa. Essa pessoa irá verificar se o nome de cada pessoa está no papel. Então, vocês retornarão para seus assentos normais, tirarão seus cadernos e livros-texto e abrirão na página 295. Deixem, também, uma caneta sobre a carteira. Quando estiverem instalados, por favor, comecem a ler a breve introdução na página 295. Há alguma pergunta? Bom, vocês podem se deslocar agora".

Mais tarde, quando comentamos o quão rápido e eficazmente seus alunos fizeram a transição, Christina observou que às vezes era difícil conseguir que eles esperassem pacientemente por instruções:

> O que eu quero dizer é que, se a transição precisar de uma série de movimentos, eles querem se mover assim que você lhes dá a primeira orientação. Se você deixar que façam isso, eles não ouvirão o resto das orientações. O tempo de transição será na verdade mais longo, uma vez que você terá de gastar tempo repetindo tudo. Eu me acostumei a lhes dizer: "Não se movam até que eu tenha terminado".

Às vezes, em um esforço para manter o fluxo da atividade, os professores apressam as orientações e as atividades sem verificar se os alunos "estão com eles". Arlin (1979, p. 50) escreve: "Várias vezes eu notei mais de 15 crianças continuando a atividade anterior enquanto o professor estava dando as orientações para a nova atividade". É desnecessário dizer que aqueles professores ficaram exasperados quando os alunos perguntaram o que fazer. No entanto, Gump (1982, p. 112) adverte que esperar demais pode provocar uma perda de momento: "Esperar por atenção absoluta e universal pode às vezes levar a tempos de transição estendidos desnecessários". GUMP (1982) nos lembra que, ao manter o programa de ensino, os professores podem com frequência "puxar" os alunos cuja atenção momentaneamente se desviou.

Tornar os alunos responsáveis

Doyle (1983) comentou que os alunos tendem a levar as tarefas a sério apenas se eles são considerados responsáveis por elas. Suas próprias experiências escolares testemunham a verdade dessa afirmação. Mesmo como adultos, é necessária uma boa dose de autodisciplina e maturidade para colocar seus maiores esforços em um trabalho que nunca será visto por ninguém. E os alunos do ensino médio são *adolescentes*. A menos que eles saibam que terão que responder pelo seu desempenho, é improvável que eles façam o melhor uso do tempo de aula.

Além disso, os alunos são *incapazes* de fazer bom uso do seu tempo se estiverem confusos sobre o que deveriam estar fazendo. Os professores às vezes dizem aos alunos para "fazerem o trabalho" e são imediatamente bombardeados por perguntas: "Eu posso usar canetas?"; "Eu tenho que escrever as perguntas ou eu posso apenas colocar as respostas?"; "Nós temos que mostrar todo o nosso trabalho?"; "Eu posso trabalhar na mesa do laboratório?". Quando isso acontece, um tempo precioso precisa ser gasto esclarecendo as instruções originais.

A fim de ajudar os alunos a usar seu tempo de modo sensato, os professores devem *comunicar as tarefas e exigências claramente e monitorar o progresso dos alunos* (EMMER; EVERTSON, 2008). Essas práticas minimizam a confusão dos alunos e transmitem a mensagem de que o trabalho escolar é importante. Vamos ver o que os nossos professores e as pesquisas têm a dizer sobre essas duas práticas.

Comunicar tarefas e exigências

Antes de os alunos começarem a trabalhar, é interessante explicar o que eles farão e por que, como obter ajuda, o que fazer com o trabalho completo, o que fazer quando terminarem e quanto tempo eles gastarão na tarefa. Você também precisa se certificar de que os alunos estão familiarizados com os seus padrões de trabalho – por exemplo, que tipo de papel usar, se devem usar lápis ou caneta, como numerar a página, se rasuras são permitidas ou não e o que significa "mostrar todo o trabalho deles". Uma vez que você tenha dado suas instruções, peça aos alunos que expliquem o que farão com suas próprias palavras e lhes dê a chance de fazer perguntas. Perguntar "Todo mundo entendeu?" raramente produz informação útil.

Além de fornecer orientações explícitas para as atividades em sala, os professores precisam comunicar as tarefas de dever de casa de uma maneira organizada e clara. Isso é particularmente importante se você estiver trabalhando com alunos que têm dificuldade para se lembrar. Sandy desenvolveu uma rotina para passar dever de casa pensada inicialmente para ajudar alunos com transtorno de aprendizado. Mas logo ela percebeu que a rotina era útil para todos:

> Quando escrevo pela primeira vez uma tarefa de dever de casa, eu a escrevo bem grande, no meio do quadro, e digo aos alunos para que a copiem na hora. Então eu a movo para o canto esquerdo do quadro onde ela permanece até a data de entrega. Periodicamente, eu lembro aos alunos sobre ela. Eu também sou muito clara sobre os números dos problemas que os alunos têm de fazer. Por exemplo, se a tarefa é para fazer os números 1 a 5 e, então, 7, 9, 11 e 13 a 16, eu escrevo 1, 2, 3, 4 e 5..., porque alguns alunos (especialmente meus alunos com transtorno de aprendizado) não veem diferença entre a vírgula e o traço.

Christina também é muito diligente sobre escrever tarefas e orientações, especialmente para grandes projetos. Às vezes, ela entrega um folheto impresso com instruções detalhadas. Outras vezes, ela pede aos alunos que copiem as orientações do quadro ou de um retroprojetor. Durante um encontro, ela explicou por que dá tais orientações explícitas:

> Isso não apenas ajuda a aliviar o número de perguntas que preciso responder – repetidamente – mas também torna os alunos responsáveis pelos detalhes da tarefa. Eles não podem dizer "Você não nos disse que precisávamos de cinco fontes", se eles copiaram isso do retroprojetor, ou "Você não nos disse para usar evidência textual para dar apoio às nossas respostas", se o folheto escrito informa sobre essa necessidade. Eu também aprendi que isso é útil para o encontro com os pais porque você tem cada uma das tarefas documentadas. Eu guardo todos os meus folhetos e transparências para retroprojetor com as orientações. Desse modo, posso provar que declarei as exigências aos alunos (e aos pais, nas raras ocasiões em que sou questionada). E também evito ter de reescrever as orientações quando for passar uma nova tarefa.

Monitorar o progresso dos alunos

Assim que você deu as orientações para uma tarefa e sua turma começou a trabalhar, é importante monitorar como os alunos estão se saindo circulando pela sala (FISHER et al., 1980). Essa prática permite a você acompanhar o progresso dos alunos, identificar e ajudar com os problemas e verificar se as atividades estão de acordo com as suas capacidades. Circular também ajuda a garantir que eles utilizem bem o seu tempo.

As observações dos nossos quatro professores revelaram que eles raramente sentavam, a menos que estivessem trabalhando com um grupo pequeno.

> A turma de Donnie está trabalhando com réguas e transferidores para descobrir as propriedades de paralelogramos. À medida que os alunos trabalham, Donnie circula o tempo todo. Ela mantém um fluxo constante de comentários, perguntas e estímulos: "Muito bom, Veronica"; "Todos terminaram a primeira questão?"; "Responda às perguntas à medida que prossegue e assim você terá todas as respostas quando terminar"; "Alguém precisa de ajuda?"; "O que significa consecutivo, José?"; "Alguém está tendo problemas com o transferidor?".

Depois da aula, Donnie falou sobre o fato de ela estar constantemente em movimento:

> Eu não consigo entender como uma pessoa ensina matemática e fica sentada. Eu simplesmente não me sentiria confortável sentada. Você tem que escrever no quadro, tem que guiar os alunos por meio dos problemas, tem que ver se eles estão no caminho certo. Caminhando pela sala eu posso detectar os erros. Eu posso perguntar: "O que você estava fazendo aqui? Explique sua argumentação". Eu posso lhes falar sobre o problema. Eu tenho que estar de pé e em movimento quando estou ensinando.

Além disso, é essencial monitorar se os alunos estão completando regularmente as tarefas. Isso exige que você *estabeleça rotinas para recolher e checar os trabalhos em sala e os deveres de casa*. Por exemplo, no início da aula, Donnie pede que os alunos tirem seus deveres de casa das mochilas e os coloquem em suas mesas. Enquanto reveem a tarefa, ela circula pela sala e registra em seu livro de notas quem fez o dever de casa. Todo o procedimento leva apenas alguns minutos e não há perda do tempo de ensino, uma vez que a turma está revendo os problemas do dever de casa.

Sandy usa um sistema diferente. Ela tem um arquivo para cada turma que ela mantém na mesa da frente. As tarefas de dever de casa devem ser colocadas no arquivo logo no início da aula. Ela faz uma "última chamada para o dever de casa" e, então, fecha o arquivo. Às vezes durante o tempo de aula, Sandy verifica os papéis para ver se algum dos deveres está faltando. Isso lhe permite verificar imediatamente se ela não tem o dever de algum aluno em particular e descobrir o que ocorreu. Como ela afirma, "Dessa maneira eu posso evitar a situação em que um aluno diz que fez o dever de casa *com certeza*, mas que eu posso tê-lo perdido".

É especialmente importante *acompanhar o progresso nas atividades de dever de casa de longo prazo*. Estabelecendo pontos de controle intermediários, você pode ajudar os alunos a desenvolver um "plano de ataque". Por exemplo, se eles estiverem escrevendo uma pesquisa, você pode estabelecer datas de entrega nas quais eles têm de submeter cada estágio da tarefa (p. ex., notas preliminares; uma lista de referências; o primeiro rascunho; o rascunho final). Isso permite não apenas que você monitore o progresso dos alunos, mas também ajuda a diminuir a ansiedade que os adolescentes às vezes sentem ao lidar com uma grande tarefa.

Fred conta uma história irônica que destaca o valor dessa abordagem:

> No último ano, meus alunos fizeram um longo trabalho de pesquisa. Eu pedi que me entregassem cada parte para eu ver como eles estavam progredindo: uma descrição do trabalho, uma bibliografia, suas anotações, um esboço inicial e, então, a cópia final. Eu usei um sistema de pontos. As primeiras quatro partes da tarefa valiam 10 pontos cada; a cópia final valia 60 pontos.
>
> Esse ano eu mudei de estratégia. Eu disse às minhas turmas: "Eu vou lhes tratar como adultos", e eles disseram: "Ótimo. Nós podemos fazer isso". Bem, eles não entregaram os seus trabalhos. Eles me disseram: "Nós nos enrolamos. Deixamos para lá, adiamos". Eles me pediram para fazer o que tinha feito no ano anterior! Eu confiei que eles fossem maduros o suficiente e eles mostraram que ainda não estão prontos.

Finalmente, você precisa *manter registros do que os alunos estão realizando*. Em alguns distritos, os professores podem desenvolver seu próprio sistema para registrar o progresso dos alunos; outros exigem que os professores sigam um formato prescrito. Por exemplo, o livro de notas de Donnie tem que refletir seus planos de aula semanais e os "planos de tópicos trimestrais" que ela tem de submeter quatro vezes ao ano, seguindo os objetivos do distrito para os seus cursos. Para cada período, Donnie deve ter duas notas por semana para dever de casa e pelo menos uma nota de teste por objetivo. Se cinco objetivos devem ser cobertos durante um período particular, então Donnie teria de ter pelo menos cinco notas de testes.

Em contraste, Fred pode desenvolver seu próprio sistema de registros. Ele nem mesmo tem um livro de notas regular; em vez disso, ele registra as notas dos alunos no computador. No entanto, como Donnie, ele toma o cuidado de manter atualizados os registros do progresso dos alunos. Ele explicou seu sistema de registros aos alunos bem no início do ano:

> Eu quero gastar um ou dois minutos para discutir as notas com vocês. Eu não tenho um livro de notas. Eu guardo suas notas no computador. Nós podemos verificar suas notas a qualquer momento depois do horário escolar. O que eu uso é dever de casa, trabalhos em sala, projetos, testes e *quizzes*. Cada tarefa em sala vale cerca de quatro pontos. Uma grande prova valeria cerca de cinco traba-

lhos em sala – cerca de 20 pontos. O valor de pontos total para o período é de 120-130 pontos. A qualquer momento você pode descobrir qual é a sua pontuação total e a sua nota. É importante para mim que todos aqui passem nessa matéria e sejam bem-sucedidos. Se você precisar de mim para trabalhar no seu caso, eu o farei. Lembrem-se, as notas são suas. Vocês podem vê-las a qualquer momento.

Verificar ou corrigir todos os trabalhos que os alunos fazem é uma tarefa árdua que consome tempo. Um licenciando em inglês escreveu recentemente acerca da "montanha assustadora de papéis que um professor deve sempre escalar":

> Às vezes não tenho certeza se sou um professor ou um contador [público] certificado! Entretanto, minha experiência me permitiu encontrar maneiras de lidar com essa carga pesada. Coisas simples, como ordenar arquivos por turmas ou escrever os nomes dos alunos ausentes nas folhas do quiz para ter um registro de trabalhos falsos, são "truques" que conheci ao longo do caminho e que me ajudam muito.

Como esse licenciando, você precisa encontrar maneiras de "transformar uma montanha em um pequeno monte" (SHALAWAY, 1989). Perguntamos a Sandy, Donnie, Christina e Fred como eles lidam com a papelada. Suas ideias estão listadas na seção Dicas Práticas.

O USO DE HORÁRIOS EM BLOCO

Muitas escolas de ensino médio passaram a adotar horários em bloco em um esforço para maximizar o tempo de aprendizado, incentivar o uso de estratégias de ensino variadas e permitir que professores e alunos explorem tópicos em profundidade. Há duas configurações de horários comuns. No *horário 4 × 4*, quatro blocos de ensino de 80 ou 90 minutos são agendados para cada dia, no lugar dos tradicionais seis ou sete. Como as turmas se encontram todos os dias, uma disciplina que normalmente duraria um ano é completada em um semestre ou em 90 dias, e os alunos frequentam apenas quatro disciplinas por vez. *O horário A-B ou de dia alternado também oferece quatro períodos estendidos a cada dia*, mas as turmas se encontram todos os outros dias ao longo de todo o ano escolar. Isso significa que os alunos ainda cursam seis ou sete disciplinas de uma vez.

Embora um bloco de 80 ou 90 minutos não proporcione na verdade mais tempo de contato com os alunos do que dois períodos de 42 ou 50 minutos, os defensores do horário em bloco argumentam que a aula estendida proporciona mais *tempo de ensino utilizável* (FLEMING et al., 1997). Como as turmas se encontram metade das vezes, o tempo gasto em tarefas de rotina no início do período (p. ex., fazendo chamada, acomodando os alunos, distribuindo materiais) e ao final (p. ex., falando sobre dever de casa, juntando todo o material) também é reduzido pela metade. Mais importante, o tempo de ensino é menos fragmentado.

Até o momento, pesquisas examinando o efeito do horário em bloco sobre o desempenho são inconsistentes, com alguns estudos mostrando ganhos acadêmicos (p. ex., LEWIS et al., 2005; NICHOLS, 2005), alguns não mostrando diferença alguma (p. ex., BOTTGE et al., 2003) e alguns na verdade encontrando efeitos negativos (p. ex., GRUBER; ONWUEGBUZIE, 2001). No entanto, horários em bloco *realmente parecem levar a um ambiente escolar mais relaxado e a uma redução no número de problemas disciplinares* – possivelmente porque diminui o tráfego no corredor (SHORTT; THAYER, 1998/9; ZEPEDA; MAYERS, 2006). No horário 4 × 4, os professores têm uma vantagem adicional: eles geralmente ensinam apenas em *três* turmas por dia em vez de quatro ou cinco e, assim, são responsáveis por aproxima-

Dicas práticas

COMO LIDAR COM OS TRABALHOS ESCRITOS

Fred: Verifique se os alunos fazem as tarefas em sala e os deveres de casa de rotina, mas não gaste muito tempo lendo-os ou dando nota. Desenvolva um sistema simples para acompanhar as tarefas de rotina dos alunos (p. ex., quatro pontos para crédito total; 3,5 pontos para uma tarefa quase completa, etc.).

Gaste seu tempo em atividades que exijam um pensamento de nível mais elevado. Essas são mais difíceis de serem avaliadas!

Nos testes, crie perguntas dissertativas estruturadas. Construa sua própria resposta para a pergunta (saiba o que a resposta deve conter). Procure por palavras-chave quando estiver corrigindo.

Recuse-se a dar nota a trabalhos que tenham mais de três erros técnicos (ortografia, pontuação, etc.). Eu digo aos alunos: "Eu tenho 100 desses para dar nota; não é justo para mim sentar aqui e corrigir seus erros de ortografia. Eu não estou aqui como revisor. Mostrem seus trabalhos para alguém que seja bom em revisão de textos antes de entregá-los para mim".

Sandy: Com o dever de casa, dê nota à tentativa/esforço, não se está certo ou errado.

Nas primeiras atividades, leia *tudo* realmente com atenção. Reveja relatórios de laboratório com um pente fino. Desse modo, os alunos veem que você realmente tem expectativas altas e que eles devem ser claros e minuciosos. Então, mais tarde, você pode pular algumas das primeiras páginas (objetivos, procedimentos, materiais) e passar a maior parte do seu tempo na seção de dados.

Às vezes, em longas aulas de laboratório, faça com que seus alunos apresentem seus dados na forma de tabelas.

Donnie: Reveja o dever de casa todos os dias, mas levando os alunos a checar o próprio trabalho. No seu livro de notas, coloque um visto (em vez de uma nota) para mostrar quem fez a tarefa.

Peça aos alunos que deem uma nota para uma tarefa de dever de casa por semana, a qual você registra em seu livro de notas.

Pegue uma tarefa de dever de casa por semana para você dar nota.

Christina: Pense no "tempo gasto dando nota" como parte dos seus planejamentos de aula. Planeje as atividades e datas de entrega cuidadosamente para que você tenha tempo suficiente para dar nota às tarefas. Por exemplo, depois que coleto os trabalhos de pesquisa, eu planejo que os alunos estejam principalmente envolvidos nas atividades de sala de aula, que eu posso controlar sem recolher muita papelada. Isso me permite passar a maior parte do tempo em que dou notas com os trabalhos de pesquisa.

Use rubricas específicas para fornecer *feedback* detalhado sem ter de escrever os mesmos comentários várias vezes.

Ensine aos alunos sobre os procedimentos de editoração, revisão e resposta de documentos para que eles possam fornecer *feedback* uns aos outros. Por exemplo, eu forneço uma resposta detalhada no primeiro esboço da primeira seção de um trabalho de pesquisa longo. Os alunos então usam uma lista de verificação com instruções de marcação para fornecer *feedback* uns para os outros na segunda e terceira seções do trabalho.

mente 75 a 90 alunos por vez, em vez de 125 ou 150. Sem dúvida, isso torna mais fácil desenvolver relacionamentos mais atenciosos e afetivos com os alunos.

Infelizmente, o horário em blocos nem sempre resulta no tipo de ensino inovador e variado que seus proponentes vislumbram (QUEEN, 2000). Elmore (2002), um especialista em reestruturação escolar, relata que uma vez ele perguntou a um professor de sociologia do ensino médio o que ele pensava sobre o horário em blocos. O professor respondeu que havia sido a melhor coisa quê havia acontecido em sua carreira docente. Quando Elmore perguntou por quê, o professor explicou: "Agora nós podemos passar o filme inteiro".

Como essa anedota sugere, mudar a *estrutura* do tempo nem sempre muda o *uso* do tempo. Por exemplo, em um estudo de 48 turmas estendidas (BUSH; JOHNSTONE, 2000), professores de todas as áreas (álgebra, biologia, inglês e história) passaram a maior parte do tempo oferecendo ensino tradicional, centrado no professor. Havia pouca individualização do ensino e pouco trabalho em pequenos grupos. Essas descobertas enfatizam os comentários de um aluno de ensino médio que observou que uma aula de 80 minutos não leva necessariamente a aprendizado mais ativo: *"Ao contrário, ela irá simplesmente criar mais tempo para os alunos sonharem acordados, rabiscarem em seus cadernos ou caírem no sono"* (SHANLEY, 1999).

Embora Christina reconheça a verdade desse comentário, ela é uma defensora entusiasmada do horário em bloco 4 × 4 de sua escola. Durante visitas à sua sala de aula, observamos o modo como ela usa uma variedade de formatos de ensino – apresentação para todo o grupo, trabalho em pequenos grupos, discussões lideradas por alunos, trabalhos escritos, apresentações de alunos – para manter o envolvimento dos alunos e promover participação ativa. Ela também pode incluir várias das áreas de conteúdo que compõem um "curso de inglês". No trecho a seguir, vemos uma turma em que os alunos escrevem individualmente em seus jornais, trabalham no desenvolvimento de estratégias de leitura em pequenos grupos, aprendem o formato de uma página de referências ou de "trabalhos citados" em uma miniaula e encenam uma peça que estiveram lendo:

11:35 Os alunos entram, tomam seus lugares, leem a notícia de jornal escrita no quadro e começam a escrever sobre o tópico do dia: "Escreva como sua vida seria mudada se um dia no seu passado tivesse sido diferente. O que na verdade aconteceu naquele dia?". Enquanto os alunos escrevem, Christina silenciosamente faz a chamada.

11:50 Christina fala o cronograma de atividades para a turma: "Primeiro, vocês vão se reunir em grupos para desenvolver a prática de fazer inferências. Em seguida, teremos uma miniaula sobre a criação de uma página de trabalhos citados. Na quarta-feira, vocês farão seus discursos. Eu recolherei todo o material escrito antes de vocês fazerem seus discursos e assim quero rever o que vocês precisarão para entregá-los. Finalmente, terminaremos lendo Antígona".

11:52 Os alunos se reúnem em pequenos grupos para a prática de fazer inferências. Christina circula e auxilia.

12:18 Christina anuncia que os grupos têm mais dois minutos para trabalhar.

12:20 Os alunos movem as cadeiras de volta para as fileiras e retornam para seus assentos originais. Christina lhes pede para pegarem os cadernos e abrirem na seção de fazer pesquisa. Ela move o retroprojetor para o centro da sala, puxa as cortinas e anuncia que ela quer explicar como fazer a página de

> **Pare e reflita**
>
> Você prefere ensinar em horários em bloco ou em horários tradicionais? Quais são os seus motivos? Você acha que a duração do tempo de aula faria diferença no seu ensino?

"trabalhos citados" de suas pesquisas. Ela coloca uma transparência no retroprojetor e revê o formato necessário. Os alunos estão muito atentos, anotando e fazendo perguntas.

12:40 "Ok, gente, vamos formar o Teatro Grego para que possamos terminar de ler Antígona." Os alunos ficam em uma nova configuração, como um círculo, com o "coro" em uma extremidade e uma abertura para a entrada para o "palco". "Nós paramos na página 337. Coro, assuma seus lugares." Christina lê as orientações de palco, e os alunos começam a encenar Antígona, terminando com a morte da rainha. Um garoto lê a última fala da peça.

12:58 "Muito bem, gente, movam suas carteiras para suas posições originais e escutem o que eu vou fazer em seguida." Depois que os alunos estão de volta aos seus assentos normais, Christina anuncia a atividade final do tempo de aula: "Abram seus jornais e o livro. Vocês têm quatro minutos. Escrevam sobre o último discurso que vocês acabaram de ouvir. O que ele significa? Por que ele é importante? Você concorda com ele?".

1:02 Os alunos terminam suas notícias de jornal. O sinal toca.

Comentários finais

O livro de Tracy Kidder, *Among Schoolchildren*, descreve um ano da vida de Chris Zajac, uma professora dos anos iniciais do ensino fundamental que é determinada, exigente, franca, justa, engraçada e trabalhadora (KIDDER, 1989). Ao final do livro, Kidder descreve os pensamentos de Chris no último dia de aula. Embora ela esteja convencida de que seu lugar é "entre as crianças da escola", Chris lamenta o fato de não ter sido capaz de ajudar todos os alunos – pelo menos não o suficiente:

> Esse ano, de novo, alguns precisaram de mais ajuda do que ela pôde oferecer. Houve muitos problemas que ela não solucionou. Mas não foi por falta de tentativa. Ela não desistiu. Ela não teve tempo. (KIDDER, 1989, p. 331).

Como Chris, todos nós não temos tempo. O fim do ano chega muito rápido e as necessidades de alguns alunos são muito grandes. Esperamos que os conceitos e as orientações apresentados neste capítulo lhe ajudem a fazer bom uso do tempo limitado de que você dispõe.

Resumo

Este capítulo discutiu o tempo como um "recurso precioso". Primeiro, ele levou em conta a quantidade de tempo escolar que está na verdade disponível para o ensino e o aprendizado. Em seguida, descreveu três estratégias para aumentar o tempo de aprendizado dos alunos: manter o fluxo da atividade, minimizar o tempo de transição e tornar os alunos responsáveis. A última seção do capítulo examinou o uso de horários em bloco.

Tipos de tempo

- *Tempo determinado:* o tempo de funcionamento da escola exigido pelo Estado.
- *Tempo disponível:* o tempo determinado menos o tempo gasto em ausências, eventos especiais, meio período.
- *Tempo de ensino:* o tempo real usado para o ensino.
- *Tempo envolvido:* o tempo em que um aluno passa atenciosamente envolvido em atividades acadêmicas.
- *Tempo de aprendizado produtivo:* a proporção de tempo envolvido em que os alunos estão fazendo trabalho que é significativo e apropriado.

Como aumentar as horas de aprendizado
- Mantenha o fluxo de atividade evitando:
  Idas e vindas.
  Eventos ligados a estímulos.
  Alongar-se demais.
  Fragmentação.
- Minimize o tempo de transição:
  Definindo limites para as aulas.
  Preparando os alunos para as transições.
  Estabelecendo rotinas.
- Torne os alunos responsáveis:
  Comunicando as tarefas e exigências claramente.
  Monitorando o progresso do aluno.
  Estabelecendo rotinas para recolher e verificar o dever de sala de aula e o dever de casa.
  Mantendo bons registros.

Horário em bloco
- Tipos de horário em bloco
  Horários em bloco 4 × 4: quatro horários em bloco de 80 ou 90 minutos a cada dia por um semestre ou 90 dias; os alunos assistem a quatro disciplinas por vez.
  Horário A-B ou de dias alternados: períodos de ensino de 80 a 90 minutos todos os dias durante todo o ano letivo; os alunos assistem a seis ou sete disciplinas de uma vez.
- Vantagens:
  Tempo de ensino mais utilizável.
  Tempo de ensino menos fragmentado.
  Clima escolar mais relaxado.
  Diminuição do tráfego no corredor.
  Oportunidades para o uso de estratégias de ensino mais variadas.
- Problemas:
  Horários em bloco nem sempre resultam no ensino inovador e variado que seus proponentes vislumbram.

Usando o tempo com sabedoria, você pode maximizar as oportunidades de aprendizado e minimizar os problemas de comportamento na sua sala de aula. Pense em quanto tempo está sendo gasto em trabalho significativo e adequado na sua sala e quanto tem sido devorado por afazeres e atividades burocráticas. Tenha consciência de que as horas disponíveis para ensino são muito mais escassas do que elas aparentam no início do ano.

ATIVIDADES PARA A CONSTRUÇÃO DE HABILIDADES E REFLEXÃO

Na turma
Leia o trecho a seguir e identifique os fatores que ameaçam o fluxo da atividade da aula. Uma vez que você tenha identificado os problemas, reescreva o trecho de modo que o fluxo de atividade seja mantido OU explique como você evitaria os problemas se você fosse o professor.

A Sra. P. espera enquanto seus alunos de nível "A" da 2ª série do ensino médio pegam os 10 problemas de adição de números mistos que ela havia passado como dever de casa no dia anterior. Jack levanta sua mão. "Eu me enganei e trouxe o livro errado, Sra. P. Meu armário é logo do outro lado do corredor. Posso pegar o meu livro?"

"Seja rápido, Jack. Nós temos 10 problemas para examinar, e o tempo de aula é de apenas 50 minutos." Jack sai, e a Sra. P. dá as costas para a turma. "OK, isso é o que eu quero que vocês façam. Troquem os papéis com o seu vizinho." Ela espera enquanto os alunos decidem quem será parceiro de quem. Ela examina toda a sala, tentando se certificar de que todos encontraram um parceiro. "OK, agora escrevam o seu nome no fim da página, do lado direito, para indicar que você é o verificador. Quando eu recolher esses papéis, eu quero saber quem foram os verificadores, para que assim eu possa ver quem realmente fez um trabalho de verificação preciso e responsável." Ela circula enquanto os alunos escrevem seus nomes no fim da página. "Ariadis, eu falei do lado direito." Ariadis apaga seu nome e o reescreve do lado direito. "OK, agora vamos examinar as respostas. Se o seu vizinho não tiver a resposta certa, coloque um círculo em volta do problema e tente entender o que ele fez errado, de modo que você possa explicar para ele. OK, número um, qual é a resposta certa?" Um aluno no fundo da sala levanta a mão. "Billy?"

"Eu não tenho um parceiro, Sra. P. Eu posso ir ao banheiro?"

"Jack voltará logo, e então você terá um parceiro. Apenas espere até que terminemos de examinar o dever de casa." Jack volta. "Sente-se perto de Billy, Jack, e troque os papéis de dever de casa com ele."

Jack olha com vergonha para a Sra. P. "Não está no meu livro, Sra. P., eu devo ter deixado na minha carteira ontem à noite. Eu estava trabalhando nele até muito tarde."

"Turma, examine as respostas dos problemas um e dois com seus vizinhos. Veja se vocês concordam e se fizeram os problemas do mesmo modo. Jack, saia."

Billy levanta a sua mão de novo. "Sra. P., eu posso, por favor, ir ao banheiro agora?"

"Sim, Billy. Preencha um passe e eu assinarei. Apenas esteja de volta rápido." Billy sai para ir ao banheiro. Deixando a porta aberta de modo que ela possa manter um olho nos outros alunos, a Sra. P. segue Jack para fora da sala. "Você não fez o seu dever de casa três vezes nas últimas duas semanas, Jack. Qual é o problema?"

"Bem, Sra. P., minha mãe foi..." O interfone do escritório toca.

"Quer que eu atenda, Sra. P.?" Um aluno liga da turma.

"Sim, diga-lhes que eu já estarei de volta logo."

"Eles disseram apenas para lhe contar que Billy tem que ir para a secretaria se ele não estiver fazendo nada agora."

"Vá sentar, Jack. Eu vou falar com você depois da aula." A Sra. P. se move para a frente da sala de novo. "Me desculpe, turma, vamos começar de novo. Vocês todos fizeram os números um e dois?" A turma murmura que sim. "OK, número três. Vamos começar com o problema três. Joan?"

Joan dá a resposta correta. A Sra. P. obtém respostas e explicações para três outros problemas do dever de casa. À medida que a turma revê o dever de casa, a Sra. P. caminha entre as fileiras da frente e de trás. Quando ela passa pela carteira de Tanya, percebe uma tira de papel rosa. "Turma, eu quase me esqueci de recolher as tiras para a Feira Acadêmica. Essa feira é uma chance para mostrarmos quanto progresso fizemos este ano em matemática. Quantos de vocês se lembraram de preencher a tira, descrevendo o projeto que você vai fazer?" Os alunos começam a caçar as tiras em suas mochilas e a folhear seus livros de matemática. Aqueles que encontram suas tiras de papel rosa as entregam para a Sra. P. Ela lembra os outros de trazer no dia seguinte. "OK, vamos voltar ao problema... seis, não, sete. Nós estávamos no sete, certo? Shakia?" Shakia começa a responder. Então Billy retorna. Um aluno em um assento ao lado da porta lembra a Sra. P. que Billy tem que ir para a secretaria. "Billy, vá para o escritório do Sr. Wilkins."

"Por quê, Sra. P.? Tudo o que eu fiz foi ir ao banheiro."

"Eu não sei, Billy. Apenas vá e faça isso rápido. Estamos tentando ter uma aula." Billy sai e a Sra. P. vira para a turma. "Passem os seus papéis para a frente. Eu vou verificar o resto para vocês e lhes dar crédito pelo dever de casa. Nós precisamos prosseguir para subtração com frações. Quem pode pensar em um problema da vida real em que você precisaria subtrair frações? Senhorita?"

"Eu posso ir para a enfermaria, Sra. P.? Eu não estou me sentindo bem."

Individual

1. Enquanto estiver visitando uma turma, observe atenciosamente o modo como os professores usam o tempo. Mantenha um registro preciso por um período completo, observando quanto do tempo disponível é na verdade utilizado para *propósitos de ensino*.
2. Observe uma turma que está em horário em bloco. Como o tempo a mais é usado? Que estratégias de ensino são usadas (p. ex., leitura, aprendizado cooperativo, discussão, simulações, etc.)? Quanto tempo dura cada estratégia de ensino? O professor faz uso de todo o tempo de aula? Os alunos parecem ser capazes de manter a atenção e o envolvimento?

Para seu portfólio

Desenvolva uma rotina de transição para cada uma das seguintes situações. Lembre-se: seu objetivo é usar o tempo com sabedoria.

   a. Iniciar a aula a cada dia.
   b. Fazer chamada.
   c. Conferir o dever de casa.
   d. Recolher os trabalhos.
   e. Devolver os trabalhos.
   f. Mover-se do grupo inteiro para pequenos grupos.
   g. Terminar a aula a cada dia.
   h. Deixar a turma ao final do tempo de aula.

Leituras adicionais

GABRIELI, C.; GOLDSTEIN, W. *Time to learn*: how a new school schedule is making smarter kids, happier parents, and safer neighborhoods. San Francisco: Jossey-Bass, 2008.

Usando senso comum, experiência, dados quantitativos e observação pessoal, os autores desse livro argumentam que o atual dia escolar está obsoleto e fora de compasso com a realidade das famílias trabalhadoras. Uma ou duas horas adicionais do "novo dia escolar" permitem que os alunos dominem as matérias acadêmicas, recebam ensino e tutoria individualizados e participem de arte, música, drama e esportes.

INTRATOR, S. M. The engaged classroom. *Educational Leadership*, v. 62, n. 1, p.20-24, 2004.

Sam Intrator, um professor do ensino superior, passou 130 dias acompanhando alunos em uma escola de ensino médio na Califórnia a fim de entender o "terreno de experiências do tempo de aula dos estudantes". Nesse artigo, ele descreve os diferentes tipos de tempo que os estudantes vivenciam: tempo lento, tempo perdido, tempo de mentira, tempo de preocupação, tempo de brincar e tempo de envolvimento.

SHERNOFF, D. J. et al. Student engagement in high school classrooms from the perspective of flow theory. *School Psychology Quarterly*, v. 18, n. 2, p. 158-176, 2003.

Esse estudo pesquisou como 526 alunos de ensino médio passaram seu tempo na escola e as condições em que eles relataram estar envolvidos. Os participantes experimentaram maior envolvimento quando o desafio percebido da tarefa e suas próprias capacidades eram altos e equilibrados, quando o ensino era relevante e quando o ambiente de aprendizado estava sob controle. Os participantes também se envolveram mais em trabalho individual e em grupo do que ouvindo palestras, assistindo a vídeos ou fazendo provas.

SMITH, B. Quantity matters: annual instructional time in an urban school system. *Educational Administration Quarterly*, v. 36, n. 5, p. 652-682, 2000.

A política oficial de tempo das escolas públicas dos anos iniciais do ensino fundamental de Chicago é a de fornecer aos alunos 300 minutos de ensino por dia para 180 dias escolares por ano. Isso soma 900 horas de ensino anualmente. Mas baseado em registros de observação em sala de aula, notas de campo, entrevistas com professores, calendários escolares e outros documentos, esse relato conclui que aproximadamente metade dos estudantes de Chicago pode estar recebendo apenas 40 a 50% das horas recomendadas. São discutidas as razões para essa erosão do tempo de ensino e são destacadas recomendações.

CAPÍTULO 8

Aumentando a motivação dos alunos

O que é realista? O que é apropriado? 189
Estratégias para aumentar as expectativas de sucesso 191
Aumentando a percepção do valor da tarefa 200
Motivando os alunos com baixo desempenho e descontentes 210
Comentários finais 212
Resumo 212

Sentadas em uma sala de professores de uma grande escola de ensino médio, ouvimos por acaso uma conversa entre membros do departamento de estudos sociais. Um professor da 1ª série estava reclamando sobre essa turma do 3º período de aula: "Aqueles alunos não se importam com a escola. Eu não vou desperdiçar o meu tempo tentando motivá-los. Eu sinto muito se eles não podem ser responsáveis pelo seu próprio aprendizado". À medida que refletíamos sobre a declaração do professor, parecia que ele estava sugerindo que a motivação é de inteira responsabilidade do aluno; para serem bem-sucedidos na escola, os alunos devem chegar motivados, do mesmo modo que eles devem chegar com cadernos e canetas. A afirmação também sugere que motivação é uma característica estável, como a cor dos olhos. Por essa perspectiva, alguns indivíduos vêm para a escola querendo aprender e alguns não. Esse pode ser um ponto de vista reconfortante: se a motivação for uma característica inata e imutável, então não temos de gastar tempo e energia descobrindo maneira de motivar os alunos.

No entanto, alguns educadores argumentam que a motivação é uma disposição adquirida que está sujeita à mudança. Ela também pode ser específica de cada situação, variando de acordo com a natureza da atividade. Portanto, alunos em turmas de língua estrangeira podem ficar entusiasmados com uma encenação de visita a um restaurante, mas podem parecer entediados e desinteressados quando é hora de conjugar verbos.

Segundo essa última perspectiva, os professores são responsáveis por estimular o envolvimento de todos os alunos nas atividades de aprendizado. Pode ser gratificante (e bem mais fácil) quando eles vêm para a escola já motivados a aprender; entretanto, quando isso não ocorre, os professores devem redobrar os seus esforços para criar um contexto de sala de aula que promova o envolvimento e o interesse dos alunos. Esse ano, por exemplo, uma das turmas de Fred de Temas Mundiais Contemporâneos tem uma grande proporção de alunos que, segundo Fred, estão "apenas passando o tempo". Durante uma conversa, Fred compartilhou tanto a sua frustração quanto sua determinação:

> Esses alunos são uma luta constante – o tipo mais duro de alunos para se trabalhar. Eles não são

burros; eles não são maus; apenas não estão motivados quando se trata de escola. E estão acostumados a ir com calma; nas três séries do ensino médio eles descobriram que a resistência passiva funciona. Eles são tão passivos que os professores simplesmente os deixam sozinhos. Mas eu me recuso a desistir. Eu olho bem para eles e falo: "Me diga que você quer ficar em casa e ser uma lesma e eu lhe deixarei em paz". E ninguém me disse isso. Na verdade, eu acho que eles estão finalmente conformados com o fato de que não podem se arrastar na minha aula. E eles não podem nem ficar loucos comigo, porque sabem que eu estou do lado deles.

Como o comentário de Fred indica, quando se trata de motivação dos alunos, é mais fácil falar do que fazer, especialmente quando se lida com adolescentes. A queda de motivação durante os anos de transição dos anos iniciais para os finais do ensino fundamental é bem documentada (ANDERMAN; MAEHR, 1994) – e é frequentemente desanimadora para professores iniciantes, em particular para aqueles que são apaixonados por seus campos de conhecimento. Reflita sobre essa publicação, retirada do jornal, de um licenciando em inglês:

> *Eu comecei a minha licenciatura com todas aquelas grandes ideias sobre como eu iria iluminar os alunos para a beleza da literatura e libertar toda a percepção e talento que havia sido enterrado... Eu dei palestras sérias e complicadas e uma infinidade de tarefas como dever de casa, certo de que meus alunos me agradeceriam quando testemunhassem a emergência da sua proeza intelectual. Em algum momento ao longo da terceira semana, entretanto, a verdade veio à tona: a maioria dos meus alunos não se aproximou e provavelmente nunca iria se aproximar da literatura com tanto entusiasmo quanto o que sentem por um novo jogo de computador.*

> **PARE E REFLITA**
> Pense em uma época em que você era extremamente motivado para aprender. Pode ter sido na preparação para obter sua licença de motorista. Por que você estava motivado em aprender? O que apoiava você no seu aprendizado? O que tornou essa experiência bem-sucedida? Tente relacionar suas experiências com o que você fará todos os dias em sua sala de aula.

Para apoiar os professores que se veem nessa situação tão comum, este capítulo se concentra nas maneiras de promover a motivação dos alunos. Começamos refletindo sobre o que é realista e adequado em relação a motivar alunos dos anos finais do ensino fundamental e ensino médio. Examinamos, então, os fatores que dão origem à motivação. Finalmente, consideramos a variedade de estratégias motivacionais retiradas das pesquisas, da teoria e da prática de nossos quatro professores.

O QUE É REALISTA?
O QUE É APROPRIADO?

Muitos dos licenciandos com os quais nós trabalhamos acreditam que os professores motivam os alunos *tornando o aprendizado divertido*. De fato, eles frequentemente mencionam a capacidade de planejar atividades que sejam agradáveis e divertidas como uma das características definidoras do "bom professor". Contudo, como Jere Brophy (2004, p. 12) nos lembra, "[...] escolas não são acampamentos ou centros de recreação", e os professores não são conselheiros ou diretores recreativos. Diante de presença compulsória, currículos necessários, tamanhos de turma que inibem a individualização e espectro de testes padronizados de alto desempenho, tentar garantir que aprender é sempre divertido não é razoável nem realista. Ayers (1993), um professor de educação que ensinou da educação infantil à graduação, é ainda mais direto. Afirmar que bons professores são aqueles que tornam o aprendizado divertido é um dos mitos mais comuns do ensino. Ayers escreve:

> O que é divertido distrai, entretém. Palhaços são divertidos. Piadas podem ser divertidas. O aprendizado pode ser envolvente, cativante, impressionante, desorientador, envolvente e muitas vezes profundamente prazeroso. Se ele for divertido, ótimo. Mas ele não precisa ser divertido. (AYERS, 1993, p. 13).

Provavelmente todos nós podemos nos lembrar de situações em que estávamos motivados para cumprir uma tarefa acadêmica que não era divertida, mas isso, no entanto, parecia valer a pena e ser significativo. O exemplo que imediatamente vem a nossas mentes é o aprendizado de uma língua estrangeira. Nenhuma de nós foi muito boa em línguas e ficávamos ansiosas e constrangidas sempre que tínhamos que falar na turma de línguas. Nós achávamos a conversação e os exercícios orais dolorosos; encenações eram excruciantes. Contudo, uma de nós fez três anos de francês no ensino médio e mais dois no ensino superior, enquanto a outra fez três semestres de espanhol bem depois de terminar o ensino superior. Nós duas estávamos determinadas a nos comunicar o mais fluentemente possível quando visitamos países estrangeiros.

Brophy (2004, p. 15) se refere a esse tipo de direcionamento como *motivação para aprender* – "[...] a tendência a achar as atividades acadêmicas significativas e proveitosas e a tentar obter a partir delas os benefícios do aprendizado pretendidos". Ele distingue a motivação para aprender da *motivação intrínseca*, na qual os indivíduos buscam as atividades acadêmicas porque eles as consideram prazerosas. Às vezes, é claro, você pode ser capaz de se aproveitar dos interesses intrínsecos dos alunos de modo que as atividades de aprendizado sejam percebidas como divertidas. Mas é improvável que isso ocorra sempre. Por essa razão, os professores precisam levar em conta maneiras de desenvolver e de manter a motivação dos alunos em aprender.

Uma expectativa × quadro de valores

É útil pensar em estimular a motivação para aprender em termos de uma expectativa × valor (ou expectativa multiplicada pelo modelo de valores) (BROPHY, 2004; WIGFIELD; ECCLES, 2000). Esse modelo postula que a motivação depende da *expectativa de sucesso dos alunos* e *do valor que colocam na tarefa* (ou as recompensas que ela pode trazer, como ser capaz de falar fluentemente francês). Os dois fatores trabalham juntos como uma equação de multiplicação (expectativa × valor): se qualquer um deles estiver perdido (i.e., zero), não haverá motivação.

A expectativa multiplicada pelo modelo de valor sugere que você tem duas principais responsabilidades em relação à motivação. *Primeiro você precisa se assegurar de que os alunos podem realizar a tarefa em mãos com sucesso se fizerem o esforço*. Isso significa criar tarefas que sejam adequadas aos níveis de realização dos alunos. Isso também pode significar ajudar os alunos a reconhecer sua capacidade de desempenhá-las com êxito. Considere o caso de Hannah Sem Esperança (STIPEK, 1993). Durante a aula de matemática, Hannah frequentemente senta em sua carteira sem fazer nada. Se o professor estimula Hannah a tentar um dos problemas que deveria estar fazendo, ela alega que não consegue. Quando um professor a conduz por um problema passo a passo, Hannah responde à maioria das questões corretamente, mas insiste que está apenas "chutando". Hannah se considera incompetente e interpreta a frustração do professor como prova da sua incompetência. Ela é um exemplo clássico de aluno com "síndrome do fracasso" (BROPHY, 2004).

Felizmente, casos extremos como o de Hannah são incomuns (STIPEK, 1993). Mas todos nós provavelmente já conhecemos situações em que a antecipação do fracasso levou à anulação ou à paralisia. Uma tarefa na forma de um trabalho final longo é esmagadora, então nós o adiamos até que seja tarde demais para fazê-lo realmente bem. Cálculo é desafiador, então nós fazemos matemática geral no seu lugar. Se o fracasso for inevitável, não vale a pena tentar. E se raramente tentamos, raramente somos bem-sucedidos.

Uma segunda responsabilidade dos professores é a de ajudar os alunos a reconhecer o valor do trabalho acadêmico que têm em mãos. Por exemplo, Sam Satisfeito (STIPEK, 1993) é o palhaço da turma. Ele recebe notas C+ e B–, embora ele seja claramente capaz de receber A. Em casa, Sam passa horas no seu computador, lê todo livro que encontra à sua frente, adora ficção científica e até mesmo escreveu uma pequena novela. Mas ele demonstra pouco interesse no trabalho escolar. Se as tarefas coincidem com seus interesses pessoais, ele faz esforços; caso contrário, ele simplesmente lida com descaso.

A fim de ajudar alunos como Sam, você precisa promover o valor das atividades de turma. Por exemplo, como Sam gosta de interagir com seus pares, você pode usar atividades em pequenos grupos em sala. Para que ele possa demonstrar seus interesses, o professor de Sam pode convidá-lo para compartilhar trechos da novela que escreveu. O professor de biologia de Sam pode lhe pedir para explicar a ciência em seu filme de ficção científica favorito. Outra estratégia é comunicar o valor das *recompensas que a conclusão bem-sucedida da tarefa lhe trará*. Por exemplo, Sam pode ver pouco valor em aprender história, mas pode reconhecer que uma boa nota é necessária para continuar seus estudos de ciência no ensino superior.

De acordo com o modelo expectativa multiplicada pelo valor, Brophy (2004) reviu teorias relevantes e pesquisas e deduziu um conjunto de estratégias que os professores podem usar para promover a motivação dos alunos. As seções a seguir se baseiam no trabalho de Brophy (ver Tab. 8.1). Começamos com estratégias centradas na primeira variável do modelo – expectativas de sucesso dos alunos.

> **PARE E REFLITA**
> Agora que você leu sobre o modelo expectativa × valor, reflita sobre suas implicações para os professores. Como você usaria esse modelo para motivar um aluno desinteressado em um tópico de sua área de conteúdo?

À medida que lê, tenha em mente *que nenhuma dessas estratégias será muito eficiente se você não tiver trabalhado para criar e manter um ambiente seguro e atencioso em sala de aula* (Cap. 3). Antes que os alunos possam se tornar motivados, eles devem se sentir protegidos da humilhação, entender que não há problema em correr riscos e cometer erros e saber que são membros respeitáveis e aceitos da turma (RYAN; PATRICK, 2001). De fato, Brophy considera um ambiente de apoio como uma "pré-condição essencial" para o uso bem-sucedido de estratégias motivacionais (GOOD; BROPHY, 2008, p. 148).

ESTRATÉGIAS PARA AUMENTAR AS EXPECTATIVAS DE SUCESSO

Forneça oportunidades para o sucesso

Se as tarefas parecem difíceis demais, os alunos podem ter medo de enfrentá-las. Você pode ter de modificar tarefas para diferentes alunos, fazer tarefas com perguntas abertas de modo que várias respostas sejam aceitáveis, fornecer ensino adicional, dividir projetos longos em partes menores, mais "factíveis" ou fornecer tempo extra. Fred chama isso de "teoria da corda inclinada" de trabalho em sala: "Se colocarmos uma corda em uma sala em 1,2 m, alguns alunos podem atravessá-la e outros não. Mas se inclinarmos a corda, então todos podem encontrar seu caminho em algum ponto". Segundo Fred, "o sucesso é um motivador melhor do que qualquer outra coisa que eu conheço. Se eu puder ajudar os alunos a alcançar o sucesso, então talvez eu seja capaz de chegar até eles".

TABELA 8.1 Estratégias de Brophy para promover a motivação para aprender

Estratégias para aumentar as expectativas de sucesso
- Forneça oportunidades para o sucesso
- Ensine os alunos a estabelecer objetivos razoáveis e a avaliar seu próprio desempenho
- Ajude os alunos a reconhecer a relação entre esforço e resultado
- Forneça retorno de informações
- Proporcione apoio motivacional especial para alunos desmotivados

Estratégias para aumentar o valor percebido
- Relacione as aulas com as vidas dos alunos
- Forneça oportunidades para escolha
- Molde o interesse em aprender e expresse entusiasmo pelo material
- Inclua elementos de novidade/variedade
- Forneça oportunidades para os alunos responderem ativamente
- Permita que os alunos criem produtos finais
- Forneça oportunidades para os alunos interagirem com os pares
- Forneça recompensas extrínsecas

Fonte: Brophy (2004).

Quando Christina ensina seus alunos a escrever trabalhos de pesquisa, ela tenta garantir o sucesso fragmentando a tarefa em partes menores – fazer anotações, construir uma bibliografia, criar um destaque, escrever o parágrafo introdutório – e procura pedir aos alunos que entreguem cada parte ao longo do processo. Isso não apenas faz a tarefa parecer menos esmagadora, como também permite a Christina corrigir erros e colocar os alunos na direção correta antes que seja tarde demais.

Às vezes, é necessário voltar e ensinar novamente a matéria, em vez de apenas seguir em frente. Por exemplo, durante a aula em que Donnie estava explicando como construir e bisseccionar ângulos congruentes, ficou aparente que a maioria dos alunos estava perdida. À medida que eles trabalhavam em suas tarefas, comentários frustrados começaram a ser ouvidos em todos os cantos da sala: "Eu não consigo fazer isso; você me disse para não mudar o compasso, mas eu tive que fazê-lo"; "Preciso de uma borracha"; "Hã?"; "Como você faz isso?"; "Eu não entendi isso". Circulando pela sala, Donnie tentou ajudar os que estavam tendo problemas. Finalmente, ela se moveu para a frente da sala e se dirigiu à turma: "OK, vamos começar de novo. Eu vejo que vários estão perdidos". Ela começou a explicar o procedimento novamente, de modo bem lento. Antes de passar para a próxima etapa, ela perguntava: "Todo mundo entendeu isso?". Os alunos começaram a responder mais positivamente: "Sim"; "A-hã"; "OK, entendemos". Uma menina que estava tendo especial dificuldade a chamou: "Vem cá, Srta. Collins, eu quero lhe mostrar o que eu consegui". Donnie verificou o seu trabalho; estava correto. A menina virou para o seu colega e anunciou alto: "Viu, tudo o que eu precisava era de uma pequena ajuda. Às vezes eu tenho que trabalhar passo a passo. Eu consegui. Eu consegui".

Às vezes, fornecer oportunidades para o sucesso requer tarefas diferenciadas para alunos de níveis de desempenho variáveis. Considere esse exemplo:

> Os alunos do ensino médio mais velhos da turma de governo do Sr. Yin estão realizando pesquisa em grupos de três a cinco pessoas. Seu objetivo é compreender como a Declaração de Direitos se expandiu ao longo do tempo e seu impacto em vários grupos na sociedade.
>
> O Sr. Yin colocou os alunos em grupos de acordo com os níveis de habilidade (p. ex.,

leitores esforçados a leitores de nível de graduação ou leitores de nível de graduação a leitores avançados). Todos os grupos de pesquisa devem examinar um tema: (1) como uma ou mais emendas à Declaração de Direitos se tornou mais inclusiva com o tempo; (2) eventos da sociedade que levaram à reinterpretação de uma ou mais emendas da Declaração de Direitos; (3) decisões da corte que redefiniram uma ou mais emendas; (4) as interpretações e aplicações atuais de uma ou mais emendas.

Os alunos têm uma rubrica comum para a estrutura e o conteúdo de escrita adequada, e lhes será solicitado individualmente que desenvolvam uma peça escrita a partir do que aprenderam em seu grupo de pesquisa. Uma ampla variedade de recursos de impressão, computadores, vídeo e áudio está disponível para todos os grupos.

O Sr. Yin diferenciou o trabalho de duas maneiras principais. Alguns grupos de pesquisa investigarão grupos da sociedade que são lhes são mais familiares, áreas em que os temas são mais claramente definidos ou áreas onde há mais informação disponível em um nível de leitura básico. Outros grupos examinarão grupos da sociedade não familiares, temas que são menos definidos ou temas em que os recursos da biblioteca são mais complexos. Além disso, os alunos podem escolher escrever um ensaio, uma paródia ou um diálogo para refletir o que entenderam. (TOMLINSON, 1999, p. 54-55).

Outro modo de aumentar a chance de sucesso é variar as abordagens de ensino de modo que os alunos com diferentes pontos fortes tenham acesso igual ao ensino. Várias escolas desenvolveram programas baseados na teoria de Gardner (1993; 1995) de "inteligências múltiplas" (IM). Segundo Gardner, as pessoas têm pelo menos oito tipos de capacidades intelectuais (listadas na Tab. 8.2). As escolas têm enfatizado tradicionalmente o desenvolvimento de inteligências linguísticas e lógico-matemáticas (e favoreceram aqueles que são relativamente fortes nelas), enquanto negligenciaram e desvalorizaram

as outras inteligências. Embora Gardner não defenda uma "maneira correta" para implementar uma educação de inteligências múltiplas, ele recomenda que os professores abordem tópicos de várias maneiras, de modo que mais alunos sejam alcançados e mais possam vivenciar "o que é ser um especialista" (GARDNER, 1995, p. 208). Por exemplo, quando ensinar sobre fotossíntese, você pode não apenas querer que seus alunos leiam a seção do seu livro-texto que descreve a fotossíntese (inteligência linguística), como pode querer que os alunos também façam atividades que explorem diferentes inteligências: pintar o processo de fotossíntese com aquarelas (inteligência visual); escrever uma notícia de jornal que reflita sobre uma experiência pessoalmente transformadora e compará-la com a fotossíntese (inteligência intrapessoal); criar uma linha do tempo das etapas da fotossíntese (inteligência lógico-matemática); encenar os "personagens" envolvidos no processo de fotossíntese (inteligência corporal-cinestésica); ou fazer previsões sobre o impacto de diferentes níveis de luz no crescimento de plantas (inteligência naturalista) (CAMPBELL; CAMPBELL; DICKINSON, 1999).

Obviamente, no mundo real, em que as aulas duram 42 minutos e os testes padronizados são de alto desempenho, incorporar todas as inteligências a cada tópico é impossível. E o próprio Gardner defende que tentar fazer isso é um desperdício de esforço e uma forma de empregar erroneamente a teoria IM (GARDNER, 1998). No entanto, a teoria IM pode sugerir várias maneiras de fazer os alunos se envolverem com o conteúdo acadêmico. Ao integrar na rotina escolar tarefas envolvendo duas ou mais diferentes inteligências, você pode fornecer aos alunos oportunidades maiores de sucesso.

É importante que outra consideração em relação ao sucesso dos alunos seja mencionada aqui. Tenha em mente que o processo de aprender algo novo envolve fra-

TABELA 8.2 As inteligências múltiplas de Gardner

Tipo de inteligência	Descrição
Linguística	Capacidade de usar a linguagem para expressar e apreciar significados complexos; sensibilidade aos sons, ritmos e significados das palavras
Lógico-matemática	Capacidade de argumentar e reconhecer padrões lógicos e numéricos; calcular, quantificar, considerar proposições e hipóteses
Espacial	Capacidade para perceber o mundo visual acuradamente; para pensar de modo tridimensional; para navegar através do espaço; para produzir e entender informação gráfica
Musical	Sensibilidade à altura, melodia, ritmo e tom; para produzir e apreciar diferentes formas de expressão musical
Corporal-cinestésica	Capacidade para usar o corpo e manusear objetos habilidosamente
Interpessoal	Capacidade de entender e interagir com outros; perceber acuradamente os humores e as emoções dos outros
Intrapessoal	Capacidade de se entender; perceber seus próprios humores, emoções, desejos e motivações
Naturalista	Capacidade de entender a natureza e observar padrões; sensibilidade às características do mundo natural

Fontes: Arends (2008); Campbell, Campbell e Dickinson (1999).

casso temporário e possivelmente algumas frustrações (ALFI; ASSOR; KATZ, 2004). É importante que você permita que seus alunos experimentem o fracasso temporário na segurança da sua sala de aula, a fim de que eles possam desenvolver as habilidades necessárias para lidar com ele e um sentimento de domínio que irá contribuir para sua motivação em continuar aprendendo.

Ensine os alunos a estabelecer objetivos razoáveis e a avaliar seu próprio desempenho

Alguns alunos pensam que qualquer nota menor do que 100 em um teste é um fracasso, enquanto outros ficam contentes quando conseguem a pontuação mínima para passar. Você pode ter que ajudar os alunos a estabelecer objetivos que sejam razoáveis e alcançáveis. Logo no início de cada curso, Christina pede que os alunos estabeleçam os objetivos que esperam alcançar (ver Fig. 8.1). Então, baseados nesses objetivos, os alunos decidem os critérios que empregarão para avaliar o seu trabalho. Eles têm de incluir quatro itens específicos exigidos por Christina e oito adicionais que eles podem desenvolver para si mesmos. Ao longo do bimestre, os alunos mantêm seus trabalhos em um "arquivo coletor", a partir do qual eles selecionam seus trabalhos e verificam o progresso em relação aos objetivos que estabeleceram. A cada seleção, os alunos preenchem uma "folha de reflexão", na qual eles explicam os objetivos e os critérios ali representados. O trabalho selecionado, junto da folha de reflexão, é transferido para um portfólio, acessível tanto a Christina quanto aos alunos.

Christina também dá aos alunos uma rubrica que detalha como cada projeto principal será pontuado e pede que os alunos atribuam uma nota aos seus trabalhos antes de entregá-los: "desse modo, os alunos estão conscientes da pontuação que receberão e podem fazer uma escolha entre estar contente com ela ou querer mais". Curiosamente, Christina descobriu que as autoavaliações dos alunos têm geralmente poucos pontos de diferença em relação às avaliações que ela própria faz dos trabalhos.

Objetivos
Seus objetivos individuais devem representar o que você deseja realizar nessa disciplina. Escolha objetivos que sejam diretamente relevantes para suas expectativas da disciplina. Por exemplo, embora seja válido que você diga que quer ser um milionário, esse objetivo não é especificamente relevante para a aula de inglês. Escolha um objetivo mais específico de curto prazo. Uma vez que você tenha escolhido seus objetivos, explique suas razões para escolhê-los no espaço fornecido. Liste, então, duas maneiras pelas quais você acha que pode alcançar esses objetivos.

Objetivo nº 1:	Razão para seleção desse objetivo:
2 coisas que você pode fazer para ajudá-lo a atingir esse objetivo:	
Objetivo nº 2:	Razão para seleção desse objetivo:
2 coisas que você pode fazer para ajudá-lo a atingir esse objetivo:	
Objetivo nº 3:	Razão para seleção desse objetivo:
2 coisas que você pode fazer para ajudá-lo a atingir esse objetivo:	
Objetivo nº 4:	Razão para seleção desse objetivo:
2 coisas que você pode fazer para ajudá-lo a atingir esse objetivo:	
Objetivo nº 5:	Razão para seleção desse objetivo:
2 coisas que você pode fazer para ajudá-lo a atingir esse objetivo:	

FIGURA 8.1 Folheto de estabelecimento de objetivos de Christina.

Outro exemplo de ajuda aos alunos no estabelecimento de objetivos foi observado quando um dos alunos da 3ª série do ensino médio de Fred entregou uma redação terrível, logo no início do ano. O texto era curto, superficial e vago; além disso, a caligrafia e a ortografia eram assombrosas. Ao investigar, Fred descobriu que o aluno tinha um transtorno de aprendizado. No entanto, ele disse ao aluno de maneira clara que seu desempenho era inadequado: "Olhe, você não consegue escrever corretamente nem consegue copiar. Mas você não é burro. Então o que você vai fazer para melhorar? Vamos estabelecer alguns objetivos". Com a ajuda do professor da sala de recursos, eles desenvolveram um plano para o aluno aprender a usar o teclado e o verificador de ortografia. Quando precisou entregar a próxima tarefa escrita, o aluno veio reclamar com Fred que estava sendo muito difícil. Fred foi simpático e solidário, mas inflexível ao defender que o aluno deveria completá-la. Ele o fez, e embora ela estivesse longe de ser adequada, era uma melhora expressiva em relação à primeira. Refletindo sobre os problemas do aluno, Fred comenta:

> Todos nós podemos ter pena dele, mas ele não pode continuar desse jeito; ele tem que ser empurrado para superar os seus déficits. As pessoas deixaram que ele continuasse agindo como um bebê, mas é hora de crescer. Há maneiras pelas quais ele pode melhorar. Meu trabalho é ensiná-lo como estabelecer alguns objetivos razoáveis e, então, trabalhar para alcançá-los.

Ajude os alunos a reconhecer a relação entre esforço e resultado

Como a Hannah Sem Esperança, alguns jovens anunciam a derrota antes mesmo de terem tentado uma tarefa. Quando não se saem bem em uma atividade, eles atribuem o seu fracasso à falta de capacidade, não reconhecendo que o desempenho é frequentemente uma consequência do esforço. Outros alunos podem ser confiantes demais – até convencidos – e pensar que não há necessidade de fazer qualquer esforço. Em qualquer situação, você deve deixar explícita a relação entre esforço e resultado. Sempre que possível, aponte os progressos dos alunos e os ajude a ver o papel do esforço: "Veja, você fez todos os deveres de casa de matemática nessa semana e realmente valeu a pena. Veja como você se deu bem no *quiz*!".

A relação entre esforço e resultado se tornou dolorosamente clara para um aluno na turma de Sandy que se recusava a fazer anotações durante a aula. Quando Sandy notou pela primeira vez que ele não estava fazendo anotações, ela lhe disse para pegar seu caderno e abri-lo. Ele o fez, murmurando. "Vou abrir meu caderno, mas você não pode me forçar a fazer anotações." Mais tarde, ele disse a Sandy que não precisava fazer anotações como os outros garotos porque tinha uma boa memória. Ela explicou que seus anos haviam lhe mostrado que fazer anotações em química era absolutamente necessário; ela sugeriu que ele mantivesse seu caderno aberto "para o caso de" surgir uma necessidade. Quando o primeiro teste foi aplicado, a nota do garoto foi 40. Sandy lhe disse: "Eu sei que não é porque você é incapaz de fazer o trabalho. Então, o que você acha? Que conclusão você tira disso?". O garoto respondeu: "Eu acho que tenho que fazer anotações".

Forneça retorno de informações

Às vezes, entregar um trabalho para o professor é como deixá-lo cair em um buraco negro. As tarefas são empilhadas em grandes montes na mesa do professor e os alunos sabem que seus trabalhos nunca mais serão devolvidos – com nota ou sem ela. Do ponto de vista dos alunos, é enfurecedor trabalhar duro em uma tarefa, entregá-la e então não receber qualquer retorno por parte do professor. Mas uma falta de retorno acadêmico não é apenas enfurecedora. Ela é também ruim para a motivação e o desempenho dos alunos. O *Beginning Teacher Evaluation Study* (Estudo de Avaliação do Professor Iniciante) documentou a importância de fornecer um retorno para os alunos:

> Uma atividade de ensino particularmente importante é a de fornecer retorno acadêmico aos alunos (deixando que saibam se suas respostas são certas ou erradas ou dando-lhes a resposta certa). O retorno acadêmico deve ser fornecido sempre que possível aos alunos. Quando um retorno mais frequente é oferecido, os alunos prestam mais atenção e aprendem mais. O retorno acadêmico foi mais forte e consistentemente relacionado ao desempenho do que qualquer outro comportamento de ensino. (FISHER et al., 1980, p. 27).

Se você circular enquanto os alunos estiverem trabalhando nas tarefas, você pode lhes fornecer um retorno imediato sobre o seu desempenho. Você pode perceber erros, prestar auxílio nos problemas e ratificar trabalhos corretos e cheios de ideias. No trecho a seguir, vemos Sandy ajudar duas garotas que estão tendo problemas em derramar uma solução em um funil. Apenas uma solução clara, sem cor, deveria aparecer na proveta, mas a solução era amarelada e tinha partículas sólidas.

> SANDY: Por que isso acontece?
> TANYA: Porque eu derramei substância demais ou rápido demais.
> SANDY: Certo. [Ela chama todos os alunos para verem o problema que as duas garotas tinham]. Então o que aconteceu?
> LISA: O material amarelo transbordou do papel de filtro, por trás da dobra.
> SANDY: Ok, então o que você pode fazer?
> TANYA: Colocá-la de volta, mas nós vamos perder uma parte.
> SANDY: [Para os outros alunos] Eles podem colocar de volta?
> ESTUDANTE: Sim.
> SANDY: Claro. Foi bom que você tenha lavado a proveta.

Às vezes, você não é capaz de monitorar o trabalho enquanto ele está sendo feito. Nesse caso, você precisa checar as tarefas uma vez que elas tenham sido apresentadas e retornar aos alunos assim que possível. Você também pode pedir que eles chequem seus próprios trabalhos. Donnie acredita que isso tem inúmeros benefícios educacionais:

> Eu gosto de rever o dever de casa em sala e pedir que os alunos confiram seu próprio trabalho. Isso lhes dá a chance de ver como estão indo, onde estão confusos. Se eu apenas pedisse que eles me entregassem o trabalho e lhes desse uma nota, eles saberiam quais problemas estavam certos, quais estavam errados, mas eles não saberiam por quê. Uma vez por semana, porém, eu recolho o dever de casa e o examino por conta própria. Desse modo, eu posso ver por mim mesma como os alunos estão indo.

Como professora de inglês, Christina considera bastante educativo que os alu-

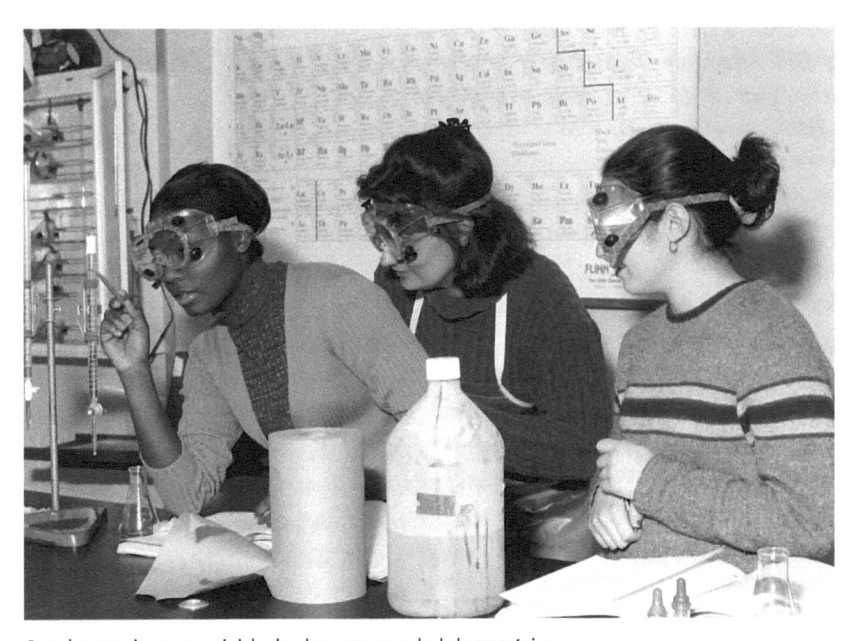

Sandy monitora a atividade dos grupos de laboratório.

nos avaliem seu próprio trabalho e o dos seus pares. Além disso, ela acredita que essa situação lhes permite receber um retorno mais rápido:

> Eu costumava pensar que era um caminho mais fácil pedir aos alunos que avaliassem seus próprios trabalhos ou fazer edição por seus pares, mas professores mais experientes me disseram que não era verdade e eu vim a concordar com eles. Eu não poderia ter uma sala de aula baseada na escrita se eu tivesse que dar todo o retorno sozinha. Meus alunos escrevem muitas versões dos seus trabalhos e eu simplesmente não consigo ler todas elas rápido o suficiente. Então eu lhes ensino a autoavaliar-se e a avaliar os colegas antes de revisar. Eles aprendem muito quando fazem a editoração por pares e podem obter retorno instantâneo.

Quer você corrija os trabalhos assim que eles estão sendo feitos, em casa com uma xícara de café ou junto com os seus alunos, o ponto importante é que eles *precisam saber como estão progredindo*. Também é importante dar um retorno em termos de *padrões absolutos ou de desempenho anterior dos alunos no lugar do desempenho dos pares* (BROPHY, 2004). Portanto, em vez de dizer "Parabéns! Você recebeu a sexta maior nota da turma", você poderia dizer "Parabéns! Você passou de um 79 no seu último quiz para um 87 nesse". Do mesmo modo, você pode destacar os pontos fortes e fracos e adicionar uma nota de incentivo para esforço adicional ("Você demonstrou uma firme compreensão das perspectivas dos proprietários de escravos e dos abolicionistas, mas não dos próprios escravos. Verifique o capítulo de novo e adicione um parágrafo para completar sua apresentação").

Proporcione apoio motivacional especial para alunos desmotivados

A escola pode representar uma luta constante para alunos com capacidade limitada ou transtorno de aprendizado, que tentam acompanhar os colegas de turma e manter um sentido de entusiasmo e motivação. Tais alunos precisam não apenas de assistência de ensino (p. ex., atividades individualizadas, ajuda acadêmica extra, tarefas bem estruturadas, tempo extra), como também precisam de estímulo especial e apoio motivacional. Por exemplo, Donnie constantemente exorta os alunos a não perder a coragem quando enfrentam problemas e lembra que as pessoas trabalham e aprendem em ritmos diferentes. Frequentemente, ela coloca juntos alunos de baixo rendimento com aqueles que ela sabe que serão pacientes e atenciosos e incentiva a assistência e a tutoria por pares. Do mesmo modo, Sandy frequentemente assegura aos seus alunos que eles estão juntos nesse desafio:

> Muitos dos meus alunos estão com medo de cursar química e eles a consideram mais difícil do que qualquer outra matéria que já cursaram. Eu passo as primeiras cinco ou seis semanas da escola assegurando-lhes: "Vocês não estão sozinhos, há apoio, estou aqui para ajudá-los, faremos isso lenta e sistematicamente. Vocês não têm que aprender isso em três ou quatro dias; pode ser um longo trajeto, mas OK". Se eu conseguir que eles confiem em mim, e eu acredito que eles possam fazer isso, então por fim eles desenvolvem mais confiança e um senso de bem-estar.

Sandy também procura expressar preocupação e surpresa quando os alunos não vão bem em um teste ou tarefa. Ela irá perguntar: "O que aconteceu aqui?" ou "Qual o problema?", de modo que os alunos saibam que ela não os está eliminando:

> Muitas vezes os professores dizem "bom trabalho" para a pessoa que tirou A, mas nada para o garoto que tirou D ou E. Mas, se você não perguntar o que aconteceu, eles pensam que você esperava por isso. Às vezes o que você não diz é mais poderoso do que o que você diz.

Christina acha que os alunos que não passaram no teste padronizado necessário para a graduação do ensino médio são particularmente desestimulados e ansiosos. Como Sandy, ela deixa claro que espera que eles passem da próxima vez; na pior das hipóteses eles vão melhorar suas notas. Ela os estimula à medida que fazem vários testes práticos e analisa seus desempenhos. Então, ela pede que pensem em uma coisa que fariam de modo diferente quando fizerem o teste de novo. As respostas variam – "Eu não vou dormir"; "Eu vou ler *todas as* opções de resposta antes de escolher uma"; "Eu vou tentar descobrir que tipo de texto estou lendo e marcá-lo" –, mas simplesmente ter um plano parece ajudar os alunos a ser mais otimistas. Christina também dá aos seus alunos um "pacote carinhoso" no dia anterior do exame com barras de granola e outros lanches saudáveis (no caso de eles não terem os ingredientes para um bom café da manhã) e uma página com dicas que ajudam nos testes, por exemplo, ir para a cama cedo e se lembrar de ligar o alarme do relógio!

Infelizmente, os professores às vezes desenvolvem padrões de comportamento contraprodutivos, que comunicam baixas expectativas e reforçam a percepção de fracasso por parte dos alunos. A Tabela 8.3 lista alguns dos comportamentos que foram identificados.

Como Brophy (2004) destaca, algumas dessas diferenças se devem ao comportamento dos alunos. Por exemplo, se as contribuições dos alunos para as discussões forem irrelevantes ou incorretas, é difícil para os professores aceitarem e usarem suas ideias. Além disso, a fronteira entre *ensino diferenciado apropriado e tratamento diferencial inadequado* é frequentemente indistinta. Fazer perguntas mais fáceis e não analíticas a alunos de baixo desempenho pode fazer sentido em termos de ensino. No entanto, é importante monitorar o grau em que você se envolve nesses comportamentos e refletir sobre as mensagens que você está mandando para seus alunos de baixo desempenho ou com transtorno de aprendizado. Se você descobrir que está se envolvendo em vários dos comportamentos listados na Tabela 8.3, você pode estar "[...] meramente seguindo os movimentos para ensinar alunos de baixo desempenho, sem trabalhar seriamente para ajudá-los a atingir o seu potencial" (BROPHY, 2004, p. 129).

TABELA 8.3 Modos pelos quais os professores podem comunicar baixas expectativas

- Esperar menos tempo para que os alunos de baixo desempenho respondam a uma pergunta antes de dar a resposta ou chamar outra pessoa.
- Dar as respostas aos alunos de baixo desempenho ou chamar outra pessoa em vez de ajudar os alunos a melhorar suas respostas dando indicações ou refazendo as perguntas.
- Recompensar comportamentos inadequados ou respostas incorretas.
- Criticar alunos de baixo desempenho mais frequentemente por fracassarem.
- Elogiar os alunos de baixo desempenho menos frequentemente por seu sucesso.
- Prestar menos atenção aos alunos de baixo desempenho.
- Sentar os alunos de baixo desempenho mais longe do professor.
- Demandar menos de alunos de baixo desempenho do que eles seriam capazes de aprender.
- Ser menos amigável nas interações com alunos de baixo desempenho; mostrando menos atenção e resposta; fazendo menor contato visual.
- Fornecer respostas mais superficiais e menos informativas às suas perguntas.
- Mostrar menor aceitação e uso das ideias de alunos de baixo desempenho.
- Limitar os alunos de baixo desempenho a um currículo repetitivo, superficial com uma ênfase em atividades práticas e exercícios.

Fonte: BROPHY (2004).

Pesquisas sobre preconceito de gênero na sala de aula revelou que os professores também comunicam baixas expectativas às suas alunas, apresentando alguns dos comportamentos listados na Tabela 8.3 (SADKER; SADKER; ZITTLEMAN, 2009). De novo, é importante que você monitore suas interações para garantir que você não esteja mandando uma mensagem involuntária a seus alunos e alunas.

AUMENTANDO A PERCEPÇÃO DO VALOR DA TAREFA

Lembre-se de que quando nós perguntamos aos alunos nas turmas de nossos quatro professores "por que se comportam em algumas aulas e não em outras", eles destacaram a importância de ensinar de um modo que seja estimulante. Como um aluno escreveu: "Nem tudo pode ser divertido, mas há maneiras pelas quais os professores podem tornar [o material] mais interessante e mais desafiador" (ver Cap. 1). Esse aluno intuitivamente compreende que a motivação para aprender não depende apenas de expectativas de sucesso ou das percepções dos alunos a respeito do valor da tarefa ou das percepções que as recompensas da realização bem-sucedida ou domínio da mesma irá trazer. Lembra-se de Sam Satisfeito? Não vendo qualquer valor nas tarefas da disciplina, ele investe pouco esforço nelas, embora saiba que pode ser bem-sucedido. Como é baixa a probabilidade de alunos como Sam responderem às exortações dos seus professores para trabalharem mais pesado, o desafio é encontrar maneiras de convencê-los de que o trabalho tem (1) *valor intrínseco* (fazê-lo irá proporcionar satisfação), (2) *valor utilitário* (fazê-lo irá promover seus objetivos pessoais) ou (3) *valor de realização* (fazê-lo irá afirmar seu autoconceito ou preencher suas necessidades de realização, compreensão, domínio de habilidades e prestígio) (BROPHY, 2004; ECCLES; WIGFIELD, 1985). Vamos considerar algumas das estratégias que os professores podem usar para promover a percepção de valor.

Relacione as aulas com as vidas dos alunos

Um estudo das estratégias motivacionais de professores de 2º ano demonstrou que os alunos se envolvem mais em salas de aula nas quais os professores fornecem razões para a realização das tarefas e relacionam as aulas às experiências pessoais dos alunos (NEWBY, 1991). Infelizmente, *o estudo também revelou que professores de 2º ano empregam essas "estratégias de relevância" apenas ocasionalmente* (ver Fig. 8.2).

Nós pensamos nesse estudo enquanto líamos um trecho sobre um professor de 8º ano que tentava explicar por que um átomo de oxigênio atrai dois átomos de hidrogênio (GORDON, 1997). Jesse, um garoto da turma, não achou isso particularmente interessante. Entretanto, o professor foi capaz de despertar o seu envolvimento quando expressou o conceito usando uma metáfora de que duas meninas do 8º ano estavam atraídas por ele. Como Gordon (1997, p. 58) ironicamente observa: "[...] metáforas envolvendo sexo capturam imediatamente o interesse dos adolescentes" e podem ser particularmente úteis para gerar atenção e envolvimento – "[...] desde que as metáforas não atravessem a fronteira invisível da adequação". Uma palavra de aviso: use metáforas como essa com moderação, uma vez que elas implicam que todos os outros alunos são heterossexuais e acharão esse tipo de referência interessante.

Quando os alunos não são da cultura dominante, os professores devem fazer um esforço especial para relacionar o conteúdo acadêmico a referências da cultura dos alunos. Essa prática não apenas ajuda a vencer a distância entre as duas culturas como também permite o estudo das referências culturais por seu pró-

FIGURA 8.2 *Fonte:* Adam @ Home © 2008 by Universal Uclick. Reimpressa com a permissão. Todos os direitos reservados.

prio valor (LADSON-BILLINGS, 1994). Dois professores de inglês em uma grande escola urbana multicultural na Califórnia proporcionam um exemplo atraente (MORRELL; DUNCAN-ANDRADE, 2002; 2004). Argumentando que o hip-hop poderia ser usado "[...] como uma ponte que liga o espaço aparentemente vasto entre as ruas e o mundo acadêmico" (MORRELL; DUNCAN-ANDRADE, 2002, p. 89), os professores usaram o estilo musical para desenvolver as habilidades críticas e analíticas de seus alunos de baixo desempenho da última série do ensino médio. Primeiro, os professores associaram poemas famosos a músicas de rap. Eles então dividiram sua turma em pequenos grupos e passaram um par de textos para cada grupo. Os alunos deveriam interpretar seu poema e música e analisar as ligações entre eles. Essa unidade de currículo ilustra o poder do que Gloria Ladson-Billings (1994) chama de *ensino relevante culturalmente*.

Nossos quatro professores estão bem conscientes da necessidade de relacionar as tarefas acadêmicas com a vida dos jovens. Quando Donnie ensina porcentagens, por exemplo, ela pede aos alunos que façam um projeto intitulado "Comprando seu primeiro carro". Os alunos trabalham em pequenos grupos para determinar quanto um carro irá custar – uma tarefa que envolve conhecer e empregar fórmulas interessantes, calcular desvalorização, aprender sobre preços base e taxa de frete e descobrir se os pagamentos mensais irão caber em seus orçamentos. Quando os alunos de Fred estudam a Declaração de Direitos, eles debatem se usar uma camiseta com uma frase obscena é protegido pela liberdade de expressão. Refletindo sobre a necessidade de relevância, Fred comenta:

> Você não precisa fazer todos os dias, mas pequenas ações ajudam. Os professores sempre precisam perguntar: "E então? O que esse material tem a ver comigo?". Meu irmão sempre dizia: "Se isso não me fizer mais rico ou mais pobre, então não me incomode com isso". Meu irmão não era um bom aluno. Então sempre que eu ensino alguma coisa eu uso "o teste do meu irmão Bob". Eu me pergunto: "E então? Como isso vai tornar os meus alunos mais ricos ou pobres de algum modo?".

Forneça oportunidades para escolha

Uma das maneiras mais óbvias de garantir que as atividades de aprendizado se conectem aos interesses pessoais dos indivíduos é fornecer oportunidades de escolha. Além disso, pesquisas demonstraram que quando os alunos vivenciam uma sensação de autonomia e autodeterminação, eles têm mais chance de ser intrinsecamente motivados (RYAN; DECI, 2000) e de se "ligar" à escola (ROESER; ECCLES; SAMEROFF, 2000). Essas oportunidades são especialmente importantes nos anos finais do ensino fundamental, fase em que os alunos costumam enfrentar um controle maior por parte dos professores do que nos anos iniciais e as notas são usadas como recompensas externas (URDAN; SCHOENFELDER, 2006). Durante a transição para os anos finais do ensino fundamental, os professores podem ajudar os alunos a desenvolver confiança e a buscar desafios, oferecendo-lhes maior autonomia na sala de aula. Enquanto currículos obrigatórios e testes padronizados de alto desempenho frustram as oportunidades de escolha, há geralmente meios alternativos para os alunos cumprirem as exigências. Pense se os alunos podem (1) participar no planejamento das tarefas acadêmicas; (2) decidir como a tarefa deve ser completada; e/ou (3) decidir quando a tarefa deve ser completada (STIPEK, 1993).

Em um estudo, pesquisadores perguntaram a 36 professores sobre os tipos de opções de ensino que deram aos seus alunos (FLOWERDAY; SCHRAW, 2000). Embora as opções variem em função das áreas de conteúdo e das séries, todos os professores concordaram em seis tipos principais de opções: (1) tópicos de estudo (para trabalhos de pesquisa, projetos em sala e apresentações); (2) materiais de leitura (gêneros, escolha de autores); (3) métodos de avaliação (prova *versus* projeto final); (4) atividades (relato de livro ou diorama); (5) arranjos sociais (se trabalham em pares ou em grupos pequenos, escolha de membros do grupo); e (6) escolhas de procedimento (quando fazer testes, em que ordem estudar os tópicos prescritos e quando as tarefas foram concluídas). Os professores também expressaram a crença de que a opção tem um efeito positivo na motivação dos alunos ao aumentar o seu senso de responsabilidade e autodeterminação, interesse e entusiasmo.

Apesar dessa crença, os professores tenderam a usar a opção como uma *recompensa* pelo esforço e bom comportamento, em vez de uma *estratégia para promover* esforço e bom comportamento. Assim, os professores tinham uma tendência de dar escolhas para alunos que já eram autocontrolados, responsáveis e motivados. É fácil compreender porque eles faziam isso (certamente lhes parecia mais seguro!). Mas, se pensarmos a opção como uma estratégia motivacional em vez de uma recompensa, vemos que ela pode ser útil para motivar alunos como Sam Satisfeito.

Há muitas maneiras de inserir a opção no currículo. Para se preparar para o teste estadual de graduação do ensino médio, os alunos de Christina têm de completar várias tarefas escritas, como uma carta persuasiva ou uma redação sobre um tópico controverso, uma redação causa/efeito e uma redação problema/solução, mas os alunos frequentemente escolhem seus próprios tópicos para todas elas. Quando as turmas de Fred descrevem uma figura histórica, elas são instruídas a escolher a figura com que mais se parecem (ou quem eles gostariam de ser). Donnie estimula os alunos a se juntar em pequenos grupos para tentar identificar os problemas mais difíceis do dever de casa; uma vez identificados, esses problemas podem ser revistos com todos os alunos do grupo pensando juntos. E todos os quatro professores às vezes permitem que os alunos escolham seus próprios grupos para trabalho colaborativo.

Molde o interesse em aprender e expresse entusiasmo pelo material

Para manter seus alunos interessados no aprendizado, é importante que você molde um interesse em aprender. Você pode falar com os alunos sobre aulas que você está tendo ou sobre outras maneiras pelas quais você continua aprendendo. Quando ensinávamos em salas de aula de cursos pré-

-universitários, nós duas fazíamos questão de compartilhar com nossos alunos o que aprendemos em viagens de férias ou o que fizemos para nos preparar para essas viagens, como aprender uma língua estrangeira. Os professores dos anos finais do ensino fundamental e do ensino médio costumam ser apaixonados por sua área de atuação, e é interessante que os alunos percebam isso e saibam o que você anda fazendo para se manter atualizado no seu campo.

Pesquisas demonstraram que quando os professores moldam o interesse no aprendizado, seus alunos percebem que sua sala de aula enfatiza o domínio de conteúdo e não simplesmente a obtenção de notas (URDAN; SCHOENFELDER, 2006). Christina frequentemente faz referência ao seu amor pela leitura e ao fato de ela escrever poesia. Quando Donnie dá aos alunos problemas complexos que envolvem várias habilidades e etapas, ela lhes diz: "Eu adoro problemas como esse! Isso é tão divertido!". Do mesmo modo, Sandy frequentemente exclama: "Essa é a minha parte favorita da química", uma afirmação que geralmente faz os alunos revirarem os olhos e responderem: "Oh, Sra. K., *tudo* é sua parte favorita!". Quando Fred vai introduzir um conceito difícil, ele anuncia: "Agora, por favor, escutem isso. A maioria dos norte-americanos não entende isso de maneira alguma; eles não fazem ideia. Mas é muito importante e eu quero que vocês entendam".

Inclua elementos de novidade/variedade

Durante uma visita à turma de Donnie, nós observamos como ela apresentava o "problema desafio do dia". Donnie distribuiu uma cópia de uma nota de dólar e pediu aos alunos que descobrissem quantas notas de US$1 seriam necessárias para fazer um metro se elas fossem enfileiradas com uma ponta ligada à outra. O entusiasmo gerado pela cópia do dólar era palpável. Fred também usou dinheiro durante uma atividade para ponderar sobre a escolha de um curso de ação mais difícil, porém mais ético. Ele escolheu um corredor e deixou cair uma nota de US$ 5 em uma cadeira vazia. Voltando-se para a menina no assento mais próximo, ele comentou: "Você podia simplesmente colocá-la no seu bolso, sair pela porta e ir para o McDonald's, certo? Pegue o dinheiro e corra. Isso certamente seria possível, mas isso seria certo?".

Na aula de habilidades básicas de Christina, observamos os alunos lerem e discutirem *The Martian Chronicles*, de Ray Bradbury. Então, Christina explicou como eles deveriam criar pequenas ilustrações de incidentes-chave na história, que depois seriam reunidas em ordem sequencial em grandes pedaços de papel de embrulho e montadas na biblioteca. Assim que ela designou os incidentes, ficou claro que incorporar essa atividade artística não apenas reforçou a compreensão da história pelos alunos como também gerou uma grande dose de entusiasmo.

Forneça oportunidades para os alunos responderem ativamente

Uma cena bastante comum de sala de aula é aquela em que o professor fala e se move enquanto os alunos, sentados, escutam passivamente. Nossos quatro professores, ao contrário, estruturam suas aulas de modo que os alunos se envolvam ativamente. Quando a turma do Institute for Political and Legal Education de Fred estuda o sistema judiciário, os alunos se envolvem em um julgamento simulado. Christina trabalha duro para que seus alunos vivenciem a poesia de uma maneira memorável e pessoal, mesmo sabendo que alguns integrantes da turma têm verdadeira aversão a esse estilo literário. Ela divide a turma em grupos para planejar a aula de poesia e pede que cada aluno (1) escreva um poema que use um recurso literário específico (p. ex., alusão, metáfora, símile, ironia, aliteração, consonância, etc.) e (2) estude um poema. Orientando os grupos a usar como modelo o Sr. Keating (o personagem de Robin Williams), do filme *Sociedade dos Poetas Mortos,* Christina incentiva os alunos a planejar aulas que "apelem para os sentidos", que "sejam como jogos ou esportes com muita poesia adicionada", que exijam dos alunos que "se levantem e se movam". Um grupo, por exemplo, desenvolveu uma caça ao tesouro para a turma e, então, explicou como a caça se relacionava ao poema "El Dorado", de Poe.

Permita que os alunos criem produtos finais

Muito tempo escolar é destinado a exercícios, ensaios e práticas. Os alunos praticam a escrita, mas raramente escrevem. Eles praticam habilidades de leitura, mas raramente leem. Eles praticam procedimentos matemáticos, mas raramente fazem matemática real. Contudo, a criação de um produto final dá significado e propósito às tarefas e aumenta a motivação dos alunos para aprender.

Depois de uma nevasca assustadora que fechou a escola por sete dias e deixou os administradores preocupados em compensar o tempo perdido, os alunos de Fred escreveram cartas para os legisladores estaduais oferecendo várias propostas. Como a tarefa era *real,* as cartas tinham de ser adequadas para postagem. A motivação foi muito maior do que seria se a tarefa tivesse sido um exercício do livro sobre como escrever cartas comerciais. Do mesmo modo, os laboratórios de Sandy realizam investigações reais de problemas reais.

Como uma introdução para um projeto de multigênero, os alunos de Christina escreveram livros infantis. Primeiro, um professor de aulas de apoio parental falou com a turma sobre escrever para crianças (p. ex., quantos personagens seriam apropriados; se seria adequado trabalhar com temas de fantasia ou com algo mais próximo das próprias experiências das crianças; a importância de usar um vocabulário simples, etc). Em seguida, os alunos escreveram seus livros e envolvendo-se na editoração e na revisão por pares. Eles leram os livros uns dos

Fred e seus alunos planejam uma simulação de julgamento.

outros e escolheram seis de cada turma. Os escolhidos foram mandados para as turmas de arte, onde foram ilustrados e encadernados. As turmas de teatro também se envolveram: elas escolheram quatro dos livros para encenar com os alunos de primeiro ano que entraram no ensino médio.

Forneça oportunidades para os alunos interagirem com os pares

Os quatro professores acreditam que a motivação e o aprendizado são potencializados se é permitido aos alunos trabalharem entre si. Eles fornecem várias oportunidades para interação entre pares (um tópico que será explorado com mais detalhe no Cap. 10).

Às vezes, os grupos são cuidadosamente planejados; outras vezes, eles são formados mais casualmente. Por exemplo, uma vez vimos Donnie embaralhar um conjunto de cartas e em seguida andar pela sala, pedindo a cada aluno para pegar uma. Ela, então, pediu aos alunos que ficassem de pé e encontrassem a pessoa ou as pessoas com o mesmo número ou figura da carta que tinha. Quando os alunos encontraram seus parceiros, ela prosseguiu explicando a tarefa em grupo.

Forneça recompensas extrínsecas

Alguns gestores eficientes consideram útil fornecer aos alunos recompensas por se envolver nos comportamentos que apoiam o aprendizado (como prestar atenção e participar) e por apresentar um bom desempenho acadêmico. O uso de recompensas em salas de aula se baseia no princípio psicológico do *reforço positivo*: o comportamento que é recompensado é reforçado e, portanto, tem maior probabilidade de voltar a acontecer. Embora as recompensas não aumentem o valor percebido do comportamento ou da tarefa, elas associam o desempenho do comportamento ou a realização bem-sucedida da tarefa a consequências atraentes e desejáveis.

As recompensas podem ser divididas em três categorias: recompensas sociais, recompensas da atividade e recompensas concretas. As *recompensas sociais* são indicações verbais e não verbais de que você reconhece e aprecia o comportamento e as realizações dos alunos. Um tapinha nas costas, um sorriso, um sinal de positivo – essas são algumas recompensas sociais comumente empregadas que têm um baixo custo e estão prontamente disponíveis.

Elogios também podem funcionar como uma recompensa social. Para ser eficiente, entretanto, os elogios devem ser *específicos e sinceros*. Em vez de "Bom trabalho", você pode tentar algo como "Seu trabalho mostra um domínio consistente da diferença entre metáforas e símiles". Em vez de "Você foi ótimo essa manhã", tente "O modo como você entrou na sala, tirou o seu boné de beisebol e imediatamente pegou seus cadernos foi incrível". Ser específico tornará seu elogio mais informativo e evitará que as frases sejam sempre as mesmas, desgastando-se e perdendo seu impacto (p. ex., "bom trabalho"). Se o elogio deve servir como um reforço, ele também precisa ser *dependente do comportamento que você está tentando reforçar*. Em outras palavras, ele deve ser dado apenas quando aquele comportamento ocorre, de modo que os alunos entendam exatamente o que provocou o elogio.

> Donnie distribui uma planilha de laboratório e pede aos alunos para desenhar um paralelogramo e, então, trabalhar em cinco atividades para descobrir as propriedades da figura. Ela destaca que os alunos devem escrever suas observações após cada atividade e então desenhar algumas conclusões finais. À medida que os alunos trabalham nos problemas, ela circula pela sala. Quando vê o trabalho de Shaneika, ela lhe diz: "Shaneika, você realmente está seguindo as orientações. Você está escrevendo as respostas à medida que avança".

Além de tapinhas nas costas e elogios verbais, alguns professores criam maneiras mais formais de reconhecer uma realização, melhora ou cooperação. Por exemplo, eles podem mostrar os trabalhos dos alunos, fornecer certificados, inscrever os alunos em premiações da escola ou selecionar os "Alunos da Semana". Qualquer que seja a sua abordagem, tenha cuidado para que essa estratégia de reconhecimento público não tenha efeito oposto, causando embaraço aos alunos. Como Sandy nos lembrou no Capítulo 3, os alunos de ensino médio geralmente não querem se destacar dos seus pares. Além disso, reconhecimento público individual pode ser perturbador para alunos cujas culturas valorizam o desempenho coletivo em relação ao individual (TRUMBULL et al., 2001).

Além de recompensas sociais, os alunos que apresentaram bom comportamento às vezes desfrutam de *atividades especiais*. Nos anos finais do ensino fundamental e no ensino médio, assistir a um DVD, ouvir música, ter tempo livre ou ficar uma noite sem dever de casa pode ser realmente um reforço. Uma maneira de determinar quais atividades devem ser usadas como recompensas é ouvir cuidadosamente as solicitações dos alunos. Se eles comentarem sobre a oportunidade de ouvir música ou ter uma festa da pipoca, você pode estar certo de que essas atividades serão um reforço. Também é útil observar com quais atividades os alunos se envolvem quando eles têm tempo livre (p. ex., eles leem revistas? Conversam com os amigos? Desenham?).

Finalmente, os professores podem usar *recompensas concretas, materiais* por bom comportamento – biscoitos, doces, chaveiros, lápis – embora tais recompensas sejam menos usadas no ensino médio do que nos anos iniciais do ensino fundamental. Por exemplo, Donnie vai a um supermercado de preços baixos e compra uma grande quantidade de doces que ela mantém em um depósito; quando os alunos são especialmente cooperativos, ela lhes oferece chocolates. Do mesmo modo, Fred às vezes dá prêmios quando os alunos precisam rever informação factual para os testes, uma tarefa que eles geralmente consideram chata. Ele pode pedir aos alunos para jogar bingo do vocabulário, dizendo-lhes: "Eu tenho dois prêmios no meu bolso para o vencedor – dois ingressos para uma viagem com todas as despesas pagas para o Havaí ou um pedaço de doce. Você vai ganhar aquele que eu puxar do meu bolso primeiro". De vez em quando Fred também usa doces para demonstrar sua apreciação pelo bom comportamento. Em suas palavras,

> Se ninguém me trouxe preocupação, eu posso ser inclinado a algum gesto espontâneo de generosidade, como lhes dar um pirulito. É impressionante como os alunos ficam felizes quando ganham doce.

Problemas com recompensas

A prática de fornecer recompensas extrínsecas foi objeto de consideráveis controvérsias. Uma objeção é a de que dar aos alunos recompensas concretas em troca de bom comportamento ou desempenho acadêmico é equivalente a suborno. Os defensores dessa posição argumentam que os alunos devem se envolver em comportamentos e atividades adequados para o seu próprio bem: eles devem ficar em silêncio durante tarefas em sala porque essa é a atitude socialmente responsável a ser tomada; eles devem fazer o seu dever de casa para que possam praticar as habilidades ensinadas em sala; eles devem aprender as conjugações dos verbos em espanhol porque eles precisam sabê-las. Outros educadores reconhecem o desejo de tais motivações intrínsecas, mas acreditam que o uso de recompensas é inevitável em situações em que as pessoas não sejam completamente livres para seguir suas próprias inclinações. Mesmo Ryan e Deci (2000, p. 55), dois psicólogos que endossam fortemente a importância da autodeterminação e da autonomia, reconhecem que os professores não podem depender sempre de motivação intrínseca para promover o aprendizado, pois "[...] muitas das tarefas que os educadores querem que seus alunos façam não são inerentemente interessantes ou agradáveis".

Outra objeção ao uso de recompensas é o fato de elas serem tentativas de controlar e manipular as pessoas. Quando entregamos recompensas, estamos essencialmente dizendo: "Faça isso e você obterá aquilo" – uma abordagem que não é diferente daquela com que treinamos nossos animais domésticos. De fato, Alfie Kohn, autor de *Punished by Rewards: The Trouble with Gold Stars, Incentive Plans, A's, Praise, and Other Bribes*, defende que recompensas e punições são "dois lados da mesma moeda" (KOHN, 1993, p. 50). Embora as recompensas sejam certamente mais prazerosas, "[...] elas são em cada detalhe tão controladoras quanto as punições, mesmo que elas controlem pela sedução" (KOHN, 1993, p. 51). Segundo Kohn, se queremos que os jovens se tornem indivíduos com autocontrole, responsáveis e atenciosos, devemos abandonar as tentativas de controle externo e fornecer aos alunos oportunidades de desenvolverem competência, ligações e autonomia em comunidades de sala de aula atenciosas. Para mais informação sobre o trabalho de Kohn, ver Seção 8.1.

Outra preocupação importante é que recompensar alunos por determinados comportamentos, na verdade, *enfraquece suas motivações intrínsecas para se engajar em tais comportamentos*. Essa questão foi explorada em um estudo influente conduzido por Mark Lepper, David Greene e Richard Nisbett (1973). Primeiro, os pesquisadores identificaram alunos da educação infantil que demonstraram interesse em uma atividade de desenho específica durante suas horas vagas. Em seguida, eles se encontraram com as crianças individualmente. Algumas foram apenas convidadas a desenhar com materiais (os sujeitos "sem recompensa"). Às outras foi dito que elas poderiam receber uma recompensa por "brincar bem" (os sujeitos "que esperavam a recompensa"). Outras ainda foram convidadas a desenhar e receberam então uma recompensa inesperada ao final (os alunos da "recompensa inesperada"). Observações posteriores durante as horas vagas revelaram que as crianças que recebiam promessas de recompensas antes do tempo se envolveram na atividade artística a metade do tempo que haviam dedicado inicialmente. As crianças nos outros dois grupos não apresentaram alterações.

Esse estudo estimulou uma grande quantidade de pesquisas sobre os efeitos potencialmente ruins das recompensas externas. Embora os resultados não tenham sido sempre consistentes, essa pesquisa levou os educadores a concluir que *recompensar pessoas por fazer algo que é inerentemente prazeroso diminui seu interesse em prolongar aquele comportamento*. Uma explicação comum para esse efeito é a *hipótese de superjustificação*. Ela parece funcionar assim: os indivíduos sendo recompensados concluem que a tarefa não deve ser muito interessante ou envolvente, uma vez que precisam ser recompensados (i.e., receber uma justificativa extra) por fazê-la. Em outras palavras, o que anteriormente era considerado "brincadeira" agora é visto como "trabalho" (REEVE, 2006). Outra explicação se baseia na possibilidade de as recompensas externas entrarem em conflito com as necessidades das pessoas por autonomia e autodeterminação. Essa explicação argumenta que o interesse em uma tarefa diminui se os indivíduos percebem as recompensas como tentativas de controlar seu comportamento.

O efeito deletério das recompensas extrínsecas na motivação intrínseca foi – e continua sendo – fortemente debatido. De fato, revisões da pesquisa (CAMERON, 2001; CAMERON; BANKO; PIERCE, 2001; CAMERON; PIERCE, 1994; DECI; KOESTNER; RYAN, 1999; 2001) chegaram a conclusões

Conheça os educadores Seção 8.1

CONHEÇA ALFIE KOHN

Alfie Kohn escreve extensamente sobre educação, pais e comportamento humano. Ele é um palestrante frequente em tópicos como "os efeitos mortais dos 'padrões mais duros'"; o uso de "elogios, adesivos e concursos" para "subornar" os alunos no aprendizado; "a questão contra a competição"; "ensinando as crianças a se importar"; e "o mito do dever de casa". A revista *Time* descreveu Kohn como "talvez o crítico mais franco do país sobre a fixação da educação em notas e resultados de avaliações".

Algumas ideias principais sobre motivação

- "Como eu motivo esses alunos?" é uma pergunta que reflete um "paradigma de controle", e controle externo "é a morte para a motivação" (KOHN, 1993, p. 199).
- "Recompensas motivam as pessoas? Absolutamente. Elas motivam as pessoas a obter recompensas" (KOHN, 1993, p. 67).
- Pessoas que estão tentando conseguir recompensas geralmente apresentam um pior desempenho em tarefas do que aquelas que não estão procurando obtê-las. Como as punições, as recompensas são uma forma de controle, planejada para obter complacência.
- Ao contrário, *colaboração* (aprender junto), *conteúdo* (coisas que valem a pena aprender) e *escolha* (autonomia na sala de aula) criam as condições necessárias para a motivação autêntica. Quando os alunos têm oportunidades de trabalhar cooperativamente em atividades de aprendizado construídas em torno dos seus interesses, perguntas e preocupações da vida real, e quando eles compartilham responsabilidades para decidir o que é aprendido e como, não há necessidade de recompensas.

Livros e artigos selecionados

KOHN, A. *The homework myth*: why our kids get too much of a bad thing. Philadelphia: Da Capo Press, 2006.

KOHN, A. *The case against standardized testing*: raising the scores, ruining the schools. Portsmouth: Heinemann, 2000.

KOHN, A. *The schools our children deserve*: moving beyond traditional classrooms e "tougher standards". Boston: Houghton Mifflin, 1999.

KOHN, A. *Beyond discipline*: from compliance to community. Alexandria: Association for Supervision and Curriculum Development, 2006.

KOHN, A. *Punished by rewards*: the trouble with gold stars, incentive plans, A's, praise, and other bribes. Boston: Houghton Mifflin, 1993/1999.

ALFIE KOHN. Disponível em: <www.alfiekohn.org>. Acesso em: 9 abr. 2009.

Endereço eletrônico: www.alfiekohn.org

---

contraditórias sobre os efeitos de recompensas concretas esperadas. Segundo um pesquisador, não há problemas em dizer: "Se você completar a tarefa com pelo menos 80% de precisão, você receberá um cupom para adquirir algo na loja da escola no final do tempo de aula" (recompensa esperada dependente da realização e do nível de desempenho). Mas, de acordo com o pesquisador, *não* está certo falar: "Trabalhe na tarefa e você receberá um cupom para adquirir algo na loja da escola ao final do tempo de aula" (recompensa não dependente) (CAMERON, 2001). Ao contrário, outros pesquisadores argumentam que "[...] recompensas esperadas concretas oferecidas pela participação, conclusão ou por fazer uma tarefa" são *todas* deletérias para a motivação intrínseca (DECI; KOESTNER; RYAN, 1999, p. 656; 2001). Em relação às recompensas verbais e recompensas concretas não esperadas, as revisões são mais consistentes: ambos os conjuntos de pesquisadores concluem que o elogio verbal pode promover a motivação intrínseca e que as recompensas concretas não esperadas não têm qualquer efeito deletério.

Além disso, a maioria dos pesquisadores reconhece que recompensas externas podem ajudar a desenvolver a motivação intrínseca quando o nível de interesse inicial na tarefa é baixo (WILLIAMS; STOCKDALE, 2004). Por exemplo, se você estiver ensinando a conjugação de verbos em espanhol, o que os alunos do ensino médio provavelmente não acharão inerentemente interessante, fornecer recompensas pelo bom aprendizado pode ser uma ação para o início do curso. À medida que os alunos reconhecem o valor de aprender essas conjugações para serem bem-sucedidos nas tarefas de escrita e leitura, a recompensa pode ser retirada.

No momento, a recomendação é a de precaução no uso de recompensas externas.

> **PARE E REFLITA**
> Estimuladas pelo programa No Child Left Behind, as escolas norte-americanas estão tentando melhorar a assiduidade dos alunos, oferecendo-lhes a chance de ganhar carros, computadores, iPods, compras, mantimentos e até mesmo um mês de aluguel (BELLUCK, 2006). Tendo acabado de ler a seção sobre o fornecimento de recompensas extrínsecas, o que você pensa sobre essa prática? Você acha que tais recompensas trarão um aumento no comparecimento?

Se você pensa em empregar um sistema de recompensas para a sua sala de aula, tenha em mente as sugestões listadas na seção Dicas Práticas.

DICAS PRÁTICAS

COMO USAR RECOMPENSAS

- **Use recompensas verbais para aumentar a motivação de envolvimento em tarefas acadêmicas.** Parece claro que o elogio pode ter um impacto positivo na motivação dos alunos para aprender. Mas se lembre de que os adolescentes podem ficar envergonhados por elogios públicos e que são bons em detectar falsidade. Para atuar como reforço, os elogios devem ser específicos, sinceros e dependentes do comportamento que você está tentando reforçar.
- **Reserve recompensas concretas para as atividades que os alunos não consideram atraentes.** Quando os alunos já gostam de fazer uma atividade, não há necessidade de fornecer recompensas concretas. Reserve-as para as atividades que os alunos consideram entediantes e aversivas.
- **Se você estiver usando recompensas concretas, forneça-as de maneira inesperada, após a realização da tarefa.** Desse modo, os alunos têm mais chance de perceber que as recompensas são atreladas ao seu desempenho e à satisfação do professor do que a uma tentativa de controle do seu comportamento.
- **Seja extremamente cuidadoso sobre o emprego de recompensas concretas.** Se você escolher usá-las, certifique-se de mantê-las dependentes da conclusão de uma tarefa ou de se atingir um nível de desempenho específico. Se você recompensar um aluno apenas por se envolver em uma tarefa, independentemente do seu desempenho, ele terá a tendência de passar menos tempo na tarefa assim que a recompensa for removida.
- **Certifique-se de que você está oferecendo recompensas que os alunos apreciam.** Você pode achar adesivos de animais muito legais, mas, se seus alunos do ensino médio não os considerarem uma recompensa, seu comportamento não será reforçado.
- **Mantenha o seu programa de recompensas simples.** É impossível manter um elaborado sistema de recompensas no universo complexo de sala de aula. Quanto mais sofisticado for o seu sistema, mais provavelmente você irá abandoná-lo. Além disso, se as recompensas se destacam demais, elas ofuscam as razões mais intrínsecas para comportamentos determinados. Os alunos se tornam tão preocupados com coletas, contagens e comparações que eles se esquecem de por que o comportamento é necessário ou valioso.

Motivando os alunos com baixo desempenho e descontentes

Em *Building Community from Chaos*, Linda Christensen, uma professora do ensino médio de Portland, Oregon, retrata vivamente o desafio de motivar os desmotivados. Christensen (1994) escreve sobre sua turma de inglês do final do ensino médio, uma turma monitorada em que a maioria dos alunos tinha poucos créditos para se graduar, mas muita raiva e atitude. Convencidos de que as aulas de inglês eram uma perda de tempo, seus alunos deixaram claro que não queriam "[...] folhas de trabalho, combinação de sentenças, leitura e discussão de romances e atividades de escrita sobre coisas com as quais nós não nos importamos" (CHRISTENSEN, 1994, p. 51). Christensen sabia que precisava envolvê-los "[...] porque eles falavam alto, não tinham regras e estavam fora de controle" (CHRISTENSEN, 1994, p. 51), mas ela não sabia como. Ela, então, decidiu usar a novela *Thousand Pieces of Gold*, de Ruthann Lum McCunn, um livro normalmente lido no curso de ensino superior na disciplina de Literatura Contemporânea e Sociedade:

> Os alunos não ficaram entusiasmados com o livro, e muitos abandonaram a leitura. Eu iria planejar uma aula de 90 minutos sobre a leitura e sobre as anotações que eles deveriam estar fazendo, mas apenas alguns poucos alunos estavam preparados. A maioria não tentou nem disfarçar a respeito do fato de não estarem lendo e de sequer terem intenção de fazê-lo.
>
> Em uma tentativa de envolvê-los com a novela, li em voz alta uma passagem evocativa acerca de camponeses desempregados varrendo o interior da China, saqueando, estuprando e tomando o que lhes foi negado com a perda do emprego legal. De repente os alunos viram suas próprias vidas refletidas na história de Chen, cuja raiva por perder o emprego e sua família o levou a se tornar um marginal. Chen criou uma nova família com esse grupo de arruaceiros; ele era o membro de uma gangue. E eu encontrei, ali, uma maneira de captar o interesse da minha turma. A violência criou um ponto de contato entre a literatura e a vida dos alunos.
>
> Essa conexão entre culturas, tempo e gênero mostrou aos alunos que ler novelas poderia ser relevante para eles. Além da empatia pelo chinês, eles poderiam explorar aqueles temas em suas próprias vidas. (CHRISTENSEN, 1994, p. 51-52).

Como a história de Christensen ilustra, é particularmente desafiador motivar alunos que estão descontentes, apáticos ou resistentes. Tais alunos consideram as atividades acadêmicas relativamente sem sentido e se mostram resistentes em participar delas – mesmo quando eles sabem que podem ser bem-sucedidos. Alguns podem acreditar que o aprendizado escolar "[...] os transformará em algo que eles não querem" (CHRISTENSEN, 1994, p. 205). Esse medo é comum em alguns afro-americanos, que pensam que o desempenho acadêmico pode levá-los a "agir como brancos". Em um trabalho influente publicado há mais de duas décadas, antropólogos descreveram como alunos negros brilhantes eram capazes de "colocar freios" em seu desempenho acadêmico, deixando de estudar e de fazer o dever de casa, matando aula, chegando atrasado e não interagindo com a turma (FORDHAM; OGBU, 1986). A questão de "agir como branco" foi objeto de um forte debate desde então, mas um estudo recente (FRYER JR., 2006) fornece evidência empírica para apoiar esse fenômeno.

Motivar estudantes resistentes, de baixo desempenho ou apáticos exige "[...] ressocialização" (BROPHY, 2004, p. 307). Isso significa usar as estratégias descritas neste capítulo de maneira mais contínua, sistemática e personalizada. Recompensas extrínsecas podem ser especialmente úteis nesse sentido (HIDI; HARACKIEWICZ, 2000). Ao disparar a participação em tarefas que os alunos inicialmente veem como entendiantes ou irrelevantes, "há pelo menos uma chance" de fazer surgir o interesse real (HIDI; HARACKIEWICZ, 2000, p. 159).

A ressocialização também significa combinar as altas expectativas dos alunos com o incentivo e o apoio necessários para atingir aquelas expectativas – em resumo, mostrar aos alunos que você se importa com eles como alunos e como pessoas. Como mencionamos no Capítulo 3, existe um corpo substancial de pesquisa sobre as percepções dos alunos sobre a escola e sobre os professores (ver HOY; WEINSTEIN, 2006). Essas pesquisas demonstram consistentemente que, quando os alunos percebem seus professores como atenciosos e solidários, torna-se maior a probabilidade de eles se motivarem academicamente, participarem de atividades em sala de aula e se comportarem de maneiras sociáveis e responsáveis (p. ex., MURDOCK; MILLER, 2003; RYAN; PATRICK, 2001; WENTZEL, 1997; 1998; 2006).

É necessário perceber que a atenção dos professores parece ser especialmente importante para alunos que estão alienados, marginalizados e em risco de fracasso escolar. Por exemplo, Davidson (1999) entrevistou 49 adolescentes de origens socioeconômicas, culturais e acadêmicas diversas. Os dados revelaram não apenas o apreço e a preferência por professores que comunicaram interesse em seu bem-estar, mas também a vontade de retribuir sendo atentos e conscienciosos. Isso ficou particularmente evidente nas respostas de estudantes "estigmatizados" que encararam "barreiras sociais" – diferenças entre seu mundo acadêmico (escola) e seu mundo social (casa e comunidade) em termos de valores, crenças e maneiras esperadas de se comportar. Ao descrever Wendy Ashton, uma professora que estimulava os alunos a ser bem-sucedidos, um garoto comentou: "Ela não humilha, ela simplesmente diz: 'Sim, você sabe que eu gosto de você. Você sabe que eu quero que você faça algo consigo mesmo, então pare de bagunçar na sala'" (DAVIDSON, 1999, p. 361). Davidson especula que os alunos que não enfrentam limitações sociais podem aceitar melhor professores que sejam relativamente distantes e impessoais, porque os alunos confiam basicamente na escola como instituição; entretanto, quando os alunos enfrentam as divisões sociais que podem levar à alienação e à marginalização, é essencial que os professores sejam atenciosos, solidários e respeitosos.

Como o comentário sobre Wendy Ashton sugere, esse tipo de atenção tem menos a ver com ser "acolhedor e difuso" e mais a ver com ser "acolhedor e exigente" – alguém que proporciona um "[...] ambiente de sala de aula estruturado e disciplinado, firme e com sentido para alunos a quem a sociedade abandonou psicológica e fisicamente" (IRVINE; FRASER, 1998, p. 56). Os pesquisadores identificaram um pequeno grupo de professores como Wendy durante um estudo de três anos em dois distritos urbanos que serviam a populações diversas de alunos (CORBETT; WILSON; WILLIAMS, 2005). Ambos os distritos estavam desesperadamente tentando encontrar maneiras de acabar com a distância entre o desempenho dos alunos de baixa e de alta renda. Os pesquisadores entrevistaram pais, alunos, professores e administradores e visitaram as salas de aula de uma amostra dos professores de cada série em cada escola. Suas observações e entrevistas lhes permitiram identificar um conjunto de professores que *simplesmente se recusava a deixar os alunos falharem*. Um dos professores era a Sra. Franklin, uma professora afro-americana de 7º ano cuja escola atendia predominantemente alunos afro-americanos e latino-americanos. Para ela, os professores desistem muito facilmente dos alunos. Segundo Franklin, "Os alunos não são o problema; são os adultos que encontram desculpas" (DAVIDSON, 1999, p. 9). A Sra. Franklin não fica procurando desculpas para justificar o baixo desempenho dos alunos. Sua política de notas exige que qualquer aluno que receber menos de C em um trabalho deverá refazê-lo. Curiosamente, as entrevistas com os alunos revelaram que, em vez de se ressentirem com a rígida política de notas, eles a apreciam. Um aluno relatou: "Minha professora nunca deixa as pessoas se contentarem com D ou E. Ela nos dá educação. Outros professores não se importam com o que eu faço. Eles aprovam você por aprovar. Aqui, eu mesmo me aprovo" (DAVIDSON, 1999, p. 10).

COMENTÁRIOS FINAIS

Um tempo atrás, um professor de psicologia educacional destacou que aprender sobre gestão de sala de aula seria desnecessário se professores prospectivos entendessem como promover a motivação dos alunos. Embora esse argumento tenha nos parecido infantil e não realista, entendemos – e concordamos com – sua premissa subjacente; *qual seja, que os estudantes que são interessados e envolvidos no trabalho acadêmico são menos propensos a devaneios, desordem e comportamento desafiador.* Em outras palavras, a gestão e a motivação estão inextricavelmente ligadas.

À medida que você pensa em maneiras de aumentar as expectativas de sucesso dos seus alunos e o valor que eles atribuem às atividades acadêmicas, lembre-se de que alunos motivados não existem acidentalmente. Fred enfatiza esse ponto quando argumenta que a pergunta "como irei motivar meus alunos" deve ser uma parte integrante de cada plano de aula. Felizmente, as estratégias motivacionais discutidas neste capítulo são consistentes com o pensamento atual sobre bom ensino, que enfatiza a participação ativa dos alunos, trabalho colaborativo em grupo e o uso de avaliações de vários tipos (BROPHY, 2004).

Finalmente, lembre-se das sugestões no Capítulo 3 para criar uma sala de aula mais segura e atenciosa. Como enfatizamos, os alunos são mais motivados quando percebem que os professores se importam com eles. Nas palavras de Brophy (2004, p. 380): "Você pode se tornar a sua mais importante ferramenta motivacional estabelecendo relacionamentos produtivos com cada um dos seus alunos".

RESUMO

Embora os professores sejam responsáveis por promover a motivação, este capítulo começou questionando a crença de que "bons professores devem tornar o aprendizado divertido". Tal objetivo parece inadequado e não realista, dadas as limitações das salas de aula a partir dos anos finais do ensino fundamental – comparecimento obrigatório, exigência de currículo, tamanhos de turmas que inibem a individualização e testes padronizados de alto desempenho. Um objetivo mais adequado e realista é estimular a *motivação para aprender dos alunos,* por meio da qual eles perseguem atividades acadêmicas porque consideram que valem a pena e que são significativas.

Um quadro de expectativa multiplicada pelo valor

- A motivação depende de:
    Expectativa de sucesso dos alunos.
    Valor que atribuem à tarefa (ou as recompensas que ela pode trazer).
- Se um dos dois fatores estiver ausente, então não haverá qualquer motivação.

Estratégias para aumentar as expectativas de sucesso

- Forneça oportunidades para o sucesso.
- Ensine os alunos a estabelecer metas razoáveis e a avaliar seu próprio desempenho.
- Ajude os alunos a reconhecer a relação entre esforço e resultado.
- Proporcione retorno de informações.
- Forneça apoio motivacional especial a alunos desmotivados.

Estratégias para aumentar o valor percebido das tarefas

- Relacione as aulas às vidas dos alunos.
- Forneça oportunidades para escolha.
- Molde o interesse no aprendizado e expresse entusiasmo pelo material.
- Inclua elementos de novidade/variedade.
- Ofereça oportunidades para os alunos responderem ativamente.

- Permita que os alunos criem produtos finais.
- Ofereça oportunidades para os alunos interagirem com seus pares.
- Forneça recompensas extrínsecas:
  Tenha em mente os diferentes tipos de recompensas: recompensas sociais, atividades especiais e recompensas concretas.
  Esteja consciente que recompensar pessoas por fazer algo que elas já gostam de fazer pode diminuir o seu interesse em manter aquele comportamento.
  Pense cuidadosamente sobre quando e como usar recompensas.

Motivar alunos com baixo desempenho e descontentes

- Seja sensível à possibilidade de alunos afro-americanos e latino-americanos entenderem que ter sucesso acadêmico é o mesmo que "agir como brancos".
- Reconheça que alunos resistentes e apáticos precisam saber que você se importa com eles. Pesquisas a respeito da percepção dos alunos sobre "bons professores" demonstram que eles querem profissionais que se certificam que eles estão fazendo seu trabalho, que mantenham a ordem, que estejam dispostos a ajudar, que apliquem as tarefas claramente, que variem o ensino e que usem tempo para conhecê-los como pessoas.
- Demonstre atenção usando as estratégias descritas neste capítulo de maneira mais contínua e sistemática.

Trabalhando para garantir que os alunos estejam envolvidos em atividades de aprendizado, você pode evitar muitos dos problemas de gestão que surgem quando os alunos estão entediados e frustrados. A gestão e a motivação estão intimamente relacionadas.

ATIVIDADES PARA A CONSTRUÇÃO DE HABILIDADES E REFLEXÃO

Na turma

1. Nos dois trechos a seguir, os professores dirigiram a atividade. Em um grupo pequeno, discuta maneiras pelas quais eles poderiam ter envolvido os alunos no planejamento, direção, criação ou avaliação.

   a. A Sra. Peters achou que a unidade sobre contos folclóricos que sua turma de 8º ano concluiu renderia uma boa peça teatral. Ela escolheu as histórias Paul Bunyan e Pecos Bill para ser dramatizadas. Os alunos foram estimulados à medida que a Sra. Peters distribuía as partes e designava alguns deles para pintar o cenário. A Sra. Peters escreveu um *script* e entregou para os alunos para que o memorizassem. Ela pediu aos pais que ajudassem a fazer as roupas. Após três semanas de ensaios, a peça foi encenada para alunos dos anos iniciais do ensino fundamental e pais.

   b. O Sr. Wilkins queria que sua turma de 2ª série do ensino médio de Civilização Mundial desenvolvesse uma compreensão a respeito das civilizações antigas. Ele passou como tarefa um projeto de cinco partes. Os alunos tinham de pesquisar quatro civilizações (Egípcia, Mesopotâmia, do Vale do Indo e Shang); escrever uma biografia de Howard Carter, um arqueólogo famoso; descrever três pirâmides (Pirâmide de degraus, Grande Pirâmide, Pirâmide de Sesostris II); destacar os reinados de cinco reis (Hammurabi, Tutmósis III, Ramsés II, Davi e Nebuchadnezzar); e construir um modelo de pirâmide. Ele deu à turma quatro semanas para completar os projetos e então coletá-los, avaliá-los e apresentá-los na biblioteca da escola.

2. Trabalhe em grupos pequenos que são homogêneos em termos de disciplina (i.e., inglês, línguas do mundo, matemática, ciência), selecione um tópico em sua área de conteúdo e planeje uma aula ou atividade que incorpore pelo menos duas das estratégias para aumentar o valor percebido.

Individual

Entreviste um professor com experiência em estratégias motivacionais, buscando saber quais ele considera particularmente eficientes com alunos descontentes e resistentes.

Para seu portfólio

Planeje a "tarefa da corda inclinada" em sua área de conteúdo, permitindo aos alunos de vários níveis de desempenho vivenciar uma situação de sucesso. Por exemplo, a tarefa pode variar em complexidade; ela pode ser aberta, permitindo uma variedade de respostas aceitáveis; pode precisar do uso de diferentes materiais de referência; ou pode permitir que os alunos escolham o formato sobre o qual eles demonstram sua compreensão (p. ex., relato, pôster ou dramatização) (use o exemplo do Sr. Yin neste capítulo como base).

Leituras adicionais

BREWSTER, C.; FAGER, J. *Increasing student engagement and motivation*: from time-on-task to homework. Portland: Northwest Regional Educational Laboratory (NWREL), 2000. Disponível em: <www.nwrel.org/request/oct00/textonly.html>. Acesso em: 9 abr. 2009.

Esse panfleto, o 14º em uma série de relatos de "tópicos quentes" do Northwest Regional Educational Laboratory, revê a pesquisa em motivação, fornece estratégias para motivar os alunos a participar em atividades de turma e a completar os deveres de casa e fornece descrições de três sistemas de escolas que fizeram esforços notáveis em envolver alunos. Uma informação de contato foi incluída para cada local, bem como a descrição do programa e os resultados observados.

BROPHY, J. E. *Motivating students to learn*. 2nd ed. Hillsdale: Lawrence Erlbaum, 2004.

Esse excelente livro foi escrito para professores e oferece princípios e estratégias para usar na motivação dos alunos para aprender. Ele não é uma "fonte de truques", mas o produto da revisão sistemática detalhada e abrangente do autor da literatura motivacional.

INTRATOR, S. M. *Tuned in and fired up*: how teaching can inspire real learning in the classroom. New Haven: Yale University Press, 2003.

Sam Intrator passou um ano na turma de inglês acadêmica e etnicamente diversa de 5º ano do Sr. Quinn. Ele observou e registrou as aulas, entrevistou repetidamente o professor e os alunos e recolheu as escritas dos alunos, inclusive "jornais de experiência", em que eles registraram os "altos e baixos" do dia escolar. Seu objetivo: capturar os "momentos preciosos" em que os adolescentes "ficam imersos no seu trabalho" e vivenciam um sentimento de energia e vitalidade. Esse livro é sobre aqueles momentos de aprendizado inspirado.

KOHN, A. *Punished by rewards*: the trouble with gold stars, incentive plans, A's, praise, and other bribes. Boston: Houghton Mifflin, 1993.

Kohn defende que nossa estratégia básica para motivar os alunos ("Faça isso e você receberá aquilo") funciona apenas a curto prazo e na verdade provoca danos duradouros. Em vez de recompensas, Kohn sugere que os professores forneçam colaboração, conteúdo (coisas que valem a pena conhecer) e escolha. O resultado, ele postula, será "bons alunos sem bonificações".

REEVE, J. Extrinsic rewards and inner motivation. In: EVERTSON, C. M.;WEINSTEIN, C. S. (Eds.). *Handbook of classroom management*. Mahwah: Lawrence Erlbaum, 2006.

Como Reeve destaca, "Recompensas extrínsecas são ubíquas em cenários educativos". Por essa razão, é importante para os professores compreenderem como as recompensas podem ser apresentadas aos alunos, de maneira que apoiem os recursos motivacionais internos dos alunos em vez de interferir. Esse capítulo discute os diferentes tipos de recompensas externas, se elas funcionam, quais são seus efeitos colaterais e como as recompensas podem ser usadas para apoiar a autonomia.

TOMLINSON, C. A. *How to differentiate instruction in mixed ability classrooms*. 2nd ed. Alexandria: Association for Supervision and Curriculum Development, 2001.

Tomlinson explica o que é (e o que não é) o ensino diferenciado, fornece um olhar do interior de algumas salas de aula diferenciadas, mostra como fazer o planejamento de aulas diferenciadas por prontidão, interesse e estilos de aprendizado e discute os temas complexos da avaliação e manutenção de registros. Um apêndice fornece um resumo útil das estratégias de ensino e gestão para habilidades mistas, diferenciadas.

CAPÍTULO 9

Administrando o trabalho independente

As armadilhas do trabalho independente 217
Planejando e implementando trabalho independente e eficiente 220
Comentários finais 227
Resumo 228

O *trabalho independente* é uma atividade de ensino comum a partir dos anos finais do ensino fundamental (alguns diriam que é comum até *demais*, uma posição que iremos discutir posteriormente). Nessa situação, os alunos são colocados para trabalhar em suas carteiras, com seus próprios materiais, enquanto o professor fica livre para monitorar toda a turma – observar o desempenho dos alunos, fornecer apoio e *feedback*, participar de miniconferências e preparar os alunos para os deveres de casa. O trabalho independente é com frequência usado para proporcionar aos alunos uma chance de praticar ou rever material apresentado previamente. Por exemplo, no "ensino direto" ou "ensino explícito" (ROSENSHINE, 1986), o professor revê a matéria anterior, apresenta novos conteúdos e, então, dá aos alunos a oportunidade de praticar, primeiro sob supervisão ("prática orientada") e depois de modo independente ("prática independente").

Para sermos honestas, este capítulo quase não foi incluído no livro. O trabalho independente também é chamado de *trabalho sentado* e esse termo tem conotações muito negativas, particularmente entre os educadores que promovem a participação e a colaboração ativas dos alunos. De fato, quando sentamos com Donnie, Sandy, Fred e Christina para discutir suas visões, descobrimos nítidas diferenças de opinião a respeito desse formato de ensino. De um lado, Fred defendeu que o trabalho sentado poderia ser uma atividade valiosa:

> Eu uso o trabalho sentado para dar aos alunos a oportunidade de praticar habilidades, como fazer previsões, inferências válidas, generalizações, etc. Habilidades intelectuais como essas se beneficiam da prática, assim como um golpe de *backhand* no tênis. Se eu tiver 27 alunos fazendo uma tarefa em sala, eu posso andar pela sala, ver o que eles estão fazendo, fazer críticas individuais e ajudá-los se estiverem tendo problemas. Eu não consigo dar um retorno imediato e individual se o trabalho é feito em casa.

Por outro lado, Sandy mostrou-se veementemente contra: "Eu odeio trabalho sentado", ela nos falou. "No meu modo de ver, é apenas uma maneira de matar o tempo." Donnie também alegou nunca ter usado trabalho sentado. Destacamos que a havíamos observado usando um padrão de ensino direto, iniciando a aula com a revisão do dever de casa, introduzindo em seguida um pequeno segmento da nova aula e pedindo aos alunos para fazerem um ou dois problemas em seus lugares enquanto ela circulava pela sala. Donnie reconheceu prontamente seu uso de "prática orientada", mas defendeu que não se trata de trabalho sentado:

> Não é como nos anos iniciais do ensino fundamental, em que você tem diferentes grupos de leitura e tem de encontrar um modo de os alunos ficarem ocupados por longos períodos de tempo enquanto você está trabalhando com um grupo pequeno. A maior parte do meu ensino é feita com todo o grupo e assim não há necessidade de todos os alunos estarem sentados silenciosamente ali trabalhando com planilhas.

Finalmente, Christina admitiu alguma ambivalência. Ela reconheceu que sempre que ouvia a palavra *trabalho sentado* ela imediatamente pensava em "professores ruins que sentam em suas mesas dando notas em trabalhos, escrevendo planos de aula ou mesmo lendo o jornal, enquanto seus alunos fazem trabalhos chatos destinados a mantê-los quietos nos seus assentos". Mas ela reconheceu também que o trabalho independente às vezes pode ser útil:

> Sendo bem realista, há momentos em que eu preciso trabalhar com alguns indivíduos, então eu procuro deixar o resto da turma ocupado com algo significativo. Ou eu posso querer que os alunos façam algo na turma para que eu não tenha que lhes passar dever de casa adicional (especialmente se eles já estiverem trabalhando em tarefas de longo prazo). Ou posso entender que o trabalho precisa ser precedido por alguma orientação e seguido por uma atividade interativa. Isso leva à necessidade de instituir o trabalho sentado durante o tempo de aula. Mas eu procuro sempre me questionar: "Esse trabalho precisa ser feito em aula ou pode ser feito como dever de casa?".

Nós debatemos, interpretamos o sentido e compartilhamos anedotas sobre a utilização do trabalho sentado. Por fim, chegamos a reconhecer que não há diferença fundamental de opinião entre nós. Todos concordamos que há casos em que os alunos precisam realizar trabalhos sozinhos e em classe, com ou sem a supervisão dos professores. Concordamos, também, que trabalho sentado não necessariamente significa silêncio; na verdade, todos os professores perceberam ser válido permitir que os alunos ajudem uns aos outros. Porém, reconhecemos que o trabalho sentado dura tempo demais e é usado em excesso pelos professores como um substituto para o ensino ativo. Como Donnie afirma: "Alguns professores veem o trabalho sentado como 'uma forma de obter tempo livre para fazer outra coisa'. Eles ensinarão por 10 minutos, então darão aos seus alunos 30 minutos de trabalho sentado. Isso não é trabalho sentado – isso é tempo livre".

Este capítulo começa discutindo os problemas que ocorrem quando o trabalho independente é empregado de maneira errada – quando os professores não refletem sobre as maneiras de organizar o trabalho de modo que ele seja adequado e significativo para os alunos. Prosseguimos, então, considerando o modo como Donnie, Sandy, Fred e Christina tentam evitar, ou pelo menos minimizar, esses problemas. A intenção *não* é incentivá-lo a passar grandes períodos de tempo em atividades de trabalho sentado, mas, em vez disso, proporcionar a você uma maneira de pensar sobre o trabalho sentado de modo que seja possível tomar as melhores decisões sobre quando e como usá-lo. Ao longo da discussão, os dois termos – *trabalho*

> **PARE E REFLITA**
>
> O termo *trabalho sentado* tem uma conotação negativa, e a questão de passar ou não trabalho sentado gera controvérsia. Qual foi a sua experiência como aluno com o trabalho sentado e que tipos de trabalho sentado você observou nas salas de aula? O que você acha da controvérsia de que o trabalho sentado é um "mal necessário"?

independente e trabalho sentado – são usados indistintamente.

AS ARMADILHAS DO TRABALHO INDEPENDENTE

Como destaca Christina, o termo *trabalho sentado* evoca a imagem de alunos passivos e entediados fazendo trabalhos repetitivos e tediosos enquanto os professores, sentados em suas mesas, corrigem provas ou leem jornal. Considere a descrição a seguir de uma típica situação de trabalho sentado. Ela foi observada por Everhart (1983), que passou dois anos conduzindo um trabalho de campo em uma escola dos anos finais do ensino fundamental. Essa cena ocorreu na turma de inglês de Marcy, na qual os alunos deveriam estar aprendendo sobre o formato adequado de cartas comerciais.

> Primeiro Marcy pediu à turma para abrir seus livros de gramática no capítulo sobre cartas comerciais e, então, ler o conteúdo da seção. Após cinco minutos, Marcy perguntou à turma: "Quem ainda não terminou?". Inicialmente, cerca de um terço da turma levantou as mãos. Roy, sentado no fundo, perto de onde eu estava, cutucou John e falou "Ainda não terminei".
>
> "Nem eu", acrescentou John, sorrindo. É desnecessário dizer que ambos haviam terminado. Alguns minutos antes eu notei que eles fecharam seus livros e começaram a folhear a revista *Mad*.
>
> "Bem, eu vou lhes dar mais alguns minutos, mas se apressem", disse Marcy. Aqueles que não terminaram continuaram lendo enquanto o resto da turma começou a se engajar em diferentes atividades: olhar para fora da janela, rabiscar, tirar figuras de suas carteiras e olhar para elas, etc. Roy, então, tirou uma cópia da revista *Cycle* debaixo da sua carteira e começou a folheá-la. Após alguns minutos, Marcy foi ao quadro e começou a esboçar a estrutura da carta comercial.
>
> "Ok, a primeira coisa que fazemos é colocar o endereço de resposta. Onde, turma?"
>
> "No papel", disse um menino sentado todo desleixado e batendo com o lápis em sua carteira.
>
> "Muito bem, engraçadinho, isso é óbvio. Onde mais?"
>
> "Na parte da frente do papel."
>
> "Vamos lá turma, sério! Onde você coloca o endereço de resposta? Larry?" (EVERHART, 1983, p. 47).

Marcy, por fim, termina sua descrição e explicação sobre a carta comercial. Ela informa aos alunos que eles escreverão suas próprias cartas comerciais, as quais deverão ser entregues ao fim da semana seguinte. Hoje, eles devem escrever o parágrafo incial:

> Depois de cerca de 10 minutos de escrita, Marcy perguntou: "Quem ainda não terminou o parágrafo?". Cerca de seis alunos levantaram as mãos. "OK, eu lhes darei alguns minutos para terminar. Quem já concluiu pode ler para um colega, pois eu quero que, amanhã, vocês leiam o que redigiram para a turma, por isso é bom que os textos estejam claros. Se eles não estiverem claros agora, eles não estarão claros para a turma amanhã".
>
> Um dos alunos do fundo da sala parecia surpreso com isso. "Ei, você não disse nada sobre ter que ler na frente da turma."
>
> "É, eu não quero ler a minha na frente da turma", acrescentou Phil.
>
> Marcy colocou as mãos na cintura e declarou enfaticamente: "Vamos lá turma, todos vocês querem fazer um bom trabalho e isso lhes dará a chance de praticar e melhorar seus parágrafos antes de submetê-los à avaliação. E todos vocês querem tirar A, tenho certeza". Ouve-se um coro de risadas da maior parte da turma e Marcy sorri.
>
> "Eu não me importo", escutei uma menina dizer em voz baixa.
>
> "É, eu também não me importo, desde que eu termine essa coisa estúpida."
>
> Depois de dizer isso, Don se virou para Art e falou: "Ei, Art, para quem você está escrevendo sua carta?"
>
> "Estou escrevendo para a *Elephant Rubber Company* (Companhia de Borrachas Elefante), dizendo-lhes que suas borrachas são pequenas demais."

"Uau", respondeu Ron.

"Não pense, no entanto, que eu vou escrever essa carta. Marcy vai ficar superentusiasmada."

"Com certeza", Art retrucou.

Os alunos continuaram falando uns com os outros, o que finalmente levou Marcy a se levantar da carteira e dizer: "Turma, ocupem-se ou alguns de vocês ficarão depois da aula". (EVERHART, 1983, p. 48).

A análise desse cenário nos permite identificar cinco problemas que estão frequentemente associados ao trabalho sentado (eles estão resumidos na Tab. 9.1). Primeiro, fica claro que *a tarefa não tem significado para os alunos*. Don chama a carta comercial de "coisa estúpida", Art brinca sobre escrever para a *Elephant Rubber Company* e uma menina murmura que ela não se importa em obter um A. Nas palavras de Fred, Marcy deu aos seus alunos o tipo de "tarefa lixo", que é responsável pela má reputação do trabalho sentado. "Trabalhos lixo" não são apenas um desperdício de tempo de aprendizado, como também promovem o tédio, a alienação e o mau comportamento. Claramente, se os alunos não percebem o valor de uma tarefa de trabalho sentado, será pouco provável que eles invistam nela. É aí que os professores têm de recorrer a ameaças sobre detenção ou incentivos extrínsecos como notas. Lembre-se das palavras de Marcy. Primeiro ela diz à turma: "E todos vocês querem tirar A, tenho certeza". Mais tarde ela avisa: "Turma, ocupem-se ou alguns de vocês ficarão depois da aula".

Segundo, parece que a tarefa de Marcy *não está de acordo com os vários níveis de desempenho dos alunos*. Para alguns, a tarefa de leitura parece muito fácil; eles terminam de ler rapidamente e preenchem o seu tempo rabiscando, olhando para fora da janela e lendo revistas. Outros parecem achar a leitura mais difícil e precisam de "alguns minutos a mais". Da mesma forma, escrever um parágrafo em 10 minutos não parece ser uma tarefa desafiadora para a maioria dos alunos; contudo, seis deles indicaram não ter terminado quando Marcy verificou o progresso (claro, é possível que eles apenas estivessem desperdiçando tempo).

Passar trabalho que não está de acordo com o nível de desempenho dos alunos é típico dos comportamentos apresentados pelos gestores menos eficientes estudados por Evertson e Emmer (1982) (ver Cap. 4, para uma descrição mais completa desse estudo). Você pode se lembrar de que Evertson e Emmer observaram professores de matemática e inglês dos anos finais do ensino fundamental e identificaram aqueles que eram mais e menos eficientes. As observações os levaram a concluir que os professores mais eficientes tinham maior consciência sobre as capacidades dos alunos ingressantes:

> Um exemplo de uma atividade demonstrando baixa compreensão foi uma tarefa em uma das turmas de inglês de mais baixo desempenho para "Escrever um ensaio a partir da perspectiva de um objeto inanimado". O problema foi agravado pela explicação confusa do termo "perspectiva". As narrativas trouxeram mais exemplos de

---

TABELA 9.1 Os problemas com o trabalho sentado

MUITO FREQUENTEMENTE:
- As tarefas não têm sentido, não são motivadoras ou úteis do ponto de vista educativo
- As tarefas não são adequadas aos níveis de desempenho dos alunos
- As orientações não são claras e minuciosas
- Os professores não circulam ou monitoram a compreensão e o comportamento dos alunos
- Alguns alunos terminam rápido, enquanto outros demoram mais

vocabulário além da compreensão de alguns dos alunos. Como conhecem melhor as habilidades dos alunos, os professores mais eficientes eram mais bem-sucedidos nas atividades de turma e na conclusão de tarefas. (EVERTSON; EMMER, 1982, p. 496).

Um terceiro problema é que Marcy *não fornece aos seus alunos orientações claras e completas*. No início do período, Marcy pede aos alunos para lerem o capítulo sobre cartas comerciais, mas ela não diz nada sobre por que eles devem fazê-lo, por quanto tempo ou se devem tomar notas. Em outras palavras, ela meramente diz "façam isso", sem explicar o propósito da leitura ou sugerir estratégias que poderiam ser usadas. Tampouco Marcy mencionou que eles escreveriam suas próprias cartas em seguida. Foi apenas depois de rever a forma da carta comercial que Marcy instruiu seus alunos a escrever o parágrafo inicial e, uma vez mais, negligenciou dizer-lhes o que ocorreria em seguida – a saber, que eles leriam os parágrafos em voz alta no dia seguinte (Marcy pode ter tomado essa decisão no último minuto, a fim de proporcionar uma atividade para os alunos que terminaram mais cedo). Como era de se esperar, alguns alunos reagiram com descontentamento. Um reclamou, "Ei, você não disse nada sobre ter que lê-las na frente da turma", enquanto outro protestou "É, eu não quero ler a minha na frente da turma".

A falta de clareza e profundidade de Marcy também é reminiscente dos gestores menos eficientes estudados por Evertson e Emmer (1982). Além de diferirem quanto à consciência das capacidades dos alunos ingressantes, os professores mais e menos eficientes diferiram em termos da habilidade de comunicar a informação. Professores de inglês mais eficientes eram mais claros ao dar direções e declarar objetivos do que os professores menos eficientes (de maneira interessante, essa diferença não aparece nas comparações de professores de matemática mais e menos eficientes). Segundo Evertson e Emmer (1982, p. 496), gestores mais eficientes

[...] eram mais capazes de dividir tarefas complexas em procedimentos passo a passo e ajudar os alunos a entender suas tarefas e como realizá-las. Quando os alunos sabiam o que fazer e tinham capacidades para isso, eles tinham maior chance de permanecer na tarefa.

Um quarto problema evidente na turma de Marcy é a sua *falta de monitoramento*. Embora o trecho não descreva explicitamente o que Marcy está fazendo enquanto seus alunos estão lendo e escrevendo, o último parágrafo afirma que Marcy se levanta da sua mesa para repreender os alunos que estão conversando. Além disso, Marcy não apenas tem que perguntar quais alunos já terminaram, como ela ainda parece ignorar que os alunos no fundo da sala estão lendo revistas. Esses são sinais seguros de que Marcy não está circulando pela sala, verificando o progresso dos alunos, ajudando-os com problemas e fornecendo *feedbacks*. Se Marcy não providenciar essa supervisão e apoio, ela pode pedir que seus alunos façam a tarefa em casa.

Finalmente, Marcy não lida apropriadamente com o fato de que *os alunos trabalham em ritmos diferentes*. Eles podem *começar* o trabalho sentado ao mesmo tempo, mas nunca *terminam* ao mesmo tempo. Conclusões "adiadas" podem prejudicar um calendário que parecia lindo no papel. Alunos que não conseguem terminar as tarefas no tempo designado podem ter de fazê-la como dever de casa. Alunos que terminam o trabalho antes precisam de algo para se manter ocupados; se eles tiverem que sentar e esperar sem nada para fazer, podem distrair os alunos que ainda estão trabalhando. Na turma de Marcy, os alunos que terminam mais cedo que seus pares são na verdade muito bem educados: eles leem revistas, olham para fora da janela, rabiscam e olham para figuras de suas carteiras. No entanto, eles estão desperdiçando tempo que poderia ser investido em atividades mais educativas.

Planejando e implementando trabalho independente e eficiente

A análise do trabalho sentado de Marcy lança luz sobre os problemas associados a esse tipo particular de ensino. Nesta seção do capítulo, nós abordamos maneiras de evitar ou pelo menos minimizar esses problemas (elas são resumidas na seção Dicas Práticas).

Passe trabalhos que sejam significativos, úteis e relevantes para os alunos

A partir dos anos finais do ensino fundamental, os livros-texto geralmente têm perguntas, atividades e exercícios ao final de cada capítulo; alguns vêm com guias de estudo suplementar, livros de exercícios ou folhas de atividades. Uma vez que esses materiais podem não ser sempre significativos e relevantes para os alunos, é essencial que você avalie as atividades que passa. Como observa Fred:

O típico trabalho sentado não é bem pensado. Ele é planejado negligentemente e feito sem o devido cuidado. "Leia e responda às perguntas na página 287." "Preencha as lacunas." "Leia e destaque o capítulo." O que mais assusta é que os jovens nem percebem que tarefas como essas são ruins! Isso me diz que eles estão tão acostumados a essse tipo de coisa que sequer reconhecem que é uma perda de tempo. Mas o trabalho sentado não tem que ser desse jeito.

A fim de melhorar a qualidade do trabalho independente, Donnie, Christina, Sandy e Fred avaliam cuidadosamente as tarefas que passam aos alunos durante a aula. A seção Dicas Práticas lista algumas das perguntas que eles fazem a si mesmos antes de passar um trabalho independente.

Muitos professores preferem criar suas próprias tarefas em vez de confiar em materiais preparados comercialmente. Desse modo, eles são mais capazes de conectar as

Dicas práticas

COMO PLANEJAR E IMPLEMENTAR TRABALHO INDEPENDENTE E EFICIENTE

- Passe trabalhos que sejam significativos, úteis e relevantes para os alunos.
  Pergunte a si mesmo:
  - Qual é o propósito da tarefa?
  - A tarefa se relaciona ao ensino atual? Os alunos provavelmente veem a conexão?
  - Os alunos encaram a tarefa como algo que valha a pena ou como algo entediante e sem recompensa?
  - As orientações são claras e fáceis de serem seguidas?
  - A tarefa fornece aos alunos uma oportunidade de praticar habilidades importantes ou de aplicar o que estão aprendendo?
  - A tarefa proporciona aos alunos a oportunidade de pensar criticamente ou participar na solução de um problema?
  - A tarefa requer leitura e escrita ou ela simplesmente pede aos alunos para preencher as lacunas, sublinhar ou fazer um círculo?
  - A tarefa requer respostas de um nível mais elevado ou ela enfatiza lembranças factuais, de nível mais baixo, e treinamento de sub-habilidades isoladas?
  - Há uma razão para a tarefa ser feita na escola (p. ex., a necessidade de treinamento pelo professor) em vez de em casa?
  - Os alunos serão capazes de completar a tarefa sem assistência? Caso contrário, como a assistência será fornecida?
- Associe as tarefas aos vários níveis de realização dos alunos.
  - Certifique-se de que as orientações escritas e orais sejam claras e completas.
  - Monitore o comportamento e a compreensão.
  - Prepare-se para evitar conclusões adiadas.

tarefas com as origens e experiências dos alunos, ter como alvo problemas específicos que os alunos estão tendo e fornecer maior individualização. Por exemplo, quando Fred quer que os alunos se familiarizem com os recursos da biblioteca, ele pede a eles que façam tarefas como estas:

- Liste três fatos sobre um tópico que lhe interessa usando o banco de dados eletrônico *Facts on File*.
- Use um almanaque para descobrir um país que comece com a primeira letra do seu sobrenome e diga a população dessa nação.
- Use o banco de dados eletrônico do *The New York Times* (internet ou CD-ROM) para identificar um evento importante que ocorreu no seu último aniversário.
- Localize uma biografia sobre uma pessoa cujo sobrenome comece com a mesma letra do seu primeiro nome.

Segundo Fred, essa maneira simples de individualizar a tarefa tem um efeito muito positivo na motivação dos alunos (e há um bônus adicional: os alunos têm de fazer seu próprio trabalho). Pesquisas sobre "interesse situacional" (SCHRAW; LEHMAN, 2001) sugerem que os professores também podem promover o interesse em tarefas ao destacar a relevância do material, proporcionando aos alunos um senso de controle maior (p. ex., ao fornecer a escolha sobre que problemas fazer) e fornecendo razões para persistirem em uma tarefa (i.e., explicando por que a tarefa é útil) (ver Cap. 8 para sugestões relacionadas).

Fred reconhece que o trabalho independente não será sempre "criativo e maravilhoso cinco dias por semana, uma semana após a outra", mas ele sempre tenta garantir que a atividade tenha um propósito válido. Vale a pena ler o que ele pensa sobre isso:

> Olhe, eu sou humano. Algumas vezes eu passo trabalhos sentados dos quais não me orgulho. Mas eu realmente tento fazer que isso seja a exceção, não a regra, e tento aparecer com trabalhos sentados que sejam significativos e úteis ao desenvolvimento dos alunos.

Associe o trabalho a diferentes níveis de desempenho

Fred também gosta de empregar tarefas de resposta aberta, permitindo aos alunos trabalhar em vários níveis para completar o trabalho de modo bem-sucedido. Por exemplo, quando seus alunos leem um capítulo de um livro, Fred frequentemente abre mão das perguntas que vêm ao final (elas costumam ter uma única resposta correta); no lugar delas, ele pode pedir aos alunos para criar suas próprias perguntas. Em outros momentos, ele faz uma pergunta que seja ampla o suficiente para que todo mundo em sua turma extremamente diversa seja capaz de respondê-la de alguma forma – embora as respostas, obviamente, variem em termos de tamanho, conteúdo e coerência. Como mencionado no Capítulo 8, Fred chame isso de "teoria da corda inclinada":

> Se colocarmos uma corda em uma sala a 1,2 m, alguns alunos podem atravessá-la e outros não. Mas se inclinarmos a corda, então todos podem encontrar seu caminho em algum ponto. Acredito profundamente que as pessoas não querem passar todas no nível mais baixo. Nós podemos incentivar os alunos a se esticar – e uma vez que você tenha ensinado os alunos a se esticar, você ensinou algo mais importante do que a matéria.

No exemplo a seguir (TOMLINSON, 1999), vemos como uma professora de língua estrangeira criou uma "tarefa de corda inclinada" que permite que sua turma heterogênea acompanhe o mesmo tópico, mas em diferentes níveis de dificuldade e sofisticação:

> A turma de alemão 1 da Sra. Higgins está estudando a formação dos verbos do tempo passado. Um grupo de alunos irá trabalhar

com exercícios padrão em que boa parte de uma sentença em alemão é fornecida. Entretanto, cada sentença usa um verbo em inglês e os alunos devem fornecer a forma correta do verbo alemão no passado. A Sra. Higgins garantiu que os verbos que faltam são regulares.

Um segundo grupo, mais proficiente, tem uma atividade semelhante. Mas eles encontrarão um número e uma complexidade maior de palavras ausentes, incluindo alguns verbos irregulares. Outro grupo de alunos trabalha com as mesmas frases do segundo grupo, mas praticamente todas as sentenças estão em inglês e devem ser traduzidas para o alemão. Dois ou três alunos não precisam desse exercício; eles recebem um cenário para desenvolver, com instruções sobre os tipos de construções gramaticais que devem ser incluídas. (TOMLINSON, 1999, p. 51-52).

Para saber mais sobre como diferenciar tarefas e atender às necessidades de todos os aprendizes, ver Tomlinson (2001).

Quando se trabalha com alunos que têm dificuldade de manter a atenção, pode ser útil quebrar grandes tarefas em uma série de tarefas menores (WALLACE; COX; SKINNER, 2003) ou espaçar itens fáceis entre itens mais difíceis. Por exemplo, pesquisadores descobriram que dois alunos dos anos finais do ensino fundamental com transtornos de aprendizado demoraram mais tempo na tarefa quando completaram folhas de exercícios de matemática contendo problemas fáceis espalhados entre os mais difíceis (CALDERHEAD; FILTER; ALBIN, 2006). Infelizmente, a precisão dos alunos não foi afetada.

Assegure-se de que as orientações escritas e orais sejam claras

É importante verificar se as instruções fornecidas em um texto ou em uma folha de trabalhos são claras e precisas. Se você não o fizer, pode encontrar situações como esta, relatada por um licenciando em uma turma de língua estrangeira:

Eu decidi usar essa folha de trabalho que listava em ordem aleatória 10 afirmações de uma história curta que tínhamos lido (p. ex., "O jardineiro contou que os dentes de leão estavam crescendo furiosamente"). Abaixo da lista estavam 10 linhas, numeradas de 1 a 10, e os alunos foram instruídos a colocar as afirmações ou os eventos em ordem sequencial. Muitos alunos pensaram que os números (1–10) se referiam à ordem dos eventos e, assim, junto de cada número, eles escreveram o número da afirmação (assim, a numeração "1–7" foi feita para indicar que a primeira coisa que aconteceu na história foi o sétimo item na lista). Outros alunos perceberam que 1 a 10 se referia ao número da afirmação. Quando eles colocam "1–7," eles querem dizer que a primeira afirmação na lista ocorreu em sétimo. É desnecessário dizer que vários alunos "fracassaram" na tarefa! Eu não conseguia entender como isso poderia ter acontecido, até que revisamos os trabalhos. Então eu percebi o quão confuso era e aprendi uma boa lição: sempre verificar se a orientação da atividade está suficientemente clara, mesmo em uma folha de trabalho "oficial"!

Depois de viver várias experiências como essa, Christina transformou em hábito reescrever as orientações que considera confusas. Por exemplo, uma tarefa aplicada a todo o distrito pede que os alunos leiam um livro e escrevam suas reflexões em um jornal com pelo menos 10 partes. Os estudantes recebem 10 perguntas orientadoras, mas as orientações não deixam claro se os alunos têm de responder *uma* pergunta ou *todas* as perguntas para cada parte do jornal. Na verdade, eles não têm de fazer nenhuma dessas duas coisas. Christina, então, acrescenta uma sentença especificando que os alunos têm de abordar cada pergunta *em alguma parte* no jornal, mas não em uma ordem específica e não em todas as partes.

Às vezes os professores pensam que não têm de explicar oralmente o que os alunos devem fazer uma vez que há instruções escritas no livro-texto ou na folha de trabalho. É certamente importante para os alunos ler instruções escritas, mas não presuma que eles farão isso automaticamente; isso pode ser uma habilidade que você terá de ensinar. Leve em conta a lição aprendida pelo licenciando:

> *Esses alunos não leem instintivamente algo que seja entregue a eles: eles esperam até que seja explicado. Eu sei que devo declarar todos os objetivos e explicar as coisas cuidadosamente, mas há vezes em que eu quero que eles sejam curiosos o suficiente para dar uma olhada no que está à sua frente. Eu tento incrementar meus folhetos com tirinhas e alguns dos meus próprios desenhos apenas para torná-los mais atrativos e envolventes. Eu estou muito acostumado com a mentalidade do ensino superior, em que os alunos são mais independentes. Eu tenho que lembrar que no ensino médio as coisas costumam ser diferentes.*

Além de verificar as orientações escritas em busca de clareza, certifique-se de que suas orientações orais são claras e completas. Lembre-se de que um dos problemas com a atividade de Marcy foi ela não ter dito aos alunos por que deveriam ler o capítulo sobre cartas comerciais ou quanto tempo teriam para isso; tampouco ela explicou que eles escreveriam suas próprias cartas mais tarde no tempo de aula. Compare essa conduta com o modo como Donnie introduz uma tarefa curta de trabalho sentado sobre rearranjar equações para resolver diferentes variáveis. Embora a tarefa leve apenas alguns minutos, a professora explica o que os alunos devem fazer, quanto tempo eles terão e o que se espera que eles façam quando tiverem terminado:

> O que eu preciso que vocês façam agora é abrir o livro na página 178. Peguem papel e lápis ou caneta. Nós vamos ver a revisão do capítulo, até o nº 15. Eu vou começar passando uma tarefa para cada pessoa. problema nº1, Ernest; problema nº2, Damika; problema nº3, Latoya; problema nº4, Jerome. [Ela continua até que todos tenham recebido um problema para fazer] Agora quero que resolvam o problema que receberam. Eles são exatamente como os problemas de dever de casa que acabamos de rever. Vocês vão rearranjar equações para resolver as diferentes variáveis. Eu lhes darei aproximadamente dois minutos para resolver isso. Quando voltarmos, certifiquem-se de que podem nos dar a resposta e explicar o problema para o resto da turma.

Marcy também falhou quando não disse aos alunos que eles leriam seus parágrafos em voz alta no dia seguinte, uma omissão que desagradou a vários deles ("Ei, Ei, você não disse nada sobre ter que ler na frente da turma"). Essa é uma situação que Christina tenta fortemente evitar, especialmente porque, nas aulas de inglês, os alunos frequentemente escrevem sobre suas experiências e sentimentos pessoais:

> Christina distribui cópias do seu ensaio pessoal, que trata de sua origem étnica. Ela explica que seus alunos devem ler o ensaio e escrever um esboço sobre o tópico de identidade. Eles terão um total de 20 minutos. Ela os adverte a "escolher algum tema que possa ser compartilhado em pequenos grupos, os quais serão formados por mim". Uma garota na primeira fileira assente com a cabeça e comenta: "Então devemos escrever alguma coisa que possamos compartilhar com qualquer um".

Quando você está apresentando as orientações para tarefas de trabalho sentado, você também precisa deixar claro se os alunos podem ou não pedir ajuda aos colegas. Em algumas turmas, os professores incentivam os alunos a trabalhar colaborativamente, enquanto em outras turmas dar e receber ajuda é equivalente a colar. Essa última situação pode apresentar um dilema real aos alunos. De um lado está sua necessidade de seguir as orientações dos professores e ficar longe de problemas. Do outro, sua necessidade de completar a tarefa de modo bem-sucedido e ajudar os amigos que estão tendo dificuldade (BLOOME; THEODOROU, 1988).

A compreensão dos alunos e a aceitação das normas para ajudar os pares podem ser também influenciadas pela cultura. Fornecer assistência pode ser especialmente valorizado por alunos com raízes culturais em sociedades coletivistas (p. ex., africanas, asiáticas, hispânicas e americanas nativas). Em culturas coletivistas, as pessoas assumem a responsabilidade pelo bem-estar do outro e o foco é trabalhar na direção do bem comum (CARTLEDGE; MILBURN, 1996). Assim, alunos dessas culturas podem estranhar orientações de trabalho independente. Ao contrário, alunos de culturas individualistas (p. ex., países de língua inglesa) podem valorizar o esforço individual.

Em geral, os nossos quatro professores não apenas permitem como *incentivam* os alunos a ajudar uns aos outros. Como Donnie afirma: "Eu não posso me mover entre todos. Os alunos me chamariam constantemente para lhes prestar ajuda. Para a minha própria sanidade mental, eu tenho que estimular os alunos a se ajudar. De qualquer modo, eu acho que eles aprendem melhor dessa maneira". Christina concorda. Quando ela circula pela sala monitorando o progresso dos alunos, frequentemente encaminha aqueles que estão tendo problemas para indivíduos que ela já auxiliou:

> Eu faço isso por algumas razões. Primeiro, é bom para os alunos que eu acabei de ajudar que eles saibam que agora eu os considero "especialistas". Segundo, eu acho que isso ajuda a fixar o conhecimento. Terceiro, evita que eu repita as mesmas explicações. E, finalmente, eu penso que isso constrói uma comunidade solidária. Mas eu sempre tento voltar aos alunos e verificar se os ajudantes foram capazes de explicar claramente e se os "ajudados" agora entendem. Eu não quero que os alunos pensem que eu estou simplesmente empurrando-os para outros porque não quero ser incomodada.

É importante observar que todos os professores trabalham duro para explicar o que "ajudar" realmente significa. Eles se esforçam para explicar aos alunos que fornecer a resposta ou fazer a tarefa para outra pessoa não é ajudar, e eles reforçam a futilidade da cópia. Donnie diz que ela tem "parasitas" em sua turma de geometria que não querem fazer nada por conta própria; eles simplesmente querem que alguém lhes dê a resposta (isso com frequência irrita alunos mais diligentes, como ilustra a Fig. 9.1). A fim de impedir que isso aconteça, ela às vezes passa problemas diferentes para alunos que sentam perto uns dos outros; isso favorece a ajuda mútua, mas não a cópia.

Embora todos os professores acreditem firmemente no valor da ajuda pelos colegas, também há momentos em que eles *não* permitem que os alunos se ajudem. Nessas situações, eles tomam o cuidado de explicar que as regras básicas são diferentes. Escute o que diz Sandy:

> A maior parte do tempo eu enfatizo que os cientistas não trabalham em isolamento, que é necessário olhar os dados de todo mundo e se perguntar "Alguém mais obteve esses resultados?". Mas quatro ou cinco vezes por ano eu faço um "quiz de laboratório" em que os alunos são individualmente responsáveis por ouvir as instruções, realizar os procedimentos e tirar conclusões. Essa é minha maneira de ter certeza de que cada pessoa sabe como acender um bico de Bunsen, lidar com o equipamento, etc. Essas não são aulas de descoberta ou de averiguação, mas oportunidades de os alunos aplicarem o que

FIGURA 9.1 *Fonte:* Calvin and Hobbes ©, Watterson (1993). Distribuída por Universal Uclick. Reimpressa com permissão. Todos os direitos reservados.

aprenderam em sala. Durante essas atividades de laboratório, os alunos não podem falar uns com os outros. Essa é uma grande diferença das atividades de laboratório normais, então eu tenho que deixar realmente claro que eles não devem consultar os colegas e que as normas são diferentes.

Monitore o comportamento e a compreensão

Observadores da vida da sala de aula notaram que o envolvimento dos alunos durante o trabalho independente é frequentemente menor do que seu envolvimento durante atividades orientadas pelo professor. Por que isso acontece? Aparentemente, mesmo quando eles de fato consideram a atividade significativa e compreensível, o trabalho sentado exige que os alunos controlem seu ritmo por conta própria por meio das tarefas. Como não há sinais externos, como perguntas dos professores para empurrar os alunos ao longo do processo (GUMP, 1982), eles podem começar a rabiscar, mandar mensagens de texto, pentear o cabelo, apontar lápis, até que o professor os lembre de voltar ao trabalho. De fato, pesquisas demonstraram que o envolvimento em trabalho sentado frequentemente segue um ciclo previsível (DEVOSS, 1979): os alunos começam suas tarefas; a atenção declina; o nível de ruído aumenta; o professor intervém; os alunos retornam à tarefa. Esse ciclo pode se repetir até uma acelerada final quando os alunos correm para completar suas tarefas antes que o tempo acabe.

A fim de evitar o problema da "corrida louca", Christina dá aos alunos uma quebra no tempo que deveria ser gasto em cada parte de uma tarefa e periodicamente lembra aos alunos onde eles devem estar. Ela também monitora seu comportamento com cuidado circulando pela sala. De fato, nenhum dos nossos quatro professores fica sentado enquanto os alunos estão trabalhando, a não ser que estejam dando consultas individuais. No exemplo a seguir, também retirado da aula de Donnie sobre rearranjo de equações, vemos o modo como ela circula pela sala enquanto os alunos trabalham. Observe como ela é capaz de *fazer coisas ao mesmo tempo* (KOUNIN, 1970) – monitorar o comportamento dos alunos que fazem trabalho sentado e trabalhar com um indivíduo.

Os alunos estão trabalhando nos problemas que Donnie acabou de passar. Ela anda pela sala, olhando acima dos ombros dos alunos, comentando, ajudando, estimulando-os ao longo do processo. Então, ela se dirige para três alunos que tinham faltado e que estão fazendo a tarefa que todos tinham feito no dia anterior. Ela verifica o que eles estão fazendo e ajuda uma garota que está tendo dificuldade em particular. Enquanto trabalha com essa aluna, ela periodicamente desvia o olhar e examina a sala para monitorar o resto da turma. Um garoto parece não estar fazendo nada. "Jerome, você terminou o seu problema?"

O propósito de circular não é simplesmente o de monitorar o comportamento. Perambular pela sala lhe permite monitorar a *compreensão da tarefa pelos alunos*. Lembre-se da diferença entre *tempo engajado* e *tempo de aprendizado produtivo*, discutida no Capítulo 7. Claramente, não é suficiente para os alunos permanecerem ocupados e envolvidos com a tarefa. Eles também devem entender o que devem fazer e desempenhar suas tarefas de modo bem-sucedido. Isso exige monitoramento. Sandy comenta:

> Quando eu dou uma tarefa de trabalho sentado, eu nunca sento na minha carteira resolvendo trabalhos burocráticos. Eu passo uma tarefa por uma razão didática, não apenas para manter os alunos ocupados enquanto eu avalio trabalhos. Isso significa que eu preciso estar me movendo, vendo o que eles estão fazendo. Por exemplo, ao final do período, eu posso dizer: "Vamos tentar os problemas 1, 2 e 3". Eu ando ao redor e ajudo. Se eu vejo que os alunos estão indo bem, então eu posso esperar que eles resolvam os problemas 4 a 6 como dever de casa.

Ao observar nossos professores monitorando o trabalho independente, fomos surpreendidas pelo modo muito silencioso e discreto com que interagem com cada aluno. Esse tipo de discrição parece ter pelo menos duas vantagens. Primeiro, comentários audíveis podem perturbar a concentração e o progresso de todos; segundo, comentários públicos em voz alta podem ser embaraçosos e podem ter efeito negativo na motivação ou disposição dos alunos em fazer perguntas.

> **PARE E REFLITA**
> Um desafio para muitos professores é conseguir circular e monitorar todos os alunos durante o trabalho independente ao mesmo tempo em que ajudam indivíduos que estão tendo problemas. Pense em maneiras pelas quais você possa aumentar sua capacidade de *fazer mais de uma coisa ao mesmo tempo* (i.e., atender um aluno específico enquanto monitora o resto da turma).

Jones et al. (2007) oferecem conselhos adicionais para dar ajuda a alunos individuais durante o trabalho sentado: "Elogie, estimule e saia" (JONES et al., 2007, p. 18). Segundo Jones, os professores devem ajudar cada aluno por 20 segundos ou menos. Em vez de questionar os alunos ("O que nós dissemos que era a primeira coisa a fazer?") e fornecer tutorial individual, os professores devem elogiar algo que o aluno fez corretamente ("Bom trabalho até aqui"), dê um estímulo direto ("Siga o modelo no quadro") e saia. Desse modo, os professores podem circular rapidamente e de maneira eficiente minimizando o tempo que os alunos passam esperando por assistência.

Se prepare para evitar conclusões adiadas

Embora seja essencial planejar atividades para alunos que terminam antes, você precisa pensar cuidadosamente sobre a abordagem que adotará. Se os alunos aprendem que receberão trabalho adicional (talvez entediante), que outros não terão de fazer, eles podem enrolar ou fingir que não terminaram. Na turma de Marcy, por exemplo, tanto Roy quanto John disseram que não tinham terminado de ler o capítulo, quando na verdade o tinham. Obviamente, eles queriam tempo para ler *Mad* em vez de começar uma nova tarefa sobre cartas comerciais.

Nas salas de aula de nossos quatro professores, conclusões adiadas não costumam ser um problema, uma vez que as atividades de sala são estruturadas de modo que os alunos raramente terminam cedo. Escute o que diz Sandy:

> Os alunos têm que entender não apenas o que fazer e por que estão fazendo, mas também o que é esperado após a conclusão. Se você não fizer isso, alguns alunos podem se apressar, pensando: "Eu vou terminar rápido e assim terei tempo para fazer meu dever de casa". Mas eles se comportam diferente quando sabem que terão uma tarefa relacionada. Eu lhes digo: "Hoje vocês farão uma análise do que sabem. Assim que terminarem essa análise, façam o fluxograma para os desconhecidos". Eu sei que isso pode levar um tempo extra de aula. Quando o tempo está acabando, eu digo: "Se você não conseguir terminar, então faça como dever de casa". Se eles souberem desde o início que é um dever de casa, eles podem relaxar, preferindo levar o trabalho para casa. Então eu nunca deixo que eles saibam que eles não serão capazes de terminar. Se eles veem que têm muito a fazer, pensarão: "Uau, eu realmente tenho que trabalhar". Se for uma tarefa de 10 minutos, eles podem prolongá-la. Eu sugiro que os professores prevejam quanto tempo algo irá durar e então adicionem uma tarefa relacionada.

Christina considera as conclusões adiadas um desafio especial quando os alunos estão escrevendo projetos de oficinas:

> Alguns alunos dirão "terminei" após alguns poucos minutos. Eu lhes digo que podem parar de escrever se pensam que terminaram, mas eles têm que passar para a próxima etapa do processo de escrita, que é a revisão. Eu lhes dou estratégias específicas para revisão de conteúdo para que não fiquem parados. Reuniões individuais sobre a escrita e miniaulas também ajudam porque eu lhes dou opções de escrita específicas para que experimentem.

COMENTÁRIOS FINAIS

Este capítulo destacou as armadilhas e os desafios associados ao trabalho independente e forneceu sugestões para evitar, ou pelo menos minimizar, os problemas que podem surgir. Tenha-os em mente enquanto decide sobre o tipo de atividades que os alunos farão durante o tempo de trabalho sentado, o modo pelo qual você introduzirá as tarefas e as regras e os procedimentos que você estabelecerá para orientar o comportamento.

É importante perceber que o capítulo enfatizou quase que exclusivamente a situação em que o trabalho é passado para toda a turma enquanto o professor circula e ajuda os alunos na conclusão das tarefas. Porém, essa não é a única maneira pela qual o trabalho sentado pode ser empregado. Uma opção é passar trabalho independente para a maioria da turma enquanto você trabalha com indivíduos que precisam de ajuda adicional ou de uma tarefa mais desafiadora. Outra opção é pedir que os alunos façam um trabalho independente enquanto você recebe um a um e conversa sobre notas. Nós vimos um exemplo disso na sala de aula de Fred, no Capítulo 7.

Esse uso do trabalho sentado é comum nos anos iniciais do ensino fundamental. A maioria de nós se lembra de nossos professores primários se encontrando com os "Cardinais", as "Borboletas" ou os "Tigres", enquanto o resto da turma trabalhava independentemente. Mas o trabalho sentado independente combinado com o ensino em pequenos grupos é bem mais incomum a partir dos anos finais do ensino fundamental, em que o ensino tende a ser conduzido em grande grupo.

Pesquisas sugerem que os professores dos anos iniciais do ensino fundamental passam tempo demais fazendo tarefas de trabalho sentado que têm valor questionável, e então nós certamente não estamos sugerindo que você repita essa situação nos anos finais (ANDERSON, 1985; FISHER et al., 1978). No entanto, há momentos em que pode ser apropriado ter a maioria dos alunos trabalhando em uma tarefa independente enquanto você se reúne individualmente. Esse formato pode ser ainda mais útil se você tiver uma turma bastante heterogênea. Mas tome cuidado: se você não vai estar disponível para circular e dar apoio, suas tarefas precisam ser ainda mais claras e mais significativas do que o normal. Você também precisa desenvolver a habilidade de fazer duas coisas ao mesmo tempo, como se tivesse "olhos na parte de trás da cabeça".

Resumo

Este capítulo abordou o trabalho independente ou trabalho sentado, situação em que os alunos trabalham individualmente em suas carteiras. O trabalho sentado fornece aos professores a oportunidade de observar o desempenho dos alunos, fornecer apoio e *feedback*, se envolver em pequenas reuniões com os alunos e prepará-los para as pequenas tarefas de dever de casa. Porém, ele pode ser mal empregado. Em geral, o trabalho sentado é sinônimo de alunos passivos e entediados, realizando folhas de tarefas repetitivas e chatas, enquanto os professores sentam em suas carteiras para calcular notas ou ler jornal.

Problemas com o trabalho sentado

- A tarefa não faz sentido para os alunos.
- A tarefa não está de acordo com os diferentes níveis de desempenho dos alunos.
- O professor não fornece aos alunos orientações claras e completas.
- O professor não monitora o que os alunos estão fazendo.
- Os alunos trabalham em ritmos diferentes, de modo que alguns terminam mais cedo, enquanto outros não terminam.

Orientações para minimizar problemas

- Forneça tarefas que sejam significativas e relevantes.
- Associe o trabalho a diferentes níveis de desempenho.
- Certifique-se de que as orientações escritas e orais estejam claras.
- Monitore o comportamento e a compreensão.
- Prepare-se para a possibilidade de conclusões adiadas.

Este capítulo abordou quase que exclusivamente a situação em que o trabalho sentado é passado para toda a turma, mas às vezes pode ser apropriado passar uma tarefa para a maioria da turma enquanto você trabalha com indivíduos que precisam de uma ajuda adicional, uma tarefa mais desafiadora ou uma reunião sobre notas. Esse uso do trabalho sentado é raro a partir dos anos finais do ensino fundamental; entretanto, pode ser uma estratégia útil se você precisa trabalhar com grupos pequenos (p. ex., se você tem uma turma extremamente heterogênea). Mas, tome cuidado: se você vai usar o trabalho sentado desse modo, precisará ficar atenta a tudo que se passa no seu ambiente de aula (é como ter "olhos na parte de trás da cabeça").

Atividades para a construção de habilidades e reflexão

Na turma

1. Selecione uma página do livro de atividades ou obtenha um folheto (de preferência na sua área de conteúdo) e traga quatro cópias para a turma. Em um pequeno grupo, examine as folhas de trabalho, usando as seguintes perguntas como guia. Se identificar problemas, sugira uma maneira de melhorar o trabalho.
   - As orientações são claras?
   - A organização da página facilita a compreensão dos alunos da tarefa?
   - A atividade reforça a habilidade pretendida?
   - Essa tarefa faz sentido?
   - As figuras são uma ajuda ou uma distração?
2. Selecione uma página do livro de atividades ou obtenha um folheto (de preferência na sua área de conteúdo) e traga quatro cópias para a turma. Trabalhando em um grupo pequeno, examine as páginas que os alunos trouxeram para a turma. Para cada

página, anote o tópico, descreva o formato da folha de trabalho, identifique a habilidade sendo praticada ou ampliada e gere uma atividade alternativa que acompanharia o mesmo objetivo. Um exemplo é fornecido.

Tópico	Descrição da folha de trabalho	Habilidade	Alternativa
Quem disparou o primeiro tiro em Lexington e Concord	*Três relatos de indivíduos que observaram ou participaram dos eventos em Lexington e Concord; os alunos devem identificar o ponto de vista de cada relato*	*Identificar pontos de vista e preconceitos*	*Escolha dois dos personagens a seguir (um oficial britânico, um membro da milícia norte-americana, um repórter francês, a esposa do pastor de Lexington, uma empregada na hospedaria de Concord) e conte a história dos eventos em Lexington e Concord a partir de seus respectivos pontos de vista*

Individual

1. Entrevista com dois a quatro alunos dos anos finais do ensino fundamental e do ensino médio para conhecer suas percepções sobre o trabalho sentado. Se possível, selecione alunos que apresentam diferentes níveis de desempenho. Inclua as seguintes perguntas na sua entrevista:
   - Em que turmas o trabalho sentado é mais usado? E menos usado?
   - Em que extensão o trabalho sentado é usado em suas turmas acadêmicas?
   - Sob que circunstâncias o trabalho sentado é útil/inútil? Interessante/entediante?
   - O que seus professores geralmente fazem durante o trabalho sentado? Há diferenças consistentes entre os professores a esse respeito?
   - Em geral lhe é permitido pedir ajuda aos colegas ou você tem que trabalhar sozinho?
2. Observe uma turma, preferencialmente na sua área de conhecimento, e observe quanto tempo é alocado a trabalho independente durante um período típico. Durante esse tempo, observe três alunos-alvo. Tente selecionar um aluno de alto, um de médio e outro de baixo desempenho. Observe quais atividades são solicitadas a cada aluno durante o tempo de trabalho independente (as atividades são as mesmas ao longo dos níveis de desempenho?). A cada dois ou três minutos, registre se os alunos estão fazendo a tarefa ou não. Se possível, peça que os alunos expliquem o que estão fazendo e por quê.

Para seu portfólio

Selecione um tópico na sua área de conteúdo e identifique um objetivo de ensino (p. ex., "Os alunos serão capazes de descrever o processo de fotossíntese"). Planeje então três atividades de trabalho independente que tenham como alvo aquele objetivo. Diferencie aquelas atividades, de modo que alunos avançados, médios e fracos possam receber uma tarefa adequada às suas capacidades. Em um comentário breve, explique qual é o objetivo e como você está diferenciando.

LEITURAS ADICIONAIS

TOMLINSON, C. A. *How to differentiate instruction in mixed ability classrooms*. 2nd ed. Alexandria: Association for Supervision and Curriculum Development, 2001.

Tomlinson explica o que é (e o que não é) o ensino diferencial, fornece um olhar para o interior de algumas salas de aula diferenciadas, apresenta como fazer o planejamento de aulas diferenciadas de acordo com habilidade, interesse e estilos de aprendizado e discute os temas complexos de avaliação e manutenção de registros. Um apêndice fornece um resumo útil de estratégias de ensino e gestão para salas de aula diferenciadas e de habilidades mistas.

TOMLINSON, C. A. Differentiated instruction: special issue. *Theory Into Practice*, v. 44, n. 3, 2005.

O número de *TIP* aborda o conceito de ensino diferenciado a partir de várias perspectivas. Os autores definem a necessidade de ensino diferenciado, esclarecem alguns dos temas e fornecem orientação específica para tornar as salas de aula mais eficientes e eficazes para todos os aprendizes dos dias atuais.

CAPÍTULO 10

Administrando o trabalho em pequenos grupos

> As armadilhas do trabalho em pequenos grupos 232
> Planejando e implantando trabalho em grupo eficiente 236
> Comentários finais 254
> Resumo 255

Mantenha os olhos no papel.

Trabalhe sem conversar com o colega.

Preste atenção no professor.

Se precisar de ajuda, levante a mão.

Faça o seu próprio trabalho.

Essas são as regras da sala de aula tradicional, um cenário em que os alunos têm pouca oportunidade para interagir, ajudar uns aos outros e colaborar em tarefas (ver Fig. 10.1). Frases como essas são tão representativas da visão que temos das salas de aula que elas são usadas até mesmo por alunos de 4 anos que nunca frequentaram a educação infantil.

Essa falta de interação é lamentável, especialmente nas salas de aula heterogêneas dos dias de hoje. Deixar os alunos trabalharem juntos em pares ou grupos pequenos tem muitas vantagens. Donnie e Christina mencionaram uma vantagem no Capítulo 8: quando os alunos ajudam uns aos outros durante o trabalho em sala de aula, eles se sentem menos "presos", pois não precisam ficar sentados, esperando pela ajuda do professor, situação esta que os torna desinteressados e agressivos. Além disso, trabalhar com pares em tarefas pode aumentar a motivação dos alunos, especialmente para aqueles que têm atitudes negativas em relação à escola e ao trabalho em sala de aula (PELL et al., 2007). O trabalho em pequenos grupos também pode ter efeitos positivos no desempenho, uma vez que os alunos debatem e discutem, fazem perguntas, explicam e avaliam o trabalho dos outros (WALTERS, 2000). Quando os alunos trabalham em grupos heterogêneos, eles podem desenvolver relações de diferentes gêneros, raças e etnias. O trabalho em grupo também ajuda a integrar os alunos com deficiências à sala de aula de ensino regular (JOHNSON; JOHNSON, 1980; MADDEN; SLAVIN, 1983). Finalmente, como Rachel Lotan (2006) observa, o trabalho em grupo pode ajudar os professores a construir salas de aula mais atenciosas, justas, nas quais os

> alunos servem como fontes de recursos acadêmicos, linguísticos e sociais uns para os outros e são responsáveis uns pelos outros individualmente e como membros de um grupo. (LOTAN, 2006, p. 525).

Dados todos esses benefícios, por que há tão pouco trabalho em grupo nas salas de aulas a partir dos anos finais do ensino fundamental? Parte da resposta tem a ver com a responsabilidade do professor de manter a ordem e cobrir o currículo. No universo complexo e lotado da sala

"Essa aula irá estimular suas ideias e pensamentos. E, lembrem-se, sem conversas."

FIGURA 10.1 *Fonte:* Reimpressa com permissão de Warren.

de aula, é mais fácil manter o currículo quando os professores falam e os alunos escutam. Além disso, se a cultura escolar iguala salas de aula ordenadas a salas de aula silenciosas, os professores podem se sentir desconfortáveis quando o trabalho em grupo aumenta o nível de barulho. Considere essa observação do jornal de um licenciando:

> *Toda vez que eu leio sobre trabalho em grupo ele soa tão legal que estou preparado para usá-lo todos os dias. Então eu tento usá-lo em sala de aula e começo a ter outros pensamentos. Eu adoro o aprendizado que resulta dele, mas nunca me sinto em controle quando ele está acontecendo. A parte que realmente me incomoda é que eu não me importo se a sala de aula fica barulhenta. Eu me preocupo com os outros professores e com o diretor. Houve algumas vezes em que eu estava empregando aprendizado cooperativo e alguém entrou para perguntar se eu precisava de alguma ajuda; se eu dissesse que sim eles mesmos se encarregariam de dizer à minha turma para ficar em silêncio. Isso realmente me deixa com raiva. Eu sinto como se o único nível de barulho aceitável fosse o silêncio absoluto.*

Finalmente, como o trabalho sentado, o trabalho em grupo tem seu próprio conjunto de desafios e armadilhas potenciais que podem torná-lo difícil de ser gerenciado pelos professores. Este capítulo examina essas armadilhas potenciais. Em seguida, discute maneiras pelas quais elas podem ser minimizadas, baseando-se nas experiências de nossos quatro professores, bem como em pesquisas e literatura acadêmica sobre trabalho em grupo.

AS ARMADILHAS DO TRABALHO EM PEQUENOS GRUPOS

Vamos começar levando em conta a experiência recente de Ralph, um licenciando de estudos sociais. Durante um encontro recente, Ralph relembrou sua primeira tentativa de usar o trabalho em grupo com sua turma de História dos Estados Unidos I do terceiro período:

Estávamos trabalhando nas diferenças entre as regiões Nordeste, Oeste e Sul no período entre 1800 a 1850, quando elas estavam estruturadas como se fossem três países diferentes. Eu queria que meus alunos pesquisassem as visões que cada região do país tinha sobre três tópicos – tarifas, escravidão e o papel do governo federal. Eu não queria dar apenas uma aula teórica ou que eles lessem o livro-texto e então discutissem o material, e parecia que essa poderia ser uma grande atividade de aprendizado cooperativo. Meus alunos não tinham tido muitas experiências trabalhando em grupos, mas o professor que me acompanha é muito bom em me deixar tentar coisas novas. Ele me disse: "Claro, vá em frente e veja o que acontece".

Decidi fazer isso por dois dias. No primeiro dia, eu planejei dividir a turma em três grupos, de modo que cada um estudasse uma região do país do ponto de vista dos três tópicos. Eu só tenho 20 alunos nessa turma e, então, percebi que seriam cerca de seis ou sete alunos em cada grupo, o que parecia bom. Ao final do primeiro dia, eles deveriam escolher alguém para ser o porta-voz de cada região – Daniel Webster, pelo Nordeste, John C. Calhoun, pelo Sul, e Henry Clay, pelo Oeste. No segundo dia, esses três porta-vozes debateriam os temas.

Então vim para a aula todo animado para essa grande atividade. Não parecia importante que os grupos tivessem exatamente o mesmo tamanho e achei que se os alunos pudessem escolher sua própria seção eles ficariam mais motivados. Então eu lhes disse que poderiam escolher a seção do país que queriam estudar. Eu lhes falei: "Se vocês quiserem fazer o Nordeste, movam-se para esse canto, e se quiserem fazer o Sul, movam-se para aquele, etc. Pronto, movam-se". Bem, não funcionou. Em primeiro lugar, a maioria dos alunos queria estudar o Oeste ou o Sul – havia nove pessoas no Oeste e seis no Sul e apenas quatro no Nordeste. Além disso, o Oeste era todo de meninas (brancas e ásio-americanas), o Sul era aquele grupo de garotos brancos muito jovens (eu simplesmente sabia que eles não fariam nada) e o Nordeste era formado por três alunos afro-americanos e Rick Moore, um jogador de basquete branco! E um garoto muito calado e inseguro ficou parado lá no meio sem saber para onde ir. Eu tive que começar a pedir às pessoas para que trocassem de grupos e elas não ficaram contentes com isso e começaram a fazer comentários sobre como eu não sabia o que estava fazendo e sobre como o Sr. M iria voltar e dar uma "verdadeira aula".

Bem, quando finalmente consegui que algumas garotas do Oeste se mudassem para o grupo do Nordeste, deixando as regiões com tamanhos parecidos, expliquei o que iriam fazer. Eu lhes disse para utilizar seus textos e mostrei todos os materiais que havia retirado da biblioteca, pedindo que também fizessem uso deles. Expliquei que todos deveriam ajudar uns aos outros a pesquisar as visões da sua região sobre tarifas, escravidão e papel do governo federal. Então, eles deveriam trabalhar juntos para escrever um posicionamento destacando essas visões e escolher alguém para ser Webster, Calhoun ou Clay para o debate do dia seguinte. Havia apenas 25 minutos restantes e eu lhes disse para trabalhar imediatamente. Bem, a maioria deles apenas sentou lá e continuou dizendo coisas como "Eu não entendo o que devemos fazer". Alguns alunos se levantaram e voltaram para suas carteiras para pegar seus livros e lápis (é claro, eu tinha esquecido de lhes dizer para levar seus livros e coisas com eles quando se movessem). Eu circulei distribuindo papel, mas muitos dos alunos apenas ficaram sentados.

Fiquei circulando e tentando fazê-los trabalhar. Quando eu chegava perto, eles começavam a escrever notas, mas acho que eles estavam apenas fingindo trabalhar para me tirar das suas costas. Finalmente, alguns dos alunos do Oeste e Nordeste começaram a procurar material nos seus textos e a tomar notas, mas eles não estavam ajudando muito uns aos outros. Eu simplesmente não conse-

gui convencê-los a trabalhar juntos! E alguns dos garotos não fizeram coisa alguma – eles simplesmente se sentaram e deixaram que outros alunos fizessem. Eu até ouvi comentários como "Deixe Allison ser Clay, ela é a mais inteligente na história". Enquanto isso, os garotos do Sul passaram a maior parte do tempo brincando e rindo. E continuavam humilhando uns aos outros, dizendo coisas como "Ele é burro demais para ser Calhoun... Não temos nenhum aluno inteligente nesse grupo", e gritando "Ei, Sr. G, precisamos de garotos inteligentes nesse grupo". Eu insisti para que ficassem em silêncio e voltassem ao trabalho, mas eles me ignoraram.

No final do tempo de aula, eu disse que eles teriam de terminar o levantamento dos dados como dever de casa. Então, lhes pedi para decidir quem seria o porta-voz, e é claro que ninguém se manifestou. No Oeste eles decidiram que um garoto que era realmente responsável deveria ser o porta-voz. No Sul, eles brincaram muito e então esse aluno bastante inteligente o disse que, ok, ele faria essa função. Bem, ele faltou no dia seguinte, e então não havia nenhum Calhoun, o que eles pareciam considerar muito engraçado.

No final das contas, esses foram os dois piores dias da minha experiência como licenciando. Depois de ler todos esses teóricos da educação que dizem que o aprendizado cooperativo é tão fantástico, eu tinha ficado muito excitado, mas agora não tenho certeza. Talvez se sua turma for realmente motivada, isso funcionaria, mas a minha turma não é tão boa (os alunos mais inteligentes estão na turma especial de História) e talvez eles não consigam trabalhar juntos dessa forma.

Infelizmente, a história de Ralph não é incomum. Ela ilustra de modo bem claro o que acontece quando os professores não entendem os problemas potenciais associados ao trabalho em grupo e não trabalham para evitar que eles ocorram. Vamos olhar com mais detalhe quatro desses problemas.

Primeiro, como Ralph descobriu, permitir que os alunos formem seus próprios grupos frequentemente leva à *segregação* entre os alunos em termos de gênero, raça e etnia. Você já almoçou em um refeitório de uma escola etnicamente diversa? Um rápido olhar é suficiente para ver que membros de cada grupo étnico e racial tendem a se sentar juntos. É importante reconhecer que forças poderosas operam contra a formação de amizades interétnicas. Deixados por conta própria, os alunos tendem a escolher a companhia daqueles que percebem como semelhantes. Uma barreira ainda maior para a amizade existe entre alunos com deficiências e seus colegas sem deficiências (SLAVIN, 1991). O Individuals with Disabilities Education Act (IDEA) exige a inclusão de alunos com deficiências nas salas de aula de educação regular sempre que possível, mas apenas a presença física não é suficiente para garantir que esses indivíduos sejam queridos ou mesmo aceitos.

Um segundo problema do trabalho em grupo é o da *participação desigual dos membros do grupo*. Às vezes, isso se deve ao fenômeno da "carona", no qual um ou mais alunos do grupo terminam fazendo todo o trabalho, enquanto os outros sentam e relaxam. Vimos isso acontecer na turma de Ralph, quando apenas poucos alunos levaram a sério a tarefa de pesquisa, e um grupo decidiu nomear Allison, a aluna "mais inteligente" de história, para ser porta-voz do grupo. Embora isso possa ser uma abordagem eficiente para a tarefa, não é exatamente uma

> ### 📖 Pare e Reflita
> Você acabou de ler as experiências e ideias de Ralph sobre o trabalho em grupo. Ralph começou com boas intenções e otimismo. Quando a aula começou a fracassar? O que ele fez que contribuiu para os problemas em sua aula? Que sugestões você poderia dar a Ralph? O trabalho em grupo é apenas para alunos da turma especial, como Ralph sugere?

distribuição justa de responsabilidade. E aqueles que estão pegando carona provavelmente não aprenderão nada sobre as diferenças entre as seções.

Participação desigual também pode ocorrer por outras razões mais pungentes. Em um estudo sobre as percepções dos alunos sobre fazer matemática em um grupo de aprendizado cooperativo (KING et al., 1998), Brett, um aluno de desempenho médio, relatou que ele, com frequência, não conseguia entender a tarefa; consequentemente, ou ele se retirava da participação ou se envolvia em comportamentos de distração fora da tarefa. Do mesmo modo, Peter, um aluno de baixo desempenho, "[...] estava consciente de que os outros alunos raramente pediam suas ideias e, se ele as sugeria, não era ouvido" (KING et al., 1998, p. 8). Procurando se destacar de outra forma, ele passou a ter comportamentos "bobos" e "estranhos".

Brett e Peter são bons exemplos das categorias "desencorajados" e "não reconhecidos" na tipologia de Catherine Mulryan (1992) de alunos passivos (destacada na Tab. 10.1). Vale a pena manter essas categorias em mente. Embora um desejo de pegar carona possa estar na base do comportamento de passividade de alguns alunos, também é possível que alunos que não participem estejam se sentindo desencorajados, desanimados, não reconhecidos, entediados ou superiores.

Assim como alguns indivíduos podem ser passivos e não envolvidos na atividade em grupo, outros podem assumir e dominar a interação (COHEN, 1994a; 1994b). Frequentemente, os alunos dominantes são aqueles com alto *status* acadêmico na sala de aula – aqueles que são reconhecidos por seus colegas como alunos competentes e bem-sucedidos. Outras vezes os alunos dominantes são aqueles que são populares porque são bons

TABELA 10.1 Seis categorias de alunos passivos

Categoria	Descrição	Nível de desempenho típico
Aluno desencorajado	O aluno percebe a tarefa de grupo como muito difícil e pensa que é melhor deixá-la para outros que a entendam.	Principalmente alunos de baixo desempenho
Aluno não reconhecido	Os esforços iniciais do aluno para participar são ignorados ou não reconhecidos pelos outros, e ele sente que é melhor se retirar.	Principalmente alunos de baixo desempenho
Aluno desanimado	O aluno não gosta ou se sente desconfortável com um ou mais alunos no grupo e não quer trabalhar com eles.	Alunos de alto ou baixo desempenho
Aluno desmotivado	O aluno considera a tarefa como não importante ou como "apenas um jogo", sem que uma nota seja atribuída para recompensar o esforço despendido.	Alunos de alto ou baixo desempenho
Aluno entediado	O aluno considera a tarefa desinteressante ou entediante, frequentemente porque ela é vista como fácil demais ou pouco desafiadora.	Principalmente alunos de alto desempenho
Esnobe intelectual	O aluno sente que os colegas são menos competentes e não quer ter de explicar muitas coisas. Frequentemente, ele termina trabalhando na tarefa sozinho.	Alunos de alto desempenho

Fonte: Mulryan (1992).

atletas ou são especialmente atraentes. E, às vezes, a dominância simplesmente reflete o *status* mais elevado que nossa sociedade confere àqueles que são brancos e do sexo masculino. De fato, pesquisas indicaram que em grupos heterogêneos, homens em geral exercem domínio sobre mulheres (WEBB, 1984), enquanto brancos exercem domínio sobre afro-americanos e hispânicos (COHEN, 1972; ROSENHOLTZ; COHEN, 1985).

Uma terceira armadilha do trabalho em grupo é a *falta de cumprimento das tarefas*. Na turma de Ralph, uma quantidade significativa de tempo de ensino foi desperdiçada enquanto os alunos formavam grupos, e a maioria das pessoas não fez muita coisa mesmo depois de os grupos serem formados. Vários alunos, particularmente aqueles do grupo que representava o Sul, pareciam ver a oportunidade para interagir como uma oportunidade para fazer bagunça e socializar. Seu comportamento indubitavelmente distraiu os alunos que tentavam trabalhar. Além disso, a desordem estava irritando Ralph, que repetidamente pedia aos alunos para ficarem quietos – sem sucesso.

Finalmente, um quarto problema associado ao trabalho em grupo é a *falta de cooperação* uns com os outros. Ralph nos conta que os alunos tendiam a trabalhar sozinhos, e os garotos no grupo "jovem" passaram grande parte do tempo "humilhando uns aos outros". Embora esses tipos de comportamento sejam certamente desapontadores, eles não são surpreendentes. Como destacamos, a maioria dos alunos tem pouca experiência trabalhando em grupos cooperativos e as normas da sala de aula tradicional são drasticamente diferentes das normas para um trabalho em grupo bem-sucedido.

A análise da experiência de Ralph demonstra que *trabalhos em grupo bem-sucedidos não acontecem simplesmente*. Se você quiser que seus alunos trabalhem juntos produtivamente, você deve planejar os grupos e as tarefas com cuidado, ensinar aos alunos novas normas e fornecer oportunidades para que pratiquem os comportamentos que são necessários. Como Sandy comenta:

> Às vezes, quando professores iniciantes empregam trabalhos em grupo, eles pensam: "Vou dividir meus alunos em grupos e pronto. É tudo o que eu tenho que fazer". Eles não planejam os grupos nem planejam o trabalho em grupo. É aí que eles enfrentam problemas. Você não tem que pensar apenas em como você vai colocar seus alunos em grupos, mas o que você vai fazer depois que esses grupos estiverem formados. Você tem que planejar isso muito com cuidado, o que não é nada fácil.

PLANEJANDO E IMPLANTANDO TRABALHO EM GRUPO EFICIENTE

Esta seção do capítulo apresenta algumas estratégias gerais para evitar as armadilhas do trabalho em grupo e está baseada em pesquisa e nas experiências de nossos quatro professores (as estratégias estão resumidas na seção Dicas Práticas).

Decida sobre que tipo de grupo usar

Os alunos podem trabalhar juntos de várias maneiras. Stodolsky (1984) identificou cinco tipos diferentes de trabalho em grupo: com ajuda permitida, com ajuda obrigatória, tutoria pelos colegas, cooperativo e completamente cooperativo. Os três primeiros tipos de grupos podem ser considerados "trabalho colaborativo sentado" (COHEN, 1994a). Em todos eles, os alunos ajudam uns aos outros em tarefas individuais. Em um grupo *em que a ajuda é permitida*, os indivíduos trabalham em suas próprias tarefas e são avaliados como indivíduos; entretanto, lhes é permitido – mas não exigido – que se ajudem mutuamente. Situações *em que a ajuda é obrigatória* diferem apenas pelo fato de que agora *é esperado* que os alunos ofereçam assistência mútua. Na *tutoria por colegas*, a relação entre os alunos não é igual: um "especialis-

Dicas práticas

COMO PLANEJAR E IMPLANTAR TRABALHO EM GRUPO EFICIENTE

- **Decida sobre que tipo de grupo usar:**
  - *Em que a ajuda é permitida* – é permitido que os alunos ajudem uns aos outros em tarefas individuais.
  - *Em que a ajuda é obrigatória* – espera-se que os alunos ajudem uns aos outros.
  - *Tutoria por colegas* – um colega mais habilidoso auxilia um colega menos habilidoso.
  - *Cooperativo* – os alunos compartilham um objetivo ou finalidade comum; alguma divisão de responsabilidades pode acontecer.
  - *Completamente cooperativo* – os alunos compartilham um objetivo comum e há pouca ou nenhuma divisão de trabalho; todos os membros do grupo trabalham juntos para criar o produto do grupo.
- **Decida sobre o tamanho do grupo:**
  - Parceiros são geralmente mais apropriados para alunos mais jovens.
  - Grupos de 4-5 são geralmente recomendados e 6 é o limite superior.
- **Decida sobre a composição dos grupos:**
  - Pense cuidadosamente sobre o nível de desempenho, gênero, origem cultural/linguística, raça/etnia, aptidão e habilidades sociais.
- **Estruture a tarefa para interdependência positiva fazendo com que os alunos:**
  - Compartilhem materiais.
  - Trabalhem na direção de um objetivo, nota ou recompensa grupal.
  - Compartilhem informação.
  - Compartilhem talentos e capacidades múltiplas.
  - Cumpram diferentes papéis (pessoa dos materiais, controlador do tempo, redator, facilitador, relator, etc.).
- **Assegure-se de responsabilidade individual:**
  - Cerifique-se de que todos os membros do grupo são responsáveis por sua contribuição para o objetivo.
  - Avalie o aprendizado individual.
  - Diferencie as responsabilidades de acordo com as necessidades individuais dos alunos.
- **Ensine os alunos a cooperar:**
  - Ajude-os a compreender o valor da colaboração.
  - Forneça treinamento de habilidades em grupo.
  - Forneça a chance para avaliar suas experiências de trabalho em grupo.
- **Monitore aprendizado, envolvimento e comportamento cooperativo:**
  - Monitore os grupos e intervenha quando necessário.

ta" é colocado junto a um aluno que precisa de ajuda e desse modo a ajuda flui apenas em uma direção. A tutoria por colegas é uma maneira particularmente útil de atender as necessidades dos alunos com transtornos.

Os grupos cooperativos se diferenciam dessas situações de ajuda em que os alunos compartilham um mesmo objetivo, em vez de trabalharem em tarefas inteiramente individuais. Em um *grupo cooperativo simples*, alguma divisão de responsabilidades pode ocorrer. Por exemplo, um grupo que pesquisa a Guerra Civil pode decidir que um aluno aprenderá sobre as causas da guerra enquanto outro, sobre suas batalhas famosas, e um terceiro, sobre líderes importantes. As tarefas são realizadas independentemente, mas a tarefa de cada um tem de ser coordenada com a do outro, produzindo um resultado final coerente.

Mais complexo é um *grupo completamente cooperativo*. Aqui, os alunos compartilham não apenas um objetivo comum, como há pouca ou nenhuma divisão de trabalho. Todos os membros do grupo trabalham para criar o produto do grupo. Esse foi o tipo de trabalho em grupo que Ralph tentou implantar quando orientou seus alunos de história a pesquisar a respeito das visões das regiões norte-americanas sobre tarifas, escravidão e o papel do governo federal e, em seguida, desenvolver um trabalho de posicionamento (é claro, seus alunos poderiam decidir dividir a tarefa de pesquisa e então coordenar seus achados, mas Ralph não os orientou a agir assim).

É importante ter essas distinções em mente à medida que você planeja o trabalho em grupo. *Diferentes tipos de grupos são adequados para diferentes tipos de atividades e eles exigem diferentes tipos de habilidades* (ver Tab. 10.2). Em situações de ajuda, por exemplo, os alunos são em última análise responsáveis por concluir tarefas individuais. Embora esses alunos precisem saber como pedir ajuda, explicar e demonstrar (em vez de simplesmente fornecer a resposta certa) e como fornecer apoio e estímulo, eles precisam das habilidades mais complexas necessárias em situações verdadeiramente cooperativas em que compartilham um objetivo comum.

Como um exemplo de uma situação de ajuda, vamos considerar a atividade a seguir que observamos na turma de Christina:

> Os alunos de Christina estão trabalhando em pequenos grupos, separando partes do trabalho que fizeram, selecionando itens para incluir nos seus portfólios e completando "folhas de seleção para portfólio", onde explicam por que escolheram aquela tarefa em particular e que critérios ela revela. Uma parte da conversa é de comentários em curso, não dirigida a ninguém em particular: "Eu vou escolher essa parte. Eu finalmente entendi a diferença entre metáforas e símiles"; "Eu adoro a aliteração nesse poema". Mas também há pedidos de ajuda e opiniões: "Qual desses dois você escolheria?"; "Quantas coisas nós devemos selecionar?"; "Você gosta desse ou desse?"; "Eu não entendo o que isso aqui significa".

Em contraste com situações de ajuda, grupos cooperativos exigem habilidades

TABELA 10.2 Diferentes tipos de grupos

Tipo de grupo	Habilidade necessária	Exemplo de uma atividade
Ajuda permitida Ajuda obrigatória	Pedir ajuda Explicar Fornecer apoio e estímulo	Criando esculturas em argila: os alunos pedem assistência e opiniões uns aos outros, mas cada um completa uma escultura individual.
Tutoria por colegas	Pedir ajuda Explicar Fornecer apoio e estímulo	O tutor ajuda o tutorado a completar um conjunto de problemas de química.
Grupo cooperativo	Dividir o trabalho em grupo em tarefas individuais Coordenar os esforços individuais para elaborar o produto final do grupo	Levantar o que os alunos fazem depois da escola: cada membro do grupo entrevista os alunos de uma série e, então, reúne os dados para fazer um gráfico do grupo.
Completamente cooperativo	Revezar-se Ouvir um ao outro Coordenar esforços Compartilhar materiais Colaborar em uma única tarefa Resolver conflitos Atingir consenso	Determinar a filiação partidária: como um grupo, decidir se uma pessoa hipotética é democrata ou republicana.

além de pedir e oferecer ajuda apropriada. Os alunos devem: ser capazes de desenvolver um plano de ação; ser capazes de coordenar esforços na direção de um objetivo comum; ser capazes de avaliar as contribuições de seus colegas e oferecer retorno de modo construtivo; monitorar o progresso dos indivíduos na direção do objetivo do grupo; ser capazes de resumir e sintetizar os esforços individuais. Considere o exemplo a seguir, fornecido por Donnie:

> Na minha turma de habilidades básicas, eu trabalho sobre a coleta, a análise e a apresentação de dados. Eu solicito que os alunos trabalhassem em grupos de quatro. Cada grupo tem que criar um levantamento planejado para registrar o que os alunos de ensino médio fazem após a escola – por exemplo, o quanto eles jogam no computador, assistem a TV, ficam sem fazer nada, jogam basquete, trabalham, fazem o dever de casa. Assim, cada grupo tem que entrevistar 80 alunos na escola de ensino médio e cada pessoa no grupo é responsável por entrevistar 20 alunos de uma mesma série (em outras palavras, uma pessoa entrevista todos os novatos, uma entrevista todos os do 2º ano e assim por diante). Cada pessoa tem que coletar sua própria informação, mas então eles têm que se reunir para criar um gráfico do grupo mostrando como as pessoas de todas as séries administram o seu tempo. Os alunos sabem que não é possível terminar o projeto a menos que todo mundo faça a sua parte, então eles realmente pegam no pé daqueles que não estão trabalhando.

Grupos completamente cooperativos sem qualquer divisão de trabalho apresentam desafios ainda maiores. Os alunos devem ser capazes não apenas de se revezar, escutar uns aos outros com atenção e coordenar esforços, como também devem ser capazes de colaborar em uma tarefa única, reconciliar diferenças, harmonizar e atingir um consenso. Durante uma visita à turma de Fred, observamos um bom exemplo de uma atividade de grupo completamente cooperativa. A turma foi dividida em grupos de quatro ou cinco para avaliar perfis de oito norte-americanos hipotéticos (p. ex., "um membro de sindicato trabalhando em uma fábrica de carros em uma das grandes fábricas localizadas no Cinturão Industrial que inclui Buffalo, Cleveland, Toledo, Detroit, Chicago e Milwaukee. Ele tem ensino superior"; "uma executiva do sistema bancário em um pequeno condado no Colorado. Ela está preocupada com sua carreira, é solteira e está prestes a comprar sua primeira casa própria"). Para cada perfil, os alunos deveriam determinar sua provável filiação partidária (ou sua ausência), os tipos de temas que seriam importantes para os indivíduos em uma campanha e se o indivíduo era provavelmente um votante ou não votante. Embora tenha sido pedido aos alunos que fizessem tarefas individuais, eles tinham que coordenar seus esforços para que seus grupos fossem bem-sucedidos:

> Fred entrega a folha de trabalho descrevendo os oito perfis hipotéticos de norte-americanos votantes (ou não votantes). Ele explica que os alunos farão primeiro a tarefa individualmente, fazendo anotações para cada perfil. Quando todos tiverem terminado, ele divide a turma em grupos de quatro ou cinco. Fred explica que os alunos devem compartilhar suas opiniões, tendo a certeza de fornecer sua argumentação. Ele incentiva os grupos a trabalhar na direção do consenso sobre cada votante hipotético e sugere que uma pessoa diferente sirva como relator de cada votante. Espera-se que cada grupo relate seus resultados para o resto da turma.

Os alunos começam a analisar os oito perfis, compartilhando suas respostas. Fred circula, pedindo que os alunos expliquem seus argumentos ("Por que você acha que ele é um democrata?"), comentando sobre suas respostas ("Eu não posso acreditar como vocês são confiantes!") e avaliando o progresso do grupo ("Em que número vocês estão? Todos tiveram a chance de redigir pelo menos um perfil?").

Quando os grupos terminam, Fred anuncia que o Grupo B será o primeiro a relatar. Os quatro membros do Grupo B ficam em pé na frente da turma. Sandra relata as opiniões do grupo sobre os primeiros dois perfis: "Achamos que ele é um democrata. Ele definitivamente vota. Achamos que ele se importa sobre a segurança dos automóveis". Os relatos continuam, com Fred lançando perguntas e comentários.

Embora essa atividade tenha primeiro exigido que os alunos pensassem em suas respostas individualmente, eles tiveram também que trabalhar juntos para construir um relato de grupo. Eles tiveram que decidir quem seria o redator e relator de cada perfil, se revezar explicando as razões para suas ideias, ouvir respeitosamente uns aos outros, rejeitar ideias sem ser destrutivo e chegar a um consenso sobre o que relatar. Essas não são habilidades fáceis de aprender – mesmo para adultos.

Como esses exemplos ilustram, quanto mais interdependentes são os alunos, mais eles precisam de habilidades para cooperar de modo bem-sucedido. É uma boa ideia usar tipos de grupos mais simples quando você está apenas começando. No caso de Ralph, podemos ver que ele começou com o tipo mais complexo de trabalho em grupo. Ele criou uma situação na qual se esperava que os alunos que nem mesmo estavam acostumados a ajudar uns aos outros cooperassem completamente.

Spencer Kagan desenvolveu uma ampla gama de estruturas de grupos simples que podem ser usadas em várias séries e em muitas áreas de conteúdo. Aprenda mais sobre Kagan na Seção 10.1.

Decida sobre o tamanho do grupo

Até certo ponto, o tamanho do grupo que você usa depende da tarefa que você passa. Pares são adequados quando alunos de língua estrangeira estão preparando um diálogo a ser encenado ou quando os alunos de economia do lar estão revisando pesos e medidas na preparação para um teste. Grupos de dois maximizam a oportunidade de participação. Como são mais fáceis de administrar, esses grupos menores são indicados para professores iniciantes; professores de alunos mais jovens ou menos maduros também costumam preferir pares a grupos maiores, pois estes exigem habilidades sociais mais elaboradas. Mesmo com alunos do ensino médio, Sandy se certifica de fornecer experiências em pares antes de empregar grupos cooperativos.

No trecho a seguir, vemos Donnie usar pares de alunos em uma situação de ajuda:

Donnie está revendo problemas que envolvem diferentes tipos de ângulos (suplementar, complementar e vertical). Após passar vários problemas no quadro, Donnie anuncia que os alunos farão sozinhos o próximo conjunto. Ela explica: "Por favor, escutem o que precisa ser feito a seguir. Nessa tarefa, é possível conferir com uma outra pessoa. Vocês vão contar: um, dois, três [os alunos o fazem]. Se você for o número um, você começará com o problema número 19 e, então, subirá de três em três (22, 25, 28, 31, 34 e 37). Se você for o número dois, seus problemas começarão com 20 e subirão de três em três. Se você for um número três, seus problemas começarão com 21 e subirão de três em três. Façam um par com alguém que tenha o mesmo número que você tem. O trabalho é ajudar um ao outro a entender os problemas. Vocês têm 20 minutos para completar a tarefa, ou seja, até o final do tempo de aula".

Em situações em que a tarefa é ambiciosa, exigindo uma divisão de trabalho (p. ex.,

Conheça os educadores Seção 10.1

CONHEÇA SPENCER KAGAN

Spencer Kagan foi anteriormente psicólogo clínico e professor de psicologia e educação. Em 1989, ele criou a *Kagan Publishing and Professional Development*, que oferece materiais, oficinas e cursos de graduação sobre tópicos como aprendizado cooperativo, inteligências múltiplas, inteligência emocional, ensino *brain-friendly* e dinamizadores da sala de aula. O Dr. Kagan desenvolveu o conceito de "estruturas", maneiras de organizar a interação social entre os alunos independentes do conteúdo. Suas estruturas são usadas em salas de aula de todo o mundo.

Algumas ideias principais sobre aprendizado cooperativo

1. Em uma sala de aula tradicional, os professores empregam estruturas como "perguntas-respostas com toda a turma". Nessa estrutura, os professores fazem uma pergunta, os alunos levantam suas mãos para responder e o professor escolhe uma pessoa. Essa é uma *estrutura sequencial,* na qual cada pessoa participa por vez, dando pouco tempo por aluno para uma participação ativa. Essa estrutura também leva à competição entre alunos pela atenção e estima do professor.
2. Os professores podem aumentar a oportunidade de participação dos alunos seguindo o *princípio da simultaneidade*. Por exemplo, se todos os alunos se reúnem em pares para discutir uma questão, metade da turma está falando em qualquer momento.
3. A partir de uma ampla faixa, os professores selecionam as estruturas que são mais apropriadas para seus objetivos específicos. Algumas estruturas são úteis para a construção de equipes ou para desenvolver habilidades de comunicação; outras são mais adequadas para aumentar o domínio de material factual ou para o conceito de desenvolvimento.

- "Cabeças Numeradas Juntas" é adequado para avaliar a compreensão do conteúdo por parte dos alunos. Os alunos "se numeram" no interior de cada equipe (p. ex., de um a quatro). Quando o professor faz uma pergunta, os membros da equipe "colocam suas cabeças para pensar juntas" para garantir que todo mundo na equipe saiba a resposta. O professor então fala um número e os alunos com aquele número podem levantar suas mãos para responder.
- Na "Ação Cronometrada de Pares", os alunos se juntam em pares para compartilhar suas respostas a uma pergunta feita pelo professor. O Primeiro Aluno A fala por um minuto e então o Aluno B tem a sua vez. Essa interação simultânea permite que todos respondam no mesmo espaço de tempo que levaria para apenas dois alunos responderem se o professor tivesse usado a estrutura mais tradicional de "pergunta-resposta com toda a turma".

Livros e artigos selecionados

KAGAN, S. The structural approach to cooperative learning. *Educational Leadership*, v. 47, n. 4, 1989/90.

Kagan, S. (1994). Cooperative learning and the gifted: separating two questions. *Cooperative Learning*, v. 14, n. 4, 26-28.

KAGAN, S. Teaching for character and community. *Educational Leadership*, v. 59, n. 2, p. 50-55, 2001.

KAGAN, S. Cooperative learning: the power to transform race relations. *Teaching Tolerance*, v. 30, p. 53, 2006.

KAGAN, S.; HIGH, J. Kagan structures for English language learners. *ESL Magazine*, v. 5, n. 4, p. 10-12, 2002.

KAGAN, S.; KAGAN, M. *Kagan cooperative learning*. San Juan Capistrano: Kagan, 2008.

KAGAN: publishing and professional development. 2009. Disponível em: <www.kaganonline.com>. Acesso em: 9. abr. 2009.

Endereço eletrônico: www.kaganonline.com

um levantamento sobre o que os alunos do ensino médio fazem depois da escola), faz sentido formar grupos maiores do que dois. Grupos de três ainda são relativamente fáceis de administrar, mas você precisa se assegurar de que dois alunos não formem uma coalizão, deixando o terceiro isolado e excluído (COHEN, 1994a).

Em geral, os educadores recomendam grupos cooperativos de quatro ou cinco (COHEN, 1994a), e seis é geralmente o limite superior (JOHNSON et al., 1984). Tenha em mente que, conforme o tamanho do grupo aumenta, a "fonte de recursos" também aumenta; em outras palavras, há mais cabeças para pensar a respeito da tarefa e mais mãos para compartilhar o trabalho. Também é verdade, entretanto, que, quanto maior for o grupo, mais difícil ficará para ele desenvolver um plano de ação, atribuir espaço para que seus membros falem, compartilhar materiais e atingir consenso.

Decida sobre a composição do grupo

Além de decidir sobre o tipo e o tamanho dos grupos, você deve pensar cuidadosamente sobre a sua composição. Como mencionamos antes neste capítulo, o trabalho em grupo pode fornecer oportunidades para os alunos desenvolverem relações com aqueles que são diferentes deles mesmos. Por essa razão, os educadores (p. ex., SLAVIN, 1995) geralmente aconselham os professores a formar grupos que sejam heterogêneos em relação a gênero, etnia, raça, origem linguística e aptidões. No entanto, é importante ser sensível ao fato de que tentar atingir heterogeneidade pode colocar um peso nos alunos que devem ser separados daqueles com quem eles se sentem mais confortáveis.

Vamos considerar um exemplo concreto fornecido por Beth Rubin (2003), que estudou duas turmas da 1ª série do ensino médio de uma escola urbana. Os professores dessas turmas estavam comprometidos em empregar trabalho em grupo de modo que os alunos pudessem "[...] aprender uns sobre os outros, apreciar as diferenças e desenvolver a capacidade de trabalhar com os outros" (RUBIN, 2003, p. 553). Entretanto, como os alunos afro-americanos eram uma minoria racial, construir grupos que refletiam a composição racial da turma levou a "[...] um aluno negro em cada grupo" (RUBIN, 2003, p. 553). Assim, quando Tiffany e Christie, duas alunas afro-americanas, quiseram ser colocadas em um mesmo grupo, o professor disse não. Em vez disso, cada uma foi designada para um grupo com três alunos euro-americanos que não conheciam bem. Como Rubin comenta, "[...] ter um aluno afro-americano em cada grupo significava que aquele aluno estava sem nenhum amigo próximo" (RUBIN, 2003, p. 553).

Os professores também precisam levar em conta se pequenos grupos serão heterogêneos ou homogêneos em relação ao nível de desempenho. Às vezes, grupos homogêneos podem ser úteis; por exemplo, você pode querer formar um grupo de ajuda de vários alunos que estejam todos trabalhando em uma habilidade matemática particular. Em geral, entretanto, os educadores recomendam o uso de grupos que sejam heterogêneos em termos de desempenho acadêmico (COHEN, 1994a; SLAVIN, 1995).

Uma razão para essa recomendação é que grupos heterogêneos fornecem mais oportunidades para fazer perguntas e receber explicações. Mas tenha em mente que criar grupos heterogêneos academicamente não garante que os alunos irão, na verdade, se envolver com esses comportamentos. Pesquisas indicam que as interações dos alunos em grupos parecem refletir o comportamento dos seus professores (WEBB; NEMER; ING, 2006): se os professores agem como um solucionador de problemas ativo, com os alunos recebendo passivamente o ensino, esse mesmo comportamento poderá ser percebido nos pequenos grupos. Pesquisas também sugerem que a produtividade do grupo ocorre mais uma função das interações entre os alunos do que dos seus níveis de habilidade (WEBB; MASTERGEORGE, 2003). Assim, preparar os alunos para o trabalho em grupo modelando interações produtivas de ajuda parece ser mais importante do que a heterogeneidade acadêmica do grupo.

Outra variável a ser considerada é a habilidade social. De fato, Fred enfoca mais habilidades sociais e personalidades do que capacidade acadêmica:

> Primeiro, eu penso em quem não pode estar no mesmo grupo e digo "Ok, ele vai para o Grupo 1 e ela para o Grupo 2, etc". Então, eu penso quem são as pessoas mais sociáveis da turma – aquelas que podem se dar bem com qualquer colega – e eu também as espalho. Então, eu separo os faladores – os alunos que não são bons ouvintes e que tendem a falar muito e, finalmente, eu penso sobre os alunos que precisam de um "cuidado especial". Talvez alguém que não fale inglês ou talvez alguém que seja muito sensível ou tímido. Eu penso "Que grupo não irá sufocar essa pessoa?" e procuro colocá-la no mais acolhedor.

Como os comentários de Fred indicam, os grupos trabalham melhor quando as personalidades e habilidades sociais dos alunos são levadas em consideração. Alguns alunos têm dificuldade de trabalhar com outros – eles podem ser incomumente instáveis, ou raivosos, ou autoritários – e faz sentido distribuí-los entre os grupos. No entanto, alguns alunos têm habilidades de liderança incomuns; outros são particularmente aptos para a resolução de conflitos; outros ainda são especialmente atentos para a injustiça e podem ajudar a garantir que todos no grupo tenham uma chance de participar. Ao formar grupos, em geral faz sentido dispersar alunos como esses também, para que cada grupo possa se beneficiar dos seus talentos. Todos os grupos seguem essa prática; entretanto, Sandy e Donnie ocasionalmente consideram útil colocar todos os líderes em um grupo. Donnie explica:

> No início, os alunos nos outros grupos dizem: "Oh, não tem ninguém bom no nosso grupo. Isso não é justo". Eles sentam sem objetivo, pensando no que fazer. Mas, com apoio, começam a agir em conjunto. Não funciona sempre, é claro, mas isso algumas vezes cria uma chance para que surjam novos líderes.

Os professores desenvolvem sistemas diferentes para distribuir os alunos pelos grupos. Alguns professores escrevem o nome de cada aluno em um cartão, junto com informação sobre desempenho e relações interpessoais (p. ex., com quem o aluno não se dá bem). Então, ordenam os alunos em termos de nível de desempenho e colocam um aluno de alto e baixo desempenho em cada um dos grupos (embora muitos professores procurem evitar extremos). Em seguida, os alunos médios são distribuídos. Ter o nome de um aluno em um cartão permite que você embaralhe os nomes dos alunos à medida que você tenta formar grupos equivalentes que irão trabalhar bem juntos.

Tentar criar grupos perfeitos pode ser um desafio assustador para os professores. Lotan (2006) sugere outra abordagem – *aleatoriedade controlada* – na qual os professores indicam as tarefas dos grupos na presença dos alunos. Usando envelopes na parede para representar as tarefas dos grupos, os professores embaralham os nomes dos alunos como um baralho de cartas e, então, colocam as cartas nos envelopes. Depois de distribuir as cartas, os professores reveem os grupos que surgem e fazem as mudanças necessárias. Por exemplo, um aprendiz de inglês pode precisar de alguém para traduzir, ou dois amigos próximos que socializam podem precisar ser separados.

Os quatro professores usam a aleatoriedade controlada (ou não controlada) vez ou outra para formar grupos. Como mencionado no Capítulo 8, uma vez observamos Donnie pegar um baralho de cartas da sua mesa, caminhar na direção de um aluno e lhe pedir par ajudar a embaralhar:

> "Eu nunca fui muito boa nisso." [Alguns alunos brincam com ela sobre sua inabilidade em embaralhar] Depois que as cartas são embaralhadas, Donnie se move de um aluno para outro, pedindo que cada um "pegue uma carta". Enquanto ela percorre a sala, os alunos pensam no que ela está planejando. Quando todos têm uma carta, Donnie pede atenção. "Agora, eu preciso encontrar as pessoas com a carta de mesmo número ou figura que você tem. Quando você encontrar seus parceiros, escolha uma mesa e sente em grupo. Então eu lhes explicarei o que vocês vão fazer e passarei os materiais." Os alunos se levantam e caminham pela sala para encontrar os membros dos seus grupos. Uma vez que os grupos tenham sido formados, Donnie prossegue fornecendo orientações para a atividade de solução de problemas que eles devem fazer como um grupo.

Depois da aula, nós conversamos sobre essa estratégia de formar grupos:

> Essa foi a primeira vez que eu tentei isso. Minha principal intenção foi fazê-los falar e trabalhar com pessoas diferentes de seus colegas habituais. Eles estão nos lugares que escolheram no primeiro dia e alguns deles estão muito quietos e tímidos. Eles não gostam de se mover ou de interagir com novas pessoas. Isso fez com que se levantassem e formassem alguns grupos novos.

Finalmente, há momentos em que Donnie, Fred, Sandy e Christina permitem que seus alunos formem seus próprios grupos, mas apenas para certos tipos de tarefas, e depois de os alunos terem uma experiência substancial trabalhando em vários tipos de grupos com quase todos na turma. Por exemplo, Christina permite que os alunos formem seus próprios grupos para tarefas de longo prazo que exigem que o trabalho seja feito em casa. Como ela comenta, "É difícil demais para os alunos se juntarem a pessoas diferentes de seus amigos fora da escola".

Estruture tarefas cooperativas para interdependência positiva

Se você quiser garantir que os alunos cooperem em uma tarefa, você tem que criar uma situação em que os alunos percebam que precisam uns dos outros para ser bem-sucedidos. Isso é chamado de *interdependência positiva*, e é uma das características essenciais que transforma uma atividade de trabalho em grupo em verdadeiro aprendizado de cooperação (ANTIL et al., 1998).

Uma estratégia simples para promover a interdependência é pedir que os membros do grupo *compartilhem materiais* (JOHNSON et al., 1984). Se um membro de um par tem uma página de problemas de matemática, por exemplo, e o outro membro tem a folha de respostas, eles precisam se coordenar (pelo menos um pouco) se ambos completarão os problemas e verificarão suas respostas. No entanto, por si só, é pouco provável que compartilhar materiais assegure uma interação significativa.

Outra maneira de incentivar a interdependência é criar um *objetivo do grupo*. Por exemplo, você pode pedir que cada grupo produza um único produto, tal como um relato, uma demonstração científica, um poema ou uma paródia. Quando os alunos de Christina estudaram a peça *Antígona*, ela pediu a eles que lessem individualmente o ensaio de Henry David Thoreau "Resistência ao Governo Civil" e que depois se reunissem em grupos para (1) definir desobediência civil em suas próprias palavras; (2)

explicar o propósito da desobediência civil; (3) listar três a cinco exemplos de desobediência civil da vida real; e (4) prever como o tema da desobediência civil é importante na peça. Christina explicou como os membros do grupo deveriam discutir cada parte da tarefa, combinar suas ideias e entregar um trabalho por todo o grupo. Embora exigir um produto de grupo aumente a probabilidade de os alunos trabalharem juntos, Christina reconhece que essa estratégia não é infalível: uma pessoa no grupo pode fazer todo o trabalho enquanto os outros permanecem sem envolvimento.

Uma maneira mais forte de destacar a importância de colaborar é dar uma *nota ou recompensa para o grupo*. Por exemplo, suponha que você quer incentivar os alunos a ajudar uns aos outros a respeito dos símbolos para os íons químicos. Você pode fazer isso recompensando os grupos com base no número total de íons corretamente fornecido por todos os membros do grupo. Você também pode dar pontos extras para cada grupo em que todos os alunos atinjam um nível de realização predeterminado. Alguns professores dão a cada membro do grupo um número (p. ex., de um a quatro) no início da aula e, então, giram a roda giratória numerada ou lançam um dado para selecionar o número do membro do grupo cujo dever de casa ou trabalho em sala receberá a nota (WEBB; FARIVAR, 1994). Então todos no grupo recebem aquela nota. Tal prática claramente aumenta a pressão sobre os membros do grupo para garantir que o dever de casa ou trabalho em sala esteja completo e bem feito.

Outra maneira de promover a colaboração é estruturar a tarefa de modo que os alunos dependam uns dos outros para *informação* (JOHNSON et al., 1984). Na aula de Donnie sobre coletar e apresentar informação, por exemplo, os membros do grupo tiveram de reunir seus dados individuais sobre a adolescência após a atividade escolar. Como cada aluno era responsável por coletar os dados em uma série, eles precisavam uns dos outros para construir um gráfico representando as atividades dos alunos de cada uma das séries.

Quebra-cabeças, um dos métodos de aprendizado cooperativo mais antigos (ARONSON et al., 1978), é um bom exemplo de uma situação de trabalho em grupo em que os alunos precisam uns dos outros para completar a tarefa de modo bem-sucedido. Aqui, grupos heterogêneos são responsáveis por aprender material acadêmico (geralmente uma narrativa, como um capítulo de estudos sociais) que foi dividido em seções. Cada membro do time lê apenas uma seção do material. Os grupos então se desfazem temporariamente e os alunos se reúnem em "grupos de especialistas" com outras pessoas que receberam a mesma seção. Trabalhando juntos, eles aprendem o material nesses grupos de especialistas e então retornam para seus grupos originais para ensinar aos seus colegas. Todos são responsáveis por aprender todo o material e, assim, a realização bem-sucedida da tarefa exige que os alunos escutem atentamente os seus pares. Uma palavra de advertência é necessária, no entanto, uma vez que um estudo recente (SOUVIGNIER; KRONENBERGER, 2007) revelou que os alunos tendem a aprender a seção que lhes foi designada e eram menos propensos a aprender o material que seus colegas apresentavam.

Você também pode promover a interdependência criando tarefas ricas e complexas que demandam *habilidades múltiplas* (p. ex., leitura, escrita, computação, encenação, construção de modelos, resolução de problemas espaciais, desenho, criação de músicas, falar em público). Ao convencer seus alunos de que *todo* membro do grupo é bom em *alguma* dessas atividades e que *nenhum* membro do grupo é bom em *todas* elas, você pode reduzir as diferenças de participação entre alunos de alto e baixo *status* e permitir que aqueles que com frequência são desprezados possam contribuir (COHEN, 1994a; 1994b; 1998). Escute o que diz Donnie:

> Eu tenho uma aluna que não é muito boa em matemática, mas é uma grande artista. Quando estávamos realizando projetos sobre fazer *cookies*, eu a coloquei em um grupo que sabia que seria receptivo e sensível e estruturei a atividade de modo que houvesse necessidade de um trabalho artístico. Eu tento mostrar a eles que todos nós não somos bons nas mesmas coisas, mas trazemos diferentes forças e fraquezas para a tarefa.

Finalmente, você pode atribuir *diferentes papéis* aos membros do grupo, pedindo que cada papel seja preenchido para que o grupo complete a tarefa. Por exemplo, Fred às vezes designa um redator, um controlador do tempo, um estimulador (para facilitar a participação), um administrador da tarefa (para manter as pessoas trabalhando no assunto), um finalizador (para fazer um relato ao final da sessão em grupo) e um observador (para monitorar o funcionamento do grupo). Às vezes, os papéis que Fred atribui são parte integrante da própria atividade. Em uma simulação de estudos sociais sobre a reconstrução, os alunos formam "Comitês de Aconselhamento Presidencial" para aconselhar o presidente Andrew Johnson em um programa para o Sul após a Guerra Civil. Os grupos têm de fornecer orientação sobre questões de peso:

- Sobre os sulistas que se rebelaram recentemente contra nós cidadãos, eles devem ter os mesmos direitos e privilégios do que os outros norte-americanos leais?
- O que devemos fazer com os líderes da rebelião, especialmente o general Lee e o presidente Davis?
- Como eu posso ter certeza de que o Sul é governado por líderes leais aos Estados Unidos?
- Os soldados que lutaram contra nós são traidores?
- O que devemos fazer com os antigos escravos? Eles devem receber cidadania? Eles podem votar? Devemos pagar aos antigos proprietários de escravos pela perda da sua "propriedade"?

Cada Comitê de Aconselhamento Presidencial é composto de personagens com origens e pontos de vista muito diferentes. Seguem abaixo alguns exemplos:

- Reverendo Harry (Harriet) Stone, 43 anos, profundamente religioso, frequentou o ensino superior na Virginia, não muito ativo no Movimento Abolicionista. Acreditava que a escravidão era imoral, mas achava que John Brown havia levado as coisas "longe demais".
- William (Mary) Hardwick, 52, um rico dono de fábrica de Delaware, dois filhos lutaram na guerra, o mais novo foi morto em Wilderness enquanto servia com o general Grant. Fabrica camisas e lucrou com os contratos do governo durante a guerra, que foram cancelados após a rendição do general Lee em Appomattox. Os distribuidores sulistas ainda lhe devem US$40.000 por encomendas feitas antes de a guerra começar.

Ter vários papéis garante que todos tenham um papel a representar e que todos os alunos participem para que o grupo seja bem-sucedido.

Certifique-se da responsabilidade individual

Como discutimos no início do capítulo, um dos principais problemas associados ao trabalho em grupo é a participação desigual. Às vezes os indivíduos se recusam a contribuir com o esforço do grupo, preferindo "pegar carona". Às vezes os alunos mais assertivos dominam, dificultando a participação dos colegas. Em qualquer dos casos, a falta de participação é um problema genuíno. Aqueles que não participam ativamente não podem aprender nada sobre a tarefa acadêmica; além disso, o grupo não está aprendendo as habilidades de colaboração.

Um modo de incentivar a participação de todos os membros do grupo é garantir que todos sejam considerados responsáveis pelo objetivo final e que o aprendizado de cada aluno seja avaliado individualmente. *A responsabilidade individual é a segunda característica essencial do aprendizado cooperativo* – e é uma das mais negligenciadas pelos professores (ANTIL et al., 1998).

Há várias maneiras de estabelecer a responsabilidade individual. Você pode pedir que os alunos façam testes individuais sobre o material e recebam notas individuais; pode pedir que cada aluno complete uma parte identificável do projeto total do grupo; ou pode pedir que um ou dois alunos de cada grupo respondam a uma pergunta, expliquem os argumentos do grupo ou façam uma demonstração. Em uma manhã de maio, observamos Sandy explicar que os alunos iam trabalhar sobre a compreensão da ideia de equilíbrio. Ela dividiu a turma em grupos de três, explicou a atividade e lembrou aos alunos que eles precisavam trabalhar juntos para descobrir o princípio operativo. Antes de autorizar o início do trabalho, entretanto, ela destacou que nenhum grupo deveria se considerar pronto até que todos os seus membros tivessem entendido, uma vez que todos estariam fazendo um *quiz* individual. Em outras palavras, Sandy deixou bem claro que cada aluno seria responsável por explicar o processo de equilíbrio.

Certificar-se da responsabilidade não significa sempre que cada aluno deve realizar a mesma atividade ou ser responsável pelo mesmo material. Dentro de um grupo cooperativo heterogêneo, algumas vezes é desejado ou necessário diferenciar tarefas por complexidade e quantidade (SCHNIEDEWIND; DAVIDSON, 2000). Em outras palavras, os alunos podem se envolver em tarefas de diferentes níveis de dificuldade ou aprender diferentes quantidades de material. O ponto importante é que "cada aluno aprenda algo que ainda não saiba" e possa "contribuir para um objetivo comum" (SCHNIEDEWIND; DAVIDSON, 2000 p. 24). Por exemplo, cada aluno em um grupo heterogêneo pode ser responsável por ler um trecho da biografia de Harriet Tubman. Os alunos que ainda têm dificuldades com a leitura podem receber uma porção menor do livro e revê-la com um professor ou um auxiliar antes da atividade na turma, enquanto leitores mais proficientes leem uma seção mais difícil. Todos os alunos, porém, resumem o que leram, relatam uns aos outros e são responsáveis por conhecer todos os aspectos da vida de Tubman. Segundo Schneiedewind e Davidson, os alunos não parecem se sentir embaraçados ou ressentidos com relação a tarefas diferenciadas como essas. De fato, todos são bem conscientes das capacidades uns dos outros e parecem se "[...] sentir mais confortáveis quando os professores reconhecem e os envolvem na discussão sobre o tema gerador de tensão da diferença acadêmica" (SCHNIEDEWIND; DAVIDSON, 2000, p. 25). Uma professora, por exemplo, explicou aos seus alunos que tarefas diferentes a ajudaram a cumprir sua responsabilidade de desafiar cada aluno.

Ensine os alunos a cooperar

Recentemente, uma de nós leu a seguinte inscrição em um artigo reflexivo escrito por um licenciando em inglês:

> *Eu tentei ao máximo usar atividades de aprendizado cooperativo, mas não tenho certeza se elas foram benéficas... Os alunos passam mais tempo jogando conversa fora do que fazendo qualquer coisa. Não estou convencido de que o aprendizado cooperativo possa funcionar a menos que (1) os alunos estejam maduros o suficiente para trabalhar sem um professor em cima deles e (2) eles tenham as habilidades sociais necessárias para interagir com os colegas.*

Esse licenciando compreendeu o fato de que as habilidades sociais dos alunos podem construir ou destruir uma atividade de trabalho em grupo. Entretanto, o que ele não consegue entender é o papel do professor ao *ensinar* essas habilidades. De fato, uma pesquisa comparou os alunos em grupos que foram ensinados a trabalhar cooperativamente com outros que foram simplesmente colocados em grupos (GILLIES, 2008). Os alunos que receberam ensino sobre trabalho cooperativo demonstraram comportamentos mais cooperativos durante o trabalho em grupo, bem como habilidades mais complexas de pensamento e resolução de problemas, ambos durante o trabalho em grupo e em uma avaliação de acompanhamento do seu aprendizado.

Como professor em sala de aula, *é sua responsabilidade ensinar os alunos a trabalhar juntos*. Isso não é um processo simples; os alunos não aprendem a cooperar em uma aula de 45 minutos. De fato, podemos pensar no processo em termos de três etapas: aprender a valorizar a cooperação, desenvolver habilidades de grupo e avaliar. Vamos abordar cada uma delas brevemente.

Valorizar a cooperação

Antes de os alunos trabalharem juntos produtivamente, eles devem compreender o valor da cooperação. Sandy introduz o trabalho cooperativo em grupo no início do ano criando uma situação que os alunos não são capazes de fazer sozinhos:

> Eu digo aos alunos que eles devem resolver um problema de química em particular (diferente a cada ano) e que eles devem ir para as mesas do laboratório e começar. Eles olham para mim como se eu estivesse louca. Eles dizem: "Mas Srta. Krupinski, você não nos disse que procedimento seguir". Eu lhes digo que esqueci de escrever o procedimento e falo: "Vamos ver se vocês podem desenvolver o procedimento. Vocês receberão cinco pontos extras se desenvolverem sozinhos um procedimento. Se vocês o fizerem em duplas, vocês dividirão os cinco pontos, etc". Todos começam trabalhando sozinhos – eles querem os cinco pontos só para eles. Mas à medida que o tempo da aula passa, começam a trabalhar em grupos. Eles reconhecem que precisam uns dos outros, que realmente podem se ajudar e que não se importam com os pontos. No final do tempo eu digo: "Vamos falar sobre o que aconteceu aqui. Por que todos começaram sozinhos?". Eles me dizem: "Eu queria os cinco pontos, mas tive que pedir ajuda porque eu não sabia o suficiente". Falamos sobre como é útil trabalhar junto quando você está aprendendo algo novo e como os pontos não importam.

Quando os alunos vão trabalhar nos mesmos grupos por um período de tempo, frequentemente é útil que se envolvam em uma atividade não acadêmica planejada para construir uma identidade de equipe e para promover um sentido de coesão do grupo. Por exemplo, quando Christina apresenta o trabalho em grupo, a primeira tarefa que os grupos têm é escrever um resumo sobre os membros do grupo. Então, Christina chama alguém de cada grupo e pede para que digam o que aprenderam sobre os membros do grupo. Outra ideia é pedir que cada grupo crie uma faixa ou pôster mostrando o nome do grupo e um logo. A fim de garantir que todos participem na criação da faixa, cada membro do grupo pode receber um marcador de uma cor diferente; os indivíduos só podem usar o marcador que receberam e a faixa deve conter todas as cores.

Treino das habilidades do grupo

Ensinar uma habilidade de grupo é muito semelhante a ensinar aos alunos a equilibrar equações ou usar uma pipeta. Isso requer explicação sistemática, treino, prática e *feedback*. *Não é suficiente dizer quais são as regras e esperar que os alunos as entendam e relembrem.* E não considere nada como certo; mesmo as orientações mais básicas como "não distraia os outros" e "fale silenciosamente" podem precisar ser ensinadas. Introduzir normas simples para trabalho em grupo (COHEN, 1994a) pode dar aos alunos orientações úteis sobre o que é esperado deles:

Peça ajuda aos colegas.

Ajudem uns aos outros.

Explique o material aos outros alunos.

Verifique o que eles compreenderam.

Forneça apoio.

Escute os seus colegas.

Dê a todos uma chance de falar.

É útil começar a analisar a tarefa de trabalho em grupo que você escolheu para determinar as habilidades específicas que os alunos precisam saber (COHEN, 1994a). Os alunos terão de explicar o material? Eles terão de ouvir atenciosamente uns aos outros? Eles terão de atingir um consenso? Uma vez que você tenha analisado a tarefa, selecione um ou dois comportamentos-chave para ensinar aos seus alunos. Resista à tentação de introduzir todas as habilidades de grupo de uma só vez; prosseguir rápido demais seguramente leva à frustração.

Em seguida, explique aos seus alunos que eles aprenderão uma habilidade necessária para trabalhar em grupos. *Certifique-se de definir termos, discutir argumentos e fornecer exemplos.* JOHNSON E JOHNSON (1989/90) sugerem que você construa um "gráfico T", no qual poderá listar as habilidades e então, com a turma, registrar ideias sobre como a habilidade se pareceria e como soaria. A Figura 10.2 mostra um gráfico T para "incentivar a participação".

Finalmente, você deve dar oportunidades para os alunos praticarem a habilidade e receberem *feedback*. Você pode solicitar que façam uma dramatização, pode associar a habilidade com uma tarefa acadêmica familiar, de modo que os alunos possam focar sua atenção no uso da habilidade social, ou tentar envolver os alunos em exercícios destinados a ensinar habilidades particulares.

Donnie às vezes ensina habilidades de grupo de uma maneira mais "tortuosa". Ela secretamente designa indivíduos para atuar de acordo com diferentes papéis: o ditador, o não participante, a pessoa que oprime todos os demais e o facilitador que estimula a participação e que escuta bastante. Os alunos se envolvem em um tipo de atividade não acadêmica – talvez uma tarefa de construir uma torre com pinos e canudos – e, em seguida, se questionam, compartilhando suas relações sobre o funcionamento em grupo. Uma atividade como essa serve para aumentar a consciência dos alunos a respeito das habilidades de grupo, ao mesmo tempo em que eles se divertem.

Independentemente do tipo de prática que proporciona, você precisa dar retorno aos alunos sobre o seu desempenho. Fred

Incentivando a participação	
Se pareceria com	**Soaria como**
Faça contato visual.	O que VOCÊ pensa?
Olhe para uma pessoa e acene com a cabeça.	Ainda não ouvimos você.
Gesticule para que uma pessoa fale.	Você concorda?
Certifique-se de que as cadeiras de todos estejam no grupo (ninguém está fisicamente deixado para trás).	Alguém mais tem algo a dizer? Eu quero saber o que você pensa. Vamos circular para ver o que cada pessoa pensa.

FIGURA 10.2 Um gráfico T para incentiva a participação.

descobriu que é útil designar um "observador" para cada grupo. Esse indivíduo é responsável por acompanhar o quanto o grupo está funcionando bem; por exemplo, ele pode monitorar quantas vezes cada pessoa fala. Ao final da sessão de trabalho em grupo, a pessoa que observa é capaz de compartilhar dados específicos que o grupo pode usar para avaliar sua habilidade de trabalhar junto.

Avaliação

Para aprenderem a partir de suas experiências, os alunos precisam de oportunidade para discutir sobre o que aconteceu e avaliar o quanto eles foram bem-sucedidos ao trabalhar juntos. Isso é especialmente importante quando as normas para o trabalho em grupo estão sendo estabelecidas pela primeira vez. Por exemplo, durante uma visita à sala de aula de Fred no início do ano, nós observamos uma aula sobre a política dos Estados Unidos em relação ao Afeganistão. Os alunos estavam trabalhando em grupos de quatro ou cinco, tentando atingir consenso sobre algumas questões politicamente sensíveis (p. ex., os Estados Unidos deveriam manter uma presença militar no Afeganistão para treinar as forças de segurança e militares afegãs? Os Estados Unidos deveriam construir bases permanentes no Afeganistão? Antes de os alunos começarem a trabalhar, Fred explicou que eles deveriam discutir cada questão e preparar um relato para um enviado especial aconselhando o presidente sobre o Afeganistão. O representante de cada grupo foi responsável por compilar o relato e garantir que todos os membros tivessem oportunidade de participar. Fred deixou claro que os grupos não seriam avaliados apenas sobre seus relatos, mas também sobre o quanto eles trabalharam bem juntos – especificamente, o quão rapidamente eles começaram a trabalhar; o quanto eles pareciam envolvidos; o quanto os membros do grupo escutaram uns aos outros; se os membros conduziram a si mesmos com maturidade e decoro; e se todos os membros tiveram uma chance de expressar seus pontos de vista. Durante a atividade, Fred circulava pela sala, olhando e escutando; além disso, o especialista em mídias da escola filmou toda a aula.

No dia seguinte, Fred passou cerca de metade do tempo de aula avaliando a atividade de grupo feita por seus alunos. Primeiro, Fred falou sobre o quanto é difícil trabalhar em grupos e contou algumas histórias de "terror" sobre grupos em que ele havia trabalhado. Em seguida, ele pediu aos alunos que completassem uma autoavaliação das interações no seu grupo (ver Fig. 10.3, para a avaliação de um aluno). Finalmente, ele apresentou a gravação, comentando sobre as coisas que havia observado:

> [A gravação mostra os alunos se reunindo em grupos, se organizando e começando a trabalhar]. A primeira coisa que fiz foi observar vocês começando. Eu na verdade cronometrei do momento em que vocês entraram na sala ao momento em que o último grupo estava sentado e trabalhando. Durou menos de três minutos. Eu acho que foi muito bom [A câmera faz um *zoom* em cada grupo]. Eu também observei como as pessoas estavam sentadas [A gravação mostra um grupo em que quatro pessoas estão reunidas e uma pessoa está sentada distante]. Sua localização física no grupo é muito importante; se você tem alguém sentado fora do grupo, essa pessoa possivelmente não está participando. Eu também tentei observar o modo como vocês se revezavam na participação. Observem isso [O grupo de William é mostrado na gravação]. William era um representante de grupo muito organizado. Ele ia a cada pessoa perguntando: "O que você pensa? O que você pensa?". Tudo era muito ordenado e todos tiveram uma chance de falar. Mas o que é um problema? Um problema é que, quando você não está falando, você pode não estar envolvido [A câ-

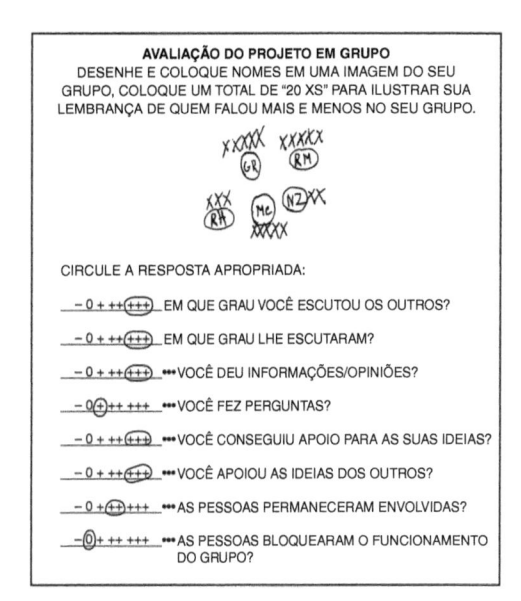

AVALIAÇÃO DO PROJETO EM GRUPO
DESENHE E COLOQUE NOMES EM UMA IMAGEM DO SEU GRUPO, COLOQUE UM TOTAL DE "20 XS" PARA ILUSTRAR SUA LEMBRANÇA DE QUEM FALOU MAIS E MENOS NO SEU GRUPO.

CIRCULE A RESPOSTA APROPRIADA:

- 0 + ++ (+++) EM QUE GRAU VOCÊ ESCUTOU OS OUTROS?
- 0 + ++ (+++) EM QUE GRAU LHE ESCUTARAM?
- 0 + ++ (+++) •••VOCÊ DEU INFORMAÇÕES/OPINIÕES?
- 0(+)++ +++ •••VOCÊ FEZ PERGUNTAS?
- 0 + ++(++) •••VOCÊ CONSEGUIU APOIO PARA AS SUAS IDEIAS?
- 0 + ++(++) •••VOCÊ APOIOU AS IDEIAS DOS OUTROS?
- 0 +(++)+++ •••AS PESSOAS PERMANECERAM ENVOLVIDAS?
- (0)+ ++ +++ •••AS PESSOAS BLOQUEARAM O FUNCIONAMENTO DO GRUPO?

FIGURA 10.3 A avaliação de um aluno da atividade de trabalho em grupo.

mera mostra o grupo de Frank]. Frank dirigia um grupo de participação mais livre. Havia mais argumentação em um sentido e no outro. Qual é a desvantagem aqui? [O aluno responde]. Sim, alguém pode ser facilmente esquecido. Agora dê uma olhada no grupo de Jan. Jan realmente fez um esforço para envolver as pessoas. Eu também tentei perceber se qualquer pessoa estava dominando a discussão. Pessoas são realmente excluídas se alguém domina o grupo. Eu direi isso novamente. Exclui as pessoas. Agora o que vocês pensam sobre a composição dos grupos? [Os alunos comentam] Tentei colocar cada pessoa em cada grupo que achei que seria relacionado a ela. Em vez de separar todos os amigos, pensei que seria mais fácil colocá-los juntos. Não fiz isso? O quê vocês pensam sobre ter amigos no grupo?

Uma abordagem de avaliação bem mais simples é pedir aos alunos que nomeiem três coisas que seu grupo fez bem e uma coisa que o grupo poderia fazer melhor em uma próxima vez (JOHNSON; JOHNSON, 1989/90). Você também pode sugerir que os alunos levem em conta perguntas mais específicas, como:

Todos fizeram o seu trabalho?
Todos tiveram uma chance de falar?
Vocês escutaram uns aos outros?
O que vocês fizeram quando discordaram?

Depois de os grupos individuais falarem sobre suas experiências, você pode pedir que eles falem para toda a turma. Você pode incentivar os grupos a compartilhar e comparar suas experiências, perguntando: "Seu grupo teve um problema semelhante?"; "Quantos grupos concordam com a maneira como eles resolveram seu problema?"; "O que você recomenda?".

Christina às vezes pede que os alunos escrevam cartas para membros do seu grupo observando seus pontos fortes e fracos, as contribuições de cada membro e que áreas precisam melhorar. Em seguida, os alunos passam as cartas por seus grupos, leem o que todos escreveram e discutem brevemente os sentimentos que foram expressos. Depois eles respondem por escrito à Christina.

Às vezes esse processo pode ser bastante estimulador para os indivíduos. Uma aluna muito brilhante do último ano do ensino médio, por exemplo, estava muito agradecida por perceber que seus colegas menos proficientes apreciaram sua paciência, estímulo e explicações. No entanto, o processo pode às vezes levar a rancor. Durante uma observação, nós vimos Christina encontrar quatro alunos para discutir como eles se sentiram a respeito de Nathan – que estava agora trabalhando sozinho – voltar para seu grupo. Estávamos curiosas sobre o que havia ocorrido e, depois da aula, Christina explicou:

> Cerca de uma semana atrás, pedi que os alunos escrevessem cartas para os seus grupos. A de Nathan foi realmente ofensiva; ela era racista, sexista e vulgar. Os outros alunos ficaram chatea-

dos, com razão. Ele disse que tudo foi uma piada, claro, mas ele recebeu uma ISS [suspensão dentro da escola] por um dia. Eu também o retirei do grupo por uma semana e lhe disse que iríamos discutir depois se ele iria ou não voltar. Eu sei que ele tem medo de retornar ao grupo. Ele sabe que os colegas estão descontentes. Ele me pediu para verificar sobre como eles se sentiam sobre sua volta ao grupo. Dois disseram que não o queriam e dois disseram que não se importavam. Ele é muito brilhante e realmente conhece a matéria, mas fica sempre dizendo o quanto é bom, distraindo e perturbando a todos. A carta foi só a gota d'água. Mas ele não está aprendendo quaisquer habilidades sociais sentando lá sozinho. Eu acho que vou colocá-lo no grupo por um período de teste e ver o que acontece.

Obviamente, esse processo pode ser muito sensível e provocar muitos ressentimentos. No entanto, coisas como essa não acontecem sempre, porque os alunos sabem que eu vou coletar as cartas e que eu espero que eles façam críticas construtivas.

Monitore o aprendizado, o envolvimento e o comportamento cooperativo

Durante atividades de aprendizado cooperativo, Donnie, Sandy, Christina e Fred constantemente circulam pela sala, ouvindo, assistindo, encorajando, estimulando, questionando e em geral tentando garantir que os alunos estejam envolvidos, produzindo e trabalhando colaborativamente. Por exemplo, durante a atividade de aprendizado cooperativo sobre equilíbrio, descrita anteriormente, Sandy estava vigilante porque ela sabia que a tarefa era difícil e que os alunos poderiam ficar frustrados:

> Os alunos estavam trabalhando em grupos de três, tentando prever o comportamento molecular de três sistemas químicos. Sandy percebeu que um grupo estava particularmente quieto. Ela foi na direção dele e colocou sua mão no ombro de um garoto. Ele olhou para cima e lhe disse: "Eu não sei o que estou fazendo". Sandy respondeu: "Por que você não fala com os membros do seu grupo?". Ele se moveu para mais perto dos outros indivíduos. Assim que ela se aproximou de outro grupo uma menina indicou que havia "conseguido". Entusiasmadamente, ela tentou explicar o processo para seu grupo e para Sandy, mas acabou em uma explicação confusa. "Não estou falando coisa com coisa", ela disse. Sandy decide que é hora de intervir: "Ok, vamos voltar à pergunta. Vocês têm que entender primeiro o que a pergunta está pedindo. Qual é a pergunta?". Em outro grupo, um garoto não gostou da ideia oferecida por um colega de turma: "Eu não quero discutir, mas não acho que isso esteja certo". Sandy apoiou seu comportamento: "Tudo bem. Vocês devem questionar uns aos outros". A certa altura, Sandy dividiu um grupo e mandou que seus membros se juntassem temporariamente a dois grupos adjacentes. "A Srta. K. disse que eu devo lhes fazer a minha pergunta", disse um garoto ao seu novo grupo. Enquanto Sandy estava trabalhando com um grupo em um lado da sala, dois grupos do outro lado começaram a ficar ociosos. Um garoto começou a jogar para cima uma garrafa de flui-

> ### ⟆ PARE E REFLITA
> Os professores às vezes empregam os termos *trabalho em grupo* e *aprendizado cooperativo* do mesmo modo. Mas, embora o trabalho cooperativo seja uma forma de trabalho em grupo, o trabalho em grupo nem sempre é aprendizado cooperativo. É importante ser capaz de explicar aos alunos, pais e, sim, administradores o tipo de oportunidades de aprendizado que você estará usando em sua turma. Com isso em mente, identifique os elementos-chave do aprendizado cooperativo que o distinguem de outros trabalhos em grupo.

do de correção com uma mão tentando pegá-la com a outra (que está atrás das suas costas). Sandy percebeu a bagunça: "Me desculpem, eu não acho que vocês acabaram, certo?". Um grupo finalmente descobriu o princípio que estava envolvido e irrompeu em um grito. Uma garota em outro grupo expressou frustração: "Estamos sem qualquer pista aqui e eles estão comemorando ali". Poucos minutos depois, Sandy se juntou ao grupo para fornecer algum auxílio.

Depois da aula, durante seu período livre, Sandy refletiu sobre a importância de atividades de aprendizado cooperativo:

Como essa foi uma atividade difícil, eu imaginei que haveria alguma frustração, de modo que foi muito importante acompanhar de perto o que os grupos estavam fazendo. Você pode perceber muita coisa apenas observando as posições físicas dos alunos. Se as cabeças dos alunos estão para baixo ou se estão desviando o olhar, esses são bons sinais de que eles não estão participando ou interagindo com outros membros do grupo. Hoje, eu poderia dizer que o Richard iria tentar resolver o problema individualmente; ele estava fora sozinho – até que ele se frustrou e se juntou aos outros alunos. Mas aquele grupo nunca trabalhou realmente bem. Eu pensei que a Sylvia ajudaria o grupo, mas ela nunca se envolveu por completo.

Eu também tento escutar com atenção o que eles estão dizendo um ao outro em termos do funcionamento do grupo. Mark, por exemplo, não estava certo se poderia discordar. Eu fiquei satisfeita em ouvir sua preocupação, pois pude lhe assegurar que isso era bem-vindo sim. O que é legal é ver como alguns alunos começam a funcionar como bons líderes de grupo. Por exemplo, Sivan é realmente calada, mas ela escuta e foi capaz de trazer para o grupo os outros dois garotos com quem estava trabalhando.

Você também tem que monitorar o progresso dos alunos na solução do problema e tentar evitar que eles se afastem completamente do assunto. Hoje eu vi que um grupo ficou preso; os alunos estavam realmente em uma rotina, falando as mesmas palavras várias e várias vezes. Então eu dividi o grupo e mandei os alunos explicarem o que eles estavam pensando ou fazer suas perguntas a dois outros grupos. Às vezes, pedir que eles falem com outros alunos pode ajudá-los a avançar. Nesse caso, parecia funcionar. Interagindo com outro grupo, Roy saiu da rotina e foi capaz de voltar e ajudar os colegas do seu próprio grupo.

A pesquisa confirma que o monitoramento do professor ajuda a promover um alto nível de participação por parte dos alunos nas atividades de grupo (EMMER; GERWELS, 2002). Ao fazer o monitoramento, você é capaz de discernir quando uma intervenção nas atividades do grupo é necessária. Chiu (2004) estudou o modo como dois professores de álgebra da 1ª série do ensino médio monitoraram atividades de resolução de problemas em pequenos grupos e o impacto das suas intervenções. Ele descobriu que os professores geralmente interviam quando os alunos estavam mais desviados da tarefa que o normal ou quando apresentavam pouco progresso. Em geral, as intervenções dos professores foram benéficas para o grupo: os alunos eram mais propensos a se envolver na atividade após uma intervenção do professor do que antes e tendiam a reconhecer seus erros, desenvolver novas ideias e explicar suas ideias uns para os outros. Infelizmente, tais efeitos positivos persistiram apenas por cerca de cinco minutos; por fim, a atenção dos alunos vagou para outros assuntos, como eventos pessoais. Resultados como esse reforçam a importância de continuar monitorando o progresso dos alunos.

> **PARE E REFLITA**
>
> Agora que você leu sobre a gestão do trabalho em grupo, volte para suas sugestões originais ao Ralph. Que ideias adicionais você poderia lhe oferecer? Quais são algumas das mudanças-chave que ele poderia fazer para garantir que sua próxima tentativa com o aprendizado cooperativo seja mais bem-sucedida?

Outro modo de monitorar o que os grupos estão de fato realizando é construir "pontos de verificação de progresso". Por exemplo, depois de dois dias tentando fazer que seus alunos reescrevessem as políticas de "Dignidade Humana e Ação Afirmativa" do distrito, Fred interrompeu a atividade dos grupos e pediu aos alunos que relatassem o que haviam realizado e que problemas estavam enfrentando. Do mesmo modo, você pode dividir grandes tarefas em componentes menores. Isso permite que você acompanhe o quão bem os grupos estão funcionando.

COMENTÁRIOS FINAIS

Embora este capítulo seja intitulado "Administrando o trabalho em pequenos grupos", vimos que na verdade existem várias situações de trabalho em grupo diferentes, cada uma das quais com seu próprio conjunto de usos, procedimentos, necessidades e armadilhas. À medida que você planeja e implanta o trabalho em grupo em sua sala de aula, é importante lembrar essas diferenças. Muitos professores pensam que o aprendizado cooperativo é colocar os alunos em grupos e lhe dizer para trabalharem juntos. Eles selecionam tarefas que são inapropriadas para o tamanho do grupo; eles usam grupos heterogêneos quando grupos homogêneos seriam mais adequados (ou vice-versa); eles falham em construir interdependência positiva e responsabilidade individual; eles falham em apreciar as diferenças entre grupos de ajuda e aprendizado cooperativo. O exemplo a seguir (O'DONNELL; O'KELLY, 1994, p. 322) seria engraçado se não fosse verdade:

> Um de nossos colegas recentemente descreveu um exemplo de "aprendizado cooperativo" na escola do seu filho. O professor da sala de aula informou aos alunos que eles empregariam aprendizado cooperativo. Seu filho formou um par com outro aluno. Foi solicitado que os dois alunos completassem duas partes separadas de um projeto, mas eles deveriam completar o trabalho fora da turma. Uma nota foi atribuída a cada parte do projeto e uma nota de grupo foi dada. Nesse exemplo, um dos alunos recebeu nota "F", pois ele não conseguiu completar a parte solicitada do projeto. O outro aluno recebeu um "A". A nota do grupo foi "C", recompensando assim o aluno que não conseguiu completar o trabalho e punindo o aluno que havia completado o seu. Nesse uso do "aprendizado cooperativo", não houve oportunidade para os alunos interagirem, e a tentativa de usar uma recompensa de grupo (a nota de grupo) deu errado. Embora esse cenário não seja reconhecível como aprendizado cooperativo para a maioria dos proponentes de cooperação, o professor de sala de aula assim o descreveu para os pais dos alunos.

Esse exemplo ilustra a necessidade dos professores adquirirem uma compreensão dos meandros do trabalho em grupo em geral e do aprendizado cooperativo em particular. Esperamos que este capítulo tenha sensibilizado você para alguns dos problemas que podem surgir e tenha fornecido algumas estratégias para minimizar esses problemas. O trabalho em grupo é uma abordagem de ensino extremamente desafiadora, e a gestão bem-sucedida exige planejamento e implantação cuidadosos. Apesar dessas armadilhas potenciais, acreditamos que o trabalho em grupo deve ser uma parte integral das salas de aula dos anos finais do ensino fundamental e do ensino médio – particularmente à medida que você trabalha para estabelecer uma comunidade atenciosa de apoio.

Resumo

Este capítulo começou falando sobre os benefícios potenciais do trabalho em grupo e sobre alguns dos desafios especiais que ele apresenta. Após, sugeriu estratégias para planejar e implantar trabalho de grupo efetivo.

Benefícios do trabalho em grupo
- Menos tempo ocioso enquanto se espera pela ajuda do professor.
- Maior motivação.
- Maior desempenho.
- Maior envolvimento no aprendizado.
- Menor competição entre os alunos.
- Maior interação entre gêneros, etnias e raças.
- Melhores relações entre os alunos com e sem deficiências.

Armadilhas do trabalho em grupos pequenos
- Segregação em termos de gênero, etnia e raça.
- Participação desigual.
- Falta de realização.
- Falta de cooperação entre os membros do grupo.

Planejando e implantando o trabalho em grupo efetivo
- Decida sobre o tipo de grupo a ser empregado (com ajuda permitida, ajuda obrigatória, com tutoria por colegas, cooperativo, completamente cooperativo).
- Decida sobre o tamanho do grupo.
- Decida sobre a composição do grupo.
- Estruture a tarefa para interdependência (p. ex., crie um objetivo ou recompensa para o grupo).
- Assegure a responsabilização individual.
- Ensine os alunos a cooperar.
- Monitore o aprendizado, o envolvimento e o comportamento cooperativo.

O trabalho em grupo oferece recompensas acadêmicas e sociais únicas, mas é importante entender os desafios que ele apresenta e não presumir que, apenas porque uma tarefa é divertida ou interessante, a aula irá fluir sem problemas. Lembre-se de planejar o trabalho em grupo com cuidado, preparar seus alunos minuciosamente e reservar tempo para desenvolver experiência como um facilitador de grupos cooperativos.

Atividades para a construção de habilidades e reflexão

Na turma

1. Em pequenos grupos que são homogêneos em termos de área de conteúdo (p. ex., matemática, ciências, estudos sociais, etc.), escolha um tópico que você ensinará e trabalhe para criar uma atividade completamente cooperativa. À medida que você planeja a atividade, tenha em mente as seguintes questões:
   Como você irá distribuir os alunos pelos grupos?
   Como você estruturará a atividade para promover a interdependência positiva?
   Que papéis você irá atribuir, se você o fizer?
   Que formas de responsabilidade individual você irá construir?
   Quais são as habilidades sociais que você precisa ensinar e como você as ensinará?
   Como você irá monitorar o trabalho em grupo?
   Como você irá proporcionar uma oportunidade para os alunos avaliarem o funcionamento do grupo?

2. Considere a situação a seguir: você emprega regularmente pequenos grupos que são heterogêneos em termos de desempenho porque você acredita que os alunos podem aprender uns com os outros. Você também acredita que aprender a trabalhar cooperativamente e valorizar as diferenças sejam objetivos importantes e válidos. Entretanto, os pais de um dos alunos com alto desempenho entram em contato com você para reclamar que seu filho não está sendo desafiado adequadamente e está "gastando seu tempo tutorando os garotos mais lentos". Em um grupo, discuta o que você poderia dizer em resposta.

3. Em um grupo, leia o seguinte trecho de um caso de autoria de um professor sobre aprendizado cooperativo (SHULMAN; LOTAN; WHITCOMB, 1998).

Período 3 é uma das seis turmas de estudos sociais do 9º ano em que eu ensino todos os dias [Como um proponente experiente de grupos cooperativos]. Eu entrei no ensino em grupo esse ano com uma boa dose de confiança. Encontrei o meu desafio no período 3. Essa é uma turma no distrito que merece um assistente de ensino em tempo integral do Programa Especialista em Recursos porque temos nove – sim, nove – alunos de educação especial. Também tivemos 10 alunos abrigados que recentemente deixaram suas turmas bilíngues e estão fazendo agora a sua transição para um ensino totalmente em inglês. A composição dessa turma cria uma química perturbadora que é sentida 30 segundos após o sinal. Eu geralmente os coloco em grupos de quatro ou cinco, em seguida os observo em assombro paralisado enquanto eles atormentam uns aos outros. Eu persisto, como fui ensinado a fazer, mas encontro a mim mesmo pensando se o trabalho em grupo é adequado para essa turma não cooperativa de 28 alunos, com um número desproporcional de indivíduos emocionalmente carentes.

Resumindo, após 42 minutos com essa turma, eu me sinto como uma imensa bola cheia de emoção sendo jogada de um lado para o outro da sala. Seja porque eles não têm experiência na interação em grupos pequenos ou porque carecem de autoestima, ou alguma combinação dos dois, criar uma atmosfera cooperativa não é algo que os alunos dessa turma pareciam ser capazes de realizar.

Ao final do dia me encontro pensando por que eu não troco para o formato mais tradicional, controlado pelo professor, com o qual esses alunos estão mais familiarizados. Talvez o trabalho em grupo não se destine a todas as turmas. "Está tudo bem em desistir", digo a mim mesmo. Contudo, no fundo digo a mim mesmo: "Não está tudo bem. Sei que preciso fazer algo". (SCHULMAN; LOTAN; WHITCOMB, 1998, p. 21-23).

No seu grupo, discuta o que aquele "algo" pode significar.

Individual
1. Observe uma atividade de aprendizado cooperativo. De que maneiras o professor tentou promover a interdependência positiva e a responsabilidade individual?
2. Considere quando você pode usar cada um dos seguintes tipos de trabalho em grupo. Liste um exemplo de uma atividade da sua área de conteúdo.
   a. Com ajuda permitida
   b. Com ajuda obrigatória
   c. Com tutoria por colegas
   d. Trabalho cooperativo
   e. Grupo completamente cooperativo

Para seu portfólio
Planeje uma aula de aprendizado cooperativo sobre um tópico da sua escolha. Escreva um breve comentário descrevendo (a) as habilidades sociais que são necessárias nessa aula e como você as ensinará; (b) os modos como você constrói interdependência positiva e responsabilidade individual; e (c) como os alunos irão avaliar sua interação nos grupos.

LEITURAS ADICIONAIS

GILLIES, R. M. *Cooperative learning*: integrating theory and practice. Los Angeles: Sage, 2007.
   Esse livro situa o aprendizado cooperativo no contexto do programa No Child Left Behind e dos testes de alto desempenho, argumentando que o aprendizado cooperativo tem o potencial de transformar as escolas e levar os alunos a terem sucesso nos testes padronizados. Capítulos no livro lidam com o estabelecimento bem-sucedido de grupos cooperativos, promovendo o discurso dos alunos e avaliando o aprendizado em pequenos grupos.

LOTAN, R. Managing groupwork in the heterogeneous classroom. In: EVERTSON, C. M.; WEINSTEIN, C. S. (Eds.). *Handbook of classroom management*: research, practice, and contemporary issues. Mahwah: Lawrence Erlbaum Associates, 2006.
   Esse capítulo defende que o trabalho em grupo é não apenas uma estratégia pedagógica útil para salas de aula heterogêneas acadêmi-

ca e linguisticamente, mas ele também tem o potencial de ajudar os professores a construir salas de aula mais equitativas. Lotan aborda a necessidade de ensinar habilidades sociais, atribuir papéis específicos, delegar autoridade aos alunos e planejar intervenções para combater a participação desigual.

RUBIN, B. C. Unpacking detracking: when progressive pedagogy meets students'social worlds. *American Educational Research Journal*, v. 40, n. 2, p. 539-573, 2003.

Esse artigo se baseia em um estudo de um ano de duração de duas turmas da 1ª série do ensino médio fora da faixa etária, uma de inglês e outra de estudos sociais, em uma escola de ensino médio diversa. Rubin descreve como os professores usaram trabalho em grupo para facilitar tanto o aprendizado quanto a interação social entre raças e classes e mostra como os grupos menores "frequentemente demonstraram ser locais de tensão e desconforto em que divergências de raça e classe vieram à tona" (p. 541).

SCHNIEDEWIND, N.; DAVIDSON, E. Differentiating cooperative learning. *Educational Leadership*, v. 58, n. 1, p. 24-27, 2000.

Esse artigo fornece "princípios orientadores" e exemplos sobre como diferenciar tarefas e responsabilidades no interior de grupos cooperativos heterogêneos.

SLAVIN, R. E. *Cooperative learning*: theory, research, and practice. 2nd ed. Boston: Allyn & Bacon, 1995.

Esse livro fornece uma excelente introdução aos métodos de aprendizado cooperativo, descreve várias abordagens (p. ex., Métodos de Aprendizado em Equipes de Alunos, Aprendendo Juntos, Quebra-cabeça, etc.) e resume a pesquisa sobre os efeitos do aprendizado cooperativo no desempenho e nos resultados socioemocionais.

FONTES DE ORGANIZAÇÕES

Cooperative Learning Center at the University of Minnesota, 60 Peik Hall, University of Minnesota, Minneapolis, MN 55455 (www.cooperation.org, 612-624-7031). Codirigido por Roger T. Johnson e David W. Johnson, o CLC é um centro de pesquisa e treinamento que enfoca como os alunos devem interagir uns com os outros à medida que aprendem e as habilidades necessárias para interagir efetivamente.

The International Association for the Study of Cooperation in Education (IASCE), P.O. Box 390, Readfield, Maine 04355 (www.iasce.net, 207-685-3171). Fundada em 1979, a IASCE é a única organização não lucrativa internacional para educadores interessados no aprendizado cooperativo para promover desempenho acadêmico e processos sociais e democráticos. O endereço eletrônico fornece uma lista comentada de páginas da internet relacionadas ao aprendizado cooperativo.

CAPÍTULO 11

Administrando recitações e discussões

As armadilhas das recitações*
e discussões conduzidas por
professores   263
Planejando e implantando eficientes
recitações e discussões conduzidas por
professores   267
Facilitando discussões centradas nos
alunos   277
Comentários finais   281
Resumo   283

Em geral, as conversas que ocorrem entre professores e alunos não são como as conversas que você ouve no "mundo real". Vamos considerar apenas um exemplo. No mundo real, se você perguntar a alguém o nome de um autor em particular, entenderemos que você realmente está precisando dessa informação e ficará grato com a resposta. A conversação provavelmente seria assim:

"Quem escreveu *As vinhas da ira?*"
"John Steinbeck."
"Oh, sim, obrigado."

Em contraste, se um professor fizer essa pergunta durante uma aula, o diálogo poderá se constituir da seguinte forma:

"Quem escreveu *As vinhas da ira?*"
"John Steinbeck."
"Muito bem."

Aqui, a pergunta não é um pedido de informação necessária, mas um modo de descobrir o que os alunos sabem. A interação é mais parecida com a de um *quiz show* (ROBY, 1988) do que com uma conversação verdadeira: o professor *inicia* a interação fazendo uma pergunta, um aluno *responde* e o professor *avalia* a resposta ou *acompanha* de algum modo (ABD-KADIR; HARDMAN, 2007; MEHAN, 1979). Esse padrão de interação (I-R-A) é chamado de *recitação,* e vários estudos (p. ex., STODOLSKY, 1988) documentaram a quantidade substancial de tempo que os alunos passam nessa atividade de ensino.

A recitação foi frequentemente denunciada como um método de ensino. Os críticos se opõem ao papel ativo e dominante do professor e ao papel relativamente passivo do aluno. Eles lamentam a falta de interação entre os alunos. Eles condenam o fato de as recitações frequentemente enfatizarem a informação factual e demandarem pouco pensamento de nível mais elevado. Um exemplo desse tipo de recitação é encontrado a seguir. Nesse trecho, os alunos do final do ensino médio acabaram de ler o primeiro ato de *Macbeth,* de Shakespeare.

SR. LOWE: OK, vamos falar sobre o primeiro ato dessa peça. Logo na primeira cena – que é muito rápida – três bruxas estão em cena. Como está o tempo, Sharon?
SHARON: Com trovões e relâmpagos.
SR. LOWE: Certo. Sobre o que as bruxas estão falando, Larry?
LARRY: Como elas vão encontrar Macbeth.
SR. LOWE: Bom. Quando elas vão encontrar com ele? Jonathan?
JONATHAN: Quando acabar a batalha.

---

* N. de R.T.: Ver nota na página 57.

Sr. Lowe: Certo. Ok, vamos pular para a terceira cena. Acabou a batalha e as três bruxas nos dizem que "Macbeth deve vir". Então encontramos Macbeth e Banquo, dois generais no exército do rei. Eles acabaram de retornar da batalha. Com quem eles estavam lutando? Missy?

Missy: Cawdor.

Sr. Lowe: Muito bom. Agora nós sabemos que Cawdor era um rebelde traidor, certo? Contra quem ele estava se rebelando, Tanya?

Tanya: O rei Duncan.

Sr. Lowe: Bom. De que país é o rei, Melissa?

Melissa: Escócia.

Sr. Lowe: Sim. Agora, quando as bruxas falam primeiro de Macbeth, como elas o chamam? Eric?

Eric: Conde de Glamis.

Sr. Lowe: Certo. Esse é o seu próprio título, então isso faz sentido. Mas em seguida como elas o chamam?

Susan: Conde de Cawdor.

Sr. Lowe: Certo! Então sabemos que Macbeth será nomeado novo conde de Cawdor. O que acontece ao antigo conde de Cawdor? Paul?

Paul: Ele é morto.

Sr. Lowe: Sim, ele é morto.

Uma crítica adicional enfoca a avaliação pública que ocorre durante a recitação. Quando o professor chama um aluno, todos podem testemunhar e avaliar a resposta. De fato, como Jackson (1990) comenta, os colegas de turma são às vezes incentivados a se "juntar ao ato":

> Às vezes, a turma como um todo é convidada a participar na avaliação do trabalho de um aluno, como quando o professor pergunta "Quem pode corrigir Billy?" ou "Quantos acreditam que Shirley leu aquele poema sem muita expressão?" (JACKSON, 1990, p. 20).

Perguntas como essa exacerbam a "interdependência negativa" que as recitações podem produzir entre os alunos (KAGAN, 1989/90). Em outras palavras, se um aluno for incapaz de responder à pergunta do professor, os outros alunos têm uma chance maior de serem chamados e receberem elogios; assim, os alunos podem na verdade torcer pelo fracasso dos seus colegas.

Apesar da validade dessas críticas, as recitações permanecem uma característica extremamente comum das salas de aula dos anos finais do ensino fundamental e do ensino médio. O que ocorre com essa estratégia de ensino que a torna tão duradoura diante de outros métodos mais elogiados?

Pensamos muito sobre essa pergunta durante uma visita à sala de aula de Fred, e nossa observação de uma seção de recitação conduzida por ele forneceu algumas pistas. Os alunos tinham acabado de ler sobre a controvérsia a respeito de oferecer à China o *status* permanente de "nação mais favorecida", e Fred lhes disse que gostaria de escutar o que eles pensavam sobre os temas básicos descritos na leitura:

Fred: OK, Srta. Harnett, você poderia começar, por favor?

Harnett: Eu fiquei confusa com esse artigo. Eu pensava que ele falava sobre como na China há vários prisioneiros políticos... e nós não gostamos disso... então, estamos tentando fazer com que mudem... Ah, eu não sei, foi confuso.

Fred: Você realmente entende mais do que pensava. Vamos ouvir outra pessoa. Jenny.

Jenny: Bem, os Estados Unidos não gostam que a China tenha todos esses prisioneiros políticos... mas a China nos pede para deixá-la sozinha, dizendo que suas pessoas estão bem.

Fred: OK, então a China está dizendo que você deve olhar para o cenário como um todo. Você deve olhar para ele a partir da perspectiva deles [Ele chama um aluno que está com a mão levantada]. Philip.

PHILIP: Os chineses estão dizendo que nós continuamos a falar de dissidentes, mas eles querem olhar para todos. E como há diferentes ideias sobre direitos humanos.

FRED: Hmmm. Vamos falar sobre isso. Vamos falar sobre o que nós valorizamos como direitos humanos básicos nos Estados Unidos. Quais são alguns dos nossos direitos humanos básicos?

ALUNO: Igualdade.

FRED: O que significa igualdade? Venha aqui, Sally [Ela vem e fica perto dele]. Você é igual a mim? Ela é igual a mim?

ALUNO: Bem, ela não é tão grande quanto você [risos] e provavelmente não é tão forte, mas ela é igual em termos de direitos.

FRED: Hmmm. Então nós não somos iguais em termos de tamanho ou força. Somos iguais economicamente? [Murmúrios de "Não"] Provavelmente não. Somos iguais em termos de poder? Pode apostar que não. [Mais risos]. Mas nós temos uma igualdade legal; nós temos direitos iguais sob a lei. Quais são alguns desses direitos?

ALUNO: Liberdade.

FRED: Para fazer o quê?

ALUNO: Para falar... liberdade de expressão.

FRED: OK. O que mais?

ALUNO: Liberdade de religião.

ALUNO: Liberdade de voto.

FRED: OK. Nos Estados Unidos, direitos humanos significam direitos individuais. Nós enfatizamos as liberdades pessoais – o direito dos indivíduos de seguirem sua própria religião, votarem em quem eles quiserem. Mas na China o grupo é o foco dos direitos humanos.

A sessão de perguntas e respostas de Fred nos ajudou a identificar cinco funções muito úteis das recitações em sala de aula. Primeiro, a recitação permitiu a Fred avaliar a compreensão dos alunos da leitura e verificar seu conhecimento prévio sobre o tema de direitos humanos e *status* de nação mais favorecida. Segundo, ao fazer perguntas exigentes intelectualmente (p. ex., "O que queremos dizer por igualdade nos Estados Unidos?"), Fred foi capaz de estimular seus alunos a pensar criticamente e guiá-los na direção de alguns entendimentos fundamentais. Terceiro, a recitação permitiu que Fred envolvesse os alunos na apresentação do material. Em vez de falar aos alunos diretamente sobre o *status* de nação mais favorecida e sobre o debate sobre direitos humanos, Fred trouxe a informação fazendo perguntas. Quarto, a recitação forneceu a chance para interagir individualmente com os alunos, mesmo no meio de uma aula para toda a turma. De fato, nossas notas indicam que Fred fez contato com oito alunos diferentes apenas na breve interação relatada aqui. Por fim, através das perguntas dele, mudanças no tom de voz e gestos, Fred foi capaz de manter um nível de atenção relativamente alto; em outras palavras, ele foi capaz de manter a maioria dos seus alunos "com ele".

Mais tarde, Fred refletiu em voz alta sobre outras funções úteis das recitações:

> Eu vou usar muito a recitação no início do ano porque é uma boa maneira de conhecer os nomes dos alunos e ver como eles se comportam na turma. Também é uma ferramenta para construir a autoconfiança em uma nova turma. Eles têm uma chance de falar na turma e eu posso lhes fornecer oportunidades de sucesso logo no início do ano. Trata-se geralmente de uma atividade muito pouco desafiadora; ela é mais fácil, uma vez que ela não exige um nível de pensamento tão elevado quanto as discussões. Eu também tento enfatizar que não há problema em não saber, que podemos descobrir essas coisas juntos. Isso é educação.

Fred conduz uma recitação.

Como podemos ver, a sessão de recitação de Fred foi muito diferente de um "*quiz show*" no qual os alunos passivos negligentemente relembram de fatos insignificantes de um nível de dificuldade mais baixo. No entanto, tanto o padrão de interação (I-R-A; início pelo professor, resposta do aluno, avaliação pelo professor ou acompanhamento) quanto o objetivo principal (avaliar a compreensão de leitura dos alunos) diferenciaram a recitação de outro tipo de questionamento: a *discussão*. (A Tab. 11.1 resume as diferenças entre recitação e discussão).

TABELA 11.1 Diferenças entre recitações e discussões

Dimensão	Recitação	Discussão
Locutor predominante	Professor (2/3 ou mais)	Alunos (metade ou mais)
Troca típica	Pergunta do professor; resposta do aluno; avaliação do professor (I-R-A)	Mistura de afirmações e perguntas pela mistura de professor e alunos
Ritmo	Muitas trocas rápidas e breves	Menos trocas mais longas e lentas
Principal objetivo	Avaliar a compreensão dos alunos	Estimular a variedade de respostas, estimular os alunos a levar em conta diferentes pontos de vista, promover a resolução de problemas e o pensamento crítico, examinar as implicações
A resposta	Certo ou errado predeterminado, a mesma resposta certa para todos os alunos	Certo ou errado não determinado previamente, pode ter respostas diferentes para alunos diferentes
Avaliação	Certo ou errado, determinado pelo professor apenas	Concordar ou discordar, pelo aluno e professor

Fonte: Adaptada de Dillon (1994).

Para tornar a distinção clara, vamos considerar um outro exemplo da turma de Fred. Aqui, foi solicitado aos alunos que lessem breves descrições de eleitores e determinassem se eles eram democratas ou republicanos (ver Cap. 10, para uma descrição mais completa dessa atividade). Nesse trecho da aula, Fred estava perguntando as opiniões dos alunos sobre o caso de uma professora aposentada vivendo em New Jersey e dependente da previdência social:

FRED: Quais são os indicadores de que a professora aposentada é de centro-esquerda? Jeremy, o que você pensa?

JEREMY: Ela é de New Jersey.

FRED: Por que isso afetaria suas visões políticas?

JEREMY: Bem, New Jersey geralmente vota nos democratas.

ALUNO: [Entrando na conversa] Espere um minuto... e Christie Whitman? Ela era uma governadora republicana.

JEREMY: Sim, mas há muita diversidade em NJ, e eu não sei, mas eu acho que as pessoas tendem a ser mais liberais.

FRED: Algo mais aqui que indique que ela pode ser liberal?

ALUNO: Ela é uma professora, então ela é bem educada.

FRED: Hmmmm... por que a educação seria um fator que tornaria mais liberal?

ALUNO: Bem, apenas parece que quanto mais você sabe mais você entende sobre outras pessoas.

FRED: Que outros indicadores podem fazer com que vocês pensem que ela é liberal?

ALUNO: Como ela é uma professora, ela provavelmente se importa com temas sociais. Então isso provavelmente a torna mais liberal.

ALUNO: Sim, mas ela é mais velha e está aposentada. Eu acho que isso a tornaria mais conservadora.

FRED: Vamos levar isso em conta. A idade tenderia a torná-la mais conservadora?

ALUNO: Sim. Isso acontece.

FRED: Por quê? Por que a idade a tornaria mais conservadora?

ALUNO: As pessoas mais velhas são mais estáticas em seus modos de ser.

FRED: OK, eu tendo a ser mais cético porque eu já vivi mais. Eu fui descartado mais vezes. Mas é claro, temos que nos lembrar de que essas são generalizações. Eu mostrarei um cara mais velho que é um liberal de extrema esquerda e um cara jovem que é realmente um conservador, apenas para desafiar essas generalizações. OK, que outros indicadores sugerem que ela é conservadora?

ALUNO: Ela está vivendo da previdência social, então ela realmente está preocupada com dinheiro.

FRED: Então ela está preocupada com dinheiro. Por que isso a tornaria mais conservadora?

ALUNO: Ela poderia votar contra programas sociais que lhe custariam dinheiro.

ALUNO: Sim, por exemplo, ela provavelmente votaria contra o orçamento escolar.

ALUNO: Eu não concordo com isso. Como uma professora aposentada, eu não consigo ver como ela poderia votar em algum momento contra o orçamento escolar.

Mais tarde, na interação, depois que Fred e os alunos decidiram que a professora aposentada era provavelmente uma democrata (mas conservadora em temas financeiros), Fred destacou o fato de que não haveria respostas corretas nesse exercício:

Estamos certos? Não sei. Tudo o que podemos fazer são generalizações baseadas em informações. Se há uma resposta certa aqui é a de que não há resposta certa. Porém, o que fizemos não foi apenas um exercício de futilidade. Muitas vezes, em política, as pessoas recebem tarefas em que lhes pedem que façam julgamentos e elas não têm dados suficientes para conhecer a resposta certa. Contudo, as pessoas podem fazer melhores julgamentos – na ausência de dados completos – se estiverem mais sintonizadas com os indicadores. Os indicadores são úteis para fazer previsões, o que é realmente importante na política. E se as suas previsões se revelarem corretas você será considerado um brilhante estrategista; se você estiver errado, você será demitido.

Como na recitação apresentada anteriormente, Fred ainda estava na maior parte do tempo no controle dessa interação. De fato, podemos caracterizá-la como uma *discussão conduzida pelo professor*, uma vez que Fred estabeleceu o tema, fez algumas perguntas e convocou os alunos a falar. No entanto, existem algumas diferenças óbvias. Na discussão, Fred em geral iniciava as perguntas e os alunos respondiam, mas ele frequentemente abria mão de uma avaliação das suas respostas. Assim, o padrão predominante não foi I-R-A, mas I-R, ou mesmo I-R-R-R. Além disso, os alunos ocasionalmente fizeram perguntas por conta própria, tanto para Fred quanto uns para os outros, e às vezes eles comentaram ou avaliaram as contribuições dos seus colegas. Finalmente, o propósito dessa interação não foi o de rever a matéria ou de elaborar um texto. Em vez disso, a discussão conduzida pelo professor teve como objetivo estimular uma diversidade de respostas, estimular os alunos a levar em conta diferentes pontos de vista, promover a resolução de problemas, examinar as implicações e relacionar a matéria às experiências pessoais dos próprios alunos.

> **PARE E REFLITA**
>
> Mesmo que você não esteja familiarizado com o termo recitação, você muito provavelmente já participou dessas sessões de perguntas e respostas durante os seus anos na escola. Em contraste, suas experiências com discussões centradas nos alunos podem ser bem mais limitadas. Refletindo sobre as diferenças entre essas duas abordagens, considere a adequação de ambas as estratégias de ensino para o conteúdo que você planeja ensinar. Você pode pensar em exemplos em que uma discussão centrada nos alunos seria mais adequada? Se a resposta for afirmativa, quando você usaria tais discussões?

Embora os críticos educacionais frequentemente condenem o uso de recitações e estimulem o uso da discussão, os dois tipos de interação, se bem executados, têm um lugar legítimo na sala de aula dos anos finais do ensino fundamental e do ensino médio. Este capítulo começa examinando as armadilhas de gestão associadas às recitações e discussões conduzidas por professores. Em seguida, consideraremos o que nossos professores e as pesquisas têm a dizer sobre a minimização desses problemas e a implantação de efetivas recitações e discussões conduzidas por professores. A seção final do capítulo aborda, ainda, um outro tipo de sessão de perguntas – a discussão centrada no aluno – e oferece algumas orientações para a gestão desse terceiro tipo de padrão de interação.

AS ARMADILHAS DAS RECITAÇÕES E DISCUSSÕES CONDUZIDAS POR PROFESSORES

A primeira armadilha é a da *participação desigual*. Imagine-se na frente de uma turma com 25 alunos. Você acabou de fazer uma pergunta. Poucos indivíduos levantaram a mão, transmitindo o seu desejo (ou pelo menos a sua disposição) de serem chamados. Os outros estão sentados silenciosamente, olhando para o nada, com expressões vazias. Outros ainda estão afundados ao máximo nos seus assentos; sua postura claramente diz "Não me chame".

Em uma situação como essa, é tentador chamar um indivíduo cuja mão está levantada. Afinal de contas, você provavelmente irá receber a resposta que quer – uma situação muito gratificante! Você também evita constranger os alunos que se sentem desconfortáveis em falar na frente do grupo ou que não sabem a resposta e você será capaz de manter o ritmo da aula. Porém, escolher apenas os voluntários pode limitar a interação a um punhado de alunos. Isso pode ser um problema. Os alunos tendem a aprender mais se estiverem participando ativamente. Além disso, como aqueles que levantam a mão são em geral os alunos de desempenho mais alto, chamar apenas esse grupo provavelmente lhe dará uma visão distorcida de quão bem todos estão entendendo. Finalmente, restringir suas perguntas a um pequeno número de alunos pode comunicar atitudes e expectativas negativas aos outros (GOOD; BROPHY, 2008): "Não estou chamando você porque eu tenho certeza que você não tem nada a contribuir". Atitudes negativas como essa podem ser comunicadas mesmo se você tiver as melhores intenções. Escute Sandy relembrar uma situação em que ela adotou como prática não chamar uma aluna que parecia dolorosamente tímida:

> Era o meu segundo ano ensinando, mas eu ainda me lembro claramente. Meus alunos faziam avaliações do curso no final do ano e uma delas disse que eu não me importava com os alunos. Fiquei arrasada. Fui atrás dela e lhe perguntei por que ela pensava isso. Ela disse que era porque eu não havia pedido que ela participasse nas discussões na turma. Eu sempre procurei evitar constrangê-la. Ela parecia ter tanto medo de falar que eu a deixei quieta, e ela interpretou meu comportamento como uma indicação de que não me importava. Isso me ensinou uma boa lição!

A participação desigual pode ser um problema sobretudo se você tem alunos falantes de línguas estrangeiras em suas turmas. Enquanto eles podem se tornar proficientes em conversações com seus pares após cerca de dois anos de exposição ao inglês, pode levar de cinco a sete anos para que eles adquiram proficiência do nível da sua série no discurso acadêmico (CUMMINS, 2000). Assim, pode ser difícil ou intimidatório para eles assumir um papel ativo tanto nas recitações quanto nas discussões.

Outro problema potencial é o perigo de *perder o ritmo, o foco e a participação dos alunos.* No início dos anos 1960, um programa de televisão popular aproveitava o fato de que *Kids Say the Darndest Things.* O título do *show* descreve adequadamente o que pode ocorrer durante uma recitação ou discussão. Quando fizer sua pergunta, você pode receber a resposta que tem em mente. Você pode também receber respostas que indicam confusão ou mal-entendidos, comentários feitos no momento errado que não têm nada a ver com a aula (p. ex., "Tem um chiclete no meu sapato") ou comentários inesperados que momentaneamente tiram o equilíbrio. Todos eles ameaçam o bom fluxo de uma recitação ou discussão e podem torná-la lenta, irregular ou sem foco.

Ameaças como essa exigem que você tome decisões instantâneas. Não é fácil. Por exemplo, se a resposta de um aluno revela confusão, você precisa fornecer retorno e assistência sem perder o resto da turma. Durante recitações e discussões, você é frequentemente confrontado com duas necessidades incompatíveis: a necessidade de permanecer com uma pessoa para promover o aprendizado daquele indivíduo e a necessidade de se mover e evitar perder tanto o momento quanto a atenção do grupo. Donnie reflete sobre essa situação comum:

> Parece sempre haver uma pessoa que não entende! Enquanto você está tentando ajudar aquele aluno,

o resto da turma começa a murmurar coisas como "Por que ainda estamos fazendo isso? Nós já sabemos isso". É, claro, eles querem que você permaneça com eles quando eles não entenderam, mas ficam impacientes se você passa tempo demais com outra pessoa.

Quando os "garotos dizem as piores coisas" durante uma recitação ou discussão, você também precisa determinar se o comentário é genuíno ou se ele é uma estratégia deliberada para tirar você do caminho da aula. Fred teve uma experiência em primeira mão com esse tipo de perigo em particular:

> Eu tenho alunos que tentam me afastar do tema fazendo uma pergunta inesperada. Isso acontece principalmente com alunos brilhantes, e minha resposta costuma ser "Que grande pergunta. Não é o que estamos abordando hoje, mas eu realmente gostaria de discutir isso com você. Pode ser às 14h30 ou amanhã?".

A terceira armadilha de recitações e de discussões conduzidas por professores é a *dificuldade de monitorar a compreensão dos alunos*. Recentemente, uma professora do ensino médio falou de uma aula dada por seu licenciando, Adrian. A turma estava estudando a anatomia de vários invertebrados e, na metade da unidade, Adrian planejou dar aos seus alunos um *quiz*. No dia do *quiz*, ele fez uma breve revisão da matéria, disparando uma série de perguntas sobre a anatomia de estrelas-do-mar e pepinos-do-mar. Satisfeito com o alto percentual de respostas corretas, Adrian então perguntou: "Antes que eu aplique o *quiz*, há alguma pergunta?". Como não houve perguntas, ele acrescentou: "Então todo mundo entendeu?". Novamente houve silêncio. Adrian pediu aos alunos para fecharem seus livros e distribuiu as folhas do *quiz*, que foram corrigidas por ele naquela tarde. Os resultados foram um choque desagradável – um grande número de alunos recebeu D e F. Durante uma reunião pós-aula com seu professor de regência, ele exclamou: "Como isso pode acontecer? Eles certamente sabiam as respostas durante nossa seção de revisão!".

Esse incidente destaca a dificuldade de avaliar o nível de compreensão de todos os membros de uma turma. Como mencionado anteriormente, os professores às vezes ficam com uma visão deturpada da situação porque eles ouvem apenas os voluntários – os alunos que mais têm chance de dar as respostas corretas. Nesse caso, o professor de regência de Adrian tinha um "mapa" da interação verbal entre o professor e os alunos e foi capaz de compartilhar alguns dados reveladores: durante uma revisão de 15 minutos, Adrian chamou apenas 8 dos 28 alunos na turma e todos eram voluntários. Embora isso tenha permitido a Adrian manter o ritmo da interação, isso o levou a superestimar a extensão da maestria dos alunos. Além disso, como o professor de regência de Adrian lhe apontou, questões que tentam avaliar a compreensão perguntando "Todo mundo entendeu?" provavelmente não serão bem-sucedidas. Tais questões não exigem que os alunos demonstrem uma compreensão da matéria. Além disso, os alunos que não compreendem sentem-se muitas vezes envergonhados demais para admiti-lo (eles podem nem mesmo reconhecer que não entendem!). Claramente, você precisa descobrir outras maneiras para avaliar se a sua turma está "com" você.

A armadilha final é a *incompatibilidade com os padrões de comunicação que os alunos trazem para a escola*. Embora o formato I-R-A das recitações seja básico para as escolas, ele emerge dos valores brancos de classe média e representam um modo de comunicar que não se encaixa com os estilos de discurso de muitos alunos de origens culturais distintas (ARENDS, 2008). Por exemplo, a recitação geralmente segue um padrão de discurso "passivo-receptivo": espera-se que os alunos escutem em silêncio as apresentações dos professores e então respondam individualmente às perguntas iniciadas pelo professor. Os alunos afro-americanos, entretanto, podem estar acostumados a um padrão de discurso participativo mais ativo ("chamada-resposta"). Quando eles demonstram o seu envolvimento gritando estímulos, comentários e reações, os professores euro-americanos podem interpretar o comportamento como rude e perturbador (GAY, 2000). Os alunos americanos nativos também podem considerar a forma das recitações como pouco familiar ou desconfortável: "Na cultura nativa americana, não há nenhuma situação que ocorra naturalmente em que uma única autoridade adulta controla quem fala, quando fala, em que altura fala e com quem fala" (HENNING, 2008, p. 138). Quando alunos americanos nativos relutam em participar, os professores euro-americanos podem concluir que eles estão desinteressados.

Outra ilustração de incompatibilidade vem de uma professora que explorou as experiências dos alunos na sua própria aula de matemática de 8º ano, em uma discussão intensa (LUBIENSKI, 2000). Comprometida com a ideia de que os professores devem se envolver na exploração e discussão de ideias matemáticas, ela atuou como uma "[...] facilitadora que fazia perguntas de orientação em vez de uma figura de autoridade que dizia aos alunos exatamente o que pensar e fazer" (LUBIENSKI, 2000, p. 398). Contudo, essa abordagem pedagógica parecia ter efeitos diferentes no seu grupo socioeconomicamente diverso de 18 alunos. Focando nas reações de seis alunos euro-americanos do sexo feminino, ela descobriu que alunos de *status* socioeconômico alto (SES, do inglês *social economic status*) pareciam confortáveis com a natureza aberta da pedagogia; elas se sentiam confiantes em expressar e defender suas próprias posições e geralmente perceberam as discussões como um fórum útil para a troca de ideias. Em contraste, alunas de baixo SES disseram ter ficado confusas quando ideias conflitantes foram discutidas, pareciam temer dizer ou acreditar na "coisa errada" e desejaram mais orientação por parte da professora. A professora especula que embora uma abordagem de matemática de discussão intensa possa ser bastante adequada aos valores e normas de classe média, ela pode na verdade ser uma desvantagem para os alunos de mais baixo SES.

Além da origem cultural e socioeconômica, diferenças no estilo do discurso podem afetar a participação em recitações e discussões. Como observa a linguista Deborah Tannen, meninos e meninas aprendem diferentes maneiras de falar à medida que crescem:

> Pesquisas de sociólogos, antropólogos e psicólogos observando crianças norte-americanas brincando demonstrou que, embora tanto meninas quanto meninos encontrem maneiras de criar comunicação e negociar *status*, as meninas tendem a aprender rituais de conversação que centram na dimensão de comunicação dos relacionamentos enquanto os garotos tendem a aprender rituais que focam na dimensão do *status*. (TANNEN, 1995, p. 140).

Segundo Tannen, as mulheres tendem a minimizar as diferenças de *status* e enfatizar as maneiras pelas quais todos são iguais. Elas também aprendem que aparentar ser muito seguras de si mesmas as torna impopulares. Ao mesmo tempo, os homens geralmente reconhecem e esperam diferenças de *status*; de fato, eles aprendem a usar a linguagem para negociar seu *status* no grupo ao apresentar suas habilidades e conhecimento. Homens em posição de liderança dão ordens, desafiam os outros e "[...] ocupam o centro das atenções ao contarem histórias ou piadas" (TANNEN, 1995, p. 140). Quando consideramos esses estilos de comunicação muito diferentes, é fácil ver que o padrão de discurso I-R-A, com sua exibição pública de conhecimento e sua competição inerente, é mais compatível com os estilos de comunicação dos homens do que com os das mulheres (ARENDS, 2008).

Pesquisas sobre gênero e conversa na sala de aula também indicaram que "[...] os professores demonstram claramente uma tendência em favor da participação de homens em suas turmas" (GROSSMAN; GROSSMAN, 1994, p. 76):

> Os professores têm uma tendência maior de chamar um voluntário masculino quando é pedido que os alunos recitem; isso também é verdadeiro quando eles chamam não voluntários. Quando os alunos recitam, os professores também têm maior tendência de ouvir e falar com homens. Eles também usam mais suas ideias nas discussões em sala de aula e respondem a eles de maneira mais eficiente. Esse padrão de dar mais atenção aos homens é claro sobretudo nas turmas de ciências e matemática.

Do mesmo modo, *How Schools Shortchange Girls*, um estudo patrocinado pela American Association of University Women (1992), registra que os homens frequentemente exigem – e recebem – mais atenção dos professores. Em um estudo de 10 turmas de geometria do ensino médio (BECKER, 1981), por exemplo, os meninos deram as respostas às perguntas do professor duas vezes mais que as meninas. O mesmo resultado foi obtido em um estudo de 30 turmas de física e 30 turmas de química (JONES; WHEATLEY, 1990): enquanto as alunas pareciam "autoconfiantes e quietas", os alunos eram "[...] mais agressivos em dar as respostas e tendiam a usar tons de voz mais altos quando buscavam a atenção do professor" (JONES; WHEATLEY, 1990, p. 867).

> **PARE E REFLITA**
> Reflita sobre suas próprias experiências em relação aos padrões de comunicação que os alunos trazem para a escola. Você observou alguma diferença de comunicação em relação aos gêneros ou às origens culturais? Como essas diferenças afetaram a participação nas recitações e discussões na turma?

Por que os professores deixariam que os alunos homens dominassem a interação em sala de aula pelo grito? Há três razões possíveis: (1) O comportamento é tão frequente que os professores acabaram por aceitá-lo; (2) os professores esperam que os garotos sejam agressivos; e (3) os gritos podem ser percebidos pelos professores como indicadores de interesse (MORSE; HANDLEY, 1985). Quaisquer que sejam as razões, o estudo de Morse e Handley (1985), com turmas de ciências dos anos finais do ensino fundamental e 1ª série do ensino médio, descobriu que a tendência para a dominância masculina se tornou ainda maior à medida que os alunos passaram do 8º para o 9º ano.

PLANEJANDO E IMPLANTANDO EFICIENTES RECITAÇÕES E DISCUSSÕES CONDUZIDAS POR PROFESSORES

Esta seção do capítulo considera seis estratégias para planejar e implantar eficientes recitações e discussões conduzidas por professores. Como nos capítulos anteriores, pesquisas sobre ensino, discussões com nossos quatro professores e observações de suas turmas fornecem a base para as sugestões (A seção Dicas Práticas fornece um resumo das sugestões).

Distribuindo as chances de participação

Logo no início do ano, observamos Fred introduzir os tópicos que sua turma de Temas Mundiais Contemporâneos iria estudar ao longo do ano. Ele explicou que os alunos estudariam várias culturas, observando como as pessoas ganham a vida em cada cultura.

> Ok, vamos pensar no que está envolvido em se ganhar a vida. Façam uma lista dos cinco elementos mais

importantes no nosso sistema econômico que têm uma influência na sua própria vida. Eu vou fazer isso também [Os alunos começam a escrever. Após alguns minutos, Fred continua]. Ok, vamos ver se podemos desenvolver uma boa resposta, um consenso. Vamos percorrer a sala e cada pessoa contribui com uma coisa.

Nessa situação, Fred escolheu usar uma técnica *"round-robin"*, que lhe permitiu dar a cada um a chance de participar. Como ele não tinha de deliberar a cada momento, essa estratégia também lhe permitiu manter o ritmo.

Às vezes, os professores preferem usar um padrão que é mais sutil do que o *round-robin*, de modo que os alunos não sabem exatamente quando eles serão chamados. Donnie usa essa abordagem (descrita anteriormente na seção sobre rotinas de interação no Cap. 4):

> Às vezes eu começo em um canto na frente da sala e então sigo diagonalmente para o final da sala, em seguida transversalmente e para o fundo da sala. Eu acho que usar um padrão como esse me ajuda a manter o controle de quem eu chamo e me ajuda a garantir que

Dicas práticas

COMO ADMINISTRAR RECITAÇÕES E DISCUSSÕES CONDUZIDAS POR PROFESSORES

- **Distribua as chances de participação**
  Retire os nomes de uma caneca.
  Marque os nomes em um mapa de assentos.
  Use um revezamento padronizado.
- **Dê tempo para pensar**
  Estenda o tempo de espera para três segundos.
  Diga aos alunos que você não espera uma resposta imediata.
  Permita que os alunos escrevam uma resposta.
- **Estimule e mantenha o interesse**
  Adicione mistério e suspense.
  Adicione humor e novidade.
  Desafie os alunos a pensar.
  Incorpore atividade física.
- **Forneça retorno aos alunos**
  Quando a resposta for correta e segura, confirme brevemente.
  Quando a resposta for correta, mas hesitante, forneça mais confirmação deliberada.
  Quando a resposta for incorreta, mas descuidada, faça uma correção simples.
  Quando a resposta for incorreta, mas o aluno puder conseguir a resposta com ajuda, solicite ou volte para uma pergunta mais simples.
  Se o aluno for incapaz de responder, não ridicularize o resultado.
- **Monitore a compreensão**
  Exija respostas evidentes (p. ex., peça que os alunos segurem cartões de resposta, mostre fisicamente as respostas com materiais manipuláveis, coloque os polegares para cima ou para baixo).
  Use um grupo piloto (p. ex., observe o desempenho de uma amostra de alunos, incluindo aqueles de baixo desempenho, a fim de saber quando seguir adiante).
- **Apoie a participação de aprendizes diversos**
  Seja consciente do seu padrão de fazer perguntas. Monitore quem você chama, com que frequência você os chama e como você responde às respostas deles.
  Familiarize-se com os padrões de discurso característicos dos seus alunos culturalmente diversos.
  Leve em conta se alguma acomodação ao estilo de discurso dos alunos é possível.
  Ensine explicitamente sobre os padrões de discurso que são esperados na escola.
  Incorpore "formatos de resposta alternativa" planejados para envolver todos os alunos em vez de apenas um ou dois.

cheguei em todos. E ele é menos óbvio do que apenas seguir para cima e para baixo ao longo das fileiras. Assim, não fica tão previsível quem será chamado em seguida, de modo que os alunos não têm como descobrir qual problema eles receberão para resolver. Às vezes, eles vão tentar descobrir o meu padrão de deslocamento e dirão: "Espere um pouco, você me pulou", mas é como um jogo.

Em vez de um padrão, alguns professores usam uma lista de nomes ou mapa de assentos para acompanhar quem já falou. Christina, por exemplo, costuma registrar os nomes de todos os alunos que participam durante uma recitação ou discussão, usando marcações para indicar quantas vezes eles contribuíram. Quando tem tempo, ela também usa diferentes símbolos para indicar tipos de participação (p. ex., responder a uma pergunta; fazer uma pergunta; grande ideia; acrescentar algo ao que alguém disse). Outros professores usam o "sistema de palitos de picolé" (descrito no Cap. 4), puxando de uma lata ou caneca palitos marcados com os nomes dos alunos e colocando-os de lado depois que o aluno respondeu.

Qualquer que seja o sistema que você escolha, *o ponto importante é garantir que a interação não seja dominada por alguns poucos voluntários*. Alguns alunos simplesmente não se sentem confortáveis falando para a turma e procuram evitar o risco de parecerem bobos ou burros. Jones e Gerig (1994) examinaram a interação verbal entre professores e alunos em salas de aula de 7º ano. Eles identificaram *32% dos alunos como "quietos"*. Durante entrevistas, esses alunos descreveram a si mesmos como tímidos (72%) e pouco autoconfiantes (50%). Karen explicou seu silêncio se referindo a um incidente que havia acontecido *há quatro anos:*

> Eu falo bem pouco em sala. Tenho medo de que alguém não goste do que eu digo. Quando eu estava no 3º ano, nós iríamos ter um jantar do Dia de Ação de Graças e os alunos seriam Peregrinos. Eu levantei a minha mão e disse que gostaria de ser uma índia e usar o meu cabelo com tranças. Ninguém disse nada e o professor apenas falou "Hum hum". Foi embaraçoso (JONES; GERIG, 1994, p. 177).

Às vezes, distribuir a participação é difícil, não porque os alunos estão relutantes em falar e há pouquíssimos voluntários, mas porque há muitos deles. Quanto mais os professores estimulam o interesse em uma aula em particular, mais os alunos querem responder. Isso significa maior competição a cada vez, e a "disputa" por uma chance de falar pode se tornar barulhenta e desordenada (ver Fig. 11.1 para um exemplo de um aluno muito ávido por participar).

Uma estratégia útil é permitir que vários alunos respondam a uma pergunta.

FIGURA 11.1 *Fonte:* FoxTrot © Bill Amend (2006). Reimpressa com a permissão de Universal Uclick. Todos os direitos reservados.

Na interação a seguir, vemos Christina aumentar a participação ao não "se prender" à primeira resposta e seguir para uma nova pergunta. Ela acabou de focar a atenção dos alunos em uma passagem de *Ethan Frome*, de Edith Wharton, na qual Ethan olha para a almofada que sua esposa Zeena fez para ele quando se casaram – "a única peça de costura que eu alguma vez a vi fazer" – e então a joga na sala.

CHRISTINA: Ele a joga na sala. O que isso sugere sobre seus sentimentos por ela?
ALUNO 1: Eu acho que isso demonstra que ele realmente a odiava.
ALUNO 2: Eu acho que ele estava de saco cheio, mas não que a odeie. Ele teve várias oportunidades de deixá-la e não o fez.
ALUNO 3: Eu acho que ele se sentiu muito culpado. A culpa é maior do que o ódio. É por isso que ele não a deixou.
ALUNO 4: Ele não saberia como reagir à liberdade. Eu acho que ele tem medo de partir.
CHRISTINA: Boa observação. Ele não está indo embora porque ele está acostumado com a fazenda, por causa de Zeena, ou porque ele tem medo de ficar sozinho?
ALUNO 5: Agora que você falou isso, me fez pensar, talvez não seja Zeena que tenha um problema. Talvez seja Ethan. E talvez acontecesse novamente com Mattie...
ALUNO 6: Sim. Ele precisa de alguém em quem confiar. Primeiro ele confiou em Zeena e nos seus pais. Agora ela está ficando cada vez mais doente e ele não pode confiar nela, então ele está se voltando para Mattie.
ALUNO 7: Mas se ele confiou nela quando precisou, por que ela não pode confiar nele agora que precisa?
ALUNO 8: Ele poderia colocar algo na sua bebida, livrar-se dela e casar-se com Mattie.
ALUNO 9: Eu não acho que ele a odeie suficiente. Ele está apenas de saco cheio dela.

Do mesmo modo, no trecho a seguir, Donnie distribui a participação amplamente ao especificar que cada aluno deve dar apenas uma única resposta possível ao problema:

DONNIE: Hoje nós começamos uma nova aventura – equações com duas variáveis. Nossas respostas serão pares ordenados. Eu vou colocar isso aqui, $x + y = 3$ [Ela escreve a equação no quadro]. Agora, se eu lhes pedir para me darem todas as respostas possíveis, o que vocês diriam? [Há muitas mãos levantadas] Ok, me dê uma Shameika.
SHAMEIKA: (0, 3).
DONNIE: [Ela escreve no quadro]. Ok, me dê outra. Sharif.
SHARIF: (1, 2).
DONNIE: Outra. Tayeisha.
TAYEISHA: (2, 1).

Ainda outra estratégia é fazer que cada aluno escreva uma resposta e a compartilhe com um ou dois vizinhos. Isso permite que todos participem ativamente. Você pode pedir, então, a alguns dos grupos que relatem sobre o que eles discutiram.

Um pensamento final: enquanto você pensa sobre maneiras de distribuir a participação, tenha em mente as sugestões feitas no Capítulo 2 para neutralizar o fenômeno da zona de ação: (1) mova-se pela sala sempre que possível; (2) faça contato visual com os alunos sentados distante de você; (3) direcione os comentários aos alunos sentados no fundo e nos lados; e (4) periodicamente mude os assentos de modo que todos os alunos tenham a oportunidade de estarem na frente.

Proporcionando tempo para pensar

Imagine esse cenário: você acabou de fazer uma pergunta de alto nível bem formulada, com as palavras cuidadosamente escolhidas, destinada a estimular o pensamento crítico e a resolução de problemas. Você se depara com silêncio total. Seu rosto começa a ficar vermelho e seu coração bate um pouco mais rápido. O que fazer agora?

Uma razão de o silêncio ser tão desconfortável é porque ele é difícil de ser interpretado: os alunos estão pensando na pergunta? Estão com sono? Estão tão confusos que são incapazes de responder? O silêncio também é perturbador para os professores porque ele ameaça o ritmo e o momento da aula. Mesmo alguns poucos segundos de silêncio podem parecer uma eternidade. Isso ajuda a explicar porque tantos professores esperam menos que *um segundo* antes de chamar um aluno (ROWE, 1974). Contudo, as pesquisas demonstram que se você estender o "tempo de espera" a três ou quatro segundos, você pode aumentar a qualidade das respostas dos alunos e promover a participação. Estender o tempo de espera também é útil para alunos com transtornos de aprendizado, que têm a tendência a processar a informação mais lentamente do que os seus colegas.

Às vezes é útil dizer aos alunos que você não espera uma resposta imediata. Isso legitima o silêncio e dá aos alunos uma oportunidade de formular suas respostas. Durante uma visita à turma de Fred, nós o vimos explicar que ele queria que todos pensassem por um momento antes de responder:

> Nós estamos falando sobre como vocês podem usar indicadores para decidir se uma pessoa será um liberal ou um conservador, um republicano ou um democrata, e algumas pessoas vieram falar comigo depois da aula e disseram que pensavam que talvez eu as estivesse incentivando a criar estereótipos. Estou realmente satisfeito de que tenham levantado esse tema. Vocês não devem fazer uma tarefa de modo irrefletido, sem questioná-la. Então vamos falar disso. Primeiro, essas pessoas obviamente pensaram que era ruim estereotipar as pessoas. Por quê? Por que é ruim estereotipar as pessoas? Antes que vocês possam responder, pensem [Faz-se uma longa pausa. Fred finalmente pede a um aluno que responda].

Permitir que os alunos escrevam uma resposta à sua pergunta é outra maneira de dar a eles tempo para pensar. As respostas escritas também ajudam a manter a participação dos alunos, uma vez que cada um tem a chance de construir uma resposta. Além disso, os alunos que ficam desconfortáveis falando de improviso podem ler seus escritos. No exemplo a seguir, vemos Sandy empregar essa estratégia:

> Sandy estava introduzindo o conceito de equilíbrio químico. Ela desenhou um diagrama no quadro mostrando as concentrações relativas de A + B e C + D ao longo do tempo. Ela perguntou: "Onde se estabeleceu o equilíbrio? No Tempo 1, Tempo 2 ou Tempo 3? Escreva uma frase explicando por que você escolheu T1, T2 ou T3". Ela caminha pela sala, olhando para os papéis dos alunos. Com uma pequena risada ela comenta: "Estou vendo várias respostas corretas e, então, a palavra *porque*".

Durante nossa conversa sobre a sua aula, Sandy se lembrou de um incidente que reforçou a importância de pedir aos alunos para registrar suas respostas no papel:

> Tinha uma garota na minha turma especial que veio falar comigo depois da segunda semana de aula.

Ela estava claramente chateada com o seu desempenho; ela queria sair da turma. Ela começou a chorar. "Todo mundo é tão mais inteligente do que eu." Eu lhe perguntei como ela havia chegado a essa conclusão e ficou claro que ela estava igualando o tempo de resposta à capacidade. Eu vejo que várias garotas fazem isso. Ela disse: "Quando eu estou no meio do processo de descobrir a resposta, os outros alunos já estão respondendo. Eu gosto quando você nos pede para escrever nossas respostas primeiro. Mas quando eu tenho que responder oralmente eu me sinto intimidada".

Uma vez que você tenha escolhido alguém para responder, também é importante proteger sua oportunidade de responder antes de deixar que qualquer outra pessoa (incluindo você) entre na interação. Olhe para o modo como Donnie lida com essa situação durante uma aula sobre medidas lineares:

> DONNIE: Ok, então como você vai resolver isso? (Pausa) Eugene.
> EUGENE: Você tem que saber quantas polegadas há em uma milha.
> DONNIE: E como você vai descobrir isso? [Eugene fica em silêncio, mas Ebony está balançando sua mão].
> EBONY: Ô, Ô, Srta., eu sei, eu sei como fazer isso.
> DONNIE: [muito gentilmente] Espere um minuto, Ebony, dê-lhe uma chance. Deixe ele falar.

Estimulando e mantendo o interesse

Nos capítulos anteriores, nós discutimos o estudo clássico de Kounin (1970) sobre as diferenças entre salas de aula ordenadas e desordenadas. Uma descoberta desse estudo foi de que os alunos se envolvem mais no trabalho e são menos bagunceiros quando os professores tentam envolver indivíduos que não participam na atividade de recitação, manter sua atenção e mantê-los "acordados". Kounin chamou esse comportamento de *alerta de grupo*. As observações de nossos quatro professores revelam que eles frequentemente usam estratégias de alerta de grupo para estimular a atenção e manter o ritmo da aula. Por exemplo, observe como Christina tenta gerar interesse pelas normas de citação e referência – uma aula que tem o potencial de ser muito cansativa:

> Hoje, falaremos sobre a próxima etapa na realização do trabalho de pesquisa – como citar as fontes no corpo do trabalho usando o formato ABNT. Isso é chamado de normas de citação e referência. Alguns de vocês têm perguntado por que é necessário aprender isso. Bem, aqui segue um exemplo de um artigo usando normas de citação e referência [Ela coloca um trecho de um artigo no retroprojetor]. Esse é um trecho de um artigo de 60 páginas [ela o balança no ar] escrito por uma amiga minha que trabalha em uma empresa de vendas. O artigo não tem nada a ver com a análise literária; trata-se de uma análise da lucratividade de um dos seus clientes, de US$2,5 milhões. Ela não trabalha com inglês, mas nós frequentamos o ensino médio juntas, e aprendemos lá como fazer isso juntas, do mesmo modo que vocês estão aprendendo a fazer isso agora. Essa é uma habilidade que vocês usarão em muitas situações diferentes, não apenas escrevendo uma análise literária para a disciplina Inglês 10R.

O interesse dos alunos pode também ser estimulado e mantido se você injetar algum humor e novidade na própria recitação. Durante uma aula sobre a diferença entre a narração limitada de terceira pessoa e a narração onisciente de terceira pessoa, Christina usa Michaela, uma aluna da turma, como um exemplo:

> CHRISTINA: Vamos dizer que Michaela chega na sala, vai para o seu lugar, faz o seu registro de jornal e, em seguida, faz sua tarefa de

grupo. Não sabemos nada a respeito de como ela está se sentindo interiormente. Esse é um exemplo de narração limitada de terceira pessoa. Tudo o que sabemos é o que o narrador pode ver. Agora, aqui está uma nova versão: Michaela chega na sala de aula se sentindo cansada, mas então ela vê o tópico do jornal no quadro e fica muito animada. Ela se diverte escrevendo seu registro de jornal e então, com entusiasmo, passa para sua tarefa em grupo. Qual seria?

ALUNO: Um conto de fadas! [Todos riem].

Os desafios aos alunos podem também ser uma maneira de incentivá-los a pensar e a prestar atenção. Seguem alguns exemplos:

FRED: Por favor, escutem isso agora... a maioria dos norte-americanos não entende isso; eles não têm ideia. Eu quero que vocês entendam isso.

DONNIE: Vocês precisam fixar isso em suas mentes porque nós vamos usar mais tarde. Isso não é uma pegadinha, mas vocês terão que pensar.

SANDY: Isso normalmente não é abordado em um curso de química de 2ª série. Na verdade, trata-se de um problema que eu perguntei no teste da minha turma especial de química. Mas eu sei que vocês conseguem fazer isso. Eu confio que vocês podem fazer isso. Apenas desmontem o problema, passo a passo.

Esses desafios são reminiscentes do comportamento do "Professor X", um dos indivíduos do estudo de Marshall (1987) sobre as estratégias motivacionais de três professores. Marshall descobriu que o Professor X frequentemente empregou afirmações destinadas a desafiar os alunos a pensar: "Eu vou enganar vocês", "Liguem seus cérebros... Vocês vão pensar", "Liguem suas mentes", "Pareçam ter olhos brilhantes e caudas peludas" (dito, segundo Marshall, "com entusiasmo e com um toque de humor"). Esse uso frequente de frases para estimular e manter a atenção dos alunos estava em forte contraste com as afirmações típicas feitas por dois outros professores no estudo (p. ex., "O teste será na quinta-feira" ou "Abram seus livros na página 382"). De fato, o Professor Y e o Professor Z *nunca* usaram estratégias para despertar a atenção e raramente desafiaram os alunos a pensar. A maioria das suas orientações eram tentativas de *trazer de volta* os alunos para a tarefa *depois* que a tensão e o interesse haviam diminuído.

Outra maneira de envolver os alunos é abrir espaço para o conhecimento pessoal e a experiência. Alpert (1991) estudou o comportamento dos alunos durante recitações e discussões em três salas de aula de inglês do ensino médio. Ela descobriu que em duas salas de aula os alunos tendiam a ser resistentes: eles resmungaram, se recusaram a responder e discutiram. Na terceira sala de aula, não houve nenhum sinal de resistência por parte dos alunos; ao contrário, os alunos nessa turma participaram ativamente das discussões. Alpert concluiu que a resistência foi criada pela tendência dos professores em enfatizar conhecimento factual, formal e acadêmico, sem qualquer tentativa de relacionar as experiências de vida pessoal dos alunos com o que estava sendo ensinado. Ela fornece alguns exemplos dessa abordagem: "Qual é o significado do sonho [no poema]?" "Qual é o tom do poema?" ou "O que está implícito naquela cena [pelo autor]?". Em contraste evidente, o terceiro professor estimulou os alunos a relacionar suas experiências pessoais aos trabalhos literários que eles leram. Por exemplo, quando discutiram por que o personagem literário estava tão irritado, ele pediu aos alunos para pensarem em coisas que os deixavam irritados. Ele também fez perguntas que promoveram o envolvimento com os trabalhos literários, por exemplo, "Vocês sentem pena de algum dos personagens?", "Vocês querem que Eliza se case com Freddy?".

Embora seja mais fácil fazer isso em matérias como inglês e estudos sociais, as observações indicam que Sandy e Donnie também tentam relacionar tópicos às próprias experiências pessoais dos alunos. Por exemplo, quando Sandy está introduzindo ácidos e bases, ela começa convidando os alunos a dizer tudo o que eles sabem sobre o assunto. Seu convite geralmente leva a uma discussão sobre aquários e piscinas e, certa vez, eles conversaram sobre o que poderia ocorrer se uma criança da qual você está cuidando bebesse Drano (uma base) e por que você não poderia usar vinagre (um ácido) para neutralizá-la! Do mesmo modo, quando Donnie ensina sobre círculos em geometria, ela fala em termos de bicicletas; cada raio da roda como um raio geométrico, e o local em que a corrente toca a engrenagem como o ponto de tangência.

Dando *feedback*

Pesquisas demonstraram a importância de dar *feedback* aos alunos (FISHER et al., 1980). Mas como você pode dar *feedback* adequado enquanto mantém o ritmo e o momento da sua aula? Rosenshine (1986) reviu as pesquisas sobre ensino eficiente e desenvolveu um conjunto de orientações que podem ser úteis. Segundo Rosenshine, quando os alunos fornecem respostas corretas e confiantes, você pode simplesmente fazer uma outra pergunta ou fornecer uma breve indicação verbal ou não verbal de que eles estão certos. Se os alunos estiverem certos, mas hesitantes, uma confirmação mais clara é necessária. Você também poderia explicar *por que* a resposta está correta ("Sim, está certo porque...") a fim de reforçar a matéria.

Quando os alunos dão uma resposta incorreta, o processo de *feedback* é mais difícil. Se você pensa que o indivíduo cometeu um erro por desatenção, você pode fazer uma

Donnie desafia os alunos a pensar durante uma aula sobre triângulos.

correção simples e seguir adiante. Se você entende que o aluno é capaz de chegar à resposta certa com uma pequena ajuda, você pode fornecer dicas ou estímulos. Às vezes é útil retornar a uma questão mais simples que você acha que o indivíduo é capaz de responder e então trabalhar na direção da sua pergunta original, etapa por etapa. Observe Sandy:

> Os alunos estão presos na seguinte pergunta: "Dada a equação equilibrada a seguir, que volume do gás hidrogênio pode ser produzido a partir da decomposição de dois mols de H_2O?" Seus rostos ficam vazios e se faz um silêncio absoluto. Sandy pergunta: "Bem, qual é o volume de um mol de qualquer gás nas CNTPs [condições normais de temperatura e pressão]?". Todas as mãos se levantam. Sandy escolhe um aluno para responder. "22,4 litros." Sandy continua: "Vocês sabem a relação entre mols de H_2O e mols do gás hidrogênio produzido?" Novamente, várias mãos se levantam e um aluno responde: "É uma relação de um para um. A equação mostra isso". Repentinamente há muitas mãos balançando e os alunos começam a pedir para serem chamados: "Oh, eu sei a resposta". "Oh, eu sei." Com um sorriso, Sandy pede que eles se acalmem e esperem: "Ok, esperem, vamos voltar à pergunta inicial. A partir da equação equilibrada a seguir, que volume do gás hidrogênio pode ser produzido pela decomposição de dois mols de H_2O?"

Há momentos em que os alunos são simplesmente incapazes de responder à sua pergunta. Quando isso ocorre, há pouca razão para insistir no tema fornecendo estímulos ou dicas; isso apenas fará com que a recitação ou discussão fique lenta. Donnie às vezes permite que os alunos, nessa situação, "passem" a pergunta. Essa prática não apenas ajuda a manter o ritmo mas também permite que os alunos "conservem as aparências". Enquanto isso, ela faz uma observação mental para voltar a ensinar a matéria para aqueles que tiveram dificuldade.

> Donnie está revendo os problemas nos deveres de casa sobre o teorema de Pitágoras. "Ok, indo para o número 14". Ela vai na direção de Edward e olha como se fosse chamá-lo. Ele sinaliza indicando que não quer responder aquela pergunta. "Não chamar você? Ok. Eu voltarei." Ela se afasta e chama outra pessoa.

A situação mais problemática para os professores é quando as respostas dos alunos são claramente incorretas. Dizer "Não, não está certo" pode ser desconfortável, contudo os alunos merecem ter o retorno preciso. Como Sandy enfatiza: "É realmente importante ser claro sobre o que está certo e o que não está. Os alunos têm que saber que o professor não os deixará pensando de maneira errada". Em vez de corrigir diretamente os alunos, no entanto, Sandy prefere ajudá-los a descobrir seus próprios erros:

> Eu tenho dificuldade em dizer "Sua resposta está errada", mas eu geralmente não tenho que fazê-lo. Eu posso lhes pedir para explicar seus argumentos. Ou eu posso pegar a parte da resposta que é certa e trabalhar com ela. Eu posso fazer uma pergunta sobre uma resposta deles. "Como o gráfico mostra isso?" "Então vocês estão dizendo que teria que ser desse jeito..." Eu gosto que os alunos descubram seus próprios erros e os corrijam.

Do mesmo modo, Fred dirá aos alunos: "Essa resposta não faz sentido para mim. Como vocês chegaram a ela?" Às vezes, ele cumprimenta os alunos por cometerem "realmente um bom erro": "Eu adoro erros. É como todos nós aprendemos".

Monitorando a compreensão

Um modo simples de medir o quanto seus alunos compreenderam da matéria é pedir que eles respondam abertamente às suas perguntas. Por exemplo, você pode lhes pedir para colocar os dedos para cima ou para baixo para indicar concordância ou discordância com uma afirmação em particular. Você também pode fazer com que eles exibam fisicamente as respostas com materiais ou que escrevam as respostas. Observe Donnie nessa aula sobre as propriedades dos círculos:

> Donnie pede aos seus alunos que peguem uma folha de papel sem linhas, um compasso, uma régua e um lápis. Ela diz aos alunos: "Agora eu quero verificar a sua capacidade de aplicar os termos que estivemos utilizando e não apenas regurgitar as definições. Eu repetirei as orientações duas ou três vezes. Desenhe um círculo com um raio de duas polegadas [Ela faz uma pausa para dar aos alunos a chance de executarem o que foi pedido]. Chamem o centro do círculo de ponto P. A partir do centro, indo para o sul, desenhem o raio PA. Nomeiem esse raio. A próxima coisa que vocês farão é desenhar uma linha, mas escutem, a linha que vocês vão desenhar irá dividir PA e ir na direção leste-oeste". À medida que os alunos trabalham, Donnie circula, verificando como os alunos estão se saindo individualmente.

Outra maneira de verificar a compreensão dos alunos é observar um "grupo piloto". Trata-se de uma amostra de alunos cujo desempenho é usado como um indicador de que a turma está "com você" e que você pode passar para um novo tópico (LUNDGREN, 1972). Tenha cuidado, entretanto, ao escolher os alunos para o grupo piloto. Se você selecionar apenas os alunos de alto desempenho, sua *performance* pode levá-lo a superestimar a compreensão da turma como um todo.

Durante uma conversa com Donnie, ela explicou que um garoto na sua turma de álgebra era um membro-chave do seu grupo piloto:

> Tem esse garoto que é mediano em termos de capacidade. Ele geralmente senta na parte de trás da sala e, quando ele não entende, tem uma certa expressão no rosto. Eu posso dizer que ele está confuso. Porém, quando ele realmente entende, fica "iluminado". Quando eu vejo que seu rosto está iluminado, eu posso ter certeza de que a maioria dos outros alunos entende.

Apoiando a participação de aprendizes diversos

Ao entender e reconhecer que os padrões familiares de discurso dos alunos podem ser diferentes do padrão de discurso usado na recitação, você se torna mais capaz de garantir que todos os alunos na sua turma – independentemente da sua origem cultural, *status* socioeconômico ou gênero – terão oportunidades equivalentes de participação. Embora não haja soluções simples, várias orientações podem ser úteis (elas estão resumidas na seção Dicas Práticas sobre recitações). Primeiro, *os professores precisam estar conscientes dos seus padrões de perguntas, do uso de tempo de espera e de proporcionar elogios* (ARENDS, 2008). Isso significa rastrear que alunos você chama, com que frequência chama e como você reage às suas respostas (como é difícil monitorar seus próprios padrões de perguntas, é útil ter alguém que faça isso por você). Sandy é uma professora de ciências que não permite que os meninos "tomem a dianteira":

> Eu vejo que os garotos costumam ser mais rápidos do que as meninas ao responder. Os garotos irão gritar as respostas mesmo que eles não tenham certeza, enquanto as meninas irão sentar e pensar antes de responder qualquer coisa. Eu tenho que estar consciente disso e assegurar que as garotas tenham as mesmas oportunidades.

Segundo, é essencial tornar-se familiarizado com os padrões de discurso característicos dos alunos culturalmente diversos

(ARENDS, 2008). Antes de assumir que os alunos estão sendo desrespeitosos ao gritar, por exemplo, uma boa ideia é perguntar se esse comportamento poderia representar um estilo de discurso culturalmente aprendido que é apropriado e normal em cenários fora da escola.

Terceiro, leve em conta se é possível algum tipo de acomodação ao estilo de discurso dos alunos. Por exemplo, durante recitações e discussões, o "Sr. Appleby", um professor branco, de classe média, com 17 alunos predominantemente negros e de baixo desempenho em sua sala, estimulou a turma a gritar as respostas e fazer comentários e não esperou que eles levantassem as mãos e falassem um de cada vez. Observando isso, Deborah Dillon (1989, p. 245) relata:

> Appleby também permitiu que seus alunos interagissem uns com os outros e com ele do modo como eles falavam com seus colegas e adultos nas suas famílias/comunidades. Em outras palavras, nessas aulas, Appleby permitiu que as interações fossem culturalmente congruentes... Por exemplo, os alunos frequentemente falavam de modo sarcástico, interrompiam Appleby ou falavam ao mesmo tempo que outros alunos quando apresentavam suas ideias.

Apesar dessa "permissividade", Dillon não observou qualquer desrespeito. Os alunos reconheciam que Appleby tinha altas expectativas em termos acadêmicos e comportamentais e as preencheram. Como LaVonne comentou, "Os alunos obedecem aos desejos de Appleby – agimos como loucos mas nos acalmamos e não exageramos" (DILLON, 1989, p. 244).

Embora a acomodação aos padrões de discurso dos alunos seja possível e às vezes apropriada, alguns educadores (p. ex., DELPIT, 1995) argumentam que os professores precisam ser explícitos a respeito dos padrões de discurso que são esperados (e geralmente de modo implícito) na escola. De fato, o ensino explícito desse conhecimento

> **PARE E REFLITA**
> Pense sobre as estratégias para administração de recitações descritas na seção anterior. Quais são as cinco coisas mais importantes que você precisa ter em mente à medida que planeja uma recitação?

é considerado uma "responsabilidade moral" do professor uma vez que ele permite que os indivíduos participem integralmente na comunidade da sala de aula e na sociedade mais ampla (GALLEGO; COLE, 2001, p. 979). Portanto, a quarta orientação é fornecer ensino explícito sobre o padrão de discurso de recitações (I-R-A) e permitir que os alunos pratiquem essas habilidades de comunicação.

Finalmente, os professores podem incorporar "formatos de resposta alternativos" planejados para envolver todos os alunos em vez de apenas um ou dois (WALSH; SATTES, 2005). Alguns já foram mencionados, como respostas em coro, respostas evidentes (p. ex., "polegares para cima" ou "polegares para baixo") e amostras de trabalho (p. ex., alunos resolvem um problema individualmente). Embora todos esses formatos exijam que os alunos respondam individualmente, outros permitem que eles trabalhem cooperativamente antes de responderem à pergunta do professor; lembre-se de "Cabeças Numeradas Juntas" e "Ação Cronometrada de Pares", descritos no Capítulo 10. Esses formatos de resposta mais ativos podem ser mais confortáveis para alunos que consideram o padrão tradicional de pergunta-resposta-avaliação pouco familiar ou intimidatório.

FACILITANDO DISCUSSÕES CENTRADAS NOS ALUNOS

Tanto na recitação quanto na discussão conduzida pelo professor, este se encontra no comando, determinando o conteúdo, os participantes e o ritmo. Em contraste, a *discussão centrada nos alunos* fornece uma oportunidade para eles interagirem diretamente uns com os outros, enquanto o professor atua como facilitador ou moderador.

Considere este exemplo observado na turma de Fred de Institute for Legal and Political Education (IPLE). O tópico eram os déficits de orçamento, e Hope acabou de fazer uma pergunta-chave: "Por que o governo não pode simplesmente imprimir mais dinheiro para pagar um débito?". Fred observou que essa era uma pergunta importante e ele tentou dar uma explicação. Hope não se convenceu. Outros alunos se juntaram ao debate:

> Susan: Acho que eu entendi agora. Você sabe que eles dizem que nem todos podem ser milionários. É preciso haver algumas pessoas pobres. É desse jeito.
> John: Sim, como quando eu jogo Banco Imobiliário. Eu compro todas as propriedades e acabo falido. Então eu pego um empréstimo e eu acabo com a minha partida porque eu não estou jogando com o dinheiro que eu supostamente deveria ter. É como trapacear.
> Lorie: Sim, esse dinheiro de fato não existe.
> Hope: O que vocês querem dizer? Se o governo imprime o dinheiro, ele de fato existe [Vários alunos começam a falar ao mesmo tempo].
> Fred: Esperem. Stuart, então Roy e em seguida Alicia.
> Stuart: O dinheiro vale muito porque há apenas um pouco dele. Se houvesse muito, ele valeria pouco.
> Hope: Eu ainda não entendo. E daí se ele valesse pouco?
> Roy: Vamos fazer de conta que há essa barra de ouro parada em Fort Knox e que ela vale US$10, mas há apenas uma única nota de US$10. Agora se nós fizermos 10 notas de US$10, cada uma valerá apenas US$1.
> Hope: E daí? Eu ainda posso usá-la para comprar coisas [Alguns alunos entram na conversa, mas Fred intervém].
> Fred: Alicia não teve chance de falar.
> Alicia: Eu acho que eu entendi agora. Deixe-me tentar. Há esse diamante e nós dois o queremos... [Ela continua explicando, mas Hope ainda está confusa].
> Fred: Vamos ver se eu consigo ajudar aqui...

Como podemos ver a partir desse trecho, Fred fica essencialmente fora da interação, exceto para garantir que os alunos tenham oportunidade de falar quando a interação aumenta. Ao contrário da recitação, ou mesmo de muitas discussões conduzidas por professores, os alunos falam diretamente uns com os outros. Eles comentam sobre as contribuições uns dos outros, fazem perguntas, discordam e explicam.

Fornecer oportunidades para as discussões aluno–aluno significa que os professores têm de abrir mão de seu papel como *líder* e assumir o papel de *facilitador*. Isso pode ser difícil para professores que estão acostumados a dominar ou a, pelo menos, dirigir a conversação. Mas agir como facilitador em vez de líder não significa abdicar da responsabilidade de dirigir a interação. Isso ficou muito claro durante uma conversa com Fred, quando ele descreveu alguns dos problemas que ele tenta antecipar e evitar:

> Antes de mais nada, uma atividade como essa pode ser uma oportunidade para alguns alunos mostrarem como são inteligentes e obter atenção, então é importante tomar cuidado para que eles não monopolizem a discussão. Em segundo lugar, você tem que ouvir atentamente e se perguntar: "Onde isso está indo?". Eu procuro sempre ter um objetivo final em mente e garantir que a discussão

não se afaste muito dele. Ocasionalmente, eu me intrometo e digo algo como "Acho que estamos perdendo o foco aqui" ou "Acho que vocês estão debatendo sobre semântica". Também, muitas vezes os alunos declaram opiniões como fato e eu acho importante esclarecer essas questões. Eu procuro intervir e lhes pedir que forneçam evidências que apoiem o seu ponto de vista. Ou eu peço esclarecimentos: "Isso é o que você quis dizer?".

Como as discussões centradas nos alunos podem ser difíceis tanto para eles quanto para os professores, Christina desenvolveu uma estratégia que chama de "Discussões de Notas *Post-It*". Quando os alunos leem um texto que lhes foi solicitado, eles escolhem uma passagem que consideram interessante – podem ser algumas palavras, páginas ou algo entre ambas. Eles colocam um *Post-It* perto da passagem escolhida e escrevem respostas às perguntas que Christina construiu (p. ex., Por que você escolheu essa passagem? O que ela significa? O que ela diz sobre o resto do texto? Que temas são levantados aqui?). Então, eles pegam um segundo *Post-It* e escrevem uma pergunta para discussão. A troca a seguir é de uma discussão de *Post-It* sobre *Ethan Frome*:

> Aluno 1: Minha passagem está na página 95, começando com "Seus impulsos..." [Os alunos abrem na página 95, e ela lê o parágrafo em voz alta, enquanto todos acompanham]. Eu escolhi essa passagem porque eu acho que é a mais importante no capítulo. Ela mostra como Ethan está finalmente decidindo dizer a Zeena como ele se sente, mas então ele começa a mudar de ideia pensando que não é capaz de fazer isso. Minha pergunta é: por que vocês acham que Ethan está tendo tal dificuldade em deixar Zeena?
> Aluno 2: Eu acho que ele sente que é errado deixá-la porque ela está doente e depende dele.
> Aluno 3: Eu também acho que ele está preocupado com dinheiro, mas isso não o impediria.
> Aluno 4: Eu acho que isso o impediria. Ele não tem nem o dinheiro da passagem de trem para deixá-la.
> Aluno 3: Mas, na próxima frase, ele diz que tem certeza de que encontrará trabalho.
> Aluno 5: Ele está preocupado de não ser capaz de sustentar Mattie.
> Aluno 6: Ele quer partir mas tem medo da mudança...

Como podemos ver, o papel dos alunos é fazer as perguntas da discussão e convocar os colegas a responder – um papel ao qual eles não estão acostumados. Durante a discussão anterior, de fato, uma garota fez a sua pergunta e então parecia paralisada diante das mãos levantadas dos seus colegas. Quando ela se voltou para Christina em busca de ajuda, Christina silenciosamente a lembrou: "Você está no comando, Renata". A garota riu: "Eu não estou acostumada com isso!".

Estar "no comando" é um papel certamente estranho para os alunos, mas um papel que eles aos poucos aprendem a assumir com a estratégia do *Post-It*. Depois da aula, Christina compartilhou seus pensamentos sobre a importância de os alunos terem a responsabilidade pelas discussões da turma:

> Durante minhas experiências de regência e de licenciatura, eu frequentemente via "discussões" de turma em que os professores falavam a maior parte do tempo. Eu me preocupava em não ser capaz de conduzir uma discussão efetiva porque mesmo os professores mais experientes e talentosos que eu ob-

servei lutavam para envolver os alunos. Parecia que seria uma tortura ficar diante de uma turma e não obter resposta. Então eu comecei a pensar em como eu poderia fazer para que os alunos assumissem maior responsabilidade pela discussão. Eu sempre escrevo nas margens dos meus livros quando uma passagem me interessa, mas obviamente os alunos não podem fazer isso com os livros escolares. Então eu vim com a ideia do *Post-It*. Eu acho que está funcionando muito bem, e as reações dos alunos têm sido esmagadoramente positivas. Desse modo, os alunos realmente "são os donos" da discussão. Eles falam sobre o que lhes interessa, e não apenas sobre o que eu considero importante. Eles têm de se preparar para a discussão escrevendo os seus pensamentos, e isso quase sempre enriquece a atividade. E todos os alunos têm de participar, pelo menos para ler sua passagem e fazer perguntas. A parte mais difícil é ficar calado. Eu sento de propósito fora do grupo, para evitar dominar a discussão, mas ainda assim tenho que me policiar o tempo todo.

Quando você estiver aprendendo a liderar uma discussão, tenha em mente três sugestões básicas (GALL; GILLETT, 1981). Primeiro, pode ser sábio *limitar o tamanho do grupo*. É difícil ter uma discussão centrada nos alunos com um grande número de participantes. A turma de IPLE de Fred tem apenas 12 alunos, então o tamanho do grupo não era um grande problema aqui, mas em uma turma como a de Christina, as oportunidades para falar são mais limitadas. Em suas turmas maiores, Fred às vezes usa o método do "aquário", no qual cinco ou seis alunos conduzem a discussão no meio da sala, enquanto o resto da turma senta em um grande círculo em volta deles e atua como observadores e relatores. Outra solução é dividir a turma em grupos de cinco pessoas, com um aluno em cada grupo atuando como líder da discussão.

Segundo, *organize os alunos de modo que eles possam fazer contato visual*. É difícil falar diretamente para alguém se tudo o que você consegue ver é a parte de trás de uma cabeça. Se for possível, os alunos devem mover suas carteiras em um arranjo que lhes permita estar face a face (ver Fig. 2.6 para um exemplo de arranjo de sala de aula apropriado para uma discussão).

Finalmente, *prepare os alunos para participarem de uma discussão centrada nos alunos ensinando explicitamente as habilidades que são pré-requisitos*:

- Falem uns com os outros, não apenas com o moderador.
- Não monopolizem.
- Perguntem aos outros o que eles pensam.
- Não se envolvam em ataques pessoais.
- Escutem as ideias dos colegas.
- Reconheçam as ideias dos outros.
- Questionem comentários irrelevantes.
- Peçam esclarecimentos.
- Peçam aos outros argumentos para suas opiniões.
- Ofereçam argumentos para suas opiniões.

Dillon (1994) também fornece algumas orientações extremamente úteis para facilitar as discussões (ver a seção Dicas Práticas). Observe que Dillon alerta sobre fazer perguntas durante a discussão centrada nos alunos por medo de transformar a atividade em uma recitação. Embora sua preocupação seja bem fundada, outros especialistas em discussões acreditam que as perguntas podem ser uma maneira adequada e eficiente de manter a conversação fluindo. De fato, Brookfield e Preskill (1999) identificam vários tipos de perguntas que são especialmente úteis na manutenção do momento:

Perguntas que pedem mais evidências:
Como você sabe isso?
Em que dados essa reivindicação se baseia?

O que o autor diz que apoia o seu argumento?
Onde você encontrou esse ponto de vista expresso no texto?
Que evidência você daria a alguém que duvidasse da sua interpretação?

Perguntas que pedem esclarecimento:
Você pode dizer isso de outra forma?
O que você quis dizer com isso?
O que exemplifica o que você está falando?
Você pode explicar o termo que você acabou de usar?

Perguntas de ligação ou extensão:
Há alguma conexão entre o que você acabou de dizer e o que Rajiv estava dizendo há um momento?
Como o seu comentário se encaixa no comentário de Neng?
Como a sua observação se relaciona ao que o grupo decidiu semana passada?
A sua ideia desafia ou apoia o que nós parecemos estar dizendo?

Perguntas hipotéticas:
O que poderia ter acontecido se Joey não tivesse perdido o ônibus escolar?
No vídeo que acabamos de ver, como a história poderia ter mudado se Arnold tivesse pegado a bola?
Se o autor quisesse que o professor fosse uma figura mais compreensiva, como ele poderia ter modificado essa conversação?

Perguntas de causa e efeito:
Qual é provavelmente o efeito da chamada de nomes?
Como o rumor pode ter afetado a peça da escola?

Perguntas de resumo e síntese:
Qual a ideia mais importante ou as duas ideias mais importantes que emergiram dessa discussão?

O que permanece não resolvido ou controverso sobre esse tópico?
O que você entende melhor como resultado da discussão de hoje?
Baseados na nossa discussão de hoje, sobre o que precisamos falar da próxima vez para entendermos melhor esse tema?
Que palavra-chave ou conceito melhor captura nossa discussão de hoje?

COMENTÁRIOS FINAIS

Este capítulo destacou os três padrões diferentes de interação verbal: recitações, discussões conduzidas por professores e discussões centradas nos alunos. É importante não confundi-los – pensar que você está conduzindo uma discussão quando você está na verdade conduzindo uma recitação.

Os professores frequentemente dizem que eles empregam muito a discussão, quando na verdade eles estão conduzindo recitações. Por exemplo, em um estudo de observação (ALVERMANN; O'BRIEN; DILLON, 1990), 24 professores dos anos finais do ensino fundamental relataram o uso de discussão. Contudo, apenas sete puderam ser observados agindo dessa forma; os outros estavam usando a recitação ou empregando palestra intercalada com perguntas. Essas descobertas são consistentes com as observações de 1.000 salas de aula do ensino básico em todo o país, nas quais a discussão foi vista apenas em 4 a 7% do tempo (GOODLAD, 1984). Quase 20 anos depois, a quantidade de discussão não parece ter mudado: um estudo de 64 turmas de inglês/artes em 19 escolas dos anos finais do ensino fundamental e do ensino médio descobriu que a discussão ocorreu em apenas 1,7 minutos dos 60 minutos de tempo de aula – ou 3,8% do tempo (APPLEBEE et al., 2003). Fica claro que a discussão real é pouquíssimo usada na sala de aula. Como Sandy comenta:

Vários professores iniciantes misturam esses dois. Foi dito a eles que deveriam fazer muitas perguntas, então eles as fazem, mas frequentemente as perguntas são questões de sim/não ou perguntas que pedem respostas curtas, sem muita profundidade: O que todos os átomos têm em comum? Quantos prótons existem no átomo? Nas discussões, a maioria das perguntas são questões de pensamento crítico, e o tempo de resposta é mais longo. Você está tentando desenvolver uma ideia ou chegar a uma conclusão. Você não está apenas revisando; você está trabalhando com um objetivo conceitual.

Dicas práticas

COMO FACILITAR DISCUSSÕES

- Formule cuidadosamente a pergunta da discussão (se certificando de que ela não esteja em um formato que convide a uma resposta sim/não ou uma resposta/ou outra), junto com perguntas secundárias, perguntas embutidas, perguntas de acompanhamento e perguntas relacionadas.
- Crie um esboço de pergunta, identificando pelo menos três subperguntas e pelo menos quatro respostas alternativas à questão central.
- Apresente a pergunta de discussão à turma, escrevendo-a no quadro, em uma transparência de retroprojetor ou em um papel distribuído para a turma. Após ler a questão em voz alta, prossiga dando um sentido à questão, identificando termos, explicando a relevância da pergunta, conectando-a a uma discussão anterior ou atividade de turma e assim por diante. Termine com um convite para a turma começar a responder à pergunta.
- Inicialmente, ajude a turma a enfocar a pergunta, em vez de dar respostas a ela. Por exemplo, convide a turma a dizer o que eles sabem sobre a questão, o que ela significa para eles.
- NÃO COMENTE DEPOIS DA CONTRIBUIÇÃO DO PRIMEIRO ALUNO (se você o fizer, a interação rapidamente se tornará I-R-A). Além disso, não pergunte "O que outras pessoas pensam sobre isso?" (se você o fizer, acabará estimulando declarações de diferença ou oposição à primeira posição, e sua discussão se transformará em um debate).
- Em geral, não faça perguntas além da primeira questão. Use, em vez disso, alternativas que não sejam perguntas: afirmações (os pensamentos que ocorreram a você em relação ao que o locutor acabou de falar; afirmações reflexivas que basicamente reafirmam a contribuição do locutor; afirmações que indicam o interesse em ouvir mais sobre o que o locutor acabou de dizer; afirmações que indicam a relação entre o que o locutor acabou de dizer e o que um locutor anterior disse); sinais (sons ou palavras que indicam interesse no que o locutor falou); silêncio (Dillon reconhece que o silêncio deliberado é o mais difícil de ser realizado pelos professores. Para ajudar os professores a permanecer em silêncio, ele recomenda cantar silenciosamente *"Baa, baa, black sheep"* depois da contribuição de cada aluno).
- Facilite a discussão ao
  - localizar: "Onde estamos agora? O que estamos dizendo?"
  - resumir: "O que fizemos? Concordam?"
  - abrir o assunto: "O que faremos em seguida?"
  - acompanhar: "Parece que estamos fora do caminho aqui. Como podemos todos retornar para a mesma linha de pensamento?"
  - criar um ritmo: "Só um minuto, me pergunto se não estamos indo um pouco rápido demais aqui. Vamos olhar com mais atenção essa ideia"
- Quando for a hora de terminar a atividade, ajude os alunos a resumir a discussão e identificar as perguntas restantes.

Também tenha em mente as críticas que foram levantadas contra as recitações e reflita sobre quão frequentemente você domina a interação verbal na sua sala de aula. Pergunte a si mesmo se você também oferece oportunidades para uma discussão centrada nos alunos, durante a qual você serve como facilitador (em vez de um questionador) e incentive a interação direta aluno-aluno. Reflita sobre o nível de pensamento que você exige dos alunos. A recitação em sala de aula serve a várias funções úteis, mas seu *abuso* sugere que seu currículo consiste em grande parte de nomes, datas, fatos e algoritmos (CAZDEN, 1988).

Resumo

Este capítulo começou examinando algumas das principais críticas à recitação, bem como as funções úteis que ela pode ter. Então distinguiu as recitações das discussões conduzidas por professores e levou em conta as armadilhas potenciais desses dois subcenários. Em seguida, o capítulo sugeriu várias estratégias para empregar recitações e discussões conduzidas por professores de modo bem-sucedido na sua sala de aula. Finalmente, vimos dois exemplos de uma discussão centrada em alunos e consideramos brevemente várias orientações para administrar esse tipo de interação verbal.

Características das recitações
- I-R-A (início pelo professor, resposta do aluno, avaliação pelo professor ou acompanhamento).
- Ritmo rápido.
- Costuma-se rever a matéria, desenvolver um texto.

Críticas às recitações
- O professor desempenha um papel dominante, o aluno um papel passivo.
- Há falta de interação entre os alunos.
- A memorização é enfatizada em relação a habilidades de pensamento mais elevadas.
- A recitação estimula a avaliação pública que pode levar à interdependência negativa.

Funções das recitações
- Fornece uma oportunidade para verificar a compreensão dos alunos.
- Oferece uma oportunidade para estimular os alunos a construir respostas mais completas.
- Envolve os alunos na apresentação da matéria.
- Permite o contato com indivíduos em um cenário de grupo.
- Ajuda a manter o nível de atenção.

Características de discussões conduzidas por professores
- I-R (ou mesmo I-R-R-R).
- As perguntas são iniciadas pelos alunos.
- Os alunos comentam a respeito das contribuições dos colegas.
- Ritmo mais lento.
- Pretendem estimular o pensamento, promover a resolução de problemas e examinar as implicações.

Armadilhas das recitações e de discussões conduzidas por professores
- Participação desigual.
- Perda de ritmo, foco e envolvimento dos alunos.
- Dificuldade no monitoramento da compreensão.
- Incompatibilidade com os padrões de comunicação que os alunos trazem para a escola.

Estratégias para recitações e discussões bem-sucedidas conduzidas por professores
- Distribua as chances de participação:
    Use algum tipo de revezamento padronizado.
    Garanta que meninos e meninas tenham uma oportunidade igual de participação.
- Forneça tempo para pensar sobre as respostas antes de responder.
- Estimule e mantenha o interesse:
    Use estratégias de alerta de grupo.
    Use humor e novidade.
    Inclua desafios aos alunos.
    Abra espaço para conhecimento pessoal e experiência.
- Forneça retorno sem perder o ritmo.
- Monitore a compreensão:
    Exija respostas evidentes.
    Observe um grupo piloto.

- Apoie a participação de aprendizes diversos:
  Tenha consciência dos padrões de fazer perguntas e respondê-las.
  Familiarize-se com os padrões de discurso de diferentes culturas.
  Acomodem os estilos de discurso dos alunos sempre que possível.
  Forneça instrução explícita sobre os padrões de discurso das recitações.
  Use formatos de resposta alternativos.

Facilite as discussões centradas nos alunos

- Atue como um facilitador e não como um questionador.
- Garanta que alguns alunos não monopolizem.
- Certifique-se de que a discussão não saia do tema.
- Peça que os alunos forneçam evidências que apoiem as suas opiniões.
- Limite o tamanho do grupo.
- Organize os alunos de modo que eles possam fazer contato visual.
- Ensine habilidades de discussão.

Quando planejar suas aulas, pense sobre o grau com que você usa recitações, discussões conduzidas pelo professor e discussões centradas nos alunos na sua sala de aula. Pense no nível das perguntas que você faz: suas perguntas são fáceis, são perguntas factuais que podem ser respondidas com uma palavra ou duas ou são questões planejadas para estimular o pensamento e a resolução de problemas? Pergunte a si mesmo se você domina consistentemente a interação ou se você também fornece oportunidades para uma discussão real entre os alunos.

ATIVIDADES PARA A CONSTRUÇÃO DE HABILIDADES E REFLEXÃO

Na turma

1. Seu colega lhe pediu para ajudá-lo a descobrir por que seus alunos não estão prestando atenção na aula. Ele gostaria que você o observasse e desse um *feedback*. O que segue é uma aula que você observou. Em um grupo pequeno, identifique os focos de problema da aula e forneça três sugestões específicas para melhorar. Use o que você sabe sobre distribuir a participação, estimular e manter o interesse e monitorar a compreensão.

SR. B.: Quem se lembra do que é a fotossíntese? [Nenhuma resposta] Vocês se lembram de ontem quando olhamos para plantas verdes e discutimos como uma planta fabrica o seu próprio alimento? [O Sr. B. percebe que Thea está acenando com a cabeça]. Thea, você se lembra da fotossíntese?

THEA: Sim.

SR. B.: Bem, o que você pode dizer à turma sobre ela?

THEA: Tem algo a ver com luz e clorofila.

SR. B.: Bom. Tom, você pode acrescentar algo? [Tom estava desenhando no seu caderno].

TOM: Não.

SR. B.: Tom, Thea nos disse que a fotossíntese tem a ver com luz e clorofila. Você se lembra de nossa discussão de ontem quando definimos fotossíntese?

TOM: Alguma coisa.

SR. B.: O que você quer dizer? Você não escreveu a definição junto com o resto da turma? Olhe no seu caderno e me diga a definição [Tom começa a folhear o seu caderno. Muitos dos alunos começaram a sussurrar e a rir baixo. Alguns estão olhando os seus cadernos]. Quantos de vocês encontraram a página onde definimos fotossíntese? [Sete alunos levantaram suas mãos]. Bom. Alguém poderia ler essa definição para mim? Thea.

THEA: Fotossíntese é o processo de formação de açúcares e amidos em plantas a partir de água e gás carbônico quando a luz do sol atua sobre a clorofila.

SR. B.: Excelente. Todos entenderam? [Alguns alunos acenam suas cabeças]. Bom. Amanhã teremos um *quiz* sobre plantas e fotossíntese. Tom, você estará pronto para o *quiz*?

TOM: Claro, Sr. B.

SR. B.: Ok, vamos todos abrir na página 135 de nosso livro de ciências e ler sobre os usos das plantas.

2. Monitorar a compreensão dos alunos às vezes é problemático. Em um pequeno grupo,

considere três dos tópicos a seguir (ou pense em um da sua própria área de conteúdo) e sugira duas maneiras diferentes pelas quais um professor poderia promover participação evidente para determinar o grau de compreensão dos alunos.

a. Personagens principais e suas características.
b. Características de paralelogramos.
c. Símbolos dos íons químicos.
d. Palavras do vocabulário em língua estrangeira.
e. Longitude e latitude.
f. Tipos de nuvens.
g. Conteúdo de gordura de vários produtos.

Individual

1. Visite uma sala de aula e observe uma recitação. Em um mapa de assentos, mapeie a interação verbal colocando uma marca ou um x no "assento" de cada aluno que participa (veja o exemplo na Fig. 11.2). Analise seus resultados e tire suas conclusões sobre o quanto a participação está ampla e justamente distribuída nessa turma.
2. Sabemos que recitações e discussões são frequentemente confundidas. Observe e registre 10 minutos de uma "discussão" em sala de aula. Então, usando a lista de verificação a seguir, veja se a interação verbal na verdade atende aos critérios de uma discussão ou se ela é mais como uma recitação.

- Os alunos são os locutores predominantes.
- O padrão de interação verbal não é I-R-A, mas uma mistura de afirmações e perguntas por professor e alunos.
- O ritmo é mais longo e lento.
- O propósito principal é estimular várias respostas, estimular os alunos a levar em conta diferentes pontos de vista, promover a resolução de problemas e coisas semelhantes.
- A avaliação consiste de concordo/discordo, em vez de certo/errado.

Para seu portfólio

Crie dois planos de aula, um que inclua a recitação e outro que inclua uma discussão centrada nos alunos. Na sequência, liste as perguntes que você usará para cada. Em um comentário breve, explique como essas aulas diferem uma da outra e por que a estratégia de ensino escolhida é adequada para o conteúdo da aula.

LEITURAS ADICIONAIS

BROOKFIELD, S. D.; PRESKILL, S. *Discussion as a way of teaching*: tools and techniques for democratic classrooms. 2nd ed. San Francisco: Jossey-Bass, 2005.

Esse livro oferece uma riqueza de informações práticas sobre como planejar, conduzir e avaliar as discussões em sala de aula. Os autores descrevem estratégias para começar

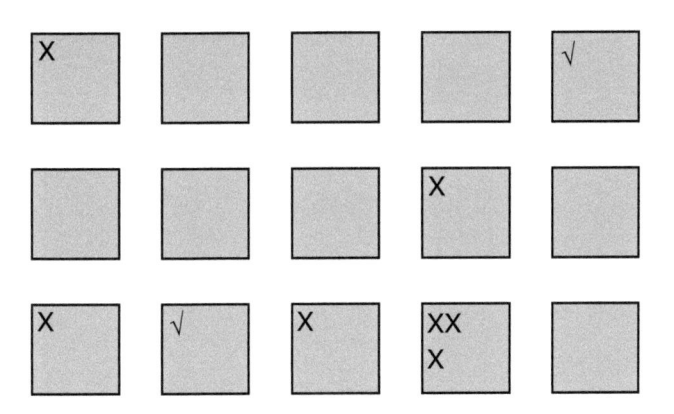

√ = pergunta/comentário
X = resposta a uma pergunta

FIGURA 11.2 Exemplo de um mapa de assentos.

discussões e manter o seu momento. Um capítulo sobre discussão em salas de aula culturalmente diversas fornece informação valiosa sobre a indução de visões e vozes diversas.

GAMBRELL, L. B.; ALMASI, J. F. (Eds.). *Lively discussions!* Fostering engaged reading. Newark: International Reading Association, 1996.

O primeiro capítulo desse livro contrapõe a recitação e a discussão e claramente explica a diferença entre as duas em termos dos papéis dos professores e alunos. Outros capítulos oferecem estratégias práticas que os professores podem usar para promover discussões que estimulam o desenvolvimento literário. O livro apresenta muitos exemplos de crianças construindo significado colaborativamente e levando em conta interpretações alternativas de um texto para chegar a novas compreensões.

HENNING, J. E. *The art of discussion-based teaching:* opening up conversation in the classroom. New York: Routledge, 2008.

Esse é um texto valioso para os professores de ensino básico que querem promover mais discussões centradas nos alunos nas suas salas de aula. O livro fornece conselhos práticos sobre formulação de perguntas, discussões orientadas e manutenção do envolvimento dos alunos. Uma seção particularmente útil aborda as maneiras de apoiar cultural e linguisticamente vários alunos.

WALSH, J. A.; SATTES, B. D. *Quality questioning*: research-based practice to engage every learner. Thousand Oaks: Corwin Press, 2005.

Baseado na estrutura QUILT criada pelos autores (*Questioning and Understanding to Improve Learning and Thinking*), esse livro discute a preparação de questões, sua apresentação, o estímulo às respostas dos alunos, o processamento das respostas deles, ensinar os alunos a fazer perguntas e a refletir sobre a prática de questionamento. Walsh e Sattes sugerem estratégias para envolver todos os alunos nas perguntas do professor e estimulá-los a produzir suas próprias perguntas.

PARTE IV

Protegendo e restaurando a ordem

As manchetes dos jornais sobre crime, violência e vandalismo transmitem uma imagem cruel e assustadora das salas de aula, mas, felizmente, a maioria dos comportamentos inadequados que os professores encontram é bem mais simples: desatenção, conversas fora de hora, não fazer o dever de casa, gritar e esquecer o material e os livros. No entanto, comportamentos como esses podem ser insuportáveis e desgastantes, tomar tempo precioso do ensino e do aprendizado e ameaçar uma comunidade solidária. Com certeza, os professores devem ter um modo de pensar sobre tais problemas e um repertório de estratégias disciplinares para lidar com eles eficientemente.

Os dois capítulos desta parte enfocam as estratégias para responder de modo eficiente a casos de comportamento problemático. O Capítulo 12 começa com um conjunto de *princípios* para guiar o seu pensamento sobre como responder melhor de um modo construtivo. Consideramos, então, uma hierarquia de estratégias para lidar com uma variedade de comportamentos problemáticos, começando com estratégias que são fáceis de implantar e concluindo com aquelas que exigem tempo e esforço consideráveis. No Capítulo 13, voltamos para o tema da violência escolar. Primeiro, abordamos a frequência e a severidade da violência escolar. Em seguida, levamos em conta as abordagens para prevenir e lidar com comportamento hostil, agressivo e perigoso. Ao longo do capítulo escutamos nossos quatro professores nos contarem como eles lidam com comportamentos problemáticos e agressivos.

Ambos os capítulos ecoam temas vistos nos primeiros capítulos, a saber, a importância de construir uma comunidade e promover relações positivas professor-aluno. Quando os alunos são desatentos, resistentes ou bagunceiros, é fácil reagir de modo punitivo e autoritário – "Pare com isso senão!"; "Porque eu disse que sim!"; "Vá para a sala do diretor!"; "São três dias de detenção!". Mas respostas como essas destroem as relações com os alunos. O ressentimento aumenta, a rebeldia se agrava e começa a se estabelecer uma atmosfera de "nós contra eles". Além disso, tais respostas são geralmente ineficientes, levando os professores a concluir que "nada pode ser feito com esses garotos".

Como dissemos nos primeiros capítulos, as pesquisas indicam consistentemente que os alunos tendem a se envolver em comportamento cooperativo e responsável e a aderir às regras da sala de aula quando eles percebem que seus professores lhes dão apoio e atenção. Portanto, professores que têm relações positivas com os alunos são capazes de *evitar* comportamento inadequado. Mas nós acreditamos que *as relações professor-aluno também desempenham um papel-chave na capacidade de o professor responder de modo eficiente a comportamentos problemáticos*. Se os seus alunos o veem como justo, confiável e parceiro, eles tendem a obedecer mais prontamente às suas intervenções disciplinares.

CAPÍTULO 12

Respondendo eficientemente a problemas de comportamento

Princípios para lidar com comportamento inadequado   289
Lidando com mau comportamento leve   295
Lidando com mau comportamento mais grave   299
Lidando com mau comportamento crônico   305
Lidando com problemas espinhosos   314
Quando a disciplina viola os direitos constitucionais dos alunos   320
Comentários finais   322
Resumo   323

Há não muito tempo, lemos uma notícia no jornal de uma licencianda cujas turmas de quarto e quinto períodos de inglês estavam fazendo-lhe passar por maus momentos. Era meio do ano escolar e Sharon estava se sentindo frustrada pelo comportamento desrespeitoso e bagunceiro de seus alunos. "Eles não ficam sentados nem mesmo para ouvir as orientações", ela escreveu. "Cada vez mais eu perco tempo de aula pedindo silêncio. Eu não entendo por que eles são tão rudes e eu simplesmente não sei o que fazer". À medida que lemos mais, ficou claro que o problema daquela licencianda não se devia a uma ausência de regras e rotinas claras ou a um ensino chato e entediante:

> *No primeiro dia, nós revisamos as regras que o meu professor de regência havia estabeleci-do (exatamente como vocês sugeriram!): cheguem à sala na hora, não gritem, tratem uns aos outros com respeito, etc. Eles eram muito cooperativos; eu achei que isso seria ótimo, mas acho que eles estavam pensando em outra coisa, como se eu não estivesse ali. Agora eles discutem comigo o tempo todo. Eu digo: "silêncio", e eles dizem: "Mas eu estava falando para ele...". Eu digo: "Feche o jornal/revista em quadrinhos/álbum de fotos", e eles dizem: "Me deixe ver, eu tenho que ver...". Não parece haver muito mais o que fazer, exceto repetir o comando. Às vezes isso funciona, às vezes não... Estou realmente no final da minha sagacidade. Se eu não ganhar algum controle, não conseguirei ensinar. Às vezes eu penso que estaria melhor se eu simplesmente parasse de tentar discussões interessantes, projetos, grupos pequenos, etc., e passasse folhas de trabalho todos os dias, desse aulas na forma de preleções, sem permitir qualquer conversa. Isso está muito distante do tipo de sala de aula que eu gostaria de ter. Eu queria respeitar meus alunos, tratá-los como adultos, mas descobri que não posso. Eu sempre me relacionei bem com os alunos, mas agora não. Tudo o que esses alunos parecem entender é sobre encaminhamentos disciplinares e detenção.*

Essa licencianda aprendeu um fato triste sobre a vida na sala de aula: ter regras e rotinas claras e razoáveis não significa automaticamente que todos as seguirão. No início do ano escolar, os alunos trabalham duro descobrindo como são os professores – identificando suas expectativas e exigências, a quantidade de socialização que eles irão tolerar e o quanto eles podem ser pressionados (ver Fig. 12.1). A maioria dos alunos irá prosseguir suas agendas dentro dos limites que o professor estabelecer, mas eles precisam conhecer esses limites. Isso destaca a importância de comunicar suas expectativas de comportamento aos alunos (o tópico do Cap. 4) e, então, *fazer cumprir essas expectativas*. Veja o que diz Donnie:

> Os novos professores não devem ser enganados pelo bom comportamento que os alunos demonstram logo no início do período escolar. Eu geralmente vejo que no primeiro dia de aula todos são muito submissos. Eles estão avaliando você. Apenas após a segunda semana de aula é que eles começam a te testar. É quando os problemas começam e você tem de deixar claro que lida com os alunos de acordo com as expectativas que você estabeleceu.

Neste capítulo levamos em conta maneiras de responder aos problemas que você pode enfrentar – de infrações leves não disruptivas a comportamentos inadequados crônicos e mais graves.

Princípios para lidar com comportamento inadequado

Há poucas pesquisas sobre a eficácia relativa de estratégias disciplinares (ver EMMER; AUSSIKER, 1990), mas seis princípios orientam a nossa discussão (ver Tab. 12.1). Primeiro, *estratégias disciplinares devem ser consistentes com o objetivo de criar um ambiente de sala de aula seguro e solidário*. Você precisa alcançar a ordem, mas também precisa escolher estratégias que apoiem o seu relacionamento com os alunos, ajudá-los a se tornar autocontrolados e lhes permitir salvar as aparências diante dos seus pares. Curwin e Mendler (1988, p. 27), autores de *Discipline with Dignity*, colocam dessa forma:

> Os alunos irão proteger sua dignidade a todo custo. No jogo dos medrosos, com os dois carros correndo em velocidade máxima na direção de um penhasco, o perdedor é aquele que pisa no freio. Nada explica melhor essa lógica bizarra do que a necessidade de aprovação dos colegas e de conservar a dignidade.

Para mais informação sobre Curwin e Mendler, veja a Seção 12.1.

A fim de proteger a dignidade dos alunos e preservar seu relacionamento com eles, é importante evitar disputas de poder que os façam se sentir humilhados e ridicularizados (lembre-se de nossa discussão sobre "quando a escola era terrível", no Cap. 3). Fred, Donnie, Sandy e Christina fazem um esforço real para falar calma e silenciosamente com alunos que apresentam mau comportamento. Eles não falam de faltas anteriores. Eles tomam o cuidado de sepa-

Figura 12.1 *Fonte:* Adam @ Home © (1997) por Universal Uclick. Reimpressa com a permissão. Todos os direitos reservados.

TABELA 12.1 Princípios para lidar com comportamento inadequado

Escolha as estratégias disciplinares que são consistentes com o objetivo de criar um ambiente de sala de aula seguro e solidário.
Mantenha o programa de ensino com um mínimo de interrupção.
Leve em conta o contexto ao decidir se uma ação em particular constitui mau comportamento.
Seja oportuno e preciso ao responder a problemas de comportamento.
Associe a severidade da estratégia disciplinar ao mau comportamento que você está tentando eliminar.
Seja sensível a questões culturais, uma vez que diferenças em normas, valores e estilos de comunicação podem ter um efeito direto no comportamento dos alunos.

---

rar o *caráter* do *mau comportamento* específico do aluno; em vez de atacar o aluno como pessoa ("Você é preguiçoso"), eles falam sobre o que o aluno fez ("Você não levantou sua mão nos dois últimos deveres de casa"). Quando mais do que uma breve intervenção é necessária, eles tentam encontrar com os alunos de modo privado.

Durante a primeira semana de aula, fomos testemunhas de um bom exemplo de ação disciplinar com dignidade na sala de aula de Sandy. Apesar de ainda ser o início do ano escolar, alguns alunos já haviam começado a testar a adesão de Sandy às regras que ela havia distribuído poucos dias antes:

> Sandy fica em pé ao lado da porta, cumprimentando os alunos à medida que eles entram. O sinal toca; Sandy começa a fechar a porta quando William entra correndo quase sem fôlego. "Você está atrasado", ela fala discretamente. "Isso significa que eu tenho que vir depois da aula?", ele pergunta. "Eu falo com você depois", ela responde, movendo-se para a frente da sala para começar a aula.
> Mais tarde durante a aula, os alunos estão trabalhando em pequenos grupos a respeito de um experimento de laboratório. Sandy circula pela sala, ajudando-os no procedimento. Ela vai na direção de William e o chama de lado. Ela fala gentilmente: "Você me deve 10 minutos. Hoje ou amanhã?".
> "Que dia é hoje?"
> "Terça-feira."
> "Uh-oh." William parece preocupado.
> "É melhor para você vir amanhã?", pergunta Sandy.
> "Sim, mas você me lembra?"
> "Com certeza", diz ela com um sorriso triste. Sandy vai para sua carteira, faz uma anotação no seu livro de notas e então continua circulando. Alguns minutos depois, ela fica em pé de novo ao lado de William, ajudando-o em um problema e incentivando seu progresso.

Nesse trecho, vemos como Sandy tentou evitar constranger William ao falar com ele de modo privado; como ela demonstrou preocupação com ele ao lhe oferecer uma escolha sobre quando vir para a detenção; como ela evitou acusações, culpa e menções ao caráter e como ela mostrou a William que não guardou nenhum rancor ajudando-o com a tarefa de laboratório alguns minutos depois. Em resumo, o trecho demonstra o modo como um professor pode comunicar expectativas claras para um comportamento apropriado enquanto preserva uma relação professor-aluno.

O segundo princípio para lidar com mau comportamento é o de que é essencial *manter o programa de ensino com um mínimo de interrupção*. Atingir esse objetivo requer um ato de equilíbrio delicado. Por um lado, você não pode permitir que o mau comportamento interrompa o processo de ensino-aprendizado. Por outro lado, você deve reconhecer que as estratégias disciplinares por si sós podem ser

Conheça os educadores — Seção 12.1

CONHEÇA RICHARD CURWIN E ALLEN MENDLER

Richard Curwin e Allen Mendler são autores, palestrantes, consultores e líderes de *workshops* amplamente conhecidos que abordam temas como gestão de salas de aula, disciplina e motivação. Curwin foi professor de $8^{\underline{o}}$ ano, professor de crianças com transtorno emocional e professor de ensino superior. Mendler é um psicólogo escolar que trabalhou extensamente com crianças de todas as idades em cenários de educação regular e especial. Juntos eles desenvolveram o programa *Discipline with Dignity*, publicado pela primeira vez em 1988.

Algumas ideias principais sobre gestão de sala de aula

- Lidar com o comportamento dos alunos é parte da profissão.
- As estratégias de gestão devem preservar a dignidade de cada aluno.
- Os planos de disciplina devem enfocar o ensino de responsabilidade em vez da obtenção da obediência.
- Em uma sala de aula típica, 80% dos alunos raramente violam as regras e não precisam de fato de um plano de disciplina; 15% violam as regras ocasionalmente e precisam de um conjunto claro de expectativas e consequências; 5% são violadores de regras crônicos. Um bom plano de disciplina controla os 15% sem colocar os 5% em um canto.
- As consequências para a violação de regras não são punições. A punição é uma forma de retribuição; o objetivo é fazer com que o violador pague por sua má conduta. As consequências estão diretamente relacionadas à regra; seu propósito é instrucional em vez de punitivo porque elas são desenvolvidas para ensinar aos alunos os efeitos do seu comportamento. As consequências funcionam melhor quando são claras, específicas e lógicas.
- Os professores devem ter um espectro de consequências alternativas, de modo que eles possam empregar discrição ao escolher a consequência que melhor combina com a situação em particular.
- Os professores precisam ensinar o conceito de que "justo nem sempre é igual".

Livros e artigos selecionados

CURWIN, R. L.; MENDLER, A. N. Discipline with signity. 2nd ed. Alexandria: Association for Supervision and Curriculum Development, 1999.

MENDLER, A. N.; CURWIN, R. L. *Discipline with dignity for challenging youth*. Bloomington: National Educational Service, 1999.

MENDLER, A. N. *Connecting with students*. Alexandria: Association for Supervision and Curriculum Development, 2001.

CURWIN, R. L. *Making good choices*: developing responsibility, respect, and self-discipline in grades 4-9. Thousand Oaks: Corwin Press, 2003.

TEACHER LEARNING CENTER. Disponível em: <www.tlc-sems.com>. Acesso em: 9 abr. 2009.

Endereço eletrônico: www.tlc-sems.com

---

perturbadoras. Como comenta Doyle (1986, p. 421), as intervenções são "inerentemente arriscadas" porque elas chamam a atenção para o mau comportamento e podem na verdade afastar os alunos de uma aula. A fim de evitar essa situação, você deve tentar antecipar problemas potenciais; se decidir que uma intervenção disciplinar é necessária, você precisa ser o mais discreto possível.

Observando os quatro professores em ação, fica claro que eles reconhecem a importância de proteger o programa de ensino. No incidente a seguir, Christina avalia uma situação potencialmente perturbadora e é capaz de manter o fluxo da sua aula:

> Christina está revendo a diferença entre narrativa em primeira pessoa e em terceira pessoa. No fundo da

sala, os alunos estão passando algumas fotografias. Christina continua falando sobre narrativa enquanto se move pelo corredor. Entre as frases, ela dá aos alunos um olhar irônico, como quem diz: "O que vocês estão fazendo?". Todos devolvem as fotografias para uma menina, que as coloca de volta em sua mochila.

O terceiro princípio é que *se uma ação em particular constitui ou não mau comportamento depende do contexto no qual ela ocorre* (DOYLE, 1986). É claro que há exceções óbvias a essa noção – socar uma pessoa e roubar as coisas dos outros são violações óbvias que sempre exigem uma resposta do professor. Outros comportamentos, porém, não são tão óbvios. Por exemplo, em algumas aulas, usar chapéu, sentar em cima da carteira, mascar chicletes e escutar MP3 são todos exemplos de maus comportamentos, enquanto em outras aulas eles são perfeitamente aceitáveis. O que constitui mau comportamento é frequentemente uma função do nível de tolerância de um professor em particular ou dos padrões estabelecidos por uma escola específica. Mesmo dentro de uma turma, a definição de mau comportamento depende do contexto. Um professor pode decidir que falar fora da sua vez é aceitável durante uma discussão em sala, desde que os comentários dos alunos contribuam para a aula e que a situação não se transforme em uma desordem generalizada; em outros momentos, esse mesmo professor pode sentir que uma aula mais estruturada se faz necessária.

Ao determinar uma linha de ação, você precisa se perguntar: "Esse comportamento é perturbador ou benéfico para a atividade de ensino em curso? Ele é ofensivo com os outros alunos? Ele viola as regras estabelecidas?". Se a resposta a essas perguntas for não, as intervenções disciplinares poderão ser desnecessárias.

"Eu não tive controle hoje", declara Fred com um sorriso largo. Um olhar pela sala parece confirmar sua avaliação. Alguns alunos estão sentados em cima de suas carteiras; outros estão em pé nos corredores, inclinados na direção de outros alunos que estão escrevendo. No fundo da sala, quatro estão virados nos seus assentos e estão tendo uma discussão animada. Uma menina está em pé ao lado da carteira de Fred, debatendo em voz alta com uma menina sentada próxima. Quase todos estão falando. Depois de alguns momentos, o tópico de todas essas conversas acaloradas fica claro. Em virtude das fortes tempestades de inverno, o distrito escolar excedeu a cota reservada para os dias de neve. Para alcançar a determinação estadual de 180 dias escolares, o conselho educacional deve agora decidir se elimina o recesso de primavera ou estende o ano escolar. Fred aproveitou a oportunidade para ensinar uma lição sobre ativismo político. Seus alunos devem pensar sobre o tema, levando em conta se deve haver um abandono da determinação de 180 dias e escrever para seus representantes estaduais. A tarefa de hoje é construir um primeiro esboço da carta. Depois da aula, Fred pensa sobre a atmosfera na turma: "Eu acho que poderia ter exercido bem mais controle sobre a situação. Eu poderia ter lhes dito para sentar em silêncio, anotar suas ideias e então escrever silenciosamente um primeiro esboço. Mas o que eu teria ganho?"

O quarto princípio é o de *ser oportuno e preciso ao responder a problemas de comportamento*. Kounin (1970) identificou dois erros comuns ao se tentar lidar com o mau comportamento em sala de aula: erros de tempo e de alvo. Um erro de tempo ocorre quando um professor espera demais para corrigir um mau comportamento. Por exemplo, um professor pode não ter percebido (ou ter ignorado) que vários alunos gritaram suas respostas sem levantar as mãos e repreende severamente o aluno seguinte por agir assim. Esse erro de tempo não é apenas injusto com aquele aluno em particular, mas gritar pode já ter se tornado um hábito para os alunos e bem mais difícil de refrear do que se tivesse sido corrigido imediatamente.

Semelhantes aos erros de tempo, os erros de alvo chamam a atenção para um aluno em particular quando de fato um ou mais alunos cometem o erro. Um aluno pode chutar a mochila de uma menina, e ela ser reprimida por gritar na turma. O aluno que jogou o avião de papel que atingiu o professor pode passar despercebido enquanto um aluno mais próximo do professor é culpado pelo incidente. Erros como esses são compreensíveis, uma vez que os casos de comportamento inadequado são frequentemente ambíguos e ocorrem quando o professor está olhando para outro lado. Por essa razão, é preciso ser cauteloso para responder de modo preciso e oportuno.

O quinto princípio enfatiza a importância de se *ter certeza de que a severidade da estratégia disciplinar é adequada ao mau comportamento que você está tentando eliminar*. As pesquisas (p. ex., PITTMAN, 1985) indicaram o que alguns professores pensam sobre o mau comportamento em termos de três categorias: *comportamentos inadequados leves* (barulho, conversas, devaneios); *comportamentos inadequados mais graves* (discussões, falha em responder à orientação do grupo); e *comportamentos inadequados nunca tolerados* (roubo, ferir alguém intencionalmente, destruir os bens dos outros). Eles também levam em conta se o mau comportamento é parte de um padrão ou um evento isolado.

Ao decidir sobre como responder a um problema, é útil pensar em termos dessas categorias e selecionar uma resposta que seja coerente com a severidade do mau comportamento. Evidentemente, é mais fácil falar do que fazer. Quando o mau comportamento ocorre, os professores têm pouco tempo para avaliar sua severidade, decidir se ele é parte de um padrão e escolher uma resposta adequada. No entanto, você não quer ignorar ou reagir de modo brando a um mau comportamento que merece uma resposta mais severa; nem tampouco você quer ter uma reação exagerada a um comportamento que é relativamente menor. Por exemplo, uma firme advertência à turma para baixar o nível do barulho é uma resposta adequada a esse mau comportamento leve, da mesma forma como pedir a um aluno que interrompeu a aula três vezes no mesmo dia para se ter uma conversa pessoal com ele.

Finalmente, o sexto princípio destaca a necessidade de ser *sensível a questões culturais, uma vez que diferenças nas normas, nos valores e estilos de comunicação podem ter um efeito direto no comportamento dos alunos*. Ser sensível a questões culturais significa refletir sobre os tipos de comportamentos que você julga problemáticos e levar em conta como eles podem estar relacionados à raça e à etnia. Por exemplo, Thompson (2004), um educador afro-americano cujas pesquisas enfocam as experiências de escolarização dos alunos negros, observa que as crianças afro-americanas são frequentemente socializadas falando em voz alta em casa – um comportamento que as leva a ter problemas na escola. Veja o que diz a mãe de uma aluna de 9º ano que estava começando a ser classificada como um problema de disciplina na escola por essa razão:

> Ela fala em voz alta. Meu marido fala em voz alta. Quando eles argumentam, eles falam alto. Suas vozes aumentam. Então, os professores pensam que ela está sendo desrespeitosa. Ela já recebeu uma detenção por isso uma vez. (THOMPSON, 2004, p. 98).

Do mesmo modo, os jovens afro-americanos tendem a ser mais intensos e conflituosos do que os jovens euro-americanos; eles têm maior probabilidade de desafiar os funcionários da escola uma vez que veem liderança como resultado de força e veemência (em vez de um resultado de posição e credenciais); e podem se lançar em discussões acaloradas em vez de esperar por sua vez (IRVINE, 1990). Os professores que aderem à cultura dominante tendem a ver esses padrões de comportamento como exemplos de grosseria e desordem, a responder com raiva e a invocar medidas punitivas. De modo alternativo, os professores que veem os comportamentos como reflexos de normas culturais são mais capazes de permanecer calmos e não defensivos e considerar várias opções mais construtivas (p. ex., discutir as normas da sala de aula e a necessidade de revezar as participações em grandes grupos). De fato, eles podem, na verdade, vir a reconhecer os benefícios de permitir que a intensidade e a paixão possam ser expressos na sala de aula e ampliar sua definição do que é comportamento estudantil aceitável.

Além disso, gestores de salas de aula sensíveis a questões culturais estão conscientes dos modos como a raça e a etnia influenciam o uso de consequências disciplinares. Pesquisas realizadas por 30 anos mostram repetidamente que alunos afro-americanos e latinos, particularmente homens, são desproporcionalmente apontados por problemas de comportamento quando comparados à maioria dos seus pares (SKIBA et al., 2008). De fato, análises demonstraram que as taxas de suspensão fora da escola são quatro a sete vezes maiores para alunos afro-americanos do ensino fundamental do que para alunos euro-americanos (RAFFAELE-MENDEZ; KNOFF; 2003).

O que é responsável por essa desproporção? Uma explicação óbvia é a de que os alunos negros e latinos violam as normas de turma e escolares mais frequentemente do que seus colegas brancos. Se esse for o caso, então a punição desproporcional é uma resposta adequada ao comportamento inapropriado, em vez de um indicador de um preconceito. Pesquisas sobre comportamento, raça e disciplina dos alunos, no entanto, não produziram evidências para apoiar essa explicação. De fato, os estudos sugerem que os alunos afro-americanos tendem a receber punições mais duras por comportamentos menos severos (SKIBA; RAUSCH, 2006). Além disso, parece que os alunos brancos são encaminhados à direção mais frequentemente por ofensas "objetivas", como vandalismo, deixar a sala de aula sem permissão e linguagem obscena, enquanto os alunos negros são encaminhados mais frequentemente por ofensas "subjetivas" – desrespeito, barulho excessivo e ameaça (SKIBA et al., 2002). Em resumo, não parece que as disparidades raciais na disciplina escolar se devam a taxas maiores de mau comportamento por parte dos alunos afro-americanos. Em vez disso, as evidências indicam que os alunos afro-americanos são mandados para a direção e enfrentam consequências punitivas disciplinares por razões menos sérias e mais subjetivas (SKIBA; RAUSCH, 2006).

A implicação é clara: para ser um gestor de sala de aula sensível a questões culturais, os professores precisam reconhecer suas tendências e valores e pensar sobre como eles afetam suas interações com os alunos. Algumas perguntas úteis para fazer a si mesmo são listadas aqui (WEINSTEIN; CURRAN; TOMLINSON-CLARKE, 2003):

- Sou mais paciente e encorajador com alguns alunos?
- Tenho uma tendência maior em reprimir outros alunos?
- Espero que certos alunos sejam bagunceiros com base em sua raça ou etnia?
- Eu formo julgamentos estereotipados dos meus alunos com base em cortes de cabelo e vestimentas?
- Quando os alunos violam as normas, eu recomendo um tratamento igual para todos eles?

Com esses seis princípios em mente – preservar um ambiente de sala de aula seguro e solidário; proteger o programa de ensino; considerar o contexto; responder de maneira oportuna e precisa; selecionar uma estratégia disciplinar adequada ao mau comportamento; e ser sensível a questões culturais – nos voltamos agora para manei-

> **PARE E REFLITA**
>
> Antes de ler sobre intervenções disciplinares específicas, pense novamente nos seus próprios anos no ensino fundamental e no ensino médio. Que estratégias disciplinares seus professores mais eficientes usavam? Que estratégias seus professores menos eficientes empregavam?

ras específicas de responder ao comportamento inadequado.

LIDANDO COM MAU COMPORTAMENTO LEVE

Como mencionado no Capítulo 4, o estudo clássico de Kounin (1970) sobre salas de aula disciplinadas e indisciplinadas confirmou a crença de que gestores de sala de aula bem sucedidos têm olhos na parte de trás da cabeça. Kounin descobriu que gestores efetivos sabiam o que acontecia em toda a sala; além disso, *seus alunos sabiam que eles sabiam,* porque os professores eram capazes de detectar problemas menores e "eliminá-los no nascedouro". Kounin chamou essa capacidade de *withitness* (capacidade de estar consciente do que acontece em toda a sala de aula), um termo que desde então se tornou amplamente usado em discussões de gestão de sala de aula.

Como professores *"withit"* lidam com maus comportamentos leves? Como eles são bem-sucedidos em eliminar os problemas no seu nascedouro? Esta seção discute tanto as intervenções verbais quanto as não verbais e considera, ainda, os momentos nos quais não fazer absolutamente nada pode ser a melhor saída (as sugestões são resumidas na seção Dicas Práticas).

Intervenções não verbais

Pouco tempo atrás, uma menina de 11 anos que conhecemos disse que ela poderia ser uma professora bem-sucedida. Quando lhe perguntamos por que ela tinha tanta confiança disso, ela respondeu: "Eu sei como fazer *o olhar*". Ela seguiu demonstrando: suas sobrancelhas se inclinaram para baixo, sua testa ficou enrugada e seus lábios se comprimiram em uma linha reta. Ela definitivamente tinha captado "o olhar".

O "olhar do professor" é um bom exemplo de intervenção não verbal discreta. Fazer contato visual, usar sinais das mãos (p. ex., polegares para baixo; apontar para o que o indivíduo deveria estar fazendo) e se mover na direção do aluno com má conduta são outras maneiras não verbais de comunicar *withitness*. Todas as intervenções não verbais carregam a mensagem "Estou vendo o que você está fazendo e não gosto disso", mas,

> **DICAS PRÁTICAS**
>
> **COMO LIDAR COM MAU COMPORTAMENTO LEVE**
>
> - Use uma intervenção não verbal tal como:
>   Expressões faciais
>   Contato visual
>   Sinais das mãos
>   Proximidade
> - Use uma intervenção verbal não direta:
>   Fale o nome do aluno
>   Incorpore o nome do aluno à aula
>   Chame o aluno para participar
>   Use humor gentil
>   Use uma mensagem Eu.
>
> - Use uma intervenção verbal direta:
>   Dê um comando sucinto
>   Lembre aos alunos sobre uma regra
>   Ofereça uma escolha entre comportar-se adequadamente ou receber uma penalidade
> - Escolha a não intervenção deliberada (mas apenas se o mau comportamento for leve e passageiro).

como são menos diretivas do que os comandos verbais, elas incentivam os alunos a assumir a responsabilidade por retornar à tarefa. Observe Donnie:

> Donnie está no quadro demonstrando como construir segmentos e ângulos congruentes. Os alunos deveriam estar acompanhando, construindo segmentos congruentes com réguas e compassos. Em vez de trabalhar, dois garotos sentados giravam suas réguas nos seus lápis. Donnie percebeu o que eles estavam fazendo, mas continuou a sua explicação. Enquanto ela está falando, ela dá aos dois garotos um longo e duro olhar. Eles colocam as réguas de lado e começam a trabalhar.

Estratégias não verbais são mais adequadas para comportamentos que são leves, mas persistentes: sussurrar de modo frequente ou constante, olhar para o vazio, gritar, se maquiar e mandar mensagens de texto durante a aula. A vantagem óbvia do uso de sinais não verbais é que você pode lidar com maus comportamentos como esses sem distrair os outros alunos. Em resumo, as intervenções não verbais permitem que você preserve o ritmo e continue sua aula com um mínimo de interrupção.

Às vezes um sinal não verbal basta para interromper um mau comportamento e colocar o aluno de volta "na tarefa". De fato, um estudo com seis professores dos anos finais do ensino fundamental (LASLEY; LASLEY; WARD, 1989) descobriu que *as respostas mais bem-sucedidas ao mau comportamento foram não verbais*. Essas estratégias interromperam o mau comportamento em 79% das vezes; entre os três "administradores mais eficientes", a taxa de sucesso foi ainda maior: 95%!

Intervenções verbais

Às vezes você se vê em situações nas quais é simplesmente impossível usar apenas um sinal não verbal. Talvez você não consiga captar o olhar do aluno ou possa estar trabalhando com um grupo pequeno, e seria muito perturbador levantar e caminhar pela sala até o indivíduo com comportamento inadequado. Outras vezes, você é capaz de usar um sinal não verbal, mas ele não é eficiente para cessar o mau comportamento.

Em casos como esses, você poderia usar uma *intervenção verbal não diretiva*. Isso lhe permite estimular o comportamento adequado, enquanto deixa o aluno que apresentou o mau comportamento descobrir o que fazer. Por exemplo, *dizer o nome do aluno* poderia ser suficiente para trazê-lo de volta para a tarefa. Às vezes é possível *incorporar o nome do aluno* na tarefa em curso:

> Shaheed está desleixado na sua carteira e parece distraído. Enquanto Fred fala sobre o respeito pelos idosos na China, ele se move na direção do aluno. "Vamos dizer que Shaheed fosse meu filho e eu batesse nele porque ele estava tirando notas baixas na turma. O que acontece comigo?". Shaheed corrige sua postura e "se liga" imediatamente.

Se o mau comportamento ocorre enquanto uma discussão ou recitação em grupo está acontecendo, *você pode pedir que o aluno responda a uma pergunta*. Considere o exemplo a seguir:

> A turma está examinando o dever de casa sobre triângulos isósceles. Donnie chama os alunos para fazer os problemas à medida que caminha pela sala. "OK, precisamos de alguém para fazer o número 14." Mãos começam a se levantar. Donnie observa uma menina no fundo da sala que está olhando para o vazio. "Dominica, por favor, faça o número 14." Dominica "retorna" do lugar onde estava, olha para o livro e responde corretamente. Donnie sorri: "Bom!".

Quando você chama um aluno, você está comunicando que sabe o que está acontecendo e capturando a sua atenção – sem sequer mencionar o mau comportamento. Mas tenha em mente o que dissemos anteriormente sobre preservar a dignidade dos alunos. Se você está tentando "pegar" os alunos e os embaraçar, a estratégia pode muito bem ter um efeito adverso ao criar ressentimento (GOOD; BROPHY, 2008). Uma maneira de evitar esse problema é alertar o aluno que você o chamará para responder a *próxima pergunta:* "Sharon, qual é a resposta do número 18? Taysha, a próxima é sua".

O *uso de humor* pode ser uma maneira "gentil" de pedir aos alunos que corrijam seu comportamento. Quando bem empregado, o humor pode mostrar que você é capaz de compreender os lados engraçados da vida na sala de aula. Porém, você deve tomar cuidado para não confundir humor com sarcasmo, que pode magoar os sentimentos dos alunos.

Está perto do final do ano e os alunos de Fred obviamente têm um caso de "veteranite". Eles acabaram de entrar na sala e Fred está tentando fazer com que se acomodem. "Senhoras e senhores, eu sei que é quase final do ano, mas poderíamos fingir agora que somos alunos?"

Uma *"mensagem Eu"* é outra maneira de estimular verbalmente o comportamento adequado sem dar um comando direto. As mensagens Eu geralmente contêm três partes. Primeiro, o professor *descreve o comportamento inaceitável sem culpar e sem julgar ninguém*. Essa frase frequentemente começa com "quando": "Quando as pessoas falam enquanto estamos dando as orientações...". A segunda parte descreve o *efeito tangível no professor:* "Eu tenho que repetir as orientações e isso desperdiça tempo...". Finalmente, a terceira parte da mensagem declara os *sentimentos do professor sobre o efeito tangível:* "e eu fico frustrado". Considere esses exemplos de mensagem Eu:

"Quando você vem para a aula sem seu material, eu não posso começar a aula na hora e fico realmente descontente."

"Quando você deixa sua mochila no meio do corredor, eu posso tropeçar nela e tenho medo de quebrar uma perna."

Embora as mensagens Eu contenham de modo ideal as três partes na sequência recomendada, elas ainda podem ser eficientes em qualquer ordem ou mesmo com uma parte faltando (GORDON, 2003). Nós testemunhamos os quatro professores empregarem mensagens Eu "abreviadas". Por exemplo, Fred comunica como se sente a respeito de prestar atenção quando ele diz à sua turma: "Se vocês passarem bilhetes enquanto eu estiver falando, eu vou querer me matar". Para um aluno que lhe chamou pelo primeiro nome, ele diz: "Eu realmente me sinto desconfortável quando você me chama pelo primeiro nome na escola".

Há vários benefícios em usar essa abordagem. Ao contrário das típicas "mensagens você" (p. ex., "Você está sendo grosseiro", "Você deve saber mais", "Você está reagindo como um bebê"), as mensagens Eu minimizam as avaliações negativas do aluno. Elas ajudam a evitar o uso de palavras extremas (e geralmente imprecisas) como "sempre" e "nunca" (p. ex., "Você *sempre* esquece de fazer o seu dever de casa" ou "Você *nunca* está preparado para a aula"). Por essas razões, elas promovem e preservam uma relação positiva entre as pessoas. Como as mensagens Eu deixam as decisões sobre mudanças de comportamento para os alunos, essa abordagem tende também a promover uma sensação de responsabilidade e autonomia. Além disso, as mensagens Eu mostram aos alunos que seu comportamento tem consequências e que os professores são pessoas com sentimentos genuínos. Ao contrário das mensagens você, as mensagens Eu não deixam os alunos defensivos e teimosos; assim, eles podem se dispor mais a alterar o seu comportamento.

A maioria de nós não está acostumada a falar dessa maneira, de modo que as mensagens Eu podem parecer inadequadas e artificiais. Com prática, entretanto, o uso das mensagens Eu pode se tornar natural. Nós uma vez ouvimos uma menina de quatro anos (cujos pais usavam consistentemente mensagens Eu em casa) dizer à sua colega de educação infantil: "Quando você me espeta com esse lápis, isso realmente dói e me sinto mal porque penso que você não quer ser minha amiga".

Além dessas abordagens não diretivas, há também *estratégias mais diretivas* que podem ser tentadas. De fato, vários educadores afro-americanos argumentam que elas podem ser particularmente bem combinadas com os padrões de comunicação de alunos afro-americanos (p. ex., DELPIT, 1995; THOMPSON, 2004). Por exemplo, Lisa Delpit (1995), autora de *Other People's Children: Cultural Conflict in the Classroom*, observa que estruturar as diretivas como perguntas (p. ex., "Você gostaria de sentar agora?") é uma maneira de falar particularmente dominante, de classe média (e feminina), destinada a promover um ambiente mais igualitário e não autoritário. Segundo Delpit:

> Muitos garotos não irão responder a essa estrutura porque os comandos não estão redigidos como perguntas na sua cultura de origem. Em vez de fazer perguntas, alguns professores precisam aprender a dizer "Coloque as tesouras de lado" e "Sente agora" ou "Por favor, sente agora". (apud VALENTINE, 1998, p. 17).

Como Delpit sugere, a abordagem mais direta é *orientar os alunos para a tarefa disponível* ("Resolvam aqueles problema de matemática"; "Seu grupo deve discutir as três primeiras páginas"). Você também pode *relembrar o aluno sobre a regra* ou a expectativa de comportamento que está sendo violada (p. ex., "Quando alguém está falando, todos os outros devem ouvir"). Às vezes, se o comportamento inadequado é bastante difundido, é útil rever as regras com todo o grupo. Isso é frequentemente verdadeiro após um feriado, fim de semana ou férias.

Outra estratégia é *dar aos alunos a escolha entre se comportar adequadamente ou receber uma penalidade* por comportamento inadequado contínuo (p. ex., "Se vocês não conseguem trabalhar em grupo, terão de retornar para as suas carteiras"; "Ou você escolhe levantar a sua mão em vez de gritar, ou você estará escolhendo não participar da nossa discussão"). Frases como essas não apenas avisam os alunos de que uma penalidade será invocada se o comportamento inadequado continuar, como também enfatizam que os alunos têm escolhas reais sobre como devem se comportar e que as penalidades não são impostas sem razão. No exemplo a seguir, vemos como Fred enfeita essa estratégia com um pouco de humor:

> O sinal toca. Fred vai para a frente da sala e tenta obter a atenção dos seus alunos. Eles continuam falando. "Senhoras e senhores, se quiserem um zero por toda a vida, falem agora. Se não quiserem, escutem." Os alunos riem e se acomodam.

Não intervenção deliberada

Se o mau comportamento é extremamente breve e discreto, a melhor ação pode ser a *não intervenção deliberada*. Por exemplo, durante uma discussão, uma aluna pode estar tão ávida por comentar que ela se esquece de levantar sua mão; ou alguém fica momentaneamente distraído e desatento; ou dois garotos trocam silenciosamente um comentário enquanto você está dando orientações. Em casos como esses, uma intervenção pode ser mais perturbadora do que o comportamento em si.

Um risco de negligenciar maus comportamentos leves é de que os alunos podem concluir que você não está consciente do que está ocorrendo. Suspeitando que você não está *withit*, eles podem decidir ver até onde conseguem avançar, e então os problemas com certeza irão aumentar. Você precisa monitorar a sua turma com atenção para ter certeza de que isso não ocorra.

Outro problema é que ignorar ocasionalmente pode se transformar em uma "cegueira" plenamente desenvolvida. Isso foi vividamente demonstrado em um estudo de uma licencianda chamada Heleen (CRÉTON; WUBBELS; HOOYMAYERS, 1989). Quando Heleen estava dando aula, seus alunos frequentemente se tornavam barulhentos e desatentos. Em resposta, Heleen falava mais alto e olhava mais para o quadro, dando as costas para os alunos. Ela não permitia a si mesma ver ou ouvir a desordem – talvez porque ela era muito ameaçadora e Heleen não sabia como lidar. Infelizmente, os alunos de Heleen pareciam interpretar sua "cegueira" como uma indicação de que o barulho era permitido, e eles ficaram ainda mais indisciplinados. Heleen por fim reconheceu a importância de "ver" e responder às perturbações leves, a fim de impedir que elas aumentassem.

LIDANDO COM MAU COMPORTAMENTO MAIS GRAVE

Às vezes, sinais não verbais ou lembretes verbais não são suficientes para convencer os alunos de que você está falando sério a respeito das expectativas de comportamento que você estabeleceu. E às vezes o mau comportamento é grave demais para usar esses tipos de repostas de baixa intensidade. Em casos como esses, pode ser necessário usar intervenções substanciais para reforçar suas expectativas de comportamento adequado.

Os professores podem discutir penalidades quando eles ensinarem regras e procedimentos para que, desde o início, os alunos compreendam as consequências das violações. Vimos Sandy fazer isso com seus alunos no Capítulo 4, quando ela estabeleceu as penalidades por chegar atrasado. Essa prática impede "surpresas" desagradáveis e minimiza protestos de feliz ignorância: "Mas você não me *disse* que isso aconteceria!".

Escolhendo penalidades

Frequentemente é difícil para os professores iniciantes decidir sobre as penalidades adequadas. Um licenciando em estudos sociais desabafou sua frustração da seguinte maneira:

> *Todos os dias dois alunos chegam à sala e não fazem absolutamente nada. Eles não criam um grande transtorno e tampouco são desagradáveis ou beligerantes; eles simplesmente não fazem qualquer trabalho. Eles preferem sentar lá e conversar, desenhar quadrinhos e ficar de bobeira. Eu lhes digo que estão recebendo um zero por cada dia assim e que vão fracassar no bimestre, mas eles não se importam. Eu também já ameacei chamar os pais, mas eles riram. Eu não quero mandá-los para a sala disciplinar, porque meu professor de regência diz que eu poderia ganhar a reputação de um professor que não consegue controlar a turma, e eu gostaria de conseguir um emprego nesse distrito. Então eu estou perdido. Esses garotos são realmente espertos e eu detesto vê-los falhar. Mas o que eu posso fazer?*

Nós fizemos essa pergunta para nossos quatro professores e aprendemos a respeito dos tipos de penalidades que eles costumam usar. Em geral, nossos professores tentam implantar penalidades que sejam logicamente relacionadas ao mau comportamento (DREIKURS, GRUNWALD; PEPPER, 1982). Por exemplo, quando um aluno na turma de Christina fracassou em trabalhar construtivamente em seu pequeno grupo, ele teve que trabalhar sozinho até indicar uma disposição em cooperar. Do mesmo modo, se os alunos fazem uma bagunça no laboratório de química de Sandy, a penalidade é pedir que eles limpem o espaço. Se uma aluna esquece seu livro e não pode fazer a tarefa, ela deve pedir emprestado o livro de outra pessoa e fazer o dever durante um tempo livre. Um aluno que entrega um trabalho feito de modo desleixado tem de reescrevê-lo.

As consequências lógicas diferem das punições tradicionais, que não apresentam qualquer relação com o mau comportamento envolvido. Veja os exemplos a seguir: uma aluna que sussurra ininterruptamente com o seu vizinho tem de fazer uma tarefa de dever de casa adicional (em vez de ser isolada). Uma aluna que se esquece de pegar a permissão dos pais para ir a uma viagem de campo tem de ficar em detenção (em vez de escrever uma carta para os pais sobre a necessidade de assinar a permissão). Uma aluna que continuamente grita durante uma discussão com toda a turma recebem um F pelo dia (em vez de fazer um cartão de sinal para prender na sua carteira dizendo "Eu não vou gritar" ou de ser impedido de participar na discussão).

As penalidades específicas usadas por nossos professores são descritas a seguir. À medida que você lê cada uma delas, tenha em mente que esses quatro professores trabalharam duro para construir relações solidárias e de confiança com os alunos. Sem dúvida, essas relações aumentam a probabilidade de os alunos interpretarem as penalidades não como punições impostas por um adversário hostil e ditador, mas como consequências razoáveis decretadas por um professor que se importa o suficiente para insistir que os alunos se comportem da melhor maneira possível (BONDY; ROSS, 2008; GREGORY; RIPSKI, 2008).

Reuniões privadas obrigatórias

Quando os alunos não respondem a sinais não verbais ou a lembretes verbais, nossos professores costumam chamá-los para uma conversa privada, em geral depois da aula, durante um tempo livre. Durante essas reuniões, eles manifestam seu desapontamento com o comportamento do aluno. Nós em geral não pensamos nisso como uma penalidade; como os alunos nessas turmas gostam muito dos seus professores, eles se sentem mal quando os deixam tristes. Em um tom sério, quase que infeliz, nossos professores expressam seu desapontamento e surpresa com o comportamento inadequado e orientam os alunos a pensar sobre as consequências de suas ações. Às vezes, eles negociarão um plano de mudança, tentando fazer com que os alunos assumam a responsabilidade por seu comportamento. Por exemplo, quando um aluno na turma de Sandy fracassou em um teste, ela teve uma reunião em particular com ele depois da escola. Sandy compartilha o relato do encontro:

> Nós conversamos sobre como ele estava indo na turma e sobre o que aconteceu nesse teste em particular. Essa conversa revelou que ele havia ficado na boate até às 11h30 na noite anterior ao teste. Eu lhe disse: "Bem, essa foi a sua escolha e esse foi o resultado. O que você pensa? Você gosta do resultado?". É claro que ele não havia gostado. Nós concordamos que, da próxima vez em que houvesse um teste, ele não ficaria fora de casa até tarde e veríamos se isso faria alguma diferença. Eu acho muito importante abordar os adolescentes dessa maneira: devolver a responsabilidade de volta para eles sempre que possível.

Perda de privilégios

Às vezes, os alunos perdem o direito de escolher onde sentar, particularmente se o seu comportamento está tendo um impacto negativo nos outros alunos. Outros privilégios que podem ser retirados incluem trabalhar com um amigo, tempo livre, mascar chiclete, mover-se livremente pela sala e juntar-se a uma festa da pipoca da turma.

Isolamento do grupo

Os quatro professores irão mover os alunos para uma área isolada da sala se eles não forem capazes de trabalhar produtivamente, mas eles tentam ser positivos em vez de negativos sobre a mudança. Fred irá pedir a um aluno que se mova para um lugar que seja "menos perturbador". Quando Sandy trabalhou em uma turma de 8º ano, ela muitas vezes teve de dizer a um aluno: "Venha comigo. Vamos para o fundo da sala ver o que você pode fazer em um lugar onde pode se concentrar melhor. Essa vai ser a sua sala particular". Essa estratégia pode ser particularmente eficiente com alunos que sofrem do transtorno de déficit de atenção/hiperatividade (TDAH). Esses alunos têm problemas com as distrações e os estímulos típicos do ambiente de sala de aula, e mover-se temporariamente para uma área mais isolada da sala pode ajudar na concentração.

Retirada da turma

Os quatro professores acreditam que "expulsar os alunos da turma" é uma estratégia que deve ser reservada para perturbações graves. Como Donnie ressalta, "Alguns alunos *querem* sair; eles irão provocar o professor para que possam sair da sala. Eu conheço professores que expulsam alunos da sala toda hora, mas qual é o sentido? Os alunos não podem aprender se estiverem na secretaria".

Apesar de preferirem lidar com os problemas no interior da sala de aula, os professores reconhecem que há momentos em que isso simplesmente fica impossível. Sandy se lembra do dia em que mandou um aluno para a sala de "descanso", pois seu comportamento a irritou tanto que ela não conseguia discuti-lo com calma: "Eu estava muito irritada e sabia que estava perdendo o controle. Eu gritava e o garoto também. Então o melhor a fazer era ele ficar fora da sala. Mas 10 minutos depois eu o chamei de volta. Então nós já tínhamos nos acalmado e éramos capazes de conversar". Sandy também desenvolveu um sistema com outra professora de modo que ela pode mandar um aluno para sua sala de aula quando necessário. Na outra sala, o aluno deve sentar silenciosamente e fazer o trabalho de química, ignorado tanto pela professora quanto pelos outros alunos.

Fred também manda os alunos para a secretaria quando eles ficam incontroláveis. Ele se lembra de um aluno que estava severamente fora de controle:

> Eu tinha combinado com a secretaria, de modo que eles sabiam o que fazer com o aluno quando ele apareceu. No início, eu o expulsei três vezes da sala em uma semana, mas lentamente ele melhorou o controle do seu comportamento e nós baixamos esse número para uma vez a cada duas semanas. Mas isso só funcionou porque a turma era um bom lugar para ele estar. Ele tinha amigos lá, nós ríamos todos os dias, ele fazia bons trabalhos. Se ele não gostasse da turma – e de mim – deixar a sala seria como uma recompensa.

Detenção

Nos casos de violações rotineiras das regras (p. ex., chegar atrasado na aula), Donnie, Sandy e Fred usam a detenção escolar regular como uma penalidade. Entretanto, eles são cautelosos sobre usar isso para "grandes" problemas. Como Sandy afirma: "Se os alunos forem desrespeitosos ou realmente estão tendo problemas em controlar a si mesmos, eu prefiro falar separadamente com eles. O que será aprendido com 45 minutos de detenção?".

Reflexões escritas sobre o problema

Às vezes, uma situação é tão complexa que ela demanda uma séria reflexão por escrito. Fred relembra esse incidente:

> Minha turma especial do ensino médio deveria fazer um pequeno trabalho de pesquisa. Quando eu

comecei a corrigir os trabalhos, me pareceu que várias referências eram suspeitas. Eu fiz algumas verificações e descobri que alguns alunos simplesmente haviam copiado material da internet e inventado as referências. Eu fui à turma e lhes falei sobre a gravidade disso e que todos eles ficariam com zero se eles não conseguissem validar suas referências. Mas eu lhes dei uma saída: eles poderiam me escrever uma carta explicando o que haviam feito e por que motivo e deveriam fazer uma "reparação" fazendo dois trabalhos de pesquisa adicionais com referências válidas. As cartas foram muito reveladoras. Vários desses garotos não tinham absolutamente a menor ideia sobre por que é importante citar referências de modo preciso. Um garoto veio me agradecer por fazer disso uma grande coisa. Ele disse que realmente não sabia que o que ele estava fazendo era desonesto.

Contatando os pais

Os nossos quatro professores contatam pais ou responsáveis quando o mau comportamento persiste. Por exemplo, quando um aluno deixou de fazer seu dever de casa repetidas vezes, Sandy lhe disse que chamaria seus pais para discutir o problema. Ela procurou deixar claro que não estava fazendo aquilo por raiva, mas devido a uma séria preocupação. Ela também tentou transmitir a ideia de que todos poderiam se unir para resolver a questão.

Essas penalidades ilustram as maneiras pelas quais Christina, Donnie, Fred e Sandy lidam com os problemas quando eles têm um grau de flexibilidade. Além disso, há momentos em que lhes é exigido que sigam as políticas escolares que determinam respostas particulares a comportamentos inadequados específicos. Considere o exemplo de matar aula. Na escola de Christina, duas infrações dessa resultam em perda total de crédito para aquele curso. Na escola de Fred, uma ocorrência resulta em notificação dos pais e carta de advertência; duas ocorrências resultam em "contato entre aluno/conselheiro" e em "contato administrador/responsável", uma possível reunião e uma carta de advertência. Se o aluno matar aula pela terceira vez, haverá remoção da turma com uma nota AW (abandono administrativo, do inglês *administrative withdrawal*) e colocação em uma sala de estudos.

Também é importante observar que, sob o programa *No Child Left Behind*, as escolas devem ter um plano para mantê-las seguras e livres de drogas. Esses planos devem incluir políticas disciplinares que proíbem condutas indisciplinadas, posse ilegal de armas e uso, distribuição e venda ilegal de tabaco, álcool e outras drogas. Como resultado, quase todas as escolas agora têm políticas de *tolerância zero* com consequências predeterminadas para tais ofensas. Tolerância zero também pode ser aplicada a outros problemas, como o *bullying* e as ameaças. Tais políticas geralmente resultam em suspensão automática ou expulsão, embora ainda possa haver ampla variação na severidade. Certifique-se de se familiarizar com as políticas de tolerância zero da sua escola.

Se você tem alunos com deficiências nas suas turmas, também é essencial que você consulte um educador especial ou um membro da equipe de estudo infantil sobre as estratégias de intervenção adequadas. Problemas de comportamento grave exigem um esforço de equipe, e pais, professores de educação especial, psicólogos, assistentes sociais e administradores podem todos fornecer valiosas percepções e sugestões. Também tenha consciência de que o IDEA 2004 inclui várias determinações sobre os direitos dos estudantes com deficiências em relação aos procedimentos disciplinares. Por exemplo, se o comportamento problemático é "causado por" ou tem uma "relação direta e substancial" com a deficiência da criança, retirar o aluno por mais de 10 dias escolares pode não ser permitido.

> **PARE E REFLITA**
> Reveja as várias penalidades que nossos quatro professores geralmente usam quando lidam com comportamento inadequado. Quais delas você estaria mais inclinado a implantar? Há alguma da qual você discorda?

Impondo penalidades e preservando relações

É frustrante quando os alunos têm mal comportamento e às vezes deixamos nossas frustrações influenciarem o modo como impomos as penalidades. Vimos professores gritarem com os alunos do outro lado da sala, dar um sermão nos alunos sobre seu histórico de comportamento, insinuar que eles vêm de lares terríveis e atacar suas personalidades. Claramente, comportamentos como esses destroem a dignidade dos alunos e arruínam a possibilidade de um bom relacionamento. Como você pode evitar uma situação como essa?

Primeiro, se você está realmente com muita raiva de um aluno, *adie a discussão*. Você pode apenas dizer a ele: "Sente lá e pense sobre o que aconteceu. Eu vou falar com você em alguns minutos". Durante uma observação na sala de Fred, ficou claro que ele estava ficando muito perturbado com dois alunos que conversavam enquanto ele introduzia um filme que a turma assistiria em seguida. Duas vezes ele se virou e pediu silêncio, mas a conversa reiniciava. Observamos com curiosidade para ver se ele faria algo mais, mas ele continuou a aula. Ao fim do período, entretanto, ele prontamente foi até os alunos e falou com discrição. Mais tarde, ele refletiu sobre essa conversa:

> Eu lhes disse que não conseguia explicar enquanto eles falavam, que isso me distraía e me deixava muito irritado – especialmente porque eu estava falando sobre Gandhi, que é um dos meus personagens favoritos. Eles pediram desculpas; disseram que estavam falando sobre algumas das ideias que surgiram na aula. Eu lhes disse que estava realmente satisfeito por eles estarem tão entusiasmados, mas eles tinham que compartilhar seus pensamentos com toda a turma ou esperar até o fim da aula para falar. Acho que eles entenderam o recado. Falar com eles depois da aula teve três vantagens: me permitiu continuar a aula, me deu a chance de me acalmar e tornou possível falar com eles em particular.

Como os comentários de Fred destacam, quando você adia uma discussão, tem a chance de se acalmar e pensar melhor sobre o que quer dizer. Você também consegue diferenciar caráter de comportamento. Sua mensagem deve ser: "*Você é legal, mas o seu comportamento é inaceitável*".

Segundo, é uma boa ideia *impor penalidades em particular, calma e silenciosamente*. Apesar da vontade de gritar, quanto mais suave for a sua voz e mais próximo você estiver, mais eficiente você tenderá a ser (BEAR, 1998). Lembre-se de que os alunos são muito preocupados em manter as aparências para os seus colegas. A desaprovação pública tem a vantagem de "dar o exemplo" para a sala a partir do mau comportamento de um aluno, mas tem a desvantagem de criar ressentimento e constrangimento. Vários estudos descobriram que os alunos veem as repreendas públicas como o *método menos aceitável* de lidar com problemas (HOY; WEINSTEIN, 2006). Além disso, a capacidade de ser firme sem usar ameaças e humilhação pública parece ser particularmente importante para alunos que já estão insatisfeitos com a escola ou alienados. Por exemplo, entrevistas realizadas com 31 alunos "marginais" dos anos finais do ensino fundamental considerados em risco de reprovação escolar revelaram que os professores eram percebidos como adversários indiferentes e injustos se eles se

[...] envolviam em atos públicos destinados a transmitir uma impressão de autoridade: repreendendo alunos específicos para dar o exemplo, mandando alunos para fora da sala e ordenando obediência. (SCHLOSSER, 1992, p. 135).

Nossos quatro professores concordam. Sandy observa:

> Vamos dizer que você acabou de retornar alguns trabalhos que corrigiu. Um aluno pega o trabalho dele, o amassa e joga no chão. Se você gritar "Pegue esse papel", estará criando uma situação de confronto. É bem melhor ir até ele e falar em particular e com calma. Você pode dizer algo como: "Se você tem um problema com a sua nota, nós podemos conversar a respeito". E assim o aluno mantém as aparências diante dos outros. É realmente importante não colocar os alunos em um canto; se você o fizer, eles revidarão e criarão um problema ainda maior.

Finalmente, depois de impor uma penalidade, é uma boa ideia voltar ao aluno e *restabelecer uma relação positiva*. No início deste capítulo, vimos como Sandy se certificou de ajudar William com seu experimento de laboratório depois de lhe dar uma detenção. Do mesmo modo, elogiar o trabalho de um aluno ou dar um tapinha nas costas comunica que não há ressentimentos.

Outra maneira de restabelecer uma relação positiva é implantar a estratégia Dois-por-Dez (WLODKOWSKI, 1983). Por dois minutos todos os dias, por dez dias seguidos, tenha uma conversa pessoal com o aluno com comportamento inadequado (ou qualquer um dos seus alunos mais difíceis) sobre qualquer coisa que interesse a ele. Os professores que tentaram essa estratégia relatam uma melhora impressionante no comportamento do aluno-alvo, bem como no de toda a turma. De fato, os alunos mais difíceis podem se tornar seus aliados quando há uma forte conexão pessoal.

Sendo consistente

É constantemente dito aos professores iniciantes que eles devem "ser consistentes", e as pesquisas apoiam esse conselho. Lembre-se do estudo de Evertson e Emmer (1982) sobre a administração eficiente de salas de aula no nível dos anos finais do ensino fundamental (discutido no Cap. 4). Esse estudo demonstrou que os administradores mais bem-sucedidos responderam de um modo consistente e previsível, frequentemente invocando as regras e os procedimentos para interromper o comportamento perturbador. Ao contrário, os administradores ineficientes eram mais propensos a atuar de maneira inconsistente: às vezes eles ignoravam o comportamento; às vezes invocavam uma consequência preestabelecida (p. ex., detenção); às vezes ameaçavam os alunos com penalidades, mas não agiam segundo suas ameaças. Inevitavelmente, os problemas de comportamento aumentaram em frequência e severidade.

Embora a importância de ser consistente seja óbvia, os professores às vezes se sentem presos pela necessidade de consistência (ver a discussão no Cap. 3 sobre ser justo). Quando um aluno normalmente responsável esquece um dever de casa, não parece razoável mandar para os pais a mesma nota que você mandaria para um aluno que repetidamente deixa de fazer as tarefas. A fim de escapar desse dilema, é desejável desenvolver uma *hierarquia de consequências* que pode ser invocada se as regras forem violadas. Alguns professores desenvolvem uma lista graduada de consequências genéricas que pode ser aplicada a todos os maus comportamentos. A hierarquia a seguir é um exemplo:

Primeira violação: advertência verbal
Segunda violação: o nome é anotado
Terceira violação: reunião com o professor
Quarta violação: chama os pais

Outra abordagem é desenvolver uma lista graduada de consequências para as regras individuais de sala de aula. Sandy usou essa abordagem quando ela desenvolveu sua lista graduada de consequências para atrasos (ver Cap. 4), e ela deixa claro que cumpre as consequências não importa quem esteja envolvido. Ela nos diz:

> Os alunos têm que ver que você é justo. Se o meu melhor aluno entra na aula atrasado, eu tenho que lhe dar a mesma detenção que daria ao meu pior aluno. Se eu não der a detenção, os alunos verão isso e pensarão: "Ela está beneficiando os seus favoritos. Ela o está deixando chegar tarde sem punição". Isso é o fim do meu relacionamento com eles.

Embora os quatro professores sejam absolutamente consistentes quando lidam com comportamentos evidentes, como chegar tarde, eles os consideram "problemas menores". Nas "grandes coisas", eles preferem falar reservadamente com os alunos e desenvolver um plano de ação que é adaptado ao aluno individual. Ao realizar "reuniões privadas obrigatórias", os quatro professores podem demonstrar aos alunos que são consistentes em termos de cumprir as regras da turma e ao lidar com o comportamento problemático, mas eles podem permanecer flexíveis em relação à solução.

Penalizando o grupo por mau comportamento individual

Às vezes os professores impõem uma consequência a toda a turma mesmo se apenas um ou dois indivíduos tiveram o comportamento inadequado. A intenção é que os outros alunos se revoltem ao receber a penalidade e exerçam pressão sobre os seus colegas para que se comportem. Nossos quatro professores são unânimes na resposta negativa a essa prática. Donnie observa: "Se você tentar fazer isso, os alunos ficarão furiosos. Você irá afastar toda a turma". E Fred coloca da seguinte maneira: "Eu faço isso quando estou ensinando sobre as causas das revoluções. É uma grande maneira de fomentar uma rebelião!".

LIDANDO COM MAU COMPORTAMENTO CRÔNICO

Alguns alunos com problemas de comportamento persistentes falham em responder às estratégias de rotina que descrevemos até agora: sinais não verbais, lembretes não verbais e penalidades. Que estratégias adicionais estão disponíveis? Nesta seção, consideramos duas abordagens básicas. Primeiro, examinamos uma *estratégia de resolução de problemas* que encara o comportamento inadequado como um conflito a ser resolvido por meio de discussões e negociações. Em seguida, abordamos as estratégias *baseadas em princípios de aprendizado corporal*. Examinamos *abordagens de autogerenciamento* (automonitoramento, autoavaliação, autoensino e contrato de contingência emergencial) e, então, passamos para *apoios comportamentais positivos* (PBS, do inglês *positive behavioural supports*), intervenções destinadas a substituir os comportamentos problemáticos por novos comportamentos que servem ao mesmo propósito para o aluno.

Usando uma abordagem de resolução de problemas

A maioria dos professores pensa em termos de ganhar ou perder quando está diante de conflitos de sala de aula. Segundo Gordon (2003), autor de *T.E.T. – Teacher Effectiveness Training*:

> Essa orientação ganhar-perder parece estar no centro do intrincado tema da disciplina nas escolas. Os professores sentem que têm apenas duas abordagens a escolher: eles podem ser rígidos ou lenientes, duros ou brandos, autoritários ou permissivos. Eles veem a relação professor–aluno como uma luta de poder... Quando os conflitos aumentam, o que é de praxe, a maioria dos professores tenta resolvê-los de modo a sair vitoriosos, ou pelo menos não perdedores. Isso obviamente significa que os alunos terminam sempre perdendo ou não vencendo. (GORDON, 2003, p. 185).

Uma terceira alternativa é um método de resolução de problemas "ninguém perde" para resolução de conflitos (GORDON, 2003), consistindo em seis etapas. Na Etapa 1, o professor e o aluno (ou alunos) *definem o problema*. Na Etapa 2, todo mundo *procura possíveis soluções por brainstorming*. Como em todas as atividades de *brainstorming*, as sugestões não são avaliadas nessa etapa. Na Etapa 3, as *soluções são avaliadas*: "Agora, vamos dar uma olhada em todas as soluções que foram propostas e decidir de quais gostamos e de quais não gostamos. Vocês têm alguma preferência?". É importante que vocês declarem suas próprias opiniões e preferências. Não permitam que uma solução permaneça se ela não for realmente aceitável. Na Etapa 4, você e os alunos envolvidos *decidem sobre a solução que utilizarão*. Se mais de um aluno estiver envolvido, é tentador votar na solução, mas isso não seria uma boa ideia. Votar sempre produz vencedores e perdedores, a menos que o voto seja unânime, e assim algumas pessoas deixam a discussão se sentindo insatisfeitos. Em vez disso, tente trabalhar para o consenso.

Uma vez que vocês tenham decidido qual solução irão utilizar, movam-se para a Etapa 5 e *determinem como implantar a decisão*: quem irá fazer o que e quando. Finalmente, na Etapa 6, *a solução é avaliada*. Vocês podem reunir todos novamente e perguntar: "Vocês ainda estão satisfeitos com a nossa solução?". É importante que todos reconheçam que as decisões não são esculpidas em granito e que podem ser descartadas na busca por uma solução melhor para o problema.

Durante um encontro, Donnie explicou como usava a resolução de problemas quando alguns dos seus alunos não estavam se sentando em seus lugares durante as reuniões:

> Sempre que há um programa de reuniões, nós devemos caminhar juntos para o auditório e nos sentarmos próximos. Mas o corredor que leva até o auditório é lotado, e todo mundo acaba se separando; alguém é empurrado aqui ou lá, se junta a outra turma, desaparece na multidão. Quando chegamos ao auditório, os alunos estão espalhados. Eles sentam com outras turmas e aprontam. Os professores não sabem quem realmente eles são, e às vezes os alunos chegam mesmo a dar nomes errados quando os professores perguntam. O comportamento nos programas de reuniões pode ser muito ruim. Eu decidi que isso era um problema com o qual nós tínhamos que lidar antes que voltasse a acontecer.
>
> Eu manifestei minha preocupação para a turma e eles concordaram. Então eu expliquei que iríamos encontrar soluções por *brainstorming*. Mas, olha, esses alunos podem realmente ser duros uns com os outros! Eles vieram com cerca de oito soluções diferentes:
>
> Expulsar os infratores das reuniões.
>
> Não deixar de maneira alguma os infratores irem às próximas reuniões.
>
> Suspensão.
>
> Os alunos têm de obter permissão para sentar com outra turma.
>
> É necessário ter permissão especial para trazer seu amigo para sentar com você e sua turma, e a permissão deve ser do professor dele.
>
> Convidar os pais para as reuniões (os alunos teriam que agir melhor).
>
> Fazer chamada quando chegar na reunião.
>
> Ter um sistema de colegas.
>
> No dia seguinte, conversamos sobre cada uma dessas possíveis soluções, enfocando sobre como elas poderiam afetar cada um. Eu lhes disse que não gostei da solução de expulsar as pessoas das reuniões porque os programas de reuniões eram parte da educação deles. Também expliquei que os professores não têm o direito de expulsar os alunos, e se nós escolhêssemos essa saída, teríamos que envolver o setor disciplinar. Os alunos comentaram que aceitavam a solução que falava em pe-

dir permissão e que também gostaram do sistema de colegas. Eles disseram que os alunos também deveriam ser cobrados de observar o comportamento dos colegas – se perturbarem, deverão ser advertidos a parar. Então nós concordamos em tentar essas duas saídas. Nós também concordamos que eu usaria a técnica do "livro do professor" para o aluno que aprontasse e, se o comportamento voltasse a se repetir, eu escreveria um encaminhamento para o grupo disciplinar.

Nós ainda não tivemos um novo programa de reuniões, então eu não sei como isso vai funcionar, mas acho que foi bom envolver os alunos na resolução do problema. Talvez eles se interessem mais em tentar melhorar a situação.

Usando uma abordagem de aprendizado comportamental

Os princípios de aprendizado corporal enfatizam eventos externos (em vez do pensamento ou conhecimento) como a causa das mudanças de comportamento (WOOLFOLK, 2007). A análise aplicada do comportamento (também conhecida como modificação do comportamento) é a aplicação dos princípios do aprendizado comportamental para a mudança de comportamento; ela envolve o uso sistemático de reforço para fortalecer o comportamento desejado. Provavelmente mais pesquisas enfocaram a eficiência da análise aplicada do comportamento do que qualquer outra abordagem de gestão da sala de aula, e vários livros estão disponíveis para os professores (p. ex., ALBERTO; TROUTMAN, 2006; ZIRPOLI, 2005).

Como as técnicas tradicionais de modificação do comportamento enfatizam o controle externo pelo professor, em vez de tentar promover o controle interno pelo aluno, alguns educadores recomendam as abordagens comportamentais que envolvem o aluno no *autogerenciamento:* automonitoramento, autoavaliação, autoensino e contrato de contingência. As estratégias de autogerenciamento foram apontadas como efetivas para crianças da educação infantil ao ensino médio, com ou sem deficiências identificadas e para uma ampla variedade de problemas de comportamento, tanto acadêmicos quanto sociais (SHAPIRO; DUPAUL; BRADLEY-KLUG, 1998; SMITH; SUGAI, 2000). O objetivo do autogerenciamento é ajudar os alunos a aprender a regular seu próprio comportamento. A percepção do controle é crucial nesse processo: quando nos sentimos no controle, tendemos muito mais a aceitar a responsabilidade por nossas ações.

Nas próximas seções do capítulo descrevemos essas estratégias de autogerenciamento. Em seguida, nos voltaremos para uma nova abordagem comportamental que se propõe a ensinar aos alunos comportamento adequado por meio de apoios comportamentais positivos.

Automonitoramento

Alguns alunos podem não reconhecer o quão frequentemente eles estão fora dos seus lugares ou quão frequentemente eles entram em devaneios em vez de se concentrarem no seu trabalho. Outros podem não ter consciência de quão frequentemente gritam durante as discussões em sala ou quantas vezes fazem comentários desagradáveis com outros membros do seu pequeno grupo. Alunos como esses podem se beneficiar de um programa de automonitoramento, no qual eles aprendem a observar e a registrar um comportamento-alvo durante um determinado período de tempo. Curiosamente, o automonitoramento pode ter efeitos positivos mesmo quando os alunos são *imprecisos* (GRAZIANO; MOONEY, 1984).

Antes de iniciar um programa de automonitoramento, você precisa se certificar de que os alunos consigam identificar os comportamentos que são alvos de mudança. Por exemplo, alguns alunos podem não ser capazes de descrever com precisão todas as partes que compõem o "trabalhando independente". Você pode ter de fazer um modelo, observando explicitamente que "Quando eu trabalho de modo independente, devo ficar sentado (sem balançar minha cadeira para trás), olhar para o trabalho na minha carteira e segurar o lápis na minha mão".

Os alunos então aprendem a observar e a registrar seu próprio comportamento. O registro pode ser feito de duas maneiras. A primeira abordagem faz os indivíduos registrarem cada vez que eles se envolvem no comportamento-alvo. Por exemplo, os alunos podem aprender a colocar em um gráfico o número de problemas de matemática que eles resolvem durante uma tarefa em sala de aula, o número de vezes que deixam escapar comentários irrelevantes durante uma discussão ou o número de vezes que levantam as mãos para falar. Para os alunos dos anos finais do ensino fundamental, a folha de registro pode conter figuras dos comportamentos adequados e inadequados (veja o *countoon* sugerido por JONES; JONES, 2010, na Fig. 12.2). Na segunda abordagem, os indivíduos observam e registram o comportamento-alvo em intervalos regulares. No tempo designado, por exemplo, os alunos podem marcar uma folha de registro com um "1" ou um "2", dependendo se eles estão envolvidos em comportamento adequado ou inadequado.

Tem havido algum debate sobre se o autogerenciamento pode ser útil para alunos diagnosticados com TDAH, uma vez que "[...] a falta de habilidades de autogerenciamento pode ser vista como um déficit central entre os indivíduos com esse transtorno" (SHAPIRO; DUPAUL; BRADLEY-KLUG, 1998). Pesquisas recentes, entretanto, apoiam o uso dessas estratégias. Por exemplo, os pesquisadores investigaram a praticidade e a eficácia do automonitoramento para cinco alunos dos anos finais do ensino fundamental com TDAH (BARRY; MESSER, 2003). Segundo seus professores, os cinco garotos tinham atenção limitada, raramente completavam as tarefas em sala, vagavam pela sala com frequência e se envolviam em comportamento agressivo com uso de voz alta. Os alunos foram ensinados a fazer a si mesmos uma série de perguntas escritas em uma folha de registro de dados: "Eu estava na minha carteira ou onde precisava estar para completar o meu trabalho de turma? Eu estava prestando atenção ao trabalhar na tarefa ou ao ouvir o professor? Eu concluí as minhas tarefas? Brinquei ou briguei com os meus colegas de turma na sala de aula? Falei em voz alta ou fiz barulho na sala?". Em reuniões individuais, o

FIGURA 12.2 Um exemplo de um *"Countoon"*. Fonte: Jones e Jones (2010).

professor examinou cada questão e pediu ao aluno para descrever um exemplo do seu comportamento que indicaria ocorrência ou não ocorrência. O professor também fez um modelo dos comportamentos no ato de realizar as tarefas que foram descritas e fez os alunos praticarem o registro dos dados. Inicialmente, os garotos tinham que responder às perguntas a cada 15 minutos, mas esse intervalo foi gradualmente aumentado. Objetivos foram estabelecidos (p. ex., 75% ou mais intervalos de 15 minutos na realização da tarefa), e os alunos receberam reforços simples do professor, como pequenos lanches e mais tempo no computador. Os pesquisadores relataram que o uso de automonitoramento foi eficiente em aumentar os comportamentos dos alunos na realização da tarefa e seu desempenho acadêmico e em diminuir os comportamentos perturbadores. Além disso, a intervenção foi relativamente fácil de implantar. O encontro inicial do professor com cada aluno durou apenas cerca de 20 minutos; embora algum tempo adicional tenha sido gasto verificando a precisão e fornecendo retorno aos alunos, isso foi compensado à medida que a ação melhorou o comportamento e o trabalho acadêmico dos alunos.

Autoavaliação

Essa abordagem de autogerenciamento vai além do simples automonitoramento ao exigir que os indivíduos julguem a qualidade ou aceitação do seu comportamento (HUGHES; RUHL; MISRA, 1989). Às vezes a autoavaliação está ligada ao reforço, de modo que uma melhora no comportamento traz pontos ou recompensas.

Um estudo de três salas de aula inclusivas de arte de 8º ano fornece um bom exemplo de como as estratégias de autoavaliação podem ser usadas para reduzir comportamento perturbador desviado da tarefa em uma sala de aula de educação regular (MITCHEM et al., 2001). Todas as aulas foram dadas pelo mesmo professor; havia 31 alunos na turma do segundo período e 33 em cada uma das turmas de quarto e quinto período. Das três turmas, dez alunos foram identificados como alunos-alvo baseado em um histórico de encaminhamentos por comportamento perturbador e/ou desviado da tarefa, habilidades sociais fracas e notas ruins. Usando planos de aula e materiais fornecidos pelos pesquisadores, o professor ensinou a todos os alunos procedimentos para um programa de autogerenciamento assistido por pares em toda a turma (CWPASM, do inglês *Class Wide Peer-Assisted Self-Management*), no qual todos avaliaram seu comportamento usando um sistema de classificação baseado nas notas de cidadania da escola: "H" (com louvor, do inglês *honors*), "S" (satisfatório), "N" (precisa de melhora, do inglês *need improvement*) e "I" (insatisfatório). Foi necessário treinamento de dois a três períodos, dependendo da turma. O professor também assinalou para cada aluno um parceiro baseado no seu conhecimento das personalidades e preferências de cada um. Durante a implantação do programa CWPASM, os alunos avaliaram seu próprio comportamento e o do seu colega a cada 10 minutos. Os parceiros compararam então as suas avaliações e receberam pontos por avaliações perfeitas ou quase perfeitas. O intervalo inicial de 10 minutos foi mais tarde estendido para 20 minutos; por fim os alunos fizeram as avaliações apenas uma vez ao final do período. O programa CWPASM teve um efeito imediato e marcante tanto nas turmas como um todo quanto nos dez alunos-alvo. Os pesquisadores escrevem:

> Antes do CWPASM ser introduzido, era raro ver o grupo realizando a tarefa simultaneamente durante pelo menos um minuto ao longo do tempo de aula. O professor passava uma parte substancial desse tempo gerenciando os alunos, redirecionando-os para a tarefa e repetindo instruções. Após a introdução do programa CWPASM, o comportamento do grupo na tarefa em todas as

classes-alvo aumentou de níveis próximos de zero para quase 80%. Em termos práticos, isso significou que todos os alunos estavam na tarefa ao mesmo tempo por aproximadamente 32 dos 40 minutos de observação. O comportamento do grupo na tarefa continuou melhorando quanto mais longa foi a intervenção. (MITCHEM et al., 2001, p. 133).

Recentemente, Fred tentou um procedimento de autoavaliação com um garoto na sua turma de Temas Mundiais Contemporâneos. Embora não fosse indisciplinado, Daniel estava correndo sério risco de ser reprovado na disciplina. Daniel era desatento e raramente terminava as tarefas. Fred e Daniel discutiram a autoavaliação, e Daniel ficou entusiasmado em testá-la. Juntos, eles desenvolveram uma planilha simples, concordando que Fred deveria manter e dar para Daniel preencher ao final de cada período de aula. Como você pode ver na Figura 12.3, o formulário requer que Daniel descreva e avalie o seu comportamento. Fred descreve como o procedimento de autoavaliação funcionou:

> Nós o fizemos fielmente por três semanas e ele de fato funcionou. Às vezes me esquecia de dar ao Daniel a planilha de autoavaliação, mas ele me lembrava. Eu considerei isso como sinal de seu compromisso. Seu comportamento realmente melhorou; ele começou a prestar atenção e a fazer as tarefas pela primeira vez no ano. Ao final de três semanas, Daniel ficou fora vários dias. Quando ele voltou, nós não utilizamos mais o procedimento. Ele estava fazendo o que deveria fazer sem qualquer monitoramento.

Autoensino

A terceira abordagem de autogerenciamento é o autoensino, na qual os alunos aprendem a dar a si mesmos orientações silenciosas sobre como se comportar. A maioria das estratégias de autoensino se baseia em um processo de cinco etapas de modificação do comportamento cognitivo: (1) um adulto realiza uma tarefa enquanto fala em voz alta sobre ela, descrevendo cuidadosamente cada parte; (2) o aluno realiza a tarefa enquanto fala em voz alta (orientação evidente, externa); (3) o aluno realiza a tarefa enquanto fala em voz alta consigo mesmo (auto-orientação evidente); (4) o aluno realiza a tarefa enquanto sussurra (auto-orientação evidente amortecida); (5) o aluno realiza a tarefa enquanto pensa nas orientações (auto-orientação oculta) (MEICHENBAUM, 1977). Essa abordagem foi usada para ensinar alunos impulsivos a abordar tarefas mais deliberadamente, ajudar os isolados socialmente a começar uma interação com colegas, ensinar os agressivos a controlar a sua raiva e ensinar os derrotados a tentar resolver seus problemas em vez de simplesmente desistir (BROPHY, 1983).

Há evidências de que mesmo adolescentes bastante perturbados emocionalmente podem aprender a se envolver em autoinstrução. Em um estudo conduzido em uma turma de educação especial independente (NINNESS et al., 1991), três meninos adolescentes que apresentavam altas taxas de desvio da tarefa e comportamentos inadequados (correr, lutar, provocar,

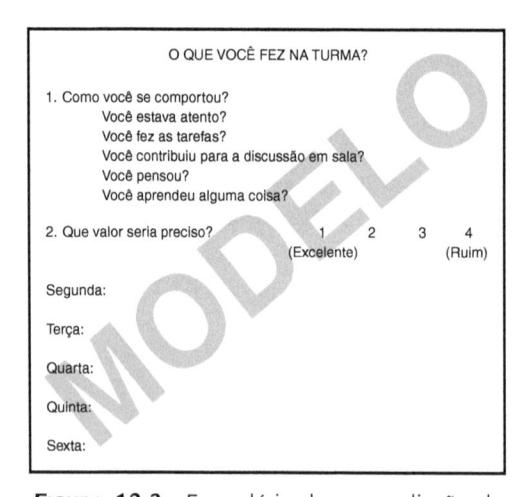

O QUE VOCÊ FEZ NA TURMA?

1. Como você se comportou?
   Você estava atento?
   Você fez as tarefas?
   Você contribuiu para a discussão em sala?
   Você pensou?
   Você aprendeu alguma coisa?

2. Que valor seria preciso?   1   2   3   4
                          (Excelente)   (Ruim)

Segunda:

Terça:

Quarta:

Quinta:

Sexta:

Figura 12.3 Formulário de autoavaliação de Daniel.

cuspir, jogar objetos, saltar ou fazer uso de linguagem inadequada) receberam ensino formal em habilidades sociais e autogerenciamento durante uma hora por dia. Os alunos foram ensinados a levantar as mãos para fazer perguntas, evitar distrações de outros alunos e falar educadamente com professores e colegas. Enquanto outros tentavam distraí-los, os alunos repetiam frases como "Eu não vou deixar que ele me distraia. Vou continuar fazendo o meu trabalho" e eles praticaram evitar contato visual com aqueles que os perturbavam. Além disso, os alunos foram ensinados a avaliar seu próprio comportamento na tarefa e a sua adequação social, usando uma escala que variou de um a quatro. Um ponto extra foi recebido nas ocasiões em que a autoavaliação de um aluno era parte da avaliação do professor.

Os resultados do estudo demonstraram que o treinamento em autogerenciamento pode melhorar drasticamente o comportamento dos alunos. Antes do treinamento, comportamentos desviados da tarefa e socialmente inadequados na sala de aula foram em média de 92, 95 e 76% para os indivíduos 1, 2 e 3, respectivamente. Todos os três indivíduos melhoraram substancialmente durante o curso do treinamento de autogerenciamento de cinco semanas – e os três demonstraram *comportamento desviado da tarefa ou socialmente inadequado de quase zero durante as situações experimentais*.

Antes de abandonarmos a discussão sobre automonitoramento, autoavaliação e autoensino, é importante observar que essas estratégias são particularmente promissoras para alunos com deficiências em cenários de educação regular. Apenas um pequeno número de estudos foi feito em salas de aula do ensino médio inclusivas, mas eles indicam que os alunos com deficiências podem ser ensinados a usar o autogerenciamento para melhorar tanto o seu desempenho social quanto acadêmico (MCDOUGALL, 1998). No entanto, esse treinamento exige tempo e perícia, os quais os professores de educação regular podem não ter (MCDOUGALL, 1998). Se você decidir tentar uma dessas estratégias de autogerenciamento, consulte o psicólogo da sua escola, um conselheiro ou um professor de educação especial.

Contratos de contingência

Um contrato emergencial ou comportamental é um acordo entre um professor e um determinado aluno e especifica o que o aluno deve fazer para receber uma recompensa em particular. Contratos de contingência são negociados com os alunos; ambas as partes devem concordar sobre os comportamentos que os alunos devem apresentar, o período de tempo envolvido e as recompensas que resultarão. Para serem mais efetivos, os contratos devem ser escritos e assinados. E, é claro, deve haver uma oportunidade para revisão e renegociação se o contrato não estiver funcionando. Um exemplo de um contrato típico aparece na Figura 12.4.

Apoio comportamental positivo e avaliação comportamental funcional

O apoio comportamental positivo se baseia no princípio comportamental de que o comportamento ocorre por uma ou duas razões. Ou ele permite que os indivíduos obtenham o que eles desejam (reforço positivo) ou ele permite que os indivíduos evitem algo que consideram desagradável (p. ex., reforço negativo). Em outras palavras, o comportamento ocorre por haver uma razão, embora o indivíduo possa não estar consciente disso. A partir desse princípio, o PBS começa por investigar *por que* um problema de comportamento ocorre (i.e., a que *função* ou propósito ele serve). Os professores podem, então, planejar uma intervenção para eliminar o comportamento desafiador e substituí-lo por um comportamento socialmente aceito que serve ao mesmo propósito.

```
                                                                    Data_____
Depois da discussão entre o Sr. Schroeder (professor de estudos sociais) e
Justin Mayer (aluno), as seguintes decisões foram acordadas:
Durante o próximo bimestre, eu, Justin Mayer, concordo em:

1. Chegar na hora para a aula de História dos Estados Unidos I, com livro, caderno e utensílios de escrita.
2. Fazer todos os deveres de casa e entregá-los no prazo.
3. Encontrar com o Sr. Schroeder depois da aula às quintas-feiras para avaliar o progresso do meu
   projeto trimestral.
4. Sentar do outro lado da sala em que estiver Sam Holloway.
5. Prestar atenção durante a aula.

Se eu cumprir essas condições, eu passarei nessa matéria com um C ou nota melhor nesse bimestre.

Aluno_____

Professor_____

Responsável_____
```

Figura 12.4 Exemplo de contrato.

O processo de investigação, de por que o comportamento problemático ocorre, é conhecido como *avaliação comportamental funcional* (FBA, do inglês *functional behavioral assessment*). Os procedimentos da FBA têm sido historicamente empregados em casos de graves transtornos de comportamento e, de fato, o IDEA de 2004 obriga as escolas a fazer FBAs de um aluno com deficiências se ele tiver de ser removido por mais de 10 dias escolares consecutivos ou se a remoção representar uma mudança de colocação. Em anos recentes, entretanto, a FBA também foi amplamente recomendada para uso em salas de aula regulares com alunos típicos e aqueles com deficiências leves (ROBINSON; RICORD GRIESEMER, 2006).

A FBA é composta de várias etapas. Primeiro, é necessário *descrever o comportamento problemático* em termos observáveis, mensuráveis e precisos, de modo que duas ou mais pessoas poderiam concordar sobre a ocorrência. Isso significa que em vez de dizer que "Michael é agressivo", você precisa dizer "Michael fala mal dos outros garotos, colo- ca seu pé para derrubar os outros e joga seus livros no chão quando irritado". Na segunda etapa, *informações são coletadas em relação aos eventos do cenário que ocorrem antes e depois do comportamento do aluno*. Isso é geralmente chamado de uma avaliação A-B-C, onde A representa os antecedentes do comportamento, B representa o comportamento e C representa as consequências (a Fig. 12.5 apresenta um exemplo de uma folha de registro ABC). Como em geral não é possível coletar essa informação enquanto você está ensinando, é provável que você tenha que arranjar outra pessoa (p. ex., um professor de regência, um auxiliar de ensino, um conselheiro escolar) para fazer a avaliação enquanto você dá aula (ou vice-versa). Também é essencial conduzir as observações ao longo de vários dias, de modo que você possa confiar que está obtendo uma amostra representativa do comportamento do aluno. Finalmente, certifique-se de observar momentos em que o comportamento-alvo ocorra e momentos em que ele tipicamente *não ocorra*. Se você seguir esse passo cuidadosamente, você deverá então ser capaz de

Aluno _Ronald_ Data _10/11_

Observador _Sr. Green_ Hora _9h15_

Cenário/Atividade _Aula de artes_

Comportamento-alvo _Não obediência/agressão_

Hora	Antecedentes (O que aconteceu antes do comportamento?)	Comportamento (O que o aluno fez?)	Consequências (O que aconteceu após o comportamento?)
9h15	A professora pede à turma para pegar as histórias que estão escrevendo e revisá-las.	Ronald senta-se jogado na cadeira. Ele não abre o caderno para trabalhar na sua história. Ele começa a fazer comentários sobre as histórias dos outros alunos.	A professora diz a Ronald para trabalhar. Ele continua a se sentar jogado na cadeira. Ele joga vários livros da sua mesa no chão.
9h17	A professora vai na direção de Ronald; silenciosamente lhe diz para se acalmar e trabalhar.	Ronald diz que ele não quer escrever uma história "estúpida".	A professora diz a Ronald que ele precisa trabalhar na sua história ou ele terá que ir para o fundo da sala. Ela se afasta. Ronald começa a fazer barulhos, mas não abre o seu livro.
9h20	A professora manda Ronald se mover para o fundo da sala e pensar sobre como ele deveria se comportar durante o _workshop_ de escrita.	Ronald joga o seu caderno no chão e grita com a professora: "quem se importa com uma m... de história?!" e anda na direção da porta.	A professora segue Ronald; diz para ele ir com ela para o corredor, onde eles podem conversar.

FIGURA 12.5 Uma amostra da planilha de registro ABC.

responder às seguintes perguntas (KERR; NELSON, 2006):

- O comportamento ocorre na presença de certas pessoas?
- Durante que atividades é mais provável que o comportamento ocorra?
- Durante que atividades é menos provável que o comportamento ocorra?
- O que acontece com o aluno após o comportamento?
- Como os outros respondem ao comportamento?
- O ambiente em torno muda de alguma forma após o comportamento?

Na terceira etapa da FBA, _hipóteses são desenvolvidas acerca do propósito do comportamento;_ em outras palavras, é quando você tenta descobrir o que o aluno tem a ganhar. Por exemplo, vamos assumir que, como resultado da coleta de informações na etapa 2, ficou claro que Ronald, um aluno em uma aula de inglês/artes dos anos finais do ensino fundamental, é indisciplinado apenas durante um _workshop_ de escrita (o antecedente), quando ele perturba os alunos próximos fazendo comentários bobos, fazendo barulhos e derrubando livros no chão (o comportamento). Em resposta a esse comportamento, a professora repetidamente lhe diz para "se acalmar e voltar ao trabalho" (uma consequência). Quando isso não traz uma mudança positiva, a professora lhe diz para sentar no fundo da sala e pensar em como os alunos deveriam se comportar durante um _workshop_ escrito (outra consequência). Com base nessa informação, podemos hipotetizar que o comportamento de Ronald lhe permite evitar algo que ele parece considerar repugnante – a saber, escrever um _workshop_.

A quarta etapa é _testar as hipóteses que você desenvolveu_ criando um plano de intervenção comportamental (BIP, do inglês *behavior intervention plan*). Isso envolve modificar algum aspecto do ambiente e observar o efeito. No caso de Ronald, como a tarefa escrita parece frustrante, o professor pode lhe proporcionar apoio adicional, por exemplo, seu próprio dicionário, permitir que ele procure ajuda de um "colega de escrita" e fornecer estímulo e orientação de ensino adicional se for necessário. Além disso, o professor pode parar de responder a comportamento inadequado e em vez disso responder a comportamento apropriado com risos e elogios. Se o *monitoramento* (quinta etapa) mostra que o BIP foi bem-sucedido (i.e., o comportamento inadequado foi interrompido), então a FBA se encerra. Se o comportamento inadequado continua, você precisa voltar à terceira etapa e desenvolver algumas hipóteses novas. Lembre-se, no entanto, que comportamento de longa duração não muda do dia para a noite; você pode precisar seguir o plano por duas ou três semanas antes de decidir se ele está fazendo alguma diferença (FRIEND; BURSUCK, 2002).

Embora a FBA seja uma ferramenta extremamente útil, ela não é simples, e identificar a função que está por trás de um comportamento pode exigir a assistência de observadores bem treinados (LANDRUM; KAUFFMAN, 2006). Portanto, os professores precisam consultar os funcionários dos serviços especiais.

LIDANDO COM PROBLEMAS ESPINHOSOS

Alguns comportamentos problemáticos parecem assolar os professores, independentemente de onde eles estejam ensinando. Não há receitas para lidar com esses problemas, uma vez que cada caso é único em termos de personagens, circunstâncias e história. No entanto, é útil refletir sobre as maneiras de lidar com eles *antes* que ocorram e escutar alguns dos pensamentos que orientam as ações de nossos quatro professores. Nesta seção do capítulo, levaremos em conta quatro comportamentos que fazem os professores perderem o sono.

Desafio

Alguns anos atrás, Claire veio ao seminário parecendo abalada e triste. Quando lhe perguntamos o que estava errado ela compartilhou essa história:

> *Meus alunos de 1ª série do ensino médio estavam muito turbulentos hoje. Eu não sei exatamente o que estava acontecendo, mas eles não paravam de falar, rir e gritar. Um garoto em particular, Jamal, estava realmente me perturbando. Ele não ficava no seu lugar; ficava indo para o fundo da sala onde seus companheiros se sentam. Eu continuava lhe pedindo para sentar e ele então se arrastava lentamente para a sua carteira. Porém, poucos minutos depois, eu o via de pé novamente. Finalmente, me irritei e gritei do outro lado da sala: "Jamal, estou farta disso. Saia! Vá para a secretaria!". Ele me olhou e, com essa voz realmente lenta e zombeteira, disse: "Me obrigue". Eu simplesmente congelei. Esse garoto tem mais de 1,82 m e é muito forte. Ele me olhava de cima para baixo. Eu não sabia o que fazer. Finalmente, eu disse algo estúpido como "Eu não vou lhe obrigar, mas é melhor que você se sente". Então eu o ignorei pelo resto do tempo de aula. Eu me senti uma completa idiota e ele sabia disso.*

A interação de Claire com Jamal foi traumática para ela e lamentável para ele, mas deu ao nosso grupo do seminário uma oportunidade para examinar maneiras de lidar com o desafio. À medida que ponderamos estratégias alternativas, tornou-se óbvio que *o melhor curso de ação teria sido em primeiro lugar evitar a situação*. Por exemplo, depois de pedir repetidamente que ele se sentasse, sem sucesso, ela poderia tê-lo abordado e, discretamente, mas com firmeza, informá-lo que ele tinha a opção de voltar ao trabalho ou enfrentar as consequências do comportamento inadequado (p. ex., "Jamal, suas escolhas são as seguintes: você pode se sentar e começar a trabalhar ou pode ir para a sala da Srta. Rosen para ficar além do tempo"; "Jamal, você pode se sentar e começar a trabalhar ou pode fazer o trabalho depois da aula"). Infelizmente, gritando de longe na sala de aula, Claire criou uma disputa pública de poder. Ela empurrou Jamal para um canto sem qualquer "saída honrosa" e Jamal foi forçado a desafiá-la para salvar as aparências diante dos colegas.

Dito isto, nós ainda precisamos considerar as opções de Claire diante do desafio de Jamal para colocá-lo para fora. Quando contamos esse episódio para nossos quatro professores, eles deram várias sugestões para lidar com o desafio (elas estão listadas na seção Dicas Práticas).

Curiosamente, à medida que os professores discutiam maneiras de responder ao desafio, começamos a perceber que isso não era um problema central para qualquer um deles. Quando Sandy comentou que ela poderia "contar em uma mão os casos de insubordinação" que ela havia encontrado em uma vida inteira ensinando, os outros acenaram em concordância. Então nós lhes perguntamos por que eles achavam que os alunos raramente eram desafiadores em suas aulas. Os professores foram unânimes nas suas respostas: eles não deixam que pequenos problemas se transformem em grandes problemas. Donnie coloca da seguinte maneira:

> Às vezes eu vejo alunos na secretaria e lhes pergunto: "Por que você está aqui?". "Fui colocado para fora por mascar chiclete." Mas você sabe que essa não deve ser toda a história. Ele provavelmente começou com mascar chicletes, mas aumentou para uma verdadeira disputa de força. E pelo quê? Precisamos ter certeza de que não enfrentamos as situações de modo desproporcional.

E Fred deu uma última sugestão para os novos professores: "Se o desafio *não for* uma coisa rara na sua sala de aula, então é hora de pensar seriamente sobre o que você está fazendo com aqueles alunos. Alguma reflexão da sua própria prática é evidentemente necessária" (ver o Cap. 13 para uma discussão relacionada sobre desarmar situações potencialmente explosivas).

Dicas práticas

COMO LIDAR COM O DESAFIO

- **Não perca a calma.** Controle-se. Mesmo que a sua primeira inclinação seja gritar de volta, não o faça (pode ser útil fazer algumas respirações profundas e dizer para si mesmo: "Eu posso lidar com isso com calma. Eu vou falar discretamente").
- **Direcione o resto da turma para trabalhar em alguma coisa** (p. ex., "Façam todos os próximos três problemas" ou "Comecem a ler a próxima seção").
- **Afaste o aluno dos seus colegas.** Fale com o aluno onde vocês possam ter mais privacidade. Isso elimina a necessidade de o aluno se preocupar em salvar as aparências.
- **Mantenha distância de alguns metros do aluno.** Um aluno irritado pode interpretar a aproximação como um ato agressivo (WOLFGANG, 1999).
- **Reconheça os sentimentos do aluno.** "Posso ver que você está muito irritado..."
- **Evite uma disputa de poder.** Não use afirmativas como "Sou eu que mando aqui e estou lhe dizendo..."
- **Ofereça uma escolha:** No caso de Jamal, o confronto não era mais sobre fazer o trabalho, mas em ir para a secretaria. Então as escolhas devem enfocar esse tema: "Jamal, posso ver que você está muito irritado e teremos que conversar mais tarde. Mas enquanto isso as escolhas são essas. Você pode ir para a secretaria ou eu terei que mandar alguém vir e lhe levar para lá".

Não fazer o dever de casa

Quando os alunos consistentemente deixam de fazer as tarefas de dever de casa, você precisa considerar o quão importantes são essas tarefas e se você comunicou essa importância aos alunos. Fred comenta:

> Estou convencido de que se os professores fossem avaliados com base na quantidade e qualidade das tarefas de dever de casa, os alunos teriam muito menos dever de casa e o fariam muito mais! Eu nunca passo dever de casa se eu não posso explicar a razão para os meus alunos. Levá-los a entender a importância de fazer uma tarefa específica em casa reduz drasticamente o número de tarefas não realizadas.

De forma semelhante, Sandy diz aos seus alunos que "há uma razão para cada tarefa que eu passo":

> Eu lhes digo: "Não vou insultar a inteligência de vocês passando tarefas ruins que apenas desperdiçam o seu tempo. Todas as tarefas são necessárias para o que estamos no momento trabalhando; vocês têm que fazer isso para serem bem-sucedidos".

Também é importante refletir sobre quanto dever de casa você está passando, se ele é muito difícil para os alunos e se o tempo disponível é suficiente. Lembre-se que no Capítulo 3 Christina falou de um caso em que os alunos estavam insatisfeitos com a quantidade e o nível de dificuldade do dever de casa que ela havia passado: "Eles diziam que era como um trabalho de nível superior e eles tinham apena 15 anos!". Juntos, Christina e seus alunos chegaram a um acordo que foi mutuamente satisfatório. Algumas datas de entrega foram postergadas, foi fornecido tempo em sala para que os alunos pudessem fazer alguns dos trabalhos em grupo e Christina deixou claro que ela estava disponível para ajudar depois da aula.

Além do monitoramento da quantidade e do nível de dificuldade do dever de casa, você precisa se certificar de que seus alunos serão capazes de compreender as tarefas. Uma maneira de garantir isso é pedir que um colega reveja a tarefa e lhe dê um retorno (DARLING-HAMMOND; IFILL-LYNCH, 2006). Outra maneira é fazer com que os alunos comecem o dever de casa sob a sua supervisão, de modo que você possa lidar com qualquer confusão antes que os alunos tentem a tarefa em casa.

A seção Dicas Práticas lista algumas estratégias adicionais que podem ajudar a aumentar a probabilidade de os alunos completarem o dever de casa.

Apesar dos seus melhores esforços, alguns alunos não entregarão o dever de casa. Nesse caso, você precisa de um encontro em particular para discutir o problema, gerar soluções possíveis e decidir sobre um plano de ação. Isso pode incluir entrar em contato com os pais e pedir sua cooperação e assistência, redigir um contrato de contingência ou atribuir um "companheiro de dever de casa" para ajudar o aluno a se lembrar e completar o dever. Escute Fred:

> Muitos professores têm regras duras e rápidas sobre dever de casa, com sérias consequências se o dever de casa não for entregue a tempo. Mas eu acabei percebendo que esse tipo de rigidez faz mais mal do que bem. Eu tentei trabalhar individualmente com alunos que parecem ser "irresponsáveis" em relação ao dever de casa. Juntos, desenvolvemos um plano para melhorar nessa área.

Colar

Vários estudos sugerem que a cola é mais comum do que gostamos de pensar. Uma pesquisa nacional de 2008, conduzida pelo Josephson Institute of Ethics (2008), perguntou a aproximadamente 30 mil alunos do ensino médio acerca do seu comportamento durante os últimos 12 meses. Apro-

Dicas práticas

COMO AUMENTAR A PROBABILIDADE DE OS ALUNOS FAZEREM O DEVER DE CASA

- **Reveja, colete ou dê nota para as tarefas.** Se você passar o dever de casa e não verificar se os alunos o fizeram, você está transmitindo a mensagem de que o dever de casa não era assim tão importante. Nem todo dever de casa tem que receber nota ou mesmo ser coletado, mas é sensato verificar se os alunos o fizeram e registrar o fato no seu livro de notas.
- **Passe "testes dos deveres de casa".** Como Donnie considera uma "luta constante" conseguir que alguns alunos façam o dever de casa, ela passa para eles um teste com um ou dois problemas que são exatamente como aqueles passados no dia anterior como dever de casa. Além disso, ela passa um "teste de dever de casa" a cada semana ou a cada duas semanas. Ela seleciona cinco problemas que haviam previamente sido passados como dever de casa e permite que os alunos consultem seus deveres de casa, mas não seus livros.
- **Exija um "produto" além da leitura.** Quando Christina passou 17 páginas de *Crônicas Marcianas* como dever de casa, ela descobriu que metade da turma não havia feito a leitura – apesar de ter avisado sobre um teste. Segundo Christina, "os alunos simplesmente não consideram a leitura como dever de casa". Ela aprendeu que eles têm uma tendência muito maior de fazer a leitura se lhes for solicitado que façam algo a mais *com* ela (p. ex., usar Post-it para marcar as três passagens favoritas; listar 10 palavras ou frases que o autor usa para dar pistas sobre o caráter do protagonista; selecionar três perguntas sobre a leitura para fazer aos colegas de turma).
- **Não aceite desculpas.** Sandy adverte os novos professores: "Há razões válidas para não fazer o dever de casa. Mas se você começa a julgar o que é válido e o que não é, pode ter muitos problemas. Meus alunos sabem que eu não aceito dever de casa atrasado. Ponto. Se eles não o fizeram, eles o fazem depois da escola, porque é necessário para avançarem. Mas não recebem crédito por isso".
- **Forneça apoio na escola.** Às vezes, as circunstâncias domésticas podem interferir na realização do dever de casa. Eles podem estar no meio de uma crise familiar; podem estar passando por uma situação de abuso; e podem ter trabalhos ou outras responsabilidades depois da escola. Donnie compartilha um incidente: "Semana passada eu estava visitando um amigo no hospital e encontrei com um dos meus alunos – uma garota que frequentemente dorme nas aulas e que muitas vezes não faz seu dever de casa. Ela trabalha no hospital todos os dias das 15h às 23h! Isso explica muita coisa! Ela tem um emprego de tempo integral além de frequentar uma escola de ensino médio". Em situações como essa você pode trabalhar com o aluno para desenvolver um plano para que ele faça o dever de casa na escola. Talvez a aluna possa fazer seu dever durante o almoço ou durante um tempo de estudo (se o almoço durar 40 minutos, um aluno pode comer em 20 minutos e ainda ter tempo para começar o dever de casa). Talvez ela possa passar em sua sala antes ou depois da escola por 15 minutos.

ximadamente dois terços (64%) relataram que haviam colado em um teste, 36% disseram que haviam copiado um documento da internet e 82% admitiram que haviam copiado um trabalho de um colega de turma. Apesar dessas admissões, 93% disseram que estavam "satisfeitos com sua própria ética e caráter" e 77% concordaram com a frase "Quando se trata de fazer o que é certo sou melhor do que maioria das pessoas que conheço".

Obviamente, telefones celulares, *e-mail* e buscas na internet tornaram mais fácil do que nunca fazer a informação circular e cometer plágio. Endereços eletrônicos vendem artigos de pesquisa ou os distribuem; frequentemente os artigos não são bem escritos e contêm erros de redação e gramaticais – um fato que pode na verdade ajudar os alunos a evitar suspeitas (DITMAN, 2000). Além disso, muitos alunos não consideram a cópia de textos de um endereço eletrônico como uma forma de trapaça (MA et al., 2007).

Mais uma vez, é melhor prevenir o problema do que lidar com ele depois. Isso significa encontrar maneiras para *diminuir a tentação de colar*. Pesquisas indicam que os alunos têm maior tendência a relatar a cola quando eles percebem o professor enfatizando mais o desempenho do que o domínio da matéria (i.e., quando é mais importante obter A do que aprender o conteúdo) (ANDERMAN; GRIESINGER; WESTERFIELD, 1998). Do mesmo modo, os alunos relatam mais cola quando o professor confia em incentivos extrínsecos para estimular a motivação (p. ex., liberar os alunos que tiram A de fazer deveres de casa) em vez de tentar promover um interesse genuíno nas tarefas acadêmicas. À luz dessa pesquisa, você precisa se certificar de que o trabalho que você passa e os testes que você aplica são justos e importantes e que você usa as informações que eles fornecem para ajudar os alunos a dominar a matéria (SAVAGE, 1999). Você também pode ajudar os alunos a evitar a tentação de colar não baseando suas notas em uma ou duas tarefas de "alto desempenho" (SAVAGE, 1999). Embora os alunos possam reclamar acerca de testes ou tarefas frequentes, eles tendem a colar menos se sabem que nenhuma tarefa sozinha irá determinar o sucesso ou o fracasso no curso.

No início do ano, nossos quatro professores também usam o tempo para definir colar e para discutir como eles se sentem acerca do assunto. Como dissemos no Capítulo 4, Sandy se aprofunda na distinção entre ajudar uns aos outros com o dever de casa e colar. Ela enfatiza que colar é "o supremo comportamento de desrespeito", fala sobre vários comportamentos que constituem cola, oferece aos alunos estratégias para resistir à pressão dos colegas por cola e revê a política de integridade acadêmica da escola, que alunos e pais têm de assinar. Da mesma forma, Fred oferece o que ele chama de sua "mensagem sobre a cola": "Escutem, vocês podem mentir e colar e podem não ser pegos... Mas se vocês não colarem, serão admiráveis".

Além de reduzir a tentação, você também pode tornar várias precauções para *minimizar a oportunidade*. É útil circular pela sala, usar testes novos a cada ano e criar formas diferentes do mesmo teste para alunos sentados em diferentes fileiras (com a ajuda de um programa de computador, Donnie faz quatro formas diferentes para cada teste que ela administra). Recentemente, ouvimos falar de um professor que deixou quatro alunos fazerem um teste fora da sala, no corredor. Não apenas o teste era o mesmo que o resto da turma havia feito dois dias antes (e do qual esses alunos tinha conhecimento), como foi permitido que os quatro alunos sentassem juntos – sem supervisão. Mesmo o mais ético dos alunos acharia difícil resistir a uma oportunidade como essa!

Se você estiver passando trabalhos, certifique-se de fornecer prazos realistas e preparação suficiente para que os alunos se sintam confortáveis. Deixe claro aos alunos que você conhece endereços eletrônicos que oferecem trabalhos pagos ou de graça; também deixe claro que você sabe como detectar plágio usando um mecanismo de busca, como o Google, para procurar por palavras e frases que se pareçam com o que foi escrito pelos alunos (você pode até mesmo demonstrar!). Christina pede que seus alunos entreguem partes e pedaços dos seus trabalhos de pesquisa ao longo do caminho (p. ex., notas, um esboço, o primeiro parágrafo, uma primeira versão), tornando bem mais difícil para os alunos usarem um trabalho obtido de um endereço eletrônico.

Obviamente, apesar de todas as precauções, incidentes de cola irão acontecer. Então se torna necessário confrontar os alunos envolvidos. A seção Dicas Práticas lista algumas sugestões para lidar com essas descobertas.

Uso inadequado de dispositivos eletrônicos

Como discutimos no Capítulo 4, telefones celulares e *tablets* são ubíquos nos *campi* escolares, e os alunos se sentem no direito de portá-los. Assim, o uso inapropriado desses dispositivos durante as aulas pode se tornar um problema. Os alunos mandam e recebem mensagens de texto (muitos podem enviar mensagens sem nem mesmo olhar para os seus telefones!) ou tentam esconder os seus fones de ouvido debaixo de um capuz para que possam escutar música. Muitas escolas estão adotando políticas escolares amplas para lidar com esse problema, como na escola de Sandy:

> Os alunos podem portar telefones celulares na escola desde que você não os veja e desde que estejam desligados. Eles não podem ser usados durante o período escolar (nem entre as turmas nos corredores). Se um celular toca em uma sala de aula, o professor o confisca e um pai tem de vir pegá-lo. Se um celular tocar durante um teste, o aluno recebe zero no teste. Às vezes os alunos não sabem o que significa desligar um celular; eles pensam que silenciar seu telefone é suficiente. Eu digo aos meus alunos: "Se você não confia no seu celular, coloque-o na minha mesa. Se ele tocar enquanto estiver lá, está

DICAS PRÁTICAS

COMO LIDAR COM A COLA

- **Fale em particular.** Mais uma vez, evite criar uma situação em que o aluno possa ser publicamente humilhado. É provável que isso leve a uma série de acusações e negações que ficarão cada vez mais acaloradas.
- **Exponha suas razões para suspeitar da cola.** Apresente sua evidência calma e firmemente, até mesmo de modo triste (se você suspeita de plágio, obtenha ajuda em www.plagiarism.org.).
- **Expresse preocupação.** Deixe claro que você não espera esse tipo de comportamento desses alunos. Tente descobrir por que eles colaram (eles estavam simplesmente despreparados? Estão sob muita pressão para se destacar?).
- **Explique as consequências.** Uma resposta comum à cola é dar ao aluno uma nota baixa ou zero no trabalho ou teste. Isso parece uma solução razoável à primeira vista, mas ela confunde o ato de colar com o domínio do conteúdo pelo aluno (CANGELOSI et al., 1993). Em outras palavras, uma pessoa olhando para o livro de notas de um professor não seria capaz de dizer se a nota baixa significava que o aluno havia violado os procedimentos do teste ou se ela indicava um fracasso para aprender o material. Nós preferimos usar uma consequência lógica; a saber, fazer com que o aluno refaça a tarefa ou teste sob condições mais controladas. Algumas escolas, porém, predeterminaram consequências para a cola tais como detenção e notificação dos pais. Se assim for, você precisa seguir a política da escola.
- **Discuta as consequências das colas subsequentes.** Alerte o aluno para as consequências de novos incidentes de cola. Enfatize que você está disponível para auxílio se a cola foi resultado de dificuldades acadêmicas (i.e., não há necessidade de colar devido a problemas com a matéria). Se o aluno estiver sob pressão em casa para ser bem-sucedido, você pode querer falar com os pais. Se os alunos não tiverem um local apropriado para estudar em casa, você pode explorar alternativas (p. ex., estudar na escola ou na biblioteca pública).

tudo bem". Assim, hoje eu tive 24 celulares na minha mesa!

Se a sua escola não tem uma política em relação ao uso do telefone celular, você irá querer ter uma política de sala de aula clara. Como Christina comentou, "Os celulares são apenas colas eletrônicas. Se você sempre observou seus alunos para ter certeza de que eles não estão colando, é a mesma coisa". Os professores com quem trabalhamos manifestam a necessidade de uma expectativa clara e consistente de que os telefones serão desligados durante a aula e guardados em uma mochila, a menos que eles estejam sendo usados no trabalho em sala de aula. Para desencorajar os alunos de pegar seus celulares durante a aula, eles exigem que as mochilas sejam colocadas no chão e então se movem continuamente pela sala. Mover-se também lhes permite identificar fones de ouvido, podendo discretamente lembrar aos alunos de desligar seus celulares se eles não estiverem fazendo trabalho independente.

Além de ter uma política em sala de aula, não subestime o valor de uma reputação em toda a escola. Um professor que conhecemos compartilhou a seguinte história:

> Minha escola tem uma política rígida de "nenhum celular no prédio", mas é difícil cumpri-la. Eu tento lidar com o problema em minha sala de aula e não envolver a administração. Eu encontrei um martelo na minha sala há alguns anos e brinquei com os alunos dizendo que era o meu "reparador de telefones". Não muito tempo depois, um aluno me deu um celular velho e nós o "consertamos", deixando as peças em cima da minha mesa para que as minhas turmas as vissem. Cerca de uma semana e meia depois circulava um rumor maravilhoso por toda a escola de que eu quebrava os celulares assim que os via. Foi muito fácil manter o rumor prosseguindo porque foi o telefone de um aluno e eu realmente o esmigalhei com um martelo. Pouco antes das férias, um aluno me abordou sobre

> **PARE E REFLITA**
> Antes de ler a próxima seção, considere o cenário a seguir: um aluno vem para uma de suas aulas usando uma camiseta com uma foto do ex-presidente Bush e, junto à foto, está a frase "Terrorista Internacional". Você diz para o aluno virar a camisa ao avesso ou cobri-la com uma jaqueta porque ela é inadequada para a escola e porque outros alunos a consideram desrespeitosa. Você está atuando dentro dos seus direitos – ou está violando a liberdade de expressão do seu aluno? Reflita e então leia.

> encenar uma cena em que ele levaria seu celular velho durante o meu terceiro período e o quebraria em frente da turma. A performance foi digna de um Oscar! Eu tinha a intenção de pendurar o meu martelo na parede com um cartaz em cima que dizia "REPARADOR DE CELULAR", e as peças de um celular quebrado junto dele com um cartaz "CELULAR REPARADO".

QUANDO A DISCIPLINA VIOLA OS DIREITOS CONSTITUCIONAIS DOS ALUNOS

Após deixar o tópico de intervenções disciplinares, é importante examinar três tipos de situações em que professores bem-intencionados podem inadvertidamente violar os direitos constitucionais dos alunos. A primeira situação envolve a *liberdade de expressão dos alunos*. Considere o caso de Tim Gies, um aluno de 2ª série em uma escola de ensino médio de Michigan, quando os Estados Unidos estavam se preparando para ir para a guerra contra o Iraque. Fervorosamente contrário à guerra e anti-Bush, Gies pintou símbolos e slogans em camisetas e suéteres. Os administradores da escola muitas vezes lhe pediram para retirar esses trajes, mas Gies se recusou; como resultado, ele foi suspenso por semanas e mais de uma vez ameaçado de expulsão. Foi então que ele chamou a representação local da American Civil

Liberties Union (ACLU), que notificou a escola por estar, no caso de Gies, infringindo os direitos da Primeira Emenda (JUAREZ, 2004). Em abril de 2005, pouco antes da formatura, os administradores rescindiram sua proibição quanto aos trajes antiguerra.

Conflitos como esse ocorrem em todos os pontos do espectro político. Em 2001, Elliot Chambers, um aluno de ensino médio de Minnesota, usou na escola uma camiseta com o slogan "Orgulho hétero". O diretor proibiu o uso dessa camiseta, e os pais de Chamber entraram com uma ação em seu nome. Um juiz federal lhes deu ganho de causa. E, em 2005, a escola de ensino médio de Daniel Goergen, em Minnesota, proibiu que ele usasse um suéter com as palavras "Aborto é homicídio". Quando um centro de direito cristão ameaçou uma ação legal, a escola recuou (JUAREZ, 2004).

Segundo Schimmel (2006, p. 1007), um especialista em legislação e educação,

> [...] apesar de décadas de decisões judiciais reafirmando os direitos de liberdade de expressão dos alunos, os professores e administradores continuam restringindo expressões controversas que eles acreditam que podem ser ofensivas.

Em 1969, a Corte Suprema dos Estados Unidos decretou que a Primeira Emenda se aplica às escolas públicas, e que o direito de liberdade de expressão de um aluno "não para no portão da escola" (TINKER *v.* DES MOINES, 1969, p. 506 apud SCHIMMEL, 2006). Naquele caso pioneiro, as escolas em Des Moines, Iowa, temendo agitações, proibiram os alunos de usarem braçadeiras pretas protestando contra a Guerra do Vietnã. A Corte rejeitou o argumento das escolas, concluindo que elas não podem proibir a expressão apenas "[...] para evitar o desconforto e dissabor que sempre acompanham um ponto de vista impopular" (TINKER v. DES MOINES, 1969 apud SCHIMMEL, 2006). Embora as decisões subsequentes da Suprema Corte tenham limitado a interpretação do *Tinker,* o princípio básico permanece intacto: "[...] a expressão pessoal não indisciplinada de um aluno que ocorra na escola é protegida pela Primeira Emenda mesmo se as ideias forem impopulares e controversas" (SCHIMMEL, 2006, p. 1006). E essa proteção não é limitada às ideias expressas no vestuário. Em 1997, a Suprema Corte decretou que o discurso na internet (assim como o discurso impresso) tem direito ao mais alto grau de proteção pela Primeira Emenda (HAYNES et al., 2003). A partir dessas decisões judiciais, você precisa tomar cuidado sobre disciplinar os alunos a respeito de expressões controversas, seja no discurso ou por escrito, no vestuário, em endereços eletrônicos ou em salas de bate-papo eletrônico. A Corte reconheceu que as escolas podem proibir a expressão de aluno que cause "[...] perturbação substancial ou interfira nos direitos dos outros" (SCHIMMEL, 2006), mas esse julgamento não é fácil de ser feito. Sem dúvida, você precisa consultar um administrador escolar ou o conselheiro legal do distrito antes de tomar uma ação disciplinar.

A segunda situação é quando a ação dos educadores entra em conflito com os direitos dos alunos segundo a Quarta Emenda, que aborda busca e captura. Por exemplo, suponha que você suspeite que um aluno esteja com drogas ou álcool na escola (p. ex., em uma bolsa ou mochila). Você tem o direito de revistar os pertences do aluno ou não? A resposta deriva de um caso que foi um marco (NEW JERSEY *v. T.L.O.,* 1985), no qual a Corte Suprema dos Estados Unidos decretou que um funcionário escolar pode conduzir adequadamente a busca de um aluno "[...] quando houver razoáveis fundamentos para suspeitar que a busca encontrará evidências de que o aluno violou ou está violando a lei ou as regras da escola" (FISCHER; SCHIMMEL; KELLY, 1999). Em outras palavras, os alunos na escola têm menos proteções do que aquelas em geral proporcionadas aos cidadãos sob o padrão mais estrito de "causa provável" (STEFKOVICH; MILLER, 1999).

Embora o decreto da Suprema Corte sobre o caso *T.L.O.* tenha sido emitido há 25 anos, as buscas ainda são objeto de debate e litígio. De fato, enquanto trabalhávamos neste capítulo, a Suprema Corte estava ouvindo o caso da *Safford Unified School District* v. *Redding* (LIPTAK, 2009a). Nesse caso, um diretor assistente ordenou a uma enfermeira da escola e a uma secretária que fizessem uma revista despindo uma aluna de turma especial do 9º ano suspeita de possuir comprimidos de ibuprofeno de prescrição restrita. Nenhuma droga foi encontrada e a mãe da garota, representada pela ACLU, moveu uma ação contra o distrito escolar. Embora uma corte de distrito no Arizona tenha dado ganho de causa *para o* distrito escolar, declarando que a busca era justificada, uma Corte de Apelação em San Francisco decretou que a escola havia violado os direitos da aluna segundo a Quarta Emenda. A Suprema Corte posteriormente decretou que a revista *realmente* violou os direitos constitucionais da aluna (LIPTAK, 2009b). Escrevendo pela opinião da maioria, Justice Souter afirmou que "[...] as pílulas em questão [...] não justificavam uma busca constrangedora, assustadora e humilhante" (LIPTAK, 2009b, p. A16). Entretanto, a decisão da Corte não fornecia orientação clara para o pessoal das escolas sobre buscas, instruindo-os apenas a levar em conta o perigo do contrabando suspeito e a probabilidade de ele ser escondido pelo aluno. A opinião majoritária nesse caso observou que os funcionários da escola precisam apenas de "[...] uma chance moderada de encontrar evidências de conduta errada" para justificar uma busca (LIPTAK, 2009b, p. A16). Dada a dificuldade de determinar o que constitui uma "chance moderada" de encontrar evidências, é melhor deixar essa decisão para os funcionários familiarizados com as sutilezas da lei.

Finalmente, outra situação envolvendo os direitos dos alunos segundo a Quarta Emenda envolve uma forma de tempo de pausa chamado de "pausa de isolamento", no qual um aluno é removido do ambiente de sala de aula e colocado sozinho em uma sala designada para esse propósito. Em anos recentes, várias ações foram movidas por pais alegando que os distritos escolares haviam violado os direitos de seus filhos ao usar inadequadamente a pausa de isolamento. Na decisão *Peters* v. *Rome City School District* (2002), por exemplo, um júri em Nova York atribuiu US$75 mil a uma família cujo filho de 3º ano havia sido colocado em uma pausa de isolamento por mais de uma hora com a porta mantida fechada (RYAN; PETERSON; ROZALSKI, 2007). Se os esforços atuais da advocacia forem bem-sucedidos, esse tipo de pausa por isolamento pode ser proibida; enquanto isso a pausa de isolamento deve ser empregada apenas como um último recurso e apenas após verificar cuidadosamente as políticas e procedimentos da escola ou do distrito.

COMENTÁRIOS FINAIS

Como seres humanos reais trabalhando em diferentes contextos escolares, nossos quatro professores às vezes divergem uns dos outros em termos das estratégias que eles escolhem para lidar com os comportamentos problemáticos. Fred, por exemplo, usa um humor afiado com mais frequência do que os outros professores; Sandy mais prontamente impõe a detenção por atraso; Donnie comumente usa a proximidade e um toque gentil no ombro de um aluno. No entanto, esses professores compartilham duas características importantes de administradores eficientes de salas de aula. *Primeiro, eles claramente desejam assumir a responsabilidade pelo comportamento dos seus alunos.* Eles raramente encaminham estudantes para a secretaria. Eles reconhecem que "estão no comando" e que são responsáveis por tudo que ocorre em suas salas de aula. Esse desejo de assumir a responsabilidade distingue os administradores mais eficientes dos menos eficientes, que tendem a renunciar à responsabilidade e encaminhar os problemas a outros funcionários da escola, como o diretor ou o conselheiro de orientação (BROPHY; ROHRKEMPER, 1981).

Segundo, os quatro professores podem ser caracterizados como "exigentes atenciosos" (BONDY; ROSS, 2008). Eles construíram relações deliberadamente solidárias e de confiança com seus alunos. Ao mesmo tempo, insistem que os alunos atinjam altas expectativas em termos de comportamento (bem como em termos acadêmicos). Nossos professores aceitam o fato de que comportamentos problemáticos irão ocorrer, mas acreditam na capacidade de melhora por parte dos alunos. Eles deixam claro que exigem comportamento adequado e respeitoso, não por serem maus, mas porque se importam com os seus alunos. Como Fred diz: "É importante lembrar que o objetivo de uma penalidade não é ferir os alunos, mas ajudá-los a mudar o seu comportamento. Não é colocar os alunos para baixo; é trazê-los para cima".

Resumo

Este capítulo discutiu maneiras de responder a vários problemas, de infrações leves e não perturbadoras a comportamentos inadequados mais sérios e crônicos.

Orientações para lidar com o mau comportamento

- Use estratégias disciplinares que sejam consistentes com o objetivo de criar um ambiente de sala de aula seguro e solidário.
- Mantenha o programa de ensino prosseguindo com um mínimo de perturbação.
- Considere o contexto das ações dos alunos. Um comportamento que é aceitável em um contexto pode ser inaceitável em outro.
- Seja oportuno e preciso quando responder a problemas de comportamento.
- Escolha uma estratégia disciplinar adequada ao mau comportamento.
- Seja sensível a questões culturais, uma vez que diferenças em normas, valores e estilos de comunicação podem ter um efeito direto no comportamento dos alunos.

Estratégias para lidar com o mau comportamento leve

- Intervenções não verbais.
- Intervenções verbais.
- Não intervenção deliberada para mau comportamento passageiro.

Estratégias para lidar com o mau comportamento mais sério

- Escolha as penalidades:
    Reuniões privadas obrigatórias.
    Perda de privilégios.
    Isolamento do grupo.
    Exclusão do grupo.
    Detenção.
    Reflexão escrita sobre o problema.
    Contato parental.
- Imponha penalidades enquanto preserva relacionamentos.
- Seja consistente.
- Não penalize o grupo por mau comportamento individual.

Estratégias para lidar com o mau comportamento crônico

- Use uma abordagem de resolução de problema:
    Etapa 1: defina o problema.
    Etapa 2: faça um *brainstorm* das soluções possíveis.
    Etapa 3: avalie as soluções.
    Etapa 4: escolha uma solução para tentar.
    Etapa 5: determine como implantar a decisão.
    Etapa 6: avalie a solução.
- Use uma abordagem de aprendizado comportamental:
    Automonitoramento.
    Autoavaliação.
    Autoensino.
    Contrato de contingência.
    Apoios comportamentais positivos e avaliação comportamental funcional.

Lidando com problemas espinhosos

- Desafio.
- Incapacidade de fazer o dever de casa.

- Cola.
- Uso inadequado de dispositivos eletrônicos.

Quando a disciplina viola os direitos constitucionais do alunos

- A Primeira Emenda protege o direito de expressão dos alunos, a menos que ela cause perturbação substancial ou interfira com os direitos de outros.
- A Quarta Emenda protege os alunos de busca e captura não razoáveis; entretanto, as buscas escolares são permitidas se houverem "fundamentos razoáveis" para suspeitar que o aluno violou a lei ou as regras da escola.
- Tenha muito cuidado com o uso da "pausa de isolamento", uma vez que ela é uma intervenção muito restritiva e controversa que também pode violar os direitos dos alunos presentes na Quarta Emenda contra a captura não razoável de uma pessoa.

Professores eficientes estão dispostos a assumir a responsabilidade por administrar o comportamento dos alunos. Eles podem ser caracterizados como "exigentes atenciosos" – professores que estabelecem relacionamentos solidários com os alunos, mas também insistem a respeito de comportamento respeitoso adequado.

ATIVIDADES PARA A CONSTRUÇÃO DE HABILIDADES E REFLEXÃO

Na turma

1. Quando ocorre um mau comportamento, não há normalmente muito tempo para análise cuidadosa das consequências lógicas. Nós listamos alguns comportamentos inadequados típicos para a sua prática. Em um pequeno grupo, pense em duas consequências lógicas para cada exemplo.
   a. Como parte de um pequeno grupo, Lou monopoliza a discussão e diz a todos o que fazer de uma maneira autoritária.
   b. No fim do ano, Arianna devolve seu livro com páginas arrancadas e sem capa.
   c. Shemeika grita respostas ao longo da discussão na aula, embora você tenha instruído os alunos a levantar as mãos.
   d. Sempre que você não está olhando, Tom pratica malabarismo com três pequenos sacos de feijão que ele trouxe para a escola.
   e. Em vez de trabalhar na atividade em aula, Tanya examina o conteúdo do seu kit de cosméticos.
2. Em um pequeno grupo, discuta o que você faria na seguinte situação. Você está corrigindo o dever de casa do dia anterior. Você chama James para fazer o número 5. Ele se enterra na sua carteira e balança a corrente em volta do seu pescoço. Você lhe diz que a turma está esperando por sua resposta ao número 5. Finalmente ele murmura "Eu não fiz a m. do dever de casa".

Individual

1. Professores iniciantes às vezes reagem em excesso ao mau comportamento ou ficam sem nenhuma ação porque simplesmente não sabem o que fazer ou o que dizer. Primeiro, leia os exemplos. Considere então as situações que seguem e desenvolva uma intervenção não verbal, um sinal verbal e uma mensagem Eu.

Exemplo	Não verbal	Verbal	Mensagem Eu
Um aluno escreve na carteira	Dê uma borracha ao aluno.	"Nós usamos papel para escrever."	"Quando você escreve na carteira, o zelador reclama comigo e eu fico constrangido."
Uma aluna faz um grande *show* procurando seu dever de casa na mochila, distraindo os outros alunos e atrasando o início da aula.	Dê o "olhar".	"Estamos prontos para começar."	"Quando você demora tanto tempo para pegar as suas coisas, eu não posso começar a aula e fico muito frustrado com a perda de tempo."

a. Um aluno está copiando o trabalho de outro.
b. Um aluno pega o caderno de outro.
c. Um aluno aponta o lápis dele durante a sua apresentação.
d. Uma aluna grita em vez de levantar sua mão.

2. Um mau comportamento comum em muitas salas de aula é o fato de os alunos estarem desviados da tarefa (p. ex., conversando com outros alunos enquanto o professor está apresentando uma lição ou tentando distrair os colegas).
    a. Quais podem ser algumas das razões para o comportamento dos alunos de desvio da tarefa?
    b. O que você pode concluir sobre as normas de sala de aula ou sobre as atividades de sala de aula se esse mau comportamento for comum?
    c. Dadas as suas respostas em a e b, qual seria uma resposta razoável do professor?

Para seu portfólio

Desenvolva um plano de modificação de comportamento (tal como automonitoramento ou um contrato de contingência) para lidar com os seguintes problemas:
a. Arthur é um aluno de 8º ano que apresenta um comportamento agressivo. Dificilmente passa um dia sem que outro aluno venha até você reclamar dele por ter empurrado, implicado ou xingado alguém. Você falou com os pais dele, mas eles estão perdidos quanto ao que fazer.
b. Cynthia, uma aluna da 3ª série do ensino médio, raramente conclui os seus trabalhos. Ela devaneia, socializa com os outros alunos, entende de modo errado as orientações e fica irritada quando você fala com ela a respeito dos seus trabalhos incompletos. O problema parece estar piorando.

LEITURAS ADICIONAIS

BEAR, G. G. School discipline in the United States: prevention, correction, and long-term social development. *School Psychology Review*, v. 27, n. 1, p. 724-742, 1998.

Esse artigo revê as estratégias empregadas por professores altamente eficientes para alcançar o objetivo de curto prazo da ordem e o objetivo de longo prazo da autodisciplina. Bear argumenta que professores eficientes podem ser caracterizados por um estilo autoritário que combina estratégias para impedir problemas de comportamento, estratégias de aprendizado operante para gerenciamento de curto prazo e estratégias de tomada de decisões e de resolução de problemas para atingir o objetivo de longo prazo da autodisciplina.

GORDON, T. *Teacher effectiveness training*: the program proven to help teachers bring out the best in students of all ages. New York: Three Rivers Press, 2003.

Nessa edição atualizada do seu clássico de 1974, Gordon argumenta que tanto as abordagens autoritárias quanto as permissivas que lidam com jovens nas escolas são destrutivas, baseadas em poder e em "ganhar-perder". Em vez disso, ele defende uma abordagem "sem-perder" para resolver problemas, que protege a relação professor-aluno e promove a comunicação e a solidariedade. Ele explica o conceito de "problema-propriedade" de modo que eles possam responder de maneira adequada.

KOTTLER, J. A.; KOTTLER, E. *Students who drive you crazy*: succeeding with resistant, unmotivated, and otherwise difficult young people. 2nd ed. Thousand Oaks: Corwin Press, 2009.

Esse livro dá aos professores um modelo para avaliar, compreender e responder a alunos desafiadores. Os autores cobrem um espectro de comportamentos potencialmente inadequados prevalentes no ensino e fornecem conselho e apoio de professores, conselheiros e administradores que tiveram experiências prévias em lidar com tais temas na prática.

OBIDAH, J. E.; TEEL, K. M. *Because of the kids*: facing racial and cultural differences in schools. New York: Teachers College Press, 2001.

Jennifer Obidah é negra; Karen Mannhein Teel é branca. Juntas, elas realizaram um estudo de três anos para explorar o impacto das diferenças raciais e culturais na relação de Karen com seus alunos predominantemente afro-americanos dos anos finais do ensino fundamental. No processo, as duas professoras também tiveram de aprender a se comunicar uma com a outra por meio de barreiras raciais e culturais. Esse livro descreve os desafios que enfrentaram à medida que tentaram gerar maneiras específicas pelas quais Karen pudesse educar seus alunos afro-americanos de modo mais eficiente.

THOMPSON, G. L. *Through ebony eyes*: what teachers need to know but are afraid to ask about African American students. San Francisco: Jossey-Bass, 2004.

Escrito em linguagem animada e coloquial, esse livro fornece informações e estratégias para ajudar os professores a aumentar sua efetividade com alunos afro-americanos. Thompson explica por que alguns alunos afro--americanos têm comportamento inadequado em sala e como os professores muitas vezes contribuem involuntariamente para esse mau comportamento.

CAPÍTULO 13

Evitando e respondendo à violência

Quanta violência existe?   327
Estratégias para evitar a violência   328
Respondendo à violência   337
Comentários finais   340
Resumo   341

Por volta do ano 2000, todas as escolas nos Estados Unidos estarão livres de drogas e violência e da presença não autorizada de armas de fogo e álcool e oferecerão um ambiente disciplinado que é propício ao aprendizado. (KILDEE, 1994).

No final dos anos 1990, uma série de tiroteios em escolas no Mississippi, Kentucky, Arkansas, Pennsylvania, Tennessee e Oregon deixou claro que esse louvável objetivo nacional, adotado pelo Congresso e assinado pelo então presidente Clinton, estava certamente fora de alcance. Mas nada preparou o país para os eventos de 20 de Abril de 1999. Nesse dia, dois alunos do último ano do ensino médio na Columbine High School, em Littleton, Colorado, mataram a tiros 12 alunos e um professor antes de se matarem. De um dia para o outro, o tópico da violência escolar foi lançado para a primeira página do jornal. Tiroteios em série, temores de bombas e ameaças de violência criaram um terror sem precedentes e agitação durante as semanas finais do ano escolar. Os pais sofriam em mandar seus filhos para a escola. Políticos, legisladores e especialistas falavam da violência dos jovens como uma "epidemia nacional" e especulavam sobre as causas. Os funcionários das escolas em todo o país temiam que "[...] suas escolas se tornassem a próxima Columbine High" e aumentaram as medidas de segurança (DRUMMOND; PORTNER, 1999). Cinco anos depois, o país estava mais uma vez sobressaltado quando um aluno do ensino médio se envolveu em um tiroteio na *Red Lake Indian Reservation,* no norte de Minnesota, matando seus avós, cinco colegas, um professor, um segurança e a si mesmo. Desde então, outros tiroteios em escolas protagonizados por alunos ocorreram em Wisconsin, Washington, Ohio, Tennessee, Califórnia e Florida.

Porém, quão disseminada é a violência escolar? Columbine, Red Lake e esses tiroteios mais recentes são sintomáticos de uma epidemia em crescimento ou incidentes horríveis porém isolados? Vamos dar uma olhada em alguns fatos e números.

QUANTA VIOLÊNCIA EXISTE?

As informações sobre a frequência e a severidade da violência escolar vêm do Departamento de Educação e Justiça dos Estados Unidos (DINKES; CATALDI; LIN-KELLY, 2007). Os dados mostram que de 1992 a 2005 o crime nas escolas do país na verdade *diminuiu* – de 50 incidentes violentos por 1.000 alunos a 24 incidentes violentos. De 1993 a 2005, a porcentagem de alunos do ensino médio que disseram ter se envolvido em uma briga no interior das instalações escolares diminuiu de 16 para 14%. Do mesmo modo, a porcentagem de alunos que relatou ter carregado uma arma como um revólver, faca ou porrete para as instalações escolares nos últimos 30 dias também diminuiu, de 12 para 6%.

Apesar dos percentuais decrescentes, a violência permanece sendo um problema que deve ser enfrentado. Em 2005, 129 mil alunos com idades de 12 a 18 anos foram vítimas de crimes violentos graves na escola, e 74 mil alunos foram vítimas de roubo (DINKES; CATALDI; LIN-KELLY, 2007). Além disso, as *percepções* de violência estão disseminadas e produzem uma boa dose de ansiedade (ver Fig. 13.1). Depois do tiroteio de Red Lake, uma pesquisa Gallup/CNN relatou que cerca de três quartos do público norte-americano acreditavam que tais tiroteios escolares provavelmente aconteceriam nas suas comunidades, e 60% não pensavam que eventos como esses poderiam ser evitados (ASTOR; BENBENISHTY, 2005). Quando foi solicitado aos alunos que nomeassem o maior problema que sua escola tinha lidar, alunos com idades de 13 a 17 anos mencionaram violência, brigas e segurança escolar duas vezes mais frequentemente do que qualquer outro problema (LYONS, 2005). Claramente, professores e administradores devem trabalhar para reduzir os medos e a ansiedade dos alunos, bem como os incidentes reais de violência escolar.

> **PARE E REFLITA**
>
> Com o tema da violência escolar tão prevalente na mídia, a ansiedade em torno dele é normal para todos os professores, em particular para os professores novatos. Quais são seus medos associados à violência escolar? Converse com os professores da sua escola a respeito dos procedimentos em curso para lidar com os temas de violência. Saber o que fazer em uma situação de crise irá não apenas aliviar as ansiedades, mas pode fazer uma diferença significativa no resultado.

Várias estratégias para evitar a violência já foram abordadas em capítulos anteriores desse livro. Conhecer os seus alunos, construir relacionamentos respeitosos, estabelecer salas de aula organizadas, reduzir o assédio de colegas e o *bullying* e trabalhar para atingir as necessidades de aprendizado dos alunos são medidas que reduzem o potencial de violência. Nesse capítulo discutimos estratégias adicionais para evitar a violência e então examinamos maneiras de reagir à violência se ela ocorrer.

ESTRATÉGIAS PARA EVITAR A VIOLÊNCIA

Melhore os sistemas de segurança

Com o caso de Columbine, os funcionários de escolas de todo os Estados Unidos reexa-

FIGURA 13.1 *Fonte:* Baldo, Baldo Partnership (2001). Distribuída por Universal Uclick. Reimpressa com permissão. Todos os direitos reservados.

minaram suas medidas de segurança. As escolas instalaram detectores de metal e câmeras de vigilância, colocaram policiais nas escolas de ensino médio, introduziram cartões de identificação com foto, praticaram treinamentos de segurança e de "confinamento" e exigiram mochilas plásticas transparentes ou as baniram completamente. Embora o aumento da segurança seja uma reação lógica à ameaça de crime violento, estudos sugerem que medidas como essas podem na verdade levar os alunos a se sentir menos seguros e podem não reduzir os incidentes de crime violento (BARTON; COLEY; WENGLINSKY, 1998; PORTNER, 2000). Além disso, alguns educadores se preocupam que as medidas de segurança criam um ambiente negativo, transformando as escolas em instituições opressoras como prisões (ASTOR; MEYER; BEHRE, 1999; BERRETH; BERMAN, 1997; NOGUERA, 1995).

Está claro que o aumento dos sistemas de segurança por si só não irá resolver o problema da violência ou acalmar os medos e as ansiedades dos alunos. Criar escolas mais seguras – e escolas que *se sintam* mais seguras – exige um esforço colaborativo para que os alunos sejam alcançados (especialmente aqueles das margens) e para que ocorra a construção de um clima de tolerância.

Construa comunidades escolares de apoio

Embora tenhamos enfocado a criação de salas de aula mais seguras e solidárias no Capítulo 3, é importante revisitar esse tópico em relação à prevenção da violência. Vários educadores argumentam que a prevenção da violência tem de focar a criação de ambientes mais humanos nos quais os alunos são conhecidos e se sentem apoiados (ASTOR; MEYER; BEHRE, 1999; NOGUERA, 1995). O superintendente do distrito de Sandy ecoa esse sentimento:

> *Uma escola segura é aquela que é responsável pelos alunos, na qual os funcionários os conhecem e você pode conseguir ajuda imediata para lidar com alunos problemáticos. Nós não falamos muito sobre detectores de metal ou medidas de segurança aqui. Nossa abordagem para a prevenção da violência enfatiza a conexão com os alunos e a abordagem das suas necessidades socioemocionais. Nós tentamos fortemente garantir que um grupo não seja elevado em detrimento de outro... e respeitar as diferenças entre os alunos.*

Criar uma comunidade escolar de apoio não é fácil, especialmente em grandes escolas de ensino médio, em que os sentimentos de anonimato, alienação e apatia são as principais causas de problemas. Agir dessa maneira, entretanto, é talvez mais importante do que nunca. Diante da natureza variável das famílias e das condições econômicas que exigem que ambos os pais trabalhem fora de casa, muitos alunos passam mais tempo na companhia de colegas do que de adultos. Como essas relações entre colegas nem sempre são substitutos adequados para a atenção dos adultos, é fundamental que os professores desenvolvam e estimulem relações solidárias com seus alunos (LAURSEN, 2008).

Fique alerta para sinais de ódio

Segundo um relatório da Southern Poverty Law Center (2004), o número de crimes de ódio por jovens aumentou acentuadamente desde 9/11:

> [Um] número desproporcional de assaltos a muçulmanos americanos foi cometido por adolescentes. O mesmo parece ser verdade para ataques contra minorias sexuais e de gênero, hispânicos e sem-teto. E ações de ódio não são mais o reduto de garotos brancos, embora eles ainda sejam os principais agressores. Não apenas mais garotos hispânicos e afro-americanos estão envolvidos com o ódio, como também mais meninas... [Além disso], em outra mudança demográfica, a maior parte da atividade de ódio encontra a sua efervescência nos subúrbios – entre jovens razoavelmente abastados. (SOUTHERN POVERTY LAW CENTER, 2004, p. 1).

Como professor, você precisa observar se os relatos de livros, ensaios ou notícias de jornal transmitem mensagens de ódio e violência e relatar suas preocupações ao diretor, a um conselheiro escolar ou ao funcionário de ação afirmativa do distrito. Esteja consciente da existência de páginas eletrônicas de incitação ao ódio e de recrutamento por grupos de ódio (O *Southern Poverty Law Center's Intelligence Project* pode ajudar o professor a manter-se informado sobre isso). Ajude os alunos a reconhecer a literatura de ódio contendo suásticas, referências depreciativas à raça ou etnia e caricaturas de grupos raciais/étnicos e discuta o que eles podem fazer se encontrarem ou receberem um panfleto de ódio. Na época do *Halloween*, desestimule o uso de fantasias que envolvam estereótipos negativos (p. ex., fantasias de "ciganos" ou de "pessoas sem-teto") ou de organizações que promovam o ódio (p. ex., vestimentas da Ku Klux Klan).

Examine as maneiras pelas quais sua escola reconhece o desempenho dos alunos

Tradições que contribuem para um sentimento de superioridade entre alguns alunos podem levar a sentimentos de frustração ou inadequação em outros. Os atletas são punidos menos severamente em termos de disciplina por ofensas? Suas realizações são mais destacadas do que as dos outros alunos? Os alunos de turmas especiais e os líderes de alunos desfrutam de privilégios especiais? O reconhecimento e os privilégios especiais parecem muito distantes do tema da violência escolar. Entretanto, uma investigação sobre as condições na Columbine High School antes do tiroteio de 1999 revelou um amplo favoritismo dos alunos atletas (ADAMS; RUSSAKOFF, 1999). Atletas condenados por crimes podiam continuar praticando seus esportes e não eram disciplinados por abusar fisicamente de outros alunos. Os troféus esportivos eram mostrados no corredor da frente, enquanto os trabalhos de arte eram relegados a um corredor dos fundos.

Embora isso certamente não justifique as ações tomadas pelos dois atiradores, houve ampla evidência de que o "culto do atleta" da escola contribuiu para as ações. Dito isto, é importante que os professores atuem para evitar favoritismo institucionalizado e descubram maneiras de reconhecer e celebrar diferentes tipos de desempenho.

Peça que os alunos contribuam para os esforços de prevenção da violência

É importante aprender que as visões dos alunos estão de acordo com violência e com as estratégias de prevenção de violência – e devem incluir não apenas "os bons", mas também "[...] os durões, os membros de gangues, os agressivos, os deslocados e os desmotivados" (CURWIN, 1995, p. 75). Incentive os alunos a organizar seus próprios eventos antiviolência. Peça as suas opiniões sobre as áreas mais conflituosas da escola (p. ex., corredores, refeitórios, banheiros) e suas ideias sobre como torná-las mais seguras. Convide os alunos para desenvolver uma campanha antibullying.

Um bom exemplo do modo como os alunos podem ser envolvidos de modo significativo é se tornando mediadores de colegas. Como discutido no Capítulo 5, esses programas estão se tornando cada vez mais populares por todo o país. A escola de Sandy teve um programa de mediação por colegas por vários anos, e Tonia Moore, a conselheira de assistência estudantil, acredita que ele definitivamente ajudou a reduzir os incidentes de violência:

> *Antes de termos as mediações por colegas, tínhamos vários alunos sendo suspensos por brigar; agora, nós raramente temos brigas. Os alunos irão dizer aos mediadores de colegas quando algo está se formando, e eles podem impedir que o problema se transforme em uma briga física. A mediação por pares dá aos alunos uma estrutura que eles podem não ter desenvolvido ainda para lidar com temas emocionais.*

Até agora, evidências baseadas em relatos pessoais apoiam a convicção de Tonia de que os programas de mediação por colegas podem reduzir substancialmente incidentes violentos. Alguns pesquisadores argumentam que a mediação por colegas na verdade tem mais impacto nos *mediadores* do que nos envolvidos na disputa, uma vez que eles adquirem valiosas habilidades de resolução de conflito e recebem o respeito dos seus colegas (BODINE; CRAWFORD, 1998; MILLER, 1994). Se esse for o caso, isso significa que estudantes de alto risco – não apenas os "bons alunos" – devem ser treinados e usados como mediadores.

Conheça os sinais de advertência iniciais de potencial para violência

Em 1998, o Departamento de Educação e o Departamento de Justiça dos Estados Unidos publicaram um guia para auxiliar as escolas no desenvolvimento de planos de prevenção de violência abrangentes (DWYER, OSHER; WARGER, 1998). O guia contém uma lista de "sinais de advertência iniciais" que podem alertar professores e outros funcionários da escola para os potenciais de violência dos alunos, bem como sinais de que a violência é iminente. Esses sinais se encontram nas Tabelas 13.1 e 13.2.

É importante lembrar que os primeiros sinais de advertência não são um preditor infalível que uma criança ou jovem irá cometer um ato violento contra si mesmo ou contra os outros (DWYER; OSHER; WARGER, 1998). Também tenha em mente que alunos potencialmente violentos costumam dar múltiplos sinais de advertência. Assim, tenha cuidado para não reagir em excesso a ações, palavras ou sinais isolados e não seja preconceituoso em relação à raça, *status* socioeconômico, habilidade acadêmica ou aparência física de um aluno. Lindy Mandy, uma conselheira na escola de Fred, reconhece a tensão entre precisar identificar os alunos que podem representar um risco para a violência e a construção de *perfis sociais*:

> *Nós temos alunos que têm um estilo gótico e, depois de Columbine, nós queríamos nos aproximar deles. Porém, você tem que ter muito cuidado com estereótipos, pensando que todos que se vestem de góticos devem ser potencialmente violentos ou alienados. Isso realmente nos fez pensar sobre o nosso processo. Em que medida identificar os alunos*

TABELA 13.1 Sinais de advertência iniciais de potencial para violência

- Isolamento social.
- Sentimentos excessivos de isolamento e solidão.
- Sentimentos excessivos de rejeição.
- Ser uma vítima de violência.
- Sentimentos de ser atormentado e perseguido.
- Baixo interesse escolar e desempenho acadêmico fraco.
- Expressão de violência nos escritos e desenhos.
- Raiva descontrolada.
- Padrões de comportamento impulsivo e crônico de bater, intimidar e fazer *bullying* com outros.
- História de problemas disciplinares.
- História pregressa de comportamento violento e agressivo.
- Intolerância pelas diferenças e atitudes prejudiciais.
- Uso de drogas e álcool.
- Ligação com gangues.
- Acesso inadequado, posse e uso de armas de fogo.
- Ameaças de violência graves.

Tabela 13.2 Sinais iminentes de violência

- Luta física séria com colegas ou membros da família.
- Severa destruição de propriedade.
- Raiva severa por razões aparentemente pequenas.
- Ameaças detalhadas de violência letal.
- Posse e/ou uso de armas de fogo ou outras armas.
- Outros comportamentos autodestrutivos ou ameaças de suicídio.

que podem ser violentos se torna uma construção de um perfil social?

A dificuldade de distinguir entre uma ameaça real à segurança e uma expressão inofensiva de um aluno é ressaltada por uma decisão da corte federal de 2000 no Estado de Washington (WALSH, 2000). Nesse caso, um aluno da 1ª série do ensino médio submeteu um poema ao seu professor de inglês sobre um aluno solitário que vagava por sua escola de ensino médio com um coração disparado. O poema continha essa passagem:

> À medida que me aproximei da porta da sala de aula,
> puxei meu revólver e abri a porta.
> Bang, Bang, Bang-Bang.
> Quando tudo havia acabado, 28 estavam mortos,
> e tudo que me lembro é não sentir [sic] nenhum remorço[sic],
> pois sentia que estava limpando minha alma.

O professor do aluno alertou os administradores e o poema foi revisto por um psicólogo, que determinou que era pouco provável que o aluno causasse mal a si mesmo ou aos outros. No entanto, o distrito decidiu expulsá-lo em caráter emergencial. Depois que o aluno foi examinado por um psiquiatra, o distrito voltou atrás na expulsão e o aluno completou seu primeiro ano do ensino médio. Os pais do aluno então processaram o distrito, argumentando que a escola havia violado seus direitos à livre expressão segundo a Primeira Emenda e pedindo que a expulsão fosse removida do registro do seu filho. Em 24 de fevereiro de 2000, uma juíza de distrito federal deu ganho de causa à família, mantendo a decisão de que o distrito havia reagido excessivamente ao expulsar o aluno. Ela sugeriu que havia maneiras menos restritivas por meio das quais o distrito poderia ter assegurado a segurança dos alunos e dos funcionários da escola, como impor uma suspensão temporária até a realização de um exame psiquiátrico.

Histórias como essa podem desestimular professores de relatar ensaios ou trabalhos de arte que contenham mensagens ameaçadoras ou comportamento que sugira um potencial para violência. Porém é melhor alertar os funcionários da escola sobre o que você aprendeu do que ignorar indicadores e se arrepender depois. Descubra quais são os procedimentos de relato da sua escola: Você relata suas preocupações ao diretor? À enfermeira da escola? A um conselheiro? Você notifica os pais? Lembre-se de que o envolvimento e o consentimento dos pais são necessários antes que informações pessoalmente identificáveis sejam compartilhadas com instituições fora da escola (exceto no caso de emergências ou suspeita de abuso). O Family Educational Rights and Privacy Act (FERPA), uma lei federal que aborda a privacidade dos registros educacionais, deve ser observada em todos os encaminhamentos para as instituições da comunidade (DWYER; OSHER; WARGER, 1998).

Seja observador em espaços "sem dono"

Além de conhecer os sinais de advertência iniciais, os professores podem ajudar a evitar a violência agindo como observadores em corredores, refeitórios, escadarias e vestiários – espaços "sem dono", onde a violência tem mais chance de surgir (ASTOR; MEYER; BEHRE, 1999). Chester Quarles (1989), um criminologista que se especializou na prevenção de crimes, sugere que os professores tentem fazer contato visual sempre que passarem pelos alunos nos corredores:

> A mensagem subliminar sendo trocada é que "Eu sei quem está aqui e sei quem é você. Eu posso lembrar das suas características. Eu posso identificar você". A influência da observação atenta é um forte elemento de dissuasão criminal para todos que você observa... Professores observadores... podem diminuir a probabilidade de que qualquer pessoa que eles encontrem cometa um ato de delinquência contra outra pessoa naquele dia. (QUARLES, 1989, p. 12-13).

Esteja atento para murmúrios e rumores

Os tiroteios escolares de grande destaque que nós acompanhamos nos últimos anos são o que o Serviço Secreto chama de *violência dirigida* – incidentes nos quais o atacante seleciona um alvo em particular antes do ataque violento. Como parte da Safe School Initiative do Serviço Secreto e do Departamento de Educação dos Estados Unidos, os pesquisadores estudaram 37 tiroteios escolares envolvendo 41 agressores que ainda eram alunos da escola ou haviam sido recentemente (VOSSEKUIL et al., 2002). Aqui estão algumas das suas descobertas:

- Os incidentes de violência direcionada na escola raramente são repentinos ou impulsivos. Em geral, o agressor planeja o ataque com antecedência.
- Na maioria dos casos, outras pessoas sabiam do ataque antes de ele ocorrer. Em três quartos dos casos, pelo menos uma pessoa sabia; em quase dois terços, mais de uma pessoa sabia. Alguns colegas sabiam detalhes do ataque, enquanto outros apenas sabiam que algo "grande" ou "mau" ia acontecer na escola em um dia específico.
- A maioria dos agressores se envolveu em algum comportamento anterior ao incidente que causou preocupação nos outros ou indicou uma necessidade de ajuda.

Esses achados contradizem a percepção comum de que os alunos que cometem atos dirigidos de violência simplesmente "ficaram malucos". Tampouco eles são solitários que reservam seus planos para si mesmos. Em um estudo de acompanhamento, os pesquisadores entrevistaram 15 alunos que sabiam sobre ameaças de violência potenciais em suas escolas (POLLACK; MODZELSKI; ROONEY, 2008). Eles descobriram que o ambiente escolar afetava se esses alunos iriam ou não denunciar as ameaças de violência. Um aluno que sabia de uma arma no interior da escola estava relutante em se apresentar porque ele esperava uma reação negativa: "Quando você diz algo, você se mete em encrencas ou é interrogado pelos professores" (POLLACK; MODZELSKI; ROONEY, 2008, p. 7). Além disso, muitos dos ouvintes não acreditaram que as ameaças seriam levadas a cabo e assim não disseram a ninguém. Isso significa que os funcionários da escola devem estar atentos aos murmúrios de que algo está prestes a acontecer e devem criar um clima que incentive os alunos a denunciar rumores de violência potencial. Como Tonia Moore coloca, "Você tem que ter o seu radar ligado o tempo todo".

Desarme situações potencialmente explosivas

Situações potencialmente explosivas costumam começar de modo benigno. Você faz um pedido razoável ("Você pode se juntar ao grupo ali?") ou dá uma orientação comum ("Comece com as perguntas ao final dessa seção"). Mas o aluno está com raiva – talvez ele tenha acabado de ser provocado e humilhado no corredor; talvez sua mãe tenha acabado de colocá-lo de castigo por um mês; talvez o professor da aula anterior tenha ridicularizado sua resposta. A raiva pode não ter nada a ver com você, mas ele encontra sua saída na sua aula. Em uma disposição hostil, o aluno não obedece e pode até mesmo responder desafiadoramente. Infelizmente, nesse ponto, os professores em geral contribuem para a escalada de um conflito ao ficarem com raiva e impacientes. Eles lançam um ultimato: "Faça o que eu digo ou então...". E agora professor e aluno são combatentes em uma situação potencialmente explosiva que nenhum dos dois queria.

Vamos considerar o exemplo (adaptado de WALKER; COLVIN; RAMSEY, 1995) de uma interação professora–aluno que começa de modo inócuo, mas rapidamente evolui para uma situação explosiva:

> Os alunos estão trabalhando em um conjunto de problemas de matemática que a professora passou. Michael se senta jogado na sua cadeira olhando para o chão, com uma expressão irritada no seu rosto. A professora vê que Michael não está fazendo seus deveres de matemática e o chama do fundo da sala onde ela está trabalhando com outros alunos.
>
> PROFESSORA: Michael, por que você não está trabalhando na tarefa?
> MICHAEL: Eu a terminei.
> PROFESSORA: Bem, deixe-me vê-la então [ela caminha na direção da carteira de Michael e vê que ele fez quatro problemas]. Bom. Você fez 4, mas precisa fazer 10.
> MICHAEL: Ninguém me disse isso!
> PROFESSORA: Michael, eu falei sobre a tarefa muito claramente e perguntei se havia qualquer pergunta sobre o que fazer!
> MICHAEL: Eu não lembro disso.
> PROFESSORA: Olhe para o quadro. Eu escrevi lá. Veja, página 163, números 11-20.
> MICHAEL: Eu não vi isso. De qualquer modo, eu odeio essa chatice.
> PROFESSORA: OK, já chega. Nenhum outro argumento. Página 163, 11 a 20. Agora.
> MICHAEL: É idiota. Eu não vou fazer isso.
> PROFESSORA: Sim, o senhor vai.
> MICHAEL: Sim? Me obrigue.
> PROFESSORA: Se você não fizer isso agora, você vai para a secretaria.
> MICHAEL: F——!
> PROFESSORA: Chega!
> MICHAEL: Você quer matemática? Aqui está! [Ele joga o livro de matemática pela sala].

Em um primeiro momento, parece que a professora está sendo muito paciente e razoável diante da teimosia, desafio e abuso de Michael. Em uma análise mais detalhada, entretanto, podemos detectar uma cadeia de interações que aumentam sucessivamente pela qual a professora também é responsável, na qual o comportamento de Michael passa de questionar e provocar a professora para desafio e abuso (WALKER; COLVIN; RAMSEY, 1995). A professora poderia ter interrompido essa cadeia mais cedo? A resposta provável é sim.

Primeiro, a professora deveria ter sido sensível à expressão facial irritada de Michael e ao fato de ele estar jogado na sua cadeira. Expressão facial, rubor, olhos furtivos, punhos cerrados, postura corporal rígida, andar no ritmo e pisoteando – tudo isso sugere uma erupção iminente (HYMAN, 1997). Segundo, professores podem geralmente evitar situações de desafio se eles não encurralarem um aluno, não discutirem, não se envolverem em uma disputa de poder ("Eu sou o chefe nessa sala de aula e estou lhe dizendo para...") e não constranger o aluno na frente dos colegas. A seção Dicas Práticas resume as recomendações específicas.

Com esse pano de fundo, vamos voltar para Michael e ver como a professora poderia ter lidado com a situação para impedir que ela se agravasse.

Dicas práticas

COMO GERENCIAR SITUAÇÕES POTENCIALMENTE EXPLOSIVAS

- Mova-se lenta e deliberadamente na direção da situação-problema.
- Fale com o aluno em separado, silenciosa e calmamente. Não ameace. Seja o mais factual possível.
- Fique o mais imóvel possível. Evite apontar ou gesticular.
- Mantenha uma distância razoável. Não se aglomere com o aluno. Não fique "na cara do aluno".
- Fale respeitosamente. Use o nome do aluno.
- Estabeleça uma posição na altura do olho.
- Seja breve. Evite declarações longas ou evite ser persistente.
- Mantenha a sua agenda. Permaneça focado no problema. Não seja desviado. Lide com problemas menos graves depois.
- Evite disputas de poder. Não seja arrastado para discussões do tipo: "Não vou, você vai".
- Informe o aluno sobre o comportamento esperado e a consequência negativa como uma escolha ou decisão a ser tomada por ele. Então se afaste do aluno e lhe dê algum tempo para que decida ("Michael, você precisa retornar para a sua carteira ou eu vou lhe mandar para o diretor. Você tem alguns segundos para decidir." A professora então se afasta, talvez atendendo a outros alunos. Se Michael não escolher o comportamento adequado, aplique a consequência negativa. "Você está escolhendo que eu chame o diretor."). Aplique a consequência.

Fonte: Adaptado de Walker, Colvin e Ramsey (1995).

Os alunos estão trabalhando em um conjunto de problemas de matemática que o professor passou. Michael se senta jogado na sua cadeira olhando para o chão, com uma expressão de irritação no seu rosto. A professora percebe a postura de Michael e reconhece que ele está se sentindo triste com alguma coisa. Ela vai na direção dele, curva-se para que seus olhos fiquem no mesmo nível dos de Michael e fala muito discretamente.

PROFESSORA: Você está OK, Michael? Você parece triste [A professora demonstra empatia].

MICHAEL: Estou OK.

PROFESSORA: Bem, bom, mas se você quiser falar mais tarde, me diga [A professora estimula comunicação adicional]. Enquanto isso, você precisa continuar na tarefa.

MICHAEL: Eu já a fiz.

PROFESSORA: Oh, bom. Deixe-me ver como você a fez [Ela verifica o trabalho]. OK, você fez os quatro primeiros e eles estão ótimos. Agora faça os próximos quatro e deixe-me ver quando você tiver acabado [Ela se afasta, dando espaço para o aluno].

Esteja alerta para a presença de atividades de gangues

Um relatório lançado pelo Departamento de Educação e Justiça dos Estados Unidos (CHANDLER et al., 1998) descobriu que a presença de gangues nas escolas quase dobrou entre 1989 e 1995, quando aproximadamente um terço dos 10 mil alunos pesquisados (com idades de 12 a 19) relatou a presença de gangues. Em 2005, 24% dos alunos relataram que havia gangues em suas escolas (DINKES; CATALDI; LIN-KELLY, 2007). Como a presença de gangues é fortemente ligada à presença de armas, drogas e violência (HOWELL; LYNCH, 2000), os professores precisam estar alertas à presença de atividade de gangues nas escolas.

Não é fácil identificar uma gangue, uma vez que os adolescentes frequentemente "correm em grupos" e tentam parecer e agir como qualquer outra pessoa. Entretanto, um grupo de adolescentes não constitui uma gangue. Uma definição amplamente aceita de gangue inclui as seguintes variáveis: grupo, permanência, símbolos de filiação, reconhecimento da filiação e envolvimento no crime (NABER et al., 2006). Kenneth Trump, presidente da *National School Safety and Security Services*, nos lembra que a chave para a atividade de gangues é o comportamento negativo:

> Os garotos que sentam juntos no refeitório não constituem uma gangue. Porém, quando os grupos começam a assaltar outros alunos ou a criar uma atmosfera de medo e intimidação, eles se tornam uma gangue. Em resumo, os grupos de alunos atingem *status* de gangue quando seu comportamento, seja individual ou coletivo, é violento, antissocial ou criminoso. (TRUMP, 1993, p. 40).

Para determinar o grau com que as gangues estão presentes na sua escola, você precisa se familiarizar com os indicadores resumidos na Tabela 13.3. Tenha em mente, entretanto, que indicadores de pertencimento a gangues, como o estilo de vestimentas ou cores, mudam com frequência, especialmente à medida que os funcionários da escola aprendem o que significa o pertencimento a gangues e proíbem aqueles itens do vestuário (STRUYK, 2006). Os membros das gangues simplesmente adotam então indicadores mais sutis, como fivelas de cintos gravadas com símbolos de gangues ou brincos usados em combinação com outros acessórios.

Segundo Donnie, a atividade de gangues era intensa em sua cidade cerca de cinco anos atrás, quando os adolescentes eram divididos em gangues "da área residencial" e "do centro":

> O que você via é que os garotos que viviam nos conjuntos habitacionais ficavam juntos e mantinham uma rixa com os garotos do outro lado da cidade. Eles lutavam por drogas, porque alguém de um lado da cidade estava saindo com uma menina do outro lado da cidade, porque alguém havia "traído" outra

> **PARE E REFLITA**
> Quão prevalente é a atividade de gangues na escola em que você está observando ou ensinando? Que regras estão presentes para restringir a atividade das gangues no *campus*? Pense sobre como a presença de gangues em uma escola pode impactar na sua sala de aula. Como você pode tentar desarmar qualquer tensão entre membros de gangues rivais que possam estar presentes em uma de suas turmas?

TABELA 13.3 Sinais da presença de gangues

Se juntando ou saindo	Os membros das gangues podem estabelecer territórios (p. ex., no refeitório, nos campos de jogo e nas arquibancadas). Uma vez que essas áreas tenham sido reivindicadas, os outros alunos se afastarão.
Sinais não verbais e verbais	Os membros das gangues frequentemente têm maneiras especiais de sinalizar entre si e transmitir mensagens: "*Flashing*" – o uso de sinais dos dedos e mão. "Alcunhas" – apelidos que enfatizam um atributo em particular do membro.
Pichação	Sinais, símbolos e apelidos em cadernos, papéis, roupas e paredes; as pichações fazem a propaganda da gangue e de seus membros e pode conter mensagens desafiadoras para outras gangues; quando uma pichação está cortada isso constitui um desafio direto a uma gangue rival.
Atitude e caminhar	Maneiras peculiares de ficar em pé e andar que os distinguem.
Símbolos	Tatuagens, brincos, cores, cicatrizes, bandanas, cadarços, bonés, cintos (mudam ao longo do tempo).

Fonte: Adaptado de Lal, Lal e Achilles (1993).

> **PARE E REFLITA**
>
> Imagine um incidente de comportamento agressivo ocorrendo em sua sala de aula (p. ex., um aluno explode de raiva e joga um livro em outro). Pense sobre as ações que você tomaria para impedir o aumento da agressão e para restaurar a calma. Que palavras você usaria? Então, continue para a próxima seção e veja como Sandy lidou com uma explosão que ocorreu em sua sala de aula.

pessoa. Sempre que havia uma luta de gangues no fim de semana ou à noite, todos os garotos vinham agitados no dia seguinte. Um ano, um garoto foi morto em uma briga de gangues e houve uma tremenda tensão que transbordou para a escola. Ela acalmou depois e, então, todos os anos havia um grande memorial para ele que relembrava todos os problemas. Mas parece que os principais garotos que estavam envolvidos se mudaram. As coisas têm estado bem mais quietas nos últimos anos.

A presença de atividades de gangues nas escolas pode parecer um problema complexo demais para um professor de sala de aula lidar. Lembre-se, entretanto, que os alunos se juntam a gangues para satisfazer necessidades que não estão sendo satisfeitas em outro lugar – a saber, pertencer a um grupo que é poderoso e cujos membros defendem uns aos outros. Embora você talvez não possa ser capaz de influenciar os membros "do núcleo duro" das gangues, você pode ser capaz de fornecer a potenciais membros de gangues a conexão pessoal e o sentimento de pertencimento que eles precisam para resistir à filiação nas gangues.

RESPONDENDO À VIOLÊNCIA

Lidando com o comportamento agressivo

Apesar dos seus melhores esforços, há momentos em que os alunos explodem em comportamento hostil e agressivo. Uma garota grita obscenidades e derruba uma pilha de dicionários no chão. Um garoto explode de raiva e joga uma cadeira no meio da sala. Alguém grita "Eu vou te matar" e arremessa um caderno em outro aluno. Em situações como essas – pesadelo de todos os professores – é fácil perder o controle e atacar. Como Fred diz:

> A reação *normal* é ficar irritado e agressivo e encarar o garoto. Mas *professores não podem reagir normalmente*. Isso só vai piorar as coisas, e sua responsabilidade é *tornar as coisas melhores*.

Para "tornar as coisas melhores" você precisa pensar cuidadosamente sobre o que você fará para desarmar a agressão e proteger a si mesmo e aos seus alunos. Vamos considerar um episódio que ocorreu na sala de aula de Sandy.

> Como sempre, eu estava em pé na porta à medida que os alunos entravam na sala de aula. Percebi que Robert entrou sem sua mochila ou qualquer livro. Isso não parecia certo e eu o observei atravessar a sala e ir na direção de Daniel, que estava sentado em sua carteira. Robert pegou a carteira e a perna da cadeira de Daniel e as virou de cabeça para baixo, xingando e gritando o tempo todo. Eu corri em direção a eles. A primeira coisa que eu disse foi: "Daniel, não levante suas mãos". Ele estava no chão de costas e Robert estava de pé na frente dele gritando. Eu repetia: "Robert, olhe para mim, olhe para mim, olhe para mim". Finalmente, ele fez contato visual. Então eu disse: "Você precisa vir comigo". Nós começamos a andar na direção da porta, mas ele voltou e começou a xingar de novo. Eu lhe disse com firmeza: "Você precisa vir comigo agora". Ele me seguiu e, assim que chegamos até a porta, eu peguei o telefone e liguei para a secretaria. Disse que havia um problema e pedi que mandassem alguém. Então nós saímos para o corredor.

Robert mostrava-se irritado e estava indo embora, mas eu lhe pedi para, por favor, parar e falar comigo sobre o que estava acontecendo e sobre o que o estava incomodando. Eu não gritei, eu não disse "Como você pode ter feito algo tão estúpido?" (muito embora fosse essa a minha vontade). Eu disse: "Obviamente você está irritado com alguma coisa. Conte-me a respeito". O que aconteceu é que os dois eram amigos, mas Robert descobriu que Daniel estava dormindo com sua namorada. Eu escutei muita coisa que eu realmente não queria escutar, mas isso o manteve ocupado até que o vice-diretor chegou.

Quando o vice-diretor levou Robert, eu chamei Daniel no corredor e lhe perguntei se estava bem e se precisava ir para a enfermaria. Ele disse que não, que estava bem. Eu lhe disse: "Você foi muito esperto em não levantar suas mãos contra Robert". Ele voltou para sua carteira e todos os alunos começaram a perguntar: "Daniel, você está bem?" e se juntaram em torno dele. Eu lhes disse: "Robert está na secretaria. Daniel está OK. Vamos começar a estudar química". No final do período de aula, a secretaria chamou Daniel para a sala de mediação de pares para participar da disputa mediada.

Além de ir para a mediação de pares, Robert foi suspenso por três dias. Mas no dia em que foi suspenso, ele voltou depois do horário escolar (algo que ele não deveria fazer) para se desculpar por sua linguagem. Eu aceitei seu pedido de desculpas, mas lhe disse que havia outras maneiras de lidar com a situação e expressar a raiva. Foi uma conversa muito discreta. Eu não minimizei o que havia acontecido, mas disse que estava satisfeita por ele ter reconhecido o perigo da situação.

No dia de Robert voltar à escola, Daniel veio até mim e comentou que estava receoso em vir para a aula naquele dia. Seria o primeiro encontro com Robert, cuja carteira fica bem em frente à sua. Eu lhe disse que já havia trocado os lugares e falei: "Não se preocupe, estarei olhando". Quando eles entraram, disse a cada um deles "Vocês têm um novo lugar", e lhes mostrei onde sentar. Não houve mais problema daí em diante.

A análise da resposta de Sandy à explosão de Robert revela algumas orientações importantes para lidar com a agressão na sala de aula. Vamos examinar seu comportamento mais detalhadamente e considerar as lições a serem aprendidas.

1. Embora Sandy admita que sua vontade era ter respondido com raiva ("O que há de errado com você?!"), ela permaneceu calma e controlada. Agindo assim, ela foi capaz de *impedir que a situação piorasse*. Ela baixou o nível de emoção na turma e diminuiu a chance de ela própria se tornar uma vítima. Ela então orientou Daniel a não levantar suas mãos contra Robert. Isso impediu que as ações agressivas de Robert aumentassem para uma luta física em grande escala. Em seguida, ela deu instruções repetitivas de modo discreto e firme para que Robert olhasse para ela. Isso criou uma trégua na briga, durante a qual ela foi capaz de separar os dois garotos ("Você precisa vir comigo"). Como Daniel estava deitado no chão debaixo da carteira, era mais fácil para ela fazer com que Robert se afastasse. Em outros casos, no entanto, pode ser aconselhável remover os alvos da agressão. Você pode orientá-los a ir para a sala de um professor vizinho, preferencialmente com um amigo, uma vez que eles tendem a estar com raiva e chateados ("Leve Scott e vá para a sala da Srta. Thomson para que a gente possa resolver isso") ou leve-os para um canto afastado da sala, fora da linha de visão do agressor.

2. A próxima ação de Sandy foi relatar que havia um problema em sua sala e *pedir ajuda*. Nunca mande alunos agressivos e irritados para a secretaria sozinhos: eles podem não se dirigir para lá ou podem

criar mais confusão no caminho. Se você não tiver um telefone ou interfone em sua sala, instrua discretamente um aluno responsável para buscar ajuda.

É importante que você verifique os procedimentos na sua própria escola para saber quem chamar em situações como essa. Fred chamaria um dos dois SROs – diretores de recursos de segurança, do inglês *security resource officers* – que circulam pelos corredores. Christina e Sandy chamariam a secretaria principal. Donnie entraria em contato com um dos guardas de segurança.

3. Enquanto Sandy esperava por alguém da secretaria para fornecer ajuda, ela falou em separado com Robert em uma tentativa de *desarmar a agressão*. Ela não retrucou ou ameaçou com punição. Em vez disso, ela reconheceu a raiva dele e demonstrou disposição em ouvir.

Uma vez mais, é fundamental que você resista à tentação de "reagir normalmente" ou responder ao aluno. Fale gentilmente e minimize a ameaça (não invada o espaço do aluno e mantenha suas mãos do seu lado). Permita que o aluno relate os fatos e os sentimentos, mesmo se isso envolver obscenidades, e use a escuta ativa ("Então você ficou realmente furioso quando descobriu o que estava acontecendo..."). Não discorde ou discuta.

Se, apesar dos seus esforços para restaurar a calma, a agressão do aluno aumentar, é melhor se afastar, a menos que você seja treinado em técnicas de contenção física. Mesmo assim, somente use a contenção se você for forte o suficiente e se não houver outras opções. Como enfatiza Hyman (1997, p. 251), "A última coisa que você pode querer fazer é se envolver fisicamente com um aluno raivoso que pode estar fora de controle".

4. Quando Robert veio ver Sandy depois da aula, ela deu a ele a oportunidade de discutir sobre o que aconteceu, reforçar maneiras alternativas de lidar com a raiva e aceitar suas desculpas. Ela também lhe deu a chance de *restabelecer uma relação positiva*. Fred enfatiza o quanto isso é importante:

> Suspender um garoto violento não é o fim da situação. Em algum momento o garoto voltará e então é sua função reconstruir o relacionamento. Você precisa lhes garantir que eles ainda são membros da turma. Você precisa lhes dizer: "OK, você agiu mal. Mas eu estou do seu lado. Você pode aprender com isso".

5. Uma vez que Robert estava a caminho da secretaria e Daniel de volta ao seu lugar, Sandy examinou a sala *para determinar como os outros alunos estavam se sentindo* e o que fazer em seguida. Ela decidiu que a melhor conduta era lhes fornecer os fatos básicos ("Robert está na secretaria. Daniel está bem") e começar a aula ("Vamos começar a estudar química"). Ela certamente não queria envolver a sua turma nas razões por trás das atitudes agressivas de Robert.

Às vezes, entretanto, seus alunos podem estar tão aborrecidos e assustados que é impossível prosseguir com a aula. Tonia Moore sugere que é importante que lhes seja permitido expressar seus sentimentos:

> *Se os alunos estiverem chateados, você tem de lhes dar a oportunidade de falar sobre o que aconteceu e reconhecer seu medo. Você não quer fazer de conta que nada aconteceu e então começar a trabalhar com alunos totalmente agitados por dentro.*

Respondendo eficientemente a brigas físicas

Brigas físicas têm mais chance de ocorrer em corredores e refeitórios do que nas salas de aula. Mas o que você faz se você estiver no local quando começa uma briga? Nós fizemos essa pergunta aos professores uma noite enquanto conversávamos sobre o problema da violência nas escolas. Eles foram unânimes em suas respostas, listadas na seção Dicas Práticas. À medida que discutíamos o tema da briga na escola, os professores repetidamente destacavam o fato de que as brigas são rápidas. Elas podem surgir rapidamente – de modo que você não tem muito tempo para pensar em uma resposta – e elas em geral terminam em menos de 30 segundos (embora isso possa parecer uma vida inteira). Também houve uma impressionante unanimidade entre os professores sobre o tema de brigas entre meninas e entre meninos. Como afirma Donnie: "Os professores não devem pensar que as brigas irão ocorrer apenas entre meninos. As meninas também brigam – e as brigas de meninas são terríveis. Elas chutam, arrancam brincos, mordem, arranham e quando você tenta parar elas se voltam contra *você*".

É importante lembrar que você deve denunciar atos violentos. Todo sistema escolar precisa ter um sistema de denúncia de incidentes violentos que exija que você relate o que aconteceu, quando e onde aconteceu, quem estava envolvido e que ação foi tomada (BLAUVELT, 1990).

COMENTÁRIOS FINAIS

Usando dados do National Longitudinal Study of Adolescent Health, o maior estudo de adolescentes já feito nos Estados Unidos, os pesquisadores se propuseram a identificar os fatores que preveem se os adolescentes irão cometer atos de violência (RESNICK, IRELAND; BOROWSKY, 2004). Eles identificaram vários fatores que tornam a violência mais provável, como carregar uma arma, ter problemas na escola e usar álcool e maconha. Eles também identificaram fatores que diminuem a probabilidade de envolvimento com violência. De importância relevante para este capítulo é a descoberta de que *se sentir conectado à escola é um fator-chave de proteção;* em outras palavras, tanto homens quanto mulheres têm menos chance de perpetrar violência quando eles se sentem parte da comunidade escolar.

Instalar detectores de metal e sistemas de segurança modernos só podem ir até certo ponto na criação de uma escola mais pacífica. O desafio para os professores administradores é atingir os jovens e ajudá-los a se sentir conectados. Na análise final, é na presença de adultos atenciosos que está a maior promessa de se evitar a violência escolar.

DICAS PRÁTICAS

COMO RESPONDER EFICIENTEMENTE ÀS BRIGAS FÍSICAS

- **Avalie rapidamente a situação.** Trata-se de uma altercação verbal? Há contato físico? Alguém tem uma arma?
- **Mande um aluno responsável em busca de ajuda.** Procure o professor mais próximo e o diretor ou vice-diretor. Quando outras pessoas estiverem lá para ajudar, é mais fácil – e seguro – ter a situação sob controle.
- **Mande os alunos pararem.** Frequentemente, os alunos não querem continuar a luta e eles irão responder a um comando curto, claro e firme. Se você souber o nome dos lutadores, use-os.
- **Disperse os outros alunos.** Não há necessidade de uma audiência, e você não quer que os espectadores tomem parte na briga. Se você estiver no corredor, oriente os alunos a seguir o seu caminho. Se estiver na sala de aula, mande seus alunos para a biblioteca ou para outro local seguro.
- **Não intervenha fisicamente.** Isso não é recomendado, a menos que a idade, o tamanho e o número de lutadores indiquem que é seguro fazê-lo, e a menos que haja três ou quatro pessoas para ajudar ou você tenha aprendido técnicas de contenção física.

Resumo

Embora dados sobre a frequência e a severidade da violência escolar indiquem uma diminuição, alunos, professores e pais estão com medo, e é disseminada a percepção de que a violência está aumentando. Este capítulo apresentou várias estratégias para evitar e responder à violência.

Estratégias de prevenção

- Melhorar os sistemas de segurança.
- Construir comunidades escolares solidárias:
  Estar alerta para sinais de ódio.
  Avaliar os modos como a sua escola reconhece o desempenho dos alunos.
  Pedir aos alunos que contribuam para os esforços de prevenção da violência.
- Conhecer os sinais de advertência iniciais de potencial para violência.
- Ser observador em espaços "sem dono".
- Ser atento a murmúrios e rumores.
- Desarmar situações potencialmente explosivas.
- Estar alerta para a presença de atividade de gangues.

Respondendo à violência

- Ao lidar com comportamento agressivo:
  Impeça o agravamento da situação.
  Procure ajuda.
  Desarme a agressão.
  Reestabeleça uma relação positiva com o agressor.
  Determine como os outros alunos estão se sentindo.
- Responda eficientemente às brigas físicas:
  Avalie rapidamente a situação.
  Mande um aluno responsável buscar ajuda.
  Peça aos alunos que parem.
  Disperse os espectadores.
  Não intervenha fisicamente a menos que seja seguro.

Detectores de metal e sistemas de segurança podem ir até certo ponto. É essencial construir conexões com os alunos. Na análise final, é na presença de adultos atenciosos que se encontra a maior promessa de prevenção da violência.

Atividades para a construção de habilidades e reflexão

Na turma

Considere as seguintes situações. Em pequenos grupos, discuta o que você faria em cada caso.

a. À medida que os alunos entram na sua sala de aula, você ouve ao acaso uma garota implicando com Annamarie sobre o garoto com quem ela está saindo. Elas vão para os seus lugares, mas as provocações continuam. De repente, Annamarie se levanta, vira para a garota e grita: "Cale a sua boca, piranha. Cale a boca, ou eu vou fazer você se calar!".

b. Seus alunos estão fazendo um breve teste sobre o dever de casa. Aqueles que já terminaram estão lendo. Enquanto você circula pela sala, coletando os trabalhos terminados, você percebe que James está olhando um catálogo de armas. Ele não se esforça para esconder isso.

c. Jesse vem para a sua aula do primeiro período usando uma camiseta com uma cruz celta envolvida pelas palavras "Orgulho branco em todo o mundo".

d. Você pergunta à Carla onde está o seu livro. Ela murmura algo baixinho. Quando você diz que não ouviu o que ela disse, ela grita: "Eu deixei a m_____do livro no meu armário!".

Individual

Entreviste um professor experiente, o conselheiro de assistência estudantil, a enfermeira da escola ou um conselheiro de orientação sobre os esforços da escola para evitar a violência. Descubra respostas para as seguintes perguntas:

Se você acha que um aluno apresenta alguns dos sinais de potencial para violência, a quem você denuncia?
Há um formulário oficial para ser preenchido?
Você contata os pais?
Os funcionários da escola estão conscientes da atividade de gangues?
Quais são os indicadores de pertencimento a gangues e de atividades de gangues?

Para seu portfólio

Documente como você estabelece um ambiente de sala de aula em que os alunos se sintam confortáveis em lhe falar sobre ameaças de violência na escola. Modifique qualquer um dos artefatos que você tenha criado depois do Capítulo 3 para incorporar a matéria deste capítulo. Escreva um breve comentário explicando como você irá ajudar seus alunos a compreender a importância de denunciar as ameaças.

LEITURAS ADICIONAIS

COLVIN, G. *Managing the cycle of acting-out behavior in the classroom*. Eugene: Behavior Associates, 2004.

Esse livro fornece estratégias práticas para administrar e evitar manifestações inadequadas de comportamento como desafio, petulância, ameaças, resistência, ostracismo e perturbação da sala de aula em vários níveis. Ele apresenta um modelo de comportamento inadequado que consiste em sete fases. As características de cada fase são descritas usando exemplos e estudos de caso. As estratégias são então apresentadas para intervenções que podem ser usadas para cada fase.

NOGUERA, P. Preventing and producing violence: a critical analysis of responses to school violence. *Harvard Educational Review*, v. 65, n. 2, p. 189-212, 1995.

Nesse artigo, Pedro Noguera questiona se as estratégias que as escolas adotam em resposta a "problemas disciplinares", incluindo a violência, na verdade não a perpetuam. Noguera argumenta que medidas disciplinares de "endurecimento" produzem escolas semelhantes a prisões e um ambiente de desconfiança e resistência. Ele oferece estratégias alternativas para humanizar os ambientes escolares e incentivar um sentimento de comunidade.

Teaching Tolerance é uma revista semestral sem qualquer custo para os educadores. Ela é publicada pelo *Southern Poverty Law Center*, uma fundação não lucrativa legal e educacional (ver a lista a seguir). A revista fornece uma riqueza de informações sobre todos os aspectos da promoção da tolerância e respeito e eliminação de preconceito, opressão e *bullying* (www.teachingtolerance.org).

FONTES DE ORGANIZAÇÕES

The Anti-Defamation League (ADL), 823 United Nations Plaza, New York, NY 10017 (www.adl.org, 212-885-7970). Dedicada a combater os crimes de ódio e promover a cooperação e compreensão entre grupos.

Drug Strategies, 1616 P Street, Suite 220, Washington, DC 20036 (www.drugstrategies.com, 202-289-9070). Publica um guia sobre a resolução de conflitos e currículos de prevenção da violência.

National School Safety Center, 141 Duesenberg Dr., Suite 11, Westlake Village, CA, 91362 (www.nssc1.org, 805-373-9977). Fonte para informação sobre segurança escolar, treinamento e prevenção da violência.

Office of Safe and Drug-Free Schools, 550 12th Street, SW, 10th Floor, Washington, DC 20202-6450 (www.ed.gov/offices/OESE/SDFS/news.html, 202-245-7896). Fornece relatórios e artigos sobre segurança e violência escolar.

The Southern Poverty Law Center, 400 Washington Avenue, Montgomery, AL 36104 (www.teachingtolerance.org, 334-956-8200). O projeto *Teaching Tolerance* (Ensinando a Tolerância) fornece aos professores de todas as séries ideias e recursos grátis para a construção de comunidades, luta contra o preconceito e celebração da diversidade.

Students Against Violence Everywhere (SAVE), 322 Chapanoke Rd., Suite 110, Raleigh NC, 27603 (www.nationalsave.org, 866-343-SAFE). Essa organização dirigida por alunos ajuda-os a aprender alternativas à violência e os incentiva a praticar o que aprenderam em projetos escolares e comunitários.

Referências

ABD-KADIR, J.; HARDMAN, F. Whole class teaching in Kenyan and Nigerian primary schools. *Language and Education*, v. 21, n. 1, p.1-15, 2007.

ADAMS, L.; RUSSAKOFF, D. Dissecting Columbine's cult of the athlete. *Washington Post*, p. A1, 12 jun. 1999.

ADAMS, R. S.; BIDDLE, B. J. *Realities of teaching:* explorations with video tape. New York: Holt, Rinehart & Winston, 1970.

AKIN-LITTLE, K. A.; LITTLE, S. G.; LANITI, M. Teachers' use of classroom management procedures in the United States and Greece: a cross-cultural comparison. *School Psychology International*, v. 28, n. 1, p. 53-62, 2007.

ALBERTO, P. A.; TROUTMAN, A. C. *Applied behavior analysis for teachers*. 7th ed. Upper Saddle River: Pearson Prentice Hall, 2006.

ALFI, O.; ASSOR, A.; KATZ, I. Learning to allow temporary failure: potential benefits, supportive practices, and teacher concerns. *Journal of Education for Teaching*, v. 30, n. 1, p. 27-41, 2004.

ALLEN, J. Family partnerships that count. *Educational Leadership*, v. 66, n. 1, p. 22-27, 2008.

ALPERT, B. Students' resistance in the classroom. *Anthropology and Education Quarterly*, v. 22, n. 4, p.350-366, 1991.

ALVERMANN, D.; O'BRIEN, D.; DILLON, D. What teachers do when they say they're having discussions of content area reading assignments. *Reading Research Quarterly*, v. 25, n. 4, p. 296-322, 1990.

AMERICAN ASSOCIATION OF UNIVERSITY WOMEN. *Hostile hallways*: the AAUW survey on sexual harassment in America's schools. Washington: AAUW, 1993.

AMERICAN ASSOCIATION OF UNIVERSITY WOMEN. *The AAUW Report*: how schools shortchange girls. Washington: The AAUW Educational Foundation and National Education Association, 1992.

AMERICAN PSYCHIATRIC ASSOCIATION *Diagnostic and statistical manual of mental disorders*. 4th ed. Washington: APA, 2000.

ANDERMAN, E. M.; GRIESINGER, T.; WESTERFIELD, G. Motivation and cheating during early adolescence. *Journal of Educational Psychology*, v. 90, n. 1, p. 84-93, 1998.

ANDERMAN, E. M.; MAEHR, M. L. Motivation and schooling in the middle grades. *Review of Educational Research*, v. 64, n. 2, p. 287-309, 1994.

ANDERSON, J. D. Supporting the invisible minority. *Educational Leadership*, Houston, v. 54, n. 7, p. 65-68, 1997.

ANDERSON, K. J.; MINKE, K. M. Parent involvement in education: toward an understanding of parents' decision making. *The Journal of Educational Research*, v.100, n. 5, p. 311-323, 2007.

ANDERSON, L. What are students doing when they do all that seatwork? In: FISHER, C. W.; BERLINER, D. C. (Eds.). *Perspectives on instructional time*. New York: Longman, 1985. p. 189-202.

ANTIL, L. R. et al. Cooperative learning: prevalence, conceptualizations, and the relation between research and practice. *American Educational Research Journal*, v.35, n. 3, p.419-454, 1998.

APPLEBEE, A. N. et al. Discussion-based approaches to developing understanding: classroom instruction and student performance in middle and high school English. *American Educational Research Journal*, v. 40, n. 3, p. 685-730, 2003.

ARENDS, R. I. *Learning to teach*. 8th ed. New York: McGraw-Hill, 2008.

ARLIN, M. Teacher transitions can disrupt time flow in classrooms. *American Educational Research Journal*, v.16, n. 1, p. 42-56, 1979.

ARONSON, E. et al. *The Jigsaw classroom*. Beverly Hills: Sage, 1978.

ASTOR, R. A.; BENBENISHTY, R. Zero tolerance for zero knowledge. *Education Week*, v.24, n. 43, p. 52, 2005.

ASTOR, R. A.; MEYER, H. A.; BEHRE, W. J. Unowned places and times: maps and interviews about violence in high schools. *American Educational Research Journal*, v. 36, n. 1, p. 3-42, 1999.

AYERS, W. *To teach:* the journey of a teacher. New York: Teachers College Press, 1993.

BAILEY, J. M.; GUSKEY, T. R. *Implementing student-led conferences*. Thousand Oaks: Corwin Press, 2001.

BAKER, H. B.; BASILE, C. G.; OLSON, F. J. Teachers as advisors: fostering active citizens in schools. *Kappa Delta Pi Record*, v. 41, n. 4, p.167-171, 2005.

BARONE, F. J. Bullying in school: It doesn't have to happen. *Phi Delta Kappan*, v. 79, p. 80-82, 1997.

BARRY, L.; MESSER, J. J. A practical application of self-management for students diagnosed with attention-deficit/hyperactivity disorder. *Journal of Positive Behavior Interventions*, v. 5, n. 4, p.238-248, 2003.

BARTON, P. E.; COLEY, R. J.; WENGLINSKY, H. *Order in the classroom:* violence, discipline, and student achievement. Princeton, NJ: Educational Testing Service, 1998.

BEAR, G. G. School discipline in the United States: Prevention, correction, and long term social development. *School Psychology Review*, v. 27, n. 1, p.724-742, 1998.

BECKER, J. R. Differential treatment of females and males in mathematics classes. *Journal for Research in Mathematics Education*, v. 12, n. 1, p.40-53, 1981.

BELLUCK, P. And for perfect attendance, Johnny gets a car. *The New York Times*, p. A1, A20, 5 fev. 2006. Disponível em: <http://www.nytimes.com/2006/02/05/education/05reward.html>. Acesso em: 20 fev. 2008.

BENNETT, N.; BLUNDELL, D. Quantity and quality of work in rows and classroom groups. *Educational Psychology*, v. 3, n. 2, p.93-105, 1983.

BERRETH, D.; BERMAN, S. The moral dimensions of schools. *Educational Leadership*, v. 54, n. 8, p. 24-26, 1997.

BIEHLE, J. T.; MOTZ, L. L.; WEST, S. S. *NSTA guide to school science facilities*. Arlington: NSTA Press, 1999.

BLAUVELT, P. D. School security: "Who you gonna call?" *School Safety Newsjournal*, p. 4-8, 1990.

BLOOME, D.; THEODOROU, E. Analyzing teacher-student and student-student discourse. In: GREEN, J. E.; HARKER, J. O. (Eds.). *Multiple perspective analyses of classroom discourse*. Norwood: Ablex, 1988. p. 217-248.

BODINE, R. J.; CRAWFORD, D. K. *The handbook of conflict resolution education:* a guide to building quality programs in schools. San Francisco: Jossey-Bass, 1998.

BOLICK, C. M.; COOPER, J. M. Classroom management and technology. In: EVERTSON, C. M.; WEINSTEIN, C. S. (Eds.). *Handbook of classroom management:* research, practice, and contemporary issues. Mahwah: Lawrence Erlbaum Associates, 2006. p. 541-558.

BOMER, R. et al. Miseducating teachers about the poor: a critical analysis of Ruby Payne's claims about poverty. *Teachers College Record*, v. 110, n. 12, p. 2497-2531, 2008.

BONDY, E.; ROSS, D. D. The teacher as warm demander. *Educational Leadership*, v. 66, n. 1, p. 54-58, 2008.

BOTTGE, B. J. et al. Block and traditional schedules: effects on students with and without disabilities in high school. *NASSP Bulletin*, v. 87, n. 636, p. 2-14, 2003.

BRADY, K. et al. *Rules in school*. Greenfield: Northeast Foundation for Children, 2003.

BRENDGEN, M. et al. Verbal abuse by the teacher during childhood and academic, behavioral, and emotional adjustment in young adulthood. *Journal of Educational Psychology*, v. 99, n. 1, p. 26-38, 2007.

BRODEY, D. Blacks join the eating-disorder mainstream. *New York Times*, p. F5. 20 set. 2005. Disponível em: <http://www.nytimes.com/2005/09/20/health/psychology/20eat.html?pagewanted=all&_r=0>. Acesso em: 11 jan. 2015.

BROOKFIELD, S. D.; PRESKILL, S. *Discussion as a way of teaching:* tools and techniques for democratic classrooms. San Francisco: Jossey-Bass, 1999.

BROOKS, D. M. The teacher's communicative competence: the first day of school. *Theory into Practice*, v. 24, n. 1, p. 63-70, 1985.

BROPHY, J. Classroom organization and management. *The Elementary School Journal*, v. 83, n. 4, p. 265-285, 1983.

BROPHY, J. *Motivating students to learn*. Mahwah: Lawrence Erlbaum, 2004.

BROPHY, J.; ROHRKEMPER, M. The influence of problem ownership on teachers' perceptions of and strategies for coping with problem students. *Journal of Educational Psychology*, v. 73, n. 3, p. 295-311, 1981.

BROWN, C. G.; ROCHA, E.; SHARKEY, A. *Getting smarter, becoming fairer*: a progressive education agenda for a stronger nation. Washington: Institute for America's Future, 2005. Disponível em: <http://www.ourfuture.org>. Acesso em: 27 ago. 2009.

BROWN, D. F. Urban teachers' professed classroom management strategies: reflections of culturally responsive teaching. *Urban Education*, v. 39, n. 3, p. 266-289, 2004.

BURKE, K.; BURKE-SAMIDE, B. Required changes in the classroom environment: It's a matter of design. *The Clearing House*, v. 77, n. 6, p. 236-239, 2004.

BUSH, M. J.; JOHNSTONE, W. G. An observation evaluation of high school A/B block classes: variety or monotony? In: ANNUAL MEETING OF THE AMERICAN EDUCATIONAL RESEARCH ASSOCIATION, 2000, New Orleans. *Proceedings...* New Orleans, 2000.

CALDERHEAD, W. J.; FILTER, K. J.; ALBIN, R. W. An investigation of incremental effects of interspersing math items on task-related behavior. *Journal of Behavioral Education*, v. 15, n. 1, p. 53-67, 2006.

CAMERON, J. Negative effects of reward on intrinsic motivation: a limited phenomenon: comment on Deci, Koestner, and Ryan. *Review of Educational Research*, v. 71, n. 1, p. 29-42, 2001.

CAMERON, J.; BANKO, K. M.; PIERCE. W. D. Pervasive negative effects of rewards on intrinsic motivation: the myth continues. *The Behavior Analyst*, v. 24, n. 1, p. 1-44, 2001.

CAMERON, J.; PIERCE, W. D. Reinforcement, reward, and intrinsic motivation: a meta-analysis. *Review of Educational Research*, v. 64, n. 3, p. 363-423, 1994.

CAMPBELL, L.; CAMPBELL, B.; DICKINSON, D. *Teaching and learning through multiple intelligences*. 2nd ed. Boston: Allyn & Bacon, 1999.

CANGELOSI, J. S. et al. Cheating: Issues in elementary, middle, and secondary school classrooms. In: ANNUAL MEETINGS OF THE AMERICAN EDUCATIONAL RESEARCH ASSOCIATION AND THE NATIONAL COUNCIL FOR MEASUREMENT IN EDUCATION, 1993, Atlanta. *Proceedings...* Atlanta, 1993.

CARBONE, E. Arranging the classroom with an eye (and ear) to students with ADHD. *Teaching Exceptional Children*, v. 34, n. 2, p. 72-81, 2001.

CARTLEDGE, G.; MILBURN, J. E. *Cultural diversity and social skills instruction*: understanding ethnic and gender differences. Champaign: Research Press, 1996.

CARY, S. *Working with second language learners*: answers to teachers' top ten questions. 2nd ed. Portsmouth: Heinemann, 2007.

CATALANO, R. F. et al. The importance of bonding to school for healthy development: findings from the social development research group. *Journal of School Health*, v. 74, n. 7, p. 252-261, 2004.

CAZDEN, C. B. *Classroom discourse*: the language of teaching and learning. Portsmouth: Heinemann, 1988.

CENTERS FOR DISEASE CONTROL AND PREVENTION. *Morbidity and Mortality Weekly Report Surveillance Summaries*, v. 56, n.SS-1, 2007.

CHANDLER, K. A. et al. *Students' reports of school crime*: 1989 and 1995. Washington: U.S. Department of Education, 1998.

CHARLES, C. M.; CHARLES, M. G. *Classroom management for middle-grades teachers*. Boston: Pearson/Allyn & Bacon, 2004.

CHILD WELFARE INFORMATION GATEWAY. *Gay and lesbian adoptive parents*. [S.l: s.n], 2008.

CHILDREN AND ADULTS WITH ATTENTION DEFICIT DISORDERS. *Attention deficit disorders*: an educator's guide (CHADD Facts #5). Plantation: Children and Adults with Attention Deficit Disorders, 1993.

CHILDREN'S DEFENSE FUND. *The state of America's children 2008*. Washington:

CDF, 2008. Disponível em: <http://www.childrensdefense.org>. Acesso em: 25 jan. 2009.

CHIU, M. M. Adapting teacher interventions to student needs during cooperative learning: how to improve student problem solving and time on-task. *American Educational Research Journal*, v. 41, n. 2, p. 365-399, 2004.

CHRISPEELS, J. H.; RIVERO, E. Engaging Latino families for student success: understanding the process and impact of providing training to parents. In: ANNUAL MEETING OF THE AMERICAN EDUCATIONAL RESEARCH ASSOCIATION, 2000, New Orleans. Proceedings... New Orleans, 2000.

CHRISTENSEN, L. Building community from chaos. In: BIGELOW, B. et al. (Eds.). *Rethinking our classrooms:* teaching for equity and justice. Milwaukee: Rethinking Schools Limited, 1994. p. 50-55.

COHEN, E. G. *Designing groupwork: Strategies for the heterogeneous classroom.* 2nd ed. New York: Teachers College Press, 1994a.

COHEN, E. G. Interracial interaction disability. *Human Relations*, v. 25, p. 9-24, 1972.

COHEN, E. G. Making cooperative learning equitable. *Educational Leadership*, v. 56, n. 1, p. 18-21, 1998.

COHEN, E. G. Restructuring the classroom: conditions for productive small groups. *Review of Educational Research*, v. 64, n. 1, p. 1-35, 1994b.

COLES, A. D. Lately, teens less likely to engage in risky behaviors. *Education Week*, v.19, n. 40, p. 6, 2000.

COONTZ, S. Motherhood stalls when women can't work. *Hartford Courant*, 13 maio 2007. Diaponível em: <http://articles.courant.com/2007-05-13/news/0705130141_1_mothers-single-women-family-change>. Acesso em: 5 fev. 2009.

COPELAND, S. R. et al. High school peer buddies: a win-win situation. *Teaching Exceptional Children*, v. 35, n. 1, p. 16-21, 2002.

CORBETT, D.; WILSON, B.; WILLIAMS, B. No choice but success. *Educational Leadership*, v. 62, n. 6, p. 8-12, 2005.

CORNELIUS-WHITE, J. Learner-centered teacher-student relationships are effective: a meta-analysis. *Review of Educational Research*, v. 77, n. 1, p. 113-143, 2007.

COTHRAN, D. J.; KULINNA, P. H.; GARRAHY, D. A. "This is kind of giving a secret away...": students' perspectives on effective class management. *Teaching and Teacher Education*, Maryland Heights, v.19, n. 4, p.435-444, 2003.

COTTON, K. *New small learning communities:* findings from recent literature. Portland: Northwest Educational Research Library, 2001.

CRÉTON, H. A.; WUBBELS, T.; HOOYMAYERS, H. P. Escalated disorderly situations in the classroom and the improvement of these situations. *Teaching and Teacher Education*, v. 5, n. 3, p. 205-215, 1989.

CUMMINS, J. *Language, power and pedagogy:* bilingual children in the crossfire. Clevedon: Multilingual Matters, 2000.

CURWIN, R. L. A humane approach to reducing violence in schools. *Educational Leadership*, v. 52, n. 5, p. 72-75, 1995.

CURWIN, R. L.; MENDLER, A. N. *Discipline with dignity.* Alexandria: Association for Supervision and Curriculum Development, 1988.

DARLING-HAMMOND, L.; IFILL-LYNCH, O. If they'd only do their work! *Educational Leadership*, v. 63, n. 5, p. 8-13, 2006.

DAVIDSON, A. L. Negotiating social differences: youths' assessments of educators' strategies. *Urban Education*, v. 34, n. 3, p. 338-369, 1999.

DECI, E. L.; KOESTNER, R.; RYAN, R. M. A meta-analytic review of experiments examining the effects of extrinsic rewards on intrinsic motivation. *Psychological Bulletin*, v.125, n. 6, p. 627-668, 1999.

DECI, E. L.; KOESTNER, R.; RYAN, R. M. Extrinsic rewards and intrinsic motivation in education: reconsidered once again. *Review of Educational Research*, v. 71, n. 1, p.1-27, 2001.

DELPIT, L. No kinda sense. In: DELPIT, L.; DOWDY, J. K. (Eds.). *The skin that we speak:* thoughts on language and culture in the classroom. New York: The New Press, 2002. p. 31-48.

DELPIT, L. *Other people's children:* cultural conflict in the classroom. New York: The New Press, 1995.

DESLANDES, R.; BERTRAND, R. Motivation of parent involvement in secondary-level schooling. *The Journal of Educational Research*, v. 98, n. 3, p. 164-175, 2005.

DEVOSS, G. G. The structure of major lessons and collective student activity. *Elementary School Journal*, v. 80, n. 1, p. 8-18, 1979.

DIAZ-RICO, L. T.; WEED, K. Z. *The crosscultural, language, and academic development handbook*. A complete K-12 reference guide. 4th ed. Boston: Allyn and Bacon, 2009.

DIEKER, L. A. What are the characteristics of "effective" middle and high school co-taught teams for students with disabilities? *Preventing School Failure*, v. 46, n. 1, p. 14-23, 2001.

DILLON, D. R. Showing them that I want them to learn and that I care about who they are: a microethnography of the social organization of a secondary low-track English-reading classroom. *American Educational Research Journal*, v. 26, n. 2, p. 227-259, 1989.

DILLON, J. T. *Using discussion in classrooms*. Philadelphia: Open University Press, 1994.

DINKES, R.; CATALDI, E. F.; LIN-KELLY. *Indicators of school crime and safety:* 2007. Washington: IES, 2007. Disponível em: <http://nces.ed.gov>. Acesso em: 15 nov. 2008.

DITMAN, O. Online term-paper mills produce a new crop of cheaters. *Harvard Education Letter*, v. 16, n. 4, p. 6-7, 2000.

DOWD, J. Refusing to play the blame game. *Educational Leadership*, v. 54, n. 8, p.67-69, 1997.

DOYLE, W. Academic work. *Review of Educational Research*, v. 53, n. 2, p. 159-200, 1983.

DOYLE, W. Classroom organization and management. In: WITTROCK, M. C. (Ed.). *Handbook of research on teaching*. New York: Macmillan, 1986. p. 392-431.

DOYLE, W. Ecological approaches to classroom management. In: EVERTSON, C. M.; WEINSTEIN, C. S. (Eds.). *Handbook of classroom management:* research, practice, and contemporary issues. Mahwah: Lawrence Erlbaum Associates, 2006. p. 97-126.

DOYLE, W. Recent research on classroom management: implications for teacher preparation. *Journal of Teacher Education*, v. 36, n. 3, p. 31-35, 1985.

DREIKURS, R.; GRUNWALD, B. B.; PEPPER, F. C. *Maintaining sanity in the classroom:* classroom management techniques. 2nd ed. New York: Harper & Row, 1982.

DRUMMOND, S.; PORTNER, J. Arrests top 350 in threats, bomb scares. *Education Week*, Washington, p. 1, 12-13, 1999.

DWYER, K.; OSHER, D.; WARGER, C. *Early warning, timely response:* a guide to safe schools. Washington: U.S. Department of Education, 1998.

ECCLES, J. S.; HAROLD, R. D. Parent-school involvement during the early adolescent years. *Teachers College Record*, v. 94, n. 3, p. 568-587, 1993.

ECCLES, J. S.; WIGFIELD, A.; SCHIEFELE, U. Motivation to succeed. In: EISENBERG, N. *Handbook of child psychology:* social, emotional, and personality development. 5th ed. New York: John Wiley, 1998. p. 1017-1095.

ECCLES, J.; WIGFIELD, A. Teacher expectations and student motivation. In: DUSEK, J. (Ed.). *Teacher expectancies*. Hillsdale: Erlbaum, 1985. p. 185-226.

EDWARDS, A. T. Let's stop ignoring our gay and lesbian youth. *Educational Leadership*, v. 54, n. 7, p. 68-70, 1997.

ELIAS, M. J.; SCHWAB, Y. From compliance to responsibility: social and emotional learning and classroom management. In: EVERTSON, C. M.; WEINSTEIN, C. S. (Eds.). *Handbook of classroom management:* research, practice, and contemporary issues. Mahwah: Lawrence Erlbaum Associates, 2006. p. 309-342.

ELMORE, R. F. The limits of "change." *Harvard Education Letter*, v. 18, n. 1, 2002. Disponível em: <http://www.hepg.org/hel/article/195>. Acesso em: 22 ago. 2009.

EMMER, E. T.; AUSSIKER, A. School and classroom discipline programs: how well do they work? In: MOLES, O. C. (Ed.). *Student discipline strategies*. New York: SUNY Press, 1990. p. 129-165.

EMMER, E. T.; EVERTSON, C. M. *Classroom management for middle and high school teachers*. Boston: Allyn & Bacon, 2008.

EMMER, E. T.; GERWELS, M. C. Classroom management in middle and high school classrooms. In: EVERTSON, C. M.; WEINSTEIN, C. S. (Eds.). *Handbook of classroom management:* research, practice, and contemporary issues. Mahwah: Lawrence Erlbaum Associates, 2006. p. 407-438.

EMMER, E.T.; GERWELS, M. C. Cooperative learning in elementary classrooms: teaching practices and lesson characteristics. *The*

Elementary School Journal, v. 102, n. 1, p. 5-91, 2002.

EPSTEIN, J. L. *School, family, and community partnerships:* preparing educators and improving schools. Boulder: Westview Press, 2001.

EPSTEIN, J. L. et al. *School, family, and community partnerships:* your handbook for action. 2nd ed. Thousand Oaks: Corwin Press, 2002.

EPSTEIN, J. L.; BECKER, H. J. Teachers' reported practices of parent involvement: problems and possibilities. *The Elementary School Journal*, v. 83, n. 2, p.103-113, 1982.

EPSTEIN, J. L.; DAUBER, S. L. School programs and teacher practices of parent involvement in inner-city elementary and middle schools. *The Elementary School Journal*, v. 91, n. 3, p. 289-305, 1991.

ERIKSON, E. H. *Childhood and society*. 2nd ed. New York: W. W. Norton, 1963.

EVERHART, R. B. *Reading, writing, and resistance:* adolescence and labor in a junior high school. Boston: Routledge and Kegan Paul, 1983.

EVERTSON, C. M.; WEINSTEIN, C. S. Classroom management as a field of inquiry. In: EVERTSON, C. M.; WEINSTEIN, C. S. (Eds.). *Handbook of classroom management:* Research, practice, and contemporary issues. Mahwah: Lawrence Erlbaum Associates, 2006. p. 3-16.

EVERTSON, C. M.; EMMER, E. T. Effective management at the beginning of the school year in junior high classes. *Journal of Educational Psychology*, v. 74, n. 4, p. 485-498, 1982.

FINDERS, M.; LEWIS, C. Why some parents don't come to school. *Educational Leadership*, v. 51, n. 8, p. 50-54, 1994.

FISCHER, L.; SCHIMMEL, D.; KELLY, C. *Teachers and the law*. New York: Longman, 1999.

FISHER, C. W. et al. *Teaching behaviors, academic learning time and student achievement*. Final report of Phase III-B, Beginning Teacher Evaluation Study. San Francisco: Far West Laboratory for Educational Research and Development, 1978.

FISHER, C. W. et al. Teaching behaviors, academic learning time, and student achievement: an overview. In: DENHAM, C.; LIEBERMAN, A. (Eds.). *Time to learn*. Washington: U.S. Department of Education, 1980. p. 7-32.

FLEMING, D. S. et al. *Moving to the block:* Getting ready to teach in extended periods of learning time. Washington: National Education Association, 1997.

FLOWERDAY, T.; SCHRAW, G. Teacher beliefs about instructional choice: a phenomenological study. *Journal of Educational Psychology*, v. 92, n. 4, p. 634-645, 2000.

FORDHAM, S.; OGBU, J. U. Black students' school success: coping with the "burden of 'acting white.'" *The Urban Review*, v.18, n. 3, p. 176-206, 1986.

FRASER, B. J.; MCROBBIE, C. J.; FISHER, D. L. *Development, validation and use of personal and class forms of a new classroom environment instrument*. In: ANNUAL MEETING OF THE AMERCIAN EDUCATIONAL RESEARCH ASSOCIATION, 1996, New York. Proceedings... New York, 1996.

FRIEND, M.; BURSUCK, W. D. *Including students with special needs:* a practical guide for classroom teachers. Boston: Allyn & Bacon, 2002.

FRYER, R. G., JR. Acting white. *Education Next*, v. 6, n. 1, p. 52-59, 2006.

FULLER, M. L.; OLSEN, G. *Home–school relations:* working successfully with parents and families. Boston: Allyn & Bacon, 1998.

GALL, M. D.; GILLETT, M. The discussion method in classroom teaching. *Theory into Practice*, Columbus, v. 19, n. 2, p. 98-103, 1981.

GALLEGO, M. A.; COLE, M. The Laboratory of Comparative Human Cognition Classroom cultures and cultures in the classroom. In: RICHARDSON, V. (Ed.). *Handbook of research on teaching*. 4th ed. Washington: American Educational Research Association, 2001. p. 951-997.

GARDNER, H. *Multiple intelligences:* the theory in practice. New York: BasicBooks, 1993.

GARDNER, H. Reflections on multiple intelligences: Myths and messages. *Phi Delta Kappan*, v. 77, n. 3, p. 200-209, 1995.

GARDNER, H. Reflections on multiple intelligences: Myths and messages. In: WOOLFOLK, A. (Ed.). *Readings in educational psychology*. 2nd ed. Boston: Allyn & Bacon, 1998. p. 61-67.

GAY, G. Connections between classroom management and culturally responsive teaching. In: EVERTSON, C. M.; WEINSTEIN, C. S. (Eds.). *Handbook of classroom management*: research, practice and contemporary issues. Mahwah: Lawrence Erlbaum Associates, 2006. p. 343-370.

GAY, G. *Culturally responsive teaching*: theory, research, and practice. New York: Teachers College Press, 2000.

GEARHEART, B. R.; WEISHAHN, M. W.; GEARHEART, C. J. *The exceptional student in the regular classroom*. 5th ed. New York: Macmillan, 1992.

GIANGRECO, M. F.; DOYLE, M. B. Students with disabilities and paraprofessional supports: benefits, balance, and band-aids. *Focus on Exceptional Children*, Denver, v.34, n.7, p.1-12, 2002.

GILLIES, R. M. The effects of cooperative learning on junior high school students' behaviours, discourse, and learning during a science-based learning activity. *School Psychology International*, v. 29, n. 3, p. 328-347, 2008.

GONET, M. M. *Counseling the adolescent substance abuser*: school-based intervention and prevention. Thousand Oaks: Sage, 1994.

GOOD, T. L.; BROPHY, J. E. *Looking in classrooms*. 10th ed. Boston: Pearson Education, 2008.

GOODLAD, J. I. *A place called school*. New York: McGraw-Hill, 1984.

GORDON, J. A. Caring through control: Reaching urban African American youth. *Journal for a Just and Caring Education*, v. 4, n. 4, p. 418-440, 1998.

GORDON, R. L. How novice teachers can succeed with adolescents. *Educational Leadership*, v. 54, n. 7, p. 56-58, 1997.

GORDON, T. *Teacher effectiveness training*: the program proven to help teachers bring out the best in students of all ages. New York: Three Rivers Press, 2003.

GOVERNOR'S TASK FORCE ON CHILD ABUSE AND NEGLECT. *Child abuse and neglect*: a professional's guide to identification, reporting, investigation, and treatment. Trenton: Author, 1988.

GRANDIN, T. Autism from the inside. *Educational Leadership*, v. 64, n. 5, p. 29-32, 2007.

GRAZIANO, A. M.; MOONEY, K. C. *Children and behavior therapy*. New York: Aldine, 1984.

GREENWOOD, G. E.; HICKMAN, C. W. Research and practice in parent involvement: implications for teacher education. *The Elementary School Journal*, v. 91, n. 3, p. 279-288, 1991.

GREGORY, A.; RIPSKI, M. Adolescent trust in teachers: implications for behavior in the high school classroom. *School Psychology Review*, v. 37, n. 3, p. 337-353, 2008.

GROSSMAN, H. *Classroom behavior management for diverse and inclusive schools*. 3rd ed. Lanham: Rowman & Littlefield, 2004.

GROSSMAN, H.; GROSSMAN, S. H. *Gender issues in education*. Boston: Allyn & Bacon, 1994.

GRUBER, C. D.; ONWUEGBUZIE, A. J. Effects of block scheduling on academic achievement among high school sudents. *The High School Journal*, v. 84, n. 4, p. 32-42, 2001.

GUMP, P. V. School settings and their keeping. In: DUKE, D. L. (Ed.). *Helping teachers manage classrooms*. Alexandria: Association for Supervision and Curriculum Development, 1982. p. 98-114.

GUMP, P. V. School and classroom environments. In: STOKOLS, D.; ALTMAN, I. (Eds.). *Handbook of environmental psychology*. New York: John Wiley & Sons, 1987. p. 691-732.

GUTMAN, L. M.; MCLOYD, V. G. Parents' management of their children's education within the home, at school, and in the community: an examination of African-American families living in poverty. *The Urban Review*, v. 32, n. 1, p. 1-24, 2000.

HAGIN, R. A. Autism and other severe pervasive developmental disorders. In: KLINE, F. M.; SILVER, L. B. (Eds.). *The educator's guide to mental health issues in the classroom*. Baltimore: Paul H. Brookes, 2004. p. 55-74.

HANSEN, P.; MULHOLLAND, J. A. Caring and elementary teaching: the concerns of male beginning teachers. *Journal of Teacher Education*, v. 56, n. 2, p. 119-131, 2005.

HARMON, A. Internet gives teenage bullies weapons to wound from afar. *The New York Times*, 26 ago. 2004. Disponível em: <http://www.nytimes.com/2004/08/26/education/26bully.html>. Acesso em: 20 fev. 2003.

HARRISON, M. M. Bully on the bus. *Teaching Tolerance*, v. 28, p. 39-43, 2005.

HATCH, J. A. Alone in a crowd: Analysis of covert interactions in a kindergarten. In: ANNUAL MEETING OF THE AMERICAN EDUCATIONAL RESEARCH ASSOCIATION, 1986, San Francisco. Proceedings... Chicago: Spencer Foundation, 1986.

HAYNES, C. C. et al. *The first amendment in schools*. Alexandria: Association of Supervision and Curriculum Development, 2003.

HEILMAN, E. Hegemonies and "transgressions" of family: Tales of pride and prejudice. In: TURNER-VORBECK, T.; MARSH M. M. (Eds.). *Other kinds of families*: embracing diversity in schools. New York: Teachers College Press, 2008. p. 7-27.

HENLEY, M.; RAMSEY, R. S.; ALGOZZINE, R. F. *Characteristics of and strategies for teaching students with mild disabilities*. 4th ed. Boston: Allyn & Bacon, 2002.

HENNING, J. E. *The art of discussion-based teaching*. New York: Routledge, 2008.

HEUVELINE, P. *Estimating the proportion of marriages that end in divorce*: a research brief prepared for the Council on Contemporary Families. Miami: University of Miami, 2005. Disponível em: <http://www.contemporaryfamilies.org>. Acesso em: 27 ago. 2009.

HIDI, S.; HARACKIEWICZ, J. M. Motivating the academically unmotivated: a critical issue for the 21st century. *Review of Educational Research*, v. 70, n. 2, p. 151-179, 2000.

HODGKINSON, H. *All one system:* Demographics of education, kindergarten through graduate school. Washington: Institute for Educational Leadership, 1985.

HOOVER, J.; OLIVER, R. *The bullying prevention handbook:* a guide for teachers, principals and counselors. Bloomington: Solution Tree, 2008.

HOOVER-DEMPSEY, K. V.; BASSLER, O. T.; BRISSIE, J. S. Parent involvement: contributions of teacher efficacy, school socioeconomic status, and other school characteristics. *American Educational Research Journal*, v. 24, n. 3, p. 417-435, 1987.

HOOVER-DEMPSEY, K. V.; SANDLER, H. M. Why do parents become involved in their children's education? *Review of Educational Research*, v. 67, n. 1, p. 3-42, 1997.

HOROWITZ, P.; OTTO, D. *The teaching effectiveness of an alternate teaching facility*. Alberta: University of Alberta, 1973.

HOWELL, J. C.; LYNCH, J. P. *Youth gangs in schools*. Washington: Office of Juvenile Justice and Delinquency Prevention, U.S. Department of Justice, 2000. Disponível em: <http://www.ncjrs.org/html/ojjdp/jjbul2000_8_2/contents.html>. Acesso em: 26 ago. 2009.

HOY, A.; WEINSTEIN, C. S. Student and teacher perspectives on classroom management. In: EVERTSON, C. M.; WEINSTEIN, C. S. (Eds.). *Handbook of classroom management*: research, practice, and contemporary issues. Mahwah: Lawrence Erlbaum, 2006. p. 181-219.

HU, W. A school district asks: Where are the parents? *The New York Times*, New York, p. A25, 11 nov. 2008. Disponível em: <http://www.freerepublic.com/focus/news/2130498/posts>. Acesso em: 20 fev. 2009.

HUGHES, C. A.; RUHL, K. L.; MISRA, A. Self-management with behaviorally disordered students in school settings: a promise unfulfilled? *Behavioral Disorders*, v.14, n.4, p.250-262, 1989.

HYMAN, I. A. *School discipline and school violence:* the teacher variance approach. Boston: Allyn & Bacon, 1997.

HYMAN, I. et al. Bullying: Theory, research, and interventions. In: EVERTSON, C.; WEINSTEIN, C. (Eds.). *Handbook of classroom management*: research, practice, and contemporary issues. Mahwah: Lawrence Erlbaum Associates, 2006. p. 855-884.

IRVINE, J. J. *Black students and school failure:* policies, practices, and prescriptions. New York: Greenwood, 1990.

IRVINE, J. J. *In search of wholeness:* African American teachers and their culturally specific classroom practices. New York: PALGRAVE, 2002.

IRVINE, J. J.; FRASER, J. Warm demanders: do national certification standards leave room for the culturally responsive pedagogy of African-American teachers? *Education Week*, v. 17, n. 35, p. 56, 1998.

JACKSON, P. W. *Life in classrooms*. New York: Teachers College Press, 1990.

JEYNES, W. H. The relationship between parental involvement and urban secondary school student academic achievement: a meta-analysis. *Urban Education*, v. 42, n. 1, p. 82-110, 2007.

JOHNSON, D. W.; JOHNSON, R. T. Implementing the "Teaching Students to be Peacemakers Program." *Theory into Practice*, v. 43, n. 1, p. 68-79, 2004.

JOHNSON, D. W. et al. *Circles of learning:* Cooperation in the classroom. Alexandria: Association for Supervision and Curriculum Development, 1984.

JOHNSON, D. W.; JOHNSON, R. T. Integrating handicapped students into the mainstream. *Exceptional Children*, v. 47, n.2, p. 90-98, 1980.

JOHNSON, D. W.; JOHNSON, R. T. Social skills for successful group work. *Educational Leadership*, Houston, v. 47, n. 4, p. 29-33, 1989/90.

JOHNSON, D. W.; JOHNSON, R. T. The three Cs of school and classroom management. In: FREIBERG, H. J. (Ed.). *Beyond Behaviorism:* changing the classroom management paradigm. Boston: Allyn & Bacon, 1999. p. 119-144.

JOHNSTON, L. D., et al. *Various stimulant drugs show continuing gradual declines among teens in 2008, most illicit drugs hold steady.* Ann Arbor: University of Michigan News Service, 2008. Disponível em:<http://www.monitoringthefuture.org>. Acesso em: 23 fev. 2009.

JONES, F. H. et al. *Tools for teaching:* discipline, instruction, motivation. Santa Cruz: Fredric H. Jones & Associates, 2007.

JONES, M. G.; GERIG, T. M. Silent sixth-grade students: characteristics, achievement, and teacher expectations. *The Elementary School Journal*, v. 95, n. 2, p.169-182, 1994.

JONES, M. G.; WHEATLEY, J. Gender differences in teacher–student interactions in science classrooms. *Journal of Research in Science Teaching*, v. 27, n. 9, p.861-874, 1990.

JONES, V. F.; JONES, L. S. *Comprehensive classroom management:* creating communities of support and solving problems. Upper Saddle River: Pearson, 2010.

JOSEPHSON INSTITUTE OF ETHICS. *2008 report card:* The ethics of American youth. Los Angeles: JIE, 2008. Disponível em: <http://charactercounts.org/programs/reportcard>. Acesso em: 8 fev. 2009.

JUAREZ, V. They dress to express. *Newsweek*, New York, 3 out. 2004. Disponível em: <http://www.msnbc.msn.com/id/6098629/site/newsweek>. Acesso em: 26 ago. 2009.

KAGAN, S. The structural approach to cooperative learning. *Educational Leadership*, v. 47, n. 4, p. 12-15, 1989/90.

KARWEIT, N. Time and learning: a review. In: SLAVIN, R. E. (Ed.). *School and classroom organization*. Hillsdale: Lawrence Erlbaum, 1989. p. 69-98.

KATZ, M. S. Teaching about caring and fairness: May Sarton's *The Small Room*. In: KATZ, M. S.; NODDINGS, N.; STRIKE, K A. (Eds.). *Justice and caring:* the search for common ground in education. New York: Teachers College Press, 1999. p. 59-73.

KATZ, S. R. Teaching in tensions: Latino immigrant youth, their teachers, and the structures of schooling. *Teachers College Record*, v. 100, n. 4, p. 809-840, 1999.

KEITH, S.; MARTIN, M. E. Cyber-bullying: creating a culture of respect in a cyber world. *Reclaiming Children and Youth*, v. 13, n. 4, p. 224-228, 2005.

KERR, M. M.; NELSON, C. M. *Strategies for addressing behavior problems in the classroom*. 5th ed. Upper Saddle River: Pearson Prentice Hall, 2006.

KIDDER, T. *Among schoolchildren*. Boston: Houghton Mifflin, 1989.

KILDEE, D. E. *HR 1804*: Goals 2000: Education America Act, Washington, 1994, 103rd Congress, 2nd session.

KIM, D.; SOLOMON, D.; ROBERTS, W. *Classroom practices that enhance students' sense of community*. In: ANNUAL CONVENTION OF THE AMERICAN EDUCATIONAL RESEARCH ASSOCIATION, 1995, San Francisco. *Proceedings...* San Francisco, 1995.

KING, J. R. *Uncommon caring:* learning from men who teach young children. New York: Teachers College Press, 1998.

KING, L. et al. A case study of the perceptions of students in a small-group cooperative learning situation. In: ANNUAL CONFERENCE OF THE AMERICAN EDUCATION RESEARCH ASSOCIATION, 1998, San Diego. *Proceedings...* San Diego, 1998.

KLINE, M.; SILVER, L. B. (Eds.). *The educator's guide to mental health issues in the classroom*. Baltimore: Paul H. Brookes, 2004.

KOHN, A. *Beyond discipline:* From compliance to community. Alexandria: Association for Supervision and Curriculum Development, 1996.

KOHN, A. *Punished by rewards:* the trouble with gold stars, incentive plans, As, praise, and other bribes. Boston: Houghton Mifflin, 1993.

KOSCIW, J. G.; DIAZ, E. M.; GREYTAK, E. A. *The 2007 national school climate survey:* the experiences of lesbian, gay, bisexual and transgender in our nation's schools. New York: Gay, Lesbian, and Straight Education Network, 2008. Disponível em: <http://www.glsen.org>. Acesso em: 20 fev. 2009

KOTTLER, E. *Children with limited English:* teaching strategies for the regular classroom. Thousand Oaks: Corwin Press, 1994.

KOTTLER, J. A.; KOTTLER, E. *Teacher as counselor:* developing the helping skills you need. Newbury Park: Corwin Press, 1993.

KOUNIN, J. S. *Discipline and group management in classrooms.* New York: Holt, Rinehart & Winston, 1970.

KRIETE, R. *The morning meeting book.* 2nd ed. Greenfield: Northeast Foundation for Children, 2002.

KUTNICK, P. et al. Teachers' understandings of the relationship between within-class (pupil) grouping and learning in secondary schools. *Educational Research*, v. 47, n. 1, p. 1-24, 2005.

LADSON-BILLINGS, G. *The dreamkeepers:* successful teachers of African American children. San Francisco: Jossey-Bass, 1994.

LAL, S. R.; LAL, D.; ACHILLES, C. M. *Handbook on gangs in schools:* strategies to reduce gang-related activities. Newbury Park: Corwin Press, 1993.

LANDRUM, T. J.; KAUFFMAN, J. M. Behavioral approaches to classroom management. In: EVERTSON, C. M.; WEINSTEIN, C. S. (Eds.). *Handbook of classroom management:* research, practice, and contemporary issues. Mahwah: Lawrence Erlbaum Associates, 2006. p. 47-72.

LANDSMAN, J. Bearers of hope. *Educational Leadership*, v. 63, n. 5, p. 26-32, 2006.

LASLEY, T. J.; LASLEY, J. O.; WARD, S. H. Activities and desists used by more and less effective classroom managers. In: ANNUAL MEETING OF THE AMERICAN EDUCATIONAL RESEARCH ASSOCIATION, 1989, San Francisco. *Proceedings...* San Francisco, 1989.

LAURSEN, E. K. Respectful alliances. *Reclaiming Children and Youth*, v. 17, n. 1, p. 4-9, 2008.

LAWRENCE-LIGHTFOOT, S. *The essential conversation:* what parents and teachers can learn from each other. New York: Random House, 2003.

LEE, J.; BOWEN, N. K. Parent involvement, cultural capital, and the achievement gap among elementary school children. *American Educational Research Journal*, v. 43, n. 2, p. 193-215, 2006.

LEE, V. E., et al. The culture of sexual harassment in secondary schools. *American Educational Research Journal*, v. 33, n. 2, p. 383-417, 1996.

LEINHARDT, G.; GREENO, J. G. The cognitive skill of teaching. *Journal of Educational Psychology*, v. 78, n. 2, p. 75-95, 1986.

LEINHARDT, G.; WEIDMAN, C.; HAMMOND, K. M. Introduction and integration of classroom routines by expert teachers. *Curriculum Inquiry*, v. 17, n. 2, p. 135-175, 1987.

LEISHMAN, J. Cyberbullying: the Internet is the latest weapon in a bully's arsenal. Toronto: CBC News, 2002.

LEPPER, M.; GREENE, D.; NISBETT, R. E. Undermining children's intrinsic interest with extrinsic rewards: A test of the "overjustification" hypothesis. *Journal of Personality and Social Psychology*, v. 28, n. 1, p. 129-137, 1973.

LEWIS, C. W. et al. The effects of block scheduling on high school academic achievement. *NASSP Bulletin*, v. 89, n. 645, p. 72-87, 2005.

LINDEMAN, B. Reaching out to immigrant parents. *Educational Leadership*, v. 58, n. 6, p. 62-66, 2001.

LINDLE, J. C. What do parents want from principals and teachers? *Educational Leadership*, v. 47, n. 2, 12-14, 1989.

LIPTAK, A. Strip-search of girl tests limit of school policy. *The New York Times*, 23 mar. 2009a. Disponível em: <http://www.nytimes.com/2009/03/24/us/24savana.html>. Acesso em: 20 fev. 2009.

LIPTAK, A. Supreme court says child's rights violated by strip search. *The New*

York Times, 25 jun. 2009b. Disponível em: <http://www.nytimes.com/2009/06/26/us/politics/26scotus.html>. Acesso em: 20 mar. 2009.

LISANTE, J. E. Cyber bullying: No muscles needed. *SparkAction*, Fairfax County, 3 jun. 2005. Disponível em: < http://sparkaction.org/content/cyber-bullying-no-muscles-needed>. Acesso em: 2 mar. 2015.

LOPEZ, G. R. The vallue of hard work: lessons on parent involvement from an (im)migrant household. *Harvard Educational Review*, v. 71, n. 3, p. 416-437, 2001.

LORTIE, D. *Schoolteacher*. Chicago: University of Chicago Press, 1975.

LOTAN, R. Managing groupwork in the heterogeneous classroom. In: EVERTSON, C. M.; WEINSTEIN, C. S. (Eds.). *Handbook of classroom management*: research, practice, and contemporary issues. Mahwah: Lawrence Erlbaum Associates, 2006. p. 711-731.

LUBIENSKI, S. T. A clash of social class cultures? Students' experiences in a discussion-intensive seventh grade mathematics classroom. *The Elementary School Journal*, v. 100, n. 4, p. 377-403, 2000.

LUNDGREN, U. *Frame factors and the teaching process*. Stockholm: Almqvist and Wiksell, 1972.

LYONS, L. Teens say safety issues top problem at school. *Gallup Poll*, Washington, 29 nov. 2005. Disponível em: <http://www.gallup.com>. Acesso em: 22 jan. 2009.

MA, H. et al. An empirical investigation of cheating and digital plagiarism among middle school students. *American Secondary Education*, v. 35, n. 2, p. 69-82, 2007.

MADDEN, N. A.; SLAVIN, R. E. Effects of cooperative learning on the social acceptance of mainstreamed academically handicapped students. *Journal of Special Education*, v. 17, n. 2, p. 171-182, 1983.

MAMLIN, N.; DODD-MURPHY, J. Minimizing minimal hearing loss in the schools: what every classroom teacher should know. *Preventing School Failure*, v. 46, n. 2, p. 86-93, 2002.

MARKS, H. M. Student engagement in instructional activity: patterns in the elementary, middle, and high school years. *American Educational Research Journal*, v. 37, n. 1, p. 153-184, 2000.

MARSCHALL, M. Parent involvement and educational outcomes for Latino students. *Review of Policy Research*, v. 23, n. 5, p. 1053-1076, 2006.

MARSHALL, H. H. Motivational strategies of three fifth-grade teachers. *The Elementary School Journal*, v. 88, n. 2, p. 135-150, 1987.

MARTIN, S. H. The classroom environment and its effects on the practice of teachers. *Journal of Environmental Psychology*, v. 22, n. 1-2, p. 139-156, 2002.

MARZANO, R. J. et al. *A handbook for classroom management that works*. Alexandria: Association for Supervision and Curriculum Development, 2005.

MASLOW, A. H.; MINTZ, N. L. The effects of esthetic surroundings: I. initial effects of three esthetic conditions upon perceiving "energy" and "well-being" in faces. *Journal of Psychology*, v. 41, n. 2, p. 247-254, 1956.

MASTROPIERI, M. A.; SCRUGGS, T. E. Promoting inclusion in secondary classrooms. *Learning Disability Quarterly*, v. 24, n. 4, p. 265-274, 2001.

MCCASLIN, M.; GOOD, T. L. Compliant cognition: the misalliance of management and instructional goals in current school reform. *Educational Researcher*, v. 21, n. 3, p. 4-17, 1992.

MCCASLIN, M.; GOOD, T. L. Moving beyond management as sheer compliance: helping students to develop goal coordination strategies. *Educational Horizons*, v. 76, n. 4, p. 169-176, 1998.

MCDOUGALL, D. Research on self-management techniques used by students with disabilities in general education settings: A descriptive review. *Remedial and Special Education*, v. 19, n. 5, p. 310-320, 1998.

MCGARITY, Jr., J. R.; BUTTS, D. P. The relationship among teacher classroom management behavior, student engagement and student achievement of middle and high school science students of varying aptitude. *Journal of Research in Science Teaching*, v. 21, n. 1, p. 55-61, 1984.

MCINTOSH, K. et al. Teaching transitions: techniques for promoting success *between* lessons. *Teaching Exceptional Children*, v. 37, n. 1, p. 32-38, 2004.

MCKINLEY, J. Cities deal with a surge in shantytowns. *New York Times,* New York, 25 mar. 2009. Disponível em: <http://www.nytimes.com/2009/03/26/us/26tents.html>. Acesso em: 23 dez. 2009.

MCPHERSON, J. *Close to home*. [S.l: s.n], 1999.

MEADAN, H.; MONDA-AMAYA, L. Collaboration to promote social competence for students with mild disabilities in the general classroom: a structure for providing social support. *Intervention in School and Clinic*, v. 43, n. 3, p. 158-167, 2008.

MEHAN, H. *Learning lessons:* social organization in a classroom. Cambridge: Harvard University Press, 1979.

MEICHENBAUM, D. *Cognitive behavior modification*. New York: Plenum, 1977.

MILLER, E. Peer mediation catches on, but some adults don't. *Harvard Education Letter*, v. 10, n. 3, p. 8, 1994.

MILNER, H. R. Classroom management in urban classrooms. In: EVERTSON, C. M.; WEINSTEIN, C. S. (Eds.). *Handbook of classroom management:* research, practice, and contemporary issues. Mahwah: Lawrence Erlbaum Associates, 2006. p. 491-522.

MINKE, K. M.; ANDERSON, K. J. Restructuring routine parent-teacher conferences: the family-school conference model. *The Elementary School Journal*, v. 104, n. 6, p. 49-69, 2003.

MITCHEM, K. J. et al. CWPASM: A classwide peer-assisted self-management program for general education classrooms. *Education & Treatment of Children*, v. 24, n. 2, p. 111-140, 2001.

MORRELL, E.; DUNCAN-ANDRADE, J. M. R. Promoting academic literacy with urban youth through engaging hip-hop culture. *English Journal*, v. 91, n. 6, p. 88-92, 2002.

MORRELL, E.; DUNCAN-ANDRADE, J. What they do learn in school: using hip-hop as a bridge between youth culture and canonical poetry texts. In: MAHIRI, J. (Ed.). *What they don't learn in school*: literacy in the lives of urban youth. New York: Peter Lang, 2004. p. 247-268.

MORSE, L. W.; HANDLEY, H. M. Listening to adolescents: gender differences in science classroom interaction. In: WILKINSON, L. C.; MARRETT, C. B. (Eds.). *Gender influences in classroom interaction*. Orlando: Academic Press, 1985. p. 37-56.

MULRYAN, C. M. Student passivity during cooperative small groups in mathematics. *The Journal of Educational Research*, v. 85, n. 5, p. 261-273, 1992.

MURAWSKI, W. W.; DIEKER, L. A. Tips and strategies for co-teaching at the secondary level. *Teaching Exceptional Children*, v. 36, n. 5, p. 52-58, 2004.

MURDOCK, T. B.; MILLER, A. Teachers as sources of middle school students' motivaitonal identity: Variable-centered and person-centered analytic approaches. *The Elementary School Journal*, v. 103, n. 4, p. 383-399, 2003.

MURRAY, C. Clarifying collaborative roles in urban high schools: general educators' perspectives. *Teaching Exceptional Children*, v. 36, n. 5, p. 44-51, 2004.

MYLES, B. S. et al. Asperger syndrome. In: KLINE, F. M.; SILVER, L. B. (Eds.). *The educator's guide to mental health issues in the classroom*. Baltimore: Paul H. Brookes, 2004. p. 75-100.

NABER, P. A. et al. Are there gangs in schools? *Journal of School Violence*, v. 5, n. 2, p. 53-72, 2006.

NANSEL, T. R., et al. Bullying behaviors among US youth: prevalence and association with psychosocial adjustment. *Journal of the American Medical Association*, v. 285, n. 16, p. 2094-2100, 2001.

NATIONAL CLEARINGHOUSE FOR ENGLISH LANGUAGE AQUISITION. *The growing numbers of LEP students:* 2005-2006. Washington: U.S. Department of Education, 2007. Disponível em: <http://www.ncela.gwu.edu/files/uploads/4/GrowingLEP_0506.pdf>. Acesso em: 26 ago. 2009.

NATIONAL COALITION OF HOMELESS CHILDREN AND YOUTH. *Fact Sheet #10*. [S.l.: s.n], 2008.

NATIONAL COMMISSION ON EXCELLENCE IN EDUCATION. *A nation at risk:* the imperative for educational reform. Washington: Government Printing Office, 1983.

NATIONAL COUNCIL FOR RESEARCH ON WOMEN. Teen-on-teen sexual harassment. *Issues Quarterly*, v.1, n.1, p. 1-6, 1994.

NATIONAL CRIME PREVENTION COUNCIL. What parents can do about cyberbullying. *National Crime Prevention Council*. Arlington,

2009. Disponível em: <http://www.ncpc.org/topics/cyberbullying/stop-cyberbullying>. Acesso em: 7 ago. 2009.

NATIONAL CRIME PREVENTION COUNCIL. McGruff: the crime dog. Washington, [20--]. Disponível em: <http://www.mcgruff.org/>. Acesso em: 8 ago. 2009.

NATIONAL DISSEMINATION CENTER FOR CHILDREN WITH DISABILITIES. *Learning disabilities.* Fact Sheet 7. Washington: NDCD, 2004.

NATIONAL DISSEMINATION CENTER FOR CHILDREN WITH DISABILITIES. *Pervasive developmental disorders.* Fact Sheet 20. Washington: NDCD, 2003.

NATIONAL EDUCATION COMMISSION ON TIME AND LEARNING. *Prisoner of time.* Washington: Government Printing Office, 1994.

NATIONAL LAW CENTER ON HOMELESSNESS AND POVERTY. *Homelessness and poverty in America:* Overview. Washington: NLCHP, 2008.

NATIONAL RESEARCH COUNCIL. Committee on Increasing High School Students' engagement and motivation to learn. *Engaging schools:* fostering high school students' motivation to learn. Washington: National Academies Press, 2004.

NELSON-BARBER, S.; MEIER, T. Multicultural context a key factor in teaching. *Academic Connections,* 1990. Disponível em: <http://webapp1.dlib.indiana.edu/virtual_disk_library/index.cgi/4273355/FID840/EQTYRES/erg/111465/1465.htm>. Acesso em: 25 mar. 2009.

NEW JERSEY v. T.L.O., 105 S. Ct. 733. 1985-1990.

NEWBY, T. Classroom motivation: strategies of first-year teachers. *Journal of Educational Psychology,* v. 83, n. 2, p.195-200, 1991.

NEWSAM, B. S. *Complete student assistance program handbook.* West Nyack: The Center for Applied Research in Education, 1992.

NICHOLS, J. D. Block-scheduled high schools: Impact on achievement in English and language arts. *The Journal of Educational Research,* v. 98, n. 5, p. 299-309, 2005.

NICHOLS, S. Gay, lesbian, and bisexual youth: understanding diversity and promoting tolerance in schools. *The Elementary School Journal,* v. 99, n. 5, p. 505-519, 1999.

NIETO, S. *Language, culture, and teaching:* critical perspectives for a new century. Mahwah: Lawrence Erlbaum Associates, 2002.

NIETO, S.; BODE, P. *Affirming diversity:* the sociopolitical context of multicultural education. 5th ed. Boston: Allyn & Bacon, 2008.

NINNESS, H. A. C. et al. Effects of self-management training and reinforcement on the transfer of improved conduct in the absence of supervision. *Journal of Applied Behavior Analysis,* v. 24, n. 3, p. 499-508, 1991.

NOGUERA, P. A. Preventing and producing violence: a critical analysis of responses to school violence. *Harvard Educational Review,* v. 65, n. 2, p. 189-212, 1995.

NUCCI, L. Classroom management for moral and social development. In: EVERTSON, C. M.; WEINSTEIN, C. S. (Eds.). *Handbook of classroom management:* research, practice, and contemporary issues. Mahwah: Lawrence Erlbaum Associates, 2006. p. 711-731.

O'DONNELL, A.; O'KELLY, J. Learning from peers: beyond the rhetoric of positive results. *Educational Psychology Review,* v. 6, n. 4, p. 321-349, 1994.

OAKES, J.; LIPTON, M. *Teaching to change the world.* Boston: McGraw-Hill, 1999.

OBIDAH, J. E.; TEEL, K. M. *Because of the kids:* facing racial and cultural differences in schools. New York: Teachers College Press, 2001.

OLWEUS, D. A profile of bullying at school. *Educational Leadership,* v. 60, n. 6, p. 12-17, 2003.

OSTERMAN, K. F. Students' need for belonging in the school community. *Review of Educational Research,* v. 70, n. 3, p. 323-367, 2000.

OSTRANDER, R. Oppositional defiant disorder and conduct disorder. In: KLINE, F. M.; SILVER, L. B. (Eds.). *The educator's guide to mental health issues in the classroom.* Baltimore: Paul H. Brookes, 2004. p. 267-286.

PATALL, E. A.; COOPER, H.; ROBINSON, J. C. Parent involvement in homework: a research synthesis. *Review of Educational Research,* v. 78, n. 4, p. 1039-1101, 2008.

PATRICK, H.; RYAN, A. M.; KAPLAN, A. Early adolescents' perceptions of the classroom social environment, motivational beliefs, and engagement. *Journal of Educational Psychology,* v. 99, n. 1, p. 83-98, 2007.

PAYNE, R. K. *A framework for understanding poverty*. 4th ed. Highlands, TX: aha! Process, 2005.

PELCO, L. E.; RIES, R. Teachers' attitudes and behaviors towards family-school partnerships: what school psychologists need to know. *School Psychology International*, v. 20, n. 3, p.265-278, 1999.

PELL, T. et al. Promoting group work at key stage 3: solving an attitudinal crisis among young adolescents? *Research Papers in Education*, v. 22, n. 3, p. 309-322, 2007.

PETERS v. Rome City School District. 7M N.Y.S.2d 867 (N.Y. A D 4 Dept. 2002). 2002.

PEYSER, M.; LORCH, D. Gay today: the schools. High school controversial. *Newsweek*, p. 55-56, 2000.

PITTMAN, S. I. A cognitive ethnography and quantification of a first-grade teacher's selection routines for classroom management. *The Elementary School Journal*, v. 85, n. 4, p. 541-558, 1985.

POLLACK, W. S.; MODZELSKI, W.; ROONEY, G. *Prior knowledge of potential school-based violence*: information students learn may prevent a targeted attack. Washington: U.S. Government Printing Office, 2008. Disponível em: <http://www.ed.gov>. Acesso em: 20 fev. 2009.

PORTNER, J. School violence down, report says, but worry high. *Education Week*, n. 3, 2000.

POWELL, R. R.; ZEHM, S. J.; KOTTLER, J. A. *Classrooms under the influence*: addicted families/addicted students. Thousand Oaks: Corwin Press, 1995.

POWERS, K. M. An exploratory study of cultural identity and culture-based educational programs for urban American Indian students. *Urban Education*, v. 41, n. 1, p. 20-49, 2006.

PRENSKY, M. Engage me or enrage me: what today's learners demand. *EDUCAUSE Review*, v. 40, n. 5, p. 60-64, 2005.

PROSHANSKY, E.; WOLFE, M. The physical setting and open education. *The School Review*, v. 82, n. 4, p. 557-574, 1974.

QUARLES, C. L. *School violence*: a survival guide for school staff, with emphasis on robbery, rape, and hostage taking. Washington: National Education Association, 1989.

QUEEN, J. A. Block scheduling revised. *Phi Delta Kappan*, v. 82, n. 3, p. 214-222, 2000.

RAFFAELE-MENDEZ, L. M.; KNOFF, H. M. Who gets suspended from school and why: a demographic analysis of schools and disciplinary infractions in a large school district. *Education and Treatment of Children*, v. 26, n. 1, p. 30-51, 2003.

REEVE, J. Extrinsic rewards and inner motivation. In: EVERTSON, C. M.; WEINSTEIN, C. S. (Eds.). *Handbook of classroom management*: research, practice, and contemporary issues. Mahwah: Lawrence Erlbaum Associates, 2006. p. 645-664.

REEVE, J. Teachers as facilitators: What autonomy-supportive teachers do and why their students benefit. *Elementary School Journal*, v.106, n. 3, p. 225-236, 2006.

RENARD, L. Teaching the DIG generation. *Educational Leadership*, v. 62, n. 7, p. 44-47, 2005.

RESNICK, M. D.; IRELAND, M.; BOROWSKY, I. Youth violence perpetration: what protects? What predicts? Findings from the National Longitudinal Study of Adolescent Health. *Journal of Adolescent Health*, v. 35, n. 5, p. 424.e1-424.e10, 2004.

RIDLEY, D. S.; WALTHER, B. *Creating responsible learners*: the role of a positive classroom environment. Washington: American Psychological Association, 1995.

RIEF, S. F. *How to reach and teach ADD/ADHD children*. West Nyack: The Center for Applied Research in Education, 1993.

RIOUX, J. W.; BERLA, N. *Innovations in parent and family involvement*. Princeton Junction: Eye on Education, 1993.

ROBINSON, S.; RICORD GRIESEMER, S. M. Helping individual students with problem behavior. In: EVERTSON, C. M.; WEINSTEIN, C. S. (Eds.). *Handbook of classroom management*: research, practice, and contemporary issues. Mahwah: Lawrence Erlbaum Associates, 2006. p. 787-802.

ROBY, T. W. Models of discussion. In: DILLON, J. T. (Ed.). *Questioning and discussion*: a multidisciplinary study. Norwood: Ablex, 1988. p. 163-191.

ROESER, R. W.; ECCLES, J. S.; SAMEROFF, A. J. School as a context of early adolescents' academic and social-emotional development: a summary of research findings. *The Elementary School Journal*, Chicago, v. 100, n. 5, p. 443-471, 2000.

ROMERO, M.; MERCADO, C.; VASQUEZ-FARIA, J. A. Students of limited English proficiency. In: RICHARDSON-KOEHLER, V. (Ed.). *Educators' handbook:* a research perspective. New York: Longman, 1987. p. 348-369.

ROSENHOLTZ, S. J.; COHEN, E. G. Status in the eye of the beholder. In: BERGER, J.; ZELDITCH JR., M. (Eds.). *Status, rewards, and influence.* San Francisco: Jossey Bass, 1985. p. 430-444.

ROSENSHINE, B. How time is spent in elementary classrooms. In: DENHAM, C.; LIEBERMAN, A. (Eds.). *Time to learn.* Washington: U.S. Department of Education, 1980. p. 107-126.

ROSENSHINE, B. V. Synthesis of research on explicit teaching. *Educational Leadership*, v. 43, n. 7, p. 60-69, 1986.

ROSS, R. P. *Elementary school activity segments and the transitions between them:* responsibilities of teachers and student teachers. 1985. 246 f. Tese (Doutorado) - University of Kansas, Lawrence, 1985.

ROTHSTEIN-FISCH, C.; TRUMBULL, E. *Managing Diverse Classrooms.* Alexandria: ASCD, 2008.

ROWE, M. B. Wait-time and rewards as instructional variables, their influence on language, logic, and fate control: part one-wait-time. *Journal of Research in Science Teaching*, v. 11, n. 2, p. 81-94, 1974.

RUBIN, B. C. Unpacking detracking: when progressive pedagogy meets students' social worlds. *American Educational Research Journal*, v. 40, n. 2, p. 539-573, 2003.

RYAN, A.; PATRICK, H. The classroom social environment and changes in adolescents' motivation and engagement during middle school. *American Educational Research Journal*, v. 38, n. 2, p. 437-460, 2001.

RYAN, J. B.; PETERSON, R. L.; ROZALSKI, M. State policies concerning the use of seclusion timeout in schools. *Education and Treatment of Children*, v. 30, n. 3, p. 215-239, 2007.

RYAN, R. M.; CONNELL, J. P. Perceived locus of causality and internalization. *Journal of Personality and Social Psychology*, v. 57, n. 5, p. 749-761, 1989.

RYAN, R. M.; DECI, E. L. Intrinsic and extrinsic motivations: classic definitions and new directions. *Contemporary Educational Psychology*, 25, n. 1, p. 54-67, 2000.

SADKER, D.; SADKER, M.; ZITTLEMAN, K. *Still failing at fairness:* how gender bias cheats girls and boys in school and what we can do about it. New York: Simon & Schuster, 2009.

SAPON-SHEVIN, M. *Because we can change the world:* a practical guide to building cooperative, inclusive classroom communities. Boston: Allyn & Bacon, 1999.

SAPON-SHEVIN, M. Building a safe community for learning. In: AYERS, W. (Ed.). *To become a teacher:* making a difference in children's lives. New York: Teachers College Press, 1995. p. 99-112.

SAVAGE, T. V. *Teaching self-control through management and discipline.* 2nd ed. Boston: Allyn & Bacon, 1999.

SCARCELLA, R. *Teaching language minority students in the multicultural classroom.* Upper Saddle River: Prentice Hall Regents, 1990.

SCHAPS, E. Creating a school community. *Educational Leadership*, v. 60, n. 6, p. 31-33, 2003.

SCHIMMEL, D. Classroom management, discipline, and the law: clarifying confusions about students' rights and teachers' authority. In: EVERTSON, C. M.; WEINSTEIN, C. S. (Eds.). *Handbook of classroom management:* research, practice, and contemporary issues. Mahwah: Lawrence Erlbaum Associates, 2006. p. 1005-1020.

SCHLOSSER, L. K. Teacher distance and student disengagement: school lives on the margin. *Journal of Teacher Education*, v. 43, n. 2, p. 128-140, 1992.

SCHLOZMAN, S. C. Too sad to learn? *Educational Leadership*, v. 59, n. 1, p. 80-81, 2001.

SCHMOLLINGER, C. S. et al. How do you make your classroom an inviting place for students to come back to each year? *English Journal*, v. 91, n. 6, p. 20-22, 2002.

SCHNIEDEWIND, N.; DAVIDSON, E. Differentiating cooperative learning. *Educational Leadership*, v. 58, n. 1, p. 24-27, 2000.

SCHRAW, G.; LEHMAN, S. Situational interest: a review of the literature and directions for future research. *Educational Psychology Review*, v. 31, n. 1, p. 23-52, 2001.

SCHUMM, J. S.; VAUGHN, S. Planning for mainstreamed special education students: perceptions of general classroom teachers. *Exceptionality*, Charlottesville, v. 3, n. 2, p. 81-98, 1992.

SCRUGGS, T. E.; MASTROPIERI, M. A. Teacher perceptions of mainstreaming/inclusion, 1958-1995: a research synthesis. *Exceptional Children*, v. 63, n. 1, p. 59-74, 1996.

SHAKESHAFT, C. et al. Boys call me cow. *Educational Leadership*, v. 55, n. 2, p. 22-25, 1997.

SHALAWAY, L. *Learning to teach... not just for beginners.* Cleveland: Instructor Books, Edgell Communications, 1989.

SHANLEY, M. Letter to the editor. *The New York Times*, A26, 22 out. 1999.

SHAPIRO, E. S.; DUPAUL, G. J.; BRADLEY-KLUG, K. L. Self-management as a strategy to improve the classroom behavior of adolescents with ADHD. *Journal of Learning Disabilities*, v. 31, n. 6, p. 545-555, 1998.

SHARIFF, S. Keeping schools out of court: legally defensible models of leadership. *The Educational Forum*, v. 68, n. 3, p. 222-232, 2004.

SHEETS, R. H. Urban classroom conflict: student-teacher perception: ethnic integrity, solidarity, and resistance. *Urban Review*, v. 28, n. 2, p. 165-183, 1996.

SHERNOFF, D. J. et al. Student engagement in high school classrooms from the perspective of flow theory. *School Psychology Quarterly*, v. 18, n. 2, p. 158-176, 2003.

SHIN, H. B.; BRUNO, R. *Language use and English-speaking ability:* 2000. Washington: U.S. Census Bureau, 2003. Disponível em: <www.census.gov/prod/2003pubs/c2kbr-29.pdf>. Acesso em: 24 fev. 2009.

SHORTT, T. L.; THAYER, Y. V. Block scheduling can enhance school climate. *Educational Leadership*, v. 56, n. 4, p. 76-81, 1998/99.

SHULMAN, J. H.; LOTAN, R. A.; WHITCOMB, J. A. (Eds.). *Groupwork in diverse classrooms:* a casebook for educators. New York: Teachers College Press, 1998.

SILEO, T. W.; PRATER, M. A. Creating classroom environments that address the linguistic and cultural backgrounds of students with disabilities: an Asian Pacific American perspective. *Remedial and Special Education*, v.19, n. 6, p. 323-337, 1998.

SKIBA, R. et al. Race is not neutral: A national investigation of African American and Latino disproportionality in school discipline. In: ANNUAL MEETING OF THE AMERICAN EDUCATIONAL RESEARCH ASSOCIATION, 2008, New York. *Proceedings...* New York, 2008.

SKIBA, R. J. et al. The color of discipline: Sources of racial and gender disproportionality in school punishment. *Urban Review*, v. 34, p. 317-342, 2002.

SKIBA, R. J.; RAUSCH, M. K. Zero tolerance, suspension, and expulsion: questions of equity and effectiveness. In: EVERTSON, C. M.; WEINSTEIN, C. S. (Eds.). *Handbook of classroom management:* research, practice, and contemporary issues. Mahwah: Lawrence Erlbaum Associates, 2006. p. 1063-1089

SLAVIN, R. E. *Cooperative learning:* theory, research, and practice. 2nd ed. Boston: Allyn & Bacon, 1995.

SLAVIN, R. *Student team learning:* a practical guide to cooperative learning. 3rd ed. Washington: National Education Association, 1991.

SMITH, B. W.; SUGAI, G. A self-management functional assessment-based behavior support plan for a middle school student with EBD. *Journal of Positive Behavior Interventions*, v. 2, n. 4, p. 208-217, 2000.

SMITH, E. Ebonics: A case history. In: DELPIT, L.; DOWDY, J. K. (Eds.). *The skin that we speak:* thoughts on language and culture in the classroom. New York: The New Press, 2002. p. 15-30.

SOBEL, A.; KUGLER, E. G. Building partnerships with immigrant parents. *Educational Leadership*, v. 64, n. 6, p. 62-66, 2007.

SOMMER, R.; OLSON, H. The soft classroom. *Environment & Behavior*, v. 12, n. 1, p. 3-16, 1980.

SOODAK, L. C.; MCCARTHY, M. R. Classroom management in inclusive settings. In: EVERTSON, C. M.; WEINSTEIN, C. S. (Eds.). *Handbook of classroom management:* research, practice, and contemporary issues. Mahwah: Lawrence Erlbaum Associates, 2006. p. 461-490.

SOUTHERN POVERTY LAW CENTER. Hate among youth becomes widespread. *SPLC Report*, v. 34, n. 3, p. 1, 2004.

SOUVIGNIER, E.; KRONENBERGER, J. Cooperative learning in third graders' jigsaw groups for mathematics and science with and without questioning training. *British Journal of Educational Psychology*, v. 77, n. 4, p. 755-771, 2007.

STEELE, F. I. *Physical settings and organization development*. Reading: Addison-Wesley, 1973.

STEFKOVICH, J. A.; MILLER, J. A. Law enforcement officers in public schools: student citizens in safe havens? *Brigham Young University Education & Law Journal*, v. 99, n. 1, p. 25-69, 1999.

STIPEK, D. J. *Motivation to learn*: from theory to practice. 2nd ed. Boston: Allyn & Bacon, 1993.

STODOLSKY, S. S. Frameworks for studying instructional processes in peer work groups. In: PETERSON, P. L.; WILKINSON, L. C.; HALLINAN, M. (Eds.). *The social context of instruction*. New York: Academic Press, 1984. p. 107-124.

STODOLSKY, S. S. *The subject matters:* Classroom activity in math and social studies. Chicago: University of Chicago Press, 1988.

STRAUSS, S.;ESPELAND, P. *Sexual harassment and teens*: a program for positive change. Minneapolis: Free Spirit, 1992.

STROM, P.S.; STROM, R.D. Cyberbullying by adolescents: a preliminary assessment. *The Educational Forum*, West Lafayette, v.70, n.1, p. 21-36, 2005.

STRUYK, R. Gangs in our schools: identifying gang indicators in our school population. *Clearing House*, v. 8, n. 1, p. 11-13, 2006.

SWAP, S. M. *Developing home–school partnerships:* from concepts to practice. New York: Teachers College Press, 1993.

TANNEN, D. The power of talk: who gets heard and why. *Harvard Business Review*, v. 73, n. 5, p. 138-148, 1995.

TARR, P. Consider the walls. *Young Children*, v. 59, n. 3, p. 88-92, 2004.

TELEM, M.; PINTO, S. Information technology's impact on school-parents and parents-student interrelations: a case study. *Computers & Education*, v. 47, n. 3, p. 260-279, 2006.

THOMPSON, B. Characteristics of parent-teacher e-mail communication. *Communication Education*, v. 57, n. 2, p. 201-223, 2008.

THOMPSON, G. L. *Through ebony eyes:* what teachers need to know but are afraid to ask about African American students. San Francisco: Jossey-Bass, 2004.

TOMLINSON, C. A. *How to differentiate instruction in mixed-ability classrooms*. 2nd ed. Alexandria: Association for Supervision and Curriculum Development, 2001.

TOMLINSON, C. A. *The differentiated classroom:* responding to the needs of all learners. Alexandria: Association for Supervision and Curriculum Development, 1999.

TOWERS, R. L. *Children of alcoholics/addicts*. Washington: National Education Association, 1989.

TRUEBA, H. T.; CHENG, L. R. L.; IMA, K. *Myth or reality:* adaptive strategies of Asian Americans in California. Washington: Falmer Press, 1993.

TRUMBULL, E., et al. *Bridging cultures between home and school*: a guide for teachers. Mahwah: Lawrence Erlbaum Associates, 2001.

TRUMP, K. Tell teen gangs: School's out. *American School Board Journal*, v. 180, n. 7, p. 39-42, 1993.

UNITED STATES. Census Bureau. *Language spoken at home:* American Community Survey. Washington: US Census Bureau, 2008a. Disponível em: <http://factfinder.census.gov/home/saff/main.html?_lang=en>. Acesso em: 24 fev. 2009.

UNITED STATES. Department of Health and Human Services. Administration of Children, Youth, and Families. *Child Maltreatment 2006*. Washington: U.S. Government Printing Office, 2008b. Disponível em: <http://www.acf.hhs.gov/programs/cb/stats_research/index.htm#can>. Acesso em: 25 fev. 2009.

URDAN, T.; SCHOENFELDER, E. Classroom effects on student motivation: goal structures, social relationships, and competence beliefs. *Journal of School Psychology*, v. 44, n. 5, p. 331-349, 2006.

VALENTINE, G. Lessons from home (an interview with Lisa Delpit). *Teaching Tolerance*, Montgomery, v. 7, n. 2, p. 15-19, 1998.

VALENZUELA, A. *Subtractive schooling:* U.S. Mexican youth and the politics of caring. Albany: State University of New York Press, 1999.

VALLI, L.; CRONINGER, R. G.; WALTERS, K. Who (else) is the teacher? Cautionary notes on teacher accountability systems. *American Journal of Education*, v. 113, n. 4, p. 635-662, 2007.

VAUGHN, S.; BOS, C. S.; SCHUMM, J. S. *Teaching exceptional, diverse, and at-risk students in the general education classroom*. Boston: Allyn & Bacon, 2003.

VAUGHN, S.; GERSTEN, R.; CHARD, D. J. The underlying message in LD intervention research: findings from research syntheses. *Exceptional Children*, v. 67, n. 1, p. 99-114, 2000.

VILLA, R. A.; THOUSAND, J. S.; NEVIN, A. I. *A guide to co-teaching*: practical tips for facilitating student learning. 2nd ed. Thousand Oaks: Corwin Press, 2008.

VILLEGAS, A. M.; LUCAS, T. The culturally responsive teacher. *Educational Leadership*, v. 64, n. 6, p. 28-33, 2007.

VOSSEKUIL, B. et al. *The final report and findings of the Safe School Initiative*: implications for the prevention of school attacks in the United States. Washington: U.S. Secret Service: U.S. Department of Education, 2002. Disponível em: <www.secretservice.gov/ntac/ssi_final_report.pdf>. Acesso em: 15 nov. 2008.

WALDE, A. C.; BAKER, K. How teachers view the parents' role in education. *Phi Delta Kappan*, v. 72, n. 4, p. 319-320, 322, 1990.

WALKER, H. M.; COLVIN, G.; RAMSEY, E. *Antisocial behavior in school*: strategies and best practices. Pacific Grove: Brooks/Cole, 1995.

WALLACE, M. A.; COX, E. A.; SKINNER, C. H. Increasing independent seatwork: breaking large assignments into smaller assignments and teaching a student with retardation to recruit reinforcement. *School Psychology Review*, v. 32, n. 1, p. 132-142, 2003.

WALLACE, T., et al. An ecobehavioral examination of high school classrooms that include students with disabilities. *Exceptional Children*, v. 68, n. 3, p. 345-359, 2002.

WALSH, J. A.; SATTES, B. D. *Quality questioning*: research-based practice to engage every learner. Thousand Oaks: Corwin Press, 2005.

WALSH, M. Harassment ruling poses challenges. *Education Week*, v. 18, n. 38, p. 1, 22, 1999.

WALSH, M. Law update: A fine line between dangerous and harmless student expression. *Education Week*, v. 19, n. 26, p. 14, 2000.

WALTERS, L. S. Putting cooperative learning to the test. *Harvard Education Letter*, v.16, n. 3, p. 1-6, 2000.

WATSON, M.; BATTISTICH, V. Building and sustaining caring communities. In: EVERTSON, C. M.; WEINSTEIN, C. S. (Eds.). *Handbook of classroom management*: research, practice, and contemporary issues. Mahwah: Lawrence Erlbaum Associates, 2006. p. 253-280

WEBB, N. M. Sex differences in interaction and achievement in cooperative small groups. *Journal of Educational Psychology*, v. 76, n. 1, p. 33-44, 1984.

WEBB, N. M.; FARIVAR, S. Promoting helping behavior in cooperative small groups in middle school mathematics. *American Educational Research Journal*, v. 31, n. 2, p. 369-395, 1994.

WEBB, N. M.; MASTERGEORGE, A. M. The development of students' helping behavior and learning in peer-directed small groups. *Cognition and Instruction*, v. 21, n. 4, p. 361-428, 2003.

WEBB, N. M.; NEMRE, K. M.; ING, M. Small group reflections: parallels between teacher discourse and student behavior in peer-directed groups. *The Journal of the Learning Sciences*, v. 15, n. 1, p. 63-119, 2006.

WEINER, L. *Urban teaching*: the essentials. New York: Teachers College Press, 1999.

WEINSTEIN, C. S. Privacy-seeking behavior in an elementary classroom. *Journal of Environmental Psychology*, v. 2, n. 1, p. 23-35, 1982.

WEINSTEIN, C. S.; CURRAN, M.; TOMLINSON-CLARKE, S. Culturally responsive classroom management: awareness into action. *Theory into Practice*, v. 42, n. 4, p. 269-276, 2003.

WEINSTEIN, C. S.; ROMANO, M.; MIGNANO JR., A. J. *Elementary classroom management*: lessons from research and practice. 5th ed. New York: McGraw Hill, 2011.

WEINSTEIN, C. S.; TOMLINSON-CLARKE, S.; CURRAN, M. Toward a conception of culturally responsive classroom management. *Journal of Teacher Education*, v. 55, n. 1, p. 25-38, 2004.

WENTZEL, K. R. A social motivation perspective for classroom management. In: EVERTSON, C. M.; WEINSTEIN, C. S. (Eds.). *Handbook of classroom management*: research, practice, and contemporary issues Mahwah: Lawrence Erlbaum Associates, 2006. p. 619-644.

WENTZEL, K. R. Social relationships and motivation in middle school: the role of parents, teachers, and peers. *Journal of Educational Psychology*, v.90, n. 2, p. 202-209, 1998.

WENTZEL, K. R. Student motivation in middle school: the role of perceived pedagogical caring. *Journal of Educational Psychology*, v. 89, n. 3, p. 411-419, 1997.

WERTSCH, J. V. *Vygotsky & the social formation of mind*. Cambridge: Harvard University Press, 1985.

WESSLER, S. Civility speaks up. *Educational Leadership*, v. 66, n. 1, p. 44-48, 2008.

WHELDALL, K.; LAM, Y. Y. Rows versus tables. II. The effects of two classroom seating arrangements on classroom disruption rate, on-task behaviour and teacher behaviour in three special school classes. *Educational Psychology*, v. 7, n. 4, p. 303-312, 1987.

WIGFIELD, A.; ECCLES, J. S. Expectancy-value theory of achievement motivation. *Contemporary Educational Psychology*, v. 25, n. 1, p. 68-81. 2000.

WILLIAMS, M. Actions speak louder than words: what students think. *Educational Leadership*, v. 51, n. 3, p. 22-23, 1993.

WILLIAMS, R. L.; STOCKDALE, S. L. Classroom motivation strategies for prospective teachers. *The Teacher Educator*, v. 39, n. 3, p. 212-230, 2004.

WLODKOWSKI, R. J. *Motivational opportunities for successful teaching (Leader's guide)*. Phoenix: Universal Dimensions, 1983.

WODRICH, D. L. *Attention-deficit/hyperactivity disorder:* what every parent wants to know. 2nd ed. Baltimore: Paul Brookes, 2000.

WOLFGANG, C. H. *Solving discipline problems:* methods and models for today's teachers. 4th ed. Boston: Allyn & Bacon, 1999.

WOOLFOLK, A. E. *Educational Psychology*. 10th ed. Boston: Pearson Education/Allyn & Bacon, 2007.

XU, J.; CORNO, L. Family help and homework management reported by middle school students. *The Elementary School Journal*, Chicago, v. 103, n.5, p. 503-517, 2000.

ZEIDNER, M. The relative severity of common classroom strategies: the student's perspective. *British Journal of Educational Psychology*, v.58, p. 69-77, 1988.

ZEPEDA, S. J.; MAYERS, R. S. An analysis of research on block scheduling. *Review of Educational Research*, v. 76, n. 1, p. 137-170, 2006.

ZIRPOLI, T. J. *Behavior management:* applications for teachers. 4th ed. Upper Saddle River: Pearson Education, 2005.

LEITURAS RECOMENDADAS

ASTOR, R. A. Zero tolerance for zero knowledge. *Education Week*, v. 24, n. 43, p. 52-42, 2005.

BECKER, H. J.; EPSTEIN, J. L. Parent involvement: a survey of teacher practices. *The Elementary School Journal*, v. 83, n. 2, p.85-102, 1982.

JOHNSON, D. W.; JOHNSON, R. T. Teaching students to be peacemakers. 3rd ed. Edina: Interaction, 1995.

Índice onomástico

Nota: Os números das páginas em *itálico* indicam quadros.

A
Abd-Kadir, J., 258-259
Achilles, C. M., 335-336
Adams, L., 335-336
Adams, R. S., 29-32
Akin-Little, K. A., 85-86
Alberto, P. A., 305-306
Albin, R. W., 221-222
Alfi, O., 193-194
Algozzine, R. F., 105-106
Allen, J. B., 46-47, 162-163
Almasi, J. F., 286
Alpert, B., 273-274
Alvermann, D., 281
American Association of University Women, 75, 267-269
American Psychiatric Association, 107-110, 112-113
Anderman, E. M., 188-189, 316-317
Anderson, J. D., 56-57
Anderson, K. J., 138, 143-144, 156-157
Anderson, L., 227-228
Antil, L. R., 244-247
Applebee, A. N., 281
Arends, R. I., 193-194, 266-269, 277-278
Arlin, M., 174-178
Aronson, E., 245-246
Assor, A., 193-194
Astor, R. A., 328-329, 333
Aussiker, A., 288-289
Ayers, W., 189-190

B
Bachman, J. G., 121-122
Bailey, J. M., 156-157, 162-163
Baker, H. B., 67-68
Baker, K., 140-141
Banko, K. M., 207-210
Barone, F. J., 70-72
Barry, K., 234-235
Barry, L., 306-307
Barton, P. E., 329
Basile, C. G., 67-68
Bassler, O. T., 140-141
Battistich, V., 18-19, 78-79
Bear, G. G., 302-303, 325
Becker, H. J., 139-140
Becker, J. R., 267-269
Behre, W. J., 327-328, 331-332
Bell, S., 36-37, 65-66
Belluck, P., 207-210
Benbenishty, R., 327
Bennett, N., 26-27
Berla, N., 140-141
Berman, S., 327-328
Berreth, D., 327-328
Bertrand, R., 159-160
Bicard, D. F., 100-101
Biddle, B. J., 29-32
Biehle, J. T., 25-26
Blauvelt, P. D., 340
Bloome, D., 223-224
Blundell, D., 26-27
Bode, P., 44-45, 54-56
Bodine, R. J., 328-329
Bolick, C. M., 34-35
Bomer, R., 129-131
Bondy, E., 79-80, 298-299, 321-322
Borowsky, I., 340
Bos, C. S., 105-110, 113-115
Bottge, B. J., 181-183
Bowen, N. K., 143-144
Bradbury, R., 203
Bradley-Klug, K. L., 305-307
Brady, K., 87-88, 100-101
Brendgen, M., 47-48
Brester, C., 213-214
Brissie, J. S., 140-141
Brodey, D., 129-130
Brookfield, S. D., 281, 286
Brooks, D. M., 83-84
Brophy, J., 68-69, 171-172, 189-192, 198-200, 210-214, 264-265, 295-296, 309-310, 321-322
Brown, C. G., 170-171
Brown, D. F., 49-50
Bruno, R., 104-105
Buell, J., 159-160
Burke, K., 39-40
Burke-Samide, B., 39-40
Bursuck, W. D., 314
Bush, M. J., 181-183
Butts, D. P., 168-169

C
Calderhead, W. J., 221-222
Cameron, J., 207-210
Campbell, B., 193-194
Campbell, L., 193-194
Cangelosi, J. S., *319*
Carbone, E., 26-27
Cartledge, G., 223-224
Cary, S., 104-105, 134-135
Catalano, R. F., 49-50
Cataldi, E. F., 327, 334-335
Cazden, C. B., 283-284
Centers for Disease Control and Prevention, 109-110

CHADD, 113-115, 136-137
Chandler, K. A., 334-335
Chapman, C. D., 334-335
Chapman, M. L., 36-37, 42-43, 65-66
Chard, D. J., 105-108
Charles, C. M., 102-103
Charles, M. G., 102-103
Charney, R., S., 21-22
Chen, X., 75, 77-78
Cheng, L. R. L., 55-56
Child Welfare Information
Children's Defense Fund, 129-131
Chiu, M. M., 253-254
Chrispeels, J. H., 142-143
Christensen, L., 51-52, 207-211
Cohen, E. G., 235-236, 240-243, 245-246, 248-249
Cole, M., 278-279
Coles, A. D., 102-103
Coley, R. J., 329
Colvin, G., 333, 334, 341-342
Connell, J. P., 54-55
Coontz, S., 143-144
Cooper, H., 159
Cooper, J. M., 34-35
Copeland, S. R., 118-119
Corbett, D., 211-212
Cornelius-White, J., 44-45
Corno, L., 159
Cothran, D. J., 44-45
Cotton, K., 67-68
Cox, E. A., 221-222
Crawford, D. K., 329-330
Créton, H. A., 299
Croninger, R. G., 37-38
Cummins, J., 264-265
Curran, M., 6-7, 56-58, 293-294
Curwin, R. L., 288-289, *291*, 329-330
Cushman, K., 21-22
Czikszentmihalyi, M., 169-170

D
Darling-Hammond, L., 315
Dauber, S. L., 144-145
Davidson, A. L., 210-211

Davidson, E., 247-248, 257
Deci, E. L., 201, 206-207, 210-211
Delgado Gaitan, C., 162-163
Delpit, L., 55-56, 278-279, 296-297
Deslandes, R., 159-160
Devoss, G. G., 225-226
Dias, E. M., 70-72
Dickinson, D., 193-194
Dieker, L. A., 115-116
Dillon, D. R., 277-279
Dillon, J. T., 262, 281, 282
Dinkes, R., 327, 334-335
Ditman, O., 316-317
Dodd-Murphy, J., 37-38
Dowd, J., 54-55
Doyle, M. B., 115-116
Doyle, W., 2-3, 5-7, 177-178, 290-291
Dreikurs, R., 68-69, 298-299
Drummond, S., 325-326
Duncan-Andrade, J., 201
DuPaul, G. J., 305-307
Dworin, J. E., 129-131
Dwyer, K., 329-332

E
Eccles, J. S., 45-46, 53-54, 103-104, 140-141, 189-190, 200, 202
Edwards, A.T., 56-57
Elias, M. J., 68-70
Elmore, R. F., 181-183
Emmer, E.T., 42-43, 83-84, 93-94, 104-105, 177-178, 218-220, 252-253, 288-289, 303-304
Epstein, J., *144-145*
Epstein, J. L., 139-140, 143-145, 147, 158, 163
Erikson, E., 102-103
Espeland, P., 75, 76-77
Everhart, R., 216-218
Evertson, C. M., 4-5, 42-43, 83-84, 93-94, 177-178, 218-220, 303-304

F
Fager, J., 213-214
Farivar, S., 244-245
Filter, K. J., 221-222

Finders, M., 141-142, 155-156, 159-160
Fischer, L., 126-129, 320-321
Fisher, C.W., 178-179, 196-197, 227-228, 275-276
Fisher, D. L., 63, 64
Fleming, D. S., 181-183
Flowerday, T., 202
Fordham, S., 210-211
Forton, M. B., 87-88, 100-101
Fraser, B. J., 63
Fraser, J., 211-212
Friend, M., 314
Fryer, R. G., Jr., 210-211
Fuller, M. L., 142-143

G
Gabrieli, C., 186-187
Gall, M. D., 281
Gallego, M. A., 278-279
Gallup, 327
Gambrell, L, B., 286
Gamoran, A., 283-284
Gardner, H., 192-194
Garrahy, D. A., 44-45
Gateway, 143-144
Gay, G., 6-7, 266-267
Gearheart, B. R., 116-117
Gearheart, C. J., 116-117
Gerig, T. M., 270-271
Gersten, R., 105-108
Gerwels, M. C., 104-105, 252-253
Giangreco, M. F., 115-116
Gillett, M., 281
Gillies, R. M., 247-248, 256-257
Goldstein, W., 186-187
Gonet, M. M., 129-130
Good, T., 4-6, 68-69, 171-172, 191-192, 264-265, 295-296
Goodlad, J., 167-170, 281-283
Gordon, J. A., 49-50
Gordon, R. L., 52-53, 200, 177
Gordon, T., 59-61, 295-296, 304, 305, 324
Gorski, P., 135-137
Governor's Task Force on Child Abuse and Neglect, 128-129

Grandin, T., 113-115
Graziano, A. M., 306-307
Greene, D., 206-207
Greeno, J. G., 168
Greenwood, G. E., 144-146
Gregory, A., 21-22, 44-45
Greytak, E. A., 70-72
Griesinger, E. M., 316-317
Grossman, H., 131-133, 267-269
Grossman, S. H., 267-269
Gruber, C. D., 181-183
Grunwald, B. B., 298-299
Gugerty, J. J., 181-183
Gump, P., 174-175, 177-178, 225-226
Guskey, T. R., 156-157, 162-163
Gutman, L. M., 141-142

H
Hagin, R. A., 109-110
Hammond, K. M., 89-90
Handley, H. M., 267-269
Hansen, P., 62-63
Harackiewicz, J. M., 210-211
Hardman, F., 258-259
Harmon, A., 74-75
Harold, R. D., 140-141
Harrison, M. M., 73-74
Hatch, J. A., 3-4
Haynes, C. C., 319-320
Heilman, E., 143-144
Heiss, R., 42-43
Henley, M., 105-106
Henning, J. E., 266-267, 286
Heuveline, P., 143-144
Hickman, C.W., 144-146
Hidi, S., 210-211
Hodgkinson, H., 143-144
Hoover, J., 72-74, 80-81
Hoover-Dempsey, K.V., 140-143
Hooymayers, H. P., 297-298
Horowitz, P., 34-35
Howell, J. C., 334-335
Hoy, A., 5-6, 44-45, 47-48, 210-211, 302-303
HR 1784, 325-326
Hu, W., 147

Hughes, C. A., 307-308
Hyman, I. A., 70-73, 75, 333, 338-339

I
Ifill-Lynch, O., 315
Ima, K., 55-56
Ing, M., 242-243
Intrator, S. M., 186-187, 213-214
Ireland, M., 340
Irvine, J. J., 49-50, 211-212, 292-293
Irwin, C., 135-137

J
Jackson, P., 2, 259-260
Janney, R., 135-137
Jeynes, W. H., 138
Jocius, R., 36-37, 65-66
Johnson, D.W., 240-242, 244-245, 249, 251
Johnston, L. D., 121-122
Johnstone, W. G., 183
Jones, B. T., 28-29
Jones, F., 28-29, 226-227
Jones, F. H., 28-29
Jones, L. S., 63, 65-66, 306-307
Jones, M. G., 267-271
Jones, P., 28-29
Jones, V. F., 63, 65-66, 306-307
Josephson Institute of Ethics, 316
Juarez, V., 319-320

K
Kagan, S., 239-240, *241*, 259
Kaplan, A., 44-45
Karweit, N., 166-168
Katz, I., 192-193
Katz, M. S., 50
Katz, S. R., 44-45, 64-65
Kauffman, J. M., 314
Keith, S., 75-76
Kelly, C., 126-129, 320-321
Kerr, M. M., 311-312
Kidder, T., 184-185
Kim, D., 54-55
King, J. R., 62-63
King, L., 234-235
Kline, M., 110-111, 135-137

Knoff, H. M., 293-294
Koestner, R., 207-210
Kohn, A., 63, 77-78, 206-208, 213-214
Kosciw, J. G., 70-72
Kottler, E., 56-63, 119-120, 155-156, 324
Kottler, J. A., 59-63, 119-124, 324
Kounin, J., 5-6, 82-84, 171-173, 225-226, 272-273, 290-292, 294-295
Kralovec, E., 159-160
Kriete, R., 66-68
Kronenberger, J., 245-246
Kugler, E. G., 142-143
Kulinna, P. H., 44-45
Kutnick, P., 29-32

L
Laboratory of Comparative Human Cognition, 278-279
Ladson-Billings, G., 200, 201
Lal, D., 335-336
Lal, S. R., 335-336
Lam, Y. Y., 27-28
Landrum, T. J., 314
Landsman, J., 129-133
Langer, J. A., 283-284
Laniti, M., 85-86
Lasley, J. O., 295
Lasley, T. J., 295
Laursen, E. K., 328-329
Lawrence-Lightfoot, S. L., 141-142, 163
Lee, J., 143-144
Lee, V. E., 75
Lehman, S., 220-221
Leinhardt, G., 89-90, 167-169
Leishman, J., 74-75
Lepper, M., 206-207
Lewis, C., 141-142, 155-156, 159-160
Lewis, K. C., 181-183
Lindeman, B., 141-142
Lindle, J. C., 153-154
Lin-Kelly, W., 327, 334-335
Linn, E., 75
Liptak, A., 322
Lipton, M., 56-58

Lisante, J. E., 74–76
Little, S. G., 85–86
Lopez, G. R., 142–143
Lorch, D., 56–57
Lortie, D., 3–4
Lotan, R., 231–232, 243–244, 255–257
Lott, L., *68–69*
Lu, E. Y., 316–317
Luberda, H., 234–235
Lubienski, S. T., 266–267
Lucas, T., 56–57
Lundgren, U., 276–277
Lynch, J. P., 334–335
Lynn, J., 28–29

M
Ma, H., 316–317
Madden, N. A., 231–232
Maehr, M. L., 188–189
Mamlin, N., 37–38
Marks, H. M., 168–169
Marschall, M., 158
Marshall, H. H., 273–274
Martin, M. E., 75–76
Martin, S. H., 24–25
Marzano, J. S., 101
Marzano, R. J., 72–73, 101
Maslow, A. H., 34–35
Mastergeorge, A. M., 242–243
Mastropieri, M. A., 112–115
May, L., 129–131
Mayers, R. S., 181–183
McCarthy, M. R., 113–115, 135–137
McCaslin, M., 4–6
McCunn, R. L., 209–210
McDougall, D., 309–311
McGarity, J. R., Jr., 168–169
McIntosh, K., 177
McKinley, J., 129–131
McLoyd, V. G., 141–142
McRobbie, C. J., 63, 64
Meadan, H., 113–115
Mehan, H., 258–259
Meichenbaum, D., 309–310
Meier, T., 155–156
Mendler, A. N., 288–289, *289–290*
Mercado, C., 104–105

Messer, J. J., 306–307
Meyer, H. A., 327–328, 331–332
Michael, R. S., 293–294
Milburn, J. E., 223–224
Miller, A., 210–211
Miller, E., 329–330
Miller, J. A., 126–127, 320–321
Milner, H. R., 49–50
Minke, K. M., 138, 143–144, 156–157
Mintz, N. L., 34–35
Misra, A., 307–308
Mitchem, K. J., 307–309
Modzelski, W., 332–333
Monda-Amaya, L., 101
Moon, K., 181–183
Mooney, K. C., 306–307
Morrell, E., 201
Morse, L. W., 267–269
Motz, L. L., 25–26
Mulholland, J. A., 62–63
Mulryan, C. M., 234–236
Murawski, W. W., 115–116
Murdock, T. B., 210–211
Murray, C., 115–116
Myles, B. S., 109–111

N
Naber, P. A., 334–335
Nansel, T. R., 70–72
National Coalition of Homeless Children and Youth, 129–131
National Commission on Excellence in Education, 170–171
National Council for Research on Women, 75
National Crime Prevention Council, 75–76
National Dissemination Center for Children with Disabilities, 106–110
National Education Commission on Time and Learning, 170–171
National Law Center on Homelessness and Poverty, 129–131

National Research Council, 45–46
National School Safety Center, 341–342
NCELA, 104–105
Nelsen, J., *68–69*
Nelson, C. M., 311–312
Nelson-Barber, S., 155–156
Nemre, K. M., 242–243
Nevin, A., I., 115–116, 135–137
New Jersey v. T.L.O, 320–321
Newby, T., 200
Newsam, B. S., 123–124
Nichols, J. D., 181–183
Nichols, S., 56–57
Nieto, S., 6–7, 44–45, 54–56
Ninness, H. A. C., 309–310
Nisbett, R. E., 206–207
Noguera, P. A., 329, 341–342
Nucci, L., 53–54, 103–104
Nystrand, M., 283–284

O
O'Brien, D., 282
O'Donnell, A., 253–254
O'Kelly, J., 253–254
O'Malley, P. M., 121–122
Oakes, J., 56–58
Obidah, J. E., 49–50, 325
Ogbu, J. U., 210–211
Oliver, R., 72–74, 80–81
Olsen, G., 142–143
Olson, F. J., 67–68
Olson, H., 35–36
Olweus, D., 70
Onwuegbuzie, A. J., 181–183
Opaleski, K., 36–37, 65–66
Osher, D., 329–332
Osterman, K. F., 44–45, 67–68
Ostrander, R., 107–108
Otto, D., 34–35

P
Patall, E. A., 159
Patrick, H., 44–45, 190–191, 210–211
Payne, R. K., 129–133
Pelco, L. E., 140–141
Pell, T., 231
Pepper, F. C., 298–299

Peters v. Rome City School District, 320-321
Peterson, R., 293-294
Peterson, R. L., 320-321
Peyser, M., 56-57
Pickering, D. J., 101
Pierce, W. D., 207-210
Pinto, S., 149
Pittman, S. I., 292-293
Pollack, W. S., 332-333
Portner, J., 325-328
Powell, R. R., 119-124
Powers, K. M., 158
Prater, M. A., 55-58
Prensky, M., 53-54
Preskill, S., 280, 285
Proshansky, E, 24-25

Q
Quarles, C. L., 333
Queen, J. A., 181-183

R
Raffaele-Mendez, L. M., 293-294
Ramsey, E., 333, 334
Ramsey, R. S., 105-106
Rand, M. R., 334-335
Rausch, M. K., 293-294
Reeve, J., 54-55, 207-208, 213-214
Renard, L., 53-54
Resnick, M. D., 340
Ricord Griesemer, S. M., 311-312
Ridley, D. S., 53-54
Rief, S. F., 114
Ries, R., 140-141
Rioux, J. W., 140-141
Ripski, M., 21-22, 44-45
Rivero, E., 142-143
Roberts, W., 54-55
Robinson, J. C., 159
Robinson, S., 311-312
Roby, T. W., 258-259
Rocha, E., 170-171
Rodriguez, L. F., 80-81
Roeser, R. W., 45-46, 202
Rogers, L., 21-22
Rohrkemper, M., 321-322

Romero, M., 104-105
Rooney, G., 332-333
Rosenholtz, S. J., 235-236
Rosenshine, B., 89-90, 168-169, 215, 275-276
Ross, D. D., 79-80, 298-299, 321-322
Ross, R. P., 174-175
Rowe, M. B., 272
Rozalski, M., 320-321
Rubin, B. C., 240-243, 256-257
Ruhl, K. L., 307-308
Russakoff, D., 330
Ryan, A., 44-45, 190-191, 210-211
Ryan, J. B., 320-321
Ryan, R. M., 54-56, 201, 206-210, 293-294

S
Sadker, D., 200
Sadker, M., 200
Sameroff, A. J., 45-46, 202
Sandler, H. M., 142-143
Sapon-Shevin, M., 64-66, 80-81
Satates, B., D., 278-279, 286
Savage, T.V., 318
Scarcella, R., 155-156
Schaps, E., 18-19
Schiefele, U., 53-54, 103-104
Schimmel, D., 126-129, 319-321
Schlosser, L. K., 302-303
Schlozman, S. C., 107-109
Schmollinger, C. S., 36-37, 42-43, 65-66
Schneider, B., 169-170, 186-187
Schniedewind, N., 247-248, 257
Schoenfelder, E., 202, 203
Schraw, G., 202, 220-221
Schulenberg, J. E., 121-122
Schumm, J. S., 105-110, 113-115
Schwab, Y., 68-70
Scruggs, T. E., 112-115
Semingson, P., 129-131

Serlin, R., 181-183
Shakeshaft, C., 70-75
Shalaway, L., 180-181
Shanley, M., 183-184
Shapiro, E. S., 305-307
Shariff, S., 74
Sharkey, A., 170-171
Sheets, R. H., 44-45
Shernoff, D. J., 169-170, 186-187
Shernoff, E. S., 169-170, 186-187
Shin, H. B., 104-105
Shortt, T. L., 181-183
Shulman, J. H., 255-256
Sileo, T.W., 55-58
Silver, L. B., 110-111, 135-137
Skiba, R. J., 293-294
Skinner, C. H., 221-222
Slavin, R., 231-232, 234-235, 240-243, 257
Smith, B., 187
Smith, B. W., 307-308
Smith, E., 55-56
Snell, M. E., 135-137
Sobel, A., 142-143
Solomon, D., 54-55
Sommer, R., 35-36
Soodak, L. C., 113-115, 135-137
Southern Poverty Law Center, 81, 328-329, 342
Souvignier, E., 245-246
Steele, F. I., 24-25
Stefkovich, J. A., 126-127, 320-321
Stipek, D. J., 80-81, 190-191, 202
Stockdale, S. L., 207-210
Stodolsky, S. S., 236, 258-259
Strauss, S., 75-77
Strom, P. S., 74-75
Strom, R. D., 74-75
Struyk, R., 336
Sugai, G., 307-308
Swap, S. M., 148, 155-156

T
Tannen, D., 266
Tarr, P., 33-34

Taylor, B. M., 334-335
Teel, K. M., 49-50, 325
Telem, M., 149
Thayer, Y. V., 181-183
Theodorou, E., 223-224
Thompson, B., 149
Thompson, G., 292-293, 296-297, 325
Thousand, J. S., 115-116, 135-137
Tomlinson, C. A., 192-193, 214, 221-222, 229-230
Tomlinson-Clarke, S., 6-7, 56-58, 293-294
Towers, R. L., 121-122
Troutman, A. C., 305-306
Trueba, H.T., 55-56
Trumbull, E., 142-143, 146-147, 154-157, 163, 205-206
Trump, K., 336
Turner, S., 316-317

U
Urdan, T., 202, 203
US Census Bureau, 104-105
US Department of Health and Human Services, 127-129

V
Valentine, G., 296-297
Valenzuela, A., 44-45
Valli, L., 37-38
Vaughn, S., 105-110, 113-115
Vazquez-Faria, J. A., 104-105
Villa, R. A., 115-116, 135-137
Villegas, A. M., 58
Vossekuil, B., 332-333
Vygotsky, L., 88-89

W
Walde, A. C., 140-141
Walker, H. M., 333, 334
Walker, J. M. T., 22
Wallace, M. A., 221-222
Wallace, T., 112-113
Walsh, J. A., 278-279, 286
Walsh, M., 76-77, 330-331
Walters, K., 37-38
Walters, L. S., 231
Walther, B., 53-54
Wan, G., 316-317
Ward, S. H., 295
Warger, C., 329-332
Watson, M., 18-19, 78-79
Webb, N. M., 88-89, 235-236, 242-245
Weidman, C., 89-90
Weiner, L., 6-7
Weinstein, C. S., 4-7, 22, 26-27, 44-45, 47-48, 56-58, 210-211, 293-294, 302-303
Weishahn, M.W., 116-117
Wenglinsky, H., 327-328
Wentzel, K. R., 210-211
Wertsch, J.V., 88-89
Wessler, S., 72-73
West, S. S., 25-26
Westerfield, G., 318
Wheatley, J., 267-271
Wheldall, K., 27-28
Whitcomb, J. A., 255-256
Wigfield, A., 53-54, 103-104, 189-190, 200
Williams, B., 211-212
Williams, M., 64-65
Williams, R. L., 207-210
Wilson, B., 211-212
Wlodkowski, R., J., 303-304
Wodrich, D. L., 111-113
Wolfe, M., 24-25
Wolfgang, C. H., *315*
Wong, H., *94-95*
Wong, R., *94-95*
Wood, C., 87-88, 100-101
Woolfolk, A. E., 68-70, 103-104, 305-306
Wubbels, T., 297-298

X
Xu, J., 159

Z
Zehm, S. J., 119-124
Zehnder, S., 234-235
Zeidner, M., 47-48
Zepeda, S. J., 181-183
Zirpoli, T. J., 305-306
Zittleman, K., 200

Índice

Nota: os números das páginas em *itálico* indicam figuras ou tabelas.

A

Abuso de álcool; *ver* Abuso de substâncias
Abuso de drogas; *ver* Abuso de substâncias
Abuso de substâncias
   ajudando COAs, *122–124*
   alunos, 121-127
   características de COAs, *121–122*
   filhos de alcoolistas [COAs], 121-122
   lista de comportamentos, *124–125*
Abuso e negligência, 126-129, *128–129*
Afro-americanos
   disciplina, 49-50, 293-294
   estilo de comunicação, 6-7, 266-267
   inglês falado pelos negros, 55-56
   resistência ao desempenho, 210-211
"Agindo como branco", 210-211
Alerta de grupo, 272-274
Alfabetização cultural, 6-7, 52-54, *56–58*
Alunas lésbicas, 70-72
Alunos; *ver também*
   Alunos com necessidades especiais; Interação entre pares; Motivação, alunos; Participação, alunos
   assédio sexual entre, 75-77
   autonomia, 53-55, 183-185, 206-208
   com baixo desempenho, 207-212
   como audiência cativa, 4-5, 45-46
   contribuição dos, 51-52, 87-88
   descontentes, 207-212
   desestimulados, 198-200
   envolvimento com o ensino, 5-6, 29-33
   empobrecidos, 129-132
   escolha, 201-202, 296-298
   experiências escolares ruins, 77-79
   gays, 70-72
   interação com o professor, 29-33, 91-93
   interação entre, 26-32, 91-93, 204-205, 231-232
   nomes de, 45-47
   origens culturais dos, 6-7, 33-34, 54-57
   passivos, *235–236*
   pontos fortes dos, 56-59
   preocupações dos, sensibilidade para, 46-49
   problemáticos, 118-130
   relações solidárias entre, 63-77
   reuniões, 156-157
   sala de aula planejando o envolvimento, 38-39
   situações em casa, 138-139
   tomada de decisões, 54-55, 87-88
   visões sobre os professores, 16-19
Alunos com necessidades especiais, 105-119
   altas expectativas, 117-119
   alunos empobrecidos, 129-133
   alunos problemáticos, 118-130
   ambiente de sala de aula, 116-119
   autogerenciamento, 306-308
   avaliação comportamental funcional, 310-312
   clima receptivo, 113-115
   coensino, *115–116*
   colaboração com os profissionais de educação especial, 115-117
   colegas, uso de, 117-119
   transtornos de aprendizagem, 105-108, *106–108*
   definição de, 102
   definição de deficiências, 104-105
   desenho da sala de aula, 37-38
   disciplina, 301-302
   estratégias, 111-119
   monitores, 115-117
   pais dos, 158
   planos IEPs/504, 113-115
   posicionamentos, 104-105
   responsabilidade do professor, 130-132
   resposta à intervenção [RTI], 105-106
   segurança psicológica, 26-27

trabalho em pequeno grupo, 118-119, 234-235
transtorno de déficit de atenção/hiperatividade [TDAH], 110-113, *112-115*
transtornos emocionais e comportamentais, 106-109, *107-109*
transtornos globais do desenvolvimento, 107-111, *110-111*
Alunos problemáticos, 118-130
  abuso de substâncias, 119-127, *121-125*
  abuso e negligência, 126-129, *128-129*
  transtornos alimentares, 129-130
Ambiente de sala de aula, 2-5; *ver também* Ambiente físico; Gestão da sala de aula, funções da
  alunos com necessidades especiais, 37-38, 104-105
  características do, 2-6
  contradições do, 2-3
  contribuição do aluno, 38-39
  gerenciamento do, 4-8
  menos restritivo, 104-105
  personalização, 32-34
  proteção e segurança, 25-27
Ambiente físico, 24-41
  alunos com necessidades especiais, 37-38
  brigas físicas, 339-340
  cenários da sala de aula, funções do, 24-37
  dicas, *35-36*
  dividindo a sala, 39-41
  envolvimento dos alunos no, 38-39
  impacto do, 24-25
  plantas baixas, 27-33
  problemas comportamentais e, 39-40
  professores como planejadores do, 36-40
Ambiente menos restritivo, 104-105

American Civil Liberties Union [ACLU], 319-321
Aprendizado
  como objetivo de gestão da sala de aula, 5-7
  e diversão, 189-190
  em casa, envolvimento da família, 158-160
  motivação, 189-190, *191-192*
  regras consistentes com, 88-89
  rotinas para, 91
  tempo gasto, 169-170, *170-171*
Aprendizado cooperativo, 244-254
  arranjo da sala de aula para, 26-27
  atenção e, 68-70
  avaliação, 250-252, *251*
  complexidade do, 254-255
  ensinando habilidades cooperativas, 247-252
  formal, 68-69
  grupos de base, 68-70
  informal, 68-70
  interdependência positiva, 244-247
  método do quebra-cabeça, 245-246
  monitorando o comportamento cooperativo, 251-254
  responsabilidade individual, 246-248
  treinamento de habilidades de grupo, 248-250, *249*
  valorizando a cooperação, 248-249
Apresentações dos convidados, 157-158
Ásio-americanos
  comportamento em sala de aula, 155-156
  participação dos pais, 142-143, 147
Assédio
  colegas, 70-75
  on-line, 74-75
  sexual, 75-76

Atenção e respeito, 44-79
  abertura do professor, 51-53
  alunos com baixo desempenho/descontentes, 210-212
  aprendendo sobre as vidas dos alunos, 46-47
  aprendendo sobre os outros, 64-67, *65-66*
  aprendizado cooperativo, 67-70
  assédio de colegas, 70-75
  assédio sexual, 75-77
  atitude receptiva, 45-47
  bullying, 70-75
  consciência da cultura adolescente, 52-54
  contribuição do aluno, 51-52, 63
  cyberbullying, 74-75, *75-76*
  enfatizar pontos fortes dos alunos, 56-59
  entre pares, 63-77
  expectativas comportamentais claras, 48-50
  habilidades de comunicação, 58-63
  habilidades socioemocionais, 68-72
  importância da, para os alunos, 16-18, 44-46
  inclusão, 54-57
  justiça, 49-51
  modelagem pelo professor, 64-65
  ordem e, 44-45
  ouvindo, 59-62
  participando e reconhecendo, 59-61
  proteção e segurança, 63-64
  questionando, 61-62
  resolução de problemas, 61-63
  reuniões de turma, 66-68
  sensibilidade para as preocupações, 46-49
  tocando, 62-63
Atitude receptiva, 45-47
Atividade
  "Adivinhe quem?", 65-66

"Do que você tem mais orgulho de si mesmo?", 65-66
"Duas verdades e uma mentira", 65-66
"Encontre alguém que", 64-65
"Linhas da vida", 65-66
"Pequenos fatos pouco conhecidos sobre mim", 65-66
"Sua inspiração", 65-66
Atividade de aprendizado cooperativo
 "Ação Cronometrada de Pares Temporizada", 240-241
 "Cabeças Numeradas Juntas", *240-241*
Atividades introdutórias, 64-67, *65-66*
Ato de Reabilitação [1973], Seção 504, 110-113
Autismo, 107-111, *110-111*, 174-176
Autodisciplina, 4-6
Autogerenciamento, 305-312
 apoio comportamental positivo, 310-312
 autoavaliação, 307-310
 autoinstrução, 309-311
 automonitoramento, 305-308
 contratos, 310-311
Autonomia, aluno, 53-55, 103-104, 201-202, 296-297
Autoridade, 5-6, 17-18
Autoavaliação do aluno, 194-197, *195-196*, 251
Avaliação
 autoavaliação, 307-310
 monitorando o desempenho, 178-181
Avaliação comportamental funcional [FBA], 310-312

B

Beginning Teacher Evaluation Study [BTES], 196-197
Blogs, 53-54, 74-75
Boletins, 151-154
Brigas físicas, *339-340*

Bullying, 70-77, *75-76*
Busca e apreensão, 320-321

C

Calendário de dia alternante, 181-183
CARES [cooperação, afirmação, responsabilidade, empatia, autocontrole], 67-68
Caroneiros, 234-235
Causa provável, 320-321
Center for American Progress, 170-171
Circulação, pelo professor, 178-180, 196-197, 225-226
Coensinando *115-116*
Cola, 316-318
Compartilhamento de responsabilidade, 53-55
Compartilhando a sala, 39-41
Competência ambiental, 24-25
Comportamento agressivo, 336-340
Comunicação; *ver também* Habilidades de comunicação
Comunicação com as famílias, 147-157
 boletins, 151-154
 contatos telefônicos, 149-152, *150-151*
 estilos culturais, 155-156, 266-267, 292-294
 fornecimento de orientação, 177-179, 218-226
 padrões de sala de aula de, 266-269
 noite de volta à escola, 152-154, *153-154*
 reuniões pais-professores, 153-157
Comunidades escolares, solidárias, 327-329
Conselheiros de assistência estudantil [SACs], 119-120
Construção de comunidade, 64-67
Construindo perfis sociais, 330-331
Contatos telefônicos, 149-152, *150-151*

Contratos
 de comportamento, 310-311, *310-311*
 de contingência, *310-311*
Cooperação, ensino, 247-254
 avaliação, 250-252
 treinamento de habilidades de grupo, 248-250
 valorizando a cooperação, 248-249
Cooperação família-escola, 138-160
 apresentações dos convidados, 157-158
 benefícios, 138-140
 comunicação com a família, 147-157, *148*
 desafios, 139-144
 envolvimento da família na escola, 156-158
 envolvimento da família no aprendizado em casa, 158-160
 estudantes com necessidades especiais, 158
 relutância dos professores, 139-141
 relutância parental, 140-144
 responsabilidades familiares, educando para atender às, 144-147
Cultura adolescente, 52-54
Culturas coletivistas, 56-58, 146-147, 154-155, 205-206, 223-224
Cyberbullying, 74-75

D

Deficiência, alunos com
 aceitando o ambiente, 113-115
 ambiente da sala de aula, 116-119
 avaliação comportamental funcional, 310-312
 estratégias, 111-119
 planos IEPs/504, 113-115
 transtornos de aprendizagem, 105-108, *106-108*

transtornos emocionais e comportamentais, 106-109
Depressão, *107–109*
Desafio, *314–315*
Desapontamento, expressões de, 298-300
Desempenho
  alunos com baixo desempenho, 198-199
  alunos com desempenho decepcionante, 207-212
  aulas em bloco e, 181-183
  individual *versus* coletivo, 146-147, 154-155, 205-206, 223-224
  reconhecimento do, 205-206, 328-330
  resistência ao, fatores culturais na, 210-211
  tarefas diferenciadas, 192-193, 220-222
  valores culturais relacionados ao, 146-147, 155-156, 205-206, 223-224
Desenvolvimento adolescente, 102-105
Detenção, 300-301
Dever de casa
  dicas, 316
  envolvimento da família, 158-160
  monitoramento, 179-180
  negligência, 315-316
  rotinas para, 91, 179-180
  tarefa de, 177-179
Deveres administrativos, sala de aula, 89-90
Dialeto negro (*ebonics*), 55-56
Diferenças de gênero
  bullying, 70-72, 75
  expectativas dos professores, 199-200
  participação em sala de aula, 235-236, 267-269, 277-278
Dignidade, disciplina com, 288-290, 302-304
Direções, fornecendo, 177-179, 218-226
Direitos constitucionais dos alunos, 319-321, 330-332

Disciplina; *ver também* Expectativas, comportamentais; Problemas comportamentais; Punição
  adequação da, 290-293, 298-299
  com dignidade, 288-291, 301-304
  consistência, 303-304
  direitos constitucionais dos alunos, 319-321
  fatores contextuais, 290-292
  gestão da sala de aula *versus*, 5-6
  humilhação e, 46-48
  minimização da perturbação, 290-291
  princípios, 288-294, *288-289*
  privadamente, 302-304
  sensível culturalmente, 292-294
Discussões centradas no aluno, 278-282
  contato visual, 281
  habilidades pré-requisito, 281
  orientações para professores, 279-280
  tamanho do grupo, 281
  tipos de pergunta, 281-282
Discussões conduzidas por professores
  apoiando a participação de aprendizes diversos, 277-279
  armadilhas das, 264-269
  estimulando e mantendo interesse, 184-275
  fornecendo retorno, 275-277
  funções úteis das, 260-262
  gerenciamento, 269-270
  grupos modelo, 277-278
  monitorando compreensão, 276-278
  padrão de interação, 258-259
  problemas com, 259-261
  recitações *versus*, 262-264
  tempo para pensar, 271-273

Disposição de carteiras, 26-33, *27-31, 30-33*, 38-39
Dispositivos eletrônicos, uso inapropriado de, 317-319
Distração, gerenciamento da sala de aula para impedir, 37-38
Diversidade cultural
  autossegregação, 234-235
  desempenho, resistência ao, 210-211
  disciplina, 292-294
  estilos de comunicação, 155-156, 277-279, 292-294
  gerenciamento da sala de aula, 6-7
  padrões de comunicação, 266-267
  participação dos pais, 141-143, 146-147, 155-157
  participação na sala de aula, 235-236, 266-267, 277-279
  relevância do aprendizado, 200-201
  salas de aula inclusivas, 54-57
  trabalho em grupos pequenos, 234-235, 240-243
  tutoria por pares, 237

E

Educação bilíngue, 104-106
Eficácia do professor, 140-141
Elogio, 154-155, 204-206
E-mails, 148-149
Encerramentos apressados, 219-220, 226-228
Encontro de turma "Círculo de Poder e Respeito", 66-67
Ensino
  abordagens variadas, para inteligências múltiplas, 192-194
  alunos com baixo desempenho, 198-199
  como objetivo de gerenciamento da sala de aula, 5-7
  direto, 215

escolha dos alunos, 201-202
explícito, 215
regras consistentes com, 88-89
rotinas para, 91
tempo para, 167-168, *170-171*
transtornos de aprendizagem [TA], 105-108
Erros, admissão pelo professor, 52-53
Escolha, aluno, 201-202, 296-298; *ver também* Tomada de decisões, aluno
Escrevendo, reflexões sobre mau comportamento, 300-301
Escuta ativa, 59-62, *60*
Estabelecendo metas, alunos, 194-197, *195-196*
Eventos dependentes de estímulo, 172-173
Expectativas, comportamentais, 84-94; *ver também* Disciplina
　benefícios das, 82-83
　conduta geral, 85-90
　cumprindo, 288, 297-298
　insegurança a respeito, 82-83
　princípios para, *86-87*
　situações específicas, 89-94, *92-93*
Expectativas de sucesso, 191-200
　alunos desestimulados, 198-200
　estabelecimento de objetivo e avaliação, 194-196, *195-196*
　expectativa x modelando o valor, 189-192, *191-192*
　expectativas dos professores, *199*
　oportunidades, 191-194
　relação esforço-resultado, 194-197
　retorno, 196-199
Expectativas dos professores alunos com baixo desempenho, 207-212

comunicando baixas, 199-200, *199*

F
Facilitadores, professores como, 279-280
Falar, regras para, 91-93
Família; *ver também* Cooperação família-escola; Pais
　compreensão pelos professores das famílias dos alunos, 138-140
　mudanças na, 143-144
　responsabilidades, 144-147
Familiarizando-se, 64-67, *65-66*
Family Educational Rights and Privacy Act [FERPA], 331-332
Filhos de alcoolistas/aditos [COAs], 119-122
　ajuda, *122-124*
　características dos, *121-122*
　lista de comportamentos, *124-125*
Fluxo da atividade, 171-175
Fragmentação, do tempo, 172-173

G
Gangues, *335-336*
Gentileza, na sala de aula, 25-27
Gerenciamento da sala de aula
　como ofício aprendido, 6-8
　de cima para baixo, 4-6
　definição, 4-5
　diversidade, 6-7
　eficiente, 4-8, 82-85, 321-322
　estratégias preventivas, 82-83
　propósitos, 4-5
　suposições que orientam, *5-6, 4-8*
Gestão da sala de aula, funções da, 24-37
　contato social, 26-33
　dicas, *35-36*
　identificação simbólica, 32-34

instrumentalidade de tarefa, 33-35
　prazer, 34-37
　segurança e abrigo, 25-27
Gestão de transição, 174-185
　dicas, *177*
　inícios e términos, 176-178
　preparação prévia, 174-176
　rotinas, 176
Grupos, tipos de, 236-240, *237-238*
　completamente cooperativos, 237-240
　composição, 240-245
　cooperativos simples, 237-238
　de ajuda obrigatória, 236
　de ajuda permitida, 236
　de base cooperativa, 68-70
　heterogêneos, 240-243
　homogêneos, 240-243
　piloto, em recitações/discussões, 276-278
　tamanho, 239-242
　tutoria por pares, 236-237

H
Habilidades de comunicação
　escuta ativa, 59-62
　participando e reconhecendo, 59-61
　questionando, 61-62
　resolução de problemas, 61-63
Habilidades socioemocionais, 68-72
História, de sala de aula, 3-5
Homossexualidade, 70-72
Horário em bloco 4 x 4, 181-184
Humilhação, de alunos, 47-48
Humor, na disciplina, 295-296

I
Identificação simbólica, ambiente de sala de aula e, 32-34
Ignorando a má conduta, 297-298
Imediatismo, da sala de aula, 3-4
Implicância, 70-75

Imprevisibilidade, da sala de aula, 3-4
Índios americanos
  estilo de comunicação, 55-56, 155-156, 266-267
  participação em sala de aula, 266-267
Individuals with Disabilities Education Act [IDEA], 104-108, 109-111
Inglês falado por negros, 55-56
Início do ano escolar; *ver* Primeiros dias de escola
Institute for America's Future, 170-171
Instrução protegida, 105-106
Instruções, fornecendo; *ver* Direções, fornecendo
Instrumentalidade de tarefas, disposição da sala de aula para, 33-35
Inteligências múltiplas, 192-194, *193-194*
Interação entre pares; *ver também* Aprendizado cooperativo
  alunos com necessidades especiais, 117-119, *118-119*
  assédio, 56-57, 70-77
  assistência com tarefas, 117-119, 223-226
  construindo relacionamentos solidários, 63-78
  retorno, 197-198
  tipo de grupo, 236-238
  tutoria, 117-119
Interdependência, aluno
  negativa, 260-261
  positiva, 244-247
Internet
  e-mails para comunicação com os pais, 148-149
  familiaridade dos alunos com, 53-54
Intervenções não verbais, para mau comportamento, 294-295
Intervenções verbais, para mau comportamento, 295-298
  diretiva, 296-297
  escolha, 296-298
  não diretiva, 295-297

J
Justiça, 49-51

L
Latinos
  e professores solidários, 44-45
  participação dos pais, 142-144, 154-158
Liberdade de expressão, 319-320, 331-332
Limites sociais, 210-212
Linguagem, inclusão e, 55-56

M
Má conduta leve, 294-298
  dicas, *294-295*
  intervenções não verbais, 294-295
  intervenções verbais, 295-298
  não intervenção deliberada, 297-298
Mau comportamento
  grave, 297-304
  leve, 294-298
  problemas espinhosos, 313-319
Mau comportamento crônico, 304-312
  abordagem de aprendizado comportamental, 305-312
  estratégia de resolução de problemas, 304-306
Mediação por pares, 68-72, *71*
Mensagem Eu, 295-297
Método de discussão "Aquário", 280
Método de quebra-cabeça de aprendizado cooperativo, 245-246
Mexicanos americanos, e professores solidários, 44-45; *ver também* Latinos
Mídia digital, familiaridade dos alunos com, 53-54
Modelando
  comportamento desejado, 306-307
  comportamento pró-social, 64-65
  interesse em aprender, 202-203
Modificação do comportamento
  autogerenciamento, 305-311
  cognitivo, 309-310
  desvantagens da, 305-306
Monitorando os alunos
  progresso, 178-181
  recitações/discussões, *269-270*, 276-278
  trabalho em grupo pequeno, 251-254
  trabalho sentado, 225-227
Monitores, 115-116
Motivação, aluno
  alunos com desempenho abaixo do esperado e descontentes, 207-212
  autonomia, 53-55, 201-202, 206-207
  declarações desafiadoras, 273-274
  diversão e, 189-190
  expectativa x modelando valor, 189-192
  expectativas de sucesso, 191-200
  intrínseca, 189-190, 206-210
  papel do professor na, 17-19
  para aprender, 189-190, *191-192*
  responsabilidade do professor, 188-189
  valor da tarefa, 200-212
Movimento dos alunos, rotinas para, 89-90
Multidimensionalidade, da sala de aula, 2-3

N
No Child Left Behind, 144-145, 301-302
Noite de volta à escola, 152-154, *153-154*
Nomes, dos alunos, 45-47
Normas de comportamento, benefícios das, 82-83

definindo expectativas, 84-90
primeiros dias de escola, 93-100
Notas, sensibilidade sobre, 47-48
Novidade/variedade, como ferramenta motivacional, 203

O

Obter atenção, na situação em sala de aula, 92-93
Ódio, alerta para, 328-329
Ordem, ambiente atencioso e, 44-46
Ouvindo, ativamente, 59-62, *60*

P

Padrão de interação I-R-A, 258-260, *262*, 263-264, 266-269, 278-279, *281-283*
Padrão de revezamento *round-robin*, 268-269
Pais; *ver também* Família;
Cooperação família-escola
como voluntários, 156-158
comunicação com, 147-157
conhecimento dos professores sobre, 138-139
contatando, por mau comportamento do aluno, 300-302
de alunos com necessidades especiais, 158
difíceis de alcançar, *148*
envolvimento no aprendizado em casa, 158-160
relutância em se envolver, 140-144
relutância do professor em se envolver, 139-141
reuniões, 153-157
Papelada, gerenciamento, 180-181, *182*
Participação, alunos
diferenças de gênero, 266-269
diversidade cultural, 266-267, 277-279
recitações/discussões, 264-271, 277-279
rotinas de interação, 91-92
trabalho em grupo pequeno, 234-236, *249*
zona de ação, 29-33, 271
Participação do pais, 151-160
Penalidades, por mau comportamento grave, 297-304
consequências lógicas, 298-299
consistência, 303-304
contato com os pais, 300-302
detenção, 300-301
exclusão da turma, 299-301
expressões de desapontamento, 299-300
grupo, por mau comportamento individual, 304
isolamento do grupo, 299-300
perda de privilégios, 299-300
preservação da relação, 301-304
reflexões escritas, 300-301
reuniões, 298-300
seleção da, 298-299
Perguntas
abertas, 61-62
no ambiente de sala de aula, *versus* mundo real, 258-259
para discussões centradas nos alunos, 281-282
uso pelo professor, 61-62
Perspectiva ecossistêmica, sobre o comportamento, 299-303
Plágio, 316-318
Plano de intervenção comportamental [BIP], 311-312
Planos 504, 113-115
Plantas baixas, 38-39,
Políticas de tolerância zero, 301-302
Portas abertas, 152-154
Posicionamentos alternativos, 104-105
para alunos com necessidades especiais, 104-105
Prazer, no cenário de sala de aula, 34-37
Preparação prévia, para gerenciamento da transição, 174-176
Prevenção da violência, 327-336
consciência da atuação de gangues, 334-336, *335-336*
construindo comunidades escolares solidárias, 327-330
dando atenção a rumores e ameaças, 332-333
desarmando situações explosivas, 332-*334*
melhorando os sistemas de segurança, 327-328
monitorando os espaços comuns, 331-332
reconhecendo a violência potencial, 329-332, *330-332*
Primeiros dias de escola, 93-100
Privacidade, perda de, 3-5
Privilégios, perda de, 299-300
Problemas comportamentais; *ver também* Disciplina
alunos com necessidades especiais, 301-302, 309-311
avaliação do comportamento funcional, 310-312
cola, 316-318
crônicos, 304-312
desafio, 313-315
desenho da sala de aula, 39-40
fatores contextuais, 290-292
leves, 294-298
negligência com o dever de casa, 315-*316*
prevenção de, 82-83
sérios, 297-304
Problemas espinhosos, 313-319
cola, 316-318
desafio, 313-315, *314-315*

não fazer o dever de casa, 315-*316*
uso inadequado de dispositivos eletrônicos, 317-319
Produtos finais, criação dos alunos de, 204-205
Professores; *ver também*
Cooperação família-escola
abertura, 51-53
admissão de erros, 52-53
alfabetização cultural, 6-7
atenção e respeito demonstrados por, 45-63, 210-212
circulação de, 178-180, 196-197, 225-227
como facilitadores, 278-280
como planejadores de ambientes, 36-40
compartilhando a sala, 39-41
conhecimento das situações domésticas dos alunos, 138-139
de educação especial, 115-116
familiaridade com as regras da escola, 88-89, 301-302
interação com os alunos, 29-33, 91-94
modelando, 64-65, 202-203, 306-307
"o olhar", 294-295
relutância em encaminhar usuários de substâncias de abuso, 122-124
relutância em envolver as famílias, 139-141, 159
responsabilidade pela motivação/comportamento dos alunos, 188-189
reuniões com os pais, 153-157
toques pessoais na sala de aula, 32-34
visões dos alunos sobre, 16-19, 45-46
Profissionalismo, 52-53, 149
Programas de Educação Individualizada [IEPs], 113-115
Projetos de longo prazo, 179-181
Punição; *ver também* Disciplina adequada, 290-293
consequências lógicas, 298-299
recompensas e, 206-207

Q
Questionário "O que está acontecendo nessa turma?", *64*

R
Recitações
apoiando a participação de vários aprendizes, 277-279
armadilhas das, 264-269
discussões *versus*, 262-264
estimulando e mantendo o interesse, 184-275
fornecendo retorno, 275-277
fracas, exemplo de, 264-265
funções úteis das, 260-262
gerenciamento, *269-270*
grupos-piloto, 277-278
monitorando a compreensão, 276-278
padrão de interação, 258-259
problemas com, 259-261
tempo para pensar, 271-273
Recompensas
alunos com desenvolvimento abaixo do esperado/descontentes, 207-212
atividade, 205-206
dicas, *209-210*
fornecendo, 204-210
grupo, 244-245
problemas com, 206-207
sociais, 204-206
tangíveis, 205-207
Reconhecimento, dos alunos, 59-61
Reconhecimento de realizações, 205-206, 328-330
Reforço positivo, 204-205
Reformulação, 299-303
Registros, de realizações dos alunos, 180-181
Regras
conduta geral, 85-90
contribuição do aluno, 87-88
escola, 88-90
importância de, para os alunos, 17-18
primeiro dia de escola, 82-86, 93-100
princípios para, 85-90, *86-87*
Relacionamento aluno-professor, 5-6, 44-45
Relacionamentos, fazendo, 64-67
Relator, para trabalho em grupo pequeno, 249-250
Relevância do aprendizado, 200-201, 220-221, 273-275
Resolução de problemas
como habilidade de comunicação, 61-63
resolução de conflitos, 304-306
Respeito; *ver* Atenção e respeito
Responsabilidade dos alunos, 177-181
comunicação do professor, 177-179
monitorando o progresso, 178-181
trabalho em pequeno grupo, 246-248
Responsabilidade pessoal, como objetivo de gerenciamento da sala de aula, 4-6
Respostas à violência, 336-340
lidando com a agressão, 336-340
respondendo a brigas físicas, *339-340*
Ressocialização, 210-212
Retorno
dos colegas, 197-198
expectativas de sucesso e, 196-199
recitações/discussões, 275-277

trabalho em pequenos
grupos, 250-252
Reuniões
a três, 156-157
de turma, 66-68
pais-professores, 153-157
Revezamento padronizado,
268-269
Rotinas
condução da aula, 91
condução da turma, 89-91
dever de casa, 91, 179-181
interação, 91-93
para monitorar o
desempenho, 179-181
para transições, 176

S
Salas de aula inclusivas, 54-57,
111-119
Segurança e proteção
ambiente de sala de aula,
25-27
contribuição do aluno, 63
estratégias de prevenção de
violência, 327-336
física, 25-26
motivação e, 190-192
políticas disciplinares, 301-
302
psicológica, 25-27
sistemas para, 327-328
Sensibilidade para as
preocupações dos alunos,
46-49
Serviços, para alunos com
necessidades especiais,
104-105
Silêncio, em recitações/
discussões, 271-272
Simultaneidade, da sala de
aula, 2-4
Síndrome de Asperger [SA],
107-111, *110-111*
Síndrome do fracasso, 190-191
Sistema de gerenciamento de
cima para baixo, 4-5
Sistema de palitos de picolé,
para participação da turma,
91-92, 269-270
Situação incapacitante,
116-117

Situações de ajuda, 236-237
Superpopulação, 172-173

T
Tarefa/aula de encerramento,
176-178, 219-220, 226-228
Tarefas,
aviso de, 177-179
diferenciadas, 192-193,
220-222
monitoramento, 178-181
recolhimento, 179-180
significativas/relevantes,
220-221
TDAH; *ver* Transtorno
de déficit de atenção/
hiperatividade
Tempo, 166-171
de aprendizado produtivo,
169-170, *170-171*
de ensino, 167-168, *170-171*
de espera, 272
disponível, 166-167, *170-171*
envolvido, 168-169, *170-171*
horários em bloco, 181-185
na tarefa, 169-170
obrigatório, 166-167, *170-171*
recomendações sobre, 170-
172
Tempo de aprendizado
produtivo, aumento, 171-
182, *171-172*
mantendo o fluxo da
atividade, 171-175
minimizando o tempo de
transição, 174-178, *177*
na tarefa, 169-170
tornando os alunos
responsáveis, 177-182
Teoria do trabalho em sala
da corda inclinada, 191-192,
221-222
Terminais de computador,
34-35
Testes padronizados, para
graduação, 198-199
Tinker v. Des Moines [1949],
319-320
Tiroteios escolares, 325-327,
332-333

Tocando, se importando e,
62-63
Tomada de decisões, aluno,
53-55, 87-88; *ver também*
Escolha, aluno
Trabalho em pequeno grupo
armadilhas, 232-236
avaliação, 250-252
benefícios, 231-232
composição do grupo, 240-
245
cooperação de ensino, 247-
252
eficiente, 236-254, *237*
interdependência positiva,
244-247
monitoramento, 251-254
responsabilidade individual,
246-248
tamanho dos grupos, 239-
242
tipo de grupos, 236-240,
237-238
treinamento de habilidades
de grupo, 248-250, *249*
valorizando a cooperação,
248-249
Trabalho independente; *ver*
Trabalho sentado
Trabalho sentado
armadilhas, 216-220, *218-
219*
auxílio dos colegas, 223-226
colaborativo, 236-237
conteúdo do, 220-221
debates sobre, 215-217
eficiente, 219-228, *220*
finais apressados, 226-228
fornecendo orientação,
221-226
monitoramento, 225-227
níveis de desempenho, 220-
222
Transtorno de conduta, 106-
109, *107-108*
Transtorno de déficit de
atenção /hiperatividade
[TDAH]
ambiente de sala de aula,
26-27
autogerenciamento, 306-
308

critérios de diagnóstico, *112–113*
estratégias, 111–119, *113–115*
gerenciamento de transição, 174–176
isolamento para disciplina, 299–300
visão geral, 110–113
Transtorno emocional, 106–109
Transtornos alimentares, 129–130
Transtornos de aprendizagem [TA], 198–199, 105–108, *106–108*
Transtornos de comportamento, 106–109
Transtornos Globais do Desenvolvimento [PDDs], 109–111
Treinando habilidades de grupo, 248–250, *249*
Troca de código, 55–56
Tutoria, por pares, 117–119, 236–237

V
Valor das tarefas, 200–210
  de realização, 200
  escolha do aluno, 201–202
  interação entre alunos, 204–205
  intrínseco, 200
  modelagem de professor, 202–203
  novidade/variedade, 203
  produtos acabados, 204–205
  recompensas, 204–210
  relevância, 200–201
  resposta dos alunos, 203–204
  utilitário, 200
Violência-alvo, 332–333
Voltando atrás, 172–173
Voluntários, pais, 156–158

W
WebQuests, 53–54
Withitness, 82–83, 294–295

Z
Zona de ação, 29–32, 271